A Theory of Offender Rehabilitation:
A Criminogenic Difference
Theory of Offender Rehabilitation

罪犯改造论

——罪犯改造的犯因性差异理论

（第二版）

吴宗宪 / 著

2019年·北京

图书在版编目(CIP)数据

罪犯改造论:罪犯改造的犯因性差异理论/吴宗宪著. —2版. —北京:商务印书馆,2019
ISBN 978-7-100-17620-0

Ⅰ. ①罪… Ⅱ. ①吴… Ⅲ. ①犯罪分子—劳动改造—研究—中国 Ⅳ. ①D926.7

中国版本图书馆 CIP 数据核字(2019)第 141805 号

权利保留,侵权必究。

罪犯改造论
—— 罪犯改造的犯因性差异理论
(第二版)
吴宗宪 著

商 务 印 书 馆 出 版
(北京王府井大街36号 邮政编码100710)
商 务 印 书 馆 发 行
北京艺辉伊航图文有限公司印刷
ISBN 978-7-100-17620-0

2019年8月第1版 开本 880×1230 1/32
2019年8月北京第1次印刷 印张 25¼
定价:99.00元

第二版序

适时修订学术著作,是深化研究工作、完善研究成果的重要方式。为了促进罪犯改造理论研究与实务工作,在本书第一版出版十年之后,修订出版第二版。在本书出第二版之际,有必要对相关情况作出说明。

一、第一版的影响

本书是在笔者博士学位论文的基础上写成的。在博士论文答辩之前,笔者从司法部预防犯罪研究所调入组建不久的北京师范大学刑事法律科学研究院(刑科院)任教。当刑科院领导了解到我的博士学位论文通过答辩之后,将它纳入了新创立的《京师刑事法学博士文库》,作为该文库的第一种,于2007年8月由中国人民公安大学出版社出版,书名为《罪犯改造论——罪犯改造的犯因性差异理论初探》。

2010年1月,本书获得中国大学出版社协会颁发的中国大学出版社图书奖首届优秀学术著作奖二等奖。

自本书第一版出版以来,本书中阐述的理论观点,得到了业内人员的关注。一些从事理论研究和教学工作的人员,在阅读本书之后给予了关注。关注的具体形式包括撰写书评[1]、在论著中

---

[1] 例如,刘光国、翟中东:《有的放矢,不过不枉——评吴宗宪著〈罪犯改造论——罪犯改造的犯因性差异理论初探〉》,《犯罪与改造研究》2009年第2期。

i

引用①等。同时,很多从事刑罚执行实务工作的人员,不仅关注本书阐述的理论观点,在工作中尝试应用它们理解罪犯改造问题,也在撰写的文章中引用了本书阐述的概念和观点。可以说,本书阐述的"犯因性因素"等概念,已经产生了广泛的影响。

在本书第一版出版之后,笔者继续从事罪犯改造理论方面的探索与研究。不过,在十多年的研究中,对于本书第一版中提出的基本观点,仍然没有变化。

二、修订的情况

对于第一版的修订,主要包括下列方面:

(一)全面订正

在修订第一版书稿的过程中,仔细阅读了全部书稿,对书稿内容进行了全面订正。对于所发现的不恰当、不严谨的表述,进行了微调;对于不细致的内容,进行了补充。特别是注意了三个方面的订正:第一,对于在第一版出版后发现的文字错误、遗漏等问题,逐一修改;第二,对于第一版书稿中过于琐细的论述、必要性不大的论述等内容,进行了必要的删节,还删去了第一版中的内容摘要(中文和英文);第三,对于一些引用后没有注明出处的,全部增添了出处。

(二)新增内容

在修订过程中,新增加了很多信息。特别是新增加了下列内容:

1. 矫正效果研究成果

本书修订版努力反映国外对于矫正效果的有关研究成果。在国外矫正研究中,有关矫正效果的研究占有重要地位。在国外,早

---

① 其中较为典型的例子是陈士涵在其专著《人格改造论》(增补本,学林出版社2012年版)中的引述。参见该书第819页。

期使用"改造"(reform, reformation)概念称呼对罪犯开展的促使他们改过自新的工作。1954年,美国监狱协会(American Prison Association)更名为美国矫正协会(American Correctional Association),并且倡导"矫正"(corrections)的理念,认为对罪犯不能仅仅惩罚,也应当进行矫正,强调转变罪犯的内容。此后,"矫正"一词逐步流行开来,执行刑罚的机构也从过去的"监狱"(prison)、"看守所"(jail)等逐步转变为"矫正机构"(correctional facility, correctional institution)①。不过,在过去,尽管矫正机构实际上在开展矫正罪犯的工作,但是,对于矫正的效果,长期缺乏科学的评价。以美国社会学家罗伯特·马丁森(Robert Martinson, 1927—1979)为首的研究小组在评价罪犯矫正工作时,在1974年发表的文章中,②得出了矫正无效(nothing works)的否定性结论,对罪犯矫正工作乃至整个矫正政策产生了巨大的消极影响。此后,很多人对矫正进行了评价研究,但是,不再从总体上评论矫正是否有效的问题,而是改进分析方法,使用"超级分析"(meta-analysis③,对大量同类问题的研究成果再次进行综合性定量分析的统计分析方法)方法,评价不同矫正措施和方法有什么具体效果,以"有什么效果"(what works)为题发表了一系列研究成果。例如,多丽丝·麦肯齐(Doris L. MacKenzie)出版了《有效的矫正:减少犯罪人和少

---

① 在用作具体机构的名称时,correctional facility 和 correctional institution 都可以翻译为"矫正所"。

② Robert Martinson, "What Works? Questions and Answers about Prison Reform," *The Public Interest*, 25(1974):22-54.

③ meta-analysis 又译为"元分析""荟萃分析""后设分析""总分析""事后整合分析"等。在心理学中,最常使用的汉语译名是"元分析",这个译名尽管影响很大,但是,完全用错了汉语中的"元"字;汉语中的"元"是根本的、首要的或大的意思,meta 的意思和汉语中"元"的含义正好相反(参见辜正坤:《外来术语翻译与中国学术问题》,《北京大学学报(哲学社会科学版)》1998年第4期,第46—47页)。

年犯罪人的犯罪活动》①一书。本书修订版努力反映这类研究的结果,在第六章中论述了这方面的内容。

2. 循证矫正研究成果

20世纪后半期以来罪犯改造工作的重大发展之一,就是循证矫正(evidence-based corrections)的倡导与实践。通常来讲,循证矫正是指利用经过科学评价确认有效的原理和方法提高罪犯矫正效果的系统性工作。循证矫正是借鉴医学领域的相关理论和方法发展而来的。20世纪70年代从医学领域开始的循证实践(evidence-based practice,EBP),后来逐步扩展到其他领域,在20世纪80年代扩展到矫正领域。这些年来发表了一些有关循证矫正或者"循证矫正实践"(evidence-based correctional practices)的研究成果,例如,利姆·克雷格(Leam A. Craig)等人编辑出版了《有效的罪犯改造方法:评价和矫治的循证方法》一书。② 本书也在第六章中努力反映这类研究的一些成果。

3. 近期实践发展情况

自本书第一版出版以来,我国监狱及社区矫正工作有了不同程度的发展,在这个过程中,罪犯改造实务工作有了一定变化和革新。在修订过程中,将及时反映这方面的内容。例如,在第七章中新增了有关离监探亲的内容。

4. 增加相关目录和索引

在准备第二版的过程中,新增加了"专栏和表格目录"及两种索引,即"术语译名对照表"和"人名译名对照表"。这些信息有利

---

① Doris Layton MacKenzie, *What Works in Corrections: Reducing the Criminal Activities of Offenders and Delinquents*(New York: Cambridge University Press, 2006).

② Leam A. Craig et al. (eds.), *What Works in Offender Rehabilitation: An Evidence-Based Approach to Assessment and Treatment* (Chichester, West Sussex: Wiley-Blackwell, 2013).

于读者更加便捷地了解相关内容。

（三）更新信息

在修订的过程中,对于相关信息做了大量的更新。例如,根据新出版的书籍,更新了注释等方面的内容。又如,根据数据库中的新数据,更新了统计资料等相关信息。再如,根据研究的进展和进一步思考,更新了若干术语的定义。

（四）改进格式

这方面的主要改进包括,在书写英语文献的名称时,将文献名称中的实义词首字母统一为大写;对于已经翻译为中文的书籍中没有作者中译名的,增加了姓名的中译名,以利于国内一部分读者阅读。

三、其他有关说明

在本书的写作与修订过程中,对于一些内容和格式等所采用的处理方法,需要作出特别说明。

（1）外国人物的相关年份。在本书中,涉及大量的外国人物,在文中出现这类人物时,首先注明姓名原文。即在外国人物的汉语译名之后,在圆括号内注明其外文原名,例如,亚伯拉罕·马斯洛（Abraham H. Maslow）,以便读者获得相关的准确信息,这有利于开展进一步研究等。其次注明有关年份。在外国人物后面注明的年份,有两种情况,一种是生卒年份,这种年份中间用"—"连接,例如,亚伯拉罕·马斯洛（Abraham H. Maslow,1908—1970）,表示在1908年出生,1970年逝世;另一种是成果发表或者出版年份,这种年份直接写在外文原名之后,用逗号将其与外文原名隔开,例如,胡安·科蒂斯（Juan B. Cortés,1972）,表示其著作在1972年出版。

（2）对国内文件等的引述。在书稿撰写过程中,引述了大量中共中央、国务院及其他中央部门等机构的文件(包括决定、规定、会议纪要等)、国家领导人的讲话、批示,有关机构编印的内部资料等内容。这些信息散见于相关文件、各种资料汇编等载体中,在引述时作了反复校对,以便最大限度地保证其准确性,但是,无法一一注明出处。

四、致谢

本书第二版的修订和出版,得益于王兰萍编审的肯定和鼓励,在此谨致谢意。

在本书第二版即将出版之际,笔者仍然想对在撰写本书第一版的过程中给予过帮助的有关人士,表达感谢之意。为此,保留了第一版后记。同时,在本书第一版出版后的这些年中,笔者继续关注和思考罪犯改造问题,这方面的工作得到了很多人的支持和帮助,在此向他们表示衷心的感谢。

笔者指导的博士后研究人员曾彦、江华锋、李岚林,博士研究生彭玉伟、蔡雅琦、胡昂、张崇脉、海伟、王志强、张威、张雍锭、白海娟,硕士研究生杨险峰、陈虹、蔡敏、蔡秀、毕颖茜、邱刚、朱涛、李琳、李淼、杜成静、黄玲林、牟大钊、王英秀、颜丹、肖融、王珏、吴思诗、谭钊、崔雨桐、王力达、余频、张红华、郑浩、肖运出、孟祥伟、冯昊、黄锦、杨春景、陈永侠、王露、万文婧、邢思宇、石志远、田茜、王雁南、张宏鸿、米佼佼、王弘鹏、张卿、张雪、李辛彩、孙丰仁、于水莲、赵胜达、李江、刘雅莉、张乔红、曾芳、解雅虹、薛艳丽、李方圆、王可人、王亚琳、陈芳营、于任涵、翟祎等同学,以不同形式协助和支持了笔者的研究和本书的修订。

在本书第二版出版之际,向所有对笔者的研究和写作给予过关心、支持和帮助的人们,表示最真挚的感谢!

如果读者在阅读中发现了问题或者错误,请通过电子邮件(zongxianwu@126.com 或 wuzongxian@bnu.edu.cn)或其他方式告知笔者,以便继续修订和完善。

吴宗宪

2018 年 6 月 28 日于北师大刑科院

第一版序[*]

吴宗宪博士在博士论文基础上完成的专著《罪犯改造论——罪犯改造的犯因性差异理论初探》即将出版,这是一件有意义的事情,也是一项有价值的成果。

几十年来,新中国的罪犯改造工作,特别是改造战犯的工作,取得了举世瞩目的成就。根据我国社会发展变化的新情况,在总结既往经验的基础上,继续探讨并发展罪犯改造理论,指导罪犯改造工作朝着更加科学、更加有效的方向发展,提高罪犯改造质量,是理论工作者义不容辞的职责。吴宗宪在长期积累和深入思考的基础上,进行了这方面的尝试。作为他的博士生指导教师,我感到由衷的高兴,热忱祝贺这项成果的问世。

吴宗宪博士自1992年到司法部预防犯罪研究所之后,一直从事监狱方面的研究工作,熟悉国内外监狱制度及其运行情况,对罪犯改造问题进行了长期研究,发表了不少成果。同时,他也熟悉犯罪学理论,并长期研究犯罪心理学等相关学科理论,为他深入探讨罪犯改造理论做了多方面的准备,奠定了良好的基础。现在完成的这部成果

---

[*] 本序是中国政法大学王牧教授为2007年出版的本书第一版撰写的,王牧教授时任中国犯罪学研究会(后更名为"中国犯罪学学会")会长,现任中国犯罪学学会名誉会长、中国政法大学资深教授。

表明,他在过去进行的多方面的研究准备,是卓有成效的,也得到了很好的体现。

通观这部书稿,我感到它具有下列特色:

第一,内容新颖。尽管罪犯改造问题并不是一个新的课题,人们已经进行了较多研究,但是,本书论述的内容却很新颖。首先,作者在书中结合我国罪犯改造的实际,详细而深入地阐述了"罪犯改造的犯因性差异理论"。这种理论的基本观点认为,犯罪是犯罪人存在犯因性差异的结果。犯因性差异不仅存在于静态的因素或特征方面,更存在于动态的因素或特征方面,特别是存在于动态的相互作用(互动)方面。犯因性差异既是个人犯罪的重要原因,也是对罪犯进行改造的重要基础,表明了罪犯改造的方向,指示了罪犯改造的具体对象。从社会、道德和法律的标准来看,体现犯因性差异的因素都是有缺陷的,它们构成了犯因性缺陷。因此,改造罪犯实际上就是努力缩小和消除犯因性差异或者犯因性缺陷的活动。其次,在书中提出了一系列新颖的概念和观点。例如,以"犯因性"开头的很多概念及"亲社会相似性""改造单元"等概念,对它们进行了界定。又如,提出了改造罪犯的合理目标、改造罪犯的重点、改造罪犯的层次、改造罪犯的具体对象、改造活动的优先顺序、罪犯改造中的目标取向等观点。这些概念和观点丰富了罪犯改造理论乃至犯罪学理论的内容,值得进一步探讨和运用。

第二,论证充分。本书在阐述罪犯改造的犯因性差异理论及其应用的过程中,进行了充分的论证。首先,论著中使用的概念清晰。作者在进行理论观点的阐述之前,都明确界定了所使用的概念的含义,为进一步的论述奠定了必要的基础。其次,论著的结构完整。作者在阐述罪犯改造的犯因性差异理论及其应用的过程中,严格遵循一般的逻辑结构,首先论述犯罪原因论,为下一步探讨罪犯改造的理论提供了坚实的理论基础;接着阐述了罪犯改造理论的基本原理;最后详细论述了犯因性改造理论的具体运用。这样,就使整个书稿内容完整、结构合理、层次清楚、逻辑性强,具有很强的理论说服力。再次,重视应用国内外的资料进行论证。在论述某方面的观点时,往往都能够充分运用国内外的资料作为论据,支持自己的论点,进行了有力的论证。最后,重视以科学的态度对待别人的研究成果。对于以往研究成果的评价,能够采取辩证的态度,肯定优点,指出不足,而且在表达自己的态度和评价时,都能够阐述理由,以理服人。

第三,注重应用。本书重视理论应用。作者在阐述了罪犯改造的犯因性差异理论的基本观点之后,并没有就此止步,而是接着详细论述了如何通过罪犯改造实践改变罪犯的犯因性差异或者犯因性缺陷的问题,归纳和提出了改造犯因性缺陷的一系列原则、方法和措施,为这种理论的实践运用做了充分的准备,从而使实务工作者更有可能将这种理论应用于改造罪犯的具体实践。同时,作者还运用犯因性差异理论分析了目前我国罪犯改造工作中存在的种种误区,提出了如何认识和纠正这类误区的见解。此外,作者还就如何应用这种理论改造罪犯的不同犯因性差异或者犯因性缺陷,如何改进罪犯改造活动的效果等,提出了很多具体的建议和看法,这些都有利于完善中国的监狱制度和罪犯改造工作,有利于增强犯因性差异理论的实效。

第四,资料翔实、丰富。本书所引用的资料数量很大、种类繁多,其中既有理论文章和著作,也有国家法律和法规;既有公开发表的文献资料,也有一些内部研究报告;既有描述性研究资料,也有统计性研究数据;既有别人的研究成果,也有作者自己的研究成果;既有大量中文资料,也有很多英语资料;既有综合性研究资料,也有很多个案资料;既有学术研究性的资料,也有政府决策性的资料。可以说,广泛搜集和充分运用各种不同类型的资料,是本书的重要特色。这种特色的形成,与作者自己的工作经历和知识结构有密切的联系。作为长期从事监狱研究工作的人员,他积累了十分丰富的国内监狱资料,很多资料是一般研究人员难以见到的,是在图书馆中难以查到的。同时,作为一名有较好英语基础的研究人员,他不仅长期收集公开发表和出版的英语论著,而且在出国考察的过程中,收集了很多并未出版的英语资料。他在资料收集方面的这些条件,使本书具有了坚实的资料基础。

第五,写作规范。作为一部理论著作,本书严格遵循学术写作规范。这不仅表现在概念清晰、定义明确、重视对已有研究成果的分析综述等方面,还表现在下列的诸多方面。首先,凡是引用别人的资料和观点,都详加注释,不仅体现了对原作者的尊重,也反映了作者严谨的治学态度。特别是他在引用很多实务材料时,不仅注明文集或者资料集的编者信息,而且特别注明了原始材料的撰写者信息,体现了对原作者的敬意,肯定了原作者的贡献。这种态度是值得倡导的。如果没有大量工作在改造罪犯一线的实务工作者的默默奉献和辛勤劳动,就很难有良好的罪犯改造成效。其次,作者在注明所引用的英语文献时,十分注意参照国外文献中比较常用和比较合理的注释方法,详细注明英语文献的出处,这种做法树立了一个如何注明所引用的外文文献的榜样,值得肯定和赞赏。再次,在阐述对于一些概念的不同理解时,也细心地注明别人的看法和自己的见解,避免了理解上的偏差。而且,还清楚地注明了已有的概念和作者自己发展的概念,避免了可能产生的误解。最后,作者通过"专栏"的形式,直观醒目地引用别人的研究成果,这也在如何引用别人的资料方面,进行了有益的尝试。

总之,这是一部具有理论新意和深度并将理论与实践密切结合较好的著作,具有较高理论价值和应用价值,必将对中国罪犯改造理论研究和实务工作起到自己应有的作用。同时,本书也充分体现了作者良好的学术研究基础和较强的科学研究能力。

世界上没有完美无瑕的东西。像任何学术著作一样,本书也存在一定的不足,但瑕不掩瑜,这里就不一一指出了。因为,如果那样,就很可能把学生与导师不同的学术观点当作不足的问题来看待,而那样就违背了学术发展的规律。要允许并积极支持学生提出与导师不同的观点,这样才能促进学术发展,否则就失去了学术发展的基本条件。作为他的博士生指导教师,我殷切希望他以此为起点,继续努力,在学术研究中做出新的贡献。

王牧

2007年1月1日

目 录

前言 ……………………………………………………………… 1

第一部分　绪论

第一章　改造罪犯的简要历史 ………………………………… 3
　　第一节　中国改造罪犯的思想和实践 ……………………… 3
　　　　一、历史上改造罪犯的思想和实践 ………………… 3
　　　　二、当代中国改造罪犯的观点和实践 ………………… 6
　　第二节　西方改造罪犯的思想和实践 ……………………… 10
　　　　一、历史上改造罪犯的思想和实践 ………………… 10
　　　　二、当代西方国家改造罪犯的理念 ………………… 16
　　　　三、当代西方国家改造罪犯的实践 ………………… 20
第二章　改造罪犯的理论探索概观 …………………………… 33
　　第一节　国内的探索 ………………………………………… 33
　　　　一、毛泽东改造罪犯思想 …………………………… 33
　　　　二、其他罪犯改造理论探讨 ………………………… 45
　　　　三、理论研究中存在的问题 ………………………… 51
　　第二节　西方国家的探索 …………………………………… 56
　　　　一、改造的不同表达 ………………………………… 56

二、改造的不同含义 …………………………………… 60

三、改造的理论探索 …………………………………… 63

第二部分 犯罪原因论

第三章 犯因性差异理论概述 …………………………………… 71

第一节 犯因性互动观点 …………………………………… 71

一、"犯因性"及其含义 …………………………………… 71

二、犯罪原因的互动观 …………………………………… 81

三、犯因性互动观点的基本内容 …………………………………… 84

四、犯罪原因与犯因性因素 …………………………………… 96

五、犯因性因素的类型 …………………………………… 99

第二节 犯因性差异观点 …………………………………… 103

一、犯因性差异与个人犯罪 …………………………………… 103

二、犯因性差异、犯因性缺陷与犯因性素质 …………………………………… 109

三、犯因性差异的种类 …………………………………… 112

四、犯因性差异与二元论谬误 …………………………………… 113

五、犯因性差异与亲社会相似性 …………………………………… 114

第三节 犯因性差异理论与相关学说 …………………………………… 123

一、犯因性差异理论与行刑个别化学说 …………………………………… 124

二、犯因性差异理论与教育刑论 …………………………………… 126

第四章 犯因性差异的维度 …………………………………… 128

第一节 犯因性环境因素 …………………………………… 128

一、不良家庭 …………………………………… 129

二、不利的学校环境 …………………………………… 132

　　　　三、不良交往与犯罪亚文化 ………………………… 134
　　　　四、犯罪高发邻里 …………………………………… 136
　　　　五、不力的执法状况 ………………………………… 137
　　　　六、犯因性物质的情况 ……………………………… 138
　　　　七、不良工作环境 …………………………………… 142
　　　　八、不良的大众传媒报道 …………………………… 144
　　　　九、经济不平等 ……………………………………… 147
　　　　十、有害的社会风气 ………………………………… 149
　　第二节　犯因性个人因素 ………………………………… 149
　　　　一、犯因性生理因素 ………………………………… 149
　　　　二、犯因性心理因素 ………………………………… 160
　　　　三、犯因性行为因素 ………………………………… 222
　　第三节　犯因性互动因素 ………………………………… 233
　　　　一、犯因性认识缺陷 ………………………………… 233
　　　　二、犯因性反应方式 ………………………………… 242
　　　　三、犯因性情境因素 ………………………………… 250

第三部分　罪犯改造论

第五章　犯因性差异理论与罪犯改造 ……………………… 257
　　第一节　犯因性差异理论与罪犯改造的关系 …………… 257
　　　　一、罪犯改造的含义 ………………………………… 257
　　　　二、犯因性差异与一般性个别差异 ………………… 264
　　　　三、犯因性差异与罪犯改造 ………………………… 269
　　　　四、罪犯改造误区及其后果 ………………………… 270

第二节　亲社会相似性与罪犯改造 …… 274
一、概述 …… 274
二、亲社会相似性对于改造工作的启发 …… 279

第三节　改造罪犯的相关问题 …… 295
一、改造罪犯的目标 …… 295
二、改造罪犯的重点 …… 306
三、改造罪犯的层次 …… 313

第六章　犯因性差异理论应用概述 …… 316

第一节　改造罪犯的基本过程 …… 316
一、开展罪犯评估 …… 317
二、进行罪犯分类 …… 320
三、制订改造计划 …… 321
四、实施改造活动 …… 323

第二节　改造活动的组织形式——改造单元 …… 324
一、概述 …… 324
二、改造单元方法的特点 …… 325

第三节　改造活动的科学改进 …… 329
一、确立罪犯改造活动的优先顺序 …… 329
二、改善罪犯改造活动的制度安排 …… 333
三、调整罪犯改造活动的目标取向 …… 337
四、提高罪犯改造人员的整体素质 …… 339
五、调整罪犯改造活动的具体内容 …… 347
六、重视利用社会资源改造罪犯 …… 349
七、贯彻有效干预的原则 …… 355
八、使用有效的改造方法 …… 357

九、重视循证矫正及其应用 ………………………… 368
第七章　犯因性环境因素与改造 ………………………… 385
　第一节　对比性改造方法 ………………………………… 385
　　　一、概述 ……………………………………………… 385
　　　二、家庭缺陷对比法 ………………………………… 390
　　　三、人际缺陷对比法 ………………………………… 395
　　　四、境遇想象对比法 ………………………………… 398
　第二节　干预性改造方法 ………………………………… 430
　　　一、直接干预不良环境法 …………………………… 430
　　　二、间接干预不良环境法 …………………………… 432
　第三节　其他改造方法 …………………………………… 433
　　　一、合理认识社会环境法 …………………………… 433
　　　二、破除侥幸心理法 ………………………………… 438
　　　三、社会化改造法 …………………………………… 440
第八章　犯因性生理因素与改造 ………………………… 444
　第一节　精神外科与罪犯治疗 …………………………… 444
　　　一、精神外科及其与罪犯治疗的联系 ……………… 444
　　　二、利用精神外科手术治疗犯罪人 ………………… 451
　第二节　药物治疗 ………………………………………… 470
　　　一、概述 ……………………………………………… 470
　　　二、对神经递质的药物干预 ………………………… 473
　　　三、性激素治疗 ……………………………………… 477
　　　四、其他药物治疗 …………………………………… 481
　　　五、药物治疗中使用的常用精神药物 ……………… 485

第三节　其他改造方法 ·· 489
　　一、阉割 ··· 489
　　二、整形外科 ·· 493

第九章　犯因性心理因素与改造（Ⅰ） ························· 498
　第一节　改造犯因性心理因素的简要回顾 ············· 498
　第二节　犯因性认识因素的改造 ·························· 500
　　一、犯因性观念的改造 ······································ 500
　　二、犯因性教育因素的改造 ······························· 521
　　三、犯因性思维模式的改造 ······························· 533
　　四、犯因性智力因素的改造 ······························· 538
　第三节　犯因性感情因素的改造 ·························· 539
　　一、犯因性情感因素的改造 ······························· 539
　　二、犯因性情绪因素的改造 ······························· 553

第十章　犯因性心理因素与改造（Ⅱ） ························· 569
　第一节　犯因性人格因素的改造 ·························· 569
　　一、犯因性人格因素的可改造性 ························ 569
　　二、犯因性人格障碍的矫正 ······························· 571
　　三、攻击性的矫正 ·· 580
　　四、敌意的矫正 ··· 586
　　五、冲动性的矫正 ·· 588
　　六、其他犯因性人格因素的矫正 ························ 593
　第二节　犯因性技能因素的改造 ·························· 598
　　一、犯因性职业技能的改造 ······························· 598
　　二、社会技能训练概述 ······································ 604
　　三、社会技能训练的主要内容 ···························· 607

　　　　四、社会技能训练技术 …………………………… 614
　第三节　其他犯因性心理因素的改造 …………………… 621
　　　　一、犯因性动力因素的改造 ………………………… 621
　　　　二、犯因性精神状态的改造 ………………………… 641
　　　　三、犯因性能力因素的改造 ………………………… 649

第十一章　犯因性行为因素与改造 …………………………… 651
　第一节　行为矫正概述 …………………………………… 651
　　　　一、行为矫正的概念 ………………………………… 651
　　　　二、行为矫正的基本假设 …………………………… 656
　　　　三、行为矫正的基本步骤 …………………………… 659
　第二节　正强化技术 ……………………………………… 664
　　　　一、概述 ……………………………………………… 664
　　　　二、代币强化法 ……………………………………… 671
　　　　三、行为合同法 ……………………………………… 676
　　　　四、塑造法 …………………………………………… 681
　第三节　负强化技术 ……………………………………… 684
　　　　一、概述 ……………………………………………… 684
　　　　二、厌恶疗法 ………………………………………… 691
　　　　三、消极练习法 ……………………………………… 694
　　　　四、系统脱敏法 ……………………………………… 696
　　　　五、冲击疗法 ………………………………………… 704
　第四节　现实疗法 ………………………………………… 706
　　　　一、概述 ……………………………………………… 706
　　　　二、罪犯评估 ………………………………………… 708
　　　　三、治疗步骤 ………………………………………… 709

xxi

　　　　四、治疗技术 ································· 712
　第五节　其他行为矫正技术 ··························· 713
　　　　一、消退技术 ································· 713
　　　　二、过度矫正技术 ····························· 715
　　　　三、反应代价技术 ····························· 717
　　　　四、自我管理技术 ····························· 719

主要参考文献 ·· 723
术语译名对照表 ······································ 735
人名译名对照表 ······································ 750

第一版后记 ·· 756

专栏和表格目录

专栏 3－1：被害人过错引发犯罪的案例 ……………… 93
专栏 3－2：意外事件导致犯罪中止案件 ………………… 96
专栏 3－3：少年犯罪人与非犯罪少年之间的差异 ……… 107
专栏 4－1：宁让警察来抓　不回暴力之家 …………… 130
专栏 4－2：不良交往导致伤害案 ………………………… 135
专栏 4－3：吸毒引起的异常精神状态引发犯罪案例 …… 139
专栏 4－4：酒精依赖导致杀人案 ………………………… 141
专栏 4－5："四好班子"竟是一窝蛀虫案 ……………… 143
专栏 4－6：模仿录像情节　15 岁少年抢劫杀人 ……… 145
专栏 4－7：犯罪人的错误思维模式 ……………………… 177
专栏 4－8：偏执使被害人变成犯罪人案例 ……………… 180
专栏 4－9：法盲犯罪案例 ………………………………… 196
专栏 4－10：一个纪委书记的堕落案例 ………………… 201
专栏 4－11：家庭暴力的社会遗传 ……………………… 205
专栏 4－12：懒汉劫持飞机案例 ………………………… 213
专栏 4－13：耳听储户敲击键盘　破解密码透支存款 … 219
专栏 4－14：为圆谎言杀妻弑母案 ……………………… 224
专栏 4－15：嗜赌引发挪用公款案例 …………………… 226
专栏 4－16：随手扔东西导致犯罪案例 ………………… 227

专栏4-17：习武二十年报仇案例 ································ 231
专栏4-18：暴力打死人被判死刑案 ······························ 247
专栏5-1：改造哲学的范围 ·· 261
专栏5-2：利用亲情改造罪犯的做法 ······························ 277
专栏5-3：以亲情为契机改造罪犯事例 ···························· 280
专栏5-4：监狱干警通过学习专业知识改造罪犯的事例 ············ 281
专栏6-1：降低累犯行为的有效干预原则 ·························· 355
专栏6-2：十二步计划 ··· 361
专栏7-1：监狱干警促使罪犯妻子撤回离婚起诉改造
　　　　罪犯事例 ··· 387
专栏7-2：通过关心生活改造罪犯的事例 ·························· 391
专栏7-3：通过恢复家庭关系改造惯窃犯的事例 ··················· 392
专栏7-4：多方面帮助问题家庭罪犯的事例 ························ 394
专栏7-5：拒收好处改造罪犯的事例 ······························ 396
专栏7-6：清正廉洁改造罪犯的事例 ······························ 397
专栏7-7：人道关怀改造日本战犯的事例 ·························· 401
专栏7-8：真诚关心改造国民党战犯的事例 ························ 402
专栏7-9：治病时切实为罪犯着想改造罪犯的事例 ·················· 404
专栏7-10：罪犯家属到监狱与亲人同居过春节 ···················· 406
专栏7-11：2018年春节期间999名罪犯离监探亲的
　　　　　良好实践 ··· 408
专栏7-12：浙江女监的环境建设 ·································· 418
专栏7-13：种花养草感化罪犯 ···································· 421
专栏7-14：河南豫北监狱的监区文化建设 ························ 425
专栏7-15：北京女子监狱的监区文化建设活动 ···················· 428

专栏7－16：通过监狱直接干预行为改造罪犯案例……………… 431
专栏7－17：让日本战犯接受社会教育…………………………… 441
专栏7－18：利用社会参观方法改造国民党战犯…………………… 442
专栏8－1：对犯罪人的治疗 ……………………………………… 453
专栏8－2：上海交通大学附属瑞金医院功能神经外科中心的
　　　　　精神外科手术情况…………………………………… 463
专栏9－1：浙江省杭州一支队的"加强思想改造"读书
　　　　　评书活动 ……………………………………………… 502
专栏9－2：杨家栋的个别谈话经验 ………………………………… 509
专栏9－3：通过参观让战犯接受社会教育 ………………………… 513
专栏9－4：通过组织参观改造罪犯 ………………………………… 514
专栏9－5：通过自编自演电视艺术小品改造罪犯 ………………… 515
专栏9－6：日本战犯通过自编自演短剧进行改造的实例 ………… 516
专栏9－7：换位体验纠正不当看法 ………………………………… 519
专栏9－8：读书提高文化技术素质 ………………………………… 527
专栏9－9：加拿大联邦矫正系统中的闲暇技能计划 ……………… 544
专栏9－10：以身作则改造战犯……………………………………… 551
专栏9－11：通过读书调节罪犯情绪………………………………… 566
专栏10－1：克服敌视情绪和增加对他人信任的具体方法………… 587
专栏10－2：昔日违法祸乡亲，今朝学技助四邻…………………… 600
专栏10－3：现代监狱中罪犯缺乏安全感的主要来源……………… 627
专栏11－1：利用系统脱敏法矫治讲话恐惧症的案例……………… 698

表格4－1：罪犯文化程度与总人口文化程度的对比
　　　　　（2003年数据）………………………………………… 204

- 表格6-1:充满希望的转变目标 333
- 表格8-1:利用扁桃体切除术治疗攻击行为和品行障碍的结果 458
- 表格8-2:利用下丘脑切断术治疗性障碍的结果 459
- 表格8-3:原发型反社会综合征治疗中的靶症状 471
- 表格8-4:对不同类型反社会者进行药物治疗的建议 483
- 表格8-5:吸毒者接受治疗后的累犯率 496
- 表格8-6:非吸毒者接受治疗后的累犯率 497
- 表格10-1:社会技能的成分 605
- 表格10-2:医学心理咨询与心理治疗之间的区别 648
- 表格11-1:用行为治疗处理的临床问题和疾病一览表（1986年） 655
- 表格11-2:行为治疗对常见疾病的疗效比较 656
- 表格11-3:冲击疗法与系统脱敏法的主要区别 705

前　言

改造罪犯是中国监狱系统①最重要的任务之一,也是监狱系统最重要的日常工作之一。这是一个值得认真研究的课题,本书就是对这个课题进行综合性研究的一个结果。虽然本书的写作时间并不很长,但是,对于这个课题的研究,却经历了很长的时间。可以说,本书反映了作者多年来对于该课题进行思考和研究的结果。

一、选题的背景和意义

改造罪犯,把犯罪人变成守法者,不仅是犯罪学、监狱学等学科研究的内容,也是全人类面临的共同课题,是世界上很多国家和地区都在进行的重要社会实践活动。

长期以来,人们进行了很多的改造罪犯的努力,并且在一些国家和地区取得了卓越的成就。例如,1949年以后,新中国曾经成功地改造了大量刚愎自用、性格倔强、不可一世的日本侵华战犯,"经过改造,以前多名原日本战犯经宽大释放回国后,绝大多数积极参加反

---

① 随着中国大陆地区在2003年7月开始社区矫正改革的工作(这项工作开始的标志是最高人民法院、最高人民检察院、公安部和司法部2003年7月10日联合发布《关于开展社区矫正试点工作的通知》),改造罪犯也成为中国大陆社区矫正系统最重要的任务之一。本书虽然是以监狱中的罪犯为对象撰写的,但是,其中的大部分内容同样适用于社区矫正系统。

战、和平和促进中日友好的活动。"① 而且,新中国监狱部门对于普通刑事罪犯的改造,也取得了良好的成绩,使中国的重新犯罪率一直保持在较低的水平。同时,在国际社会中,也进行了大量改造或者矫正罪犯的实践和理论探讨。

但是,相对而言,在罪犯改造理论方面的研究不够。从现有资料来看,人们提出的系统化的罪犯改造学说不多,特别是缺乏具有牢固的实证和理论基础、得到广泛承认的罪犯改造理论。

因此,为了促进中国罪犯改造工作的科学化发展,为了进一步提高中国罪犯改造的质量,也为了推动罪犯改造领域的理论研究,本书试图提出一种新的罪犯改造理论——罪犯改造的犯因性差异理论,为中国罪犯改造工作的发展做出微薄的努力。

二、主要研究方法

改造罪犯是一个理论性和实践性都很强的研究课题。在对本课题的研究过程中,主要使用了下列研究方法:

1. 文献调查法

在研究本课题的过程中,首先认真查阅国内文献,其中,不仅包括大量纸质文献,还包括海量的电子出版物和数据库文献,特别是没有公开出版的大量文献。同时,也大量查阅国外资料(英文),所查阅资料也包括纸质出版物和电子文献。在这些文献调查的基础上,了解在罪犯改造方面所做过的研究与现状,分析已有研究的成绩和不足,明确进一步研究的切入点。

2. 实证调查法

为了深入了解罪犯改造的实际情况,在长期研究这个问题的过

---

① 国务院新闻办公室:《中国改造罪犯的状况》,法律出版社1992年版,第2页。

程中,曾采用多种方法进行实证调查,其中包括自编问卷调查(包括适用于监狱中罪犯的《犯人调查问卷》和适用于监狱工作人员的《干警调查问卷》)、利用现有心理量表测验(卡氏16种性格因素测验问卷,简称"16PF问卷")、①实地考察和参观监狱②等。

3. 多学科研究法

罪犯改造是一个涉及很多方面内容的研究课题,因此,在研究的过程中,利用了犯罪学、监狱学、刑法学、刑事诉讼法学、心理学、社会学、伦理学、生理学、遗传学、教育学、历史学等多学科的知识、理论和方法,对罪犯改造问题进行了多学科的探讨。

4. 理论建构法

在掌握大量实证资料和理论素材的基础上,进行了建立一种新的罪犯改造理论的初步尝试,提出和界定了若干概念,探讨和阐述了一系列观点,围绕建立新的罪犯改造理论做了一些工作。

---

① 笔者对于罪犯改造问题的理论探讨,已经进行了较长的时间。可以说,从1992年年初笔者由中国政法大学法律系犯罪心理学教研室调入司法部预防犯罪研究所(当时叫作"司法部预防犯罪与劳动改造研究所")任职(先后担任研究员、监狱学研究室主任等职)开始,就正式涉足罪犯改造问题的研究。1995年2—4月间,曾经结合"重新犯罪的心理与对策"课题(这个课题是时任中共中央总书记江泽民交给时任中央政法委书记的任建新,并由中国法学会组织实施的重大课题《当前严重犯罪的犯罪心理与对策》的分课题之一)的研究工作,和同事周勇一起进行过专门的问卷调查和心理测验。在那次调查研究中,利用自编问卷和心理量表对山东、广东和甘肃三省一些监狱的罪犯和干警进行调查和测量,回收合格的犯人调查问卷590份、测验犯人的16PF问卷554份、干警调查问卷142份,并且利用社会科学统计程序软件包(SPSS/PC+)对前两种问卷进行了计算机统计处理;对后一种问卷进行了仔细的阅读分析。这个课题的研究成果,发表在《犯罪与改造研究》1995年第12期和1996年第1期。

② 在长期的研究过程中,笔者实地考察和参观了100多所国内监狱(这些监狱既包括司法部直属的燕城监狱,也包括很多省、自治区、直辖市的不同类型的监狱)和约30所国外的各类监狱或者矫正机构,主要是加拿大、美国、英国、德国和澳大利亚等国的监狱或者矫正机构。

三、研究资料的使用

在写作本书的过程中，遇到的突出问题是资料方面的问题。尽管笔者努力查阅文献，但是，由于在国内犯罪学、犯罪心理学等学科的研究中存在着研究内容比较宏观、对很多微观问题缺乏研究、对犯罪人的调查研究中普遍缺乏与相匹配的守法者进行对比等问题，很少发现所需要的文献。因此，在写作犯罪原因论方面的内容时，除了自己长期进行观察、思考及研究的结果之外，较多地引用了外文（英文）资料和外国学者们的研究成果。虽然一般认为，人们之间的心理等方面有很多的相似性，这种相似性远远大于社会制度、刑事法律规定等方面的相似性，但是，也必然存在文化等方面的差异。所以，究竟外国学者们的犯罪研究成果在多大程度上适合于中国的情况，是需要以后深入研究的课题。从这个意义上讲，本书的探讨为以后的研究提供了大量的线索，指出了以后需要研究的可能的方向。

同时，有关国内罪犯改造方面的资料，能够引用的也不是很多。主要原因是，首先，在整个刑事科学或者刑事法学中，监狱学或者监狱法学属于很小的学科，研究的人员不多，发表的论著有限。这是一个奇特的现象。人们对于与刑事司法活动的前半部分（审判及之前的部分）有关的学科，特别是刑法、刑事诉讼法等学科，进行了大量的研究，发表了无数的成果。但是，对于刑事审判之后如何执行刑罚的问题，却没有给予应有的关注。实际上，对于大多数犯罪人来说，刑事审判之前的时间较短，而刑事审判之后的服刑时间往往极长；对于刑事司法机关来讲，刑事审判之前的工作固然极为重要，也要持续一定时间，然而，刑事审判之后监管改造罪犯的任务更加艰巨，持续时间更长。但是，在研究工作方面的投入，却与这种客观现象极不相称。这不能不令人深思！

其次，对于罪犯改造问题的研究不多。在监狱学或者监狱法学中，罪犯改造问题仅仅是其中的一个方面，总体而言，对于这个部分的研究不是很多，有分量的研究成果也很有限。

再次，对于监管改造实务工作方面的资料引用，也是颇费考量。长期以来，监狱(包括以前的战犯管理所)是中国社会中一类神秘的、森严的、封闭的社会机构，外界知之甚少，并且心存畏惧，敬而远之(这种情况至今似乎也没有十分显著的改变!)。特别是对于其中监管改造罪犯(战犯)的实务工作，社会上的人们了解得更少，出版物也很少，而且，如果没有从事过相关的组织领导工作，没有在里面从事过具体的监管改造工作，没有进行过专门的实际调查和其他有关工作，也不是从其中释放或特赦的人员的话，很难讲清楚这方面的情况。近年来，缺少出版物方面的情况有所改变，陆续出版了一些反映监管改造实务工作，特别是战犯改造工作的书籍。但是，又产生了另一方面的问题：其中一些改造战犯的书籍中，有大量故事性的内容，情节具体，文字生动，似乎个人亲历一般，但是，从一些作者的简单介绍文字中，又看不出作者与监狱(包括以前的战犯管理所)有什么特别的关系，不知道作者是如何得知这些内容的，也不知道这些内容的真实性如何。因此，这类出版物的内容令人生疑，因而无法采信和引用。①

最后，对于一些新闻工作者撰写的监狱方面的纪实性作品，采取了谨慎的态度。一些并非长期从事刑事司法方面采访的新闻工作

---

① 这给出版该类书籍提出了另一个值得重视的问题，那就是以后在出版这类书籍时，应当有比较详细的作者介绍，使读者能够通过书中介绍的作者背景资料，了解他们与监狱(或者战犯管理所)的具体联系或者关系，从而可以推断作品内容的真实性，增强这类书籍的可信度。

者,可能由于偶然的机会到监狱系统采访,在走马观花式的短期采访之后,就能够写出洋洋洒洒几十万言的纪实作品。笔者在长期的监狱研究中,阅读过一些这方面的书籍和其他作品,读后感受复杂。有的作品中描述的似乎不是监狱,而是"疗养院""养老院""医院"或者别的什么社会福利机构。按照那样的描述,许多人看了之后都有可能希望到里面去"享受"……这样的作品对监狱工作和罪犯生活的反映究竟有几分真实,实在令人怀疑。因此,对于这样的作品,本书很少加以引用。

四、研究的基本思路

在进行本课题的研究过程中,笔者感到,从逻辑学的角度分析,完整的罪犯改造理论应当包括犯罪原因理论和罪犯改造理论两部分。对于犯罪原因的理论研究,可以为罪犯改造方面的理论探讨提供必要的基础。因此,首先探讨犯罪原因问题,然后将犯罪原因理论应用于探讨罪犯改造问题。

根据这样的研究思路,本书在研究已有的罪犯改造研究成果和分析改造罪犯实践的基础上,探讨和阐述了一种新的罪犯改造理论——罪犯改造的犯因性差异理论。这种理论的基本观点是:犯罪是犯罪人存在犯因性差异的结果。犯因性差异不仅存在于静态的因素或特征方面,更存在于动态的因素或特征方面,特别是存在于动态的相互作用(互动)方面。犯因性差异既是个人犯罪的重要原因,也是对罪犯进行改造的重要基础,表明了罪犯改造的方向,指示了罪犯改造的对象。从社会、道德和法律的标准来看,体现犯因性差异的因素都是有缺陷的。因此,改造罪犯实际上就是努力缩小和消除其犯因性缺陷的活动。

五、有关术语的界定与使用

在进一步研究罪犯改造问题之前,首先应当对"罪犯"(convict, convicted offender, prisoner)这个术语进行基本的界定。

罪犯就是实施犯罪行为之后被审判机关定罪判刑的人。一般而言,罪犯这个概念具有下列特征:第一,有犯罪行为。罪犯是实施了犯罪行为的人。罪犯首先是犯罪人(offender, criminal)。这是确定罪犯的最重要的条件。如果个人没有实施严重危害社会的犯罪行为,即使被审判机关定罪判刑,也不能称为罪犯。那些虽然被审判机关定罪判刑,但是并没有实施犯罪行为的人,是"冤假错案"的受害人,而不是真正意义上的罪犯。同样,那些在实际上实施了严重危害社会行为的人,即使还没有被审判机关定罪判刑,在犯罪学中也可以称之为罪犯。这是犯罪学中的犯罪概念的自然延伸。[①]第二,被定罪判刑。从法律上看,罪犯就是被审判机关定罪判刑的人。按照法律的要求,只有当审判机关对某个人作出有罪判决并且在判决生效之后,才能将这个人称为"罪犯"。因此,被审判机关定罪判刑,是一个人变成罪犯的先决法律条件。第三,通常指自然人。尽管根据刑法规定,犯罪的主体既可以是自然人,也可以是法人团体,但是,在通常情况下,监狱学等学科中所说的"罪犯",往往都是自然人。特别是在研究改造罪犯问题的时候,罪犯就是指自然人。第四,有不同种类。根据罪犯服刑的状况,可以将罪犯划分为两大类型:一类是被监禁型罪犯(prisoner),这是指在监狱中服刑的罪犯;另一类是非监禁型罪

[①] 犯罪学中的犯罪,通常是指严重危害社会的行为。也可以说是具有"严重的社会侵害性"的行为。参见王牧主编:《新犯罪学》(第三版),高等教育出版社2016年版,第6页。

犯,这是指没有被监禁起来的罪犯,例如,社区服刑人员(在社区中服刑的罪犯)等。本书主要探讨对于被监禁型罪犯的改造问题,但是,很多内容也适用于非监禁型罪犯。此外,本书论述的内容也适用于那些虽然不属于刑事法学中所说的"罪犯",但是却实施了犯罪学上所说的犯罪的人,即进行了严重危害社会行为的人。

由此可见,本书中所说的"罪犯",一般是指实施犯罪行为之后被审判机关定罪判刑的自然人。同时,尽管从严格意义上讲,"罪犯"是一个法学术语,在刑事法学中强调这些人被审判机关定罪判刑的法律特征,但是,在犯罪学、犯罪心理学等学科中,每当提到"罪犯"这个概念时,强调的重点是进行了严重危害社会行为的特征,而不是被定罪判刑等特征,从这个意义上讲,犯罪学中使用的"罪犯"一词和"犯罪人"一词的含义是相近的。在本书中,交替使用"罪犯"和"犯罪人"这两个术语,并且在论述犯罪原因等问题时,主要使用"犯罪人"一词。

同时,在其他文献中,也根据语境的差别和作者学科背景、用词习惯等方面的不同,存在将"罪犯"和"犯罪人"两个术语交替使用的情况。本书引用别人的论述时,一般遵从原作者使用的术语。

在本书中,根据语境的不同和重点的差别,还使用两个含义大体相当的术语:"罪犯改造"和"改造罪犯"。当侧重于描述一种现象时,一般使用"罪犯改造"这个术语;当侧重于论述一种活动时,一般使用"改造罪犯"这个术语。

由于历史的原因和用词习惯方面的差别,很多文献中交替使用"罪犯"和"犯人"。[①] 在本书中,这两个术语的含义基本上是相同的。

---

① 在一些早期的文献中,也使用"囚犯"一词,其含义与"犯人"相当。

不过,在引述一些观点和论述某些方面的内容时,"犯人"也可能包含未决犯在内,即被羁押在看守所等监禁机构中的犯罪嫌疑人。①

此外,本书中使用了"监狱管理人员""罪犯改造人员"和"监狱工作人员"三个术语。"监狱管理人员"主要是指监狱的行政管理人员,而"罪犯改造人员"有广义和狭义之别。广义的罪犯改造人员,应当是指所有能够对罪犯施加良好影响从而促使罪犯发生积极变化的人员,其中既包括监狱内的各类工作人员,也包括监狱之外能够对罪犯施加良好影响的各类人员,甚至还可以包括能够对罪犯施加良好影响的其他罪犯。狭义的罪犯改造人员,是指监狱内主要从事罪犯改造工作的人员,特别是指直接从事罪犯改造工作的人员。目前,在中国监狱中,对于直接与罪犯接触的监狱工作人员缺乏明确的分类,并不区分看守人员和改造人员,所有的人员都具有看守和改造罪犯的职责,他们都可以被看成是狭义的罪犯改造人员。

"监狱工作人员"是指在监狱内工作的所有人员,相当于英语中的 prison staff。对于监狱工作人员的称呼,不同的时期有所不同。在1994年12月29日颁布《中华人民共和国监狱法》(以下简称《监狱法》)以前,曾用过"干部"②、"干警"③、"劳改工作干警"④以及"看

---

① 在英文中,目前普遍使用的一个词语 inmate,很多时候既包括已决犯(也就是通常所说的罪犯),也包括未决犯。因此,在翻译这个词语时,一般翻译为"犯人"。

② 公安部1992年2月18日颁布的《监狱、劳改队管教工作细则》(试行)第十一条规定,"犯人入监时,应当由干部按照本细则第四十二条的规定和其他有关事项进行谈话教育。"

③ 公安部1992年2月18日颁布的《监狱、劳改队管教工作细则》(试行)第七条第二款规定,"女犯应当单独设立女监或女分监,一律由女干警进行管理教育。"

④ 公安部1992年2月18日颁布的《监狱、劳改队管教工作细则》(试行)第三十六条规定,"劳改工作干警必须坚持对犯人进行直接管理,做到24小时内不使犯人脱离监管。"

守员"①、"内看守员"②这样的称呼。《监狱法》中使用了"监狱人民警察"③这样的名称;不过,在监狱系统,往往普遍使用"监狱干警"的术语,甚至在一些重要的文献中也使用"监狱干警"的术语。例如,2012年4月25日在第十一届全国人民代表大会常务委员会第二十六次会议上发布的《国务院关于监狱法实施和监狱工作情况的报告》中,多处使用了"监狱干警"的术语。④

六、本书的结构

本书在结构上分为三部分:第一部分绪论,介绍了改造罪犯的历史脉络和理论探讨。在这一部分中,通过文献调查等方法,论述了人类改造罪犯活动的简要历史,介绍了人们对罪犯改造问题所进行的理论研究。

第二部分是犯罪原因论。改造罪犯的活动不应当是一种盲目的活动,而应当是一种在明确的理论指导下进行的自觉行动。改造罪犯的理论,首先应当是指有关犯罪原因的理论。这是因为,根据一般的逻辑规则和认识规律,只有在恰当认识了罪犯之所以犯罪的原因之后,才能进行有针对性的改造活动。在以往的犯罪原因研究中,人们论述了很多的犯罪原因理论,不过,本书这一部分所要论述的原因理论,并不是无目的地、纯粹地想发展一种新的犯罪原因理论,而是

---

① 政务院1954年8月发布的《劳动改造条例》第三十八条第二款规定,"女犯由女看守员监管。"

② 公安部1992年2月18日颁布的《监狱、劳改队管教工作细则》(试行)第五十二条和第五十四条,对内看守员的设置、任职条件、具体任务等作了明确规定。

③ 《监狱法》第五条规定,"监狱的人民警察依法管理监狱、执行刑罚、对罪犯进行教育改造等活动,受法律保护。"

④ 《国务院关于监狱法实施和监狱工作情况的报告》,http://www.npc.gov.cn/wxzl/gongbao/2012-08/21/content_1736410.htm[2016-11-1]

结合罪犯改造问题论述的一种犯罪原因论,这种原因理论具有指导罪犯改造活动的突出功能。

第三部分是罪犯改造论。在这一部分中,深入探讨罪犯改造的理论、方法和实践。如前所述,改造罪犯是一种在明确的理论指导下进行的自觉行动,这类理论指导不仅仅是指犯罪原因理论的指导,更包括罪犯改造理论的指导。因此,在这一部分中,首先在第五章论述罪犯改造的基本理论,然后在第六章论述罪犯改造的若干具体问题。最后几章(第七章到第十一章)论述对不同犯因性因素的改造方法与实践等问题。

第一部分 绪论

改造罪犯是世界上很多国家和地区都在进行的重要活动,是刑事司法工作的重要组成部分。了解中国和西方国家改造罪犯的简要历史以及在这方面进行理论探索的基本情况,有助于深入研究改造罪犯的理论问题,也有助于更好解决改造罪犯的实践问题。

第一章　改造罪犯的简要历史

改造罪犯,把罪犯转变成好人,既是人类长久的愿望,也是人类长期的活动。从历史上看,人们在对付犯罪人时,除了使用剥夺生命等残酷的方法之外,也使用了转变犯罪人这类包含着人道主义精神的方法。在中国和世界的历史中,都可以看到改造罪犯的思想和实践。

第一节　中国改造罪犯的思想和实践

一、历史上改造罪犯的思想和实践

在中国历史上,很早就有教育和转化罪犯的思想及相应的实践。可以说,教育转化罪犯的思想和实践几乎是与关押罪犯的监狱同时产生的。根据文献记载,中国最早的监狱是夏朝的圜土,即用土筑成圆形围墙的一种监狱。① 到西周时,在圜土这种监狱中,就有对罪犯进行教化的规定。《周礼·秋官·大司寇》中记载:"以圜土聚教罢民",意思是对集合在圜土中的罪犯进行教化,使其为

---

① 薛梅卿主编:《中国监狱史》,群众出版社1986年版,第5页。

善。实际上,将圜土建成圆形本身,就包含有教化的含义。这是因为,中国古代的建筑都有一定的象征意义,圆形象征着天的圆体,也象征着从善心出发,给罪犯以生的机会,在圜土中以仁教化罪犯,改变其性情,使其恢复善良本性后出狱。① 在此后的监狱制度中,都以不同程度和形式贯彻了教化罪犯的思想。

先秦儒家在强调"礼治"的同时,还强调"德政"。例如,孔子倡导"为政以德,譬如北辰,居其所,而众星拱之"②。"德政"就是道德教化。它强调在治理国家的德、礼、刑、政四种手段中,以德、礼作为主要手段,并且在刑罚的运用上强调"明德慎罚"③,"明刑弼教"④,"勿庸杀之,姑惟教之"⑤。汉代鉴于嬴秦"专任刑罚"的教训,在德刑关系问题上一开始就特别强调德的主导作用,强调先德后刑。

汉代思想家董仲舒(约公元前179—前104)提出了"罢黜百家、独尊儒术"的主张,得到汉武帝刘彻的采纳,使儒家学说成为治理国家的正统思想。董仲舒提出了"大德而小刑"⑥的思想,用儒家的仁德代替法家的严刑,以阴阳学说为基础,系统地阐述了德主刑辅的学说。他认为,上天有好生之德,"天道之大者在阴阳,阳为德,阴为刑,刑主杀而德主生……以此见天之任德不任刑也。"⑦从这时起,"德主刑辅、明刑弼教"学说成为封建法律的理论基础。德

---

① 李甲孚:《中国监狱法制史》,台湾商务印书馆1984年版,第31页。
② 《论语·为政》。
③ 《尚书·康诰》。
④ 《尚书·大禹谟》。
⑤ 《尚书·周书·酒诰第十二》。
⑥ 《春秋繁露·阳尊阴卑》。
⑦ 《汉书·董仲舒传》。

主刑辅原则在两千多年间一直占着支配的地位。这种"德主刑辅""先教后刑"的治理国家思想中,也包含了以儒家的伦理道德教化罪犯的思想。

两汉以后,在德刑关系问题上出现过某些争论,但总的精神仍不外"刑为仁佐"①。唐以后各代,基本上贯彻了唐朝政治家长孙无忌(? —659)等人所持的"德礼为政教之本,刑罚为政教之用"②观点。到宋明时代,在朱熹(1130—1200)的理学思想指导下,强调"三纲五常"是"天理民彝之大节","盖三纲五常,天理民彝之大节而治道之本根也。故圣人以治之为之教,以明之为之刑。"③同时认为"法度禁令"只能够"制其外","道德齐礼"才可以"格其心",所以更加注重"明刑以弼五教",把道德教化放在最主要的地位。这种"以德统刑""先教后刑"的状态,一直延续到封建社会末期,甚至在进入半封建半殖民地社会以后的清末修律过程中,还在以沈家本为代表的一派与以张之洞、劳乃宣为代表的另一派之间,进行了礼法之争,影响是十分深远的。

清末法学家沈家本(1840—1913)继承了"德主刑辅""明刑弼教"的传统法律思想,并结合世界的发展潮流,提出了感化罪犯的观点。他认为,自古以来,设立监狱的目的不仅仅是为了惩罚罪犯,也是为了改造罪犯。在考察了古代设立监狱的目的之后,沈家本这样指出,"寻绎此说,可以见古人设狱之宗旨,非以苦人、辱人,将以感化人也",④因此,监狱必须始终贯彻"感化"罪犯的宗旨,

---

① 《中国大百科全书·法学》,中国大百科全书出版社1984年版,第138页。
② 《唐律疏议·名例律》。
③ 《朱子大全·延和奏扎》。
④ 沈家本:《监狱访问录序》,《寄簃文存》卷六。

"设狱原非以害人,其'幽闭思愆''改恶为善'二语,以感化为宗旨,尤与近世新学说相合。"①只有实行感化,才能收到"无安费、无怨囚、无旷职,事半功倍之效"。② 他还提出"刑罚与教育互为消长",③特别是对于未成年犯,要"以教育涵养其德性,而化其恶习,使为善良之民"。④ "感化与教诲"思想既反映了沈家本的监狱行刑目的论,也反映了他的监狱功能观。⑤ 中华民国建立以后,沿用清末刑法改革的成果,将中国传统的感化教育思想与近代西方感化罪犯的思想相结合,继续倡导对罪犯的教育感化。

刑法学家徐朝阳曾经说过,"古代之监狱原以教诲为目的,以感化为精神,与近世最新学说殆无不同。"⑥这大体上概括地反映了中国历史上就有改造罪犯的思想和实践的情况。

二、当代中国改造罪犯的观点和实践

新中国改造罪犯的思想观点,⑦是从 1949 年以前就开始倡导的。例如,在 1932 年 8 月 10 日中华苏维埃共和国司法人民委员会制定的《中华苏维埃共和国劳动感化院暂行章程》第 1 条中就规定,设立劳动感化院的"目的是看守、教育及感化违反苏维埃法令

---

① 沈家本:《历代刑法考》(上册),商务印书馆 2011 年版,第 908 页。
② 沈家本:《监狱访问录序》,《寄簃文存》卷六。
③ 沈家本等:《奏进呈刑律草案折》,《大清法规大全》法律部。
④ 沈寄簃:《沈寄簃先生遗书》甲编《丁年考》。
⑤ 郭明:《中国监狱学史纲》,中国方正出版社 2005 年版,第 79 页。
⑥ 徐朝阳:《中国刑法溯源》,商务印书馆 1929 年版,第 288 页。
⑦ 这里从论述"简要历史"的角度出发,主要介绍最基本的罪犯改造观点,有关的理论探讨将放在下文中详细论述。

的一切犯人,使这些犯人在监禁期满之后,不再违犯苏维埃的法令"①。1949年9月29日在中国人民政治协商会议第一届全体会议通过的《中国人民政治协商会议共同纲领》(简称《共同纲领》)总结了革命根据地和解放区在这方面的经验,在第7条中明确规定:"中华人民共和国必须镇压一切反革命活动,严厉惩罚一切勾结帝国主义、背叛祖国、反对人民民主事业的国民党反革命战争罪犯和其他怙恶不悛的反革命首要分子。对于一般的反动分子、封建地主、官僚资本家,在解除其武装、消灭其特殊势力后,仍须依法在必要时期内剥夺他们的政治权利,但同时给以生活出路,并强迫他们在劳动中改造自己,成为新人。假如他们继续进行反革命活动,必须予以严厉的制裁。"由于《共同纲领》具有临时宪法的地位,因此,这一规定为开展改造罪犯工作提供了基本的法律依据。

1949年10月1日新中国成立后,继续坚持和贯彻改造罪犯的思想。1950年6月23日,毛泽东在中国人民政治协商会议第一届全国委员会第二次会议上的闭幕词中,就提出了对罪犯实行强迫劳动改造,"强迫他们从事劳动并在劳动中改造他们成为新人"的观点。② 在1950年7月底8月初举行的第一届全国司法会议上,刘少奇在报告中提出了"惩罚与教育相结合"的思想。董必武在1950年8月12日对参加全国司法会议的党员干部进行的讲话中,认为刘少奇的提法是完全正确的,他还指出:"列宁也说过,要强制

---

① 薛梅卿主编:《中国监狱史》,群众出版社1986年版,第327页。
② 司法部劳改局编:《毛泽东等老一辈革命家论改造罪犯工作》,法律出版社1993年版,第12页。

与教育相结合。在监狱中对犯人应该进行教育,但不光是教育而无惩罚。如果没有惩罚,与学校有什么两样?如果只给犯人以肉体与精神上的痛苦而不进行教育,也是错误的。要又教又惩,而又强迫劳动。"①

在1951年5月举行的第三次全国公安会议上,毛泽东对《第三次全国公安会议决议》进行了修改,其中明确指出:"大批应判徒刑的犯人,是一个很大的劳动力,为了改造他们,为了解决监狱的困难,为了不让判处徒刑的反革命分子坐吃闲饭,必须立即着手组织劳动改造的工作。"②此后,改造罪犯的思想进一步得到发展。

1956年,刘少奇在当时的公安部部长罗瑞卿汇报参加鹰厦铁路建设的劳改队和湖北四湖排水工程劳改队的情况时,明确提出:"劳改工作的方针,第一是改造,第二是生产。"③

1964年8月11日,中共中央在批转公安部《关于第六次全国劳改工作会议的情况报告》中,明确监狱工作必须坚持"改造第一、生产第二"的方针。④

从上述内容可见,在当代中国的监狱系统中,对于罪犯改造问题,有这样一些基本观点:第一,给罪犯以出路、把罪犯改造成为守法公民的观点;第二,强迫改造与自觉改造相结合的观点;第三,惩罚与改造相结合的观点;第四,改造优于生产的观点。

---

① 司法部劳改局编:《毛泽东等老一辈革命家论改造罪犯工作》,法律出版社1993年版,第20—21页。
② 同上书,第13—14页。
③ 同上书,第19页。
④ 《中共中央批转公安部党组〈关于第六次全国劳改工作会议的情况报告〉》,http://cpc.people.com.cn/GB/64184/64186/66675/4493755.html[2018-5-29]。

在这些基本观点的指导下,新中国的监狱工作坚持对罪犯进行改造。虽然在一些时候,在一些地区或者监狱中,由于多种因素的影响,在实践中未能真正贯彻上述观点,特别是未能充分贯彻"改造第一、生产第二"的方针,而把监狱生产作为监狱最重要的工作,但是,从整体上讲,中国政府把改造罪犯放在监狱工作首位的立场,是长期一贯的,没有发生过变化。因此,新中国在改造罪犯方面取得了巨大的成就,"成功地改造了日本侵华战犯,伪满洲国战犯,国民党战犯,乃至封建清王朝的末代皇帝,没有一人被判处死刑。经过改造,一千多名原日本战犯经宽大释放回国后,绝大多数积极参加反战、和平和促进中日友好的活动;伪满洲国战犯和国民党的战犯,其中包括末代皇帝溥仪,经特赦释放后,成为守法公民并且为国家和人民尽力做了一些贡献。"同时,在对普通刑事犯的改造方面,成绩也是很突出的,保持了很低的重新犯罪率,"多年来一直保持在6%至8%的水平。"①

对于新中国罪犯改造及监狱工作的实践和成就,人们还从不同侧面进行了总结。在1999年10月举行的新中国监狱工作50年座谈会上,大家认为新中国监狱工作的成就主要是:第一,成功地改造了日本战犯和国内战犯;第二,成功地改造了上千万名各种反革命犯和普通刑事犯;第三,奠定了较为坚实的监狱工作物质基础。②张金桑认为,新中国监狱工作50年的伟大成就主要包括:第

---

① 国务院新闻办公室:《中国改造罪犯的状况》,法律出版社1992年版,第2页。
② 王明迪、兰洁、王平整理:《新中国监狱工作50年座谈会综述》,王明迪、郭建安主编:《岁月铭记——新中国监狱工作50年》,法律出版社2000年版,第4—6页。

一,成功地改造了上千万名各类罪犯;第二,形成了较为完善的监狱法律体系;第三,造就了一支素质较高的监狱人民警察队伍;第四,奠定了较为坚实的监狱工作物质基础,初步建立了财政保障和投资保障体制;第五,探索出了促进监狱工作整体发展的有效组织形式;第六,逐步形成了比较科学、完整的监狱学理论。[1]

第二节　西方改造罪犯的思想和实践

一、历史上改造罪犯的思想和实践

在西方国家[2],很早就有了改造罪犯的思想和实践。监狱自产生之日起,实际上就承担着改造罪犯的使命。正如法国学者米歇尔·福柯(Michel Foucault,1926—1984)所说的:"监狱不是先有剥夺自由的功能,然后再增添了教养的技术功能。它从一开始就是一种负有附加的教养任务的'合法拘留'形式,或者说是一种在法律体系中剥夺自由以改造人的机构。总之,刑事监禁从19世纪初起就包括剥夺自由和对人的改造。"[3]

虽然不一定追溯遥远的古代西方监狱,探讨其中是否有改造罪犯的思想和实践,但是,可以肯定地说,近代西方监狱的诞生,是

---

[1]　张金桑:《监狱工作50年的伟大成就和基本经验》,王明迪、郭建安主编:《岁月铭记——新中国监狱工作50年》,法律出版社2000年版,第20—25页。
[2]　本书所说的"西方国家",主要是指欧洲、北美洲和大洋洲的国家。
[3]　〔法〕米歇尔·福柯:《规训与惩罚》,刘北成、杨远婴译,生活·读书·新知三联书店2003年版,第261页。

第一章　改造罪犯的简要历史

与改造罪犯的思想密切联系在一起的。

早在17世纪时,西方国家中就已经出现了比较明确的改造罪犯的思想。例如,当英国宗教改革家、殖民者和贵格会教徒威廉·佩恩(William Penn,1644—1718)率领他的殖民小组到达美国东海岸的乌普兰[1]之后,就于1682年12月4—7日在切斯特召集了第一次会议,通过了由六章组成的《宾夕法尼亚大法》(The Great Law of Pennsylvania),这是最早的贵格会刑法典,其中规定改造犯罪人比惩罚犯罪人重要。因此,佩恩可以说是美国监狱改革的先驱,他是最先把用监狱改造犯罪人、给犯罪人以人道待遇的思想带到美洲大陆的人。他所领导制定的《宾夕法尼亚大法》,促进了该地区对犯人待遇的改善。[2]

18世纪后期,英国著名的慈善家和监狱改革家约翰·霍华德(John Howard,1726—1790)通过亲身调查,披露了英国及欧洲国家监狱中的恶劣状况,积极推动监狱的改革,促进了感化和改造罪犯制度的形成。

19世纪20年代后期,近代监狱史上第一种完整的监狱制度——宾夕法尼亚制,具体体现了改造罪犯,特别是利用宗教思想感化罪犯的思想。所谓"宾夕法尼亚制"(the Pennsylvania system),是用独居监禁鼓励犯人忏悔,促使犯人改造的监狱管理和矫正制度。这种制度是在贵格会教义的指导下,在费城逐渐发展起来的,因此又称为"费城制"(Philadelphia system)。由于这种监狱制度的

---

[1] 乌普兰(Uplan),即今天的切斯特(Chester)。
[2] 吴宗宪:《西方犯罪学史》(第二版),中国人民公安大学出版社2010年版,第210页。

主要特征是对犯人实行独居监禁,所以又称为"独居制"(the solitary system)。①

19世纪30年代后期,当英国杰出的刑罚改革家亚历山大·麦科诺基(Alexander Maconochie,1787—1860)在1839年被任命为诺福克岛(Norfolk Island)的监狱主管时,发展了一种鼓励犯人主动改造的监狱管理制度——"点数制"(mark system)②。根据这种制度,用点数(分数)考察和记录犯人的劳动及其他方面的表现,增强犯人的自律和自我改善,鼓励犯人自我控制和自我改造,使犯人可以通过主动改造赢得更多的点数,在点数达到一定标准时,可以释放出狱。

1847年在布鲁塞尔举行的第二届国际感化大会(International Penitentiary Congress)③上,关注了罪犯改造问题,指出"把改造罪犯(the reform of convict)作为刑罚的主要目的,是一项神圣的原则。这项原则在科学领域,尤其是在立法领域中正式出现,是最近的事情。"④

在改造罪犯思想和实践的发展历史上,《1870年原则宣言》(Declaration of Principles of 1870)产生了重要的影响。1870年10月12日,在"19世纪后期的刑罚学'三巨人'"(the "big three" of penology)⑤——富兰克林·本杰明·桑伯恩(Franklin Benjamin

---

① 吴宗宪:《西方犯罪学史》(第二版),中国人民公安大学出版社2010年版,第215页。

② mark system 又译为"分数制""记分制""评分制"。

③ 这个会议的名称又译为"国际监狱会议",参见潘华仿主编:《外国监狱史》,社会科学文献出版社1995年版,第596—610页。王平:《中国监狱改革及其现代化》,中国方正出版社1999年版,第17页。

④ Michel Foucault, Discipline and Punish: The Birth of the Prison (Translated from the French by Alan Sheridan. New York: Vintage Books, 1977), p.269.

⑤ Harry Elmer Barnes & Negley K. Teeters, New Horizons in Criminology: The American Crime Problem, 2nd ed. (New York: Prentice Hall, 1945), p.551.

Sanborn,1831—1917)、伊诺克·科布·瓦因斯(Enoch Cobb Wines,1806—1879)和泽布伦·里德·布罗克韦(Zebulon Reed Brockway,1827—1920)等的倡导下,在美国辛辛那提召集了第一次全国性的监狱大会,许多国家的著名监狱改革人士参加了这次大会,大会通过了由37节文字组成的《1870年原则宣言》,又被称为"辛辛那提宣言"(Cincinnati Declaration)。[1] 该宣言集中体现了这些监狱改革家的监狱改革思想,它倡导改造哲学,反对惩罚学说;提倡以点数制为基础的犯人累进分类制度;倡导不定期刑制度;呼吁用监规培养犯人的自尊心,对犯人的良好品行给予奖励;强调执行刑罚的目的是感化犯罪人,而不是对犯罪人施加报应性的痛苦;认为监狱改革的主要障碍是由政府任命监狱官员造成的监狱管理的不稳定状况;把宗教和教育作为感化的最主要的途径,等等。[2]

1876年在美国建成的埃尔迈拉教养院(Elmira Reformatory),进一步发展了改造罪犯的思想和实践。这所由泽布伦·布罗克韦担任第一任总监的监狱,将当时的多种罪犯管理和改造制度融为一体,发展起了完备的现代监狱制度,吸引了美国各州和欧洲大陆许多国家的重视和效仿,导致了一场教养院运动。

可以说,直到20世纪70年代早期,矫正和改造思想是西方国家监狱领域的主导思想。人们不仅大量地进行了个别化的罪犯矫正计划或者改造计划,其中的许多计划取得了不同程度的成功,而且,人们普遍赞同这样的理念:改造应当是监狱和矫正系统的主要

---

[1] Todd R. Clear, George F. Cole & Michael Reisig, *American Corrections*, 7th ed. (Belmont, CA: Thomson/Wadsworth, 2006), p.50.

[2] 参见吴宗宪:《西方犯罪学史》(第二版),中国人民公安大学出版社2010年版,第219—220页。

目标。① 英国学者迈克尔·卡瓦迪诺(Michael Cavadino)等人也认为,"把改造作为刑罚系统的核心目的,在20世纪50年代和60年代是非常流行的,当时的刑罚思想被'改造理想'(rehabilitative ideal)所支配。"②

不过,罪犯改造思想一统天下的局面,被20世纪70年代中期开始的一场关于改造效果的争论打破了。挑起这场波及整个西方国家监狱乃至刑事司法领域的罪犯改造效果争论的主要人物,是美国社会学家罗伯特·马丁森(Robert Martinson,1927—1979)等人。

1966年,社会学家马丁森和他的两位同事朱迪思·威尔克斯(Judith Wilks)和道格拉斯·利普顿(Douglas Lipton)受美国纽约州州长犯罪人特别委员会的委托,考察1945年1月到1967年年底用英文发表的关于改造(rehabilitation)效果的1000多项研究,对其中符合他们标准的231项评价性研究进行了重新检验。

1974年,马丁森发表了题目为《有什么效果?关于监狱改革的问题与答案》的研究报告,③提出了改造对减少重新犯罪没有产生效果的观点,引起了巨大的反响。在这篇文章中,马丁森指出:"除了极少的和孤立的例外情况,迄今为止所报告的改造活动(rehabilitative efforts)没有对累犯产生明显的效果。"④"这并不是说我们没有发现成功或者部分成功的例子,而仅仅是说,这样的例子

---

① Francis T. Cullen & Brandon K. Applegate (eds.), *Offender Rehabilitation: Effective Correctional Intervention* (Aldershot, England: Ashgate/Dartmouth, 1997), p. xv.

② Michael Cavadino & James Dignan, *The Penal System: An Introduction*, 3rd ed. (London: Sage Publications, 2002), p. 37.

③ Robert Martinson, "What works? Questions and Answers about Prison Reform," *The Public Interest*, 42(1974):22-54.

④ Ibid., p. 25.

是孤立的,以至于不能形成可以说明特定治疗方法是有效的清晰模式。"①马丁森的这个惊人的研究报告及其论点,被称为"马丁森炸弹"(Martinson's bombshell)。② 这个报告中提出的一个否定改造效果的词语"矫正无效"(nothing works),成为以后的监狱学研究中出现频率最高的词语之一。

1975年,道格拉斯·利普顿、罗伯特·马丁森和朱迪思·威尔克斯合著的《矫正治疗的效果:对治疗评价研究的一项调查》③一书出版,进一步阐述了马丁森关于矫正治疗没有产生效果的观点。马丁森等人的研究结论似乎宣告了"矫正无效"时代的到来。

这项研究结论正好迎合了人们对于罪犯改造工作的失望情绪,一时间引起了巨大的反响。不仅很多政客、社会公众赞同马丁森等人的观点,而且许多研究人员也深受其影响,发表了很多支持这一研究结论的文章,其中的很多文章在评价改造效果时有意无意地忽略了改造计划中包含的积极结果。马丁森等人的研究结论引起的这种普遍的社会气氛,对于监狱领域乃至整个刑事司法领域的政策和实践造成了灾难性的后果:从事改造和治疗工作的人员被大量裁减,经费被大大减少,刑事政策开始向强硬方向转变。正如犯罪学家艾尔夫雷德·布卢姆斯坦(Alfred Blumstein)所指出的,马丁森的研究"创造了一种普遍的绝望情绪,对于是否有能力

---

① Robert Martinson, "What works? Questions and Answers about Prison Reform," *The Public Interest*, 42(1974), p. 49.
② Richard Hawkins & Geoffrey P. Alpert, *American Prison Systems* (Englewood Cliffs, NJ: Prentice Hall, 1989), p. 211.
③ Douglas Lipton, Robert Martinson et al., *The Effectiveness of Correctional Treatment* (New York: Praeger, 1975).

显著影响刑事司法系统中罪犯的累犯率,普遍感到绝望"①。

后来,尽管人们发表了很多肯定改造效果的研究报告,甚至马丁森本人也在1979年发表了研究文章,宣布放弃自己早期的研究结论;②但是,这些肯定改造效果的文章却没有产生像否定改造效果的文章那样大的影响力。

目前,这样的争论仍然没有结束。但是,争论的特点是,已经从"没有效果"转向"有什么效果"(What works),即已经达成了这样的共识:不能笼统地一概否定改造计划的效果;应该具体地分析究竟什么样的改造计划是有效的,有什么样的效果。

二、当代西方国家改造罪犯的理念

尽管当代西方国家矫正③领域中的改造罪犯哲学受到"马丁森炸弹"的激烈冲击,但是,改造罪犯的思想和实践并没有消失。实际上,在当代西方国家矫正系统中,改造罪犯的思想仍然具有很大

---

① Alfred Blumstein, "Interaction of Criminological Research and Public Policy," *Journal of Quantitative Criminology*, 12(1997):352.

② Robert Martinson, "New Findings, New Views: A Note of Caution Regarding Sentencing Reform," *Hofstra Law Review*, 7(1979):243-258.

③ 在当代西方国家中,已经较少使用"监狱"(prison)一词来称呼一个行业或者学科,而更多地使用"矫正"(corrections)这个术语。这除了体现理念的转变之外,也考虑了这样的事实:监狱仅仅指管理和改造罪犯的系统中的一个部分,而不能包括另外一个部分——非监禁部分。对于管理和改造非监禁的罪犯的系统,一般称为"社区矫正"(community corrections)。使用"矫正"一词时,可以包括监狱和社区矫正两个方面;"矫正机构"一词不仅包括传统的监狱,也包括其他管理和改造犯人的机构,例如,社区矫正机构、看守所等。因此,在本书中,根据语境的不同,交替使用"监狱"和"矫正"这两个术语。关于"矫正"与"监狱""监狱学"的联系和区别,参见吴宗宪:《当代西方监狱学》,法律出版社2005年版,第1—9页。

的影响,对于西方国家的矫正工作仍然具有重要的指导作用。

当代西方国家对于改造理念或者改造哲学的态度,可以从它们的立法和其他规范性文献等信息中得到证实。

代表欧洲很多国家观念的《欧洲监狱规则》(European Prison Rules),就体现了改造罪犯的思想。1997年通过的这项规则,在第一部分中有这样一项基本原则:"对被监禁犯人实行待遇的目的,应当是维持他们的健康和自尊,并且在刑期允许的范围内,发展他们的责任感,鼓励那些有助于他们在释放后回归社会,最有可能过守法的、自食其力生活的态度和技能。"[1]这一规则清楚地表明了将罪犯改造成为新人的理念。该规则第66条进一步规定,"为了实现这些目标,应当根据犯人待遇的需要,使犯人能够得到和使用所有治疗性的、教育性的、道德性的、精神性的和其他适合的资源。"

在一些国家的监狱立法中,也可以发现改造罪犯的内容。

——《西班牙监狱组织法》第1条规定:"依照本法规定设立的监狱机构,其主要目的是对已判刑的犯人进行改造,并使其重返社会;……对已决犯和已释人员进行教育和帮助。"[2]

——《德意志联邦共和国刑罚执行法》第2条规定,自由刑执行的目的是:"通过自由刑的执行,使犯人重返社会后不再实施犯罪行为。自由刑的执行亦起一般预防的作用。"[3]

——《意大利共和国监狱法执行细则》第1条规定:"对被剥夺

---

[1] 转引自吴宗宪:《当代西方监狱学》,法律出版社2005年版,第839页。
[2] 中华人民共和国司法部编:《外国监狱法规汇编》(一),社会科学文献出版社1988年版,第368页。
[3] 中华人民共和国司法部编:《外国监狱法规汇编》(二),社会科学文献出版社1988年版,第215页。

自由的被告人实行的待遇是,帮助他们树立人道的、文化的和职业的兴趣。对囚犯、受刑人和被收容人实行的管教待遇还以促进改造进程、克服妨碍其参加社会建设的态度为目的。"①

——《法国刑事诉讼法典》第 D188 条规定:"根据第 728 条的规定,执行刑罚的监狱机构是为矫正犯人、使其重返社会而设立的。监狱管理部门应充分尊重被监管的人的固有的尊严,并须采取各种措施以利于他们得到社会的承认。"②

——《加拿大矫正与有条件释放法》第 3 条规定:"联邦矫正系统的目的是通过下列手段促进维持一个公正、和平和安全的社会:(a)通过安全和人道地监管和监督罪犯来执行法院作出的判决;(b)通过在监狱和社区提供矫正计划来帮助罪犯自新并作为守法公民回归社会。"③

此外,一些国家的矫正管理机构在阐述其"使命"(mission)或者"目标"(objective)的文字中,也包含了改造罪犯的内容。例如,根据美国联邦监狱局(Federal Bureau of Prisons)的有关资料,美国联邦监狱局的使命是通过下列措施保护社会:将犯罪人监禁在安全、人道、高效、比较牢固的监狱和社区矫正机构的受到控制的环境中;提供工作和其他自我改善机会,以便帮助犯罪人变成守法公民。④

---

① 中华人民共和国司法部编:《外国监狱法规汇编》(二),社会科学文献出版社 1988 年版,第 300 页。
② 中华人民共和国司法部编:《外国监狱法规汇编》(四),社会科学文献出版社 1989 年版,第 277 页。
③ 中国监狱学会、司法部监狱管理局编:《外国监狱法规汇编》(五),中国政法大学出版社 2002 年版,第 4 页。
④ http://www.bop.gov/about/mission.jsp[2006-2-5]

根据新西兰矫正局(The Department of Corrections)的资料,新西兰矫正工作的首要目的是,通过保护公众和减少重新犯罪为建设更加安全的社会做出贡献。其中,保护公众的方法主要是:第一,在审判机关的量刑过程和新西兰假释委员会的释放决策过程中,提供有关信息;第二,确保恰当遵守审判机关的判决和假释委员会的命令,管理执行判决和命令的活动;第三,为工作人员、犯罪人和公众提供安全的环境。减少重新犯罪的方法主要是改造型干预(rehabilitative intervention)和重整型干预(reintegrative intervention),也包括提供教育、工作经验和工作技能,以便犯罪人从监狱释放后更容易就业。[1]

根据英国内政部监狱管理局(Her Majesty's Prison Service)的资料,该局的目标是通过下列措施保护公众:第一,安全地监禁罪犯;第二,降低罪犯重新犯罪的危险性;第三,提供安全的、秩序良好的监狱设施,并在其中人道地、体面地、合法地对待罪犯;第四,向刑事法庭提供有效的监管和护送服务,支持刑事法庭有效地运行。[2]

由此可见,尽管美国乃至整个西方国家的矫正及刑事司法领域受到"马丁森炸弹"的冲击,但是,改造罪犯仍然是西方国家矫正系统的重要任务。

犯罪学家弗朗西斯·卡伦(Francis T. Cullen,2013)等人阐述了"改造的价值"(value of rehabilitation),进一步认为改造具有下列

---

[1] http://www.corrections.govt.nz/public/index.html[2006-2-5]
[2] http://www.hmprisonservice.gov.uk/abouttheservice/statementofpurpose/[2006-2-6]

价值:①

第一,改造是刑事制裁的唯一理由,它要求国家关注犯罪人的需要或福利。

第二,改造的观念提供了一种重要的理论依据,可以用来反对那种主张通过增加镇压来减少犯罪的保守假设。

第三,人们仍然大力支持改造,把它作为矫正制度的一个主要目标。

第四,在历史上,改造一直是一项重要的改革动机,它增强了矫正制度的人道性。

三、当代西方国家改造罪犯的实践

在当代西方国家的矫正领域中,不仅仍然奉行改造罪犯的理念,而且也采取了多种类型的方法,进行改造罪犯的实践。根据所看到的文献,西方国家矫正领域中改造罪犯的方法,大体上可以分为下列四种类型:

(一) 宗教型改造方法

宗教型改造方法是指利用宗教教义、宗教人员与宗教设施改造罪犯的方法。

在西方国家的矫正系统中,不仅近代监狱制度的产生与宗教思想和宗教教徒的慈善活动密切相关,而且在当代西方国家的矫正机构中,宗教也发挥着极其重要的改造罪犯的作用。从一定意

---

① Francis T. Cullen & Karen E. Gilbert, *Reaffirming Rehabilitation* (New York: Elsevier, 2013), pp.149-158.

义上可以说,大量在中国监狱系统中进行的道德教育性质的活动,在西方国家的矫正机构中,主要都是由宗教人员通过宗教活动进行的。在西方国家矫正机构中,宗教的影响几乎无处不在。

首先,西方国家的矫正机构中有专职和兼职的宗教神职人员。在一些西方国家的矫正机构中,设立专职的监狱牧师,负责监狱内的宗教事务和开展宗教活动。例如,1987年通过的《欧洲监狱规则》第47条第1款规定:"如果矫正机构内有足够数量的信仰同一宗教的犯人,应当任命和批准一名合格的该宗教的代表。如果犯人的数量证实这样做是合理的并且条件允许的话,该宗教代表应当是专职的。"[1]在英国,1952年的《监狱法》第7条规定:"(1)每个监狱都应当有一名监狱长、监狱牧师、医疗官员和必要的其他官员。……(4)监狱牧师和任何助理牧师(assistant chaplain)应当是英国国教会(Church of England)的神职人员。"[2]除了专职的监狱牧师之外,还有大量的社区牧师在矫正机构中兼职开展宗教活动,为犯人提供多种宗教服务,包括进行宗教教诲和感化。

其次,西方国家的矫正机构中普遍建立了宗教设施。在西方国家中,很多有一定规模的监狱内都有监狱教堂(prison chapel)。这种监狱教堂既是犯人从事宗教活动的主要场所,也是监狱牧师的办公地点。由于在西方国家中基督教及其所属的不同教派占主导地位,犯人中信仰基督教及其所属教派的宗教的人员占大多数,因此,专职的监狱牧师往往是基督教及其所属教派的牧师。监狱教堂中主要的设施也是为这类犯人服务的。为了给信仰其他宗教

---

[1] 转引自吴宗宪:《当代西方监狱学》,法律出版社2005年版,第845页。
[2] 同上书,第614页。

的犯人提供宗教服务,也为这类犯人提供一些小型的宗教设施,例如,静坐室、礼拜室等,供他们在进行宗教活动时使用。

再次,西方国家的矫正机构中普遍开展宗教活动。从现有的资料来看,监狱牧师在矫正机构中对犯人开展多种活动,其中很多活动都具有改造性质的作用。例如,根据美国矫正协会(American Correctional Association)出版的一份资料,监狱牧师的主要功能如下:①

(1)提供圣礼服务,包括常规宗教服务,与洗礼、忏悔和圣餐等有关的特别宗教服务。

(2)通过使用合同牧师、非专业牧师和志愿人员,协调与其他信仰群体的牧师的关系。

(3)提供对犯人所属的教派来说十分重要的宗教指导;为其他教派的犯人提供指导资料。

(4)提供私下的、个别的咨询。这种咨询是牧师工作的一个基本组成部分,既包括在牧师办公室的谈话,也包括在医院、禁闭单元等地方对犯人的探望。

(5)照顾犯人的家庭和其他有关的成员。监狱中的许多紧张焦虑,都来源于犯人对自己所爱的人们的担忧,或者来自害怕被外面的人们所遗忘的恐惧。在牧师进行咨询的过程中,他们把很大一部分时间用于处理这些方面的事务。

(6)作为牧师(pastor)②、指导者(guide)和咨询员(counselor),

---

① American Correctional Association, *Correctional Officer: Resource Guide* (Laurel, MD: American Correctional Association, 1998), pp. 114-115.
② pastor 是指基督教中负责教堂(church)及其成员的宗教领导人,在英国尤其指不属于英国国教会派的牧师。

为监狱工作人员以及犯人提供服务。

（7）为社区提供解释性的宗教服务。社会往往把监狱看成是一个仅仅关押违法者的地方，牧师可以向社区的成员解释现代监狱的目的，争取社区成员对矫正事务的支持。

第四，西方国家矫正机构中的犯人享有广泛的宗教权利。宗教自由被看成是西方国家公民的最基本的自由和权利之一。在监狱和其他矫正机构中，犯人也享有广泛的权利。一般而言，犯人享有的宗教权利包括下列方面：[1]

（1）集体开展宗教活动权。这是指信仰宗教的多名犯人在一起开展宗教活动的权利。例如，信仰基督教的犯人在星期天一起做礼拜、唱圣歌等。

（2）参加其他宗教团体的活动的权利。这是指犯人可以参加监狱外的宗教团体组织的宗教活动的权利。

（3）接受牧师探视权。这是指犯人可以接受专职宗教牧师的探视的权利。监狱牧师就像其他监狱工作人员一样，是监狱的正式工作人员，可以探视服刑的犯人。同时，很多西方国家的监狱一般都允许监狱外面的牧师到监狱中探视犯人，为犯人提供宗教服务；在一些监狱，监狱方面甚至会邀请社区的牧师到监狱中为犯人进行宗教教诲。

（4）与宗教领导人通信权。这是指犯人可以就宗教问题与宗教领导人通信的权利。

（5）遵守宗教饮食法律权。这是指监狱要保证犯人按照宗教关于饮食方面的规定为犯人提供相应饮食的权利。这项权利在西

---

[1] 参见吴宗宪：《当代西方监狱学》，法律出版社2005年版，第438—440页。

方国家中得到了普遍的尊重。例如,在英国,明确规定犯人有权获得符合其宗教要求的饮食。① 这项权利的主要内容往往是要求为一些宗教的犯人提供不含猪肉的食品。伊斯兰教、佛教、犹太教等宗教的犯人,都有这方面的要求。

(6)佩戴宗教徽章权。这是指犯人拥有和佩戴宗教徽章的权利。一般而言,西方国家的监狱中,都允许犯人拥有和佩戴所属宗教的徽章和纪念章,例如,十字架项链等。

(7)劝说别人信教权。这是指犯人在监狱中劝说其他犯人相信某一宗教的权利。在约翰·帕尔默(John W. Palmer)等人的《犯人的宪法权利》(2001)一书中,提到了这种权利。② 一般认为,犯人有这样的权利,但是,这种权利并不包含犯人利用这种活动制造混乱或者干涉其他犯人隐私的内容。不过,从西方国家的情况来看,监狱方面不得强迫犯人信仰某种宗教。这是一项普遍原则,是宗教信仰自由的基本内容之一。

(二) 教育型改造方法

教育型改造方法是指通过提供文化教育和职业技能培训改造罪犯的方法。

犯罪学的研究发现,文化水平低、职业技能差是个人犯罪的重要因素,也是罪犯释放出狱之后重新犯罪的重要原因。因此,在当代西方国家的矫正机构中,普遍向罪犯提供文化教育和职业技能培训。而且,在提供这类教育和培训时,往往以"矫正计划"

---

① Stephen Livingstone & Tim Owen, *Prison Law*, 2nd ed. (New York: Oxford University Press, 1999), pp. 158-159.

② John W. Palmer & Stephen E. Palmer, *Constitutional Rights of Prisoners*, 6th ed. (Cincinnati, OH: The W. H. Anderson Company, 1999), pp. 108-109.

(program)的形式组织和实施。

1. 文化教育

从所见到的资料来看,当代西方国家矫正机构中,对犯人提供的文化教育主要包括四种类型:[1]

(1) 扫盲教育与基础教育。扫盲教育(literacy education)就是培养犯人掌握最基本的读写和计算能力的教育。扫盲教育是针对文盲犯人而组织的。与扫盲教育有关联的一个术语是"基础教育"。基础教育包括培养基本读写能力、基本计算能力和就业前水平的普通教育。在成人领域中,基础教育除了培养基本的读写计算能力教育之外,还包括基本生活技能的教育。根据美国1993年的统计,3/4的监狱系统为犯人提供成人基础教育计划,有89160多名犯人参加了这种计划。[2] 根据英国2000—2001年度的统计,有89623名犯人通过了阅读方面的基本技能评价测验,有97681名犯人通过了写作方面的基本技能评价测验,有89572名犯人通过了计算方面的基本技能评价测验。[3] 毫无疑问,扫盲教育和基础教育在教育计划中占有绝对重要的地位。由于这种教育涉及犯人在监狱中以及出狱后的基本社会适应问题,因此,在考虑教育计划时,大多数监狱都把扫盲教育或者基础教育作为优先安排的教育内容。

(2) 中等教育(secondary education)。又称为"中学教育"(high

---

[1] 参见吴宗宪:《当代西方监狱学》,法律出版社2005年版,第648—653页。

[2] Ira J. Silverman & Manuel Vega, *Corrections: A Comprehensive View* (Minneapolis/St. Paul: West Publishing Company, 1996), p. 389.

[3] Home Office, *Prison Statistics: England and Wales 2000* (London: The Stationery Office, 2001), p. 131.

school education），它是指相当于中学水平的文化教育。由于监狱中的成年犯人大多超过了中学学习的年龄，不可能像教育普通的中学生那样对他们进行教育，因此，在监狱系统中，对犯人进行的中等教育往往与普通中学的教育有所不同。例如，在美国，为成年犯人提供的中等教育，往往被称为"普通同等学历证书"（general equivalence diploma，GED）教育。1993年，有33600多名美国犯人参加GED学习。① 在意大利，《意大利监狱法》（1975）第19条第3款规定："根据教学制度的进程，可以在监狱内开设高中课程。"②

（3）大学教育。它是指向犯人提供的高等教育。在西方国家的监狱中，有一部分犯人参加大学程度的学习。有时候，一些文献又使用"中学后教育"③这样一个内容近似的术语。例如，美国马里兰州矫正局制定的《犯人手册》规定，④除了中等程度的教育之外，进行合作的学院和大学为矫正机构提供全日制中学后教育；犯人参加这些教育计划，可以获得准学士学位⑤或者学士学位。

犯人接受大学教育的主要途径是学习函授课程，或者是由监狱或者监狱管理部门与社区学院或者大学联系，由他们在监狱内

---

① Ira J. Silverman & Manuel Vega, *Corrections: A Comprehensive View*（Minneapolis/St. Paul, MN: West Publishing Company, 1996），p. 391.
② 中华人民共和国司法部编：《外国监狱法规汇编》（二），社会科学文献出版社1988年版，第272页。
③ 中学后教育（post-secondary education）是指中学毕业后接受的教育，包括高等教育（tertiary education）和继续教育（continuing education）。
④ 美国马里兰州矫正局：《犯人手册》，吴宗宪译，参见吴宗宪主编：《中国现代化文明监狱研究》，警官教育出版社1996年版，第586页。
⑤ 准学士学位（associate degree）是指在完成不满四年（通常是两年）的学院学习计划后获得的学位，主要由初级学院（minor college）或者社区学院（community college）授予。

为犯人提供高等教育。通过这些形式接受大学教育的犯人数量是很多的。

在极少数情况下,让犯人通过学习释放(study release)的形式自己到学院或者大学校园中学习。1996年,美国有247名犯人通过学习释放的形式在当地学院或者大学校园中学习。[①] 一般来说,通过学习释放到学院或者大学校园中学习的犯人数量,普遍都是很少的。产生这种现象的原因很多,包括大学中的学费昂贵、公众对犯人在社会上自由行动表示反感、难以按照学期制度组织短刑犯参加大学课程的学习、监管安全方面的原因、报应主义思潮的复苏等。

(4) 特殊教育(special education)。这是指为那些有学习障碍的犯人提供的特别教育。这部分教育的对象,实际上包括两类犯人:一类是存在着学习困难但是没有生理障碍的犯人;另一类是由于生理障碍而学习困难的犯人。一般所说的特殊教育对象,主要是指第一类犯人而言。

2. 职业技能培训

职业技能培训是指组织犯人学习在劳动力市场上可以使用的职业技能的活动。在当代西方国家监狱中,对犯人的职业培训通常是以职业计划的形式进行的。尽管现代监狱的目标不是要变成自给自足的社会组织,但是对犯人的职业培训计划在所有的西方国家中都存在,而且将职业培训变成了一种具有多重目的的活动。西方国家监狱中的管理人员、负责职业教育计划的工作人员和犯

[①] Jeanne B. Stinchcomb & Vernon B. Fox, *Introduction to Corrections*, 5th ed. (Upper Saddle River, NJ: Prentice-Hall, 1999), p. 326.

人对于职业培训计划往往有不同的看法。根据人们观点的不同,职业培训会被看成是提供有意义的活动的方法、培养技能和劳动习惯的方法、为出狱后的就业做准备的方法、获得报酬的方法、克服懒惰的方法或者仅仅是为了获得收入的方法。[①] 不过,毫无疑问,对犯人进行职业技能培训,确实具有改造犯人的积极作用。因此,职业技能培训是一种罪犯改造方法。

(三) 心理型改造方法

心理型改造方法是指利用心理学原理和技术预防和治疗犯人的心理和行为问题的罪犯改造方法。在当代西方国家的矫正机构中,一般不使用"心理改造"的提法。这类方法与活动,往往被称为"心理学计划""心理学治疗计划""心理学服务""心理健康服务"等。

大体而言,国外使用的心理型改造方法分为四种类型:[②]

(1) 罪犯心理咨询。指通过谈话、讨论对罪犯提供解释、指导等帮助的活动。它是最基本、最常用的心理矫治方法。主要使用对象是心理正常的罪犯。具体包括个别咨询、集体咨询等方法。

(2) 罪犯心理治疗。指利用心理学等学科的理论和技术消除罪犯的犯罪心理和不良行为习惯的治疗方法与治疗活动。尤其是指以改变罪犯的认知性问题为主要内容的心理治疗方法与活动。具体包括精神分析法、认知疗法、道德推理训练法、情绪成熟指导法等。

[①] 参见吴宗宪:《当代西方监狱学》,法律出版社 2005 年版,第 753—754 页。
[②] 参见吴宗宪:《国外罪犯心理矫治》,中国轻工业出版社 2004 年版,第 141—311 页。

（3）罪犯行为矫正。利用行为矫正的理论和方法改变罪犯的不良行为模式的一组罪犯心理治疗方法及相关活动。具体包括代币强化法、厌恶疗法、现实疗法、行为合同法等。

（4）罪犯社会疗法。指通过创立支持亲社会态度和行为的机构环境转变罪犯心理和行为的矫治方法。具体包括相互作用分析、社会技能训练、心理剧、角色扮演、指导性群体互动、积极的同伴文化法、治疗社区、社会剧等方法。

此外，还有一些专门性的训练矫正方法，例如，愤怒控制训练等。

（四）社会型改造方法

社会型改造方法是指利用社会资源改造罪犯的方法。尽管在西方国家矫正系统的文献中没有使用"社会型改造方法"这样的术语，但是，它们实行的一些做法或者制度，实际上可以归入这类方法。

（1）接触社会信息法。指让罪犯在监狱服刑期间大量接触社会信息的罪犯改造方法。一般而言，西方国家矫正机构中的罪犯在接触社会信息方面，限制很少。犯人可以使用收音机，[1]可以看电视，[2]可以从出版商那里直接购买刊物和书籍，[3]可以和社会上的很多人通信等。通过这些途径接触的社会信息，对转变犯人的态

---

[1] 例如，在英国监狱中，犯人在办理入监手续时，就可以租用或者购买监狱方面提供的新收音机。

[2] 在西方国家的监狱中，犯人平时的很多时间都是在看电视中度过的。由于不像中国那样实行所有犯人白天参加集体劳动的制度，许多犯人都有大量的空闲时间，看电视就成为消磨这些空闲时间的主要方法之一。

[3] 实际上，直接从出版商那里接受出版物，往往被看成是犯人的法律权利。参见吴宗宪：《当代西方监狱学》，法律出版社2005年版，第441—442页。

度和行为,产生潜移默化的作用。

(2) 外系统官员探视法。指矫正系统之外的其他官员、议员和政府工作人员等探视犯人的方法。在西方国家的矫正系统中,很多其他方面的官员、议会议员及其助手、其他方面的政府工作人员都可能到监狱中视察和探视犯人,他们在帮助改善监狱条件、解决犯人存在的问题的同时,也对犯人起到了改造的作用。例如,在英国,每个监狱都设立了探监者委员会,这种委员会是由内政大臣为每个监狱任命的,其成员为治安法官,每个监狱的探监者委员会不少于两人;探监者委员会的成员可以在任何时间进入监狱,可以接触监狱的任何部分和任何犯人。[①] 探监者委员会担负着恰当对待犯人和审理犯人投诉的法定义务。探监者委员会的成员可以审查犯人的投诉,向犯人提出最好的纠正途径;一些探监者委员会的成员会积极地与监狱长协商,寻求解决办法;还有的探监者委员会可能会把犯人的诉冤要求提交监狱之外的有关组织。但是,探监者委员会无权推翻监狱长的决定。[②]

(3) 志愿人员探视法。指利用社区中的志愿人员与罪犯接触和交流的罪犯改造方法。在西方国家的矫正系统中,社会志愿人员(特别是那些具有宗教背景的志愿人员)在改造罪犯方面,实际上发挥着很大的作用。大量的社会志愿人员到监狱和其他矫正机构中,与犯人进行交谈,给犯人提供信息,疏导犯人的情绪,帮助犯人解决困难等,这些活动具有改造罪犯的积极作用。早在公元3

---

① Simon Creighton & Vicky King, *Prisoners and the Law*, 2nd ed. (London: Butterworths, 2000), p. 35.

② Ibid., p. 87.

世纪时,就有基督教徒探视犯人的活动。这些基督教徒的监狱探视活动,深受宗教学说的激励,因为耶稣有这样的预言:在末日审判时,那些探视了监狱的人会被看成是正直的人。① 以后,宗教人员探视监狱犯人的做法普遍流行,并且促成了近代监狱制度的诞生。在当代,宗教志愿人员仍然活跃于矫正系统。例如,在英国,撒马利亚会②在各地都建立了组织,义务为监狱犯人等提供咨询服务。当犯人感到沮丧、苦闷、绝望,很想与监狱外面的人叙谈时,可以要求监狱的医疗官员或者监狱工作人员做出安排。犯人与撒马利亚会成员的叙谈是保密的,撒马利亚会的成员不会向监狱方面透露谈话的内容。而且,英国的很多监狱都实行一种"聆听者计划"(listener scheme)。这项计划的内容就是,让撒马利亚会的成员到监狱中帮助训练犯人,使犯人学会如何支持和安慰其他的犯人。这项计划的内容也是保密的,犯人向聆听者所说的任何话,都不会转告给监狱工作人员,但是,犯人希望转告的除外。如果犯人想参与聆听者计划,可以向监区官员或者个人监护官(personal officer)提出。犯人也可以在白天的任何时候,使用电话卡给当地的撒马利亚分会打电话。监狱里有该机构的宣传小册子和海报,上面有该机构的地址与电话号码。在一些情况下,写给撒马利亚会的信可以是免费信件。同时,如果犯人的亲友因为犯人入监而陷入凄

---

① Norval Morris & David Rothman (eds.), *The Oxford History of the Prison: The Practice of Punishment in Western Society* (New York: Oxford University Press, 1998), p. 21.

② 撒马利亚会(the Samaritans)是西方国家中专门帮助心灵极为苦闷而需要倾诉的绝望人士的组织。

凉的境地时,撒马利亚会的成员还能够给犯人的亲友以支持和安慰。①

（4）参加社会活动法。指通过让犯人参加社会上的有关活动对犯人施加积极影响的改造方法。在西方国家的矫正系统中,犯人参加社会活动的途径是很多的,例如,犯人可以参加远程学习,包括通过邮寄资料的方法参加函授学习,通过电视和网络参加远程教育。又如,犯人可以通过学习释放的方式到社会上参加学习,在学习过程中充分地接触社会。再如,犯人还可以通过工作释放的形式到社会上寻找和从事工作,了解社会上的劳动力市场,参加社会上的劳动。

---

① Steve Gravett, *Coping with Prison: A Guide to Practitioners on the Realities of Imprisonment* (London: Cassell, 1999), pp. 34-35.

第二章　改造罪犯的理论探索概观

从有关文献和实地考察等方面的情况来看,人们不仅进行了大量的罪犯改造实践,而且也对罪犯改造的理论问题,进行了一定的探索。

第一节　国内的探索

中国国内对于改造罪犯理论的探索,以"毛泽东改造罪犯思想"为代表。同时,其他一些研究者也进行了这方面的探讨。

一、毛泽东改造罪犯思想

历史资料表明,新中国的老一代国家领导人对监狱和罪犯改造有较多的论述,体现了他们对这个问题的思考和探索。一些论著提出了"毛泽东改造罪犯思想"的名称,用来指毛泽东、周恩来、刘少奇、朱德、彭真、罗瑞卿等人关于劳改工作(监狱工作)、罪犯改造等方面的论述。[①] 还有人提出了"毛泽东改造罪犯理论"[②]的名

[①] 金鉴主编:《监狱学总论》,法律出版社1997年版,第479—490页。
[②] 辛国恩等著:《毛泽东改造罪犯理论研究》,人民出版社2006年版,第1—48页。

称。从笔者接触的资料来看,除了上述这些领导人之外,董必武等人也有一些论述。而且,在上述领导人中,毛泽东、刘少奇和周恩来的论述尤其详尽和值得重视。

毛泽东改造罪犯思想的主要内容如下:

(一)改造罪犯的必要性

毛泽东等领导人把改造罪犯看作是消灭反动阶级的一种策略和手段,认为通过这样的方法消灭反动阶级,就是一种"施仁政"的表现。1953年9月16日,彭真在中央人民政府委员会第二十七次会议上的报告中指出,"对于判处徒刑的反革命分子及其他罪犯,我们实行了强制的劳动改造。……这样就给反革命犯指出了一条经过劳动改造成为新人的光明大道。经验证明,这是彻底消灭反革命的一项重要政策。"[1]在1962年扩大的中央工作会议上的讲话中,毛泽东指出,"对于反动阶级实行专政,这并不是说把一切反动阶级的分子统统消灭掉,而是要改造他们,用适当的方法改造他们,使他们成为新人。"[2]1954年9月23日,周恩来在第一届全国人民代表大会第一次会议上的政府工作报告中指出,"国家对于罪犯的劳动改造政策不仅可以把许多犯罪分子改造过来,而且也是消灭反革命残余的重要手段之一。"[3]

(二)改造罪犯的可能性

毛泽东等领导人一贯主张,通过使用正确的方法,大多数罪犯都是可以改造的。例如,1950年1月4日,董必武在新法学研究院

---

[1] 司法部劳改局编:《毛泽东等老一辈革命家论改造罪犯工作》,法律出版社1993年版,第21页。
[2] 同上书,第4页。
[3] 同上书,第7页。

开学典礼上的讲话中指出,犯罪分子"是一定可以改造的。……大多数人是可以改造的"。① 1960年10月22日,毛泽东在接见美国记者埃德加·斯诺(Edgar Snow,1905—1972)时指出,"许多犯罪分子是可以改造好的,是能够教育改造好的。"②1961年4月1日,毛泽东在接见古巴青年代表团的谈话中指出,"我不是讲,所有地主阶级和买办资产阶级都可以改造的。我讲的有信心是指其中一部分人。大多数人在长时间内是可以改造的。"③1963年11月15日,毛泽东在接见阿尔巴尼亚总检察长时指出,"我们相信人是可以改造过来的,在一定条件下,在无产阶级专政的条件下,一般说是可以把人改造过来。"1964年4月24日,毛泽东在对公安部党组关于调查处理胡芷云案件的情况报告中批示:"人是可以改造的,就是政策和方法要正确才行。"④1965年6月11日,毛泽东在华东局会议上的讲话中指出,"要坚决相信大多数是好的,95%以上的人是可以改造的,宣统皇帝、日本战犯都可以改造,日本战犯大多数改造好了,回国以后只有一个反对我们的。"⑤

(三) 改造罪犯的方法

毛泽东等领导人论述了多种改造罪犯的方法。这些方法主要有:

1. 劳动改造

劳动改造就是让罪犯参加劳动并且在劳动中接受改造的方

---

① 司法部劳改局编:《毛泽东等老一辈革命家论改造罪犯工作》,法律出版社1993年版,第7页。
② 同上书,第3页。
③ 同上书,第4页。
④ 同上书,第5页。
⑤ 同上书,第6页。

法。1949年6月30日,毛泽东在《论人民民主专政》中指出,"对于反动阶级和反动派的人们,在它们的政权被推翻以后,只要他们不造反,不破坏,不捣乱,也给土地,给工作,让他们活下去,让他们在劳动中改造自己,成为新人。他们如果不愿意劳动,人民的国家就要强迫他们劳动。"①1956年5月3日,周恩来在国务院司、局级干部会议上所做的《调动一切力量为社会主义服务》中指出,"我们打倒反革命、镇压反革命之后,还可以把反革命化无用为有用,变消极为积极。办法就是经过劳动改造。……这样,使反革命分子经过劳动改造,变成劳动者,可以化无用为有用。"②

2. 教育

教育就是通过多种形式的教育活动改造罪犯的方法。毛泽东等领导人重视通过教育方法改造罪犯的问题。1965年8月8日,毛泽东在接见几内亚教育代表团、几内亚总检察长及夫人时指出,"犯了罪的人也要教育。动物也可以教育嘛!牛可以教育它耕田,马可以教育它耕田、打仗,为什么人不可以教育他有所进步呢?问题是方针和政策问题,还有方法问题。"③1985年1月5日,彭真在省、自治区、直辖市政法领导干部轮训班上的讲话中指出,"劳改、劳教部门一定要扎扎实实、千方百计地抓好教育改造工作,化消极因素为积极因素。"④

而且,毛泽东等领导人提到了多种教育改造罪犯的方法,包括

---

① 司法部劳改局编:《毛泽东等老一辈革命家论改造罪犯工作》,法律出版社1993年版,第1页。
② 同上书,第8—9页。
③ 同上书,第6页。
④ 同上书,第10页。

宣传教育、政治教育、文化教育和生产技能教育等。例如,1949年6月30日,毛泽东在《论人民民主专政》中指出,要通过宣传教育工作对反动阶级进行改造工作。① 1957年3月12日,董必武在《当前政法工作的任务》中指出,"对于判处徒刑的反革命分子和其他犯罪分子的劳动改造工作,在去年内采取了许多改进措施,进一步加强了对犯人的政治教育、文化教育和生产技能教育,从而使劳动改造工作进一步取得了显著的成效,已经有一大批罪犯经过劳动改造刑满释放或提前释放,他们当中很多人,已经变成了新社会的自食其力的新人。"②

3. 社会监督改造

社会监督改造就是把犯罪分子放在社会上由群众进行监督的改造方法。1956年4月25日,毛泽东在中央政治局扩大会议上做《论十大关系》的报告时指出,"对待反革命分子的办法是:杀、关、管、放。杀,大家都知道是怎么一回事。关,就是关起来劳动改造。管,就是放在社会上由群众监督改造。放,就是可捉可不捉的就不捉,或者捉起来以后,表现好的,把他放掉。按照不同情况,给反革命分子各种不同的处理,是应当的。"③

1964年12月8日,毛泽东在接见阿尔及利亚民族解放阵线代表及阿尔及利亚法律工作者代表团时指出,"光靠监狱解决不了问题,要靠人民群众来监视少数坏人,主要不是靠法院判决和监狱关人,要靠人民群众中多数监视、教育、训练、改造少数坏人。"④

---

① 司法部劳改局编:《毛泽东等老一辈革命家论改造罪犯工作》,法律出版社1993年版,第1页。
② 同上书,第10页。
③ 同上书,第2页。
④ 同上书,第31页。

（四）改造罪犯的规律

毛泽东等领导人较多地探讨了改造罪犯的规律。概括起来主要有：

1. 从强迫到自觉的规律

根据毛泽东等领导人的论述，对罪犯的改造要过一个从强迫到自觉的过程。早在1937年7月的《实践论》中，毛泽东就已经认识到改造要经过从强迫到自觉的过程的一般规律，认为对于被改造的对象来说，"须要通过强迫的阶段，然后才能进入自觉的阶段。"①同时，也认识到，不经过这样的阶段是难以实现改造目的的，因为仅仅靠强迫是不行的。1964年4月28日，毛泽东在听取公安部部长谢富治汇报工作时插话说，"在一定条件下，在敌人放下武器，缴械投降以后，敌人中的绝大多数是可以改造的。但要有好的政策，好的方法。要他们自觉改造，不能只靠强迫、压服。"②他还说，"做人的工作，就是不能压服，要说服。"③

2. 改造工作艰巨性的规律

毛泽东等领导人认识到改造罪犯是一项极其艰巨的工作，不可能轻易地完成这样的任务。1950年1月4日，董必武在新法学研究院开学典礼上的讲话中指出，"但是也不能把改造看成是件容易的事情。人的改造是有困难的，应当把它看作是一件很艰巨的工作。"④1963年11月15日，毛泽东在接见阿尔巴尼亚总检察长

---

① 司法部劳改局编：《毛泽东等老一辈革命家论改造罪犯工作》，法律出版社1993年版，第1页。
② 同上书，第5页。
③ 同上书，第24页。
④ 同上书，第10—11页。

时,在指出了人可以改造的可能性之后,也指出了改造罪犯的反复性和长期性。他说:"只有个别的人改造不过来,那也不要紧,刑期满了放回去,有破坏活动就再捉回去。有的放出去一次,他又破坏;放二次,他照样破坏;放三次,他再破坏。是有这样的人,那我们只好把他长期养下去,把他关在监狱的工厂里工作,或者把他们的家属也搬来,安置就业。"①

3. 多方面相结合的规律

改造罪犯是一项极其艰巨而复杂的工作,需要多方面的结合,才能取得成效。毛泽东等领导人认识到了这种规律,论述了改造罪犯工作中多方面结合的问题。

(1)惩罚与教育相结合。刘少奇、董必武都赞同这样的观点。在1950年7月26日至8月11日②举行的第一届全国司法会议上,刘少奇在报告中提出了"惩罚与教育相结合"的思想。董必武在1950年8月12日对参加全国司法会议的党员干部进行的讲话中,认为刘少奇的提法是完全正确的。③

(2)生产劳动改造与政治思想教育相结合。1953年9月16日,彭真在中央人民政府委员会第二十七次会议上的报告中指出,"由于认真贯彻了惩罚管制和思想改造相结合、劳动生产和政治教育相结合的政策,许多罪犯已逐渐认罪服法,初步地养成了劳动习

---

① 司法部劳改局编:《毛泽东等老一辈革命家论改造罪犯工作》,法律出版社1993年版,第4—5页。
② 史良:《第一届全国司法会议综合报告》,《山东政报》1950年第11期,第25页。
③ 司法部劳改局编:《毛泽东等老一辈革命家论改造罪犯工作》,法律出版社1993年版,第20—21页。

惯,学会了生产技术,能够于刑满释放后从事正当的职业。"①1959年9月14日,毛泽东在中国共产党中央委员会的建议中指出,"党和人民政府对反革命分子和其他罪犯实行的惩办和宽大结合、劳动改造和思想教育相结合的政策,已经获得伟大的成绩。"②在该月的17日,刘少奇在《中华人民共和国主席特赦令》中,重申了这几句话。③

（3）惩办与改造相结合。1985年1月5日,彭真在省、自治区、直辖市政法领导干部轮训班上的讲话中指出,"我们对刑事犯罪分子历来实行惩办与改造相结合的方针,对他们在服刑期间要抓紧教育改造。"④

4. 提供必要条件的规律

毛泽东等领导人认为,罪犯也是人,要改造他们,就必须创造适合的条件。只有创造了必要的条件,他们才能接受改造。这些条件包括饮食及生活、读书看报、必要的休息等人道主义条件。

1956年5月,刘少奇在给劳改检察工作的指示中指出,"生活要搞好一点,劳动要少一点,没有这个条件也是改造不好的。"⑤同年9月15日,刘少奇在中国共产党中央委员会向第八次全国代表大会的政治报告中指出,"除极少数的罪犯由于罪大恶极,造成人民的公愤,不能不处死刑以外,对于其余一切罪犯都应当不处死

---

① 司法部劳改局编:《毛泽东等老一辈革命家论改造罪犯工作》,法律出版社1993年版,第21页。
② 同上书,第31页。
③ 同上书,第33—34页。
④ 同上书,第10页。
⑤ 同上书,第24页。

刑,并且应当在他们服刑期间给予完全人道主义的待遇。"①

1956年7月15日,周恩来在全国省市检察长、法院院长、公安厅长联席会议上的报告中指出,"我们对犯人,对死刑缓刑、对劳动改造、对管制的第一应该有人道主义,采取不人道主义的待遇是不对的,应该改正。"②

1969年5月,毛泽东指示,"所有犯人,都应给看书报。"③

5. 提供帮助和给出路的规律

在改造罪犯的过程中,不仅要依靠强制和强迫,而且要提供帮助和给出路,只有这样,才能实现改造罪犯的目的。1965年8月8日,毛泽东在接见几内亚教育代表团、几内亚总检察长及夫人时指出,"……采取帮助他们的方法,还是采取镇压他们的方法。采取镇压、压迫的方法,他们宁可死。你如果采取帮助他们的方法,慢慢来,不性急,一年、两年、十年、八年,绝大多数人是可以进步的。"④

对于罪犯的帮助还体现在改造工作要耐心细致上。1985年1月5日,彭真在省、自治区、直辖市政法领导干部轮训班上的讲话中指出,"特别是对判刑的青少年和劳教人员,要像父母对待不听话的子女、医生对待病人、老师对待调皮的学生那样,耐心细致,努力把他们教育改造好。"⑤

---

① 司法部劳改局编:《毛泽东等老一辈革命家论改造罪犯工作》,法律出版社1993年版,第24—25页。
② 同上书,第26页。
③ 同上书,第24页。
④ 同上书,第6页。
⑤ 同上书,第10页。

1956年4月25日,毛泽东在中央政治局扩大会议上做《论十大关系》的报告时指出,"……对一切反革命分子,都应当给以生活出路,使他们都有奔头。这样做,对人民事业,对国际影响,都有好处。"①1968年,毛泽东进一步指出,"不给出路的政策,不是无产阶级的政策。"②

1981年5月21、22日,在中央政法委员会召开的北京、天津、上海、广州和武汉五大城市治安座谈会上,彭真发表了讲话。在这个讲话中,他在阐述了"教育改造第一、生产第二"的劳改、劳教工作方针之后,讲了这样一段话,"我看现在要加个感化,要满腔热情地、耐性细致地教育、感化、改造受了林彪、'四人帮'毒害的被劳改、劳教的青少年。所谓感化,不是当作口头禅空说,而是要认真地、扎扎实实地做,关心他们的吃、住、健康、学习,组织、帮助他们学政治、学文化、学技术等,使他们感到有出路,有前途,是为他们好。"③

(五)监狱工作的方针

新中国监狱工作自创立之初开始,就十分重视通过劳动改造罪犯。因此,在以后很长一个阶段内,中国的监狱管理机构都称之为"劳改机关",很多监狱也被称为"劳动改造管教队",简称"劳改队"。由于这个历史的原因,监狱系统往往把组织罪犯劳动作为首要的任务,出现了重视劳动而忽略其他改造活动的现象。针对这样的现象和问题,毛泽东等领导人多次提出并且确立了"改造第一、劳动第二"的监狱工作方针。

---

① 司法部劳改局编:《毛泽东等老一辈革命家论改造罪犯工作》,法律出版社1993年版,第3页。
② 同上书,第32页。
③ 同上书,第73页。

毛泽东及其他领导人有很多这方面的论述。1956年年初，刘少奇在听取公安部部长罗瑞卿的汇报时，明确指示："劳改工作的方针，第一是改造，第二是生产。"①此后，其他领导人都坚持这一观点。

1956年7月15日，周恩来在全国省市检察长、法院院长、公安厅长联席会议上的报告中指出，"劳改的目的，是要把犯人改造为新人，政治教育是第一，使他觉悟，劳动是增强他的劳动观点而不是从犯人身上生产出来的利润办更多的工厂，这还是第二。"②

1962年3月22日，毛泽东在对公安部负责人汇报工作时的指示中说："劳动改造罪犯，生产是手段，主要目的是改造，不要在经济上做文章。"③1964年4月13日，毛泽东在审阅公安部党组关于调查处理胡芷云案件的情况报告中指示："有些人只爱物不爱人，只重生产，不重改造。把犯人当成劳役，只有压服不行。其实抓紧思想政治工作，以思想工作第一，人的因素第一，做好这一面，不仅不会妨碍生产，相反还会促进生产。"④1965年7月，毛泽东在第十四次公安工作会议期间对劳改工作所做的指示中指出，"第一是思想改造，第二是生产。"⑤这一年的8月8日，毛泽东在接见几内亚教育代表团和几内亚总检察长时的谈话中指出，"譬如劳改工厂、劳改农场就不能以生产为第一，就要以政治改造为第一。"⑥同年9

---

① 司法部劳改局编：《毛泽东等老一辈革命家论改造罪犯工作》，法律出版社1993年版，第19页。
② 同上书，第25页。
③ 同上书，第15页。
④ 同上。
⑤ 同上书，第16页。
⑥ 同上。

月 28 日在与阿尔巴尼亚内务代表团谈话时,毛泽东进一步明确指出,"劳改单位总的方向应该是改造他们,思想工作第一,工业、农业的收获多少,是否赚钱是第二位的。"①

1983 年 4 月 19 日,彭真在公安工作改革会议预备会议上的讲话中指出,"我们为什么叫劳教、劳改呢?就是教育第一,改造第一,生产要认真搞好,但它是第二嘛。"②

(六)监狱的改造性质

毛泽东等领导人不仅强调在监狱工作中改造罪犯工作的重要性,甚至认为新中国监狱本身就具有改造罪犯的性质,或者要把监狱建设得具有改造罪犯的性质。1960 年 10 月 22 日,毛泽东在接见美国记者埃德加·斯诺时,在论述了许多犯罪分子可以改造好之后指出,"我们的监狱不是过去的监狱,我们的监狱其实是学校,也是工厂,或者是农场。"③1983 年 4 月 19 日,彭真指出,"总之,要使劳教、劳改场所真正成为教育人、改造人的场所。"④

毫无疑问,毛泽东等国家领导人关于罪犯改造工作的一系列论述,包含着很多科学的内涵。尤其值得重视的是,对于一个大国的国家领导人来说,能够在监狱管理和罪犯改造这个相对较小的社会领域中提出很多涉及面广泛、科学性很强的观点,是非常可贵的,表现了他们的真知灼见和远见卓识。他们的论述对于指导新中国监狱制度的建立、罪犯改造工作的进行以及罪犯改造理论的

---

① 司法部劳改局编:《毛泽东等老一辈革命家论改造罪犯工作》,法律出版社 1993 年版,第 17 页。

② 同上书,第 22 页。

③ 同上书,第 3 页。

④ 同上书,第 22 页。

研究等,都发挥了巨大的积极的作用。他们的这些论述,是新中国罪犯改造工作的宝贵财富,应当加以珍视和发扬光大。

二、其他罪犯改造理论探讨

(一)概述

尽管老一代国家领导人对改造罪犯工作有较多的论述,但是,在新中国成立后的50年多间,由于多方面的原因,国内学者提出的符合科学理论的逻辑结构要素[①]、真正学术意义上的改造罪犯理论并不多,甚至可以说,除了毛泽东改造罪犯思想之外,长期以来并没有发展起完整的罪犯改造理论。

查阅国内发表的有关监狱工作和罪犯改造的理论文章和书籍,从内容方面可以看出这样几个特点:

第一,大量的罪犯改造理论文章和书籍,都把研究重点放在阐述和发挥毛泽东罪犯改造思想方面。有些论著直接探讨毛泽东及老一代国家领导人关于罪犯改造的思想,也有一些论著在"毛泽东罪犯改造思想""毛泽东改造罪犯理论"[②]之类的标题下,阐述与其相关的理论观点,或者阐述与其关系较远的甚至是作者自己的见解。

第二,很多理论文章和书籍把总结和阐明监狱管理和罪犯改造的实际工作当作主要的任务。这些论著所涉及的内容主要包括

---

① 根据研究,科学理论的逻辑结构包括三种要素:一是基本概念;二是基本原理;三是科学推论。参见中国科学技术大学等编:《自然辩证法原理》,湖南教育出版社1984年版,第415—416页。

② 辛国恩等著:《毛泽东改造罪犯理论研究》,人民出版社2006年版。

论述监狱工作(1994年12月29日《中华人民共和国监狱法》颁布之前大多称为"劳改工作")的方针、总结中国罪犯改造工作的实践经验、概括中国监狱工作(劳改工作)的特色、探讨具体监狱制度和环节中的理论问题等。

第三,大多数理论探讨以官方说法绝对正确为前提,所进行的"理论探讨"大多也是论述它们如何正确,或者探讨如何在具体工作中加以贯彻(即注释性研究),具有反思性质和批判精神的理论探讨不多。

第四,有的论著提出了一些独特的、新颖的观点或者假设,但是,都没有形成一种包括概念体系、原理和观点的完整的罪犯改造理论。

新中国对于罪犯改造理论研究的不理想状况,直到2001年陈士涵出版两卷本的《人格改造论》①一书之后,才得到初步的改变。

(二)人格改造论述评

根据笔者掌握的文献,迄今为止,在新中国监狱学研究中,符合科学理论的逻辑结构要求的罪犯改造理论,似乎只有陈士涵在2001年出版的《人格改造论》一书提出的"人格改造论"一种。

陈士涵先生是上海市犯罪改造研究所副所长,长期从事监狱管理和罪犯改造方面的研究,是中国监狱领域中既有扎实的理论功底、又有丰富的实践经验,在研究工作中取得突出成绩的少数专职研究人员之一。他在这部上下两卷、长达830余页的专著中,论述了一种有关罪犯改造的"人格改造理论"。

人格改造论的主要内容如下:

---

① 陈士涵:《人格改造论》(上、下卷),学林出版社2001年版。

首先,在奥地利心理学家、精神分析学创始人弗洛伊德(Sigmund Freud,1856—1939)的"三部人格结构论"(即把人格分为本我、自我和超我三部分)的基础上,发展了一种"五部人格结构论"。他提出的"五部人格结构"包括生理系统、动力系统、自我意识系统、道德良心系统和心理特征系统。①

其次,在弗洛伊德的人格动力升华理论的基础上,阐述了人格改造的基本原理。根据他的论述,改造罪犯的根本目的在于使他们的人格得到完善和升华;人格升华的内在机制在于人格动力;人格动力的升华过程不是禁止和削弱人的本能和欲望冲动的过程,而是推动和引导罪犯的本能和欲望去选择和获得为社会道德文明所允许、甚至赞同的满足方式,使本能和欲望冲动成为社会发展的积极动力。②

再次,论述了对不同人格成分的改造和其他相关问题。

应该说,人格改造论是我国监狱学领域中获得的理论研究方面的重大成果。它的重要价值在于:第一,系统构建了一种完整的罪犯改造理论。这一理论有自己的概念体系,有基本的理论原理,有很多具体的理论观点,这些都完全符合科学理论的逻辑结构特征。第二,多方面反映了中国罪犯改造的实际情况。作者不仅长期在监狱管理部门的研究机构从事研究工作,而且曾经长时间在监狱从事具体工作,熟悉监狱的情况,在理论研究中多方面反映了中国监狱中改造罪犯的实际情况,将很多的实际经验加以理论化,因此,理论密切联系实际。第三,提出了很多有价值的具体观点,

---

① 陈士涵:《人格改造论》(上卷),学林出版社2001年版,第77页。
② 同上书,序言,第10页。

这些观点涉及监狱管理和罪犯改造的很多具体方面,对于提高监狱管理水平和改善监狱中的罪犯改造工作,对于促进罪犯改造研究,都具有很好的启发作用。

遗憾的是,对于这项成果的理论价值和实践价值,研究部门和实践部门的重视程度和评价反应都是不够的。就研究部门来讲,既缺乏适当的关注、介绍和推广,[①]也缺乏有力的评价、验证甚至争论。就实践部门来讲,尚未听说哪个监狱部门或者监狱在实践工作中一直在推广和应用这项成果的,仅仅听说某些监狱部门在推广应用一段时间之后就停止了。这也反映出中国监狱工作领域和监狱学界在理论研究方面存在的普遍性问题:不重视理论研究,也不重视理论研究的成果及其应用。

在充分肯定人格改造论的重大价值的同时,也应该看到人格改造论存在的一些问题。根据笔者的初步学习和理解,人格改造论可能在以下方面尚需要作进一步的探讨、完善和发展。

第一,对"人格"成分作了扩大解释。该书论述的"五部人格结构论",既与弗洛伊德的人格结构论不同,也与目前心理学中对人格成分的解释有较大差异。目前,心理学界比较流行的人格结构理论,是所谓的"大五模型",即认为人格有五个最基本的维度或者成分:(1)外倾性(extroversion);(2)宜人性(agreeableness),又译为"随和性";(3)责任心(conscientiousness),又译为"认真性""尽责性";(4)神经质(neuroticism),又译为"情绪稳定性";(5)开放性

---

① 根据笔者了解的情况,作者本人在上海的高等院校中开设了课程介绍其研究成果。

(openness to experience),又译为"经验开放性"或者"求新性"。①因此,"五部人格结构论"的科学性如何,尚需要进一步研究。

第二,人格改造不能代表改造罪犯的所有内容,而只是其中的一部分内容。实际上,仅仅改变罪犯的人格,并不能达到全面改造罪犯的目的。罪犯除了人格有缺陷之外,在其他很多方面也存在问题,也需要改造。例如,文化程度、职业技能、社会技能(交往技能、情绪控制技能等)。

同时,人格概念有自己的内涵和外延,不能把所有需要改造的内容或者方面,都纳入"人格"的范围。应当说,人类社会已经从简单化、大一统的时代进入复杂化、多样性的时代。把改造目标单一化,例如,仅仅归结为人格,不仅不符合客观现实,也会出现其他问题。例如,改变特定概念的含义,扩大其外延,削足适履。这可能是在进行改造罪犯的理论探索时需要加以避免的。

第三,并非所有的人格特征都需要改造。例如,性格的内外倾等没有必要改造。如果按照同一个模式改造罪犯的人格,是否有可能把所有的罪犯都改造成为人格特征完全相同的"机器人"?如果笼统地把人格作为改造客体,不加区别地按照某种模式改造罪犯的人格,那么,实际上在一些方面可能是做无用功,即花费精力改造那些根本不需要改造的人格特征。在改造罪犯的过程中,需要加以改造的,应当仅仅是那些促进和助长犯罪心理的产生和犯

---

① 〔美〕丹尼斯·库恩(Dennis Coon):《心理学导论——思想与行为的认识之路》,郑钢等译,中国轻工业出版社2004年版,第586—587页。〔美〕L. A. 珀文:《人格科学》,周榕、陈红、杨炳钧、梁秀清译,华东师范大学出版社2004年版,第48—49页。〔美〕杰里·伯格(Jerry M. Burger):《人格心理学》,陈会昌等译,中国轻工业出版社2000年版,第131页。

罪行为的实施的人格特征;与犯罪心理的产生和犯罪行为的实施无关的人格特征,就没有必要加以改造。

第四,并非所有的人格特征都可以改造。例如,气质就难以改造,或者说,在改变气质方面,童年期比较容易;儿童少年的气质比较容易改变,正如有的学者指出的,"气质可以改变,而是否改变取决于儿童气质类型和父母教养方式的拟合度。"①但是,对于成年人来说,改变他们的气质就比较困难。因此,笼统地讲改造人格,可能是不恰当的,也是难以做到的。

第五,并非对所有的人来说都可以改造其人格。心理学的研究几乎一致地表明,人们的人格到30岁左右时定型化,很难加以改变。中国台湾的刑法学家和犯罪学家蔡墩铭教授接受这样的观点,认为"人格决定于30岁,30岁以后之人格已难改变"②。很多外国心理学家也持类似的观点。例如,心理学家认为,"人在20岁时人格的'模子'就开始定型,到了30岁时便十分稳定。在30岁之后,一般不会再出现大的人格改变。有些人身上发生了人格改变,但那些大都是某种重大灾难或悲剧等特殊生活事件造成的。"③也有的心理学家指出,"许多研究表明,一旦进入成年期后,特质理论家所强调的五因素就具有相对稳定性。……尽管生活情境可能变化,但人格到30岁时便相当稳固了。……对我们大多数人来

---

① 〔美〕戴维·谢弗(David Shaffer):《发展心理学》(第6版),邹泓等译,中国轻工业出版社2005年版,第406页。
② 蔡墩铭:《犯罪心理学》(上册),台湾黎明文化事业股份有限公司1979年版,第32页。
③ 〔美〕丹尼斯·库恩:《心理学导论——思想与行为的认识之路》,郑钢等译,中国轻工业出版社2004年版,第582页。

说,到了 30 岁我们的人格就像定了型的石膏一样。"①还有的心理学家指出,"30 岁以后人格特征就不怎么改变了。"②在我国的监狱系统中,大多数罪犯都是成年人,对于这些人来说,改变其人格是很难的。

第六,人格改造的难度很大。尽管并非所有的人格特质都需要改变,但是,由于人格特质具有高度的稳定性,无论改变任何一种人格特质,都是很困难的。在对很多罪犯的改造中,难以实现改造人格的目标。

陈士涵在后来出版的《人格改造论》(增补本)一书中,对上述方面做了一些回应。③

三、理论研究中存在的问题

从所见到的文献来看,新中国很多书籍和文章在论述罪犯改造的理论问题时,存在着一些问题。其中比较突出的问题包括下列方面:

(一) 研究方法不当

研究方法是关系到理论观点质量和研究工作成败的重大问题。从我国发表的一些罪犯改造理论研究论著来看,存在的主要问题是:

---

① 〔美〕L. A. 珀文:《人格科学》,周榕、陈红、杨炳钧、梁秀清译,华东师范大学出版社 2004 年版,第 215 页。
② 〔美〕乔纳森·布朗:《自我》,陈浩莺等译,人民邮电出版社 2005 年版,第 89 页。
③ 陈士涵:《人格改造论》(增补本,上、下册),学林出版社 2012 年版。

第一，使用概念不严谨。例如，一些论著在论述劳动对罪犯的改造作用时偷换概念，把通过劳动改造罪犯与劳动在人类进化中的作用混同起来。罪犯劳动是改造罪犯的一种手段，这种劳动与在人类进化中的劳动并没有多少联系。罪犯劳动的改造作用是有限的，不可能产生足以使罪犯的生物属性发生变化的作用，或者说，罪犯劳动并不涉及罪犯的人种进化问题。但是，很多论著十分牵强地把两个不同性质的问题联系到一起，进行不着边际的所谓"论证"。恩格斯在《自然辩证法》中专门有一部分文字论述"劳动在从猿到人转变过程中的作用"①，认为劳动在从猿到人转变过程中发挥了决定性的作用。很多早期的劳改法学(监狱学)论著对此加以引申，论述劳动在改造罪犯中的作用，把两个不同范畴的问题混同起来。而且，直到2003年，还在一本《罪犯劳动改造学》中，设立"劳动与人的发展"专节，②论述了劳动使古猿的前肢发展成人手，劳动促使意识、语言的产生，劳动使猿脑进化为人脑三个方面，把它们作为罪犯劳动改造的哲学依据之一。

第二，理论观点片面化。例如，在论述罪犯改造问题时，夸大劳动的改造作用。例如，有人认为，劳动在改造罪犯中具有下列作用：(1)劳动是改造罪犯成为新人的根本途径；(2)劳动是改造罪犯的基本手段；(3)劳动促使罪犯正确理解自身的价值；(4)劳动能矫正罪犯腐化寄生的恶习。③

还有人认为，生产劳动对罪犯的改造作用表现在下列方面：

---

① 《马克思恩格斯选集》(第三卷)，人民出版社1973年版，第508—520页。
② 杜雨主编：《罪犯劳动改造学》，法律出版社2003年版，第23—26页。
③ 参见力康泰主编：《劳动改造法学研究综述》，中国人民大学出版社1993年版，第246页。

(1)生产劳动有助于罪犯树立新的人生观;(2)生产劳动能引导罪犯走向新的生活方式;(3)生产劳动有助于培养罪犯遵纪守法的习惯和良好的品德;(4)生产劳动能使罪犯看到光明的前途;(5)生产劳动是使罪犯成为有用之材的必由之路。①

对于夸大劳动在罪犯改造中的作用的现象,很早就有人提出反驳意见。例如,刘云耕曾经写文章指出,"生产劳动不是囚犯改过自新的唯一手段","智力开发是青少年囚犯复归社会的重要桥梁","智力开发与重新犯罪率成反比"。② 在1997年出版的《监狱学总论》一书中,进一步做了辩驳,指出:"把劳动生产说成是使'罪犯改造自新的唯一途径',未免有点过头和绝对化。因为犯罪学证明,犯罪是一种复杂的社会现象,致罪的原因多种多样,并非'都是从不劳动开始',而我国长期改造罪犯的实践证明,促使罪犯改过自新的也并非仅仅劳动一种途径。除了劳动之外,监管改造、教育改造以及人道感化等等同样必不可少。"③

第三,大量使用演绎法。在论述罪犯改造问题时,大量的论著都是进行哲学演绎式的推论,观点缺乏经验性证据的支持。在以往的一些论著中,在谈到罪犯改造问题时,往往从哲学等学科的一些基本原理出发,进行三段论式的演绎推理,从中得出有关改造罪犯的结论。或者变换另一种方式,从马克思、恩格斯、列宁、毛泽东等思想家和领导人的论述出发,以这些论述作为大前提,通过三段

---

① 参见邵名正主编:《中国劳改法学理论研究综述》,中国政法大学出版社1992年版,第165页。

② 刘云耕:《试论对青少年囚犯的智力开发》,朱济民主编:《论上海监狱工作》,上海人民出版社1995年版,第121—127页。

③ 金鉴主编:《监狱学总论》,法律出版社1997年版,第574页。

论式的推理,得出有关罪犯改造的具体结论。

使用演绎法的另一种例证是,在大量的论著中,所引用的文献只有或者大部分都是上述思想家和领导人的著作,把它们作为唯一的论据,极少看见对同行研究成果的引述,或者在引述时缺乏必要的注释。引用同行研究成果不加注释的现象,过去也是监狱学领域中普遍存在的一个严重学风问题。

第四,定量研究问题较多。虽然一些研究者注意到使用定量研究方法的价值,在罪犯改造研究中试图应用调查和归纳等涉及定量因素的方法,进行实证性质的研究,但是,由于知识结构的缺陷等原因,这方面的研究存在较多的问题。例如,调查的样本数量太少(很多研究者调查的罪犯数量不超过100人,得出的定量研究结论推广价值有限)、使用的定量方法简单(大多数局限于绝对数和百分比,复杂的统计方法使用得很少)、抽样方法不科学(往往缺乏抽样,这使得研究结论缺乏外在效度)等。

(二)论述范围狭窄

在以往发表的罪犯改造方面的论著中,普遍存在着论述范围比较狭窄的问题。这些论著往往探讨罪犯改造或者监狱工作中某一个方面的理论问题(当然,不可否认,这种探讨是极有价值的),缺乏一种能够从总体上说明罪犯改造工作和指导罪犯改造实践的理论体系。同时,论述范围狭窄的另一个重要表现,是"就事论事",仅仅探讨罪犯改造问题,而没有将眼光向前延伸,没有探讨犯罪之前的问题,没有把罪犯改造问题与犯罪原因问题有机结合起来加以探讨,使罪犯改造方面的探讨缺乏坚实的基础,成为"无源之水,无本之木";或者没有将眼光向后延伸,不探讨罪犯从监狱释放之后的问题,因而对于帮助释放人员重新适应社会生活,对于预防重新犯罪,缺乏指导价值。

(三)内容过于抽象

我国以往发表的有关罪犯改造的理论研究成果,往往存在内容过于抽象、缺乏操作性的问题。这类问题的存在,与普遍使用的研究方法——演绎法,有密切的关系。使用演绎法进行推论的结果,往往会产生一些抽象的结论或者原则。至于如何将这些抽象结论或者原则应用于具体的罪犯改造工作中去,往往语焉不详,或者一带而过地简略论述,从而削弱了这些研究成果对罪犯改造实践的指导价值。

(四)缺乏国际视野

由于语言障碍等方面的局限性,以往的罪犯改造理论研究中,大多数研究者主要以国内文献或者实践为基础进行研究,缺少对于国际社会中相关专业资料的引用和应用。一些研究者努力用翻译过来的文献弥补这一缺陷,但是,由于罪犯改造本身是一个很小的研究领域,可以利用的外文文献本来就有限,翻译为中文的文献更少,因此,不少理论研究工作缺乏国际视野,不能反映国际社会在这些方面进行研究的成果。

所以,为了解决罪犯改造理论研究中存在的上述问题,为了促进中国罪犯改造理论研究,为了进一步提高中国罪犯改造成效,也为了完善中国监狱管理工作,有必要发展一种新的罪犯改造理论。下文中将要阐述的犯因性差异理论,就是笔者在吸取国内外已有的研究成果、总结中国罪犯改造经验的基础上进行这方面努力的一个初步成果。

第二节 西方国家的探索

一、改造的不同表达

改造的最基本含义,就是转变犯罪人,使犯罪人成为守法的人或者好人。在西方文献中,表达改造的这种含义以及改造过程的术语,在不同的历史阶段有所不同。

(一) 早期的术语

从笔者见到的英文资料来看,在早期,英文文献中用 reform(改造)或者 reformation(改造)这个词和相关的 penitentiary(感化院)、reformatory(教养院)等词语,表达改造罪犯的意思。

上述英语单词的产生时间及含义表明,它们产生及流行的时间都是较早的。根据有关文献记载,reform 作为一个动词是在 14 世纪产生的,表示"改变""改善"以及"消除邪恶的方式"等含义。[①] Reformation 作为一个名词是在 15 世纪产生的,到了 16 世纪时,这个单词用来表示抵制或矫正罗马天主教的教义和实践、建立基督教新教教派的宗教运动。[②] 有的文献中使用了"启蒙时代与改造"

[①] *Merriam Webster's Collegiate Dictionary*, 10th ed. (Springfield, MA: Merriam-Webster, Inc., 1993), p.983.

[②] Ibid.

这样的标题,①将改造(reform)与启蒙时代联系起来。由此可以看出,reform 这个词的流行是较早的。

Penitentiary 一词是在 15 世纪产生的,用来指拘留和惩罚犯罪人的公共机构。② 有的文献认为,从 18 世纪 90 年代到 19 世纪 60 年代,曾经有过一个感化院时代(penitentiary era)。③

Reformatory 这个名词是在 1834 年产生的,用来表示关押年轻的或者第一次犯罪的犯罪人,对他们进行训练和改造的刑罚机构。④ 1876 年,在美国建立了第一个教养院——埃尔迈拉教养院(Elmira Reformatory)。1870 年到 1910 年被认为是一个教养院时代。⑤

(二) 20 世纪初期以来的术语

19 世纪末 20 世纪初,随着医学的发展,特别是随着心理学以及心理治疗等的发展,罪犯改造领域中的主导思想发生了重大转变,医学模式逐渐占据支配地位。有的文献认为,从 1930 年到 1974 年,是医学模式主导的时期。⑥ 在这种背景下,使用了与罪犯

---

① Harry E. Allen, Clifford E. Simonsen & Edward J. Latessa, *Corrections in America: An Introduction*, 10th ed. (Upper Saddle River, NJ: Pearson Prentice-Hall, 2004), p. 12.

② *Merriam Webster's Collegiate Dictionary*, 10th ed. (Springfield, MA: Merriam-Webster, Inc., 1993), p. 859.

③ Todd R. Clear, George F. Cole & Michael Reisig, *American Corrections*, 9th ed. (Belmont, CA: Wadsworth, 2011), p. 63.

④ *Merriam Webster's Collegiate Dictionary*, 10th ed. (Springfield, MA: Merriam-Webster, Inc., 1993), p. 983.

⑤ Harry E. Allen, Clifford E. Simonsen & Edward J. Latessa, *Corrections in America: An Introduction*, 10th ed. (Upper Saddle River, NJ: Pearson Prentice-Hall, 2004), pp. 32-34.

⑥ 参见吴宗宪:《当代西方监狱学》,法律出版社 2005 年版,第 143 页。

改造有关的三个术语：

1. Treatment

Treatment（治疗、矫治）是直接体现医学模式精神的术语。有些学者认为，从1945年到1967年经历了一个"矫治时代"（treatment era）。[1]

珍妮·斯廷奇科姆（Jeanne B. Stinchcomb）等人认为："矫正机构中的矫治（treatment），涉及促使犯人社会化的计划和服务的所有方面。因此，它包含比狭窄的深入诊断和治疗干预更广泛的内容。如果更全面地来看，矫治是指在通常情况下促使自由社会（例如，学校、宗教、娱乐和医疗）中的人们正常社会化的所有过程，以及传统上与treatment这个术语有联系的心理学、精神病学和社会工作服务。实际上，从一定程度上说，在犯人被监禁期间，矫正机构代替了家庭、同伴群体（peer group）和其他社会机构的首要功能。为了实现矫正机构中治疗—监禁的双重功能，有必要创造一种可以接受的，但是必须有控制的环境，在这种环境中，将外部控制与治疗过程结合使用。从对犯人的社会化产生作用方面来讲，可以把许多因素看成是治疗，包括在监狱工业中对劳动习惯的学习、通过普通同等学历证书（GED）[2]课程的学习而获得中学同等学历证书，到根据监规进行的纪律处罚。"[3]

小鲁道夫·亚历山大（Rudolph Alexander, Jr.）认为，"治疗的确可以与改造（rehabilitation）交替使用。在监狱中，治疗包括诊断、

---

[1] 参见吴宗宪：《当代西方监狱学》，法律出版社2005年版，第125页。

[2] 普通同等学历证书（GED）的英文全称是General Equivalency Diploma。

[3] Jeanne B. Stinchcomb & Vernon Fox, *Introduction to Corrections* (Upper Saddle River, NJ: Prentice-Hall, 1999), p.306.

分类、多种治疗活动、惩罚和改造的预后。"①

2. Correction

Correction(矫正)是目前西方国家使用得最多的、与罪犯改造有关的术语。这个术语不仅体现了一种改造哲学和理念,而且也已经变为普遍接受的一个行业(指与罪犯的管理和改造有关的社会行业)、业务机构(管理和改造罪犯的行政管理机构和具体单位)和学科(研究罪犯管理和改造的领域)的名称。在西方国家中,Correction 一词的流行,始于20世纪50年代。1954年,美国监狱协会(American Prison Association)更名为美国矫正协会(American Correctional Association),就是一个重要的标志。这个术语的流行,"反映了处理违法者的基本态度的转变。刑罚不仅是一种有效的目标,也应当是对判决有罪者的改造或者矫正。矫正是负责执行法院判处的刑罚的那部分刑事司法系统。"②

3. Rehabilitation

Rehabilitation 是一个从医学领域借用的术语,原义是病人通过康复治疗恢复到健康状态。笔者将这个术语翻译为"改造"。1959年,美国犯罪学家弗朗西斯·艾伦(Francis A. Allen)把 rehabilitation 作为一种刑罚目的,认为行为是那些可以发现的前因的结果,有关这些原因的知识允许人们对行为进行科学的控制,并

---

① Rudolph Alexander, Jr., *Counseling, Treatment, and Intervention Methods with Juvenile and Adult Offenders* (Belmont, CA: Brooks/Cole, 2000), p.5.
② Norman A. Carlson, Karen M. Hess & Christine M. H. Orthmann, *Corrections in the 21st Century: A Practical Approach* (Belmont, CA: West/Wadsworth, 1999), p.7.

且采取以这类知识为基础的措施治疗犯罪人。① 此后,虽经20世纪70年代中期"马丁森炸弹"等的消极影响,但是,改造的理念一直没有被抛弃。

值得注意的是,有些学者用不同的方式区分 reform 和 rehabilitation,但是,也有一些学者交替使用这两个词。② 交替使用意味着把这两个词看成是近义词或者同义词。

可以说,上述这些词语都从不同角度和侧面体现了改造罪犯的含义。③

二、改造的不同含义

根据美国学者菲里普·赖克尔(Philip L. Reichel,2001)的研究,在西方国家的语境中,按照历史发展的顺序,rehabilitation(改造)一词陆续包括了三种含义:④

(一)作为拯救的改造

菲里普·赖克尔认为,改造一词有很长的历史。不过,在改造一词的最早历史时期,可以把它更精确地称为"拯救"(reclamation)。

---

① F. A. Allen, "Criminal Justice, Legal Values and the Rehabilitative Ideal," *Journal of Criminal Law, Criminology & Police Science* 50(1959):226.

② Michael Cavadino & James Dignan, *The Penal System: An Introduction*, 3rd ed. (London: Sage Publications, 2002), Note 7 of p.58.

③ 从晚近出版和发表的大量专业文献来看,correction、treatment、rehabilitation 这几个词语往往被作为近义词甚至同义词而交替使用,它们所包括的含义是近似的,在很多方面是重叠的。因此,给中文翻译带来了一定的困难。

④ Philip L. Reichel, *Corrections: Philosophies, Practices, and Procedures*, 2nd ed. (Boston, MA: Allyn and Bacon, 2001), pp.48-50.

因为拯救的意思就是从邪恶中拯救犯罪人,以便征服犯罪人。人们拯救犯罪人,使其回到正确的生活方式。由于这些正确的生活方式是道德的基础,因此,宗教在拯救过程中起着重要的作用,这是毫不奇怪的。例如,在19世纪后期,贵格会教徒的教义在美国宾夕法尼亚的监狱活动中产生了重要影响。根据贵格会教徒的主张,监禁犯罪人的目标之一,就是拯救犯罪人的灵魂。

除了宗教的动机之外,拯救也有世俗的基础,即人道主义的成分。根据这种意义,相信通过消除痛苦和苦难,可以促进人类的福利。除了拯救灵魂之外,贵格会教徒也相信,监禁是肉刑和死刑的一种更加人道的替代方式。这种人道主义的观念,是改造理念发展过程中出现的一种必要的但不是充分的进步。

(二) 作为"改造"的改造

人道主义和改造之间的联系,似乎在19世纪"改造"(reformation)变成一个流行术语之后看得更加清楚。尽管拯救既包含拯救灵魂的宗教意义,也包含人道主义的世俗含义,但是,"改造"(reformation)基本上是一个世俗的概念。此外,拯救也包含着不需要犯罪人发生具体的变化就可以实现的含义。相反,根据早期"改造"的含义,为了把犯罪人从邪恶的方式中拯救过来,就要向犯罪人提供认识错误、使其回到本来就有的善良本性的机会。另一方面,早期的"改造"也意味着,为了使犯罪人采取新的、经过改进的生活方式,必须要求在犯罪人身上发生一些具体的变化。这就是拯救(reclaimed、rescued)与"改造"(reformed)或者转变(changed)之间的区别。

在转变犯罪人这种意义上,早期的"改造"将改造哲学(rehabilitation philosophy)向前大大地推进了一步。不过,与现在所说的改造(rehabilitation)不同,在早期的"改造"过程中假定,犯罪人对自己的转变是负有责任的。这意味着,只要提供了从坏向好的方面转变的机会,犯罪人就会通过自己的方式(device)发生转变。社会的责任就是在人道的环境中,向犯罪人提供教育、职业和宗教方面的机会。但是,犯罪人的主要责任是,发现哪些机会是对他们自己的转变最有帮助的。只有当其他人也参与发展针对特定犯罪人的个别治疗计划的时候,改造(rehabilitation)才变成了可以用来描述刑罚哲学的恰当术语。

(三) 作为个别化矫治的改造

到了20世纪,改造才具有了"个别化矫治"(individualized treatment)的含义。不过,在20世纪,人们对改造的看法是有争议的。怀疑者认为,不可能真正转变犯罪人;赞同者认为,这样的转变在多种环境中都可以发生,其中包括监狱。根据个别化矫治的观念,犯罪与疾病(特别是精神疾病)具有相似之处:大部分精神病人是可以治愈的,因此,大部分犯罪人也是可以转变的;可以用与治疗疾病相类似的方式转变或者改造犯罪人。对犯罪人的个别化矫治,是矫正领域中医学模式的核心。

由此可见,根据菲里普·赖克尔的论述,尽管改造有拯救、转变的含义,但是,改造在当代的主要含义就是个别化矫治。

不过,也有人对此持有稍微不同的看法。例如,英国学者克利福·霍林(Clive Hollin)指出,"改造模式(rehabilitation model)认为:预防犯罪的最好方法是直接处置作为犯罪原因的那些经济、社会或者个人因素。矫治模式(treatment model)是改造模式的一种特殊情况,这种模式认为,为了减少犯罪的发生,应当直接对犯罪人开展工作。"①

三、改造的理论探索

尽管西方国家的学者们对改造有很多的论述,但是,在对改造理论的系统探讨方面,却显得很薄弱。综观所见文献,发现有关罪犯改造的理论探索呈现下列特点:

(一) 缺乏影响较大的系统化理论

在迄今为止的英文文献中,似乎没有看到一种具有重大影响、得到很多人肯定的罪犯改造理论。这与有关犯罪原因的研究形成截然不同的对比。在犯罪学的历史发展中,人们对犯罪原因问题进行了大量的研究,发展了很多系统化的、得到广泛承认的犯罪原因理论,有的学者甚至把犯罪学看成是一门有关犯罪的原因与表现的学科。②

从西方犯罪学史的发展来看,古典犯罪学学派认为,犯罪是自由意志的表现,是犯罪人自愿选择为恶的结果,因此,对于犯罪人来说,谈不上改造的问题。对犯罪人判处刑罚,是对犯罪人的报应;预防犯罪的基本方法,就是刑罚给犯罪人造成的痛苦大于犯罪行为带给犯罪人的快乐,使犯罪人从犯罪行为中无利可图,从而不再犯罪。

到实证主义犯罪学学派兴起之后,由于深入研究了犯罪行为

---

① Clive Hollin, "Rehabilitation," in Eugene Mclaughlin & John Muncie (eds.), *The Sage Dictionary of Criminology* (London: Sage Publications, 2001), p. 242.
② 吴宗宪:《西方犯罪学》(第二版),法律出版社2006年版,第2页。吴宗宪:《西方犯罪学史》(第二版),中国人民公安大学出版社2010年版,第14—15页。

发生的原因,才产生了改造犯罪人的思想观念。从切萨雷·龙勃罗梭(Cesare Lombroso,1835—1909)开始的很多犯罪学家,都论述了罪犯改造问题,不过,他们的论述主要限于对具体改造方法的研究和介绍,普遍缺乏系统化的罪犯改造理论和学说。有的犯罪学家甚至有意忽视对罪犯改造问题的研究,而把自己的研究使命局限于阐明犯罪原因。例如,美国人类学家、犯罪学家欧内斯特·胡顿(Earnest A. Hooton,1887—1954)在主持进行了长达12年的哈佛犯罪研究之后,表示了这样的看法:"在这12年中,我并没有花很多时间从改造犯罪人的人道主义热情出发来研究犯罪人,也没有从治疗被监禁的重罪犯的浓厚兴趣出发来研究犯罪人。这样的动机是值得称赞的,那些致力于犯罪学工作的人们的努力,通常是无私的和有效的。祝他们成功!我希望纠正人们的这种观点,即认为一般的人类生物学家的功能就是家庭医生——减轻病人的痛苦或者治疗病人……不论怎样乐观……科学的犯罪学家或刑罚学家都没有对改造已经定型的成年犯罪人抱有特别的希望。犯罪预防是治疗少年的中心,当犯罪预防变得真正科学时,它就会从更早的时候开始,对家庭遗传进行干预。"[①]

(二)对改造问题的研究不受重视

从实证主义犯罪学学派关注罪犯改造问题开始,一些犯罪学家虽然也探讨有关罪犯改造的问题,但是,人们并不重视这方面的研究,这方面的探讨仅仅是犯罪对策研究中的一个很小的部分。犯罪学家们更愿意从更大的范围内、从更广的视野中,探讨对付犯

[①] 转引自吴宗宪:《西方犯罪学史》(第二版),中国人民公安大学出版社2010年版,第530页。

罪的综合性对策,而很少花费大量精力研究其中的一个方面——罪犯改造问题。因此,在很多犯罪学家的论著中,可以从刑事司法系统的功能、从社区的犯罪预防等很多方面论述对犯罪的反应和控制问题,但是,很少看到专门论述罪犯改造问题的内容。①

(三)已有研究主要涉及改造方法

从意大利犯罪学家切萨雷·龙勃罗梭等人创立实证主义犯罪学学派开始,对犯罪人的改造问题纳入了犯罪学家们的研究范围。然而,从大量的资料来看,有关犯罪人改造问题的理论探索,主要集中在对如何改造犯罪人的具体改造方法或者措施的研究方面,而没有发展系统的罪犯改造理论。例如,切萨雷·龙勃罗梭在深入系统地论述了犯罪原因之后,也论述了对犯罪人的治疗问题,②不过,这些论述大多都是对于具体的改造途径、方法和措施等的论

---

① 对于监狱及监狱中罪犯的管理和改造问题重视程度不够、研究投入不足,似乎是中外学术界普遍存在的一种现象!中国和外国的学者们都花费很多精力研究犯罪的原因(犯罪学家)、犯罪行为的表现形式以及法律规定的罪名(犯罪学家和刑法学家)、法官的量刑活动(犯罪学家和刑法学家)等,而普遍忽视量刑之后如何具体管理和改造被判处剥夺自由刑罚的罪犯的问题。无论从哪方面来讲,这种现象都是不合理的。量刑之前的研究活动和司法活动固然对犯罪行为和犯罪人有重要影响,但是,入监之后的情况对于犯罪人的影响更大,因为量刑之前的司法活动持续时间通常较短,而罪犯在监狱中服刑的时间往往更长。对于罪犯在长期的监禁和服刑期间的情况缺乏关注和深入研究,无论如何都是不恰当的。而且,在重新犯罪率不断增高的情况下,研究罪犯在监狱中服刑期间的活动,不仅对于罪犯有重要的意义,而且对于降低重新犯罪率和维护社会安宁,也有重要的意义。因此,忽视对监狱管理和罪犯待遇、罪犯改造问题的研究的倾向,应当得到改变;犯罪学家、刑法学家们都应当重视这方面的研究。

② 参见吴宗宪:《西方犯罪学史》(第二版),中国人民公安大学出版社2010年版,第392—394页。

述,具有很强的实用性,但缺乏理论色彩。① 20世纪30年代以来占据主导地位的社会学的犯罪理论中,很少探讨罪犯改造的专门性问题。

(四) 效果评估研究占有重要地位

自20世纪70年代中期美国社会学家罗伯特·马丁森等人发表罪犯改造"没有效果"的观点以来,罪犯改造理论方面的研究似乎形成了一个高潮。不过,这些方面的研究并不是围绕罪犯改造的基本理论问题进行的,而是围绕罪犯改造的效果评估进行的,大量的研究都是对罪犯改造效果的评估性研究。甚至可以这样说,过去几十年来西方监狱学研究领域中最重要、影响最大的研究工作,可能是有关罪犯改造效果的评估研究。这方面的评价和争论,不仅推动了监狱领域研究工作的巨大发展,而且对监狱工作乃至整个刑事司法领域的理念、政策,都产生了巨大而深刻的影响。一些犯罪学家围绕这个问题进行了长期的研究,出版了专题著作。例如,美国当代刑罚学家特德·帕尔默(Ted Palmer)在1994年出版了《矫正效果与研究新方向概说》;②犯罪学家弗朗西斯·卡伦(Francis T. Cullen)等人编辑出版了《犯罪人改造:有效的矫正干预》(1997);③女犯罪学家多丽丝·麦肯齐(Doris L. MacKenzie)在2006年出版了《有效果的矫正计划:减少犯罪人和少年犯罪人的犯

---

① Patricia Van Voorhis & Emily J. Salisbury, *Correctional Counseling and Rehabilitation*, 8th ed. (Waltham, MA: Anderson Publishing, 2014).

② Ted Palmer, *A Profile of Correctional Effectiveness and New Directions for Research* (Albany, NY: State University of New York Press, 1994).

③ Francis T. Cullen & Brandon K. Applegate (eds.), *Offender Rehabilitation: Effective Correctional Intervention* (Aldershot, England: Ashgate/Dartmouth, 1997).

罪活动》;①犯罪学家利姆·克雷格(Leam A. Craig)等人在2013年编辑出版了《犯罪人改造有什么效果:评价与矫治的循证观点》;②犯罪学家戴维·韦斯伯德(David Weisburd)等人在2016年编辑出版了《犯罪预防和改造有什么效果:系统评价的教训》③等。

---

① Doris Layton MacKenzie, *What Works in Corrections: Reducing the Criminal Activities of Offenders and Delinquents* (New York: Cambridge University Press, 2006).

② Leam A. Craig, Louise Dixon & Theresa A. Gannon (eds.), *What Works in Offender Rehabilitation: An Evidence-Based Approach to Assessment and Treatment* (Chichester, West Sussex: Wiley-Blackwell, 2013).

③ David Weisburd, David P. Farrington & Charlotte Gill (eds.), *What Works in Crime Prevention and Rehabilitation: Lessons from Systematic Reviews* (New York: Springer, 2016).

第二部分　犯罪原因论

科学的犯罪人改造活动,应当是一种在明确的理论和观念指导下进行的活动。这类理论和观念应当包括有关犯罪原因的学说,因为根据一般的逻辑规则,要想有效地改造犯罪人,就必须科学地认识犯罪人进行犯罪行为的原因。所以,在阐述犯罪人改造的理论之前,首先要论述关于犯罪原因的理论。

第三章　犯因性差异理论概述

犯因性差异理论是笔者在研究已有的犯罪学研究成果的基础上，基于改造犯罪人的应用性目的而提出的一种犯罪原因理论。这种理论是在总结和整合已有犯罪研究的基础上发展起来的一种主要解释个人犯罪行为的原因理论。[①] 这一理论的基本内容包括两部分，一是犯因性互动观点，说明犯罪行为产生的一般原理和原因；二是犯因性差异观点，说明特定个人进行犯罪行为的具体原因。

第一节　犯因性互动观点

一、"犯因性"及其含义

"犯因性"是本书中将会大量使用的一个关键性词汇，有必要

---

① 犯因性原因理论的解释重点是具体的个体犯罪行为或者个人犯罪行为，而不是整个社会的犯罪现象。在我国犯罪学界，在对于犯罪原因的研究中，区分了"犯罪根源""犯罪原因""犯罪条件"等概念。这种区分在说明作为社会现象的犯罪现象时，可能是有用的，但是，在说明个体犯罪行为时，似乎很难使用，不容易把握。对于具体的犯罪人而言，似乎很难区分哪些是其犯罪行为的原因，哪些是其犯罪行为的条件。因此，在研究个体犯罪行为的过程中，笔者不进行这种区分。

对这一概念的含义和使用情况进行分析和介绍。

本书中所说的"犯因性",是指"犯罪原因性的""具有犯罪原因性质的""起犯罪原因作用的"意思。在本书中,"犯因性"主要是作为一个形容词而使用的,相当于英语中的 criminogenic。根据权威性的英语词典的解释,criminogenic 的意思是"产生或者引起犯罪或者犯罪行为的"(producing or leading to crime or criminality[①])。[②]

从笔者见到的英文文献来看,较早使用 criminogenic 并且引起笔者重视的论著,是英国学者菲利普·费尔德曼(Philip Feldman)在 1993 年出版的《犯罪心理学》一书。在该书中使用了"criminogenic factor"(犯因性因素)一词,用来指容易引起犯罪行为的酒精、毒品等精神活性物质和枪支等物品。[③] 以后,在英文文献中见到了很多以 criminogenic 开头的术语。例如,于埃及出生的加拿大犯罪学家伊扎特·法塔赫(Ezzat A. Fattah)在其著作中使用了"犯因性基因"(criminogenic gene)一词。[④] 犯罪学家詹姆斯·威尔逊(James Q. Wilson)等人使用了"犯因性倾向"(criminogenic tendency)的词语。[⑤]

[①] criminality 有两层意思:一层意思是犯罪行为,这是一种客观行为;另一层意思是"犯罪性",这是一种主观倾向。

[②] Philip Babcock Gove (ed.) Webster's Third New International Dictionary (Springfield, MA: Merriam-Webster Inc., 1986), p.537.

[③] Philip Feldman, The Psychology of Crime: A Social Science Textbook (Cambridge: Cambridge University Press, 1993), pp.275-278.

[④] Ezzat A. Fattah, Criminology: Past, Present and Future—A Critical Overview (New York: St. Martin's Press, 1997), p.57.

[⑤] James Q. Wilson & Richard J. Herrnstein, Crime and Human Nature: The Definitive Study of the Causes of Crime (New York: Simon & Schuster, Inc., 1985), p.206.

不过,目前英文文献中十分流行的、以"犯因性"开始的一个词是"criminogenic need"(犯因性需要)。这个词最早似乎是由加拿大犯罪学家唐·安德鲁斯(Don A. Andrews)和詹姆斯·邦塔(James L. Bonta)等人使用的。他们在1990年发表的一篇文章中指出,"犯因性需要是一些危险因素……对这些危险因素的改变会引起重新犯罪行为的变化。"[①]后来,他们在合著的《犯罪行为心理学》中,区分了"犯因性需要"(criminogenic need)和"非犯因性需要"(noncriminogenic need)。[②] 其中,犯因性需要是犯罪人的一些动态特征,包括反社会态度(antisocial attitude)、反社会同伴(antisocial associates)[③]等。

美国犯罪学者帕特里夏·范沃勒斯(Patricia Van Voorhis)等人将最常见的犯因性需要概括为四种:[④]

(1) 反社会交往;

(2) 反社会价值观或者态度;

(3) 反社会行为的历史;

(4) 技能缺陷,例如,问题解决技能缺陷、自我管理技能缺陷或者自我效能问题、冲动性、自我控制差、不负责任等。

在进一步的论述中,帕特里夏·范沃勒斯还提出了犯因性需要的其他表现形式,例如,缺乏工作技能、受教育程度有限、成问题

[①] D. A. Andrews, J. Bonta & R. D. Hoge, "Classification for Effective Rehabilitation: Rediscovering Psychology," *Criminal Justice and Behavior*, 17(1990):31.

[②] D. A. Andrew, & James Bonta, *The Psychology of Criminal Conduct* (Cincinnati, OH: Anderson Publishing Co., 1994), p.176.

[③] antisocial associates 也可以翻译为"反社会交往"。

[④] Patricia Van Voorhis, Michael Braswell & David Lester, *Correctional Counseling & Rehabilitation*, 4th ed. (Cincinnati, OH: Anderson Publishing Co., 2000), p.84.

的家庭关系等。①

英国犯罪心理学家罗纳德·布莱克本(Ronald Blackburn)认为,犯因性需要是指促进犯罪活动的认知、价值观或者行为。②

英国犯罪心理学家詹姆斯·麦圭尔(James McGuire)等人认为,犯因性需要包括态度、犯罪同伴的影响、技能缺陷、毒品依赖、自我控制问题等,这些因素与犯罪行为相联系并且随时间的流逝而变化。③

根据唐·安德鲁斯等人的论述,这些犯因性需要的变化会引起重新犯罪可能性的变化;而非犯因性需要尽管也是动态的和变化的,但是,它们的变化并不必然地引起重新犯罪可能性的变化。④ 而且,他们在书中论述的"需要原则"(the need principle)也在西方国家引起了很大的反响,得到了广泛的承认。在很多英文文献中,甚至一些政府部门网站的文字中,都论述了犯因性需要。例如,在美国缅因州矫正局(Maine Department of Corrections,US)的网站中,论述了犯因性需要原则等内容。⑤

遗憾的是,唐·安德鲁斯等人所说的"犯因性需要",似乎与中国学者对于"需要"的解释有所不同,在中国流行的知识框架内难

---

① Patricia Van Voorhis, Michael Braswell & David Lester, *Correctional Counseling & Rehabilitation*, 4th ed. (Cincinnati, OH: Anderson Publishing Co., 2000), pp.104-105.

② James McGuire, Tom Mason & Aisling O'Kane (eds.), *Behaviour, Crime and Legal Processes: A Guide for Forensic Practitioners* (Chichester, West Sussex: John Willey & Sons, 2000), p.188.

③ Ibid., p.302.

④ D. A. Andrew & James Bonta, *The Psychology of Criminal Conduct* (Cincinnati, OH: Anderson Publishing Co., 1994), p.176.

⑤ http://www.state.me.us/spo/sp/commission/whatworks.php[2006-3-17]

以理解。中国学者认为,需要(need)就是个人对内外环境有某种需求的主观状态。① 其核心特征是个人的需求,这是个人的一种心理状态;而唐·安德鲁斯等人所说的"犯因性需要"中的需要,是指犯罪人所具有的直接与犯罪行为相关的一些特征,其中既有中国心理学论著中所说的个人需求方面的内容,也有外在的其他客观事物,而不仅仅是个人的心理因素。正如有的外国学说所说的,可以"把犯因性需要解释为与需要歪曲(need distortion)有关联的内部和外部障碍。因此,犯因性需要直接与基本需要的歪曲相联系,直接与个人过一种完满生活所必需的内部和外部条件的缺乏相联系"。② 这段话中提到的"内部障碍"和"外部障碍""内部条件"和"外部条件"表明,他们所说的"犯因性需要"并不仅仅是个人内在的一种心理状态。由于他们所讲的犯因性需要的内容,与中国心理学学者们所讲的"需要"不完全吻合,所以,在本书中暂时没有使用这个词语及其汉语译名。本书中所使用的"犯因性需要",是根据中国学者,特别是中国心理学家所使用的"需要"概念发展起来的一个概念,用来指个人的一种内心状态。

多年以前在进行犯罪心理学的研究时,笔者就感到,在论述犯罪原因等问题的过程中,"犯因性"这个词有较大的使用价值,能够较好地表达自己的意思,以它为定语可以构成很多术语。因此,在1997年撰写的《犯罪心理学概论》一书中,就使用了若干以"犯因性"开头的概念,例如,"犯因性环境""犯因性环境因素""犯因性

---

① 荆其诚主编:《简明心理学百科全书》,湖南教育出版社1991年版,第592页。
② Tony Ward & Claire Stewart, "Criminogenic Needs and Human Needs: A Theoretical Model," http://www.ingentaconnect.com/content/routledg/gpcl/2003/00000009/00000002/art00003 [2006-1-20]

素质""犯因性个人因素"等。①《犯罪心理学概论》是为中国科学院心理研究所心理学函授大学撰写的教材,由该大学在1998年铅印,供学员使用。这本铅印教材不仅在参加该大学学习的学员中流传,而且也流传到更广的范围,一些公开的出版物和博士论文中均有引用。②

后来,在笔者为王牧教授主编的《新犯罪学》一书撰写的有关章节中,继续沿用了上述《犯罪心理学概论》一书中首先使用的有关概念。③

2005年年底至2006年年初,在写作本书的前身——笔者的博士论文的过程中,根据上述思路继续自创并使用了更多的以"犯因性"开头的概念,例如,下文中的"犯因性互动""犯因性互动因素""犯因性作用""犯因性效果""犯因性缺陷""犯因性差异""犯因性生理因素""犯因性心理因素""犯因性行为因素""犯因性认识因素""犯因性反应方式""犯因性情境因素"等,并且初步界定了这些概念的含义,尝试对它们进行了英文翻译,以便增进理解和交流。

在完成博士论文写作之后,笔者为写作本书而从网络上查阅有关资料时,发现了使用以"犯因性"开头组成的概念的一些信息。

---

① 参见吴宗宪:《犯罪心理学概论》,中国科学院心理研究所心理学函授大学1998年印行,第69、98页。
② 例如,在刘邦惠教授主编的《犯罪心理学》(科学出版社2004年版)一书的"参考文献"(第346页)中,就列入了该书。又如,在杨焕宁撰写的博士论文《犯罪发生机理研究》(法律出版社2001年版,第11页)中,也引用了该书的有关内容。
③ 参见王牧主编:《新犯罪学》,高等教育出版社2005年版,第126页及以下。

通过百度搜索引擎进行搜索的结果,发现有这个词的18则中文信息,①其中大部分与笔者的写作和研究等工作有关:有几条信息是笔者1998年为中国科学院心理研究所心理学函授大学的犯罪心理学课程出的思考题;有几条是笔者写作的文章中使用的,包括《欧洲国家法律心理学研究领域》②《监狱社会学刍议》。③ 只有一篇是其他作者写的文章。④

同时,笔者又从"中国期刊全文数据库"查阅1979—2006年的文献,⑤发现了两篇使用以"犯因性"开头的概念的文章,一篇是白建军在2000年发表的文章《控制社会控制》。在这篇文章中,作者认为,所谓"犯因性因素"乃是可能诱发或者导致犯罪的环境或者事件。⑥ 另一篇文章是谢海生和彭三军合写的《我国刑事司法功能之检讨及其重构》。在这篇文章中,作者在谈到刑事司法系统可能产生的引起和增加犯罪的副作用时认为,⑦"稍有不慎,整个刑事司法系统就将成为一种'犯因性因素'(criminogenic factor),不仅不能

---

① http://www.baidu.com/s?ie = gb2312&bs = % D7% EF% D2% F2% D0% D4&sr = &z = &cl = 3&f = 8&wd = % B7% B8% D2% F2% D0% D4&ct = 0[2006-4-17]

② 这篇文章最初发表在《心理科学动态》1998年第2期,第45—50页,随后被中国人民大学书报资料中心编辑的复印报刊资料《心理学》1998年第5期转载。一些网站转载了这篇文章。

③ 这篇文章最初提交给一个研讨会,随后被江苏监狱网转载。

④ 这篇文章题目为《未成年人犯罪内在犯因性因素分析》,作者姓名不详,作者单位是福建省未成年犯管教所,这篇文章发表在福建律师协会网站,网址是http://www.fjlawyers.net/news1.asp?id = 217,发表时间是2005年11月8日。

⑤ http://e37.cnki.net/kns50/classical/singledbindex.aspx?ID = 1[2006-4-17]

⑥ 白建军:《控制社会控制》,《中外法学》2000年第2期,第177页。

⑦ 谢海生和彭三军:《我国刑事司法功能之检讨及其重构》,《中国刑事法杂志》2001年第4期,第4页。

解决犯罪引起的问题,而且会增加犯罪行为的数量和严重性。"①这两篇文章中所说的"犯因性因素",均指犯罪人之外的其他客观因素,这与本书中所使用的"犯因性因素"的概念不完全一致,它的外延小于本书使用的"犯因性因素"的外延,因为它没有将犯罪人自身存在的犯因性因素或者主观的犯因性因素包括在内。2018年6月12日修订本书时在中国知网进行的检索发现,以"犯因性"进行"篇名"检索,发现了10条结果;进行"主题"检索,发现了35条结果;进行"全文"检索,发现了92条结果。这表明,进行犯因性方面研究的成果数量大大增加了。

在我国犯罪学界,人们使用的与"犯因性"一词有关的类似概念,还有"罪因"或者"罪因性"。最早使用"罪因"这个概念的,可能是(孙)晓雳。他在1987年的《福建省公安专科学校学报》中发表《罪因沉思录》一文(署名"晓雳"),《青少年犯罪研究》杂志1988年第3期摘要转载了这篇文章。② 此后,一些文章中陆续使用了"罪因"一词。例如,1989年,周良沱在《张力场:罪因论新说》一文中认为,人格发展之所以能决定在善恶相持的张力场中个性的运行方向,是由人格的内部构成机制决定的;如果把人格看成一个动态系统,那么,人格内部存在着决定人格发展方向的四个子系

---

① 在这几句话后面,作者附加脚注,除了引述白建军文章中的论述之外,还认为,"对刑事司法系统的'犯因性因素',学界多有关注和认同,类似的说法颇为多见,不赘述。"实际上,根据笔者的了解,尽管对于刑事司法系统在引起和增加犯罪方面的作用,国内外都有一定认识,国外犯罪学中提出的"标定理论"(labeling theory,又译为"贴标签理论"),深入论述了这个问题(参见吴宗宪:《西方犯罪学史》,警官教育出版社1997年版,第715—733页),但是,在论述这类内容时使用"犯因性因素"一词的尚未多见。

② 晓雳:《罪因沉思录》,《青少年犯罪研究》1988年第3期,第26—28页。

统:道德认知、道德情感、道德意志和道德行为。①

《青少年犯罪研究》杂志1990年第10期开设《罪因论笔会》专栏,认为"罪因论是犯罪学立身之本。没有坚实的罪因理论作基石,并择其优而用之,犯罪预防对策学就永远是一种臆想"。② 这个专栏刊发了多篇文章,其中的一些文章中出现了"罪因"一词,例如,冯树梁的《关于犯罪成因体系之管见》认为,"罪因体系乃是一个客观存在,不是人为的想象。"③这篇文章还谈道,文章的作者在《中国青少年犯罪研究年鉴》中看到了"罪因结构"的提法,但是,由于没有注明在《中国青少年犯罪研究年鉴》的哪一篇文章中看到的这个提法,笔者没有从该《年鉴》中查找到原文。在该杂志1990年第11期刊登的一些文章中,出现了"罪因系统"的概念。④

从百度搜索引擎进行搜索的结果来看,搜索到使用"罪因"一词的信息约11400篇,⑤但是,内容庞杂,而且,许多条信息属于计算机在判断概念方面的失误,即选择概念不准确,从相邻的两个概念中各取一词构成新词,把相邻的不属于概念的几个汉字当成了专有概念,例如,从"犯罪因素"中析出"罪因"等。因此,对于这些

---

① 周良沱:《张力场:罪因论新说》,《青少年犯罪研究》1989年第10期,第3页。
② 《青少年犯罪研究》1990年第10期,第28页。这两句话放在《编者按》之前,用楷体字排版,没有注明出处,似乎是杂志编者的话。
③ 冯树梁:《关于犯罪成因体系之管见》,《青少年犯罪研究》1990年第10期,第36页。
④ 金其高:《主客观原因在罪因系统中的地位》,《青少年犯罪研究》1990年第11期,第4页。康树华:《罪因系统中原因层次的划分》,《青少年犯罪研究》1990年第11期,第5页。
⑤ http://www.baidu.com/s?ie = gb2312&bs = % B7% B8% D2% F2% D0% D4&sr = &z = &cl = 3&f = 8&wd = % D7% EF% D2% F2&ct = 0[2006-4-17]

搜索结果,没有逐条查核。

然后,又在百度搜索引擎中输入"罪因性"一词进行搜索,发现了五条包含"罪因性"一词的信息。① 这五条信息中的前四条,来自同一篇文章,即江西公安专科学校刘德福撰写的《警察职务犯罪危害性问题研究》,但是被不同的网站转载。不过,在这篇文章中,作者所说的"罪因性"实际上就是"罪因",根据作者在文中的论述,它是"对犯罪原因和动机的统称",②作者把它作为警察职务犯罪危害的参数之一。显然,这样的理解似乎过于狭窄,与本书所说的"犯因性"有较大的差异。第五条来自另一篇文章,即原锦成撰写的《论澳门治安不靖原因及相应对策》。在这篇文章中,作者使用了"罪因性"一词,③其含义与本书作者的观点相似。

笔者感到,以"犯因性"为定语组成若干概念,似乎比"罪因性"更容易理解,这是因为,首先,"犯因性"就是"犯罪原因性的",以其为词根组成专业术语,其逻辑顺序更加明了,容易理解所组成的专业术语的含义;甚至可以把"犯因性"看成是"犯罪原因性的"缩写,其含义明白易懂,即使没有犯罪学专门知识的人也容易理解。其次,使用"犯因性"为定语组成新的概念,读起来在语气上似乎也更为通畅。所以,本书继续使用"犯因性"构成新的概念,而不使用"罪因性"一词组成新概念。

本书中使用的"犯因性"概念,具有下列特征:第一,表明作为

---

① http://www.baidu.com/s?wd=%D7%EF%D2%F2%D0%D4&cl=3[2006-4-17]

② http://www.chinalawinfo.com/research/academy/details.asp?lid=741[2006-4-17]

③ http://www.macaudata.com/macauweb/book175/html/09501.htm[2006-4-17]

犯因性因素的某些现象或者特征确实对于犯罪心理的形成和犯罪行为的实施起推动和助长作用；第二，在一般性论述时，并不区分特定的犯因性因素究竟是犯罪根源、犯罪原因，还是犯罪条件等；第三，犯因性因素既有心理因素，也有生理、社会、自然等方面的因素。换言之，既有通常所说的"主观因素"，也有通常所说的"客观因素"。因此，既不把犯因性因素仅仅局限于个人的主观方面或者心理方面，也不把犯因性因素仅仅局限于环境方面。犯因性因素包括与犯罪心理的形成和犯罪行为的实施有关的一切因素。

二、犯罪原因的互动观

犯罪原因的互动观，是指与犯罪相关的各种因素相互作用引起犯罪行为的观点。可以把这种观点简洁地表述为：犯罪是个人与环境相互作用的产物。这种犯罪原因的互动观，是人类为了认识犯罪行为而进行长期探索的结果，是在经过简单的单因素犯罪原因论、多因素犯罪原因论之后发展起来的更具有科学性的犯罪原因理论。

最初，人们简单地以某种因素来解释犯罪行为产生的原因。在犯罪学中，把这种观点称为"单因素论"（single factor approach）。在中国古代和西方古代社会中，都有这样的观点。例如，在中国古代，春秋前中期的政治家管仲（约公元前723—前645）就提出了一种犯罪原因的环境决定论思想，认为经济贫困是犯罪的原因。他说，"空仓虚库，而攘夺窃盗残贼进取之人起矣。"[1]意思是说，如果

---

[1] 《管子·牧民》。

发生粮仓和库房空虚的经济困难,就会产生进行抢夺、盗窃等行为的人。战国时期的思想家荀子(约公元前313—前238)提出了性恶论,认为"人之性恶,其善者伪",①就是说,人的本性是恶的,一切善的东西都是后天人为的结果。根据性恶论的观点,"人性的自然发展必然会导致'偏险悖乱'的违法犯罪行为。"②在西方,古希腊哲学家柏拉图(Plato,公元前428—公元前348)认为,犯罪是人性中恶的一面不加控制的结果。③ 到了中世纪时,又用魔鬼附体来解释犯罪行为的原因。④

后来,人们发展起了多因素论(multifactor approach)的观点,认为犯罪行为是由多种因素引起的。例如,意大利犯罪学家切萨雷·龙勃罗梭(Cesare Lombroso,1835—1909)在论述犯罪原因时,列举了犯罪的隔代遗传原因、自然因素、社会因素等很多因素。⑤ 同一时期的意大利犯罪学家恩里科·菲利(Enrico Ferri,1856—1929)认为,犯罪行为是由人类学因素、自然因素和社会因素引起的。⑥ 但是,早期的多因素论具有两个明显的特点:一是简单地罗列多种相关的因素,将每一种因素与犯罪行为联系起来,论述这些因素与犯罪行为的关系,而没有关注这些因素之间的关系;二是用静态的观点分析犯罪行为的原因,把构成犯罪原因的很多因素看成是静止

---

① 《荀子·性恶》。
② 艾永明、朱永新:《刑罚与教化——中国犯罪心理思想史论》,对外贸易教育出版社1993年版,第5页。
③ 参见吴宗宪:《西方犯罪学史》(第二版),中国人民公安大学出版社2010年版,第52页。
④ 同上书,第57—58页。
⑤ 同上书,第360—370页。
⑥ 同上书,第418—423页。

不动的现象。以后,像犯罪学家威廉·希利(William Healy,1869—1963)、格卢克夫妇(S. & E. Glueck)等在研究中提出的具有犯罪原因性质的因素越来越多,但是,在这些因素如何引起犯罪行为的机制方面,研究仍然是有限的。因此,有的犯罪学家评论说,"这种观点的吸引力在于,多种因素的确涉及了对于犯罪行为的任何解释,不过,对与某种过程有关的因素的识别,并不构成一种原因理论。在这种意义上讲,多因素论是非理论的(没有理论内容)。"[1]

随着犯罪学研究的发展,出现了比较完备的犯罪原因互动观。这种观点认为,犯罪是主客观因素相互作用的产物。苏联的许多犯罪学家都赞同相互作用产生犯罪行为的观点。例如,苏联著名犯罪学家库德里亚夫采夫认为,"可以把整个相互作用本身看作是原因。"[2]有的苏联犯罪学家认为,"犯罪,如同任何人的行为一样,归根结底是个人和外部客观环境(形势)相互作用的结果。"[3]苏联学者斯·塔拉鲁欣更为明确地指出,"研究表明,客观和主观因素以及相互影响的现象的各个部分复杂的相互作用,也就是人与环境的复杂的相互作用,是犯罪的直接原因。"[4]英国著名心理学家和犯罪学家汉斯·艾森克(Hans J. Eysenck)等人在论述犯罪原因时

---

[1] Frank E. Hagan, *Introduction to Criminology: Theories, Methods, and Criminal Behavior*, 4th ed. (Chicago, IL: Nelson-Hall Publishers, 1998), p.131.
[2] 〔苏联〕B. H. 库德里亚夫采夫:《违法行为的原因》,韦政强译,群众出版社1982年版,第63页。
[3] 〔苏联〕B. K. 兹维尔布利、H. Φ. 库兹涅佐娃和 Γ. M. 明科夫斯基:《犯罪学》,曾庆敏等译,群众出版社1986年版,第96页。
[4] 〔苏联〕斯·塔拉鲁欣:《犯罪行为的社会心理特征》,公人、志疆译,国际文化出版公司1987年版,"序言"第2页。

指出,"我们是生物社会性动物(biosocial animal),每个人都受到遗传和环境因素双方通过复杂的作用和相互作用方式发生的影响。"①

我国犯罪学家也赞同犯罪原因的互动观。例如,王牧教授提出了"系统结构犯罪原因论",认为犯罪原因"是指有机结合在一起的作用力性质和程度各异的相互影响和作用的引起犯罪的社会因素和个人因素的综合体"。② 在犯罪心理学研究中,提出了犯罪综合动因论,认为个体犯罪原因是一个整体系统(母系统),这个整体系统是由若干相互联系和相互作用着的主体内外因素(子系统)所构成的,它们形成了多层次多维度的原因网络结构。犯罪就是多种主体内外因素综合的互为动力作用的结果。③

三、犯因性互动观点的基本内容

(一)犯因性互动的含义

犯因性互动观点进一步丰富了犯罪原因的互动观点。这是因为,在应用犯罪原因互动观点分析犯罪原因的过程中,不仅应该看到犯罪行为的产生与多种相互关联的因素有关,在这些相关的因素之间存在着相互作用,而且应该看到,这些因素之间的相互作用具有犯因性性质,即这类相互作用本身就有利于(促进和助长)犯

---

① Hans J. Eysenck & Gisli H. Gudjonsson, *The Causes and Cures of Criminality* (New York: Plenum Press, 1989), p. 108.
② 王牧:《犯罪学》,吉林大学出版社1992年版,第273页。
③ 罗大华主编:《犯罪心理学》,中国政法大学出版社1997年版,第89页。

罪心理①的形成和犯罪行为的实施。

与犯罪有关的因素之间的相互作用,可能具有多种不同的性质。有些相互作用可能具有抑制犯罪心理形成的作用,例如,个人可能希望通过非法手段迅速致富,但是,一想到从事非法活动要承受巨大的心理压力,进行非法活动可能要受到法律制裁和其他惩罚,就产生恐惧心理,不敢再往下想,这样,就不会形成犯罪动机。有些相互作用可能具有阻止犯罪行为实施的性质,例如,当个人物色好犯罪目标并且到犯罪现场进行犯罪活动之际,看到情况发生变化(准备偷盗的物品已经不存在,或者被害人加强了守卫工作,犯罪活动难以获得成功等),于是放弃犯罪行为。只有当与犯罪有关的因素之间发生有利于犯罪心理产生和犯罪行为实施的相互作用时,犯罪行为才有可能产生。因此,所谓"犯因性互动"就是指在各种相关因素之间发生的有利于犯罪心理产生和犯罪行为实施的相互作用。

犯因性互动观点强调三个方面的内容。首先,它强调犯罪行为是由相关的多种因素引起的,而不是由某种单一因素引起的。其次,它强调犯罪行为是由与犯罪有关的因素之间的相互作用(互动)引起的。犯罪行为就是各种相关因素相互作用的产物,是在各种相关因素的动态互动中产生和实施的。引起犯罪行为的相关因素并不是静止地发生作用的,也不是单向地发生作用的。第三,它强调这类相互作用具有"犯因性"性质,即有利于犯罪心理的形成

---

① 这里所讲的"犯罪心理",一般是指"影响和支配犯罪人实施犯罪行为的各种心理因素的总称"。参见罗大华主编:《犯罪心理学》,中国政法大学出版社1997年版,第2页。

和犯罪行为的实施。所以,概括地讲,犯因性互动观点就是指在与犯罪相关的各种因素之间发生的有利于犯罪心理形成和犯罪行为实施的相互作用引起犯罪行为的观点。这种犯因性互动,是犯罪行为产生的完整的原因,可以解释所有犯罪行为的产生。正如恩格斯所肯定的黑格尔的话那样:"互相作用是事物的真正的最终的原因。"①

(二) 犯因性互动的表现

犯因性互动是一种极其复杂的过程和现象。这是因为,从系统论的角度来看,犯因性互动的各个方面都构成一个相对独立的子系统,在不同的子系统以及同一子系统内更小的子系统之间,都会发生物质和能量的交换,不断进行着各种形式和强度的相互作用。犯罪行为是否产生,犯罪行为的不同实施方式和不同危害后果等方面的差异,都与犯因性互动的具体情况有密切的联系。

犯因性互动的主要表现,可以从发生时间和参与者两种角度进行分析。

1. 不同时间阶段的犯因性互动

从时间顺序来看,起码可以从四个不同阶段分析犯因性互动现象:

(1) 在犯罪心理形成过程中的犯因性互动。在早期,一些犯罪学家持绝对的生物决定论观点,认为遗传而来的生理异常决定个人必然具有犯罪心理和进行犯罪行为。例如,意大利犯罪学家龙勃罗梭提出的生来犯罪人学说,就反映了这种立场。在龙勃罗梭看来,生来犯罪人就是那些具有隔代遗传而来的生物异常的人,

---

① 《马克思恩格斯选集》,人民出版社 1995 年版,第 328 页。

具备这些生物异常的人必然具有犯罪心理和进行犯罪行为。[①] 不过,后来的研究发现,绝对的犯罪遗传决定论是缺乏科学依据的,尽管一些遗传负因,[②]例如,父母、祖父母等的精神病、智力低下、性格异常、酒精中毒、异常性染色体、恶习等,对犯罪人的人格等个人素质的形成起着巨大的作用,使犯罪人在这些遗传负因的作用下形成不良的或反社会的人格,并且由此而产生犯罪行为。[③] 但是,社会环境对于犯罪心理和犯罪行为的影响作用更大。其他学科的研究也发现,所有行为特征的 1/3 到 1/2 可以归因于遗传,人类行为中的大部分差异是环境作用的结果。[④] 邓恩和普朗明(J. Dunn & R. Plomin)在合著的《不同的生活:为什么兄弟姐妹如此不同》(1990)[⑤]一书中提供的一组数据,得到了普遍的认可。他们认为,人格的约40%的变异归于遗传因素的作用,约35%的变异是非共享环境经验的作用,约5%的变异是共享环境经验的作用,剩余的20%是测验误差的影响。[⑥]

现在,人们普遍认为,人的发展是由遗传与环境共同相互作用

[①] 参见吴宗宪:《西方犯罪学史》(第二版),中国人民公安大学出版社2010年版,第351页。

[②] 根据笔者看到的文献,在汉语中,"遗传负因"这个词最早见于张甘妹:《犯罪学原论》,台湾汉林出版社1985年版,第45页。

[③] 参见王牧主编:《新犯罪学》(第三版),高等教育出版社2016年版,第100页。

[④] 〔美〕乔斯·阿什福德、克雷格·温斯顿、雷克劳尔和凯西·L.洛蒂:《人类行为与社会环境:生物学、心理学与社会学视角》(第二版),王宏亮等译,中国人民大学出版社2005年版,第60页。

[⑤] J. Dunn & R. Plomin, *Separate Lives*: *Why Siblings Are so Different* (New York: Basic Books, 1990).

[⑥] 转引自〔美〕L. A. 珀文:《人格科学》,周榕、陈红、杨炳钧、梁秀清译,华东师范大学出版社2004年版,第174页。

的结果。① 个人的心理和行为的"每一种情况都有天性和教养、遗传和环境的交互作用"②。犯罪学等学科的研究表明,尽管许多行为倾向可以遗传,③但是,犯罪心理和犯罪行为本身都不是遗传而来的,而是在一定的遗传素质的基础上通过与环境的相互作用形成和产生的。个人自出生之后,在漫长的社会化等过程中,通过与环境的相互作用,逐渐形成犯罪心理,使犯罪行为的产生具备了一定的主观基础。

(2)在犯罪行为之前的犯因性互动。具有一定犯罪心理的个人在决定是否实施犯罪行为的过程中,犯罪人不仅要对各种信息进行分析和判断,而且还可能对各种相关因素施加影响和作用,然后作出有利于自己的决定,开始实施犯罪行为。

(3)在犯罪行为期间的犯因性互动。在进行犯罪行为的过程中,犯罪人要对遇到的各种现象进行分析和判断,对它们作出相应的反馈,根据情境因素及时调整犯罪行为的方式等方面,甚至有可能暂时中止犯罪行为,在寻找到更为有利的时机时再次进行犯罪行为。

不过,犯罪人与情境之间的互动,并不仅仅表现为犯罪人认识情境因素和调整个人心理与行为,而且也可能表现为对情境因素施加影响,促使情境朝着有利于犯罪行为实施的方向变化。特别

---

① 〔美〕戴维·谢弗:《发展心理学》(第6版),邹泓等译,中国轻工业出版社2005年版,第100页。
② 〔美〕L. A. 珀文:《人格科学》,周榕、陈红、杨炳钧、梁秀清译,华东师范大学出版社2004年版,第179页。
③ 〔美〕丹尼斯·库恩:《心理学导论——思想与行为的认识之路》,郑钢等译,中国轻工业出版社2004年版,第588页。

是在一些犯罪心理强烈、犯罪决心坚定的犯罪人中,这种互动表现得尤其明显。

（4）在犯罪行为之后的犯因性互动。在实施犯罪行为之后,犯罪人通常都会回顾犯罪行为的过程,分析在这个过程中是否发生了不利于自己的情况,是否在犯罪现场遗留了不利于自己的痕迹、物品等,并且会采取补救措施,尽量减少自己被抓获和受到惩罚的危险性。同时,也会使用多种合理化机制减小犯罪行为给自己的道德信念、情绪状态造成的冲击,尽力减小和消除罪恶感,努力恢复情绪平衡状态。这些互动的情况及其结果,对于犯罪人是否继续进行新的犯罪行为,具有重要的作用。

2. 不同参与者之间的犯因性互动

从互动的参与者来看,犯因性互动有多种参与者。这是因为,尽管犯因性互动是以犯罪人为中心进行的,犯罪人是犯因性互动的最重要参与者;没有犯罪人,就不存在所谓的犯因性互动。但是,犯因性互动并不仅仅局限于犯罪人,并不是犯罪人单向地对别人和其他环境因素施加影响。犯因性互动强调的是"互动性",这就意味着,除了犯罪人之外,还存在着其他的互动参与者。在这些互动参与者与犯罪人之间,存在着相互作用。

从实际情况来看,犯因性互动的参与者包括多个方面,起码可以从四个方面分析这类犯因性互动现象:

（1）犯罪人自身进行的相互作用。从一定意义上讲,犯因性互动首先是在犯罪人自身中进行的相互作用。这是因为,犯罪行为是给社会和犯罪人自身都会带来严重影响的行为,这种行为的实施不仅会打破犯罪人已有的相对平衡状态,使犯罪人承受一定的情绪紧张,要求犯罪人付出一定的身心努力,甚至会使犯罪人体验到严重的情绪紧张和付出极大的身心努力,包括体验到严重的身心痛苦。因此,在进行这样的行为之前,犯罪人首先必须克服自己存在的心理障碍和道德约束,然后才能下定决心去实施犯罪行为。在更早的犯罪心理的产生过程中,也会在犯罪人内心的不同成分之间发生相互作用,犯罪心理就是这种相互作用的结果之一。在实施犯罪行为的过程中,犯罪人的道德观念、同情心等也会浮现,对犯罪人的行为过程产生干扰作用,犯罪人只有克服这些干扰,才能使犯罪行为继续下去。在犯罪之后,也会在犯罪人的身心中产生多种相互作用。所以,在犯罪人自身的不同成分(不同心理成分之间、心理成分与生理成分之间,身心成分与行为之间等)之间,存在和进行着多种犯因性互动。

同时,在多人参与犯罪行为的群体犯罪中,犯罪人自身的互动也包括犯罪人之间的相互作用。一些犯罪心理并不强烈的犯罪人,可能会消极应付或者拖延犯罪行为的实施,而犯罪心理坚定的犯罪人则会劝说、鼓励这样的犯罪人鼓起勇气,积极参加犯罪行为。

(2)犯罪人与被害人之间的相互作用。大多数犯罪行为都是针对特定的被害人实施的,在准备和进行犯罪行为的过程中,犯罪人与其侵害的对象——被害人之间,也存在着程度和性质不同的相互作用。犯罪人只有在心理和身体上压倒、战胜被害人之后,才能将犯罪行为继续下去。因此,在与被害人接触的过程中,犯罪人与被害人之间充满了复杂的相互作用。

人们很早就观察和研究了犯罪人与被害人之间的相互作用,并且在一些研究成果中反映了对这种现象的关注。例如,于德国出生的美国犯罪学家、被害人学家汉斯·冯·亨蒂希(Hans von

Hentig,1887—1974,又译为"亨梯")在1941年提出的"双重关系结构"(duet frame of reference),精神病学家、被害人学的早期研究者亨利·埃伦伯格(Henri Ellenberger)在1955年提出的"犯罪人—被害人关系"(doer-sufferer relationship),以色列律师、被害人学家本杰明·门德尔松(Benjamin Mendelson)在1956年提出的"刑事伙伴"(penal couple)的概念,都表明了被害人在犯罪行为过程中与犯罪人之间的相互作用。

同时,一些被害人学家提出的被害人分类,更加清楚地揭示了被害人在犯罪行为过程中与犯罪人之间发生的相互作用。例如,本杰明·门德尔松在1956年发表《被害人学》[1]一文,按照被害人在犯罪行为产生过程中所担负责任的大小,将被害人分为六类:①完全无辜的被害人;②有轻微罪责的被害人;③罪责与犯罪人相等的被害人;④罪责大于犯罪人的被害人;⑤对犯罪行为负有大部分责任或全部责任的被害人;⑥虚假的或想象的被害人。

1967年,于埃及出生的加拿大犯罪学家、被害人学家伊扎特·法塔赫(Ezzat Fattah)发表题为《关于被害人的犯罪学分类》[2]的文章,将被害人分为五类:①未参与型被害人(nonparticipating victim);②潜在—素质型被害人(latent-predisposed victim);③挑衅型被害人(provocative victim);④参与型被害人(participating victim);⑤虚假被害人(false victim)。

1968年,雷罗伊·兰伯恩(Leroy Lamborn)发表题为《犯罪理论

---

[1] Benjamin Mendelson, "The Victimology," *Etudes Internationales de PsychoSociologie Criminelle*, (July, 1956):23-26.
[2] Ezzat Fattah, "Towards a Criminological Classification of Victims," *International Criminal Police Review*, 209(1967):162-169.

中的被害人取向》[①]的论文,将被害人分为六类:①激起(犯罪)型被害人(initiation victim);②助长(犯罪)型被害人(facilitation victim);③挑衅(犯罪)型被害人(provocation victim);④进行(犯罪)型被害人(perpetration victim);⑤合作(犯罪)型被害人(cooperation victim);⑥教唆(犯罪)型被害人(instigation victim)。

1968年,于匈牙利出生的美国犯罪学家斯蒂芬·谢弗(Stephen Schafer)在出版的《被害人学:被害人与其犯罪人》一书中,将被害人分为七类:①无关被害人(unrelated victim);②生理软弱型被害人(biologically weak victim);③社会软弱型被害人(socially weak victim);④政治型被害人;⑤轻率型被害人(precipitative victim);⑥挑拨型被害人;⑦自我侵害型被害人(self-victimizing victim)。[②]

1979年,约瑟夫·谢利(Joseph Sheley)在出版的《理解犯罪:概念、问题与决策》(Understanding Crime: Concepts, Issues, Decisions)一书中,根据犯罪人与被害人的关系,将被害人分为五类:①主动犯罪人—被动被害人;②主动犯罪人—准主动被害人;③主动犯罪人—主动被害人;④准被动犯罪人—主动被害人;⑤被动犯罪人—主动被害人。[③]

上述研究结果表明,在被害人与犯罪人之间存在着不同程度和性质的相互作用。生活实践中的一些案例也可以说明这一点(参见专栏3-1)。

[①] Leroy Lamborn, "Toward a Victim orientation in Criminal Theory," *Rutgers Law Review*, 22(1968):733-768.

[②] 吴宗宪:《西方犯罪学史》,警官教育出版社1997年版,第871页。

[③] 同上书,第871—872页。

专栏 3-1：被害人过错引发犯罪的案例①

2004年3月3日21时许,一声枪响划破了海南省东方市板桥镇加力村的宁静,村民邢某被枪击中,倒在房前的空地上,血汩汩流出来。闻声而出的村民将他抬到房内,用民间的方式进行止血,而开枪者已躲进了夜幕之中。

民警立即赶到现场,经过简单了解,在当地村委会主任的家中抓到了犯罪嫌疑人,竟是受害者的弟弟邢才彪。犯罪嫌疑人邢才彪,今年22岁,兄弟三人,他排行第二,父母都是朴实的农民,均50多岁。大哥邢某大他三岁。案发当天下午,他在伯父家中吃完饭回来,听到村子里的小孩讲,大哥邢某拿着菜刀,提着猎枪到处在找他,扬言要将他杀死。他便躲在哥哥住的房子外,观察哥哥的行动。当天晚上,他见哥哥拿着刀和猎枪进了房中,随后空着手走了出来,就跑进哥哥居住的房内将哥哥长期使用的自制猎枪拿了出来,躲在房前的草丛中。

当他看见哥哥悠然走过时,立即扳响了猎枪,击中了哥哥的胸部。看到应声倒地的哥哥还没死,他又冲向前去用枪托撞击其头部,说:"你不是老说要打死我吗？我打死你！我打死你！"随后,带着猎枪离开了现场,将枪扔在不远处的草丛中。因为当时太慌张,连扔在哪里都不知道。

邢才彪打伤哥哥后,立即跑回家去告诉了自己的父母,然后跑到伯父家中,再到了村委会主任的家中等候警察来抓他。

按常理,邢才彪在枪击自己亲哥哥时是一时冲动,事后会有悔改之意。但邢才彪却没有。他甚至称,我后悔的是没有把我哥哥当场击毙。如果哥哥这次没死,自己也活着走出监狱的话,只要哥哥不打父母,兄弟还是兄弟。

邢才彪说,小时候兄弟三人感情很好。哥哥读到初中时,家里

---

① 培岳、利生:《亲情大决裂:弟弟枪击亲哥为哪般》,《法制文萃报》2004年6月28日第3版。

卖光了谷子都不够学费。为此，读小学三年级的他毅然辍学在家，同父亲到山上拾柴卖，挣来的钱给哥哥上学用，但哥哥读到初二时，还是因为没钱而失学了。谈到这里，邢才彪的眼中已经充满了泪水。

邢才彪流着泪说，家中本来很穷，为了改变家中的面貌，自己辛勤地劳动，弟弟外出打工。而哥哥自从辍学后总是不劳动，还长期向父母要钱，拿着父母的辛苦钱去抽烟、喝酒，有时还打麻将。邢才彪看不惯哥哥的行为，劝哥哥不要这样，却遭到哥哥的殴打。哥哥不喝酒的时候会惦记着弟弟曾经辍学帮他，但一喝了酒就不允许他在家讲话，只要讲话就要受到哥哥的训斥。

邢才彪告诉记者，枪击哥哥是为了让父母能过上宁静、幸福的日子。因为哥哥经常打骂父母，去年哥哥打父母亲的时候，邢才彪同弟弟前去制止，哥哥就拿着刀、枪到处找邢才彪，扬言要置他于死地。案发当天中午，哥哥就拿着刀、枪到处找他，并拿刀把房门、家具全部砍烂。如果这个家中还有哥哥，不但父母会过不上好日子，自己也迟早会遭哥哥的毒手。

据办案刑警称，当他们赶到现场时，120救护车要求将伤者带走，而他的父母却不同意，并且表示，家中拿不出一分钱，没办法救这个大儿子了。当院方本着救死扶伤的精神表示没钱也要救命时，他的家人及村民没有谁愿意到医院去照顾他。无奈，当地派出所一个民警跟着120的车到了医院。

中沙派出所民警告诉记者，伤者邢某不但经常拿刀拿枪威胁自己的父母、兄弟，还经常威胁村干部。邢某长期游手好闲，在外面偷鸡摸狗，回来后找一批狐朋狗友大吃大喝，父母、兄弟不准他拿东西回来煮，便受到他的打骂。

2003年9月，他的父母忍无可忍地向当地村委会反映，村委会就向派出所报案，派出所曾出警抓过邢某，但他当时跑了。该民警称，邢某去年砍掉自家的芒果树，并扬言要让这个家穷下去。邢某的行为引起了当地村民的不满。

（3）犯罪人与旁观者之间的相互作用。在一些犯罪行为发生的过程中，犯罪情境中还存在旁观者，在这种情况下，犯罪人不仅要与被害人进行互动，而且要与旁观者进行互动。旁观者对于犯罪人和犯罪行为的不同反应，往往能对犯罪行为的实施情况产生明显的影响。例如，旁观者的不恰当言行举止和态度等，可能会增强犯罪人的犯罪心理和引发犯罪人的犯罪行为。相反，旁观者对犯罪人的愤怒情绪和阻止犯罪活动的行为，可以削弱犯罪人的犯罪动机，甚至会迫使犯罪人中止或者放弃犯罪行为。可以说，旁观者的态度和反应，往往是很多犯罪行为能否进行下去的重要相关因素。

（4）犯罪人与其他环境因素之间的相互作用。在犯罪行为的实施过程中，外部环境的不同特点，包括地理位置的情况（例如，是否偏僻）、光线的明暗、建筑物的特点（是否有别人看不到的死角）、环境的整洁和破损程度[①]，以及其他意外事件（参见专栏3-2）等，都会对犯罪人和犯罪行为产生影响，这些因素实际上也与犯罪人发生相互作用。

[①] 在这方面，美国犯罪学家詹姆斯·威尔逊（James Q. Wilson）和乔治·凯林（George L. Kelling）于1982年提出的"破窗户"（broken windows）理论颇具影响力。这种理论的主要观点认为，某一地区物理环境的破败和未修理的破烂建筑物的增加，会导致该地区居民对于人身安全的关注，也会引起该地区犯罪率的增加。参见 Eugene McLaughlin, John Muncie & Gordon Hughes (eds.), *Criminological Perspectives: Essential Readings*, 2nd ed. (London: Sage Publications, 2003), pp. 400-411.

专栏 3-2：意外事件导致犯罪中止案件①

> 46岁的扒手郭某(2004年)5月22日凌晨窜上广州开往南京的1312次列车,看到不少乘客在睡觉,觉得下手的好机会到了。经过仔细观察,他看到一名似乎睡得很沉的青年男子裤子口袋鼓鼓的,估计里面有不少钱。郭某四处张望见无人注意他,便轻手轻脚地在该男子身边蹲下,掏出刀片割其口袋。谁知此时火车颠簸了一下,郭某不由自主地向前冲了一下,将该男子撞醒。该男子睁眼一看,一个陌生人手拿刀片,神情慌张地盯着他,不禁吓了一跳,再一看自己被割破的口袋,当即明白了一切,站起来就要揍他。郭某连忙赔着笑脸给对方敬烟点火,并"诚恳"地请其放他一马:"我马上去偷别人,把钱给你作为赔礼道歉。"那名旅客不为所动,将其揪送到乘警室。

四、犯罪原因与犯因性因素

从决定论的立场来看,任何犯罪行为都不是无缘无故产生的,而是由一些因素决定的。正如俄罗斯学者叶米里亚诺夫所说的,"只有经济的、思想意识的、社会的和生物的诸因素的一定组合,才会产生称之为犯罪行为的反应。犯罪原因是各种社会特征和生物特征之现象的综合。"②一些犯罪学家把影响犯罪的因素划分为犯罪的内部因素和犯罪的外部因素③或者犯罪的主观因素和犯罪的

---

① http://www.legaldaily.com.cn/zbzk/wc/fzwcj920/fwa/shxw4.htm [2005-1-25]

② 〔俄〕阿·伊·道尔戈娃主编:《犯罪学》,赵可等译,群众出版社2000年版,第261页。

③ 康树华主编:《犯罪学通论》,北京大学出版社1992年版,第364—365页。

客观因素两大类。① 同时,与犯罪相关的因素对于犯罪行为的决定作用并不是机械地发生的,而是包含着十分复杂的内容,因为这些因素对于犯罪行为的决定作用,是以人的心理活动为中介、在复杂的社会环境中发生的。因此,在探讨与犯罪相关的因素对于犯罪行为的决定作用时,或者说在探讨犯罪原因时,必须关注个人的心理活动以及相关环境的作用。

从犯罪行为与个人的心理活动的关系来讲,在犯罪行为的产生过程中,往往伴随着不同的心理活动。可以说,犯罪行为是以犯罪人的心理活动为中介,通过折射发生的。所谓"以犯罪人的心理活动为中介",是指任何客观现实对于犯罪行为的影响等方面的作用,都要首先不同程度地被犯罪人意识到、引起犯罪人相应的心理活动,然后才能引起犯罪行为。客观现实并不是直接引起犯罪行为,有关客观现实的信息只有在经过个人大脑的处理和加工之后,才能引起犯罪行为。在客观现实与犯罪行为之间,有犯罪人的心理活动。不伴随任何心理活动、不以任何心理活动为背景的犯罪行为,是不存在的。即使精神病人的严重危害行为,也是以异常的心理活动为中介的。所谓"通过折射",是指犯罪行为都是以犯罪人已经形成的主观世界为中介进行的。客观现实对于犯罪行为的作用,不仅以心理活动为中介,而且也以犯罪人已经形成的主观世界为中介,犯罪人已有的知识经验、个性心理特征②、个性倾向性③

---

① 王牧:《犯罪学》,吉林人民出版社1993年版,第284—287页。
② 个性心理特征是心理学术语,指个人身上经常表现出来的本质的或稳定的心理特征,主要包括能力、气质、性格等,其中,性格是其核心。
③ 个性倾向性是心理学术语,指决定个人对事物的态度和行为的内部动力系统,主要包括需要、动机、兴趣、理想、信念、世界观等。

等,都会给犯罪人感受客观现实、处理有关客观现实的信息和实施犯罪行为的过程以深刻的影响,表现出犯罪人自己的特点。由于这种折射作用,同样的因素对于不同的人或者对于同一个人在不同的时期、在不同的心理状态下,都会有不同的作用。

从犯罪行为与环境的关系来讲,在犯罪行为的产生过程中,环境因素起着不同性质和强度的影响作用。在讨论环境因素时,应当注意区分"环境"与"客观现实"这两个概念的关系。环境因素是指犯罪人之外客观存在的事物和现象;而客观现实这个概念的外延要大于环境因素,"客观现实"是与"主观世界"(心理世界)相对的一个概念。所谓客观现实是指犯罪人心理之外的一切客观实际存在的事物和现象,包括自然现象、社会现象和人体自身及其内部的生理状态。一般而言,犯罪心理是在一定的环境中形成和变化的,犯罪行为也是在一定的环境中产生和实施的。犯罪心理乃至犯罪人格的形成和犯罪行为的实施,都深受环境因素的影响。正如有的犯罪学家所指出的,"环境因素对犯罪成因起双重作用:从中、长期看,环境因素参与塑造犯罪人个性,从短期看环境诱发犯罪行为。"[1][2]但是,如果更加严格地来讲,犯罪心理和犯罪行为都是在与客观现实的相互作用中形成、变化和产生、实施的;犯罪人的人体自身及其内部的生理状态,也是参与犯因性互动的重要方面。不过,为了与通常使用的"环境"概念相一致,把犯罪人的人体自身及其内部的生理状态归入犯罪人的个人因素之中。

---

[1] 〔德〕汉斯·约阿希姆·施奈德:《犯罪学》,吴鑫涛、马君玉译,中国人民公安大学出版社1990年版,第397页。

[2] 在本书中,把"中长期"的环境因素作为环境因素,而把"短期"的环境因素作为情境因素。

所有这些对于犯罪心理的产生变化和犯罪行为的实施起诱发、推动和助长作用的因素,都可以称之为"犯因性因素"。因此,犯因性因素就是诱发、推动和助长犯罪心理产生和犯罪行为实施的因素。简言之,犯因性因素就是具有犯罪原因性质的因素。犯因性因素在犯罪心理的产生和犯罪行为的实施中所起的推动和促成性作用,就是"犯因性作用"或者"犯因性效果"。换言之,犯因性作用或者犯因性效果就是促使犯罪心理产生和犯罪行为实施的作用。犯因性因素的有机结合和相互作用,是犯罪行为产生的原因。

五、犯因性因素的类型

犯因性因素包括不同的方面。根据犯因性因素与犯罪人以及犯罪心理和犯罪行为的关系,大体上可以将犯因性因素划分为三类:犯因性环境因素、犯因性个人因素和犯因性互动因素。

(一)犯因性环境因素

在个人的成长和发展过程中影响和促使个人形成犯因性个人特征的环境,可以称为"犯因性环境"。在分别论述犯因性环境的不同成分及其与犯罪的关系时,为了明确这种分析性、列举性的论述方式的特征,可以将犯因性环境的不同成分称之为"犯因性环境因素"。从客观环境与犯罪行为的关系的角度来讲,犯因性环境是一类较为久远的环境,因为它对犯罪人的作用是在长时间内逐渐发生的。

(二)犯因性个人因素

犯因性个人因素是指犯罪人自身存在的诱发、推动和助长犯罪心理产生与犯罪行为实施的因素。

与犯因性个人因素密切相关的一个概念,就是"犯因性素质"。如前所述,犯罪行为是个人与环境相互作用的产物。从个人方面来讲,在个人的社会化及成长和发展过程中接触到的环境与个人的相互作用,形成了"犯因性素质",也就是诱发、推动和助长犯罪心理产生与犯罪行为实施的个人特征。犯因性素质是一个包括生理、心理等多个方面的个人特征的综合性概念,这个概念的外延与犯因性个人因素的外延是一致的。

在这里,需要分析"素质"这个术语的使用情况。在我国心理学界,长期认为"素质"(diathesis)是指有机体天生具有的某些解剖和生理特性,主要是指神经系统、脑的特性以及感官和运动器官的特性。[1] 根据这种观点,素质主要是指个人与生俱来的生理特性。但是,这种理解似乎过于狭窄。实际上,在犯罪学历史上,很早就有人从更广的方面理解"素质"一词。例如,英国犯罪学家查尔斯·格林(Charles B. Goring,1870—1919)在谈到"犯罪素质"(criminal diathesis)时说,是"所有的人都表现出一定程度的某种素质倾向,这种素质倾向可能是精神性的,也可能是道德性的或生理性的,但是,这种素质倾向在一些人中是相当强有力的,以致可以最终决定他们必须要被监禁"。[2] 国内也有学者认为,"人的素质是指构成人的各种基本要素的内在规定性,即人的各种属性、特性在现实的人的身上的具体实现(包括它们所达到的质量和水平),这是人从

---

[1] 朱智贤主编:《心理学大词典》,北京师范大学出版社1989年版,第650页。
[2] Charles B. Goring, *The English Convict: A Statistical Study* (Montclair, NJ: Patterson Smith, 1972), p.26.

事各种活动的主体条件。"[①]

在分别论述犯因性素质的不同成分及其与犯罪的关系时,为了明确这种分析性、列举性的论述方式的特征,可以将犯因性素质称为"犯因性个人因素"。由于犯因性素质是个人所具有的犯因性因素,因此,也可以将它们称为"犯因性个人特征"。

(三) 犯因性互动因素

犯因性个人因素和犯因性环境因素并不是分别地、孤立地引起犯罪心理和犯罪行为的。实际上,无论是在犯因性个人因素的形成过程中,在个人对犯因性环境因素的识别和感受中,还是在犯罪心理产生和犯罪行为实施的过程中,都充满了相互作用。

犯罪是个人与环境相互作用的产物。这意味着,犯罪行为并不是犯因性素质与犯因性环境简单相加或者简单相遇的结果。实际上,个人与环境相互作用发生犯罪行为的过程,是一个充满复杂的心理和其他活动的过程。在这个过程中,犯罪人与环境因素的状况与变化等,都对犯罪行为的发生与否以及发生情况,有着至关重要的影响作用。因此,在探讨犯罪行为的发生过程时,还必须研究个人与环境相互作用的方式及其特点。已有的研究发现,个人与环境的某些相互作用方式,实际上有利于犯罪心理的增强和犯罪行为的发生。个人所使用的有利于犯罪心理增强和犯罪行为发生的相互作用方式,可以称为"犯因性互动方式",使用犯因性互动方式进行的相互作用活动,可以称之为"犯因性互动"。

犯罪心理和犯罪行为就是在犯因性个人因素和犯因性环境因素的基础上,通过犯因性互动产生和进行的。这些因素及其互动,

[①] 陈志尚主编:《人学原理》,北京出版社2005年版,第387页。

产生了多种多样的犯罪行为。因此,这些因素及其互动,就构成了完整意义上的犯罪原因。

从犯罪行为的产生和犯罪行为的实施等情况来看,犯因性互动集中体现在三个方面:

(1)犯因性认识。即在互动过程中对有关因素作出的有利于犯罪心理形成和犯罪行为实施的认识和评价。这里所说的"有关因素",既包括参与互动的环境因素,也包括参与互动的个人因素。这些认识引起某种犯罪倾向或者使已经存在的犯罪倾向得到增强,从而促使个人产生进行犯罪行为的欲望和冲动。"犯因性认识"是一个概括性的、总的概念,构成犯因性认识的不同成分,可以称为"犯因性认识因素"。

(2)犯因性反应方式。这是指在犯因性认识基础上产生的相应的外部反应方式。在正常情况下,个人的外部反应方式应当是在坦诚基础上进行的协商性、和平性的反应方式,但是,犯罪人可能会采取犯因性反应方式,例如,嘲弄、蔑视、暴力或者欺骗等方式。因此,犯因性反应方式也是一类重要的犯因性互动因素。

(3)情境因素。任何人对于具体事物和现象的主观认识以及行为反应,都是在特定的情境中进行的。情境因素及整个情境的特点,会对个人的认识与反应,产生不同程度和性质的影响。在一般情况下,个人的行为反应方式与其认识是一致的,但是,情境中存在的某些因素,可能会对个人的行为反应产生干扰和其他影响作用,使个人的行为反应方式可能会发生变化,偏离原来的犯因性认识。同时,个人行为反应方式的变化,反过来也有可能引起认识本身的变化。因此,在情境因素的作用下,基于个人的犯因性认识产生的犯罪倾向,既有可能引起相应的犯罪行为,也有可能引起别的犯罪行为,还有可能引起犯罪中止或者其他非犯罪的行为。可以说,在犯罪人与犯罪情境之间存在着多方面的相互作用。其中,一些情境因素具有犯因性作用,这类具有犯因性作用的情境因素,可以称为"犯因性情境因素"。

第二节 犯因性差异观点

一、犯因性差异与个人犯罪

在现实生活中,人们对于犯罪问题往往会发生这样的疑问:为什么在同样的社会环境中只有少数人犯罪,而大多数人不犯罪呢?为什么相互类似的犯罪人实施的犯罪行为有很大的差别?这些问题实际上涉及犯因性差异与个人犯罪的关系问题。

实际上,人们在说到"同样的社会环境"等现象时,所使用的"同样"这个词语是不准确的。如果把"同样"一词换成"相似"或者"类似"之类的词语,可能更加准确。因为在现实中,并不存在完全相同的事物和现象:既不存在完全相同的环境,也不存在完全相同的个人。任何人之间以及任何人所面临的环境之间,都存在不同程度和性质的差异。因此,"同样的社会环境"之类的表述,是不确切的,也是难以成立的。

那么,在相似的社会环境中,为什么有的人犯罪,而其他人并不犯罪呢?对于这个问题的回答就是,在社会中存在着犯因性差异。① 所谓"犯因性差异",就是指在犯罪心理形成和犯罪行为实施过程中存在的具有促进作用的个别差异。

"犯因性差异"这个概念具有下列特点:

首先,强调这种差异是在犯罪心理形成和犯罪行为实施过程中存在的差异。犯罪心理的形成,在大部分情况下是一个比较长期的过程。很多人在长期的社会化过程中由于受到环境因素的不良影响,使个人产生了一些消极的心理变化。这些消极的心理变化与个人自身存在的问题之间发生犯因性互动的结果,就使个人逐渐形成了犯罪心理。当然,在少数情况下,犯罪心理的形成可能时间较短。当存在某些个人素质的人在遇到强烈的环境因素的影响时,或者在突出的环境因素的作用下,可能会迅速产生犯罪心理。

犯罪行为的实施过程比较复杂。在有些情况下,犯罪行为酝酿、产生和实施的过程比较短暂;在有些情况下,这个过程可能比较漫长。但是,无论哪种情况,犯罪行为的产生都是多种因素发生犯因性互动的结果。

不过,无论是在犯罪心理的形成过程中,还是在犯罪行为的实施过程中,个人存在或者遇到的相关因素及其互动,是有差异的。

其次,强调在多个方面存在的差异。犯因性互动存在于以犯罪人为核心的犯因性环境因素、犯因性个人因素和犯因性互动因素之间。如果把每一类因素作为一个系统的话,那么,犯因性互动不仅存在于这些系统之间,而且也存在于每个系统内部。而

---

① 犯因性差异的具体表现,将在第四章中详细论述。

且,犯因性差异不仅存在于静态的因素或特征方面,更存在于动态的因素或特征方面,特别是存在于动态的相互作用(互动)方面。

再次,强调作用性质方面的差异。犯因性互动是一类具有犯罪原因性质的相互作用,对于犯罪心理形成和犯罪行为实施具有促进作用。尽管人们处在类似的社会环境中,具有类似的个人特征,甚至具有类似的相互作用方式,但是,在这些因素的相互结合与相互作用的性质方面,犯罪人与守法者是有差异的:犯罪人发生的相互作用最终导致了犯罪心理的形成和犯罪行为的实施,而守法者发生的相互作用并不具有犯因性的性质,没有起到促使犯罪心理形成和犯罪行为实施的犯因性作用。在守法者发生相互作用的过程中,通过一些复杂的机制,过滤、中和、抵消或者淡化了相关因素的犯因性性质,使它们没有发生犯因性效果。所以,尽管守法者在很多方面与犯罪人有相似之处,但是,他们并没有进行犯罪行为。

而且,如果犯罪人与守法者之间在社会环境因素和个人特征等方面存在显著差异,那么,会进一步加剧他们各自发生的相互作用之间的差异,使他们在犯罪和守法之间的差异更大。

换言之,在很多情况下,犯罪人自身以及他们所接触的环境、犯罪人与环境的相互作用等,都是与守法者有差异的,都是有利于犯罪心理和犯罪行为产生的。这些有利于犯罪心理的产生和犯罪行为的实施方面的差异,构成了"犯因性差异"。

正是由于存在这样的差异,一些人变成了犯罪人,而其他人并没有变成犯罪人。这就是"犯因性差异"最核心的内容,也是犯因性差异理论的基本假设。

罪犯改造论——罪犯改造的犯因性差异理论

最后,还强调犯罪人之间的差异。尽管对于犯罪人而言,他们所面临的社会环境、所具有的个人特征以及所使用的互动方式,可能更具有相似性(这种相似性是有限的,完全相同的犯罪人是不存在的),这种相似性大于他们与守法者之间的相似性,但是,犯因性差异理论仍然强调,这些因素或者方面在犯罪人之间也是互有差异的。犯罪人并不是一个同质的群体,他们不仅与守法者群体有差异,而且在犯罪人群体内部的不同个体之间,也有差异。同时,犯罪人之间的这种差异不仅表现在一些静态的方面,更表现在很多动态的方面,特别是表现在各种内容和形式的相互作用方面。正是这些方面的差异,导致不同的犯罪人实施了形形色色的犯罪行为,造成了犯罪行为的多样性。

由于重视上述多方面的差异,因此,"犯因性差异"这个术语和通常说所的"犯罪原因各不相同"是有区别的。"犯罪原因各不相同"是一个比较笼统的说法,这种说法似乎主要是指上述最后一方面的差异,即犯罪人之间的差异,而没有强调其他方面的差异,特别是似乎没有强调犯罪人与守法者之间的差异。

犯罪学家们很早就注意到犯罪人与守法者之间的差异,并且通过大量实证研究区分出了一些犯因性差异。正如德国著名犯罪学家汉斯·施奈德(Hans Schneider)指出的,"迄今犯罪学研究在找出犯罪者与非犯罪者之间的个人和社会差别方面是最成功的。"[1]已经进行的这方面的研究很多。例如,美国著名犯罪学家格卢克夫妇(S. & E. Glueck)根据对500名少年犯罪人和500名非

---

① 〔德〕汉斯·约阿希姆·施奈德:《犯罪学》,吴鑫涛、马君玉译,中国人民公安大学出版社1990年版,第388页。

犯罪少年(守法少年)的调查发现,[①]少年犯罪人具有一些明显不同于非犯罪少年的特征,这些特征实际上就是犯因性个别差异的表现(参见专栏3-3)。

专栏3-3:少年犯罪人与非犯罪少年之间的差异[②]

> 少年犯罪人作为一个群体,可以和非犯罪少年区分开来:(1)身体方面,基本上是中胚层体型(结实、紧密结合、肌肉发达);(2)气质方面,精力充沛而不安定,冲动,外向,富于攻击性,具有破坏性(往往具有性虐待倾向)——这些特质可能或多或少与不稳定的生长模式及其生理相关因素或者结果有联系;(3)态度方面,具有敌意性、挑战性,容易产生怨恨和怀疑,顽固执拗,社交中武断自信,容易冒险,不守传统,不服从权威;(4)心理方面,倾向于进行直接的和具体的表达,不善于进行象征性的和需动脑子的表达,缺乏解决问题的方法;(5)社会文化方面,与对照组相比,更有可能在缺乏理解、感情、稳定性或者道德素质的家庭中生活,父母通常不能给予有效的指导和保护。根据精神分析学理论,在性格发展的早期阶段,缺乏可以模仿并且可以

---

① 由于20世纪前半期的美国犯罪学界社会学范式占据主导地位,加之格卢克夫妇进行的多学科性的犯罪学研究受到当时在美国犯罪学界居支配地位的社会学家和犯罪学家萨瑟兰(Edwin H. Sutherland, 1883—1950)的攻击,使得格卢克夫妇的犯罪学研究长期被忽视。20世纪80年代以来,美国著名犯罪学家约翰·劳布(John H. Laub)和罗伯特·桑普森(Robert J. Sampson)重新考察格卢克夫妇收集的数据和有关的研究,证实格卢克夫妇对于犯罪学的发展做出了重大贡献,"格卢克夫妇对年龄与犯罪、犯罪生涯和社会控制等基本问题的研究,比通常认为的更加正确,并且在事实上占据当代研究的中心舞台。"参见 John H. Laub & Robert J. Sampson, "The Sutherland-Glueck Debate: On the Sociology of Criminological Knowledge," in Piers Beirne (ed.), *The Origins and Growth of Criminology: Essays on Intellectual History*, 1760-1945 (Aldershot, England: Dartmouth Publishing Company, 1994), p.323.

② Sheldon Glueck & Eleanor T. Glueck, *Unraveling Juvenile Delinquency* (New York: The Commonwealth Fund, 1950), pp.281-282.

> 形成一种一致的、平衡的和符合社会规范的超我的良好来源。尽管在个别案例中,上述非社会行为倾向的任何压力方面都可以恰当地解释少年犯罪的持续性,但是,一般来讲,少年犯罪发生的可能性,在很大程度上取决于所有这些方面的条件与力量的相互作用。

美国犯罪学家戈登·沃尔多和西蒙·迪尼茨(Gordon P. Waldo & Simon Dinitz)在1967年发表了一项有关犯罪人人格特征的评论性研究。他们对1950—1965年间发表的94项经验型犯罪心理学调查进行了评论,结果发现,其中的76项调查都在犯罪组和非犯罪对照组之间找到了统计学上的显著区别;其中的56项调查运用了客观点心理检测法,它们中有51项调查证明,违法青少年和非违法青少年之间存在统计学上的显著区别。[1]

德国犯罪学家汉斯·格平格尔(Hans Göppinger,1983)领导的"蒂宾根青年犯罪的对比调查",调查了200名20—30周岁的男性犯罪人和200名平均年龄为26.03岁的正常居民(对照组),结果发现,在60.5%的犯罪人中,有下列对犯罪具有亲和力的情况:对工作敷衍塞责、不尽家庭和其他的社会义务、过一种与收入和财产不相称的生活、业余行为不检点、缺乏生活目标,而在对照组中没有一个人具有这种情况。与此相反,他们也发现,79.5%的对照组成员具有下列对犯罪有抵抗力的情况:恪尽社会义务、相称的生活要求、过一种正常的家庭生活、对金钱和财产抱一种现实态度,而

---

[1] Gordon P. Waldo & Simon Dinitz, "Personality Attributes of the Criminal: An Analysis of Research Studies, 1950-1965," *Journal of Research in Crime and Delinquency*, 4 (July 1967):185-201.

在犯罪人中只有6%的人具有这些情况。他们还发现,犯罪人具有下列特征:对生活抱有不相称的高要求,缺乏对现实的控制能力,承受能力弱,自相矛盾的适应期待,要求无拘无束以及无节制地酗酒。与此形成鲜明对比的是,对照组成员具有下列特征:全力以赴地工作,对职业工作感到满足,创造性地安排业余时间,个人对他人利益和事业利益的义务感,善于适应环境,牢固的人际关系,坚忍不拔,具有高度承受力,乐于负责和自我责任感,对现实、对自己具有充分的控制能力,生活目标明确,锲而不舍。[1]

俄罗斯犯罪学家也指出,"绝大部分故意犯罪的人,即使是未成年人,也明显区别于操行稳定而守法的同龄人。"[2]

二、犯因性差异、犯因性缺陷与犯因性素质

在犯因性差异理论中,"犯因性差异"和"犯因性缺陷"是从不同角度论述同一类现象的两个术语,在理论价值上具有等值性。从解释犯罪人与守法者区别的角度来看,可以将犯罪人与守法者之间存在的那些与犯罪心理产生和犯罪行为实施有关的因素方面的差异,称之为"犯因性差异"。从社会、道德和法律的标准来看,这些体现犯因性差异的因素,往往都是违反社会准则、社会道德标准和法律规范的,从这种角度来讲,它们都是有社会缺陷的。因此,从这样的角度出发,可以将"犯因性差异"转换为或者称之为

---

[1] 〔德〕汉斯·约阿希姆·施奈德:《犯罪学》,吴鑫涛、马君玉译,中国人民公安大学出版社1990年版,第429—430页。
[2] 〔俄〕阿·伊·道尔戈娃主编:《犯罪学》,赵可等译,群众出版社2000年版,第279页。

"犯因性缺陷"。

根据这种转换，前面使用的术语也可以进行相应的转换。从社会、道德和法律的标准来看，上述"犯因性环境因素"是促使个人产生犯罪心理和实施犯罪行为的缺陷，可以称之为"犯因性环境缺陷"；上述"犯因性个人因素"和"犯因性个人特征"是个人成长和发展过程中形成的容易使个人产生犯罪心理和实施犯罪行为的缺陷，可以称之为"犯因性个人缺陷"；上述"犯因性互动因素"对于个人犯罪心理产生和犯罪行为的实施有重要的促进作用，同样属于有缺陷的现象，可以称之为"犯因性互动缺陷"。

之所以进行这样的转换，主要是出于下列方面的考虑。首先，为了更好地认识犯因性因素。根据认识规律，在深入认识事物时，换个角度看待和分析事物，往往能够产生更为清晰的、更加全面的认识，从而能够更加准确地认识事物。对于认识犯因性因素来讲，也是如此。从比较犯罪人与守法者的角度讲，犯因性因素体现了这两类人群之间的差异；从社会准则、社会道德标准和法律规范的角度来讲，这些因素往往都是违反社会准则、社会道德标准和法律规范的。

其次，为了便于进行改造犯罪人的理论探讨。根据汉语的表达习惯，在论述改造犯罪人问题的时候，将"改造"与"缺陷"联系起来，是符合表达习惯的，可以说，改造犯罪人就是改变他们的缺陷。但是，将"改造"与"差异"联系起来，似乎不太符合表达习惯，如果说"改造犯罪人"就是"改变差异"，似乎不太顺畅。

再次，为了体现对犯因性因素的评价态度。使用"缺陷"一词时，体现了对犯因性因素的社会、道德和法律方面的否定性、消极性评价;对受到这样评价的因素进行改造,是符合正义要求的,是实现社会正义的表现。但是,"差异"则是一个中性词,它仅仅表明了互不相同的一种客观事实,而不包含社会、道德和法律评价的意义。如果把那些没有在社会、道德和法律方面受到否定性、消极性评价的因素作为改造对象而试图加以改造,似乎是不合情理的,也是需要极力避免的。

由于使用语境的不同,使用某一个术语可能更为恰当一些,也可能更加符合理论表述的逻辑和习惯等方面的要求,因此,在下文中将根据语境的不同,选择使用这两个术语中的一个。这样,既可以符合表达方面的要求,也可以使行文简洁明了。一般来讲,凡是使用"犯因性差异"一词比较得体的地方,就不使用"犯因性缺陷"一词;只有在使用"犯因性差异"有不合逻辑或者表达习惯等问题的场合,才考虑使用"犯因性缺陷"一词。

此外,还应当注意犯因性差异、犯因性缺陷与犯因性素质这三个术语之间的关系。犯因性差异和犯因性缺陷的关系已如前述,它们仅仅是从不同角度和语境中使用的、用来指同样的对象的两个术语。而且,无论是犯因性差异,还是犯因性缺陷,都包括与犯罪心理和犯罪行为有关系的所有主客观因素(犯罪人及环境因素)。但是,与上述两个概念不同的是,犯因性素质仅仅指其中的犯罪人因素,指犯罪人自身所具有的各种犯因性差异或者犯因性缺陷,而不包括环境方面的犯因性差异和环境中的犯因性缺陷。因此,在着重论述改造犯罪人问题的时候,也可以使用犯因性素质的概念。

三、犯因性差异的种类

犯罪人的犯因性差异有多方面的表现。根据上述转换的情况,所有犯因性因素都可以转换为犯因性差异。因此,犯因性差异的种类与犯因性因素的种类是一致的。

首先,从犯罪人所接触的环境来看,所谓的"犯因性环境",体现了特定的犯罪人与其他守法者之间在所接触的环境方面的差异。犯罪学等学科的研究发现,很多犯罪人成长和发展的环境确实不同于很多守法者,他们接触的环境与大多数守法者接触的环境是有差异的,这种容易使个人形成犯因性个人特征的环境差异,可以称之为"犯因性环境差异"。换言之,犯因性环境差异就是个人所接触的容易引起犯罪心理和产生犯罪行为的环境方面的差异。

其次,从犯罪人的自身情况来看,所谓"犯因性素质"或者"犯因性个人特征",体现了特定的犯罪人与其他守法者之间的个别差异,因此,也可以称为"犯因性个体差异"。换言之,犯因性个体差异就是个人不同于他人的容易产生犯罪心理和实施犯罪行为方面的差异。

再次,从犯罪人与环境的相互作用来看,犯罪人的互动方式也有不同于守法者的特征。这方面的差异,可以称之为"犯因性互动差异"。换言之,犯因性互动差异就是个人在与环境的相互作用方面不同于他人的容易产生犯罪心理和实施犯罪行为的差异。

四、犯因性差异与二元论谬误

在犯罪学研究中,在解释犯罪原因和犯罪现象时,往往会发生所谓的"二元论谬误"(dualistic fallacy)。一般来讲,二元论谬误就是在研究中绝对地将所研究的人群一分为二的谬误。在犯罪学研究中,二元论谬误突出表现为下列方面:[①]

(1) 将社会中的人划分为相互排斥的两个群体:犯罪人(criminal)和非犯罪人(noncriminal);

(2) 认为在犯罪人群体与守法者群体之间必然存在明显的差异;

(3) 无论是犯罪人,还是守法者,他们的群体内部是同质的,相互之间是没有差别的;

(4) 犯罪学研究的任务就是比较犯罪人与守法者两个群体,把他们之间的差异当成是犯罪行为的原因。

不过,本书所说的犯因性差异理论并不属于二元论谬误。首先,根据是否进行了犯罪行为的标准,把社会中的人口划分为犯罪人和守法者,这是客观事实,社会中确实存在犯罪人和守法者的区别。其次,在犯罪人和守法者之间确实存在明显的差异,但是,并没有把犯罪人与守法者之间的这些差异夸大到绝对化的程度,并没有认为犯罪人与守法者是在所有方面都绝对不同的两类人。实际上,在犯罪人与守法者之间既有差别性又有相似性。犯罪人与

[①] Sue Titus Reid, *Crime and Criminology*, 10th ed. (Boston, MA: McGraw-Hill, 2003), p.50.

守法者仅仅在某些方面有差别,他们并不是在所有方面都截然不同的两类人群。第三,尽管认为在犯罪人之间以及犯罪人与守法者之间,都具有一定的相似性,但是并不认为,在犯罪人群体和守法者群体内部是同质的。无论是在犯罪人之间,还是在守法者之间,都存在程度和性质不同的多方面的差异。第四,虽然也比较犯罪人与守法者之间的差异,但是,并不认为静态的差异就构成了犯罪原因。完整的犯罪原因不仅包括犯罪人与守法者之间的静态差异,还包括他们之间在动态的相互作用方面的差异。这些方面的差异的整体,才构成了完整的犯罪原因。

五、犯因性差异与亲社会相似性

（一）概述

犯因性差异理论虽然区分犯罪人与守法者,但是,并不否认犯罪人与守法者之间的相似性。实际上,在比较犯罪人与守法者时,所说的"差异性"和"相似性"都是相对的,而不是绝对的。世界上既不存在与守法者完全相同的犯罪人,也不存在与守法者绝对不同的犯罪人。而且,从犯罪学、犯罪心理学等学科的研究来看,了解犯罪人与守法者之间的差异性和相似性,不仅是科学认识犯罪人的基本态度,而且具有不同的认识功能：认识犯罪人与守法者之间的差异性,可以解释特定的个人进行犯罪行为的原因；而认识犯罪人与守法者之间的相似性,则可以帮助人们更好地、更加全面地认识和对待犯罪人。

犯罪人与守法者之间的相似性,是指犯罪人与守法者之间相互类似的现象。这些相似性不可能引起犯罪心理和犯罪行为,相反,它们会有利于促成亲社会心理的形成和亲社会行为的进行。正是这些相似性的存在,人们才能进行正常的交往与生活,才能形成社会和群体,才能理解和遵守社会准则与维护社会秩序,才有可能保持社会成员之间的相互包容和相互合作。正是因为这类相似性是有利于社会的,是建设性的,所以,可以称之为"亲社会相似性"。[1] 亲社会相似性就是犯罪人与守法者共有的不会引起危害行为的特征。亲社会相似性通过各种不同的"亲社会特征"体现出来。

应该恰当地认识和对待犯罪人与守法者之间的差异性和相似性。首先,不能为了突出犯罪人与守法者的区别而夸大犯罪人中存在的犯因性差异。在认识犯罪人与守法者之间的差异时,决不能采取简单化、片面化的态度,不能绝对地把犯罪人看成是与守法者截然不同的人群,否则,就会发生二元论谬误。实际上,以往的实证犯罪学研究中之所以发生二元论谬误,一个重要的方面就是过高地估计了犯罪人与守法者之间的差异性,夸大了犯罪人中存在的异常特征。正如美国犯罪学家戴维·马茨阿(David Matza)所说的:"区分(differentiation)是受人喜爱的一种实证解释方法。每

---

[1] 本书中的"亲社会相似性""亲社会特征"等概念,是笔者在借鉴"亲社会行为"(prosocial behavior)概念的基础上提出的。关于"亲社会行为"的概念,笔者最初在英国学者菲利普·费尔德曼(M. Philip Feldman)撰写的《犯罪行为:心理学分析》(*Criminal behaviour: Psychological Analysis*, 1977)一书中看到,该书第四章使用了这样的标题"学习限制犯罪行为:亲社会行为"(见该书第105—124页)。以后,在很多社会心理学书籍中都看到了有关的论述,例如,在J. L. 弗里德曼等的《社会心理学》(高地等译,黑龙江人民出版社1984年版)一书中,有"利他主义和亲社会行为"一章(第295—319页);在孙晔主编的《社会心理学》(科学出版社1987年版)一书第271页中也有这样的内容。

个实证主义犯罪学学派都追求自己的、区分传统人①与犯罪人的理论。反过来,每个学派往往都倾向于扩大这些差异。在开始时,实证主义犯罪学反对古典理论中隐含的那种犯罪人与传统人之间基本相似性(general similarity)的假设。在否定古典理论中有关相似性的显然站不住脚的观点时,实证主义犯罪学显然走向了另一个极端——彻底区分(radical differentiation),并且以不同的形式坚持这种观点。"②于埃及出生的加拿大犯罪学家伊扎特·法塔赫也指出,"实证犯罪学中将犯罪行为和犯罪人'过度病态化'(overpathologize)、集中关注可能的变态人格及越轨性格或者非理性思维模式的普遍倾向,低估了这样的事实,即大部分犯罪行为是平常的(mundane)、机会性的和理性的。它们既不是非理性的,也不是无目的的。无意义的犯罪仅仅是例外情况,而不是普遍情况,它们往往是由那些精神紊乱或者有精神疾病的人实施的。但是,这些人只是犯罪人中的少数。"③因此,在认识到犯罪人与守法者之间的差异性时,还要看到他们之间存在的相似性。

其次,也不能无视犯罪人与守法者之间存在的差异性而夸大他们之间的相似性。不能认为犯罪人与守法者之间没有差别,更不能认为他们之间完全相似。这种夸大相似性而忽视差异性的观点,也是不符合实际情况的。

---

① "传统人"(conventional persons)是指与"犯罪人"(criminal persons)相对的守法者。——引者注

② David Matza, *Delinquency and Drift* (New York: John Wiley, 1964), pp. 11-12.

③ Ezzat A. Fattah, *Criminology: Past, Present and Future—A Critical Overview* (New York: St. Martin's Press, 1997), p.128.

(二) 亲社会相似性的表现

与犯因性差异的表现方面相类似,亲社会相似性也表现在三个方面:

1. 亲社会环境相似性

亲社会环境相似性是指人们在生活与成长环境方面的相似性。大量的事实表明,大多数犯罪人和守法者生活与成长的环境具有很多的相似性。这种相似性表现在很多方面,例如,家庭环境的相似性,社区环境的相似性,学校环境的相似性,工作环境的相似性等。

应当注意的是,在认识这些环境相似性时,必须关注几个方面的差别:

(1) 时代差异性。不同时代的人们在很多方面都有差异性,这些差异不仅表现在社会和经济发展水平等宏观环境方面,也可能表现在风俗习惯、生活方式等微观环境方面。因此,只能说同一时代的人们之间具有更多的环境相似性。

(2) 地区差异性。不能说世界各地或者某一国家内各个地方的人们都具有类似的生活和成长环境。实际上,不同国家和地区之间在社会和经济发展水平、地理特征、人口构成、风俗习惯等方面,有很大的差异。只能说,同一地区的人们之间有较多的环境相似性。

(3) 社会阶级或者社会阶层的差别。即使在同一时代同一地区中,也不能说社会中任何成员之间的生活与成长环境都具有相似性。但是,可以说,在同一阶级或者阶层的人们之间,其生活与成长环境具有更大的相似性。

因此,这里所说的环境相似性,是相对的相似性,而不是绝对的相等性。

2. 亲社会个人相似性

亲社会个人相似性是指人们在生理、心理与行为等个人特征方面的相似性。日常观察和调查研究都表明，犯罪人并不是一类与普通守法者截然不同的人。犯罪人的很多个人特征是与普通守法者相似的。大多数犯罪人具有与普通守法者相似甚至同样的生理特点、心理特征和行为模式。犯罪学家们对于犯罪人与守法者在心理方面的相似性进行了很多的研究。大量研究证实，很多犯罪人的身体外貌特征，与守法者往往很类似。例如，很多犯罪人的身材、相貌等与普通守法者没有什么大的差异，像龙勃罗梭早期那样认为存在着独特的人类学上的"犯罪人类型"的观点，已经被证明是错误的。很多犯罪行为伴随的心理成分，往往与合法行为伴随心理成分是类似的甚至是相同的。犯罪人具有和普通守法者类似的情感和情绪，有与普通人类似的物质和精神需要。大多数犯罪人的行为方式等，也是与普通守法者相类似的。

3. 亲社会互动相似性

亲社会互动相似性是指人们之间在人际交往和与环境的互动方面存在的相似性。无论是犯罪人，还是守法者，在人际交往和与环境的互动方面，都有很多的相似性。例如，对于大部分人来说，在与别人的交往中，都能理解别人的言语和行为的含义，从而作出相应的反应。在与环境的互动中，一般都能够恰当地认识外部环境，根据环境的不同采取有差别的行为反应。

（三）认识亲社会相似性的价值

认识到犯罪人与守法者之间的亲社会相似性，具有与认识到犯因性差异同等重要的价值。在分析和理解犯罪人与犯罪原因时,全面而准确地认识这两个方面,都是同样重要的,不可偏废。

从认识犯罪人、犯罪和犯罪原因论的角度来看,认识到犯罪人与守法者之间的亲社会相似性是很重要的。这是因为,首先,认识到犯罪人与守法者之间的亲社会相似性,是对客观存在的正确反映。不仅人们在日常的观察中可以发现犯罪人与守法者之间的很多相似性,而且在学术研究中,也很早就注意到了这样的相似性。例如,在生物学等学科的研究中发现,人类作为灵长类动物中的一个科,人类成员之间具有相同的种群特征,这些特征可以将人类与其他灵长类动物区分开来。作为同一种族的成员,同一种族的成员之间具有相同的种族特征。作为同一民族的成员,同一民族的成员之间具有相同的民族特征,包括有共同语言、共同经济生活方式、文化上的共同心理素质等。在社会学研究中,很早就注意到了社会成员之间的相似性或者一致性。例如,法国著名的社会学家埃米尔·迪尔凯姆(Émile Durkheim,1858—1917)认为,任何社会中都存在一定的社会成员之间的一致性,社会中存在的一致性,也就是"社会相似性总体"(totality of social likenesses),被称为"集体意识"(collective conscience,又译为"共同意识")。由于所有社会都需要其成员有一定程度的一致性(不存在完全有机的社会),因此,可以在各种文化中发现这种集体意识。[①]

在犯罪学研究中,很多犯罪学研究证实了犯罪人与守法者之间的相似性。在美国,著名犯罪学家格卢克夫妇对 500 名少年犯罪人和 500 名非犯罪少年的调查发现,一些人格特质在少年犯罪

[①] 参见吴宗宪:《西方犯罪学史》(第二版),中国人民公安大学出版社 2010 年版,第 289 页。

人和非犯罪少年中没有显著的差异,这些人格特质包括不受关照感(feeling not being taken care of)、不受重视感(feeling of not being taken seriously)、退避、抑郁、和蔼(kindness)、竞争性、隔离、暗示感受性、自发性(spontaneity)、能够应对内向感(feeling able to cope introversion)。[1] 这意味着,这些人格特质在犯罪人与守法者之间是同样存在的,在他们之间是相似的。美国著名犯罪学家埃德温·萨瑟兰(Edwin H. Sutherland)和唐纳德·克雷西(Donald Cressey)也指出,无论是犯罪行为,还是非犯罪行为,都是同样的需要和价值观的表现:"尽管犯罪行为是一般需要和价值的表现,但却不能用那些一般需要和价值来解释,因为非犯罪的行为也是同样的需要和价值的表现。小偷一般是为了获得金钱而盗窃,但是诚实的劳动者也是为了获取金钱而工作。许多学者尝试用一般的内驱力和价值,例如快乐原则、对社会地位的追求、金钱动机或挫折,来解释犯罪行为,这已被证明是无效的,并且在以后也肯定不会有效,因为他们把合法行为解释得跟犯罪行为完全一样。这些解释就像呼吸那样,它对任何行为都是必需的,而不管是犯罪行为还是非犯罪的行为。"[2] 著名心理学家艾伯特·班都拉(Albert Bandura)认为,不论是犯罪行为,还是高尚行为,都是通过同样的机制获得、发生、保持和调节的。[3] 著名犯罪学家迈克尔·戈特弗雷德森和特拉

---

[1] James Q. Wilson & Richard J. Herrnstein, *Crime and Human Nature: The Definitive Study of the Causes of Crime* (New York: Simon & Schuster, Inc., 1985), p. 178.

[2] Edwin H. Sutherland & Donald R. Cressey, *Criminology*, 10th ed. (Philadelphia: J. B. Lippincott Company, 1978), p. 82.

[3] 参见吴宗宪:《西方犯罪学史》(第二版),中国人民公安大学出版社2010年版,第960页。

维斯·赫希(Michael R. Gottfredson & Travis Hirschi)认为,犯罪人最重要的基本特征就是缺乏自我控制,但是,缺乏自我控制也是许多守法者的特征。"缺乏自我控制的人们也会追求非犯罪的即时快乐(immediate pleasures):他们会吸烟、吸毒、赌博、有私生子、从事非法性行为。"①

在苏联和俄罗斯,一些犯罪学家也持类似的观点。苏联学者认为,"剥夺自由场所的被判刑人,……并不是在所有方面都与社会相对立,一般只是在某些方面,虽然是非常重要的方面相对立。对包括实施危险犯罪行为在内的几大类被判刑人的调查表明:虽然许多人对劳动缺乏热情,但多数人并不蔑视和厌恶劳动;虽然对祖国和人民的感情不怎么深,但多数被判刑人还是热爱祖国、热爱人民的。"②俄罗斯犯罪学家认为,"绝不是每个犯罪人的价值定向、道德意识和法律意识,同正常群体的人的相应特征都有着明显的区别。在特殊的不顺利情势的条件下,实施了同样的杀人犯罪的偶犯,并没有什么特殊的差别。"③

在加拿大,于埃及出生的加拿大犯罪学家伊扎特·法塔赫认为,"绝大多数犯罪人是正常人,他们具有和我们所有人都一样的行为动机。犯罪人追求非法利益的活动,与其他人追求风险、危险和贪欲的活动,并没有很大的不同。在很多情况下,这些活动受追

---

① Michael R. Gottfredson & Travis Hirschi, *A General Theory of Crime* (Stanford, CA: Stanford University Press, 1990), p.90.
② 〔苏联〕Л. В. 巴格里-沙赫马托夫:《刑事责任与刑罚》,韦政强、关文学、王爱儒译,法律出版社1984年版,第368页。
③ 〔俄〕阿·伊·道尔戈娃主编:《犯罪学》,赵可等译,群众出版社2000年版,第279页。

求享乐、刺激、冒险、兴奋或者乐趣的动机的推动。因此,犯罪行为的动机在本质上与日常守法活动背后的动机是相同的。追求快乐、利益、财物、地位和权力,是所有日常活动背后的主要驱动力量,包括犯罪活动和非犯罪活动,合法活动和非法活动。"①

在我国,调查结果也证实,犯罪人与守法者之间具有相似性。例如,1995年对重新犯罪人进行的一项调查发现,犯罪人似乎具有与普通人一样的同情心,51.4%的犯罪人认为,"同情弱者是一种好的品德";36.8%的犯罪人认为,"先要搞清楚是不是弱者,然后再决定是不是同情";只有7.6%的犯罪人认为"人们不应该同情弱者"。②上海市监狱管理局《犯罪人服刑指导手册》课题组对上海市1000名入监初期犯罪人情况的调查发现,犯罪人存在着和普通守法者一样的亲情需求。他们的调查发现,在回答"刚入监时,你存在怎样的心情"时,有643人选择了"为给家庭成员带来的影响而担忧"。在回答"刚入监时,你最关心的是哪些方面的情况"时,有698人选择了"父母、配偶、子女等家庭成员的现状",其中586人把它作为第一位的选择。调查者认为,这些情况说明,大多数犯罪人人性尚存,尤其是在投入改造后,渴求得到家庭的宽恕和关怀,更加关注家庭情况,关注家庭变化。满足亲情需求,成为新收犯罪人关注的热点。③

---

① Ezzat A. Fattah, *Criminology: Past, Present and Future—A Critical Overview* (New York: St. Martin's Press, 1997), p.129.
② 朱洪德、吴宗宪(执笔)、周勇、李玉竹:《"重新犯罪的心理与对策"课题报告》(上),《犯罪与改造研究》1995年第12期,第24页。
③ 上海市监狱管理局《犯罪人服刑指导手册》课题组:《关于新收犯罪人改造需求的调查》,《监狱工作简报》(调研专刊十九),2005年8月30日,第16页。

其次,认识到犯罪人与守法者之间的亲社会相似性,为认识犯罪现象及其规律提供了可能性。正是由于犯罪人与守法者之间存在着很多的相似性,犯罪人在心理和行为等很多方面具有和守法者类似的产生、表现和变化的规律,他们的心理和行为本身也是有规律可循的,而不是混乱无序的,人们才能研究犯罪人和犯罪行为的规律,才能根据这样的规律性认识预测和预防犯罪。如果犯罪人与守法者毫无共同之处,人们不仅难以认识犯罪规律,而且也难以预测和预防犯罪。

再次,认识到犯罪人与守法者之间的亲社会相似性,为认识犯罪原因提供了可能性。由于犯罪人与守法者之间存在着相似性,这就为人们认识犯罪原因提供了一种独特的视角:犯罪人与守法者之间的差异有可能预示犯罪行为的原因,只要认真研究这些差异,就可以揭示犯罪人进行犯罪行为的原因。本书正是基于这样的基本假设探讨犯罪原因的;以往的一些犯罪学家也是从这样的假设出发进行犯罪学研究的。

第三节 犯因性差异理论与相关学说

犯因性差异理论是在整合已有的犯罪学等学科的研究成果的基础上提出的一种犯罪理论,它与现有的一些学说有一定的关系,特别是与其中的行刑个别化学说和教育刑论有密切的关系,在此需要阐述它们之间的联系和区别。

一、犯因性差异理论与行刑个别化学说

（一）行刑个别化与刑罚个别化

行刑个别化学说是刑罚个别化学说的一个方面。刑罚个别化是指根据犯罪人的个人情况，有针对性地规定和适用相应的刑罚，以期有效地教育改造犯罪人，预防犯罪的再次发生（的做法）。[①]有的学者把刑罚个别化作为刑法的基本原则对待。[②]

对于刑罚个别化的内容，法国近代刑法学家、曾任巴黎大学比较法教授的雷蒙·萨莱勒斯（Raymond Saleilles，又译为"萨雷伊"）在所写的《刑罚个别化》（1898）中有过全面的论述。根据他的论述，刑罚个别化有三种不同的类型：（1）法律个别化（legal individualization），这是指预先在法律中规定刑罚时体现出来的刑罚个别化；（2）司法个别化（judicial individualization），这是指由法官在适用刑罚时体现出来的刑罚个别化；（3）行政个别化（administrative individualization），这是指在惩罚过程中体现出来的刑罚个别化。[③] 我国一些学者也持类似的观点。例如，邰明安教授认为，刑罚个别化原则可以引申出下述结论：（1）在立法上，对犯罪的分类应以犯罪人为标准，而不应以犯罪行为状态为标准；（2）在司法上，不应以犯罪危害结果大小为量刑标准，而应以行为人的社会危险性为标准；（3）在行刑方面，刑罚的适用应与犯罪人社会危

[①] 曲新久：《刑法的精神与范畴》，中国政法大学出版社2000年版，第474页。

[②] 同上书，第476页。

[③] Raymond Saleilles, *The Individualization of Punishment*. Translated by Rachel Szold Jastrow. (Montclair, NJ: Patterson Smith, 1968), p.220.

险性的大小及有无相适应,采取灵活的行刑措施。① 曲新久教授认为,刑罚个别化通过法律上的个别化、裁量上的个别化和处遇上的个别化来实现。②

作为刑罚个别化的组成部分,行刑个别化通常是指在刑罚执行的过程中,根据犯罪人的不同情况,从最有利于行刑目的的实现出发,实行因人而异、有的放矢的矫正的现象。具体表现为:(1)倡导狱政管理的个别化;(2)实行生产劳动的个别化;(3)实行教育的个别化;(4)实行奖罚的个别化。③

(二)行刑个别化学说与犯因性差异理论

行刑个别化学说和犯因性差异理论具有一定的联系,因为它们都注意到了在刑罚执行过程中,要有针对性和体现因人而异的精神,要根据犯罪人的不同情况区别对待。

不过,行刑个别化学说与犯因性差异理论是有区别的。首先,它们的涵盖范围不同。行刑个别化学说仅仅是关于如何对犯罪人执行刑罚的学说,而犯因性差异理论首先是一种犯罪原因理论,然后才是关于如何处置犯罪人和对犯罪人执行刑罚的学说。其次,它们的具体化程度不同。行刑个别化学说主要是作为一种原则而加以论述的,在论述中通常都把它作为一项原则对待,④其内容高

---

① 邬明安:《刑罚个别化原则》,杨春洗、高铭暄、马克昌、余叔通主编:《刑事法学大辞书》,南京大学出版社1990年版,第555页。

② 曲新久:《刑法的精神与范畴》,中国政法大学出版社2000年版,第499—524页。

③ 周明东:《行刑个别化原则》,邵名正、王明迪、牛青山主编:《中国劳改法学百科辞书》,中国人民公安大学出版社1993年版,第821页。

④ 还可以参见周振想:《行刑个别化原则》,康树华、王岱、冯树梁主编:《犯罪学大辞书》,甘肃人民出版社1995年版,第1031页。

度抽象,但是,犯因性差异理论及其在犯罪人改造中的应用,不仅有抽象的原则性的内容,更有如何改造犯罪人甚至如何管理监狱的具体内容。

二、犯因性差异理论与教育刑论

教育刑论又称为"教育刑主义""目的刑主义",[①]是西方刑法理论中关于刑罚的一种学说。这种学说的核心思想认为,刑罚本身并不是纯粹要惩罚犯罪人,并不是要进行本能的、原始的同害报复或者等值报应,而是另有目的,那就是要教育犯罪人和保护社会。教育刑论的主要代表人物有德国刑法学家弗兰茨·冯·李斯特(Franz von Liszt,1851—1919)和日本刑法学家牧野英一等人。

犯因性差异理论与教育刑论既有联系又有区别。它们之间的联系表现为:首先,在犯罪原因方面都持决定论的立场,都认为犯罪是由多种因素或者缺陷等引起的。其次,在处置犯罪人方面,都主张要根据犯罪人的具体情况实行区别对待。

但是,犯因性差异理论和教育刑论有明显的区别。首先,它们的论述重点不同。犯因性差异理论在犯罪原因和犯罪人处置(特别是犯罪人改造)方面都有详细的论述,而教育刑论虽然也涉及犯罪原因问题,但是,它主要是一种如何处置犯罪人的理论。其次,它们的学科性质不同。教育刑论主要是一种刑法学理论,其主要作用是为人们正确理解和适用刑罚提供理论基础,而犯因性差异

[①] 陈兴良:《教育刑主义》,杨春洗、高铭暄、马克昌、余叔通主编:《刑事法学大辞书》,南京大学出版社 1990 年版,第 258 页。

理论则是一种犯罪学理论,其主要作用是为人们恰当理解犯罪原因和犯罪人改造提供理论指导。第三,论述的详略程度不同。教育刑论是一种高度概括和抽象的刑法目的学说,除了一些原则性的观点之外,详细的内容并不多。[①] 第四,提出的对策措施不同。教育刑论提出的处置和对待犯罪人的对策措施主要是教育,而犯因性差异理论则提出了包括教育在内的一系列改造措施。

[①] 参见马克昌主编:《近代西方刑法学说史略》,中国检察出版社2004年版,第160—161、283—287页。鲁兰:《牧野英一刑事法思想研究》,中国方正出版社1999年版,第191—210页。

第四章　犯因性差异的维度

人们之间在犯罪方面的差异是由犯因性差异造成的,而犯因性差异有多方面的表现,这些方面的表现就构成了犯因性差异的维度。换言之,犯因性差异的维度就是犯因性差异在不同方面的表现。犯因性差异的维度可以通过一系列具体的犯因性因素体现出来。本章在分类的基础上,论述体现犯因性差异的不同维度以及在不同维度上的各种犯因性因素,为进一步探讨罪犯改造问题奠定基础。

第一节　犯因性环境因素

犯罪学的研究证实,处在不利环境中的人更容易形成不良的心理特征和行为模式,从而也更容易进行犯罪行为。虽然环境既包括社会环境,也包括自然环境,但是,"在犯罪学中特别重视社会环境与人的相互作用。"[1]社会环境对于人们的社会行为的影响作用更大。对于大多数犯罪人来讲,他们所处的社会环境与守法者

---

[1] 〔俄〕阿·伊·道尔戈娃主编:《犯罪学》,赵可等译,群众出版社2000年版,第185页。

有很大的差异,这类差异是导致他们犯罪的重要原因。体现这类差异的下列犯因性环境因素,对犯罪人所起的消极作用尤其明显。

一、不良家庭

不良家庭就是指在家庭气氛、家庭道德状况、家庭结构、家庭经济状况等方面存在缺陷的家庭。犯罪学的研究发现,不良家庭是重要的犯因性环境因素,对于犯罪心理的产生和犯罪行为的实施,都起着重要的作用。苏联的调查发现,在所调查的被判刑少年中,25%以上的家长经常酗酒,26.5%的家长对待孩子态度不好,几乎有15%的家庭成员有前科;在因寄生生活方式被判刑的人当中,29%是在不和睦的家庭长大的;有80%的犯罪行为与无人管教有关;几乎3/4被判刑的青少年没有得到家长应有的监督。[①]

不良家庭的犯因性作用是多方面的。首先,亲子之间的相互作用和整个气氛,对于家庭成员有重要的影响。良好的父母管教和亲子关系,是家庭成员特别是儿童少年健康成长的最重要因素之一,这对于子女健康的心理特征和良好的行为方式的形成,起着十分重要的作用。反之,不良的父母管教(包括父母之间或者前后不一致的管教、使用严重暴力等不恰当的管教方式虐待子女、漠视子女、缺乏监督、溺爱和放纵子女)和不良的亲子关系(子女对父母没有感情依恋、父母子女之间充满矛盾和对抗),则是犯因性家庭因素(参见专栏4-1)。犯罪学研究发现,"许多不同类型的子女

---

① 〔苏联〕B. H. 库德里亚夫采夫:《违法行为的原因》,韦政强译,群众出版社1982年版,第237—238页。

养育方法;可以预示儿童的少年犯罪。最重要的儿童养育方面包括对子女的监督或者监视、管教或者父母强化感情关系的冷暖、父母参与儿童的活动。"①

专栏 4-1:宁让警察来抓　不回暴力之家②

一名十五岁的少年偷了一辆自行车,主动打"110"让警察来抓他进看守所,原因竟然是他经常挨父亲打而不愿意回家。

记者从石家庄市公安局了解到,2003 年 8 月 10 日晚,石家庄市"110"指挥中心接到一个奇怪的报警电话:"我偷了辆自行车,请你们来抓我吧。我宁愿住在监狱里,也不想回那个破家。"民警迅速赶到报警地点后果然发现一名十五岁的男孩和一辆偷来的自行车。

据这名少年对民警说,他是一名中学生,由于学习不太好,又喜欢到网吧上网,每次考试成绩不好都要挨父亲打。这次一赌气从家里跑出来已经二十多天了,身上没钱就偷自行车换钱花,到目前为止一共偷了四辆,每辆以十元钱的价格卖给收破烂的。有钱就去网吧上网,困了就在大街上露宿。"求你们把我送到监狱去吧,千万别告诉我的父母,打死我也不愿意见到他们。"

这个少年的父亲说,他家的各方面条件都很好,就是孩子不好好学习,学校三番五次找家长,先后转了三次学,一点效果也没有。他也承认自己有时的教育方法确实欠妥,管理方式简单,老想着棍棒之下出孝子。

---

① David P. Farrington, "Developmental Criminology," in Mike Maguire, Rod Morgan & Robert Reiner (eds.), *The Oxford Handbook of Criminology*, 3rd ed. (Oxford: Oxford University Press, 2002), pp. 672-673.

② 《齐鲁晚报》2003 年 8 月 27 日。

其次,家庭道德状况对犯罪行为具有重要的影响。家庭成员的不道德行为、犯罪行为等,往往成为其他成员仿效的对象,对其他成员的心理和行为,都会产生很大的犯因性作用。在一些特殊情况下,家庭成员的不道德行为,甚至有可能直接促成其成员的犯罪行为。"犯罪的和反社会的父母往往有违法犯罪的和反社会的子女。"[1]例如,了解很多官员腐败犯罪的案例,往往会发现其家庭成员所起的犯因性作用:这些家庭成员或者鼓励官员受贿,或者帮助官员受贿,甚至假借官员名义索贿从而促进官员迅速陷入犯罪泥潭。又如,家庭成员之间特别是夫妻或者类似家庭成员之间的暴力行为,也往往会使遭受暴力侵害者从被害人变成犯罪人,为了摆脱家庭暴力而进行犯罪行为。

再次,家庭结构残缺也是重要的犯因性因素。研究发现,由于死亡或者离婚而造成父母一方缺失的破裂家庭,是很多犯罪人所具有的背景因素,"破裂家庭(尤其是由于父母离婚造成的破裂家庭)往往被看成是导致犯罪心理和行为的犯因性因素之一。"[2]

第四,家庭道德状况最差的情况,就是家庭成员之间教唆犯罪,甚至家长迫使其他家庭成员进行犯罪行为。在犯罪学历史上,曾经研究过很多犯罪家族,其中的很多犯罪家族应当属于这类情况。[3] 即使到了今天,家庭中一些人教唆或者迫使其他家庭成员进

---

[1] David P. Farrington, "Developmental Criminology," in Mike Maguire, Rod Morgan & Robert Reiner (eds.), *The Oxford Handbook of Criminology*, 3rd ed. (Oxford: Oxford University Press, 2002), p.670.

[2] 王牧主编:《新犯罪学》(第三版),高等教育出版社2016年版,第101页。

[3] 参见吴宗宪:《西方犯罪学史》(第二版),中国人民公安大学出版社2010年版,第659—666页。

行犯罪行为的案例仍有发生,使家庭也变成了尔虞我诈的肮脏场所。

最后,家庭经济状况差也具有犯因性作用。经济收入少所导致的家庭贫困,是犯罪的重要因素。美国犯罪学家格卢克夫妇对500名少年犯罪人和500名非犯罪少年的调查发现,"少年犯罪人的家庭显然比非犯罪少年的家庭更需要经济支持。"①

二、不利的学校环境

犯罪学研究发现,学校风气不良,是重要的犯因性因素。对于儿童少年来讲,由于学校对他们的影响超过了家庭,因此,学校不良风气的犯因性作用,也往往超过家庭。学校风气不良是指学校中的人际关系、学习气氛和纪律状况不符合一般的社会期望和道德要求的现象。② 学校风气不良会对学生产生多方面的影响。首先,影响学业成绩,给青少年未来的发展造成无法挽救的障碍。受教育方面的失败,是个人一生中最大的失败,这种失败对于个人的犯罪行为具有重要的犯因性作用。其次,影响师生关系,严重妨碍学生对学校依恋的形成和发展,使学生变得不喜欢甚至厌恶学校和教师,这会大大减弱学校和教师对于学生的积极影响力。犯罪学家特拉维斯·赫希(Travis Hirschi)的研究发现,"不喜欢学校是少年犯罪动机的一种来源。少年犯罪是缓解不愉快的学校经历所

---

① Sheldon Glueck & Eleanor T. Glueck, *Unraveling Juvenile Delinquency* (New York: The Commonwealth Fund, 1950), p.85.
② 王牧主编:《新犯罪学》(第三版),高等教育出版社2016年版,第102页。

引起的挫折感的一种手段。"①英国1979年发表的最著名的一项关于学校与犯罪关系的调查发现,与少年犯罪有关的主要学校因素,是教师在班级中的惩罚多于赞扬。② 再次,影响学生的价值观等道德信念和社会交往,使学生很容易形成不符合社会标准的价值观,很容易和具有不良习气的校内外人员交往。所有这些都具有犯因性作用。正如犯罪学家威尔逊(Jamse Q. Wilson)等所指出的:"几乎所有的调查都认为,在学校中遇到困难,包括学业成绩差、有不良行为的青少年,比其他青少年更有可能成为少年犯罪人和成年犯罪人。"③美国犯罪学家唐·戈特弗里德森(Don M. Gottfredson, 1981)指出:"长期以来——从1936年到今天——进行的大量研究发现,在学校表现(学业成绩、教育测验或者对学校的喜爱)与少年犯罪之间,存在着消极联系。"④而且,在学校中有逃课、袭击老师或者损坏学校财物等不良行为的学生,比其他学生更有可能辍学和变成少年犯罪人。⑤

此外,还会有一些不良教师直接诱导或者组织学生进行犯罪

---

① 〔美〕特拉维斯·赫希:《少年犯罪原因探讨》,吴宗宪等译,中国国际广播出版社1997年版,第105页。

② David P. Farrington, "Developmental Criminology," in Mike Maguire, Rod Morgan & Robert Reiner (eds.), *The Oxford Handbook of Criminology*, 3rd ed. (Oxford: Oxford University Press, 2002), p.678.

③ James Q. Wilson & Richard J. Herrnstein, *Crime and Human Nature: The Definitive Study of the Causes of Crime* (New York: Simon & Schuster, Inc., 1985), p.266.

④ Don M. Gottfredson, "Schooling and Delinquency," in S. E. Martin, L. B. Sechrest & R. Redner (eds.), *New Directions in the Rehabilitation of Criminal Offenders* (Washington, D C: National Academy Press, 1981), p.436.

⑤ Ibid., pp.441-442.

行为的情况。

三、不良交往与犯罪亚文化

不良交往是指个人与道德品质差甚至进行违法犯罪行为的人进行的交往。个人与具有不良观念、嗜好和行为的人进行交往,很容易在交往过程中受到不良影响,从而产生与对方类似的不良观念、嗜好和行为。犯罪学家埃德温·萨瑟兰等人在著名的不同交往理论中指出,犯罪行为是在交往过程中通过与他人的相互作用而习得的。这种交往在许多方面是言语性的,但是也包括"手势交往"(communication of gestures)。对犯罪行为学习的主要部分发生在亲密人的群体中。犯罪行为的学习主要包括两项内容:一是犯罪的技术;二是动机、内驱力、合理化和态度的特定方向。[①] 犯罪学家格卢克夫妇认为,包括成为帮伙成员、与少年犯罪人密切交往在内的反社会交往,是少年犯罪人与守法少年有明显差异的特征。[②] 国内学者也认为:"在犯罪者特别是青少年犯罪者中,绝大多数人之所以走上犯罪道路,都是从不良的交往和模仿开始的。"[③]一些案例证实了这种观点(参见专栏4-2)。

[①] 参见吴宗宪:《西方犯罪学》(第二版),法律出版社1999年版,第300—301页。

[②] D. A. Andrew & James Bonta, *The Psychology of Criminal Conduct* (Cincinnati, OH: Anderson Publishing Co., 1994), p.81.

[③] 刘邦惠主编:《犯罪心理学》,科学出版社2004年版,第82页。

专栏 4-2：不良交往导致伤害案[①]

> 2004年4月16日晚10时许，安徽省太和县太和中学高三年级学生赵某晚自习后，到学校南侧一面馆吃面，他刚端起碗，忽然闯进来五六个学生，举起了一尺多长的钢刀往他身上猛砍。赵某被砍中五刀，其中头部创口达10.5cm，伤及骨膜。
>
> 赵某平时在学校里品学兼优，多次被评为优秀班长，也没有与人发生过矛盾。即将参加高考的他，却意外地在一阵乱刀下身受重伤。是什么人对这样一个优秀班长下如此毒手呢？
>
> 太和县警方在事发后布控抓获三名嫌疑人，他们都是太和县一职业中学的学生，最大的19岁，最小的才16岁。警方在进一步审讯此案时，又抓捕了这起案件的组织者李某。年仅17岁的李某与被害人赵某是同校、同年级的同学。还有三名在逃的犯罪嫌疑人，后来也被警方抓获。
>
> 记者从太和县警方获悉，参与此案的七名学生，已有四人被正式批准逮捕，一人因年纪尚轻被免于刑事处罚，另有两人受到治安拘留。
>
> 据这些犯罪嫌疑人交代，他们因学习成绩不好，整日游手好闲，在一些社会小混混的怂恿下，想加入一帮会组织，但前提是必须砍伤人后方可加入。事发当晚，他们砍伤赵某后，又连伤了两人。

不良交往在程度方面有很大的差异。深入的、经常性的交往可能会形成相对固定的人群。这些人群往往有自己的一套价值观和行为模式，它们就构成通常所说的"亚文化"。亚文化（subculture）是指在一个社会的某些群体中存在的不同于主文化的

[①] http://www.legaldaily.com.cn/zbzk/wc/fzwcj1020/fwa/ywya2.htm［2005-2-23］

价值观念和行为模式。① 亚文化中包含的内容往往会引起越轨行为和犯罪行为,因此,人们又从亚文化中区分出了"犯罪亚文化"。犯罪亚文化(criminal subculture)是指与违法犯罪活动密切联系的一套价值观念和行为模式。犯罪亚文化主要存在于犯罪发生率很高的地区,尤其是在少年犯罪帮伙中,更有一套完整的犯罪亚文化,其内容包括对犯罪的赞赏态度,将犯罪活动合理化(或中立化)的技术,进行违法犯罪活动所必需的知识和技能,处理赃物的方法,物色犯罪目标的能力,逃避司法机关侦查与惩罚的手段,寻找犯罪同伙的方法等。② 因此,犯罪亚文化是青少年走上违法犯罪道路的一种不可忽视的犯因性环境因素。

四、犯罪高发邻里

邻里(neighborhood)是指地缘相邻并构成互动关系的初级群体。居住在同一邻里的人们不仅住地毗连,而且相互有显著的认同感和情感联系,这样的人群就构成邻里。邻里是一个比社区还小的概念,居住和生活在同一邻里的人们之间的联系和相互作用,比社区成员更为密切。犯罪学家们很早就开始关注邻里与犯罪的关系。20世纪20年代开始的美国芝加哥生态学派的研究,就对邻里与犯罪的关系进行了长期、广泛和深入的研究。他们在研究中证实了"少年犯罪区"(delinquency area)的存在。所谓"少年犯罪

---

① 英文中的 subculture 一词也指奉行不同于主文化的价值观念和行为模式的人群或者社会群体,在这种意义上,可以将 subculture 一词翻译为"亚文化群"。
② 参见王牧主编:《新犯罪学》(第三版),高等教育出版社 2016 年版,第 102—103 页。

区",就是城市中存在的一些少年犯罪率很高的区域。他们的研究发现,从自然状况看,少年犯罪率最高的邻里位于重工业区或商业区内,或者与其毗邻的区域;从经济状况来看,经济状况最差的地区的少年犯罪率最高;从人口构成来看,少年犯罪率最高的区域一直与国外出生的父母和黑人家长的高度集中有关。① 不仅如此,少年犯罪区的犯因性社会文化、传统、行为方式、特定行为机会、环境等因素似乎具有"遗传性"或者"文化传递"(cultural transmission)②现象,尽管这种区域的人口不断地变化着,但是,该区域的特定文化似乎是稳定不变的;不管原来是什么人,只要迁移到这种区域,很多人都会在该区域特有的犯因性社会文化等因素的影响下进行犯罪行为,所以,该区域的犯罪率是稳定的。由此可见,犯罪率总是很高的那些犯罪高发邻里(high-crime neighborhood),本身就是重要的犯因性环境因素,这种邻里中存在的大量犯因性因素,会对犯罪行为的产生和犯罪行为的实施,起到重要的推动和促进作用。

五、不力的执法状况

执法状况是指国家司法人员执行法律的效率、公正和科学化程度。

执法状况的好坏,可以用多种指标进行衡量。首先,可以用执

---

① 参见吴宗宪:《西方犯罪学史》(第二版),中国人民公安大学出版社2010年版,第1016—1018页。
② Larry J. Siegel, *Criminology: Theories, Patterns, and Typologies*, 8th ed. (Belmont, CA: Wadsworth/Thomson Learning, 2004), p. 183.

法水平来衡量。执法水平高,就意味着高效、公正、科学地执行了法律;执法水平低,则意味着执法工作中缺乏效率,存在执法不公问题,执法的方法等不合理。其次,也可以用犯罪状况来衡量。犯罪状况是指某一国家或地区在一定时期内的犯罪发生情况。犯罪状况可以用犯罪案件数量、犯罪率、犯罪人在居民总数中的比例等来表示。

执法状况的好坏对于犯罪活动的状况有重要的影响。根据犯罪的社会控制理论,犯罪行为是社会控制薄弱的结果;社会控制有力,犯罪就会减少,而社会控制降低,犯罪就会增加。执法部门作为最有力的社会控制力量,他们的活动水平对于犯罪状况的变化,具有很大的影响力。执法水平的增强,可以有效地抑制人们的犯罪欲望,从而会引起犯罪率的下降。相反,执法水平的降低,会产生犯因性作用,包括在客观上会使犯罪人放纵欲望和降低对于刑罚的畏惧心理,从而会引起犯罪的不断增加和犯罪行为的恶性化发展。

六、犯因性物质的情况

犯因性物质(criminogenic substance)是指可能引起和助长犯罪心理与犯罪行为的物质。经常提到的犯因性物质包括武器、毒品或精神药物、酒精等。[①] 社会环境中犯因性物质的存在、流行和供给等情况,往往具有犯因性作用,会助长犯罪行为的发生。

武器是指能够杀死和伤害他人的器械,包括刀具、枪支等。研

---

① 王牧主编:《新犯罪学》(第三版),高等教育出版社2016年版,第104页。

究发现,确实存在着一种武器效应(weapon effect),即武器的存在会增加人们使用武器进行攻击性行为的倾向。如果人们在看到武器之前体验到消极情绪的话,武器效应更为明显。[1] 因此,容易接触武器的人,更有可能犯罪。

毒品是社会上对自愿、非法使用的精神药物的称呼。在社会中,除了制毒、贩毒构成犯罪之外,毒品还会通过两种方式引起犯罪行为:一是吸毒成瘾之后,为了满足毒瘾而进行抢劫、盗窃等犯罪行为;二是非法使用毒品后产生的异常精神状态容易引起犯罪行为(参见专栏4-3)。

专栏4-3:吸毒引起的异常精神状态引发犯罪案例[2]

> 2005年8月9日17时许,在广州市荔湾区荔湾路一家公寓里,发生了一名女子在吸食冰毒产生幻觉后竟放火烧屋,还阻止他人救火的案件。当该公寓发生火灾时,周围群众急忙赶去灭火,而租住该公寓的唐滋雅竟挡在门口,不让他人救火,还在那里威胁道:"谁救火我就跟谁拼命!"直到消防人员赶到,才制服该女子并将大火扑灭。通过调查及鉴定发现,这场火居然是唐滋雅用打火机放的。当时,她自己吸食冰毒后神志不清出现幻觉,然后在公寓内放火,并阻止他人救火。法院审理认为,唐滋雅故意放火焚烧公共财物,危害公共安全,虽未造成严重后果,但其行为已触犯刑律,构成放火罪,应依法予以惩处;鉴于她认罪态度较好,可酌情从轻处罚,遂以其犯放火罪判处有期徒刑三年。

---

[1] Curt R. Bartol, *Criminal Behavior: A Psychosocial Approach*, 6th ed. (Upper Saddle River, NJ: Prentice Hall, 2002), pp.186-187.
[2] 《法制文萃报》2006年3月13日第11版。

人们在日常生活中饮用的酒精饮料,是一种重要的犯因性因素。美国犯罪学家詹姆斯·威尔逊(James Q. Wilson)和心理学家理查德·赫恩斯坦(Richard J. Herrnstein)指出:"人们认为对犯罪和攻击行为有直接效果的、最经常使用的毒品,就是酒精。还有许多其他的毒品可能也有这样的效果,但是,其证据是不完全的。……酒精是另外一种情况。酒精与犯罪之间的统计关联是极端显著的。"①美国的一项全国范围的调查发现,酒精比其他任何毒品与暴力和攻击的关系都要紧密。② 犯罪学的研究也发现,饮用酒精饮料会产生一种"酒精近视"(alcohol myopia)现象,即限制人们注意到直接线索的能力,降低了抽象思维能力,③从而影响个人认识事物和作出判断的准确性,使个人在面临危险情况时难以作出正确的判断和进行恰当的行为,这会引起很多事故性犯罪(交通肇事等)和其他类型的犯罪行为(约会强奸等)的发生。同时,饮用酒精饮料也会削弱个人的道德抑制作用,增加个人进行冒险行为的胆量。所以,无节制饮酒的人更有可能进行犯罪行为。此外,大量饮酒造成的酒精依赖也会导致犯罪行为的发生(参见专栏4-4)。苏联的研究发现,"无论是成年违法者,还是未成年违法者,都经常喝酒,这往往导致提出不正当的需要压倒其他的兴趣。已查明,在小偷当中,58%的人嗜酒;在抢劫犯中,67%的人嗜酒;在杀人犯中,74%的人嗜酒;在流氓中,84%的

---

① James Q. Wilson & Richard J. Herrnstein, *Crime and Human Nature: The Definitive Study of the Causes of Crime* (New York: Simon & Schuster, 1985), p.356.

② 〔美〕乔斯·阿什福德、克雷格·温斯顿·雷克劳尔和凯西·L.洛蒂:《人类行为与社会环境:生物学、心理学与社会学视角》(第二版),王宏亮等译,中国人民大学出版社2005年版,第564页。

③ 〔美〕乔纳森·布朗:《自我》,陈浩莺等译,人民邮电出版社2005年版,第134页。

人嗜酒。"①

专栏4-4：酒精依赖导致杀人案②

2003年8月19日，在辽宁省大连市沙河口区某居住区的一栋普通楼房里，发生了一起杀人案件。这家的女主人及其女伴被人杀死在家中。警方调查发现，两位死者均系舞女。被害人的手机、少量金银首饰被洗劫，凶手在现场留下半盒吉庆烟，并且在一名死者身上留有精液。从杀人手法看，凶手是个十分凶残的杀人狂魔，而且身体强壮；从对作案现场痕迹处理上看，狂魔具有一定的反侦查能力。

2003年11月26日，又有一名女性被人杀死在了自己的床上。警方经过现场勘查认定，此案与"8·19"案系同一歹徒所为。

经过多方努力，最后侦破案件，发现犯罪人是一名叫孙玉涛的男子，该人36岁，吉林省舒兰市水曲柳镇人，两年前从老家到大连来打工。孙玉涛特别喜欢喝酒，也特别能喝酒，被称之为"酒蒙子"，他每天至少要喝一斤白酒、六瓶啤酒。他可以一天不吃饭，但不可以一天不喝酒，正常情况下他每天要喝三顿酒，他喝酒像正常人吃饭一样平平常常。

这个人平时打工挣来的钱几乎全部用来买酒喝。以前活儿好找时，打零工挣钱还够自己喝酒，可活儿越来越不好干，酒钱频频告急。怎么办？他想到了偷，可自己人高马大，目标太明显，偷显然不合适；他又想到了抢，他觉得自己有的是力气，抢比较适合。想来想去，他觉得抢舞女最安全：一来可以以嫖客之名到舞女家，二来可以在神不知鬼不觉的情况下结束战斗。于是，在酒瘾难忍的情况下，物色并杀死三名舞女，杀人劫财买酒喝。

---

① 〔苏联〕B. H. 库德里亚夫采夫：《违法行为的原因》，韦政强译，群众出版社1982年版，第202页。

② 《辽宁法制报》2004年1月5日。

> 当他被抓获接受审讯时,还乞求地问审讯他的侦查员能不能给他弄点酒喝。

七、不良工作环境

对于已经参加工作和从事特定职业的成年人而言,不良的工作环境也会引起他们的犯罪行为。工作环境中的人际关系和社会心理气氛,工作环境中领导人员的风格和管理方式,同事们的道德观念和遵守法纪状况,工作单位在业务活动中的守法状况等,都会对其中的个人产生显著的影响。如果这些方面的因素都具有犯因性作用,那么,在群体压力和组织迫使下,其中的成员很容易进行违法犯罪活动,从而很容易引起工作单位内成员的犯罪高发现象:在某些单位内,很多人都同时或者前后相继地进行犯罪行为,变成了罪犯(参见专栏4-5)。自中国实行社会主义市场经济以后,不良工作环境的犯因性作用似乎得到更加明显的发挥,结果产生大量法人犯罪、单位犯罪和犯罪高发单位内大量的多人集体犯罪案件。在1997年修订的《中华人民共和国刑法》中新增"单位犯罪"一节(刑法第二章第四节)的事实,从一个侧面证实了这类犯罪的大量增加和不良工作环境的犯因性作用。犯罪学中对于法人犯罪、公司犯罪以及白领犯罪等的大量研究中,都包含了不良工作环境引发犯罪的内容。

专栏4-5:"四好班子"竟是一窝蛀虫案①

2002年3月初,四川省泸州市检察院接到一封举报信,反映川南矿区建筑安装公司下属一个工程队的负责人虚开假方单套取现金50万元,并伙同矿区建筑安装公司经理韩永柱、党委书记苏武兴等人将钱私分的问题。

韩、苏二人在当地口碑颇佳,他俩2002年都是49岁。据反映:韩永柱平时吃穿俭朴,出差在外总是住便宜的旅店,从不大吃大喝,也从不到娱乐场所"潇洒"。苏武兴给人们的印象是正派、和蔼、顾全大局。在他的协调下,川南矿区建筑安装公司的领导班子比较团结,该公司在全矿区经济不景气的情况下连续几年实现盈利。为此,韩、苏二人先后被矿区评为劳动模范。2002年该公司的领导班子又被矿区评为"四好班子"。举报信反映的问题虽与事实有出入,但是开假方单和私分公款一事有韩、苏二人参与却是有根有据。此外,韩、苏二人同时还涉及其他经济问题。令人惊讶的是,韩、苏二人领导的公司仅有六十多人,但小金库却有数十个,有的亲信手中甚至掌握着不同项目的小金库十多个。办案人员还了解到,在小金库问题上,韩、苏二人非常"团结"且配合默契,简直到了心领神会的地步。

在办案过程中进行的突击搜查活动,使办案人员在苏武兴家搜出了近六十万元的存款。这些钱款中,包括苏武兴利用自己在某些工程分包中的权力,为分包人谋利,先后16次收受贿赂共计21万元;他利用自己对下属工程队人员、费用等的决策权,收受下属单位的"节约奖""机具出租返还奖""野外补助奖"等15万元。为争取立功,减轻处罚,苏武兴还检举揭发了自己知道的其他人员的有关经济问题。

---

① http://www.legaldaily.com.cn/zbzk/wc/fzwcj880/fwa/tt.htm[2005-1-18]

同时,在韩永柱家中等地方搜出的赃款合计达230万元,这其中的100万元连韩永柱自己也说不清来源。

上梁不正下梁歪。建筑安装公司的下属企业金城公司经理何迎春伙同副经理林安智采取虚增成本的手段,从公司账上套出480万元资金存入小金库,除上交各项费用和发放奖金外,何还以各种名目提走现金200万元占为己有,林安智则分得现金45万元。为"堵"住财会人员的嘴,何、林二人又分别给会计、出纳等每人1万元。

建筑安装公司的另一下属企业金属结构厂厂长康鑫、书记许波,以上级建筑安装公司有文件规定盈利该得奖为由,找建筑安装公司财务主任廖某商量"开假方单弄钱"。为图私利,财务主任让他俩报销了11万元的假方单,康、许二人各分得5万元,财务主任得感谢费8000元、出纳员分得2000元。康、许二人还乘隙将收回的14万元贷款私分。

建筑安装公司的财务人员见公司主要领导韩永柱、苏武兴等人都在捞钱,也纷纷在报账、做账过程中做了手脚,连公司纪委书记也成了韩、苏等人的同谋,用公款购买了一台电脑拿回家私用。这些效仿"上梁"的违法行为,也被反贪局的检察官们一一查获。

泸州市检察院查处的这起贪污贿赂窝案,使该公司的13名工作人员落入法网,共追缴赃款赃物总计人民币七百余万元。

这些罪犯受到了不同的刑罚制裁。

八、不良的大众传媒报道

大众传媒即大众传播媒介,是指传送视听信息的非私人性传播工具,主要包括电视、报纸、收音机、电影、书籍、杂志、广告以及其他面向社会公众的信息载体。① 随着人类进入电子时代,电子传媒对于人们的影响越来越大,传统的平面媒体的影响力似乎正在逐步缩小。研究发现,在当今社会中,电视和电脑网络可能是对人们的影响力最大的大众传媒。大众传媒中的不适当报道,特别是渲染暴力、色情和犯罪的报道,具有很强的犯因性作用。甚至有学者提出了"媒体制造犯罪"的观点。② 尤其是对于缺乏社会经验和理性判断能力、自我控制能力较差的青少年来说,不良的大众传媒报道的犯因性作用更为明显(参见专栏4-6)。

专栏4-6:模仿录像情节　15岁少年抢劫杀人③

> 　　看了录像后,15岁的司小虎(化名)和同学为电影录像片中的杀人、抢劫情节所刺激,竟决定找个人"实验实验",致使一位无辜老人冤死家中。日前,安徽省宿松县公安部门将几名少年犯捉拿归案。
> 　　初中二年级时就辍学在家的司小虎,在社会上结交了一些坏朋友。2004年5月初,他与曾是同校学生的林志敏和社会青年叶冲一起在县城一家录像厅中观看了一部香港录像片,被片中的杀人、抢劫的刺激情节所感染,于是三人商议着合伙抢劫。
> 　　2004年5月8日深夜,他们潜入宿松县千岭乡汪岭村司家庆的家中,持刀抢得现金400多元。11月2日晚,司小虎独自又窜到被害人司家庆的小商店撬窗入室时,被司家庆发现,司小虎

---

① 王牧主编:《新犯罪学》(第三版),高等教育出版社2016年版,第103页。
② Robert Reiner, "Median Made Criminality: The Representation of Crime in the Mass Media," in Mike Maguire, Rod Morgan & Robert Reiner (eds.), *The Oxford Handbook of Criminology*, 3rd ed. (Oxford: Oxford University Press, 2002), pp.376-416.
③ 《北京晚报》2004年11月23日第34版。

用刀将司家庆刺倒后逃跑。11月3日21时许,司家庆在医院抢救无效死亡。

犯罪学、社会心理学等学科的研究发现,媒体中展示的暴力、色情、犯罪等内容,都具有犯因性作用。首先,媒体暴力使人们富有攻击性。① 美国心理学家艾伯特·班都拉的研究表明,电视中的暴力对观众至少产生四种效果:(1)它教给攻击行为的方式;(2)它改变对攻击行为的内在遏制;(3)它使人们对暴力失去敏感性而变得习以为常起来;(4)它向人们提供了一种充满暴力的现实生活形象,使人们以为在现实生活中充满了暴力。② 在这种情况下,人们更容易进行暴力行为,其中的一部分就构成了暴力犯罪。

其次,媒体中对于色情特别是暴力性色情的报道,也具有增加类似行为的作用。媒体中的暴力性色情,不仅教给人们进行类似行为的方式,还会损害人们的心理和感情,使人们感到进行这类行为不会受到谴责和良心不安,逐渐对这类行为变得习以为常,遇到相关的情境就可能会通过暴力行为满足性欲望。"暴力色情提高了对妇女施暴的可接受性,也使人们易于接受强奸犯的狡辩:妇女都渴望受到性骚扰。……性暴力要比没有暴力成分的性活动能引发更多的针对妇女的施暴行为。"③

---

① 〔美〕泰勒等(S. E. Taylor, A. A. Peplau & D. O. Sears):《社会心理学》(第十版),谢晓非等译,北京大学出版社2005年版,第432页。
② Hans Toch (ed.), *Psychology of Crime and Criminal Justice* (Prospect Heights, IL: Waveland Press, 1986), p. 204.
③ 〔美〕A. 班都拉:《思想和行动的社会基础——社会认知论》(上册),林颖等译,华东师范大学出版社2001年版,第413—414页。

再次,媒体中对于犯罪案件的不当报道,也会引发更多的犯罪行为。班都拉提出的上述电视暴力影响人们的机制,也适合于解释媒体中对于犯罪案件的不当报道。这类报道也通过类似的机制引起和增加社会中的犯罪行为。① 班都拉的研究发现,媒体中所宣传的暴力不仅会加重暴力行为的程度,还会引发暴力行为简短而迅速的上升,这种高峰期一般为3—4天。② 实际上,法国犯罪学家加布里埃尔·塔尔德(Gabriel Tarde,1843—1904)早就提出了犯罪的模仿规律,认为可以通过模仿这种方式学习犯罪,③而所模仿的犯罪行为的信息,很多就是从报纸等媒体报道中获得的。

九、经济不平等

经济不平等(economic inequality)是指人们之间在经济生活中存在的相互差别。在很多情况下,经济不平等往往通过收入不平等(income inequality)或者收入差距(income disparity)体现出来。在犯罪学研究中,社会经济地位与犯罪行为的关系,已经成为研究的重点领域之一。犯罪学中的紧张理论(strain theory)深入探讨了这个问题。根据紧张理论,犯罪是人们所具有的成功目标与人们

---

① Albert Bandura, "The Social Learning Perspective: Mechanisms of Aggression," in Hans Toch (ed.), *Psychology of Crime and Criminal Justice* (Prospect Heights, IL: Waveland Press, 1986), p.204.
② [美]A.班都拉:《思想和行动的社会基础——社会认知论》(上册),林颖等译,华东师范大学出版社2001年版,第245页。
③ 参见吴宗宪:《西方犯罪学史》(第二版),中国人民公安大学出版社2010年版,第616页。

可用来实现这些目标的合法手段之间发生冲突的结果。在一个社会中,尽管社会各个阶层所具有的成功目标都是类似的,例如,金钱、地位、权力、声望等,但是,不同阶层的人们能够用来实现这些目标的合法手段有很大的差别。经济上占优势地位的人们,可以比较容易地实现这些目标;而经济贫穷的人们(即所谓的"下层阶级")则缺乏实现这些目标的合法手段或者资源,因此,他们就会产生紧张,包括感到愤怒、体验到挫折感和怨恨等。一些不甘心忍受贫穷的下层阶级成员,就会用非法的手段(盗窃、诈骗、暴力行为、贩卖毒品等)实现成功目标,这样,就会产生大量犯罪。国外的研究表明,"在收入不平等最大的地区,犯罪率更高。……在大多数研究中,收入不平等的增加,伴随着犯罪率的增加,暴力犯罪尤其如此。"[1]因此,经济不平等及其伴随的消极心理现象,具有犯因性作用。

不仅人们之间客观存在的经济不平等会引发犯罪行为,而且,人们心理上感受到的相对贫困感也会引发犯罪行为。在很多情况下,这种相对贫困感的犯因性作用可能更为明显。这是因为,社会中的经济不平等是普遍存在的现象,如果个人能够恰当看待这类现象,就不会引起犯罪行为。但是,如果不能恰当看待这类现象,就很有可能引发犯罪行为。而且,由于相对贫困感主要是一种心理现象,与个人的实际经济状况并没有必然的联系,因此,相对贫困感即使在个人的经济条件已经很好的情况下也会产生。

---

[1] Lee Ellis & Anthony Walsh, *Criminology: A Global Perspective* (Boston, MA: Allyn and Bacon, 2000), p.163.

十、有害的社会风气

人们总是生活在一定的社会环境之中,社会环境中存在的社会风气对于人们有很大的影响。所谓社会风气,就是在一定时期和社会范围内人们竞相仿效和流行的观念、爱好、习惯、传统或者行为的总称。社会风气是社会经济、政治、文化和道德等状况的综合反映,是人们精神面貌的重要表现,能够极大地推动或者阻碍社会的进步,甚至对于人们的身心健康、社会安危、民族兴衰等,都有直接影响。良好的社会风气可以使人们精神振奋、情绪乐观、积极进取、道德高尚和勤劳努力;反之,有害的社会风气则会使人们精神涣散、情绪郁闷、消极颓废、道德堕落和懒散萎靡。这类有害的社会风气具有明显的犯因性作用,会促成大量违法犯罪行为的产生。

第二节 犯因性个人因素

一、犯因性生理因素

犯罪人与守法者在生理方面的差异,大多数是遗传而来的先天性差异,因此,也可以说是遗传差异。这些具有犯因性作用的遗传差异,通过具体的生理因素体现出来,它们构成了犯因性生理因素。

（一）生理结构因素

在早期的犯罪学研究中，人们认为，犯罪人与守法者在生理结构方面有差异，并且通过生理解剖发现了这样的差异。例如，在19世纪时，意大利精神病学家、犯罪学家切萨里·龙勃罗梭（Cesare Lombroso，1835—1909）相信，罪犯的脑部结构与普通人不同。他在解剖一个臭名昭著的惯犯维莱拉的尸体时，发现这名罪犯脑部有一个明显的凹陷，他称为"中央枕骨窝"（median occipital fossa）；还发现其附近的小脑蚓部肥大（发育过度），而这两种特征都是众所周知的低等灵长目动物，例如类人猿的特征。因此，龙勃罗梭提出了生来犯罪人学说，认为犯罪人就是由于隔代遗传的作用而出生在文明社会的野蛮人，他们的犯罪是与生俱来的。[1] 显然，在龙勃罗梭看来，这些生理解剖因素具有犯因性作用，是一类犯因性生理解剖因素。不过，后来的文献中没有见到类似的研究结果。

进入20世纪后，人们继续研究犯罪人与守法者在生理结构上的差异，发现了一些在犯罪人身上更为常见的生理结构。例如，英国犯罪学家查尔斯·巴克曼·格林（Charles Buckman Goring，1870—1919）等人对监狱中的3000名男性累犯进行了深入的犯罪人类学调查，并且和普通人进行对比。他们测定了每个研究对象的37种身体特征和6种心理特征。结果发现，在所测量的37种身体特征中，只有6种身体特征与犯罪类型相关，得出的相关系数在0.15以上。例如，格林等人发现，除了诈骗犯之外，罪犯的身高和体重都比一般人低，罪犯比属于同样职业群体的普通人身高低2

---

[1] 吴宗宪：《西方犯罪学》（第二版），法律出版社2006年版，第103页。

英寸,体重轻 3—7 磅。①

美国人类学家、犯罪学家欧内斯特·艾伯特·胡顿(Earnest Albert Hooton)通过对 17077 人(其中的 3203 人是普通人,其余的人都是罪犯)的人体测量,发现在所测量的 33 个项目中,罪犯和普通人在 19 个项目(57.58%)上有明显差异。"几乎在所有的测量项目上,犯罪人都比市民低劣。"②

由上可见,在这些研究者看来,异常的生理结构具有犯因性作用,是引起犯罪行为的重要原因。

(二) 身体类型因素

一些犯罪学家集中研究体型与犯罪的关系,发现犯罪人更有可能具有某种独特的体型。例如,德国精神病学家、犯罪学家恩斯特·克雷奇默(Ernst Kretschmer, 1888—1964)将人的体型分为四种:瘦长型、健壮型(运动员型)、肥胖型和发育异常型。他对罪犯体型的研究发现,罪犯中体型的分布与普通人类似,即大约 20% 的人是肥胖型,40%—50% 的人是瘦长型和健壮型,5%—10% 的人是发育异常型。不过,罪犯中肥胖型体型的数量略少于普通人。③美国心理学家威廉·谢尔登(William H. Sheldon, 1898—1977)对罪犯的研究,发现了类似的现象。

美国犯罪学家格卢克夫妇在比较研究中,也得出了类似的结论。他们发现,少年犯罪人中具有中胚层体型的人相当多(60.1%),明显多于非犯罪少年或者守法少年(30.7%);某些人

---

① 吴宗宪:《西方犯罪学》(第二版),法律出版社 2006 年版,第 146 页。
② 同上书,第 151 页。
③ 同上书,第 210—211 页。

格特质和社会文化因素与中胚层体型有较高的相关性。"[中胚层体型一般]更有可能具有适合进行攻击行为的特质(身体力量、精力、感觉迟钝、用行动表现紧张和挫折的倾向),这种体型也很难抑制诸如不适当感(feeling of inadequacy)、明显的对权威的服从、情绪不稳定等反社会的冒险性。"①

于西班牙出生的美国临床心理学家胡安·科蒂斯(Juan B. Cortés,1972)等人也通过测量发现,57%的少年犯罪人属于中胚层体型,而非犯罪少年中仅有19%的人属于中胚层体型。②

上述研究表明,中胚层体型或者健壮型体型,是重要的犯因性生理因素。

(三)神经系统因素

神经系统是由体内细胞形成的各种组织与结构的总称。它分为两大部分:一部分是中枢神经系统,由脑和脊髓组成;另一部分是周围神经系统,包括躯体神经系统和自主神经系统。已经进行的犯罪学研究发现,犯罪人在神经系统的特征方面与普通守法者有差异。这些差异主要表现在下列方面:③

1. 犯罪人的中枢神经系统有缺陷

中枢神经系统能够对外界的信息进行分析、加工和储存,并且能够调节学习记忆、注意和思维等高级心理功能及一切重要的生

---

① Sheldon Glueck & Eleanor T. Glueck, *Physique and Delinquency* (New York: Harper, 1956), p.226.
② Juan B. Cortés & Florence M. Gatti, *Delinquency and Crime: An Biopsychosocial Approach* (New York: Seminar Press, 1972), p.30.
③ George B. Vold, Thomas J. Bernard & Jeffrey B. Snipes, *Theoretical Criminology*, 4th ed. (New York: Oxford University Press, 1998), p.323.

命活动。已经进行的犯罪学研究发现,犯罪人的中枢神经系统存在缺陷。例如,早在20世纪60年代,于德国出生的英国著名心理学家汉斯·艾森克(Hans J. Eysenck,1916—1997)就认为,外倾性格的人的自主神经系统有较高水平的抑制特征和较低水平的兴奋特征,他们对外界刺激比较迟钝,刺激作用进入大脑皮层的水平较低,因而不断体验到"刺激饥饿"(stimulus hunger,又译为"刺激缺乏")倾向,总想追求外界刺激,在追求刺激的过程中,容易进行社会所禁止的违法犯罪活动。[1]

在后来的研究中,关于犯罪人中比较明显的中枢神经系统缺陷,人们还提到了额叶或颞叶功能失调。[2] 研究发现,额叶功能障碍(frontal dysfunction)可能是反社会行为和犯罪行为的普遍特征。人们假定,额叶前部皮层的眼眶额叶区(orbitofrontal region)和背侧区(dorsolateral region)的损伤,可能是具有分裂型人格障碍的反社会者或精神病态者特有的特征。也有一些有限的证据表明,暴力行为人和犯罪人的大脑左半球受到损害,特别是大脑左半球的左前颞叶边缘结构(left fronto-temporal-limbic structures)受到损害。成年精神病态者和少年精神病态者在语言处理的单侧化[3]程度受损;一些研究发现,成年犯罪人和少年犯罪人中的左利手现象(left-handedness,又译为"左撇子")较多。精神外科研究成果发现,脑厌

---

[1] 参见吴宗宪:《西方犯罪学史》(第二版),中国人民公安大学出版社2010年版,第758页。

[2] George B. Vold, Thomas J. Bernard & Jeffrey B. Snipes, *Theoretical Criminology*, 4th ed. (New York: Oxford University Press, 1998), p.323.

[3] 单侧化(lateralization)是指大脑两半球功能的分化现象,通常认为成人的语言功能主要由左半球执行;对各种视觉空间和非语言刺激的加工主要由右半球进行。

质颞叶前部的扁桃核(amygdala)对攻击行为具有综合性的抑制作用。

2. 犯罪人的自主神经系统失调

自主神经系统(automatic nervous system)又称为"植物神经系统",包括内脏运动神经和内脏感觉神经。这个神经系统调节应激机制和人体内环境的稳定,调节人的情绪状态和与其相关的生理活动,包括心律、血压、呼吸、肌肉紧张、瞳孔大小、皮肤电活动等。犯罪学的研究发现,对焦虑有异常反应之类的自主神经系统缺陷,是犯罪人与守法者之间的重要差异。[1]

自主神经系统是恐惧反应的主要控制因素,如果个人有很快的自主神经系统反应,那么,在进行犯罪行为之际可能会立即体验到恐惧,这种恐惧会抑制个人进行犯罪行为。但是,如果个人的自主神经系统反应缓慢,那么,在进行犯罪行为之际就不会立即体验到恐惧,恐惧对于犯罪行为的抑制作用也就不可能产生,这样,个人就很容易实施犯罪行为。因此,自主神经系统反应缓慢,是一种犯因性因素。一些研究表明,那些进行犯罪行为的人,往往有比一般人更为缓慢的自主神经系统反应。[2]

(四) 内分泌系统因素

内分泌系统是由内分泌腺构成的系统。内分泌腺是一种没有管道的腺体,包括垂体腺、甲状腺、副甲状腺、胰腺、肾上腺和性腺。内分泌腺所分泌的化学物质称为激素(hormone)或者内分泌素。

---

[1] George B. Vold, Thomas J. Bernard & Jeffrey B. Snipes, *Theoretical Criminology*, 4th ed. (New York: Oxford University Press, 1998), p. 323.

[2] Sue Titus Reid, *Crime and Criminology*, 10th ed. (Boston, MA: McGraw-Hill, 2003), p. 100.

第四章 犯因性差异的维度

犯罪学研究发现,一些内分泌腺分泌功能异常导致的激素分泌异常,是很多犯罪行为产生的重要因素。这些具有犯因性作用的内分泌异常主要如下:

1. 犯罪人的一些神经递质不平衡

神经递质(neurotransmitter)[1]是神经细胞释放出的具有生物活性和药理活性的化学物质。这类物质间能够传递神经细胞的信息或冲动。已经识别出来的神经递质包括乙酰胆碱、去甲肾上腺素、多巴胺和血清类。[2] 神经递质属于内分泌素或者激素。[3] 各种递质不仅对人的感觉、知觉、情绪、学习、记忆等心理活动有影响,而且与中枢神经系统调节和控制的各种技能活动有关,包括睡眠和觉醒、饮水、摄食等。

研究发现,一些神经递质的分泌情况与犯罪行为有关。例如,在研究中发现,犯罪人中的5-羟色胺分泌较少。5-羟色胺(serotonin,又称为"血清素")是一种具有很强血管收缩作用的神经递质,5-羟色胺分泌减少或者活性降低,会导致抑郁症;5-羟色胺分泌过多或者活性过大,会导致偏头痛和恶心等症状。一些研究表明,在实施了暴力性人身犯罪行为的反社会者中,都会发现5-羟色胺分泌减少的现象。[4] 美国国家卫生研究院(National Institute of Health,NIH)关于酗酒会酒精中毒的一项研究表明,有低

---

[1] neurotransmitter 又译为"神经介质""神经传递素"。
[2] 《不列颠百科全书》(国际中文版)第12卷,中国大百科全书出版社1999年版,第84页。
[3] 参见荆其诚、林仲贤主编:《心理学概论》,科学出版社1986年版,第80—81页。
[4] Adrian Raine, *The Psychopathology of Crime: Criminal Behavior as a Clinical Disorder* (San Diego, CA: Academic Press, 1993), p. 289.

水平 5-羟色胺的人易犯冲动罪行,例如谋杀陌生人。①

研究也发现,犯罪人的去甲肾上腺素也分泌较少。去甲肾上腺素(norepinephrine)是一种具有生理活性的物质,具有产生兴奋、欣快情绪的作用,过度兴奋可能导致躁狂与攻击行为。研究表明,只有在情感不稳定和饮酒成瘾的反社会者中,才发现去甲肾上腺素分泌减少的现象。②戴维·马格纳森(David Magnusson)等人在20世纪80年代后期和90年代初期发表的纵向研究成果表明,13岁时肾上腺素排泄少的男孩在后来的发展中,比肾上腺素排泄多的男孩更有可能表现出频繁的犯罪活动;有持续型犯罪生涯的男性在青少年时期都具有高的活动过度和低的生理反应性(低的肾上腺分泌)模式。③

2. 犯罪人的性激素分泌不平衡

性激素是由性腺分泌的激素。其中,主要由睾丸和肾上腺皮质分泌的性激素称为"雄激素"(androgen),包括睾酮(testosterone,又称为"睾丸素""睾丸酮")、雄烯二酮、去氢异雄酮等,雄激素可以促进男性特征的发育。主要由卵巢分泌的性激素称为"雌激素"(estrogen)。不过,睾丸、胎盘和肾上腺也能够分泌雌激素。雌激素主要促进女性特征的发育。

研究表明,男性和女性在雄激素的分泌方面,有显著的差异,

---

① 〔美〕杰里米·里夫金:《生物技术世纪——用基因重塑世界》,付立杰等译,上海科技教育出版社 2000 年版,第 162 页。
② 参见吴宗宪:《国外罪犯心理矫治》,中国轻工业出版社 2004 年版,第 30 页。
③ 〔美〕L. A. 珀文:《人格科学》,周榕等译,华东师范大学出版社 2004 年版,第 201 页。

这种差异是造成男女之间在犯罪方面差异的重要因素：男性犯罪远远多于女性的重要原因，可能就是男性的雄激素分泌多于女性的缘故。大多数研究一致地发现，血液中的睾酮过多与男性中攻击性的增加有联系；这种化学物质的数量与性犯罪人使用暴力的程度有直接的联系。① 同时，研究也发现，在很多犯罪人中，存在着激素分泌不平衡的现象。例如，研究发现，在男性暴力型犯罪人、累犯型性犯罪人中，往往存在睾酮分泌太多的现象。②

睾酮还有可能与其他激素结合起来对暴力犯罪产生犯因性作用。例如，保罗·伯恩哈特（Paul C. Bernhardt）1997 年发表的一项研究表明，男性中的攻击行为可能是睾酮分泌过多与大脑中的神经递质 5-羟色胺分泌过少相结合的产物。他假定，睾酮的真正作用在于产生谋求支配行为（dominance-seeking behavior），而不必然会引起外部的攻击行为。不过，当个人由于无法获得支配权而遭受挫折时，5-羟色胺就会降低挫折的消极心理影响，使人平静下来。然而，大脑中缺乏 5-羟色胺的男性会体验到更加强烈的挫折感，因此，会对挫折情境产生更加暴力型的反应，在睾酮分泌较多时更会如此。③

研究人员也探讨了睾酮对于女性行为的影响。妇女身体结构中具有的睾酮数量大约为男性的 1/10；妇女身体中睾酮数量的微

---

① Frank Schmalleger, *Criminology Today: An Integrative Introduction*, 3rd ed. (Upper Saddle River, NJ: Prentice Hall, 2002), p.150.
② 参见吴宗宪：《西方犯罪学史》（第二版），中国人民公安大学出版社 2010 年版，第 715—717 页。
③ Frank Schmalleger, *Criminology Today: An Integrative Introduction*, 3rd ed. (Upper Saddle River, NJ: Prentice Hall, 2002), p.150.

小变化,可能与她们人格和性行为方面的变化有联系。小詹姆斯·达布斯(James M. Dabbs, Jr.)等人在1997年发表的一项研究发现,监狱内女犯人血液中睾酮分泌多,与她们在监狱中的攻击型支配行为有关。①

研究还发现,妇女性激素分泌的波动,与她们的违法行为有密切关系。例如,已有的研究发现,月经分泌异常是重要的犯因性因素。妇女在来月经之前,会体验到难以形容的紧张和情绪容易激动等症状,被称为"经前综合征"(premenstrual syndrome),这种内分泌异常及其伴随的症状,很容易引起违法行为,导致妇女在经前和月经期间犯罪行为增多。②

(五) 其他犯因性生理因素

1. 脑损伤因素

犯罪学研究发现,犯罪人更有可能遭受脑损伤,也更有可能在怀孕期间或分娩时遇到并发症。这些脑损伤因素具有犯因性作用。意大利犯罪学家班迪尼·迪·图利奥(Benito di Tullio)和菲利普·格利斯皮尼(Filippo Grispigni)在20世纪上半期就曾断言,许多罪犯都有间脑损伤。他们的同胞潘德(N. Pende)在第二届国际犯罪学代表大会上(1950年,巴黎),报告了对76名成年罪犯和30名少年罪犯的大脑进行X光检查的结果。这项研究表明,在45%的成年罪犯和30%的少年罪犯的X光照片中,发现了作为间脑损伤迹象的骨伤。以后的很多研究认为,脑损伤与暴力犯罪有明显

---

① Frank Schmalleger, *Criminology Today: An Integrative Introduction*, 3rd ed. (Upper Saddle River, NJ: Prentice Hall, 2002), p.150.

② 参见吴宗宪:《西方犯罪学史》(第二版),中国人民公安大学出版社2010年版,第712—714页。

的关系。①

2. 神经化学因素

犯罪学的研究也发现,环境污染和饮食问题对大脑产生的神经化学作用,会成为犯因性因素,引起犯罪行为的增加。例如,犯罪人更有可能在身体中摄入像铅、镉这样的毒素。大脑作为一种生物化学系统,对于这类污染物十分敏感。当大脑被污染时,行为就会堕落。②

同时,饮食、营养也与犯罪行为有关系。人们所吃的食物会转化成大脑中的生化物质,而这些物质又会影响行为。营养条件与行为障碍发生联系的一种形式就是低血糖症。低血糖症(hypoglycemia)是在血液中糖分过低而影响脑的正常工作与功能的情况下发生的。由于脑的工作能源来自碳水化合物的燃烧和养分,因此,当血液中缺乏葡萄糖时,脑部没有适当的能源促使其新陈代谢,这会使脑的功能减弱,会造成易怒、焦虑、沮丧、头痛等症状,甚至有可能引发暴力型危害行为。一些研究证实,暴力行为的发生与低血糖症有关。③

研究还发现,过量食用精制白糖与活动过度、攻击行为有联系。甚至法庭也接受了过量食用糖与犯罪有联系的观点。④ 例如,在20世纪80年代早期,美国一家法院在相信了律师的有关观点之

---

① 吴宗宪:《西方犯罪学》(第二版),法律出版社2006年版,第221—222页。
② 同上书,第463页。
③ Clarence R. Jeffery, *Criminology: An Interdisciplinary Approach* (Englewood Cliffs, NJ: Prentice-Hall, 1990), p. 369.
④ Frank Schmalleger, *Criminology Today: An Integrative Introduction*, 3rd ed. (Upper Saddle River, NJ: Prentice Hall, 2002), p. 148.

后,减轻了被告人丹·怀特的刑罚。丹·怀特是旧金山的一个警察,被指控在旧金山市市长办公室发生争执期间谋杀了市长等人。他的律师认为,该人摄入了过量的精制白糖,这增加了他的兴奋性而降低了他作出决断的能力,因为在杀人的前一天夜晚,丹·怀特喝了大量可乐饮料,吃了很多特温基蛋糕①。

二、犯因性心理因素

犯罪人与守法者在心理方面的差异,大多数是在先天遗传的基础上通过后天的学习而产生的习得性差异。这类差异可能是犯因性差异中最为重要的一类差异,它们对于个人是否进行犯罪行为以及进行什么样的犯罪行为,都具有重要的影响作用。即使那些社会学取向的犯罪学家,也不得不承认这一点。例如,美国犯罪学家唐·吉本斯(Don C. Gibbons)认为,"人们之间的心理差异在决定他们从事的犯罪或者非犯罪的行为种类中起着重要作用。"②

(一)犯因性动力因素

犯因性动力因素是指促使个人主动进行犯罪行为的心理因素。这类因素主要是具有犯因性作用的需要、动机、兴趣等因素。心理学的研究认为,人们之所以进行各种行为,在很大程度上是因为他们存在着相关的需要、动机和兴趣的结果。需要就是个人对内外环境有某种需求的主观状态。需要是产生行为的原始动力,

---

① 特温基蛋糕(Twinkies)是美国芝加哥的一家面包店在1930年创制的一种奶油蛋糕,因含糖分过多,现在被看作是"垃圾食品"。

② Don C. Gibbons, *Talking about Crime and Criminals: Problems and Issues in Theory Development in Criminology* (Englewood Cliffs, NJ: Prentice Hall, 1994), p.128.

是促使个人进行活动的积极性的源泉。动机是指推动个人进行一定行为的内部动力,它是由个人的内部需要转化而来的。当个人遇到能够满足需要的外在对象(诱因)时,需要就转化为动机。兴趣是指个人力求认识某种事物或者从事某种活动的心理倾向。兴趣是个人需要的反映,或者说,兴趣"就是带有情绪色彩的需要"①。

犯罪学研究发现,犯罪人的需要和兴趣具有不同于守法者的特点。例如,苏联学者Y. C. 杰克巴耶夫的研究发现,犯罪人的需要和兴趣具有下列特点:(1)需要和兴趣十分低级;(2)各种需要之间的平衡受到破坏;(3)不正当的需要泛滥;(4)满足自己的需要和兴趣的手段不道德。② 研究还发现,在违法者身上,初级的本性(能)需要占优势,精神境界不开阔,在大多数场合下他们的兴趣是粗俗的和偏向一面的,在他们身上缺乏创造精神。③ 库德里亚夫采夫等人的研究表明,"在违法犯罪者的需要结构中,堕落的需要占了相当的比重,其强烈程度压倒了正面的需要。例如,在违法者的需要结构中引人注意的是酗酒的需要,以及损害国家和他人利益来达到自私目的的需要。……大多数违法者的需要结构有如下特点:在需要与满足需要的方式间失去平衡;在需要结构中精神方面贫乏,而社会性堕落的需要占了优势,这些需要'从根本上压倒

---

① 〔俄〕阿·伊·道尔戈娃主编:《犯罪学》,赵可等译,群众出版社2000年版,第272页。
② 转引自〔苏联〕B. H. 库德里亚夫采夫:《违法行为的原因》,韦政强译,群众出版社1982年版,第198—199页。
③ 〔苏联〕B. H. 库德里亚夫采夫:《违法行为的原因》,韦政强译,群众出版社1982年版,第199页。

了这些人的正常需要,在动机斗争中能够占上风,对选择目的和活动手段会发生否定的影响'。"①还有学者认为,犯罪人具有兴趣贫乏的特点。② 这类促进和助长犯罪行为的需要和兴趣,可以分别称为"犯因性需要"和"犯因性兴趣"。

与犯罪人的需要和兴趣的特点相适应,他们的动机往往也具有低级性、反社会性、复杂性等特点。正如苏联犯罪学研究者斯·塔拉鲁欣指出的:"绝大多数诱发犯罪的动机都是反社会的或非公益的,虽然其中某些动机就其内容而言,同一般行为的动机没有区别,但由于已经产生危害社会的结果,因此同样应受谴责。"③那些促进和助长犯罪行为的动机,就是"犯因性动机",也就是通常所说的"犯罪动机"。苏联犯罪学家 B. B. 鲁涅耶夫研究了成年人的犯罪动机,认为成年人的犯罪动机有六组:(1)政治性的犯罪动机;(2)贪利性的犯罪动机;(3)暴力、自私性的犯罪动机;(4)无政府主义、个人主义的犯罪动机;(5)轻浮、不负责、任性的犯罪动机;(6)怯懦、心胸狭窄性的犯罪动机。④

应当注意"犯因性需要""犯因性动机"和"犯因性兴趣"与犯罪心理学中已有的概念之间有密切的关系。由于犯因性需要和犯因性兴趣与犯罪行为的关系并不很直接,与犯罪行为的实施之间

---

① 〔苏联〕B. H. 库德里亚夫采夫主编:《犯罪的动机》,刘兆琪译,群众出版社 1992 年版,第 102—103 页。
② 〔苏联〕B. K. 兹维尔布利等主编:《犯罪学》,曾庆敏等译,群众出版社 1986 年版,第 122 页。
③ 〔苏联〕斯·塔拉鲁欣:《犯罪行为的社会心理特征》,公人、志疆译,国际文化出版公司 1987 年版,第 40 页。
④ 转引自〔苏联〕B. H. 库德里亚夫采夫主编:《犯罪的动机》,刘兆琪译,群众出版社 1992 年版,第 31 页。

还要有其他心理成分作为中介,因此,将它们称之为"犯罪需要"或者"犯罪兴趣",可能是不恰当的。但是,犯因性动机与犯罪行为之间的关系是一种直接的、紧密的关系,犯因性动机本身就是其他心理成分和犯罪行为之间的中介,因此,将犯因性动机称为"犯罪动机",是恰当的,也是合适的。可以说,犯因性动机与犯罪心理学等学科中所说的"犯罪动机"这个概念是一致的。

(二) 犯因性人格因素

尽管对什么是"人格"的问题,迄今尚无定论,但是,对于人格与犯罪关系的探讨,却已经有很长的时间了。在早期,利用精神分析学家西格蒙德·弗洛伊德(Sigmund Freud,1856—1939)的人格结构学说分析犯罪人的人格,认为犯罪人的超我过度发展。接着,用人格测验方法研究犯罪人的人格结构,发现了在犯罪人中更为常见的一些人格特征。随后,又对一些特殊的人格类型或者特征进行了深入研究,包括一些人格障碍,例如,反社会型人格障碍、冲动型人格障碍、偏执型人格障碍,发现犯罪人中具有这类人格障碍的数量较多,甚至还有一些研究者探讨了犯罪人格等。

从已有的研究来看,人们普遍认为下列人格特征或者类型与犯罪行为的关系更为密切,而且这些人格特征在犯罪人中的表现也更为突出。

1. 不适当的超我

根据精神分析学,超我(superego)是指道德化了的自我。超我是人格结构的组成部分之一,是人格结构中最为道德的部分,包括自我理想和良心两部分。其中,自我理想确定道德行为的标准,指引自我应该去做什么,而良心负责对违反道德标准的行为进行惩戒,指出自我不应该做什么。超我的主要功能是对本我(Id,或译为"伊底")进行稽查和压抑,指导自我去限制本我的冲动。因此,一般而言,超我具有预防犯罪和其他越轨行为产生的积极作用。

不过,根据精神分析学,发展过度的超我和发展不足的超我都具有犯因性作用。弗洛伊德认为,一些人犯罪的原因是他们具有发展过度型超我(overdeveloped superego)。这是因为,过度发展的超我使个人产生持久的罪恶感和焦虑感,为此进行犯罪行为,企图通过接受惩罚来赎罪,从而减轻罪恶感和焦虑感,恢复适当的内心平衡。[1] 后来,瑞士精神病学家、精神分析学家奥古斯特·艾希霍恩(August Aichhorn,1878—1949)认为,发展不足型超我(underdeveloped ego)也会犯罪行为的原因之一。艾希霍恩根据自己多年来在少年犯罪人教养机构工作的经验,认为犯罪和少年犯罪另有原因,这个原因就是发展不足型超我。他发现,少年犯罪人教养机构的许多儿童都有发展不足型超我,从而认为少年犯罪和犯罪行为主要是某种未加调整的本我的表现。艾希霍恩把发展不足型超我归因于这些儿童的父母缺失或者缺乏爱,以至于儿童不能形成关爱依恋(loving attachment),而这是他们的超我得到适当发展所必需的。[2]

2. 攻击性

攻击性(aggressivity, aggressiveness)是指个人有意进行侵犯、

---

[1] George B. Vold, Thomas J. Bernard & Jeffrey B. Snipes, *Theoretical Criminology*, 4th ed. (New York: Oxford University Press, 1998), p.93.

[2] Ibid., pp.93-94.

争夺或破坏行为的心理倾向。精神分析学认为,人具有本能性的攻击欲望,或者称之为"攻击本能",一切攻击行为都是潜在的攻击本能精神能量的流露。当攻击性向外流露时,就会转化为犯罪动机,引起犯罪行为。不过,攻击性也会通过潜意识的投射机制,把攻击的矛头指向自己,引起自杀或自伤行为。强烈的攻击性是重要的犯因性因素。很多犯罪人的攻击性都比守法者强烈。

而且,研究也发现,攻击性似乎是一种相当稳定的特质。幼年时具有较高攻击性的儿童,在成年后通常比其他人更具有敌意,他们常常殴打自己的配偶或者孩子,并且有更多的犯罪记录。而且,攻击性似乎与遗传有关,那些先天气质暴躁的儿童,可能始终具有较高的攻击性,因为他们总会引发他人的消极反应,这些消极反应反过来又会助长其敌意和攻击行为的产生。[1] 除了遗传原因之外,后天的学习对于攻击性的发展也是很重要的,人类攻击性产生的一个主要机制就是后天习得。家庭环境的培育和纵容、模仿和其他强化以及遭受挫折和产生愤怒等,都会助长攻击性的发展。

3. 敌意

敌意(hostility)是对他人所持的仇视、怨恨、对抗、怀疑和不相容的消极态度或评价。有的作者将敌意与攻击(aggression)交替使用,但是,齐尔曼(D. Zillmann, 1979)将两者加以区别:攻击是要造成伤害,是一种要造成实际伤害的行为;而敌意则不造成身体伤害,它仅仅是一种心理态度或评价。不过,敌意与攻击有密切的联系,敌意是攻击行为产生的重要心理基础,怀有敌意的人总想寻找

---

[1] 〔美〕戴维·谢弗:《发展心理学》(第6版),邹泓等译,中国轻工业出版社2005年版,第510—511页。

机会发泄它,而这种发泄往往就采取攻击行为的方式。当对某人怀有敌意时,就会在心理上让这个人感到不快和受到痛苦,甚至试图给这个人造成有害结果,因此,敌意是攻击行为的一种潜在准备状态,怀有敌意的人在遇到不利情境时,随时都会将敌意转化为犯罪动机,进行侵害他人的犯罪行为。国外的研究表明,"与同龄人相比,少年犯罪人对广泛接受的传统采取更加敌视的态度,他们用怀疑和不喜欢的眼光看待权威人物。一项研究发现,少年犯罪人对几乎所有的事物都有一种比一般人更加敌视和愤怒的倾向。"[1]可以说,敌意是具有犯因性作用的心理因素。

个人会采取不同的形式发泄敌意。尽管人们往往都会使用攻击行为发泄敌意,但是,攻击行为的对象可能是不同的。有时候,会对个人所敌视的人或物直接进行攻击行为;在其他时候,可能会产生"敌意投射"(projection of hostility)现象,即将敌意指向自己并不敌视的人或物上,对无关的其他人或物采取攻击行为,间接地发泄敌意。戴维·亚伯拉罕森(David Abrahamsen)曾经引用了这样一个例子:一个人通过反复和同事们争吵来发泄对自己的兄弟姐妹的敌意。[2] 敌意投射是一些激情犯罪、过剩犯罪和无明显动机犯罪产生的重要心理机制。同时,敌意投射也会引起一些以不特定的很多人甚至以整个社会为侵害对象的犯罪行为。

4. 冲动性

冲动性(impulsivity, impulsiveness)是指由外接刺激引起并靠激

---

[1] Lee Ellis & Anthony Walsh, *Criminology: A Global Perspective* (Boston: Allyn and Bacon, 2000), p.247.

[2] David Abrahamsen, *The Psychology of Crime* (New York: Columbia University Press, 1960), p.34.

情推动的行为倾向。换言之,就是个人在遭遇突发性刺激后不加思考地立即行动的心理倾向。具有高度冲动性的人在受到刺激时,会不假思索地立即对刺激作出行为反应,在刺激与行动之间缺乏一个思考、延缓的过程。冲动性意味着个人的自我控制差、理智思考能力差,个人经常在激情推动下行动,行为主要受情绪的左右,个人采取行动时很少考虑行为的方式和后果。

冲动性与犯罪的许多相关因素都有联系。冲动性不仅是造成青少年的犯罪率远远高于其他年龄组人群的重要因素(青少年的冲动性比其他年龄组的人群强烈),也会妨碍个人的内化过程(冲动性强的人不容易进行内化过程),从而会引起一系列犯因性后果:不能很好地将道德规范内化,妨碍了个人的道德发展;制约个人言语能力的发展,使那些不能用语言表达自己的愿望和情绪的人,更容易用攻击性行为和其他冲动性爆发(impulsive outburst)方式解决问题;阻碍个人对多方面内容的学习,从而对个人的社会化和学业成绩产生广泛的消极影响,进而影响个人的社会适应,促使犯罪的产生。有的犯罪学家认为,"冲动有时引起肉体和精神发展的不协调,这可能容易受到消极影响和实施某些形势造成的犯罪。"[1]"在许多国家中进行的研究都认为,冲动性的人比一般人更有可能实施犯罪。"[2]甚至有的外国犯罪学家指出,"冲动性是预测

---

[1] 〔苏联〕B. K. 兹维尔布利等主编:《犯罪学》,曾庆敏等译,群众出版社1986年版,第116页。

[2] Lee Ellis & Anthony Walsh, *Criminology: A Global Perspective* (Boston, MA: Allyn and Bacon, 2000), p.217.

犯罪活动的最关键的人格维度。"①

冲动性是很多犯罪人与守法者之间重要的差异。美国犯罪学家格卢克夫妇的调查发现,在少年犯罪人中,有明显的情绪不稳(emotional lability)或者冲动性(impulsiveness)的人占20.0%,而在守法少年中,这样的人仅占6.3%;在少年犯罪人中,有轻微的情绪不稳或者冲动性的人占23.5%,而在守法少年中,这样的人仅占12.3%。两种情况相加起来可以发现,少年犯罪人中情绪不稳或者冲动性的人占43.5%,而在守法少年中,这样的人仅占18.5%。②这组数据表明,犯罪人和守法者之间在冲动性特质方面,存在很大的差异。

由此可见,冲动性在犯罪行为的产生中起着重要的作用,是重要的犯因性因素。研究表明,冲动性与暴力犯罪的联系尤其密切,是引起暴力犯罪的重要心理因素。

5. 不能延迟满足

延迟满足(delay of gratification)是指个人能够控制自己为了将来的更大奖赏而舍弃眼前的极小奖赏的心理倾向。这是个人自制力强的一种表现。研究表明,延迟满足与持久的注意力、较高的智力和认知发展相联系,也与个人对诱惑的抗拒相联系,说明个人具有较强的诱惑抗拒力。在国外,人们认为,延迟满足是中产阶级和

---

① David P. Farrington, "Developmental Criminology," in Mike Maguire, Rod Morgan & Robert Reiner (eds.), *The Oxford Handbook of Criminology*, 3rd ed. (Oxford: Oxford University Press, 2002), p. 666.

② Sheldon Glueck & Eleanor T. Glueck, *Unraveling Juvenile Delinquency* (New York: The Commonwealth Fund, 1950), p. 236.

成就需要强烈的人群的典型特征。相反,不能延迟满足意味着,个人为了获得眼前的直接奖赏(immediate reward)而宁肯舍弃将来的更大奖赏。这种对眼前奖赏的偏好,是与现在时间定向、低的社会经济地位相联系的,这种心理倾向是成就需要低的人群的典型特征。米沙尔(W. Mischel, 1961, 1984)的研究发现,不能延迟满足或者对直接奖赏的偏好,与少年犯罪和病态人格有重要的相关关系,少年犯教养院的少年犯比普通中学的学生更经常地选择直接奖赏。罗伯茨(A. H. Roberts)等人(1974)在少年犯释放前对他们的测验中发现,累犯型少年犯比非累犯型少年犯(nonrecidivist delinquent,即不是累犯的少年犯罪人)更可能选择直接满足。

与不能延迟满足相联系的是现在时间定向(present-time orientation)。现在时间定向意味着个人更加重视现在或目前的奖赏,而不关心将来的后果。研究表明,犯罪人较多地存在着现在时间定向现象,他们更愿意考虑现在或目前的情况,而不关心将来的后果,犯罪人似乎有一种有限的未来时间观点(restricted future time perspective)。自20世纪60年代以来国外的几项研究表明,与普通人相比,少年犯罪人和成年犯罪人更多地关注现在,而不是关注未来。[1] 在累犯中,这种追求"此时此地的满足"倾向更加明显。

同时,对犯罪人的时间估计情况的研究,发现了一些相当一致的结果,即犯罪人存在着时间定向障碍,他们的"内部时钟"

---

[1] Lee Ellis & Anthony Walsh, *Criminology: A Global Perspective* (Boston, MA: Allyn and Bacon, 2000), p. 248.

(internal clock)似乎过快,往往过高估计时间的流逝。西格曼(A. W. Siegman,1966)发现,少年犯罪人的内部时钟比陆军新兵的快,少年犯罪人对短时间的流失估计不足,但是对长时间的时间间隔的估计过长。格津杰(S. H. Getsinger,1976)在社会病态者[①]中也发现了这样的现象。

6. 追求刺激倾向

刺激(stimulus)是指能够使个人产生心理、生理和行为变化的因素。这类因素既可能是外部的事物,也可能是个人的生理与心理变化。在犯罪学中所说的"刺激",主要是指能够引起个人感官兴奋和快乐的外部因素。

犯罪学研究表明,犯罪人有一种更强烈的追求刺激倾向(stimulation seeking)或者追求轰动效应倾向(sensation seeking),他们的心理唤醒水平低于正常人的平均水平,因而具有比非犯罪人更大的追求刺激需要(need for stimulation)。如果缺乏社会可以接受的刺激性行为,他们就会为了追求刺激而进行犯罪行为。一些研究者假定,低唤醒水平、追求刺激倾向和越轨行为之间存在着联系。例如,奎伊(H. C. Quay,1965,1977)明确指出,"渴望追求刺激"(stimulus hunger)与病态人格有关;法利(F. H. Farley,1986)指出,少年犯罪人通常更有可能是一些唤醒水平低的刺激追求者;埃利斯(L. Ellis,1987)假设,有八种行为模式与不太理想的唤醒水平有关,这八种行为模式是:抗拒惩罚、冲动性、儿童多动症、冒险、为了娱乐而吸毒、积极的社会互动、范围广泛的性经历和学业

---

① 社会病态者(sociopath)是指主要以缺乏同情心、自我中心、进行反社会行为和不爱社交为特征的一类人。

成绩差;而所有这些行为模式都与犯罪性或病态人格有关。① 国外的研究表明,"在追求轰动效应倾向和冒险倾向与变成犯罪人和反社会者之间,存在显著的积极联系。"②

7. 外倾性格

内外倾是划分人们性格类型的一种维度,是一种人格或性格的连续体,每个人都可以在这个连续体上找到自己的位置。一些研究者认为,外倾性格(extroversion)与犯罪的关系更加密切。著名的英国心理学家艾森克(Hans J. Eysenck, 1964, 1977)认为,外倾性格的人自主神经系统的兴奋水平低,他们总想寻求外来刺激,同时,其行为也不容易受奖励和惩罚的制约而被社会化,因此,外倾性格者不容易形成守法行为,他们的犯罪率较高。反社会人格和病态人格是外倾性人格的极端表现。由于他们的自主神经系统有独特的结构,使得他们无法形成适当的良心和自我,以致他们无法遵守社会规范,惩罚对他们也没有威慑作用,所以,反社会人格者和精神病态者进行反社会行为的重犯率很高。不过,一些研究者对此观点有不同的见解。

8. 缺乏焦虑

焦虑(anxiety)是指个人在遇到阻碍或失败时产生的一种紧张不安和恐惧的情绪状态。焦虑通常被分为三类:(1)现实性焦虑,这是客观存在的威胁自尊心的因素引起的焦虑。(2)神经过敏性

---

① L. Ellis, "Relationships of Criminality and Psychopathy with Eight Other Apparent Behavioral Manifestations of Sub-Optimal Arousal," *Personality and Individual Differences*, 8(1987):905-925.

② Lee Ellis & Anthony Walsh, *Criminology: A Global Perspective* (Boston, MA: Allyn and Bacon, 2000), p.217.

焦虑,这是指个人对人和事物都会产生的焦虑反应,这种焦虑是由心理—社会因素诱发的挫折感、失败感和自尊心严重损伤等引起的。(3)道德性焦虑,这是指由于个人违背社会道德标准的愿望或行为与社会要求发生冲突时产生的内疚情绪。

研究表明,犯罪人和病态人格者比正常人更加缺乏焦虑,他们的焦虑水平往往都比正常人低。焦虑水平低意味着,个人的正常社会化程度低,在心理上没有形成强烈的良心,缺乏是非标准,以致在进行反社会行为时,很少产生这种行为不适当的感觉,不会预见到进行这样的行为可能要受到惩罚,难于体验到罪恶感和紧张不安的情绪。而这种情绪状态的缺乏,减弱了个人进行犯罪行为的内在遏制力,使个人在缺乏内心冲突的情况下,心安理得地实施犯罪行为。而且,麦格克(B. J. McGurk,1981)等人的研究发现,焦虑的犯罪人更不可能进行累犯行为。[1]

9. 过分神经质

神经质(neuroticism)是以情绪稳定性程度为核心的一种人格维度,神经质程度高的人情绪不稳定,而神经质程度低的人情绪过于稳定。研究表明,神经质程度高或者过分神经质的人,往往容易进行犯罪行为。这是因为,过分神经质的人很容易焦虑、紧张和发怒,同时又容易陷入抑郁状态,他们的情绪极不稳定,情绪反应过分强烈,情绪激动起来之后又很难平静下来。这种强烈的情绪反应影响他们的正常社会适应。当过分神经质与外向性格相结合时,个人很容易激动、激怒和产生攻击性行为,从而导致多种犯罪

---

[1] B. J. McGurk, A. W. McEwan & F. Graham, "Personality Types and Recidivism among Young Delinquents," *British Journal of Criminology*, 21(1981):159-165.

行为。多项研究表明,过分神经质与外向性格结合在一起的人,极有可能进行犯罪行为。①

10. 某些人格障碍②

犯罪学研究发现,人格障碍与犯罪行为的关系十分密切。许多犯罪学家和精神病学家都认为,存在着一种反社会型人格障碍,或者称为"精神病态"或"社会病态"。其主要特征包括反复违反法律和被逮捕;反复说谎,使用化名,为了自己的利益和快乐而欺骗别人;冲动性或者事先没有计划;反复进行暴力行为;不断变换工作,借钱不还;缺乏悔恨等。已经在很多犯罪人和罪犯中发现存在这种人格障碍,因此,这种人格障碍被看成是重要的犯因性因素。

同时,已有的研究也发现,还有一些类型的人格障碍与犯罪的关系较为密切。这些人格障碍包括冲动型人格障碍、偏执型人格障碍等。这些与犯罪有密切关系的人格障碍,会助长和促成犯罪行为的设施,属于犯因性人格障碍。

在监狱服刑人员中,存在人格障碍的比例较高。国外的研究发现,监狱犯人中人格障碍者的比例从6.9%到24.9%不等。古兹(S. B. Guze,1976)的研究发现,78%的监狱男犯和65%的监狱女犯符合社会病态的特征。在英国,冈恩(J. Gunn,1991)等人对监

---

① Ronald Blackburn, *The Psychology of Criminal Conduct: Theory, Research and Practice* (Chichester, West Sussex: John Wiley & Sons, 1993), pp. 124-125.

② 人格障碍过去又称为"变态人格""病态人格"等。在一些文献中,甚至把"社会病态"(sociopathy)或者"精神病态"(psychopathy)也作为人格障碍的同义词。

狱中犯人的调查发现,人格障碍者占10%,神经症者占6%。① 甚至有的国外学者报告说,监狱犯人中有75%被诊断为反社会人格。②

苏联学者对于接受司法精神病学鉴定或者综合心理精神病学鉴定的犯罪人中存在的变态人格进行的调查发现,③大多数人都属于易受刺激型变态人格,占46%。除此之外,歇斯底里型变态人格,占19%;抑制型变态人格(包括虚弱型变态人格、精神衰弱型变态人格、早老性痴呆型变态人格),占15%;不稳定型变态人格,占16%;偏执型变态人格,占2.5%;其他类型的变态人格,占1.5%。④

在国内,虽然没有权威性的流行病学调查,但是估计监狱服刑人员中有人格障碍的数量较多。

11. 其他人格特征

通过人格测验、观察等方法进行的犯罪学研究发现,许多其他的人格特征与犯罪行为密切相关。例如,美国犯罪学家格卢克夫

---

① 〔英〕罗纳德·布莱克本(Ronald Blackburn):《犯罪行为心理学:理论、研究和实践》,吴宗宪、刘邦惠等译,中国轻工业出版社2000年版,第225—226页。

② 李从培主编:《司法精神病学》,人民卫生出版社1992年版,第313页。

③ 所引用的这些变态人格类型的名称中,一些名称与中国国内精神病学界使用的名称有差异。根据中华医学会精神科分会编的《中国精神障碍分类与诊断标准》(第三版,英文缩写CCMD-3),人格障碍的类型包括偏执型、分裂型、反社会型、冲动型、表演型(癔症型)、强迫型、焦虑型、依赖型以及被动攻击型、抑郁型、自恋型等(参见该书第127—132页)。所引用的变态人格类型中,一些与CCMD-3的类型名称不对应,特别是苏联的调查中占百分比最高的易受刺激型变态人格,在中国人格障碍分类中没有对应的类型。这种不对应既可能与苏联的分类和中国的分类之间的差异有关,也可能与翻译有关。

④ 〔苏联〕B. H. 库德里亚夫采夫主编:《犯罪的动机》,刘兆琪译,群众出版社1992年版,第172—173页。

妇对 500 名少年犯罪人和 500 名非犯罪少年的调查发现,在少年犯罪人中更为常见的人格特征包括:自信、社会自信、对抗、对权威的矛盾心态、不受重视感、怨恨感、与人交往困难、敌意、怀疑、破坏性、自恋、别人会照管感(feeling others will take care of one)、施虐癖、冲动性、外倾、心理病态(mental pathology)。① 这是对犯因性人格因素的比较全面的描述,很多研究者对其中的某些特征,例如冲动性,进行了深入的探讨。

国内的研究也证实了罪犯中更为多见的一些人格特征。研究发现,在男性罪犯中,比较突出的人格特征包括比一般男子更强调体力、更专横、喜欢寻求刺激和进行冒险活动;他们的自我确认、人际适应、社会价值内化、成就潜能、心理感受性均较差,对变化不定和复杂纷繁的事物感到无从适应,容易在生活中受到打击,人格类型分布以伽马型(Gamma,外向—常规异向)、得尔塔型(Delta,内向—常规异向)为主。伽马型人格特征者兴趣指向外部世界,难以接受传统习俗价值系统,是怀疑论者,对事物不完善处较敏感并持抵制态度,最差者难以管束,偏执狭隘,自我放纵。得尔塔型人格特征者兴趣指向内部世界,难以接受传统习俗价值系统,爱沉思默想,有些怪异,情感疏离,最差者有较严重的内心冲突,容易失去心理平衡。对女性罪犯的研究发现,喜怒无常、急剧变化的情绪是女性罪犯最主要的人格特点,另外,女性罪犯还常有被动退缩、焦虑紧张、内心矛盾、缺乏自知等人格特征。②

---

① James Q. Wilson & Richard J. Herrnstein, *Crime and Human Nature: The Definitive Study of the Causes of Crime* (New York: Simon & Schuster, Inc., 1985), p.178.
② 马海鹰、张小远:《罪犯人格特征的研究进展》,《中国健康心理学杂志》2005年第 3 期,第 228 页。

(三) 犯因性思维模式

思维模式是指人们在长期的思维活动中形成的习惯性的思考方式或倾向。对于一些人来讲,由于种种原因,在社会化过程中可能形成了不利于维持自身健康和良好社会适应的思维模式,这些思维模式可能会具有犯因性作用。因此,犯因性思维模式就是可能会助长和促成犯罪行为的思维模式。

大量的研究发现,犯罪人具有一些独特的可能会助长和促成犯罪行为的思维模式。例如,人们很早就注意到犯罪人具有偏颇的合理化方式。合理化是指个人用社会可以接受的理由对自己不合理的心理和行为进行辩解使其变得合理的过程。合理化是一种普遍存在的心理现象,人们在日常生活中经常有意识或无意识地产生这种心理过程。在犯罪人中,也普遍存在着用似是而非的理由为自己的犯罪心理和行为辩解的现象。通过这样的心理过程,他们将自己的犯罪心理和犯罪行为合理化,从而减轻或消除罪恶感、紧张感等情绪,心安理得地实施犯罪行为,"坦然"面对犯罪结果。犯罪人在犯罪行为的任何阶段(犯罪前、犯罪中和犯罪后),都有可能进行犯罪的合理化过程。国外研究者将这种犯罪合理化方式,称为"中和技术"。犯罪学家格雷沙姆·赛克斯和戴维·马茨阿(Gresham M. Sykes & David Matza)概括出了少年犯罪人使用的五种"中和技术":[1]

(1) 否定责任。少年犯罪人否认自己对犯罪行为有责任,把自己看成是社会的牺牲者,认为犯罪行为是自己无法控制的力量

---

[1] Gresham M. Sykes & David Matza, "Techniques of Neutralization: A Theory of Delinquency," *American Sociological Review*, 22(December, 1957):664-670.

或事件的产物。

(2) 否认损害。少年犯罪人否认自己的行为对社会或他人造成了损害。

(3) 否认被害人。少年犯罪人把犯罪行为的原因归咎于被害人,把自己的行为看成是正义的行动。

(4) 谴责那些谴责他们的人。

(5) 高度效忠群体。少年犯罪人的犯罪行为往往是遵从帮规、效忠帮伙的结果。

又如,美国当代精神病学家、犯罪心理学家塞缪尔·约奇逊(Samuel Yochelson, 1906—1976)和斯坦顿·萨米诺(Stanton E. Samenow)在一家犯罪精神病院中对犯罪人进行了 15 年多时间的研究,先后在极端犯罪人(extreme criminal)中识别出了 52 种错误思维模式(erroneous thinkingpattern)或者思维错误(thinking error)。他们认为,这些错误思维模式与不负责任相结合,就可以影响犯罪人所有的行为。[①] 根据他们的论述,犯罪人表现出一些错误的思维模式(参见专栏 4-7)。

专栏 4-7:犯罪人的错误思维模式[②]

> (1) 犯罪人因为自己的犯罪行为而谴责别人。例如,认为自己"不可能阻止犯罪行为""别人让他们进行犯罪行为"。

[①] Clemens Bartollas, *Correctional Treatment: Theory and Practice* (Englewood Cliffs, NJ: Prentice-Hall, 1985), p.268.

[②] Patricia Van Voorhis, Michael Braswell & David Lester, *Correctional Counseling & Rehabilitation*, 4th ed. (Cincinnati, OH: Anderson Publishing Co., 2000), pp.173-174.

(2) 犯罪人形成一种不承担自己的责任的态度。

(3) 犯罪人往往不能理解对他人造成的伤害。

(4) 犯罪人不能设身处地地为别人着想,特别是不能为其被害人着想。

(5) 犯罪人不能进行足够的努力以便实现必要的目标。有时候,他们不知道进行多大的努力才是适当的。

(6) 犯罪人拒绝承担责任。

(7) 犯罪人对他人的财物采取一种占有或者所有的态度,把别人的财物当作自己的财物一样地对待。

(8) 犯罪人似乎不理解什么是值得信赖的行为。

(9) 犯罪人经常期望别人"同意"满足他们自己的愿望。

(10) 犯罪人通过捕风捉影、想入非非和谴责别人,作出不负责任的决定。

(11) 犯罪人往往傲慢自大,很少承认自己的错误,也不愿意承认别人有道理。

(12) 犯罪人对成功以及获得成功需要花费的时间,表现出不恰当的看法。例如,他们相信自己在一夜之间就可以获得成功。

(13) 许多犯罪人似乎不愿意接受批评。

(14) 犯罪人否认自己有恐惧感,不愿意承认恐惧感可能具有建设性。

(15) 犯罪人利用愤怒控制别人,不承认自己的愤怒是不适当的。

(16) 犯罪人过分热心地试图获取权力和用不适当方式行使"权力能量"(power thrusts)。

其他的研究也发现,罪犯很容易夸大自己的"男子汉"感觉;他们表现出只顾眼前而不考虑长远后果的思维倾向;相信他人的威胁无所不在,并且认为使用暴力解决问题是恰当的,等等。

美国当代犯罪学家格伦·沃尔特斯(Glen D. Walters,1990)又在塞缪尔·约奇逊等人的研究成果的基础上,归纳出了犯罪人特有的八种思维模式:①

(1) 安慰(mollification),即犯罪人指出生活的不公正、不公平,因为自己的选择而谴责别人;

(2) 停止(cutoff),即在犯罪当时停止思维活动,不去考虑行为的后果;

(3) 正当化(entitlement),即把任何行为都看成是为实现愿望而采取的合理手段;

(4) 权力取向(power orientation),即犯罪人相信这个社会是一个损人利己的世界,强权者可以为所欲为;

(5) 怀旧卸责(sentimentality),即犯罪人往往回想自己在生活中做过的好事,认为自己对坏事没有责任;

(6) 过分乐观(superoptimism),即犯罪人往往相信像因犯罪而被惩罚一类的坏事不会发生在自己身上;

(7) 认知懒散(cognitive indolence),指往往不注意社会中的细节的现象;

(8) 不连贯(discontinuity),指犯罪人不能始终如一,而是随时改变行为目标的现象。

国内的研究认为,罪犯的思维具有偏执性(表现为以无根据的判断、以不恰当的归因和以不正确的认识曲解事实)、闭锁性(将思

---

① George B. Vold, Thomas J. Bernard & Jeffrey B. Snipes, *Theoretical Criminology*, 5th ed. (New York: Oxford University Press, 2002), pp.78-79.

维禁锢在一个特定的框框中不能解脱)、直感性(思维主要靠直接感觉,缺少相应的判断、归纳、分析、综合过程)、怪异性(即怪诞异常,超乎常理)、灰暗性(表现为卑鄙、猥琐)等特征。① 实际上,思维的偏执性是很多犯罪的重要犯因性因素(参见专栏4-8)。

专栏4-8:偏执使被害人变成犯罪人案例②

> 2003年7月,黑龙江省鹤城齐齐哈尔铁锋公安分局经侦大队(经济犯罪侦查大队——引者注)接到群众举报,该市一所省级重点中学的高三女生孟某谎称自己能够利用社会关系,让同学免考进入名牌大学,骗取了同学1.8万元。没过几日,又有一位学生家长报案说,孟某以给孩子转学为名骗取2000元。此案引起了经侦大队的重视,考虑到孟某是面临高考的高中学生,为慎重起见,经侦大队成立了专案组首先从外围进行了秘密调查。
>
> 调查最后发现,孟某自2002年年底至2003年8月间,私刻公章,伪造大学录取通知书,采取欺骗手段,以帮助他人上大学为名,先后诈骗9人次,诈骗金额合计49.9万元。
>
> 孟某出生在齐齐哈尔市一个贫寒的家庭,缺乏责任感的父亲经常不回家,孟某是和母亲相依为命长大的。家庭的不幸与贫穷并没有阻碍她对艺术和知识的追求,反而让她比别的孩子更好强上进。
>
> 今年22岁的孟某从4岁起开始学习民乐古筝,已经通过了国家九级证书的考试。
>
> 2002年年底,孟某听说肯花钱就能上国家级艺术院校,与母亲商量后,带着母亲东挪西凑的6万元钱只身来到了北京。然

---

① 张晶:《罪犯思维问题的初步研究》,罗大华、何为民主编:《法制心理学研究与应用》,中国政法大学出版社1998年版,第258—260页。

② http://www.legaldaily.com.cn/zbzk/wc/fzwcj1011/fwa/tt.htm[2005-2-1]

而,孟某被骗了,冤枉钱没少花,却一事无成。在返回齐齐哈尔的火车上,孟某黯然神伤,为什么这么多人拿钱不办事?自己回家后如何向母亲交待?孟某想到了报复。

回到齐齐哈尔,孟某没有直接回家,而是徘徊在熟悉的街头。心灵空虚的她,猛地一抬头,无意中看到街头制假证的小广告。她试着拨通了对方的电话。按照孟某的要求,假证贩子为她制作了一份几乎可以乱真的"中国人民解放军艺术学院音乐教育系录取通知书"和"录取档案"。两天后,拿到"通知书"的孟某如释重负,高高兴兴地回到了家。看到女儿被名校录取,望女成龙的母亲欣喜若狂。高兴之余,母亲自然没有忘记为女儿庆贺一番。母亲在齐齐哈尔最豪华的大酒店设宴款待亲朋好友,为女儿"庆功"。庆功宴上,孟某成了亲朋好友眼中一颗璀璨的明星。

庆功宴上颇有几分"陶醉"的孟某更是口若悬河:"由于帮助我的人地位显赫,李某老师亲自对我进行了面试,让我主修民乐的同时,选修他的声乐课;谷某老师也有意收我为徒。"在人们艳羡的眼神中,孟某尽情地施展着她的表演"天赋"。

随后,孟某以介绍入学为名,开始了大肆诈骗活动⋯⋯

2003年12月11日,得知铁锋区法院要公开开庭审理孟某一案,记者在齐齐哈尔看守所采访了孟某。

在审讯室里,令记者诧异的是,记者面前的孟某没有一丝的沮丧和悔恨。相反,首先听到一串笑声,记者冲口说道:"你怎么一点也不害怕?"孟某高扬起头,说道:"害怕,我长这么大从来就不知道什么是害怕,人生就是一场戏,就看你演得怎么样!"

采访中,孟某丝毫没有悔意,反倒陶醉在自己精心编织的骗局中。对于犯罪,孟某的那段心灵独白一直在记者的脑海出现:"没办法,我太聪明了,眼里揉不进一粒沙子,别人在我面前一站,我就知道他在想啥。包括你现在采访我的时候,我都知道你下一个问题要问什么。"

> 这么一个具有才华的女孩,就是凭借着自己的实力和艺术功底也能考上高等院校,她为何走上了歧途?
>
> 孟某的一段内心独白仿佛令记者找到了答案:小时候我父母离异,是母亲含辛茹苦把我拉扯大,往往是吃了上顿没下顿!为了供我读书学琴,母亲曾多次背着我去卖血,钱对我的人生束缚和影响太大了。有了钱我就可以去上好学校,去实现我的梦想,通往那艺术宫殿。为了我的梦想,母亲东挪西借凑足了一笔钱,让我去北京找关系上大学,可是我被骗了,被骗得那么惨,身无分文,母亲欠下的债可怎么还啊!人生都是平等的,为什么偏偏我该受穷?为什么偏偏我该受骗?既然别人能骗我,我为什么不能骗别人?你们不是望子成龙吗?你们不是有钱有势吗?我为什么不能拿来享受享受!
>
> 在人生问题面前,这个"偏执"女孩选择了错误的答案。然而孟某的悲剧,仅仅是她个人的悲剧吗?
>
> 据主办该案的检察官介绍:由于孟某诈骗多人,数额巨大且无法追回,尤其是许多被骗者因此丧失了考上理想大学的机会。

犯因性思维模式还表现为在个人与他人互动中的不恰当思维模式。这方面的内容见本章第三节有关内容。

(四)犯因性智力因素

犯因性智力因素主要是指有利于犯罪心理产生和犯罪行为实施的智力特征。从犯罪学的研究来看,对于犯因性智力因素的研究,主要集中在下列方面:

1. 智力水平的高低

一般认为,智力是获得知识以及运用知识解决实际问题时所必须具备的心理条件或特征。智力的高低通常用智商(IQ)表示。

智力与犯罪的关系很早就受到犯罪学家们的关注。早在19世纪后期,就有犯罪学家认为智力低下与犯罪有关系。20世纪初期,美国心理学家和犯罪学家亨利·戈达德(Henry H. Goddard)通过测量犯罪人的智力,进一步认为犯罪人的智力普遍较低,从而提出了低能与犯罪有关的论断。后来的大量研究都证实,犯罪人作为一个整体,其智力水平低于守法者。美国当代著名的政治学家和犯罪学家詹姆斯·威尔逊和美国著名实验心理学家理查德·赫恩斯坦认为,犯罪与智力之间的联系是"强有力的和显著的",[1]智力水平是影响犯罪选择的重要决定因素,存在着一些智商水平直接影响犯罪行为的机制,即智力对犯罪行为的影响是以学校成绩这种社会变量为中介的:"一个在班级竞争中经常遭到失败的儿童,会感到通过暴力、盗窃和其他挑衅性的违法行为来确定成绩是合理的。在学校中经历的失败引起了不公平感,从而增加了犯罪可能带来的奖赏。此外,学校中的失败很大程度上预示个人会在市场中遭受失败。对于一些从合法工作中几乎没有获得利益的人来讲,合法行为的奖赏是很弱的。因此,学校中的失败不仅会增加犯罪带来的奖赏,而且也会预示合法行为不会有很大的吸引力。"[2]

调查表明,智力落后者更有可能变为犯罪人。例如,美国的数据显示,在一般人口中,轻度智力落后者(the mildly retarded,智商为52—67)大约占3%,而在少年拘留机构和成年犯监狱中,这样

---

[1] James Q. Wilson & Richard J. Herrnstein, *Crime and Human Nature: The Definitive Study of the Causes of Crime* (New York: Simon & Schuster, 1985), p.171.

[2] Ibid.

的人员占 15%—20%。① 因此,"轻度智力落后的青少年或者成人,比智商较高的人更有可能在环境因素和生物化学因素的作用下进行反社会行为。"②

不仅智力水平过低与犯罪行为有联系,而且智力水平过高也与犯罪行为有联系。这是因为,高智力伴随的轻率态度和追求刺激的动机,容易引起冒险型犯罪行为;高智力也创造了某些独特的犯罪机会与条件,使高智力的人更容易进行犯罪行为。③ 如果说低智力主要对街头犯罪有影响的话,那么,高智力主要对有组织犯罪、法人犯罪有重要的影响。④

2. 智力维度的差异

智力是多种能力的综合表现,它包括很多具体的能力。这些不同的能力构成了智力的维度。例如,中国学者通常把智力理解为认识方面的各种能力,即观察力、记忆力、思维能力、想象能力的综合,其核心成分是抽象思维能力。⑤ 在国外的犯罪学研究中,特别重视区分言语智力(verbal intelligence)和非言语智力或者操作智力(performance intelligence)。言语智力表明了个人在言语表达方面的能力,而非言语智力或者操作智力则表明个人在动手和操作方面的能力。犯罪学研究发现,犯罪人的言语智力普遍较低,这使

---

① Henry Turkel & Ilse Nusbaum, "Treatment of the 'Slow Learner'," in Leonard J. Hippchen (ed.), *Ecologic-Biochemical Approaches to Treatment of Delinquents and Criminals* (New York: Van Nostrand Reinhold Co., 1978), pp. 245-246.

② Ibid., p. 245.

③ 王牧主编:《新犯罪学》(第三版),高等教育出版社 2016 年版,第 96 页。

④ Philip Feldman, *The Psychology of Crime: A Social Science Textbook* (Cambridge: Cambridge University Press, 1993), p. 156.

⑤ 朱智贤主编:《心理学大词典》,北京师范大学出版社 1989 年版,第 953 页。

他们不善于言语交流,难以通过言语沟通进行人际交往和解决人际冲突,在这种情况下,他们更有可能采取武力行为解决矛盾冲突。例如,国外的研究发现,少年犯罪人的平均言语智商通常低于总均数几乎一个标准差(10—20分),这意味着大约2/3的少年犯罪人在言语能力方面有些缺陷。① 还有的文献在评论了多项相关的研究之后指出,"大多数研究表明,犯罪人和少年犯罪人的言语智力分数显著低于平均水平。"②在很多犯罪人中存在的这种言语智力较差的现象,被称为"智力不平衡"(intellectual imbalance)或者"智商不平衡"(IQ imbalance)。③ 相反,如果个人的言语智力较高,那么,他们的口头表达能力就强,就有利于进行人际交往,就较少产生人际冲突,因此而发生的犯罪行为就会减少。因此,言语优势具有阻止犯罪行为的积极作用,而言语智力差则具有犯因性作用。"低言语能力可能通过限制高级认知活动的发展,例如,言语自我调节、社会问题解决等,直接促成反社会行为。"④

(五)犯因性情感因素

犯因性情感因素是指犯罪人具有的助长和促使犯罪行为发生的情感成分。

情感是指与人的社会性需要相联系的一种复杂而又稳定的态

---

① 〔英〕罗纳德·布莱克本:《犯罪行为心理学:理论、研究和实践》,吴宗宪、刘邦惠等译,中国轻工业出版社2000年版,第163页。

② Lee Ellis & Anthony Walsh, *Criminology: A Global Perspective* (Boston, MA: Allyn and Bacon, 2000), p.232.

③ A. Walsh, *Intellectual Imbalance, Love Deprivation and Violent Delinquency: A Biosocial Perspective* (Springfield, IL: Charles C. Thomas, 1991).

④ 〔英〕罗纳德·布莱克本:《犯罪行为心理学:理论、研究和实践》,吴宗宪、刘邦惠等译,中国轻工业出版社2000年版,第163页。

度体验。情感通常分为道德感、理智感、美感、责任感、爱与恨的体验等,犯罪人在这些方面都可能具有助长和促成犯罪行为发生的某些特点。

从道德感方面来看,犯罪人主要存在下列问题:

1. 犯罪人的道德发展水平往往低于普通人

一些犯罪学家的研究发现,犯罪人的道德发展水平往往低于普通人。例如,美国心理学家劳伦斯·科尔伯格(Lawrence Kohlberg)将人的道德发展水平从低级到高级分为三种水平六个阶段。他在1969年对犯罪人的道德发展水平的研究发现,犯罪人的道德发展水平处在第一水平和第二水平上。他与别人在1973年发表的研究结果表明,大部分犯罪人的道德发展处在第一或者第二阶段,而大部分普通人的道德发展处在第三或者第四阶段。其他人对少年犯罪人和普通少年的研究中,也发现了类似的结果。[1] 苏联著名犯罪学家库德里亚夫采夫认为,"如果道德和法律意识发展相当快,就能防止违法行为,反之亦然。不仅如此,变形的道德和法律意识本身可能成为产生违法行为倾向的原因。"[2]俄罗斯犯罪学家认为,"在犯罪环境和非道德环境中成长起来的少年,确实不熟悉受社会赞扬的行为的道德规范体系。"[3]由于犯罪人的道德发展水平比较低,影响他们在社会生活中作出正确的道德判断,从而在错误的道德判断影响下进行犯罪的行为。

---

[1] 吴宗宪:《西方犯罪学》(第二版),法律出版社2006年版,第282页。
[2] 〔苏联〕В.Н.库德里亚夫采夫:《违法行为的原因》,韦政强译,群众出版社1982年版,第213页。
[3] 〔俄〕阿·伊·道尔戈娃主编:《犯罪学》,赵可等译,群众出版社2000年版,第277页。

2. 犯罪人往往有歪曲的道德意识

道德意识是在一定条件下的社会活动中形成的道德认识、道德理想、道德情感和道德信念等的总称。

道德意识的作用表现在两个方面:(1)用是非、善恶、好坏、高尚与卑下等标准评价周围的事物、现象和自己的心理与行为。(2)用来调节个人的行为。一般情况下,人们往往容易进行符合自己的道德意识的行为,容易进行根据自己的道德意识判断是好的、正当的行为。

犯罪人的道德意识往往是歪曲的,偏离了社会道德意识的标准。这种偏离主要表现在下列方面:

(1)从道德认识来看,许多犯罪人对是非、好坏等道德行为准则及其含义的认识有缺陷,有的缺乏道德判断能力,他们的犯罪行为往往是由于激情冲动和别人的暗示而进行的;有的犯罪人的道德行为准则是歪曲的,他们对事物的道德评价与普通人有较大差别,因而对自己行为的道德评价与普通人不同,这种不同是引起犯罪行为的重要因素。

(2)从道德理想来看,许多犯罪人把好逸恶劳、挥霍享受和控制、征服别人作为自己奋斗的目标,甚至把一些臭名昭著的人物当作崇拜、仿效的对象。

(3)从道德情感来看,一些犯罪人喜欢、欣赏违背社会规范、不符合社会传统的社会现象,甚至认同丑恶的社会现象、行为方式等,而对社会大力倡导的事物则充满反感、厌恶情绪。还有的人表现为道德情感冷漠,对他人缺乏同情心。正如周良沱所指出的:"在'低层次青少年'中,除了道德认知的低下外,还可以看到一种极度的道德情感冷漠。那些当不幸者落水呼救,而站在一边幸灾乐祸,问'肯出几个钱'才肯相救的人,一旦遇到恶的诱惑时,能设想他们会自觉抵制恶吗?"①国外的研究也发现,"人们普遍相信,缺乏同情心是与犯罪活动有关的重要人格特质。人们假定,能够懂得或者体验到被害人感情的人,不可能加害他人。"②

(4)从道德信念来看,一些犯罪人信奉"宁在花下死,做鬼也风流""人不为己,天诛地灭"等极端享乐主义和利己主义的信条,把它们作为自己行动的指南。

由于这些歪曲的道德意识,使许多犯罪人形成反社会情感,心安理得地实施犯罪行为,对自己的犯罪行为没有道德负罪感,进行犯罪行为之后不会体验到"良心"的谴责;在进入监狱服刑期间缺乏主动的、自觉的自我反省,甚至在心理上抗拒监狱组织的改造活动。因此,包含很多道德缺陷成分的反社会情感,是重要的犯因性差异之一。一些犯罪学家把转变罪犯的反社会情感,作为最重要的改造目标之一。③

3. 犯罪人往往有规避道德约束的心理机制

虽然很多犯罪人存在不同程度的道德发展水平低等方面的问题,但是,也有很多犯罪人的道德发展水平不一定有问题。那么,他们为什么会进行违反道德规范的犯罪行为呢? 这里实际上存在着一些规避道德约束的心理机制。犯罪学的研究发现,虽然很多

---

① 周良沱:《张力场:罪因论新说》,《青少年犯罪研究》1989 年第 10 期,第 3 页。

② David P. Farrington, "Developmental Criminology," in Mike Maguire, Rod Morgan & Robert Reiner (eds.), *The Oxford Handbook of Criminology*, 3rd ed. (Oxford: Oxford University Press, 2002), p. 666.

③ D. A. Andrew & James Bonta (1998), *The Psychology of Criminal Conduct*, 2nd ed. (Cincinnati, OH: Anderson Publishing Co.), p. 357.

犯罪人的道德发展水平不一定有问题,他们具有一定的道德水平,但是,这些道德品质却不能阻止他们的犯罪行为,道德不能约束他们的反道德行为。其原因在于很多犯罪人具有规避道德约束的心理机制,即他们通过一定的心理过程和使用一些独特的思维方法,使自己的违法犯罪行为不受道德观念的约束,从而将自己的反道德行为合理化。例如,美国犯罪学家戴维·马茨阿(David Matza)及其同事格雷沙姆·赛克斯(Gresham M. Sykes)提出的中和理论认为,尽管大多数青少年一般都遵从社会规范,但是又学会了将他们自己从这些道德约束中摆脱出来的技巧——中和技术。[1] 一些犯罪研究者归纳出的犯罪人所具有的异常认知模式或者犯罪思维模式等,也属于犯罪人规避道德约束的心理机制。

此外,犯罪人往往存在理智感发展不健全,美感标准异常(偏离社会中的主流美感标准),极度的自卑感,缺乏对别人的爱心、同情和移情,缺乏罪恶感和羞耻感,缺乏责任感,仇恨心理支配个人的生活等问题。

(六)犯因性情绪因素

犯因性情绪因素是指犯罪人具有的助长和促使犯罪行为发生的情绪特征。

情绪是指与人的生物性需要的满足相联系的短暂而剧烈的态度体验。最基本、最原始的情绪有四种:愉快、愤怒、恐惧和悲哀。[2]

从情绪方面来看,犯因性情绪因素主要表现为犯罪人容易产

---

[1] 吴宗宪:《西方犯罪学》(第二版),法律出版社 2006 年版,第 309—311 页。
[2] 《中国大百科全书·心理学》,中国大百科全书出版社 1991 年版,第 257 页。

生消极情绪并且对消极情绪的控制能力差等方面。一般认为,像愤怒、嫉妒、情绪极不稳定和冲动性等情绪往往被看成是具有消极作用的情绪表现,对于这类情绪的控制不良,往往会引起多种危害社会的后果。犯罪学家罗伯特·阿格纽(Robert Agnew,1992)的紧张理论认为,当人们体验到消极情绪,例如,失望、抑郁、恐怖、愤怒的时候,他们更有可能实施犯罪行为,因为他们不能逃避自己不需要的关系和情境。①

很多犯罪学家研究了情绪冲动性与犯罪行为的联系,发现情绪冲动性具有明显的犯因性作用。情绪冲动性很可能与其他个人特征有联系,它们结合起来引起犯罪行为。例如,犯罪学家迈克尔·戈特弗雷德森(Michael R. Gottfredson)和特拉维斯·赫希(Travis Hirschi)认为,冲动的人会感觉迟钝、追求生理满足、爱冒险、目光短浅和口头表达能力差,这样的人更有可能实施犯罪;而莫菲特(T. E. Moffitt,1993)则指出,冲动性与"消极情绪"有关系,这样的人容易产生愤怒、焦虑等极端情绪。②苏联犯罪学家接受这样的观点,"从强烈的心情激动到侮辱人身、流氓举动或其他违法行为只不过是一步之差。强烈的感情冲动会导致丧失理智,'丧失理智就会导致实施肆无忌惮的违法行为'。"③他们的研究发现,"许多侵犯人身罪都是成年主体在吵架激烈时和酒后经常出现的情绪激昂时进行的。抽查表明,80%以上的杀人都不是蓄意的,事

---

① George B. Vold, Thomas J. Bernard & Jeffrey B. Snipes, *Theoretical Criminology*, 5th ed. (New York: Oxford University Press, 2002), p.324.
② Ibid., pp.323-324.
③ 〔苏联〕B. H. 库德里亚夫采夫:《违法行为的原因》,韦政强译,群众出版社1982年版,第221页。

先没有准备,杀人的念头直接产生于犯罪之前,在争吵、冲突和相互埋怨以后。"①

此外,研究也发现,犯罪人更经常地体验到消极情绪;更有可能出现易激惹现象,即一种由不愉快引起的剧烈而短暂的情绪性情感障碍,它往往导致危害行为;②犯罪人也很容易产生嫉妒情绪和仇恨情绪。③

(七) 犯因性精神状态

精神状态通常是指个人的心理状态和行为表现。④ 在犯罪学研究中,谈到精神状态时,往往用来指不正常的或异常的精神状态,包括精神疾病和其他精神异常状态。犯罪学和精神病学的研究发现,一些精神疾病和其他精神异常状态与犯罪有联系。这类精神疾病包括精神分裂症、抑郁症、癫痫、酒精中毒、某些性变态、某些神经症以及某些类型的人格障碍⑤等。其他精神异常状态包括某些应激相关障碍、习惯和冲动控制障碍和其他异常心理等。

不过,在以往有关精神障碍与犯罪关系的研究中,人们发现了几种现象。第一,精神障碍与犯罪行为的关系似乎没有人们想象

---

① 〔苏联〕B. H. 库德里亚夫采夫:《违法行为的原因》,韦政强译,群众出版社1982年版,第222页。
② 吴宗宪主编:《中国服刑人员心理矫治》,法律出版社2004年版,第245页。
③ 同上书,第254—262页。
④ 朱智贤主编:《心理学大词典》,北京师范大学出版社1989年版,第339页。
⑤ 在精神病学文献中,往往把"人格障碍"(personality disorder)与"病态人格"(psychopathic personality)、"变态人格"(abnormal personality)、"精神病态"(psychopathy)、"社会病态"(sociopathy)等术语交替使用。这些术语似乎是一些内容大致类似、不同作者根据自己的偏好等选择使用的一类术语。

的那样密切。在人们的想象中,似乎夸大了精神障碍与犯罪行为的关联性。很多研究表明,"精神障碍一般不会增加犯罪危险。"① 例如,尽管已有的研究表明,癫痫患者比普通人更有可能进行犯罪行为,但是,大多数研究并没有发现在癫痫和少年犯罪之间有显著的联系。② 第二,在犯因性精神状态中,人格障碍者的比例很高。例如,王(S. Wong,1984)发现,多达30%的加拿大联邦监狱犯人可以被划入精神病态者(psychopath)的类型中,而且,这个百分比随着矫正机构的警戒度等级的提高而增加。③ 甚至有的外国研究者认为,监狱犯人中75%的被诊断为反社会人格。④ 第三,人们对于精神病人与犯罪人的区分并不总是很准确,可能存在着将一部分进行了危害行为的精神病人送进监狱的现象;也可能存在相反的现象,即将真正的犯罪人当作精神病人送进了精神病院。因为研究发现,在欧洲国家,精神病床位数量与监狱总人口之间存在一种反比的关系。彭罗斯(L. S. Penrose, 1939)提出,某个矫正系统中人口的变化,会迫使另一种人口产生相反的变化。韦勒(M. P. I. Weller)和韦勒(B. G. A. Weller)发现(1988),1950年以来英国精神病院中下降的人数和监狱中增加的人数之间的相关系数是

---

① 〔英〕罗纳德·布莱克本:《犯罪行为心理学:理论、研究和实践》,吴宗宪、刘邦惠等译,中国轻工业出版社2000年版,第226页。

② Lee Ellis & Anthony Walsh, *Criminology: A Global Perspective* (Boston, MA: Allyn and Bacon, 2000), p. 277.

③ James McGuire (ed.), *Offender Rehabilitation and Treatment: Effective Programs and Policies to Reduce Re-Offending* (Chichester, West Sussex: John Willey & Sons, 2003), p. 133.

④ 转引自李从培主编:《司法精神病学》,人民卫生出版社1992年版,第313页。

0.94,明显与彭罗斯的"水力学"的假设一致,表明先前犯罪的病人很有可能被送进监狱。①

(八)犯因性观念因素

从观念方面来看,犯罪人在人生观、社会观、价值观、法治观、权力观、审美观等方面与普通人有差异。

1. 消极的人生观

人生观是指个人对人生目的和意义的基本看法。犯罪心理学的研究表明,犯罪人的人生观中往往充满了消极的成分,突出地表现为下列成分:

(1)极端享乐主义。持极端享乐主义人生观的犯罪人,往往把人生看成是满足人的生理本能需要的过程,认为追求感官快乐、最大限度地满足物质和生理需要,是人生的唯一目的。因此,他们纵情声色犬马之中,把及时行乐作为生活信条,为了追求一时的享乐,即使毁坏名誉、触犯法律也不顾惜。

(2)极端个人主义。持极端个人主义人生观的犯罪人,往往在社会生活中极端自私自利,把个人与社会对立起来,一切以自我为中心,根据个人需要是否得到满足来看待周围的一切,来决定自己的行为,甚至为了个人利益而不择手段地损害社会和他人的利益。例如,一些犯罪人赞成"能偷不偷,等于白丢""只许我负天下人,不许天下人负我"等信条。"在他们(指犯罪人——引者注)的价值定向系统中,个人主义或极端利己主义占最高位置。"②

---

① 〔英〕罗纳德·布莱克本:《犯罪行为心理学:理论、研究和实践》,吴宗宪、刘邦惠等译,中国轻工业出版社2000年版,第226页。

② 〔俄〕阿·伊·道尔戈娃主编:《犯罪学》,赵可等译,群众出版社2000年版,第276页。

（3）悲观厌世。持悲观厌世生活态度的犯罪人,对生活悲观失望,对前途失去信心,缺乏生活理想。他们在个人生活中意志消沉,沉溺于纵欲享乐之中,用感官刺激麻醉自己的心理。进入监狱之后,这类罪犯很容易产生绝望情绪,发生自杀等行为。

2. 片面的社会观

社会观是指个人对于社会现状、社会问题、社会发展趋势等的基本看法。在现实社会中,人们或多或少都有一套自己对于社会的看法,这些看法构成了他们的社会观,影响他们的心态和行为。所不同的是,普通守法者的社会观比较全面,比较符合社会实际,这有利于他们形成积极的社会态度,进行守法的行为;而很多犯罪人则具有片面的社会观,他们对于社会生活的很多方面,可能都有不恰当的甚至是极端性的看法,而且这些看法往往具有消极悲观的性质,例如,夸大社会中存在的问题,看不到社会发展的良好前景,认为社会是一个缺乏公平和"弱肉强食"的社会,在这样的社会中奉行"强权即真理"的信条,没有什么公理可言。对社会的这样一些消极悲观的看法,往往会使个人产生沮丧、绝望的心理,容易产生破坏性行为。

3. 不当的价值观

价值观是指关于事物对于个人或社会的重要意义的基本观念。当一种价值观通过内化而成为人的行为向导时,就被称为"价值取向"。个人的价值观和价值取向通过人们对事物的评价和态度等反映出来,对人们的判断和行为具有重要的,甚至是决定性的影响,它们是人们判断事物、现象、行为等是否有利于个人以及是非、好坏、善恶、美丑、祸福的标准。这样判断的结果,会促使个人调节自己的行为。价值观具有一定的稳定性,某种价值观形成之后,往往表现为一定的价值取向和行为倾向,它们会持续较长时间,对个人的心理和行为都产生重要的影响。犯罪人的价值观在多种维度上偏离社会道德和法律中蕴含的价值观,甚至与这些价值观相矛盾,结果使犯罪人在评价事物、现象、行为等对象时,往往得出与一般人不同的结论,他们追求那些符合自己意愿和价值观的目标的行为,这类行为很有可能构成犯罪。

苏联犯罪学家认为,犯罪人的价值观具有下列特征:(1)不承认这些或那些规定社会成员正当行为的原则(如按劳分配、尊重他人的权利和合法利益等),或者只在实现个人目的范围内承认这些原则;(2)曲解一系列标志着道德价值概念的内容(如友谊、同志间相互帮助等);(3)从利己主义的个人目的出发确定价值的等级。[①]我国的研究者指出,罪犯的价值观"建立在'将贪欲作为人生要务、对金钱顶礼膜拜、昧着良心敛财、宁可损人也要利己'的基础上,以自我为核心,将社会、他人、家庭等置之度外,处处为自己,时时考虑自己,认为只要是有利可图的,就都是'有价值'的;倘若是对自己无利的,则都是'没有价值'的"。[②]

4. 错误的法治观与犯罪观

法治观是指对于法律的地位和作用等的基本看法。很多犯罪人有不恰当的法治观,例如,认为法律主要是约束别人的,与自己关系不大;认为自己的违法行为情有可原,不应受到法律处罚,或者认为自己受到的刑罚处罚太重等。正如苏联犯罪学家所指出的,"犯罪人对待法律以及法律保护活动关系上,一般对规定禁止

[①] 〔苏联〕B. K. 兹维尔布利等主编:《犯罪学》,曾庆敏等译,群众出版社1986年版,第122页。

[②] 连春亮:《罪犯的定势错位及其调适》,《中国监狱学刊》2006年第2期,第103页。

他们所实施的某类(某些类)犯罪和给予否定性评价的准则和规范采取无所谓的、蔑视的或否定的态度。还有一个代表性的特点:差不多每个再次被判刑的人都认为对自己的刑罚是过分严厉的。"①

犯罪人的不恰当法治观突出地表现为错误的犯罪观。犯罪观是指犯罪人对于犯罪及其相关问题的基本看法。犯罪是常见的社会现象之一,大多数普通人都会对犯罪有自己的认识和看法。许多犯罪行为就是在个人的犯罪观的基础上实施的。犯罪人的错误犯罪观主要表现在五个方面:

(1)对犯罪行为的无知。一些犯罪人缺乏有关犯罪行为的观念和知识,不知道什么是犯罪行为,不知道自己的行为是否构成犯罪,这种"法盲"状态往往与"文盲"状态有很高的相关性。一些人就是在"法盲"+"文盲"的状态下进行了违反刑事法律的犯罪行为(参见专栏4-9)。在法制建设水平较低的时代和社会经济欠发达的地区,这种现象发生的可能性更大。

专栏4-9:法盲犯罪案例②

> 从1988年到2004年的十六年间,四川省开江县靖安、甘棠两地的群众一直被一个神出鬼没的盗尸幽灵困扰着。他们亲人的遗体往往头天刚下葬,第二天就被盗墓。尸体不是被肢解,就是被赤身裸体暴尸荒野。十六年来,当地共有三十余具尸体被盗毁。

---

① 〔苏联〕B. K. 兹维尔布利等主编:《犯罪学》,曾庆敏等译,群众出版社1986年版,第122页。

② http://www.legaldaily.com.cn/zbzk/wc/fzwcj1019/fwa/tt.htm[2005-8-28]

盗尸者对二十岁左右的女尸好像特别感兴趣。一具十八岁的女尸逝去多日已成白骨，盗墓者似乎仍不甘心，将其坟墓挖开后，将尸骨扔得到处都是。一具二十多岁的女尸下葬后，被盗尸者反复盗墓三次……

频频发生的盗墓毁尸案件，使村民们愤慨万分，同时也惶恐不安。一时间谣言四起，有人说一个团伙专干此事，男尸割某部位，女尸割某部位，然后拿去制药；也有人说是某个邪教组织的人干的，目的是为了招唤亡魂……

为了不让亲人的遗体受到损害，当地村民一旦家有丧事，只得在坟边通宵守护。少则三个月，多则半年。有的家庭人手少，只好以每月三百元甚至更高的价钱请人守墓。但就是这样也不能阻止盗墓事件的发生。一村民家有七十多岁的老岳母，其父亲去世后，他在坟地守了半个月后，一天晚上他从墓地回家照看老岳母，前脚刚走，他父亲的坟墓就遭盗毁。有的村民为防盗墓贼，不得不将亲人的遗体就近埋葬在自家附近，并在周围撒上石灰，以留下盗墓者的踪迹。还有村民在亲人的坟上装上了电网。

再次引起公安机关重视，并最终使系列盗墓毁尸案告破的是2004年2月28日发生的一起女尸被盗毁案。

2月28日，靖安乡二村十社的谢某向公安机关报案称，其二儿媳邓某得脑瘤死亡后，27日一早葬进坟地，28日上午其坟墓便遭挖，尸体被盗走。

3月4日，公安机关再次得到靖安乡政府报案，在二村十社废弃石场里的一棵梨树上，发现了邓某的尸体。令人备感恐怖的是，邓某的尸体赤裸着，已被砍去双臂，胸膛被剖开。人们万万没有想到的是，3月19日，邓某的尸体再次被盗，且下落不明。

3月25日，靖安一村五社有人反映，一处老坟有被挖过的痕迹。根据这条线索，民警们在这座老坟里发现了第二次被盗走的邓某的尸体。4月12日，这具尸体第三次被人盗出坟墓，并出现在靖安一村五社葛家坟的一棵桐子树上。

盗墓幽灵如此猖獗,在当地群众中引起了轩然大波。

此后,开江县公安局成立了专案组,十多名刑警队员白天在案发地点周围的村社调查走访,深夜则两人一组,蹲守在漆黑的坟地和偏僻的山乡小道旁,静候盗墓幽灵的出现。

夜晚蹲守在坟地里,民警们和常人一样感到害怕。破案后,民警们说,有一次,他们蹲守在坟地里,突然前面冒出一个黑影,猫着腰朝他们走来,他们以为是盗墓幽灵现身了,正感到毛骨悚然的时候,才发现是摸黑巡视的刑警大队刘功义副大队长。

4月12日,邓某的尸体第三次被盗后,刑警们猜测"幽灵"会再次出现,所以故意没有马上清理现场。当晚,六名刑警队员蹲守在野地里,期待着"幽灵"的出现。"好恐怖哇!一抬头就能看见放在树丫上的死人头。"破案后,民警们心有余悸地说,"但是,为了抓住这个盗墓幽灵,我们只有硬着头皮、瞪大眼睛盯着那里。"

当晚,这个"幽灵"果然来到桐子树下,拿走了放在树上的尸体。他似乎有"特异功能",在漆黑的夜里,不用灯火照明却也能在崎岖坎坷的乡间小道上健步如飞。尾随追赶的刑警们被他远远地抛在了后面。因为刑警们不熟悉地形,只有眼睁睁地看着他鬼魅般的身影消失在深夜里。

……

最后,警察根据对犯罪嫌疑人的特征描述,确定了新的侦查方向,终于将犯罪嫌疑人抓获。

犯罪嫌疑人黄某是一个五十一岁的身体健壮的农民,一个人承包了二十多个人的田地。在村民们的眼中,他木讷寡言,很爱帮助人,哪家有事,只要叫他一声,他一定帮忙,从来不计较报酬。然而,他对办案民警们的行动却了如指掌,可以准确地说出办案民警哪一天守在哪里。

是什么原因使一个人缘不错的老农变成了一个疯狂的盗尸幽灵?开江刑警与黄某深入接触后了解到,是迷信使他一步步走向盗尸成瘾的变态深渊。

据黄某交代,十多年前,他的妻子患有头痛的毛病,经多方医治,不见好转。后来,他路遇一位算命先生,算命先生告诉他,一般的药治不了他妻子的病,只有将女尸的肉煮成汤,和着头碾成的粉末糊在头上,才能治好。无知的黄某听信了算命先生的胡言,从1988年下半年就开始盗墓毁尸,以致后来变态成瘾,不能自拔。黄某交代,尽管每次挖完人家的坟后都很后悔,但是就是控制不住自己,一到晚上他就会变得十分兴奋,几天不去挖坟就会寝食不安。

在盗掘坟墓时,黄某走的都是偏僻荒凉的无人小径,又是在夜深人寂的时候作案,难怪十六年来没有一个群众发现过他的踪影。长期出没在漆黑的夜里,黄某已经练就了一双常人不具有的"夜视眼"。

黄某还是一个不折不扣的法盲。犯罪行为败露后,他告诉警察,他打算给被盗者的家人赔点钱以寻求和解,并叫警察快点把他放了,他好回家去种庄稼。

(2)对犯罪性质的看法。许多犯罪人并不认为犯罪行为是危害社会的、应受谴责的行为,而把犯罪行为看成是与社会中的其他职业活动类似甚至完全一样的活动,是个人致富的捷径和最有效的手段之一,无所谓正当不正当。有些犯罪人尽管认为犯罪行为本身是不对的,但是又把犯罪行为的原因归结到社会或者他人身上,认为自己的犯罪行为是在社会的逼迫下进行的,或者是在被害人引诱甚至胁迫下进行的,把犯罪的责任归于外界,把自己看成是无辜者甚至受害者。

(3)对犯罪后果的看法。一些犯罪人否认犯罪行为的社会危害性,例如,有的受贿犯认为,行贿受贿是双方情愿的事情,是"公平的"交易,并没有对国家造成损害。有的强奸犯认为,强奸行为并没有给对方造成创伤,甚至认为强奸活动中的性行为是对方自愿的,是在对方的引诱、暗示之下进行的,相互之间的性行为给对方带来了快乐。有的赌博犯认为,赌博是双方自愿进行的行为,没有侵害别人的利益,没有对社会造成损害,等等。在这类观念的支配下,犯罪人对犯罪活动缺乏罪恶感,不认为自己有罪。

(4) 对犯罪的侥幸心理。许多犯罪人对犯罪后可能得到的惩罚怀有侥幸心理,认为犯罪的人多,受罚的人少,受到惩罚的都是一些犯罪技能不佳、运气不好的人。尽管大多数犯罪人在犯罪之前对犯罪行为的得失进行过经济学的分析,但是由于他们往往过高地估计自己的能力,总认为凭借自己具有的种种有利条件而不会受到惩罚,因此,他们在一种侥幸心理的驱使下实施犯罪行为。

(5) 不适当的权力观。权力观就是对于权力的来源、行使、作用等的基本看法。一些犯罪人在权力观方面也有不同于守法者的差异。例如,很多犯罪人信奉"有权不用、过期作废"的权力观,把手中的权力看成是谋取私利的手段,这种错误的权力观是导致大量职务型犯罪的重要犯因性因素。特别是在那些刚刚掌握权力和即将失去权力的人身上发生的职务型犯罪,即在犯罪方面所谓的"29 岁现象"(29 岁左右刚刚开始掌握权力的公职人员和其他人员犯罪剧增的现象)和"59 岁现象"(59 岁左右面临退休和失去权力的人员犯罪剧增的现象),[1]突出地体现了错误的权力观的犯因性作用(专栏 4-10)。

---

[1] 参见胡鞍钢:《中国:挑战腐败》。http://www.oklink.net/a/0105/0522/tzfb/index.html[2005-6-14]

专栏4-10：一个纪委书记的堕落案例①

2004年7月6日，湖南省常德市原纪委书记彭晋镛因受贿罪、贪污罪和巨额财产来源不明罪，被一审判处有期徒刑16年。

这是一个从事纪委工作16年的"老纪委"知法犯法的案例。

2000年4月，身为常德市纪委书记的彭晋镛，不顾政策规定，不听市纪委副书记们的提议，反对将纪委所收缴的清房罚没款130万元上缴财政，而以纪委办案经费不足为由，强行拍板将此留作"备用金"，并由自己亲自掌管，除办公室副主任徐友谊经手外，市纪委其他同志均不得过问。此外，每年由他和徐两人凭开支票据分类列表"核算"，向书记办公会议口头通报。

2002年12月，彭晋镛调任市政协党组副书记，拟任市政协主席，在办理移交时，市纪委新班子提出移交"备用金"。彭倚老卖老，狂妄自大，对市纪委新班子的要求不以为然，坚持只交开支数据，不交财务和票据，并扬言此事可以向市委书记汇报，可以派员审计，也可以要求省纪委派员调查，试图压制对方按照他的意志办。

彭晋镛原以为凭着自己老纪委书记的资格和权威，他的老部下、老同事会给自己面子，对"备用金"问题不了了之。但市纪委及时向市委主要负责同志汇报了这一情况，而后一道将情况反映到了省纪委。

彭晋镛案发时，被查获的财产高达459.2万多元，其中在北京就购有价值333万元的两套住宅，还出钱供女儿在英国读研究生。作为国家公务员，他根本不可能拥有如此多的财产。经法院审理查明，彭晋镛利用职务之便为他人谋取利益，非法收受他人财物42.07万元，侵吞公款65618.24元，且有近110万元财产不能说明合法来源。

彭晋镛的这些财产，都是以反腐权力为工具聚敛的……

---

① http://www.legaldaily.com.cn/zbzk/wc/fzwcj1038/fwa/tt.htm［2005-2-23］

同时,他也以"清廉"包装自己的贪婪嘴脸。他在台上高唱清廉,台下则贪婪猥琐,欲壑难填。

彭的外孙过三岁生日,他竟在华天大酒店大摆酒席,并通过司机传话,要市里的干部赴宴。不少干部鄙视地说:"给外孙做生日,关起门来在家搞就行了,作为纪委书记怎么能出面组织,这明明是想尽办法敛财嘛!"

然而从表面看,彭晋镛给人的印象是生活俭朴、平易近人,故被一些人视为"清官",但从其所作所为来看,贪婪的嘴脸昭然若揭。他在大会上大讲廉洁自律、严惩腐败,在背后却放纵贪欲、疯狂敛财;他一面大讲公款吃喝是财务开支的无底洞、滋生腐败的黑洞、掩盖违纪的防空洞,另一面却趁机再三虚开公款接待发票,利用这个黑洞侵吞国家和集体资财;他一面大讲要优化经济发展环境、支持民营企业发展,另一面却想方设法索贿、受贿,不给好处不办事;他一方面大讲要严守纪律、对腐败分子要一查到底,另一方面却将群众举报偷偷告诉被举报人,暗中大搞权钱交易。

听说彭晋镛出事后,不少人大吃一惊。让更多的人不解的是,在他们印象中一向精明谨慎的彭,为什么如此之贪?胆子又如此之大?

一些干部分析认为,三种心态左右了彭晋镛,致使他迷失了方向。一是船到码头车到站的心态。他看到政治生命接近尾声,总感觉自己过去贡献大、形象好、威信高,组织上没给他更多荣誉和职位,觉得不满足,觉得吃了亏。于是,他抓紧手中最后的权力,对有利可图的事手伸得更长了,下手也更狠了。

二是有恃无恐的心态。为什么他挥霍"备用金"肆无忌惮?办案人员分析他是这样的心理:"我报一点,吃一点,没人查,都是这个风气;再则,我是市委领导,而且是专门查人的纪委书记,没人敢来查我。"

> 三是安排后事的心态。为福荫子孙聚敛私财的心理,在彭晋镛身上表现突出。他把贪污受贿来的钱花在了儿女身上。一部分用在女儿留学,大部分用于在北京买房。彭晋镛在北京购买了两套住宅,有一套是每平方米1万元,一共花了196万元;去年年底,他在北京大学附中附近又买了一套价值100多万元的房子。他打算过两年老两口退休后到北京居住,他将房子买到北大附近,主要是考虑将来小孩子上学方便。
> 三种心态的核心,是一个私字作祟,掌权不是为民,而是为己谋利,其结果只能是堕入犯罪深渊。

此外,一些犯罪人在审美观等方面也有不同于守法者的差异。例如,一些犯罪人在对美丑、善恶的区分上有偏差,在追求不符合社会规范的现象的过程中进行了犯罪行为,使错误的审美观也成为犯因性因素。

(九)犯因性教育因素

研究表明,对于犯罪行为的产生有影响的犯因性教育因素主要包括两个方面:

1. 文化水平低

受教育程度或者文化水平对于个人的职业选择和社会适应有很大的影响。"这种影响不只限于社会分工的不同,而是对于其以后的工作生活环境、行为方式等都有影响。"[1]调查发现,"各职业罪犯的文化程度有其自身的特点及差异,而文化程度较低、受教育

---

[1] 周路主编:《当代实证犯罪学新编——犯罪规律研究》,人民法院出版社2004年版,第127页。

年限较短的职业群体,犯罪数量明显偏高。"① 尤其是不具备最基本读写能力的受教育状况,会严重制约个人的社会适应和正常生活,因而具有明显的犯因性作用。从整体来看,犯罪人的文化水平要低于普通人。很多犯罪人存在着学习能力不高,学业成绩差等问题。根据2003年年底的统计,罪犯的平均文化水平要低于社会总人口的平均文化水平(参见表格4-1)。

表格4-1:罪犯文化程度[1]与总人口文化程度[2]的对比(2003年数据)

文化程度	总人口(%)	罪犯(%)
初中及以下文化	81.14	85.26
其中:文盲和半文盲	9.68	9.01
小学文化	33.42	35.05
初中文化	38.04	41.27
高中及以上文化	18.84	10.67
其中:高中文化		8.95
大专文化		1.29
大学及以上		0.43

[1] 罪犯文化程度指罪犯被逮捕前的文化程度。有关资料来源于司法部监狱管理局的统计资料。

[2] 总人口文化程度数据是根据2003年全国人口抽样调查数据换算的。应当注意的是,这个抽样调查的对象是6岁及以上人口,而监狱中的罪犯至少为14周岁;如果考虑这个因素的话,总人口与罪犯在文化程度上的差异会更大,因为总人口的基数会变小。②

2. 错误教育

错误教育是指在教育的内容和方式等方面都不符合社会规范和教育规律的教育。例如,在一些情况下,受教育者有可能被灌输

---

① 周路主编:《当代实证犯罪学新编——犯罪规律研究》,人民法院出版社2004年版,第127页。

② 这次全国人口抽样调查的原始数据见国家统计局的网站:http://www.stats.gov.cn/tjsj/ndsj/yb2004-c/indexch.htm[2005-11-11]

错误的人生观、价值观、道德观、法治观、社会观等,在这种情况下,这些错误的观念会成为犯因性因素,促使个人进行犯罪行为。甚至在一些家庭中对成员进行如何犯罪的教育,实践中发现的一些家族性诈骗犯罪、盗窃犯罪和贩毒犯罪的案例,证明在一些家庭中确实存在对家庭成员进行如何犯罪的教育和训练的现象。又如,采用暴力、虐待、漠视、溺爱等教育方式进行教育活动的话,也会使受教育者学会这类不恰当的行为模式,用它们处理自己生活中遇到的问题,从而也有可能引发犯罪行为。在社会心理学家的研究中已经发现的"家庭暴力的社会遗传"现象,可以证实这一点(参见专栏4-11)。已经形成暴力倾向的人,在社会交往中也更有可能进行暴力行为和暴力犯罪。

专栏4-11:家庭暴力的社会遗传[①]

> 莫里·斯特劳斯(Murray A. Straus, 1981)等人的研究发现,配偶之间的暴力行为与青少年时期所经历的家庭暴力之间有密切的关系,惩罚能使受罚者更具有攻击性,也可能将攻击行为由上一代传给下一代,从而形成家庭暴力的社会遗传。他们的调查发现,已婚而且曾经目睹过父母相互攻击的男性,有35%的人在过去一年中曾经殴打过妻子;从未看见过父母有过暴力行为的男性,只有11%的人曾经殴打过妻子。女性的情况也相似,其百分比分别为27%和9%。因此,不论是男性还是女性,凡是儿童时期受过肉体惩罚的人,长大以后更有可能用暴力行为对待家人。凶暴的父母会将攻击倾向传给下一代;同样,温和的父母也会将温和倾向传给下一代。

[①] 〔美〕戴维·西尔斯等(David O. Sears, Jonathan L. Freedman & Letitia Anne Peplau):《社会心理学》(第五版),黄安邦译,台湾五南图书出版公司1986年版,第487—488页。

（十）犯因性能力因素

能力是指个人成功地完成某种任务所必需的个性心理特征。能力的大小决定了个人能否顺利地进行某种活动和完成某种任务。先天因素、环境因素和主观努力等，都对个人能力的发展有重要的影响作用。能力与知识和技能有密切的联系：能力既是掌握知识和技能的前提，又是掌握知识和技能的结果，它们是相互转化和相互促进的。

犯罪心理学的研究表明，犯罪心理的产生和犯罪行为的实施，与个人某些能力的缺乏有关。犯罪人所缺乏的能力主要包括：

1. 自我调节能力

自我调节能力是指个人对自己的心理和行为进行主动调整的能力。心理学研究表明，人们的许多心理现象和行为，都是受个人自己的内部标准和自我评价制约的。在长期的社会化过程中，人们通过社会学习，形成了自己的一套道德和行为等方面的标准，个人在思考问题和采取行动时，往往使用这样的标准进行衡量，对自己的思想和行动进行自我评价，并且根据自我评价的结果，决定下一步活动的方向。正如美国著名心理学家艾伯特·班都拉所说的："人不只是按别人的喜好去行动。他们的大多数行为是由内部标准发动和调节的，并对自己的行为作出评价性反应。"[1]

缺乏自我调节能力是重要的犯因性因素。这是因为缺乏自我调节能力意味着：第一，缺乏判断标准。缺乏自我调节能力首先意

---

[1] 〔美〕A. 班都拉：《思想和行动的社会基础——社会认知论》（上册），林颖等译，华东师范大学出版社2001年版，第28页。

味着没有完成正常的社会化,对社会规范的掌握有问题,因而缺乏符合社会要求的内部判断标准,容易产生违反社会规范的心理和行为。第二,缺乏判断能力。由于缺乏内部判断标准,个人判断是非的能力不够,其心理和行为很容易受别人的影响,这样的人很可能在别人的暗示和引诱下,产生犯罪心理和犯罪行为。第三,缺乏自我评价。缺乏自我调节能力的人往往缺乏适当的自我评价能力,他们在自我评价方面有缺陷,对自己没有恰当的估计,这样的人可能会因为自我认识错误而产生犯罪心理和犯罪行为。

缺乏自我调节能力的重要表现,就是意志品质薄弱。意志是个人自觉地确定目的并调整自身行动去实现预定目的的心理过程。意志对确立恰当的行动目标和进行一定的社会行为,都有重要作用。很多犯罪人在社会生活中往往形成这样一些薄弱的意志品质:(1)易受暗示性。缺乏主见,思想和行为易受别人的影响。(2)顽固性。固执己见,拒绝别人的劝告和建议。(3)动摇性。经不起失败,一遇到挫折就灰心沮丧,放弃行动目标。(4)优柔寡断。(5)轻率冒失。(6)缺乏自制力。

2. 事先思考能力

事先思考能力是指人们在行动之前能够预见到行动后果的能力。人的行为并不仅仅是对当前环境的简单反应,人的大多数行为都是有目的的,人的行为受事先思考的制约。研究表明,个人往往是根据所预见到的行动后果来确定行动目标的,尽管未来的事件本身不能决定某一行为,但是,对未来事件的认识有助于人们决定采取什么样的行为。

研究发现,许多犯罪人缺乏事先思考能力。由于缺乏事先思考能力,对未来后果的预见不能发挥阻止犯罪行为的作用。例如,如果犯罪人不能预见到自己的行为可能会造成被害人死亡、自己要受到严厉的刑法处罚等后果，那么，对不利后果的这种认识，就不能发挥促使犯罪人反复思考是否进行这样的行为的作用。同时，缺乏事先思考能力，也往往容易使个人不加思考地直接对面临的情境作出行为反应，从而会使个人产生冲动性的犯罪行为。

3. 自我反省能力

自我反省能力是指个人对自己的心理和行为进行有意识地审查和思考的能力。简言之，就是个人进行自省的能力。自省的目的在于发现自己的心理和行为是否恰当，是否违反了准则，同时，也包含了从过去的成功和失败中吸取经验和教训的成分。通过对自己的经历和认识的思考，人们获得有关自己和周围世界的知识，形成一些关于自己和社会的观念。

自我反省能力的缺乏，是重要的犯因性因素。因为自我反省能力的缺乏，使个人不考虑自己以往的行为，缺乏通过行动和经历进行学习和提高自己的能力，也就是通常所说的不能"吃一堑，长一智"。同时，也不能准确地思考自己的经历，很容易从自己的经历中得出错误的结论和观点，而这些错误的结论和观点，又会促使个人产生证实其错误结论和观点的动机，促使个人进行错误的行为。自我反省能力的缺乏，使个人不能从失败中吸取教训，所以，这也是导致重新犯罪的心理因素之一。

4. 替代性反应能力

替代性反应能力是指个人通过观察他人的情况而进行学习和作出反应的能力。在以往的心理学理论中，通常强调直接学习，即通过亲身体验进行的学习，但是，心理学家班都拉却强调观察学习的作用，认为可以通过观察别人的情况进行学习和作出反应。"可能发生的错误的代价越大、越危险,对有关范例的观察学习的依赖性就越大。"①而且,他的研究表明,反社会者缺乏从他人的痛苦中学习的能力。"与亲社会者相比,反社会者对观察到的痛苦产生更少的自主反应。在缺乏从他人的痛苦经验中学习的能力方面,二者之间的差异更加明显。通过替代性地引发情绪,亲社会者对情境中能够预示痛苦经验的社会事件形成了情绪反应能力,但是,具有严重的反社会倾向的人,则缺乏这种学习能力。如果人们不能从他人遭受的伤害中学会预测痛苦,就可能重复地犯下令人痛苦的错误。"②

缺乏这种通过观察别人的情况进行学习和作出反应的能力,是一种重要的犯因性因素。因为这意味着刑罚的一般威慑作用对犯罪人不起作用。刑罚的一般威慑作用的原理在于,通过颁布刑法和在大众传播媒介中广泛宣传犯罪人受到刑罚处罚的案例,使一般人也认识到:犯罪行为是社会所不允许的,进行犯罪行为会受到与案例中的犯罪人同样的处罚。这种认识会使那些有可能犯罪的人知道如果进行犯罪行为,会发生什么样的不利后果,从而阻止许多可能发生的犯罪行为。但是,如果个人缺乏替代性反应能力,认识不到大众传播媒介中报道的犯罪受到惩罚的案例与自己的联系,不知道自己如果进行犯罪行为也会同样受到惩罚,那么,已经判处的刑罚就不能对他们产生威慑作用,就不能阻止他们的犯罪行为,他们就会无所顾忌地实施犯罪行为。

---

① Albert Bandura, *Social Foundations of Thought and Action* (Englewood Cliffs, NJ: Prentice-Hall, 1986), p. 20.
② 〔美〕A. 班都拉:《思想和行动的社会基础——社会认知论》(上册),林颖等译,华东师范大学出版社2001年版,第445页。

5. 象征化能力

象征化能力是指个人使用言语的和非言语的象征的能力。象征(symbol)又称为"符号",它是指用具体事物表示某一抽象意义的表达方式。借助象征这种方式,人们可以使用具体的事物、活动等表示抽象的意义,有效地表达自己的思想、感情和进行人际互动。使用象征的能力,为人们提供了改变和适应环境、将自己的经历或体验转换为能够指导未来行动的内部模式的有力手段。象征帮助人们明白其体验或经历的意义,赋予人们能够在行动之前检查可能的解决方法的能力,从而使人们能够以行动之前对行动后果的估计为基础,决定进行或者放弃自己的行动。

缺乏象征能力意味着个人缺乏理性思考能力,推理技能发展不足或者不能有效地使用,容易根据不充分的信息作出推理,不能考虑各种可能的解决方法的后果,不能对发生的事件产生恰当的认识,因此也就不能作出正确的判断和反应。这种情况必然会造成个人适应环境困难,对犯罪心理的产生和犯罪行为的发生起犯因性作用。

6. 社会适应能力

社会适应能力是指个人根据社会环境的变化自觉调节身心状态和行为方式的能力。进行这种适应的目的,是要建立和维持与社会环境的和谐关系。

有人认为,社会适应的内容应当包括以下几项:第一,对社会生活环境的适应,包括对不同生活条件与方式的适应;第二,对各种社会角色的适应,包括各种角色意识的形成以及对不同角色行为规范的掌握;第三,对社会活动的适应,包括各种活动规则的掌握和活动能力的形成,如学习、交往、工作、休闲等能力的形成与发展。联合国教科文组织提出的关于现代教育的四大支柱(即四项培养目标:学会做事、学会求知、学会与人共处、学会生存)所反映的都是社会适应方面的基本要求。有人认为,社会适应最重要的就是对人际交往和人际关系的适应。这一观点也有一定道理,因为不论从事哪个方面的活动,都离不开人际交往,都要同人打交道。生活也好,学习也好,工作也好,都是与人交往的过程,都要以良好的人际关系为基础。所以,善于与人相处,善于协调人际关系,是使生活美满、事业成功的重要保证。[①]

缺乏社会适应能力或者社会适应不良意味着,个人难以应对社会环境的变化,难以承担不同的社会角色,难以应付多种多样的社会活动,难以应对达到就业年龄之后无法就业或者在从事某种职业的过程中发生失业等重大职业变化引起的困难和问题,难以进行良好的人际交往和维护良好的人际关系。这些必然导致个人出现适应不良现象。犯罪行为就是最严重的适应不良现象之一。正如美国犯罪心理学家戴维·亚伯拉罕森(David Abrahamsen)指出的,"……犯罪是一种妥协表现,代表了个人不能用别的方式加以表现的那些内心冲突的最满意的适应方式。"[②] 其他的适应不良现象还包括发生精神疾病、进行自杀行为等。因此,缺乏社会适应能力或者社会适应不良,是重要的犯因性因素。

(十一)犯因性技能因素

技能是指个人通过练习形成的符合法则的操作活动方式。心

[①] 贾晓波:《心理适应的本质与机制》,《天津师范大学学报(社会科学版)》2001年第1期,第21页。

[②] David Abrahamsen, *Crime and Human Mind* (Montclair, NJ: Patterson Smith, 1969), p.26.

理学中将技能分为两类:一是动作技能,即为了顺利完成某种操作活动而按一定方式组织起来的肢体动作系统;二是智力技能,即为了完成某种认知活动而以一定程序组织起来的智力动作系统。不过,通常所说的技能,更多地是指动作技能。技能是个人有效地进行活动的重要因素,与犯罪心理的形成和犯罪行为的实施有关的犯因性技能因素主要包括下列两个方面。

1. 职业技能

职业技能就是个人从事不同职业工作所需要的技能。在现代社会中,随着现代化的发展和社会分工的细化,很多职业的技术含量不断增加,从事特定职业所需要的技能越来越高,在这种情况下,职业技能的状况对于人们的职业活动和日常生活等,都有重要影响。根据犯罪学的研究,具有犯因性作用的职业技能状况主要包括两种:

(1) 职业技能不足。这是指个人不具备从事社会中职业工作的技能的状况。由于缺乏职业技能,个人不能从事需要较高技能的职业工作,只能获得较低的个人收入,这很容易使家庭陷入贫困状态。同时,缺乏职业技能的人在劳动力市场上竞争力差,在竞争中处于不利的地位,很容易面临失业等危险,使自己和家庭陷入经济贫困。犯罪学研究表明,经济贫困特别是突然发生的经济贫困,往往是犯罪行为的重要因素。因此,个人职业技能不足以及因此造成的不能顺利就业或者容易失业,具有犯因性作用。调查发现,无论是在初次犯罪者,还是在重新犯罪者,处于待业(失业)状态的人都是最多的:初次犯罪时待业的为27.5%,重新犯罪时待业的达到35.4%。调查还发现,那些释放后职业不稳定的人员更有可能重新犯罪,重新犯罪者中身份是个体户的最多,达到22.8%。[1] 国外的研究也发现,"在失业率较高的地区,犯罪率也较高。""某一地区失业的增加,伴随着犯罪率的增加。"[2]如果职业技能不足的人,具有自我评价过高、好高骛远、眼高手低、好逸恶劳等问题,更容易产生犯罪行为(参见专栏4-12)。

专栏4-12:懒汉劫持飞机案例[3]

被人戏称"建国以来最傻的劫机犯"许文忠,为了带女儿去美国挣大钱,异想天开地用一把卡锁刀劫持飞机。乘客和机组人员仅用两分钟就制服了许文忠。许文忠因为劫持航空飞行器罪,被判处有期徒刑15年,剥夺政治权利5年。

劫机未果,惹来牢狱之灾

这次劫机事件,发生在2002年4月17日。

这天17时10分,中国北方航空公司的2105号飞机由大连起飞,执行大连—沈阳—延吉的CJ6622航班任务。

飞机起飞10分钟后,空姐为乘客发送香水纸巾。当发到15排时,坐在16排B座的许文忠突然站起来,左臂搂住空姐的左肩。空姐以为这位乘客喝酒喝多了闹事,就用力推开他。这时,她却看到了一把刀由下而上逼向她的颈部。空姐本能地大叫一声。这时,许文忠大喊:"都别动,劫飞机!"

这时乘客们都站了起来,空姐仍在挣扎。乘客孙盛泉冲过去一把抓住了许文忠拿刀的右手手腕。许文忠的刀刺向一位姓孙的乘客,孙用力按住许文忠的手腕,让刀碰不到自己。这时,

---

[1] 朱洪德、吴宗宪(执笔)、周勇、李玉竹:《"重新犯罪的心理与对策"课题报告》(上),《犯罪与改造研究》1995年第12期,第21—22页。

[2] Lee Ellis & Anthony Walsh, *Criminology: A Global Perspective* (Boston, MA: Allyn and Bacon, 2000), p.161.

[3] http://www.legaldaily.com.cn/zbzk/wc/fzwcj943/fwa/lnrj.htm[2005-2-22]

另一位乘客飞起一脚踢在许文忠的脸上,许文忠当即满脸是血,眼睛模糊。这时,多名乘客一拥而上,把许文忠扑倒在座椅上。又上来几位乘客夺刀,许文忠的刀在乱舞,一名乘客用衣服缠住了刀。仅用了不到两分钟,许文忠就被空中安全员和乘客们制服,这起劫机事件宣告破产。飞机安全降落在沈阳桃仙国际机场,许文忠被移交给公安机关,飞机又正常起飞了。

在监狱中采访时,许文忠一脸的悔恨:

"在大连,找了几天的工作,都失败了。有一天,女儿跟我在游玩,她突然说:'这里太美了,像美国一样美!'我当时就想了许多,要是真能去美国多好,听说那里挣钱容易,不用挨累就能挣大钱。有一天,我领女儿在海边玩,有一架小飞机在做飞行表演,女儿说要坐飞机,说坐飞机好玩。我当时想,反正手里也没有多少钱了,就让女儿坐一次飞机吧。"

"买完飞机票,我手里还有几百元钱,还够从沈阳坐车回家的。我跟女儿上了飞机。女儿高兴得欢天喜地,我却发愁了,回去怎么生活呀!我怎么面对女儿呀!想到这儿,我从衣袋里摸出那把卡锁刀,这是我给女儿削水果用的。我当时就想,要是把飞机劫到美国去,我就可以在美国挣大钱了。"

"劫机前,我紧张极了,双手都在颤抖。右手哆嗦得都握不住刀了,脸上冒着冷汗。就那样颤抖了几分钟,去美国发财的梦想终于战胜了恐惧,我站起来用刀逼住了空姐。当我大喊一声'劫飞机'时,乘客都站了起来。短短的几秒钟,我感觉到全体乘客的眼睛都向我喷出了怒火。可我已经没有退路,我挟持着空姐,作最后的挣扎。这时,女儿哭了起来,她的嘴里说着'坏爸爸,坏爸爸!'"

"后来,她被好心人抱到了机舱的最后排。我看不到女儿了,可还是听得见她的哭声。那时,我的眼泪流了下来,我用头撞着座椅,真的恨自己,恨自己不但没能给女儿一个好的生活,反而让她看到了这么恐怖的场面。"

"我真的很后悔,我本应该好好工作好好生活,可我却落得今天这样的下场。后来,听管教干部告诉我,女儿被我前妻带走了。家里没有人来看我。我好后悔。"

终日闲坐,懒汉靠妻养活

今年32岁的许文忠,中专毕业后在辽宁省朝阳市无线电元件厂工作。结婚后也曾有过幸福甜蜜的时光。他的一切不幸,都源于一个"懒"字。

1997年春,一直觉得做工不如意的许文忠,主动要求下岗。身为纺织女工的许妻黄某也支持丈夫下岗,因为丈夫说要在商海里大显身手,她相信他有这个能力。

下岗后,许文忠整天筹划着经商,却是雷声大雨点小。每天早晨,妻子做好早饭上班走了,他还没起床。等到上午10点多钟,躺着觉得饿了才起床吃饭。吃完后打开电视机,抽烟喝茶看电视,他觉得这样舒服极了,真是神仙过的好日子。

中午饭在父亲家吃一口。吃过午饭,又睡午觉。下午两点多钟,许文忠骑着自行车开始考察商机了。他在朝阳市的商业街上转来转去,跟一些业主有一搭没一搭地聊着。遇着熟人或同学,他就请人家吃饭,跟人家取经。当然,这些人也都热心地告诉他许多经商的内幕。

一个月过去了,许文忠还在"考察",妻子黄某问他:"你到底要做什么生意?"许文忠说:"这是决定我一辈子的大事,不能马虎,要好好考察考察,搞准了,我们准能发财。"

又一个月过去了,他向妻子汇报考察结果:"做就得做大生意,做小本生意,还不如上班呢!凡是挣大钱的,都是大买卖。我要干,就要干大的,小的干着没意思。"

黄某有些不满了:"文忠,你每个月的下岗费才110元,我的收入也不高。等你挣大钱来,我们家早就没饭吃了。"

许文忠开始了他的筹款行动,他找到了所有亲戚同学同事熟人中有钱的人,跟每一个人讲自己的宏伟计划。可是,没人肯投资。

大生意没做成,许文忠觉得自己一点责任都没有:"我肯定是经商的好手,可没钱我怎么干呀!"他开始心安理得地坐在家里抽烟喝茶看电视,享受着自由快乐的生活。

黄某多次劝告无效,真生气了:"你一个男子汉,在家坐了几个月了,一分钱不挣。让媳妇养你,丢不丢人!没钱做大买卖,还不能做点小生意吗?人家都穿得漂漂亮亮,我都半年没买新衣服了,你不觉得丢人吗?"

许文忠第一次听媳妇说这么难听的话,总算受到一点触动,他决心做小生意挣点钱,不能让媳妇瞧不起自己。在接下来的一个月时间里,他卖过一次菜,因为不会叫卖,一天只卖出两份菜,当然连本钱都没赚回来,剩下的菜就拿回家自己吃;他卖过两天服装(内衣内裤之类),一件未卖出,等于是花钱买了些内衣内裤给家人用;他还摆地摊卖过小玩具,当然也是血本无归,小玩具只好送给亲友的孩子们……

一个月的经商实践就这样告终了。许文忠仍然认为自己是做大买卖的料,做小生意肯定赔钱。没有做大生意的本钱,就只好心安理得地在家闲坐。

忍无可忍,妻子决意离婚

1998年夏,女儿出世了,这让小两口非常高兴。

女儿满月后,许文忠在妻子和亲友的多次劝说和痛骂后,终于又出去挣钱了,不过,两个月仍没拿回家一分钱。他知道自己做不了小生意,就出去应聘,在一家公司做小职员,只干了两天就不干了。原因非常简单,太累了,挣钱又少。经过思考,他认为自己应该当个推销员,时间不受限制,又可能挣大钱。于是他给一家油漆厂推销产品,结果是一个月未开张,被炒了鱿鱼。

该试的都试了,许文忠明白了:"除了做大生意,我什么也干不了。"

黄某是爱许文忠的,她只是想帮助丈夫走出人生的误区,没想过要离婚。孩子太小,双方的亲人都在尽力帮助她。产假一满,黄某就上班了,可没过多久,她也下岗了。不能总让亲人帮助过日子呀!黄某开始摆地摊做点生意,让母亲帮助照看女儿。

摆地摊是很辛苦的,黄某还得抽空去给孩子喂奶。她跑去跑回,总是满头大汗。可许文忠从不帮她的忙,这让她非常伤心。这样的日子过了一年多,许文忠仍是在家里闲坐,什么事也不干。

2000年年初,黄某抱着孩子回了娘家,临走时,她告诉许文忠:"你能挣钱养活我和女儿时,再去接我们回家。"可是,许文忠始终没有接回妻女,因为他始终没有挣回一分钱。

黄某几次把女儿抱回家,说是怕爷爷想孩子,实际上是想让许文忠看看女儿,好有挣钱养活妻女的想法和干劲。许文忠见到女儿也是非常喜欢,可他就是不想出去挣钱。

对他已经彻底绝望的黄某,于2001年3月起诉离婚。法院于一个月后判决他们离婚,女儿归黄某抚养,许文忠每个月给女儿100元抚养费。

离婚后,许文忠每个月的110元下岗费,得拿出100元给女儿作为抚养费,他每个月就只剩下10元钱了。就这样,他还是不出去挣钱。母亲已经去世了,许文忠跟父亲在一起生活,用的都是父亲那点可怜的退休金。生活很苦,可许文忠仍自得其乐。

借钱消费,不顾三七二十一

2001年6月,在外地做生意的叔叔回家探亲,得知侄儿的情况后,大骂了许文忠一通。叔叔临走前,从怀里掏出7000元钱:"文忠,这些钱借给你做生意,你不是总说因为没有本钱不能做生意吗?拿这7000元作本钱,做点小生意。你爸爸已经是花甲老人了,你不能再拖累他了,让他过几年安稳日子吧。"

有了钱,许文忠把女儿接了回来,给女儿买了好吃的、新衣服和玩具。

送走了女儿,许文忠又一次考察生意,考察了一个月,结果是:做生意需要更多的钱,7000元钱只能做小生意,而自己做不好小生意。不过,他觉得还是应该给叔叔一个交待。

> 　　许文忠在一所中学附近做起了文具生意,一周后,还是连本钱都没挣回来。他又灰心了,又回到家里像以前那样悠闲地生活着。
>
> **梦想破灭,走向毁灭之路**
> 　　有一件事让许文忠真的非常难受。2002年3月底,他去接女儿,女儿拒绝跟他走:"大人都说你好吃懒做,不是好人,我不要坏爸爸,我不要坏爸爸!"
> 　　许文忠低着头回了家,真觉得无脸见人。
> 　　回到家,他躺在床上想了几天,最后又找到了答案:"朝阳是辽西偏远的小市,不可能有什么发展,我应该去有发展的城市,相信我能有所作为。"结论是,要去大连发展,因为大连是东北地区经济最发达的城市,离家又不远。要去发展,要带上女儿,让女儿看看她爸爸不是好吃懒做的坏人,而是有出息的人。
> 　　拿定主意,许文忠找到黄某,谎称自己将去外地打工,走之前要领女儿去旅游一趟。就这样,2002年4月12日早晨,带上仅有的钱,许文忠领着女儿小许坐上了开往大连的汽车。
> 　　到达大连,从未出过远门的许文忠感觉进了天堂,他想不到还会有这么美丽的城市。他领着女儿游泳、坐船、逛公园,女儿开心极了。
> 　　领着女儿玩得这么开心,许文忠没有忘记此行的目的,他每天早晨和傍晚,都会按报纸上的招聘广告去应聘,可应聘的结果,让许文忠失望到了极点,他的梦想破灭了。2002年4月17日上午,他买了飞往沈阳的机票。于是,就出现了本文开头众人制服劫机犯许文忠的场面。

（2）职业技能偏常。这是指个人的职业技能在非常规方向得到片面发展的现象。在现代社会中,深入钻研职业技能,使职业技能精益求精,是普遍鼓励的、正常的发展方向。可是,对于一些从业人员来说,他们虽然也不断钻研职业技能,但是,他们的职业技能却在偏离常规的方面得到极端发展,最终导致他们利用职业技能进行违法犯罪活动。例如,化学工程师利用自己的专业技能钻研制造毒品的技术,计算机专业人员在职业活动中钻研如何利用计算机进行犯罪活动的技术,医生在职业活动中钻研怎样利用自己的职业进行犯罪活动的技术(利用药物致死病人、利用外科手术危害病人等),会计师利用职业技能做假账,银行工作人员利用业务技能进行犯罪行为(参见专栏4-13)。因此,职业技能偏常发展,具有犯因性作用,是犯因性因素之一。

专栏4-13:耳听储户敲击键盘　破解密码透支存款[①]

> 银行职员利用职务之便,竟然打起了储户的主意并透支储户存款10余万元。2004年11月8日,黑龙江省哈尔滨市某国有银行职员穆伟被该市道里区法院以贪污罪一审判处有期徒刑10年。
> 穆伟在办理银行业务时,对账户里存款较多的储户十分留意,他记住了这些储户的账号和身份证号码,用心听储户敲击键盘的声音及敲击频率,来分析储户的密码。对一些重叠号、顺序号以及使用自己生日作为密码的储户,他很快就破解了密码。获得储户的某些资料后,穆伟将普通的IC卡消磁,又在同事的电脑上复制出储户的借记卡。然后,他趁上下班时间在没有摄像头的多部ATM机上取款。至案发,穆伟共透支储户存款13万余元。2004年5月,当穆伟再次透支储户存款时,被当场抓获。

2. 社会技能

社会技能是指人们在社会中顺利地进行社会活动所必需的技能。社会技能的发展水平和特点,对于个人能否顺利地过守法生

[①] 《法制文萃报》2004年11月18日第6版。

活,有密切的关系。犯罪学研究发现,社会技能缺乏是造成犯罪的重要原因。从很多方面来看,都可以把社会技能缺乏看成是犯因性因素。

从犯罪学的角度来看,下列社会技能及其特点,对于个人是否进行犯罪行为,有重要的影响作用。

(1)社交技能。又称为"人际交往技能",这主要是指建立和维护良好的人际关系的技能,包括如何与别人打交道、如何识别朋友、如何对待友人的技能等。社交技能主要包括三类成分:第一,观察技能。主要是指获取别人信息的技能,特别是指通过观察别人非言语表达方式了解其中所包含的信息的技能。非言语表达方式包括面部表情、身体姿势和动作、语气和语调等。第二,认知技能。主要是指判断所获取信息并作出应对决定或者计划的技能。第三,执行技能。主要是指将所作出的决定或者计划付诸实现的技能,或者说是作出恰当反应的技能,包括倾听、言语表达和非言语表达等方面的技能。

研究发现,社交技能缺乏与犯罪行为有密切关系。很多犯罪人缺乏良好的人际交往技能,他们或者无法正常地与他人交往,或者难以恰当地处理人际交往中出现的问题,或者与反社会者、其他犯罪人进行交往,这些方面都具有犯因性作用。因此,人际交往技能的缺陷,是犯罪人与守法者的重要差异之一。"社交能力与犯罪行为之间是有联系的。"①国外的研究表明,一些犯罪人,特别是青少年犯罪人可能在解决社交问题上有困难。例如,弗里德曼(B.

---

① 〔英〕克莱夫·霍林(Clive R. Hollin)主编:《罪犯评估和治疗必备手册》,郑红丽译,中国轻工业出版社2006年版,第156页。

J. Freedman,1978)等人使用青少年问题量表(Adolescent Problem Inventory,API)对青少年犯罪人和守法青少年的技能缺陷(skill deficits)进行的比较研究发现,与守法青少年相比,青少年犯罪人对一系列社会问题更少能作出符合社会要求的反应;青少年犯罪人解决人际问题的方法比较有限,而且更依赖言语或者身体攻击。威尼采亚诺(C. Veneziano,1988)等人对于被监禁少年犯罪人的社会技能的比较研究发现,少年犯罪人的社会技能知识要比好市民少。加夫尼(L. R. Gaffney,1981)等人的研究发现,犯罪少女可能对各种社会情境较少作出恰当的反应;少年犯罪可能与和权威成人的交往中技能缺乏有关,而不是与和同伴的交往中技能缺乏有关。①

(2)抵御诱惑技能。这是指个人在诱惑面前坚守行为准则的技能。在社会生活中,人们可能会遇到不同的诱惑,包括物质、名誉、地位、两性关系等方面的诱惑。面临这些诱惑时,一些人可以利用一定的技能坚守自己的原则,而另一些人缺乏这样的技能,屈服于诱惑,最终走上犯罪的道路。因此,缺乏抵御诱惑技能,是重要的犯因性因素。

(3)社会观察技能。这主要是指导个人如何恰当看待社会中各类现象的技能。例如,如何看待社会阴暗面、别人的悲惨遭遇、对社会现象的价值评判等的技能。观察技能的品质不仅影响个人能否准确地观察这些社会现象,也影响个人如何评价这些现象、如何对待这些社会现象与自己的关系。社会心理学家对于观察学习

---

① 〔英〕克莱夫·霍林(Clive R. Hollin)主编:《罪犯评估和治疗必备手册》,郑红丽译,中国轻工业出版社2006年版,第154—155页。

的研究发现,人们的很多观念、态度、技能、习惯等,都是通过观察学习获得和维持的。因此,有缺陷的社会观察技能可能会使个人更多地关注社会阴暗面、更有可能在观察社会阴暗面的过程中进行犯罪学习和强化犯罪态度,也有可能使个人未能发现潜在的危险等。这些都具有促使个人变成犯罪人的犯因性作用。所以,有缺陷的社会观察技能,是犯因性因素之一。

(4)自我认知技能。这是指个人如何认识和评价自己的技能。在社会生活中,准确地认识自己的价值和不足,恰当地评价自己的行为举止,是顺利适应社会生活所必需的。如果个人缺乏这方面的技能,不能恰当认识和评价自己,就会产生错误的认识和作出错误的决定,就有可能发生犯罪行为。因此,自我认知的缺乏,也具有犯因性作用。

(5)感情表达与控制技能。这是指个人正确表达自己感情和适当控制自己感情的技能。表达感情和控制感情是人际交往中最为常见的活动之一,人们在日常生活中的交往,有很大一部分是感情方面的交流。恰当地表达自己的积极感情,适当地控制自己的消极感情,有利于建立和维护良好的人际关系。反之,有可能引起人际冲突,进而发生暴力行为和其他危害行为。因此,良好的感情表达与控制技能是促进社会和谐和人际交往的重要方面,而感情表达与控制技能缺陷则具有犯因性作用。

三、犯因性行为因素

(一)不良行为习惯

犯罪行为是按照一定行为模式进行的。个人在过去的生活经历中学会和掌握的行为模式,特别是经常使用的行为模式,往往会对犯罪行为的产生,发生重要的影响作用。个人在一些情境下经常使用并且固定化的行为模式——行为习惯,在很多情况下更会影响甚至决定犯罪行为是否发生以及犯罪行为的危害程度等特征。因此,个人的行为习惯与犯罪行为有密切的关系。

所谓行为习惯,是指个人在一定情境下自动化地进行某种行为的倾向。研究表明,许多犯罪人都养成了不良行为习惯,这些不良行为习惯在犯罪行为的产生中具有犯因性作用,而且其犯因性作用由于犯罪行为类型的不同而有差别。这些不良行为习惯主要有:[1]

(1)身体攻击习惯。有些犯罪人的言语表达能力差,在生活中形成了用身体攻击行为解决矛盾或摆脱困境的习惯。当他们遇到挫折时,往往不能用说服、协商的方式解决问题,而是常常诉诸身体行动,使用暴力行为,容易产生暴力型犯罪。

(2)偷窃习惯。有些犯罪人从儿童少年时代起就开始进行偷窃行为,形成偷窃习惯,随着年龄的增加,有的人甚至还形成了病态偷窃心理——偷窃癖(kleptomania,又译为"偷窃狂"),表现为经常产生不可克制的偷窃冲动,不偷别人的东西,就产生强烈的焦虑和抑郁,所偷的东西对自己没有使用价值,常将偷窃的东西弃之不用或者偷偷放回原处,偷窃之后有悔恨感,但是下一次偷窃冲动产生时,又情不自禁地进行偷窃活动。这种习惯和心理,是导致盗窃等犯罪的犯因性因素。

---

[1] 吴宗宪:《试论罪犯改造目标》,《社会公共安全研究》1993年第2期,第2页。

（3）说谎习惯。一些犯罪人在生活中形成了用说假话解决问题或者摆脱困境的习惯。这种习惯是诈骗等犯罪的重要犯因性因素。因为一个人在因小事而说谎之后，有可能需要用更大的谎言进行"善后"工作，维持已经讲出的谎言……这样，就会使说谎行为产生恶性循环，使个人陷入难以自拔的尴尬境地，很多严重说谎的诈骗犯罪就是谎言恶性发展的结果（参见专栏4-14）。

专栏4-14：为圆谎言杀妻弑母案[①]

　　某地法院对一起杀人案作出终审判决，判处犯罪嫌疑人罗山（化名）死刑，缓期两年执行，并强制其接受精神治疗。

　　事情要从2003年9月说起。罗山一家驾车旅游，在公路上发生了事故，他的妻子和女儿罹难，而他却幸存了下来。经调查，警方发现这次事故是人为造成的，犯罪嫌疑人就是罗山。同时，在他老家，他的寡母因煤气中毒过世。经过一个月的调查，罗山承认了自己的罪行。原因是，他的母亲和妻子很快就要揭穿他的谎言。

　　从高中毕业后，罗山便编织起了一张谎言大网。他没能考上母亲希望的大学，但他却说自己考上了四年制本科，四年后又说上两年双学位课程，而事实是，他仅仅是三年制大专毕业，并在一家工厂工作了三年。而后，他向母亲要钱去了英国。"在英国，成绩不好，语言始终不过关。"罗山说，"后来我拿到了一所私立学校毕业的证书，可是学位拿不到。"回国后，他用谎言欺骗了所有的人，娶妻生女，风光无限，而事实上直到案发，他从未工作过一天。据他供认，他所有的钱都来源于骗。

　　罗山父亲在他九岁时死于煤气中毒，争强好胜的母亲把他拉扯大。母亲严厉的要求，罗山只有忍耐，期待有一天能证明自己并

---

① http://www.legaldaily.com.cn/zbzk/wc/fzwcj1043/fwa/ywya1.htm［2005-2-23］

> 不像她说的只会丢脸。但事实上很难,大专毕业"续本"没成功,留学也没有改变他的命运。他彻底失望了,他只能继续编织谎言。
>
> 当问到他为什么要那样对待他的母亲时,他说:"我对我母亲的感情很复杂,我爱她、敬重她,也怕她、恨她。我知道她很不容易,她在我身上倾注了全部希望,我编造一切就是为了让她满意。在她面前我没有尊严和自由,我只是她争强好胜的工具。这一切都是她逼我做的。"提到妻子,他说:"她是为了钱才跟我的,将来我没钱了,她一定会离开我。"
>
> 慢慢地,他发现他需要不停地编织不同的谎言才能满足周围人的需要,也包括他自己的需要。然而,谎言总有被揭穿的时候,罗山害怕被揭穿后母亲、妻子和朋友那种歧视的目光和耻笑,他想永远生活在自己编织的梦中,于是出现了文章开头的那一幕。

(4) 赌博习惯。有的犯罪人受不良环境的影响,沾染上赌博习气,养成赌博习惯,甚至产生病态赌博心理——病理性赌博,表现为经常产生不可遏止的赌博冲动,不进行赌博就会产生情绪紊乱。赌博习惯不仅迫使个人通过非法手段获取赌资,引发多种财产犯罪(参见专栏 4-15),而且也会助长个人的投机冒险心理,这种心理又是赌博犯罪以及其他相关的财产和暴力犯罪的犯因性因素。国外的研究也发现,强迫型赌博(compulsive gambling)和赌博成瘾(gambling addiction)都与犯罪有显著的正相关关系。[①]

[①] Lee Ellis & Anthony Walsh, *Criminology: A Global Perspective* (Boston, MA: Allyn and Bacon, 2000), p.240.

专栏 4-15:嗜赌引发挪用公款案例①

重庆市合川市民政局原副局长宋显明因嗜赌而犯挪用公款罪、诈骗罪被法院判处无期徒刑。

宋显明初中毕业后到公社当知青。凭着自己的勤奋和努力,他从乡干部一步步走上领导干部岗位。重庆直辖后,他调任合川市民政局副局长,成为了一名正处级领导干部。

随着职务的不断升迁,宋显明却放松了思想改造,他逐渐染上了赌博恶习,将赌桌变成了他的"办公桌",常常伙同几个赌徒不分昼夜地赌博,一步一步走向罪恶的深渊……

在赌博中,宋显明出手越来越阔,开始带几千上万元,不久就变成了2万—4万元,最后竟达到6万元之多……他清楚地记得,自己仅仅赢过两次"小钱"。尽管如此,宋显明在赌桌上信守"愿赌服输"的所谓"规则",从不赖账。赌徒们也认为,他算得上是一个"耿直"的人。不过,随着时间的推移和赌资的不断增加,他的工资收入加上多年的储蓄对还赌债而言,简直是杯水车薪。

就这样,他已逐渐变成一个赌博的"瘾君子",既没有钱,又特别想赌,甚至想弄点钱赌"大"一点,把以往输的钱捞回来。但如何才能弄到钱呢?经过一番苦思冥想,他终于产生了一个罪恶的念头:利用手中的职权,挪用公款来满足自己的赌瘾。

……

在多年的赌博生涯中,到底赌了多少次,输了多少钱,连他自己都记不清了。直到案发时,他才从办案人员口中得知,自己共挪用公款216万余元,并将其全部输掉……

蹲在监牢里的宋显明对自己的犯罪行为痛心疾首,并写出了"忏悔书"。在"忏悔书"中,他一悔自己法制观念淡薄,心存侥幸,干了自欺欺人的愚蠢之事,最终酿成苦果;二悔自己不能廉洁自

---

① http://www.legaldaily.com.cn/zbzk/wc/fzwcj1034/fwa/ywya2.htm[2005-2-22]

> 律,从来没有认真、系统地学习党纪党规,没有很好地对照解剖过自己;三悔自己没树立高尚的情操,结交了一些居心不良的所谓"哥们儿",正是这帮"赌友"投其所好,才一步步把自己推向了罪恶的泥潭。

(5)好逸恶劳习惯。这种习惯突出地表现为渴望舒适安逸的生活,但是又不愿意进行正常的劳动和工作。这种习惯造成的贪图吃喝玩乐和厌恶工作劳动之间的矛盾,是造成大量财产型、牟利型犯罪的犯因性因素。

(6)自由散漫习惯。这种习惯表现为不遵守纪律,不愿意受规章制度的约束,在生活与工作中不遵守社会规范,工作、休息没有时间观念,参加劳动不服从指挥,喜欢自行其是、随心所欲。这种习惯会引起社会适应不良和多种犯罪行为(参见专栏4-16)。

专栏 4-16:随手扔东西导致犯罪案例[①]

> 因被一块石头绊倒擦伤,为了泄愤将这块十多公斤重的石头扔向高速公路,恰好砸中高速行驶中的汽车,致驾驶员当场死亡。2004年4月5日,江苏省无锡市锡山区检察院对涉嫌以危险方法危害公共安全的犯罪嫌疑人王某依法批准逮捕。
> 承办该案的检察官介绍说:王某应该能够预见到自己的行为可能造成的后果却将石块砸向高速公路,结果造成他人死亡的严重后果,涉嫌以危险方法危害公共安全罪,按照刑法第一百一十五条规定,将可能被处以十年以上有期徒刑。

(7)马虎草率习惯。这种习惯表现为做事马虎,对工作和学习内容不求甚解,敷衍了事,盲目轻率。这种习惯是多种过失犯罪

---

① 《检察日报》2004年4月7日。

的犯因性因素。

（8）流浪习惯。这种习惯往往从小开始,表现为个人到处游逛,离家外出,夜不归宿,不参加正常的社会化活动。随着年龄的增加,一些人甚至发展到不愿意参加正常的工作,居无定所,随地谋生。在流浪过程中,个人很可能参加涉及犯罪活动的亚文化群体,学会犯罪技能和犯罪态度,参与多种犯罪活动。

（9）随意按摸习惯。一些人对开关、按钮、阀门等有特殊的好奇心,特别喜欢按压、触摸它们。这种习惯会成为灾害性过失犯罪的犯因性因素。

（10）依赖习惯。一些人缺乏自信、独立性和主见,遇到事情时没有自己的判断,总想听从别人的意见,按照别人的暗示和指挥行事。具有这种习惯的人很容易加入少年帮伙或者成为其他犯罪群体的成员,在别人的暗示和指挥下进行犯罪行为。

（11）饮酒习惯。一些人在生活中形成了饮酒习惯,随时都有可能饮酒。他们在情绪激动（高兴或者愤怒）的时候会饮酒,也会在情绪郁闷、精神萎靡的时候饮酒。酒精对于他们的日常生活影响极大,很多时候都处于麻醉状态之中。但是,酒精显而易见是一种犯因性物质,它的犯因性作用是多方面的,包括解除个人的自我抑制,使个人变得胆大妄为,容易进行攻击行为,也很容易进行冒险行为;损害个人的判断能力,使个人过高估计自己的能力,过分乐观,甚至对于自己逃避打击的能力也估计过高;降低行为操作的准确性。[①] 所有这些方面,都具有犯因性作用。

[①] Philip Feldman, *The Psychology of Crime: A Social Science Textbook* (Cambridge: Cambridge University Press, 1993), pp. 276-277.

（12）吸毒习惯。犯罪学的研究发现,吸毒习惯对于个人具有很大的危害性,吸毒后产生的异常精神状态和吸毒上瘾后为了维持毒瘾而进行的活动,都与犯罪行为有非常密切的联系。在那些进行了抢劫、伤害和盗窃之类的街头犯罪人中,吸毒者的比例很高。经常使用海洛因者进行犯罪行为的数量,要多于其他人口;使用海洛因者的犯罪情况,与他们滥用海洛因的数量增减,有密切的联系。[1]

（二）不当生活方式

不当生活方式是指个人满足自身生活需要的不恰当活动形式和行为特征的总和。

这个定义强调下列特征：

（1）综合性。不良生活方式是个人满足自身生活需要的活动形式和行为特征的总和。一般所说的生活方式,实际上就是指与满足个人生活需要有关的所有活动与行为的总和,生活方式的内容具综合性。个人的行为习惯仅仅是生活方式的某一个方面的表现,当这些行为习惯表现在很多方面,影响到个人的整个生活风格或者生活面貌时,它们就构成了生活方式。因此,生活方式虽然主要通过外显行为体现出来,但是,它不仅仅是指外显行为,也包括内在的情趣、爱好、嗜好、价值观等因素。

（2）多面性。不当生活方式可以在很多方面体现出来,具体包括不当劳动方式、不当消费方式、不当交往方式、不当休闲方式等。

---

[1] Philip Feldman, *The Psychology of Crime: A Social Science Textbook* (Cambridge: Cambridge University Press, 1993), pp. 276-277.

（3）违规性。这是指不良生活方式违反了通常的社会准则,包括社会道德规范以及法律规范等。因此,这类生活方式对于社会来说,不具有建设性,而是在很多方面对于社会生活具有破坏性。

（4）犯因性。不良生活方式的犯因性具有多方面的含义。首先,是指使具有这种生活方式的个人进行犯罪行为。这是因为,在很多情况下,这类生活方式本身就属于犯罪行为的边缘或者构成犯罪行为,很多习惯犯罪人或者惯犯往往养成了不当生活方式。在另一些情况下,具有这类生活方式的个人,很容易进行犯罪行为,例如,一些吸毒成瘾者为了维持其吸毒的生活方式而进行犯罪行为;又如,一些具有小偷小摸习惯的人,很容易与具有类似方式的其他人交往并且受其影响而陷入严重的盗窃等犯罪活动中。其次,是指容易使具有这种生活方式的个人成为犯罪被害人,从而对他人的犯罪行为起犯因性作用。在这方面,已经有很多的研究发现,不当生活方式会助长犯罪行为或者引起犯罪数量的增加。例如,在国内,曾经发生很多妓女被害案件、赌徒被害案件;在国外,不当生活方式的犯因性作用,已经成为被害人学的重要研究内容,在很多研究中发现,不当生活方式是增加被害可能性、从而引起社会中犯罪增加的重要因素。[1]

可以对犯罪人的不当生活方式的具体表现进行分析。就不当劳动方式而言,很多犯罪人或者把犯罪行为当作自己获取生活收入的劳动方式,为了通过这种方式获取收入,甚至可以"苦练劳动

---

[1] Siegel, Larry J., *Criminology: Theories, Patterns, and Typologies*, 8th ed. (Belmont, CA: Wadsworth/Thomson Learning, 2004), pp.91-92.

技能"，包括长期进行犯罪技能的学习和练习（参见专栏 4-17）、花费很大代价学习犯罪技能；或者鄙视正当劳动，迷恋过寄生生活等。

专栏 4-17：习武二十年报仇案例[①]

> 2004 年 1 月，在四川省都江堰市某镇一个村中，曾发生了犯罪人胡某习武二十年后将被害人一家四口人杀死三口人的惨剧。
>
> 这一年的农历大年初一夜晚晚上近十时，被害人周某一家人吃过晚饭，突然听到家中院子里响起鞭炮声。周某的儿子小周起身出门，他刚抬开院子的卷帘门，看见门口立着一个男子，手上还提了把铡猪草的铡刀。男子见有人出门，挥起铡刀便砍过去，这一刀深深地砍进小周的脖子。周某紧跟儿子出门，尚未反应过来，儿子已被砍倒，他猛扑过去死死扭住该男子，致使其手中的铡刀挥舞不开。哪知男子从腰间又抽出一把匕首，将周某刺倒在地。周某喊着"救命"，摸黑朝其弟弟家跑去。刚跑出五十米，便一头栽倒在地。
>
> 此时，该男子并无停手之意，他冲到院子中，又挥起铡刀砍在小周的未婚妻赵某的头部，周某的妻子也被其砍伤。听见院子外有人喊"救命"，邻居王某急忙打电话报警。
>
> 当晚，被害人周某的大哥一家人正坐在屋里打扑克。"我听到外面很吵，怕有贼。"周某的大哥放下扑克，出门到马路对面桂花园看护棚里拿手电筒，为防意外，他还带上一把锄头防身。刚走出桂花园，周某的大哥看见同村青年胡某手上提把铡刀，刀上鲜血直淌。还没等他回过神来，胡某已经挥起铡刀朝他砍来。周某的大哥本能地舞动锄把将铡刀打落在地，并将其扑倒。哪

[①] 兰俊：《恶魔年夜提刀寻仇，父子合力生擒悍匪》，《法制文萃报》2004 年 2 月 5 日第一版。

知胡某抽出匕首,"反手就捅",一刀刺中他的左颈,一刀刺中头部。

周某的大哥眼看压不住胡某,急呼儿子出来帮忙,父子俩一同压住胡某,与其搏斗。父子两人相互鼓励,拼命按住胡某,直到警察赶到。

调查发现,这起凶杀案的起因可以追溯到二十多年前"两家结下的怨恨"。

二十多年前,周家兄弟中还有一个小弟,年仅十余岁。当时,村前一条小河里死了很多鱼,胡某的父亲和周家小弟一起去河沟捡鱼。在同时发现了一条大鱼时,两人抢起来,胡某的父亲"推了周家小弟一掌",周家小弟不服,顺手用铁条打在他的头部。

十年后,周家小弟因病上吊自杀,几年后,胡某的父母也相继过世。不料,在胡某眼里,"父母去世和父亲当初受到的耻辱有关",并从此埋下对"周家的仇恨"。胡某几年来习武强身,还参加各种武术比赛。平时很少与村人接触,虽不找周家生事,但也形同陌路。

在胡某家的院子里,正对院门的一侧墙上,胡某用木炭写着:"越王勾践卧薪尝胆,三千越甲终乎(于)灭吴。""退一步避其锋芒,不是胆怯,而是静待战机,出奇制胜,制(置)敌于死地。"另一面墙上写着:"仇不报誓不为人,枉为男儿。"以及"杀杀杀""血染仇门,血溅仇门。"字字让人不寒而栗。

整个胡家大院弥漫着仇恨,这样的誓言出现在多处墙上。而一句"昔日猖狂,招致二十年后灭门之祸",表明胡某心中的仇恨根源。

据曾到胡家串过门的邻居说,这些誓言大多是胡某在年三十写下的。当晚,胡某独自提刀去周某院子外逛了很久。回到家里,他跪在堂屋,双手扇脸直至双脸红肿。他号啕大哭,痛骂自己练了二十多年功夫,结果连这点胆量也没有。

就不当消费方式而言,很多犯罪人或者沉溺于纸醉金迷的腐朽生活,或者消费缺乏计划性,入不敷出,在生活资源缺乏时通过犯罪活动解决生活问题。

就不当交往方式而言,很多犯罪人热衷于结交臭味相投的"狐朋狗友",与这些人沆瀣一气从事违法犯罪活动;或者把朋友义气看得高于一切,为了朋友而不惜违法犯罪。还有一些人醉心于和异性的同居生活,不是选择与合适的对象结婚,而是选择过未婚同居生活,频繁地更换异性伴侣。这种同居关系是引发人际冲突和引起犯罪行为的重要因素。

就不当休闲方式而言,很多犯罪人在业余空闲时,不是进行一些具有建设性的文体娱乐等方面的活动,而是缺乏对自己行为的适当控制,与不良朋友交往,经常出入于高消费或者不健康的娱乐场所,迷恋颓废的享乐生活,进行吃喝玩乐、淫乱、赌博、酗酒、打架斗殴等活动。

第三节 犯因性互动因素

一、犯因性认识缺陷

(一) 社会知觉缺陷

社会知觉(social perception)主要是指个人在社会交往中对于自己和他人的认识。[①] 有时候,也称为"个体知觉"(person

---

① 参见〔美〕埃利奥特·阿伦森等(Elliot Aronson, Timothy D. Wilson & Robin M. Akert):《社会心理学》(第五版),侯玉波等译,中国轻工业出版社2005年版,第81页。

perception)。①简单地说,社会知觉就是对社会刺激物的知觉,这是个人在社会生活中获取信息的过程。社会知觉的概念是美国心理学家布鲁纳(J. S. Bruner)在1947年首先提出来的,他认为有四种社会知觉:人际知觉、角色知觉、自我知觉和对他人知觉。

从犯罪学的角度来看,在个人的社会交往过程中,有缺陷的社会知觉主要表现在下列方面:

1. 人际知觉偏差

人际知觉偏差是指在人际交往中个人对自己与他人和他人之间关系的知觉偏差。在人际交往中,人们不可避免地要对一些人际关系作出判断,以此决定如何做出相应的人际交往行为。一些犯罪人在这个过程中,容易发生认识和判断错误,出现人际知觉偏差。例如,有的犯罪人不能准确辨别"朋友",把表面上奉承迎合自己、经常与自己吃吃喝喝的人,当成真正的朋友,而把敢于给自己提意见的"诤友",看成是对自己不好的人。

人际知觉偏差还会表现为下列形式:(1)认为自己喜欢的人,也会同样地喜欢自己;(2)认为自己喜欢某人,别人也会同样喜欢;(3)好的人际关系,就是没有任何矛盾、争执的人际关系,就是在交往中不讲什么道德准则;(4)人缘好的人会低估自己的人缘,而人缘差的人会高估自己的人缘。

2. 角色知觉偏差

角色知觉偏差是指个人对自己扮演的社会角色及其特点等的知觉错误。在社会生活中,随着年龄的增加和社会环境的变化,每

---

① 〔美〕泰勒等(S. E. Taylor, A. A. Peplau & D. O. Sears):《社会心理学》(第十版),谢晓非等译,北京大学出版社2005年版,第60页。

个人都要扮演不同的社会角色。个人对于自己扮演的社会角色及相关内容的恰当理解,有利于个人顺利适应社会生活。但是,如果对这些社会角色及相关内容认识不当,就有可能产生社会角色知觉偏差。

角色知觉偏差突出地表现为:(1)角色定位不准。个人不知道自己究竟扮演什么样的角色,缺乏角色领悟能力,不知道应该按照什么角色规范采取行动,因而导致个人在人际交往中出现言行失当。(2)角色认识偏差。这是指个人自己所认识的社会角色与社会角色期望存在差距的现象。在生活中,虽然个人可能对自己所扮演的社会角色有一定的认识,但是,这种认识不符合社会对特定角色的期望。这种角色知觉偏差可能会造成个人的心理问题和行为不当。(3)角色转换迟缓。这是指个人不能随着社会角色的变化而及时学习新的角色规范的现象。一些人的角色学习能力不强,在自己扮演的社会角色发生变化之后,很长时间还难以学会新的角色规范,甚至在不同角色之间发生冲突,从而会影响他们的社会适应。

3. 自我知觉偏差

自我知觉偏差是指个人对自己的认识的偏差。个人对于自己的认识,并不是孤立地进行的,而往往是在与他人的交往过程中进行的。他人对自己的反应、评价、看法等,会对个人的自我知觉产生重要的影响。自我知觉对于个人自身的心理和行为有重要的调节作用,恰当的自我知觉不仅有助于个人形成和保持良好的心态,也有助于使个人在人际交往中出现得体的行为。相反,偏差的自我知觉容易使个人出现心理不平衡,容易遭受挫折,也容易出现各种不恰当的行为,其中包括违法犯罪行为。

犯罪人往往会出现两种比较常见的自我知觉偏差:

(1) 自我评价偏向。这是指过分评价自己的长处和优点的评价偏向。自我评价(self-evaluation)是指个人对自己的思想、能力、行为等的判断和评价。自我评价的结果对个人的心理决策和行动有着重要的影响。研究发现,犯罪人总是过高地估计自己的能力、长处等,容易盲目自信和骄傲自大。正如有的学者指出的那样,"许多研究材料指出,大多数违法者缺乏自我批评精神,过高估计自己。"[1]与此同时,他们又过分地贬低、轻视他人。这种心理倾向也是一种犯因性因素。对自己的过高估计,会助长犯罪人的冒险倾向;而对别人的贬斥,又会加剧犯罪人的攻击性和残忍性,可能会导致严重的犯罪行为。

(2) 过分自我中心倾向。这是指以自我为中心认识事物的倾向。自我中心(egocentricity)是指个人在认识、考虑和解决问题时完全以自己为中心,不考虑社会和他人的思维和行动倾向。具有这种心理倾向的人在考虑问题时,以个人的利益得失为标准,区分是非善恶,衡量周围的一切,而不考虑社会规范和他人的利益。在病态人格者或反社会人格者、犯罪人身上,自我中心倾向表现得更加严重,他们中的许多人在考虑问题和采取行动时,完全像个孩子那样任性、固执,他们的思维和行为很少体现社会中心定向(sociocentric orientation),社会性的成熟水平很低,思维和行动很容易同社会发生冲突。

---

[1] 〔苏联〕B. H. 库德里亚夫采夫:《违法行为的原因》,韦政强译,群众出版社1982年版,第203页。

4. 对人知觉偏差

对人知觉偏差是指个人在人际交往中对他人的知觉出现的偏差。这方面比较突出的是人际线索识别偏差，即在识别他人面部表情方面发生的偏差。人们认识、理解和解释人际线索的能力，是所有社会行为的核心。在一项关于少年犯罪人社会知觉的研究中，麦克恩(W. McCown, 1986)等人调查了少年犯罪人从面部表情线索识别他人情绪的能力。研究人员发现，与守法少年相比，少年犯罪人可以准确地识别快乐、愤怒和恐惧，但是，不大容易识别悲伤、惊讶和厌恶的面部表情。还有很多以相似的方式收集起来的证据表明，反抗社会的，尤其是以攻击行为反抗社会的儿童和少年，在辨别和解释社会线索上都有困难。同样，利普顿(D. N. Lipton, 1987)等人对强奸犯知觉的一项研究表明，强奸犯可能在男女社会交往中错误地知觉社会线索。研究表明，"对社会线索的错误知觉可能会反过来导致对意图的错误归因，以致将其他人的行为错误地看成是怀有敌意或胁迫的。社交的知觉方式反过来影响这个人处理社交问题的方式。"[①]因此，人际线索识别偏差，是犯因性因素之一。

(二) 社会认知缺陷

社会认知(social cognition)是指个人如何选择、解释、识记和使用社会信息来作出判断和决定的过程。[②] 在社会生活中，人们不断从社会环境中获取信息，进而形成有关社会环境的推理，这个过程

[①] 〔英〕克莱夫·霍林主编：《罪犯评估和治疗必备手册》，郑红丽译，中国轻工业出版社2006年版，第154页。

[②] 〔美〕埃利奥特·阿伦森等：《社会心理学》(第五版)，侯玉波等译，中国轻工业出版社2005年版，第48页。

就是社会认知。

社会知觉和社会认知都是对社会刺激物作出反应的形式。它们的主要差别可能是：社会知觉主要是一种获取有关社会刺激物的信息的过程，而社会认知则是对所获取的信息进行加工和进一步利用的过程。

从犯罪人的情况来看，一些犯罪人存在着社会认知缺陷，这种缺陷导致他们不能正确认识社会环境，从而妨碍他们对社会环境作出错误的行为反应。

社会认知和社会知觉是有区别的。社会知觉是人对社会刺激物的知觉，是一种最基本的社会心理现象，是人所特有的高级知觉形式。这个概念是美国心理学家布鲁纳在1947年首先提出来的，包括四种形式：人际知觉、角色知觉、自我知觉和对他人知觉。社会认知则是认知者、被认知者和情境等因素交互作用的复杂过程，是个人对社会刺激加以综合认识的过程，是人们社会行为的基础。社会认知的重要效应包括首因效应、近因效应、晕轮效应、定势效应、社会刻板印象等。

犯罪人中可能发生的社会认知缺陷主要有：

（1）过分使用刻板印象。刻板印象是指人们头脑中存在的对某个群体及其成员的固定印象。刻板印象普遍存在，并且被人们用来进行自动化思维，即用刻板印象对号入座，不作具体分析。在犯罪人中，可能存在着过分使用刻板印象的现象，遇到事情不作具体分析，而是根据以往形成的刻板印象来进行简单化的认识，结果容易发生认识错误和行为问题。

（2）使用偏见。偏见是指仅仅根据对象的某一个方面形成的不公正的看法。偏见往往发生在具有某些特征的其他社会成员身上。就犯罪人而言,他们最有可能对被害人发生偏见。例如,在一些案件中,犯罪人可能对于卖淫者存在偏见,以为卖淫者愿意和他们发生性行为,即使卖淫者进行反抗也置之不理,强行与其发生性行为,结果构成强奸犯罪。

(3)滥用可用性策略。可用性策略(availability heuristic)是指个人根据一件事情进入脑海的容易程度来作出判断的认识方法。①这是人们在社会生活中常用的一种认识事物的策略。不过,在一些犯罪人中,可能更容易使用这种策略认识他人。他们很有可能根据某一次得到的经验认识和判断对方,但是忘记这种偶然的经验并不能代表对方的所有特征,从而很容易作出错误的认识。例如,当犯罪人在某一情境中犯罪得逞之后,遇到类似的情境后还有可能认为在这种情境中进行犯罪容易得逞,因此犯罪动机得到增强并实施犯罪行为。

(4)滥用代表性策略。代表性策略(representativeness heuristic)是指个人根据某一事物和某类事物的相似性程度对该事物作出判断的认识方法。在日常生活中,当人们发现某一事物与自己头脑中关于这类事物的图式②比较吻合时,就把这一事物归入这一类,认为该事物具有这类事物的所有特征。一些犯罪人滥用这种策略,很容易因此而发生认识错误,导致犯罪结果的发生。例如,犯罪人在犯罪活动中发现,夜晚在偏僻的地方尾随单身女性进行犯罪活动时,不会遇到抵抗,因此,就认为在这种情境中进行犯罪活

---

① 〔美〕埃利奥特·阿伦森等:《社会心理学》(第五版),侯玉波等译,中国轻工业出版社2005年版,第63页。
② 图式(schema,又译为"基模")是一种认知结构,代表着某个特定概念的有组织的知识。它实际上是个人对于某类事物的基本属性的概括性认识。

动很容易成功,因此,这种认识会诱发他们的犯罪动机,促使他们进行犯罪行为。

(5) 发生思考抑制。思考抑制(thought suppression)是指在从事活动的过程中试图避免想起某些宁愿忘记的事物的现象。在生活中,人们进行某些活动时往往不愿意想起自己不愿意想起的事物,产生所谓的"动机性遗忘"。很多犯罪人在进行犯罪行为时,也会发生思考抑制或者动机性遗忘现象,他们在思考和实施犯罪行为的过程中,更愿意看到犯罪行为得逞之后的收获和利益,而不愿意想到犯罪行为可能招致的惩罚等消极结果。这种思考抑制现象往往促使犯罪人作出进行犯罪行为的决定,有利于他们下决心实施犯罪行为。

(6) 产生过度自信障碍。过度自信障碍(overconfidence barrier)是指人们过分相信自己判断的正确性的现象。这是人们在生活中很容易发生的认识错误。在一些犯罪人中,似乎更有可能发生这样的错误:他们缺乏起码的客观性和谦虚精神,刚愎自用,盲目自信,因而往往发生认识错误。很多事故性犯罪和其他一些过失犯罪,都与犯罪人的过度自信有密切的关系。

(7) 消极选择社会信息。人们生活在复杂的社会中,随时面临大量复杂的社会信息,其中既有积极的信息,也有消极的信息。对社会信息的这种选择性关注和认识,深受个人已有的主观世界的影响。大部分守法者都能较好地认识和判断复杂的社会信息。但是,"那些具有个性缺陷和不良心理品质的人,则对于社会环境中的消极信息具有高度的敏感性和选择性。消极的社会信息与个体原有的不良心理相吻合,产生共鸣,被主体优先感知、记忆,并引起联想和思维加工,从而使原来的不良心理进一步恶化,甚至演变成犯罪心理,导致犯罪行为的产生。"①

（8）高度的自我服务偏向。自我服务偏向(self-serving bias)是指人们在分析事物的原因时把积极的结果归于自己,而把失败的结果归于外界的思维倾向。例如,把生活中的成功归于自己的努力,而把失败的原因归于外界或环境。自我服务偏向是归因(attribution)偏向的一种,尽管在一般人中也普遍存在这种归因偏向,但是,犯罪心理学的研究发现,在许多犯罪人身上,存在着高度的自我服务偏向。他们在分析事物的原因时,缺乏理智、客观的态度,这是造成他们社会适应不良和挫折的重要心理因素,是产生犯罪心理和进行犯罪行为的重要犯因性因素:由于把自己失败的原因归于外界,所以也就向外界发泄由于失败而产生的愤怒等情绪,从而产生犯罪动机和犯罪行为。在实施犯罪行为之后,犯罪人又普遍性地有把犯罪的原因归于社会和他人的倾向。亨德森和休斯顿(M. Henderson & M. Hewstone)在研究监狱中的暴力型罪犯对他们的人际暴力行为的解释时发现,罪犯不仅对犯罪行为发生的原因作外归因(归咎于他人),而且还普遍认为自己的行为是正当的。②

（9）一些社会认知效应产生过大作用。一些犯罪人在进行社会认知的过程中,常见的一些社会认知效应,例如首因效应、近因效应、晕轮效应、定势效应等,可能起着过大的作用,从而造成他们的社会认知的歪曲。

---

① 刘邦惠主编:《犯罪心理学》,科学出版社 2004 年版,第 83 页。
② Ronald Blackburn, *The Psychology of Criminal Conduct: Theory, Research and Practice* (Chichester, West Sussex: John Wiley & Sons, 1993), p. 202.

二、犯因性反应方式

在与环境因素的犯因性互动中,犯罪人可能采取多种反应方式,对包括他人在内的环境因素作出反应。其中的一些反应方式具有犯因性作用,会加剧已经存在的人际冲突,引起严重的危害后果,导致犯罪行为的产生,甚至一些反应方式本身就构成犯罪行为。最常见的犯因性反应方式包括下列五类:

(一)反社会态度

反社会态度(antisocial attitude)是指个人对某一对象所持的会推动和助长其进行危害社会行为的心理评价与行为倾向。与此相类似的概念还有"反社会倾向"(antisocial inclination[1], antisocial tendency[2])[3]、"反社会定势"[4]、"反社会性"[5]、"亲犯罪态度"(procriminal attitude)[6]等。反社会态度是外部刺激与反社会行为之间的中介因素,它包含三种成分:(1)认知成分,是指对某一对象

---

[1] David Abrahamsen, *The Psychology of Crime* (New York: Columbia University Press, 1960), p. 33.

[2] Stanley L. Brodsky & H. O'Neal Smitherman, *Handbook of Scales for Research in Crime and Delinquency* (New York: Plenum Press, 1983), p. 402.

[3] 〔苏联〕B. H. 库德里亚夫采夫:《违法行为的原因》,韦政强译,群众出版社1982年版,第204—210页。

[4] 〔苏联〕斯·塔拉鲁欣:《犯罪行为的社会心理特征》,公人、志疆译,国际文化出版公司1987年版,第24页。

[5] 蔡墩铭:《犯罪心理学》(上册),台湾黎明文化事业股份有限公司1979年版,第60—71页。

[6] D. A. Andrew & James Bonta (1998), *The Psychology of Criminal Conduct*, 2nd ed. (Cincinnati, OH: Anderson Publishing Co.), p. 356.

所持的有利于个人进行犯罪行为的认识和理解;(2)情感成分,是指个人对某一对象所具有的有利于个人进行犯罪行为的情感;(3)意向成分,是指个人对某一对象进行危害行为的行为准备状态。反社会态度是犯罪人所具有的重要犯因性因素,是犯罪行为发生的重要心理基础,体现了个人的反社会价值观。

犯罪学家们对于反社会态度进行了较多的研究。早在1947年,犯罪学家埃德温·萨瑟兰在论述犯罪的不同交往理论时,就注意到了反社会态度的问题。他所说的"赞同违法的解释""不赞同违法的解释"[①]等,实际上就是指反社会态度。犯罪学家格卢克夫妇(1950)认为,反社会态度是少年犯罪人与守法少年之间有重要差异的方面之一,其中,反社会态度所包含的对抗、对权威的矛盾心态、冒险性和敌意成分,在少年犯罪人中的表现均明显超过守法少年。[②] 犯罪心理学家戴维·亚伯拉罕森认为,反社会倾向是导致个人可能进行犯罪行为的三种确定的方式中的第一种:"当犯罪倾向受到犯罪性影响(criminal influence)的作用并且进而受到突发事件效果的刺激时"[③],个人就有可能进行犯罪行为。[④] 肯尼斯·卡尔森(Kenneth Carlson,1972)认为,反社会倾向表明了个人的敌意、挑衅、对抗、仇恨等态度和侵害、威胁等愿望。这种侵害性

[①] 吴宗宪:《西方犯罪学史》(第二版),中国人民公安大学出版社2010年版,第923页。

[②] D. A. Andrew & James Bonta (1994), *The Psychology of Criminal Conduct* (Cincinnati, OH: Anderson Publishing Co.), p. 81.

[③] David Abrahamsen, *The Psychology of Crime* (New York: Columbia University Press, 1960), p. 33.

[④] 导致个人进行犯罪行为的其他两种方式是:强烈的接受惩罚的无意识欲望;攻击性的间接表现。

(assaultiveness)可能会转化为实际的攻击行为,也可能不转化为实际的攻击行为,但是,它肯定会通过恶意交谈、嘲弄和不友好的方式表现出来。这种人对犯罪行为采取一种认可的态度,喜好犯罪人的那些价值观和习俗,会采用不符合道德的、无价值的行为方式,而且很少有罪恶感。[①] 中国刑法学家和犯罪学家蔡墩铭认为,反社会性、社会危险性等概念均指犯罪人所具有的犯罪倾向。[②]

国内学者杨容波曾经以"不良心理定势与青少年犯罪"为题目,对反社会态度进行了研究。根据作者的论述,"所谓不良定势就是一种不良的心理倾向,它是引发犯罪行为的关键。"[③]作者认为,不良定势由四个基本要素引起:(1)个体需要。当社会性需要不足以控制生物性需要的恶性膨胀,或者社会性需要本身就与社会道德规范相悖时,就可能产生不良定势。(2)心理自画像,即自我意识,这是个人的自我认识、评价和要求。当心理自画像与社会对其成员的要求不一致并且差距很大时,个人很难改变其固有的认识,从而体验到很大的心理压力,出于自我保护、维持自身的心理平衡的本能,个人会产生一种与社会相对抗的心理,形成不良定势。(3)客观环境的作用。这是引起不良定势的重要因素。(4)社会对个人的要求。作者认为,不良定势通过对行为的直接导

---

① Stanley L. Brodsky & H. O'Neal Smitherman, *Handbook of Scales for Research in Crime and Delinquency* (New York: Plenum Press, 1983), pp. 402-403.
② 蔡墩铭:《犯罪心理学》(上册),台湾黎明文化事业股份有限公司1979年版,第60页。
③ 杨容波:《不良心理定势与青少年犯罪》,《青少年犯罪研究》1987年第11期,第25页。

向、自我保护功能、顺应功能等而引起青少年犯罪。①

(二) 不恰当的言语行为

言语行为是指借助语言传递信息的活动,也就是通常所说的说话、讲话、谈话等。一般而言,言语就是使用语言的行为,而语言就是由词汇按照一定的规则组成的符号系统。言语行为是最重要的互动方式,生活中大多数的互动都是通过言语行为进行的。例如,艾夫里尔(J. R. Averill, 1983)的研究发现,在感觉愤怒时,只有10%的情况下进行人身攻击,有49%的情况下是口头攻击,60%的情况下是各种无攻击性的指责。② 不恰当的言语行为往往具有犯因性作用,引起多种矛盾冲突和犯罪行为。人们常说的"祸从口出""恶语伤人"等,就表明了不恰当言语行为的犯因性作用。

同时,从智力方面来看,一个人经常性地出现不恰当言语行为,实际上是个人非言语智力较差的表现,而已有的研究发现,少年犯罪人和犯罪人的非言语智商往往显著低于一般人。③

(三) 不恰当的非言语行为

非言语行为是指不使用言语进行信息交流和相互作用的活动。在人际交往过程中,人们既有可能使用言语表达意思和作出反应,也有可能不使用言语进行沟通和作出反应。心理学的研究表明,非言语行为主要包括下列成分:(1)面部表情、手势、姿态等

---

① 杨容波:《不良心理定势与青少年犯罪》,《青少年犯罪研究》1987年第11期,第25—28页。
② 〔美〕泰勒等:《社会心理学》(第十版),谢晓非等译,北京大学出版社2005年版,第418页。
③ Lee Ellis & Anthony Walsh, *Criminology: A Global Perspective* (Boston, MA: Allyn and Bacon, 2000), p.232.

身体动作;(2)目光接触;(3)人际距离,即在与人接触时相互之间的空间距离也有表达意思的作用;(4)时间控制,即与人接触的时间长短也有表达意思的功能;(5)实物与环境,即相互接触时存在和使用的物品及周围环境;(6)辅助语言,包括音量、语气、节奏等。在犯罪人与他人的互动中,他们既有可能错误理解别人的非言语行为,也有可能自己进行不恰当的非言语行为,例如,攻击性的身体动作、挑衅性的目光注视、在气氛不和谐的情况下过分靠近别人和手拿可用作武器的物品、使用轻蔑的语气和人讲话等,它们都可能产生犯因性作用,加剧人际冲突和引起犯罪行为。

(四)暴力行为

一般来讲,暴力行为就是使用身体力量和武器进行的攻击行为。暴力行为是重要的犯因性因素,因为它会加剧人际冲突和情绪对立,从而引发更严重的犯罪行为。同时,暴力行为也是重要的犯罪行为方式,因为当暴力行为的程度很严重时,它本身就符合构成犯罪的条件。有些犯罪学家甚至认为,犯罪行为可以分为两类:暴力行为和欺骗行为。例如,犯罪学家迈克尔·戈特弗雷德森和特拉维斯·赫希给犯罪下了这样的定义:"犯罪就是为了追求个人利益而进行的暴力或欺骗行为。"[1]

暴力行为主要有这样几个特点:一是攻击性。暴力行为是侵害和威胁他人或者其他环境因素的行为,会对受到攻击的一方造成不同程度的危害、破坏等消极后果。二是身体性。暴力行为往往是利用身体力量进行的危害行为。为了加剧暴力行为的危害

---

[1] Michael R. Gottfredson & Travis Hirschi, *A General Theory of Crime* (Stanford, CA: Stanford University Press, 1990), p.15.

性,在一些情况下,人们还会使用具有破坏性的工具——武器,进行暴力行为。在犯罪行为中,所用的武器可能是专门化的武器,例如,枪支、炸药等,也有可能是具有破坏性的其他用具和物品,包括生产工具和生活用品等。

在社会互动中,如果经常使用暴力行为,就会形成利用暴力行为解决问题的习惯,甚至会在一些社会群体中形成崇尚暴力的"暴力亚文化"。在暴力亚文化流行的地方,暴力犯罪的发生率往往很高。这也表明,暴力行为具有犯因性作用(参见专栏4-18)。

专栏4-18:暴力打死人被判死刑案[①]

> 2003年8月13日,在湘西某刑场,一声正义的枪声结束了曾拥有市、县人大代表身份,曾获"优秀企业家"等多项桂冠的湖南省张家界市某集团总公司党委书记、董事长、总经理杨某这位猖狂一时的"土霸王"的生命。杨某之所以落得如此下场,与其长期有恃无恐地使用暴力行为解决"问题"的恶习有密切的关系。
>
> 2001年3月18日,张家界市桑植县城,阴雨连绵。下午五点多钟,忙碌了一天的出租车司机高嵩,接了刚下班的女友宁娜,准备回家。车子经过县物资局门前,县国土局干部杨某(女)上了车。
>
> "小师傅,我晕车,要坐最前面的那个位子,请她让一让。"
>
> "只有几分钟的路程,你将就一下算了。"
>
> "不行,我今天非要坐这个座位不可!"
>
> "要是不愿意坐,你就下车。"
>
> ——高嵩万万没有想到,正是这句话,招来了杀身之祸。

---

① 《三湘都市报》2003年9月5日。

怒不可遏的杨某当即跑回娘家,在父亲杨某面前,添油加醋地告了一状。

"你不要哭,老爸我一定为你出这口恶气!"杨某听了宝贝女儿的哭诉,立即给电力公司的司机、他的外甥打电话,要他速来。"你快把龚甲、龚乙、朱甲、朱乙四个人给我叫来,一定要好好教训教训这个臭小子……"很快,五名打手就聚集在杨府。

任该县某公司副经理的龚甲对在场的人说:"要是连这个事情都摆不平,我把你们看白(扁)了!"

杨某带着这一帮打手,杀气腾腾地开车沿街搜索高嵩开的出租车。在找到高嵩之后,这些人拳打脚踢,将其打倒在地致其死亡。

这起命案引起了各级党政领导、政法部门的高度重视。杨某被依法刑事拘留,旋即被执行逮捕。经对其住宅和办公室进行搜查,共搜获"六四"式手枪子弹49发、猎枪子弹1300发、双管猎枪一支。

在大量的举报信和举报人的帮助下,专案组仅用10天时间就很快查出:自1996年以来,杨某凭借担任县电力集团总公司总经理的特殊身份,从下属单位将上述打手等亲信安排到监察科,直接操纵或经常指使该科亲信殴打与本单位或同自己及亲人发生冲突的一切对象。该犯罪集团作案8起,殴打他人致伤致死18人。杨某直接参与或在场的案件就达7起。

调查发现,杨某在企业里,很多时候凭的都是"武力"来解决问题。1997年8月,县电力集团公司下属单位女职工曾某,到县纪委和县公安局控告被杨某强奸,因未予认定,曾某便直接找杨吵闹,并拎着装有汽油的塑料桶,扬言要烧杨的房子。杨某的外甥认为曾某做得"太过分",拂了他舅舅的"面子",立意要给她颜色看。同年10月9日,曾某在电力公司门口遇到他,他不由分说就对曾一顿拳打脚踢,将曾打伤住院。

杨某曾任桑植县氮肥厂厂长。2001年9月,该厂工人杜某由

> 于写了一首讽刺杨某的打油诗被毒打一顿,并被迫向杨某磕头赔礼,后来,杨某等人还不准杜某上班达一年之久;职工王某骂了杨某一句,就被杨某心腹打得嘴角开裂,缝了两针;职工邹某不知什么事得罪了杨某,被叫到公司球场,罚在太阳的照射下跪几个小时……
>
> 杨某的专横跋扈和暴力行为嗜好,最终断送了自己的性命。

(五) 欺骗行为

欺骗行为是指利用虚假的言语或行动进行的目的性行为。在进行欺骗行为时,个人为了达到自己的目的,利用虚假的言语或者行为蒙蔽对方,诱使对方暂时同意自己的意见或者自愿地进行所期望的行动,从而谋取利益。因此,欺骗行为虽然不具有暴力性,但是,同样会造成社会危害结果。在犯罪学研究中发现,欺骗行为是重要的犯因性因素。国外的研究也证实,欺骗和不诚实行为与犯罪行为有关系。[1] "通常容易说谎和欺骗的人,比一般人更有可能卷入犯罪和少年犯罪。"[2]之所以有这样的关系,是因为个人如果进行这类行为,就会给对方造成不同程度的损害,从而引起或者加剧人际纠纷,引发严重的危害后果,构成犯罪行为。而且,轻微的欺骗行为可能会向严重的方向发展;多次进行欺骗行为之后,个人最终会发展成为严重的诈骗犯罪人。很多诈骗犯罪人,特别是所谓的"惯骗",往往就是从进行轻微欺骗行为开始逐渐形成的。同时,欺骗行为也是常见的犯罪行为方式,当欺骗行为已经或者可能

---

[1] Lee Ellis & Anthony Walsh, *Criminology: A Global Perspective* (Boston, MA: Allyn and Bacon, 2000), p.318.

[2] Ibid., p.332.

造成的损害结果十分严重时,欺骗行为本身就构成诈骗犯罪。

三、犯因性情境因素

从犯罪行为的发生来讲,犯罪行为是具有犯因性个人特征的人与某种直接的环境产生相互作用的结果。这种直接的环境,也就是被犯罪人所感知的发生犯罪行为的具体环境,称为"犯罪情境"。① 犯罪情境特别是犯罪人对于犯罪情境的选择和利用,是发生犯罪行为的重要犯因性因素。

尽管犯罪情境是广义上的环境的组成部分,但是,犯罪情境并不是一般性的环境。这种环境不仅是被犯罪人所感知到的环境,而且在这种环境与犯罪人之间充满了性质和强度各异的复杂相互作用。犯罪情境的这种互动性特点,与很多仅仅单向地影响个人的环境因素不同。因此,基于这样的理由,把犯因性情境因素列入犯因性互动因素之内,而不列入犯因性环境因素。

一般情况下,对于犯罪行为的发生来讲,犯罪情境是中性的,即犯罪情境仅仅是犯罪行为发生的具体环境;从客观上来看,并不意味着犯罪情境总是有利于犯罪行为的实施的。但是,对于大多数犯罪人来说,他们总是寻求有利于实施犯罪行为的环境并且认为特定环境有利于犯罪行为的实施时,才进行犯罪活动的。因此,从犯罪人的主观上来讲,犯罪情境似乎都是有利于犯罪行为的实

---

① 吴宗宪:《论犯罪情境》,《社会公共安全研究》1990年第1—2期,第10—11页。

施的。① 当从多方面来看,犯罪情境都有利于犯罪行为的实施,甚至直接诱发犯罪动机和促成犯罪行为时,这样的犯罪情境就成了"犯因性情境"。更确切地说,所谓"犯因性情境",也就是有利于甚至直接促使犯罪动机产生和犯罪行为实施的犯罪情境,这类犯罪情境相当于通常所说的"犯罪机遇"或者"犯罪机会",即有利于甚至促使个人进行犯罪活动的时机,换言之,就是诱发和便于实施犯罪行为的犯罪情境。犯因性情境的构成因素,就是犯因性情境因素。

犯罪学家已经指出了犯因性情境在一些犯罪行为产生中的重要作用。例如,加拿大犯罪学家伊扎特·法塔赫指出,"观察发现,在一定条件下处在一定情境中的人,如果受到一定的压力和约束,他们是有可能实施极端残暴、残忍、贪婪、不诚实的行为的。"②即使心理上正常的普通守法者,也是如此。他以普通守法者进行的一些犯罪,例如在民众骚乱、灯火管制期间或者自然灾害之后的私刑、抢掠等"民众犯罪"(folk crime)为例,认为普通守法者之所以进行这样的犯罪行为,就"说明了情境因素在犯罪原因中的极端重要性和作用"。③

犯罪情境是一种具有多种性质的具体环境,其中具有犯因性作用的因素主要包括:

---

① 对于少数激情型犯罪人和精神异常型犯罪人来说,可能不是这样。这些犯罪人并不是在刻意选择有利于自己实施犯罪行为之后才进行犯罪行为的,他们的犯罪过程中往往缺乏理智思考的成分。

② Ezzat A. Fattah, *Criminology: Past, Present and Future—A Critical Overview* (New York: St. Martin's Press, 1997), p.129.

③ Ibid.

1. 具有犯罪动机的犯罪人

具有犯罪动机的犯罪人,是最重要的犯因性情境因素。所谓的犯因性情境甚至所有的犯罪情境,都是以犯罪人为核心的。当存在具有犯罪动机的犯罪人时,他们不仅选择有利于实施犯罪行为的犯因性情境,甚至也可以有意识影响普通的犯罪情境,使其朝着有利于进行犯罪行为的方向转变。

2. 具有缺陷的被害人

具有某些缺陷的被害人,也是犯因性情境的重要构成因素。在这里,所谓的"缺陷",并不是指一般性的身体或者心理缺陷,而是指诱使或者便于犯罪人进行犯罪行为的特征,例如,容易轻信别人、身体虚弱、具有某些外表特征、从事某种职业、衣着过分暴露、言行举止轻浮等。

3. 犯因性旁观者

犯因性旁观者是指在犯罪现场存在的助长甚至促成犯罪行为的其他人。在犯罪行为发生的场合中,很多时候都存在旁观者,但是,旁观者对于犯罪人及其犯罪行为所起的作用是不同的。有些旁观者具有正义感,愿意帮助被害人,敢于阻止犯罪行为的进行,这样的旁观者是亲社会型旁观者,他们的态度和行为有利于维护社会的安宁和公众的利益。但是,有些旁观者在遇到他人进行犯罪行为时,却采取冷漠、观望等不干预的态度,或者为了保护自己的利益而怂恿犯罪行为,在极端情况下甚至帮助犯罪人进行犯罪行为。这些助长甚至促成犯罪行为的旁观者,就是重要的犯因性情境因素。

4. 其他犯因性因素

从犯因性情境的构成来看,还有一些因素也具有犯因性作用。

这类有利于进行犯罪行为的因素包括犯因性时间(例如,黑夜)、犯因性地点(例如,偏僻的地方)、犯因性气候(例如,大雾、炎热)、犯因性建筑(例如,存在观察死角、有利于犯罪人进出的建筑)、犯因性状态(例如,肮脏、凌乱、混乱的环境,社会治安混乱的状态,无人看守的状态)、犯因性目标物(例如,便于盗窃和销赃的物品)等。这些因素的存在,都有利于犯罪人进行犯罪行为。

第三部分 罪犯改造论

　　罪犯改造是监狱和其他矫正机构(例如,社区矫正机构等)从事的主要工作之一,也是矫正机构的主要任务之一。罪犯改造是一个复杂的系统工程,涉及很多方面的内容。对这个问题的理论探讨,也涉及多方面的内容。首先在第五章论述犯因性差异理论与罪犯改造的关系,探讨这方面的基本理论问题;然后,在第六章探讨将犯因性差异理论应用于罪犯改造活动的若干具体问题。第七至十一章论述对不同的犯因性因素的改造方法等问题。在这一部分中论述的内容,基本上与本书第四章中论述的犯因性因素的维度相对应,不过,对于犯因性互动因素没有进行专门论述,因为对于这部分犯因性因素的改造,主要内容都已经在第七至十一章的不同部分中进行了论述。

第五章　犯因性差异理论与罪犯改造

犯因性差异理论虽然也指明了罪犯改造的对象,但是,它本身主要是一种阐述犯罪原因的理论观点。因此,在对犯罪原因进行研究之后,就应当把这种理论观点应用于指导改造罪犯的实践。在本章中,论述如何将犯因性差异理论应用于罪犯改造活动的基本理论问题。其核心观点是,罪犯改造活动应当在犯因性差异理论的指导下进行,改造罪犯就是努力缩小和消除犯因性差异或者犯因性缺陷。

第一节　犯因性差异理论与罪犯改造的关系

一、罪犯改造的含义

（一）已有的看法

在中国过去的罪犯改造研究中,对于罪犯改造的具体含义有过一些探讨。例如,有人认为,改造是"行刑机关转化罪犯思想,矫正罪犯恶习的活动。改造一词内含两个层次:一指被改造者接受外部强制力量的压力和规范要求,接受劳动和教育,重新社会化;二指被改造者内心自省,产生自我改造意识,自觉地接受行刑机关的劳动、教育和管理,积极主动地劳动、学习,自我改造。"①

也有人认为,改造是"指司法机关在执行刑罚过程中,为转变罪犯的思想,矫治罪犯的恶习,使之成为新人而进行的活动。"②

上述内容基本上代表了中国学术界对于罪犯改造含义的基本看法。概括起来,可以说,罪犯改造就是通过强制和自愿的方法,转变罪犯的思想,矫治罪犯的恶习,使之成为新人的活动。

在外国,人们也对罪犯改造的含义进行了一些探讨。例如,法国学者米歇尔·福柯(Michel Foucault,1926—1984)认为,"刑事拘留必须以转变人的行为为根本职能。"③他还援引了1945年阿莫尔委员会(Amor commission)的看法:"剥夺自由的刑罚具有改造罪犯和使罪犯回归社会的根本目的。"④福柯把这项原则称之为"矫正原则"(the principle of correction)。⑤

英国学者迈克尔·卡瓦迪诺(Michael Cavadino)等人认为,"改造(reform or rehabilitation)是这样一种观念,即通过采取能够改善犯罪人的性格或者行为并使其在未来不可能重新犯罪的方式,刑罚可以降低犯罪的发生率。"⑥

---

① 孙晓雳:《改造》,邵名正、王明迪、牛青山主编:《中国劳改法学百科辞书》,中国人民公安大学出版社1993年版,第247页。

② 康树华、王岱、冯树梁主编:《犯罪学大辞书》,甘肃人民出版社1995年版,第350页。

③ 从福柯著作的上下文语境来看,这里所说的"刑事拘留"(penal detention),应当是指所有的监禁,而不仅仅是对未决犯的拘留。

④ Michel Foucault, *Discipline and Punish*: *The Birth of the Prison* (Translated from the French by Alan Sheridan. New York: Vintage Books, 1977), p.269.

⑤ Ibid.

⑥ Michael Cavadino & James Dignan, *The Penal System*: *An Introduction*, 3rd ed. (London: Sage Publications, 2002), p.37.

第五章 犯因性差异理论与罪犯改造

犯罪学家安德鲁·冯·赫希(Andrew von Hirsch)也认为,改造哲学的目标,是改变犯罪人的性格、态度或行为模式,以便降低其犯罪倾向。①

澳大利亚犯罪学家马克·芬德利(Mark Findlay)等人认为,改造(rehabilitation, reform)就是"利用刑罚影响犯罪人,使其在未来远离犯罪行为而赞同守法行为"②。

美国犯罪学家托德·克利尔(Todd R. Clear)等人认为,"改造是指通过一些职业培训、教育培训或者治疗方法将罪犯恢复到社会中的建设性位置的目标。"③

关于改造的一个被广泛引用的定义,是由改造技术研究小组(The Panel on Research on Rehabilitative Techniques, PRRT)提出的。该小组认为,改造就是"任何以人格、行为、能力、态度、价值观或者其他因素为中介的,旨在减少犯罪人进一步犯罪活动的有计划干预的结果。排除成熟的效果和与恐惧或者恐吓有关的效果,后一类效果在传统上一直被称为特别威慑。"④根据小鲁道夫·亚历山大(Rudolph Alexander, Jr.)的分析,改造技术研究小组的改造定义,包括三个主要方面的内容:第一,改造必须是有计划的专业性

---

① Andrew von Hirsch, *Doing Justice: The Choice of Punishment* (New York: Hill and Wang, 1976), p.12.
② Mark Findlay, Stephen Odgers & Stanley Yeo, *Australian Criminal Justice*, 3rd ed. (New York: Oxford University Press, 2005), p.226.
③ Todd R. Clear, George F. Cole & Michael Reisig, *American Corrections*, 7th ed. (Belmont, CA: Thomson/Wadsworth, 2006), p.67.
④ L. Sechreast, S. O. White & E. D. Brown, *The Rehabilitation of Criminal Offenders: Problems and Prospects* (Washington, DC: National Academy of Sciences, 1979), pp.20-21.

259

的干预。排除未事先计划的转变或者改造(reformation)。第二,改造是兼收并蓄的。这意味着,改造过程并不是以生理学的、心理学的、社会的或者道德的假设为基础的,而是综合了所有这些假设的。第三,改造完全以犯罪行为作为衡量的指标,而不是以成长、领悟(insight)或者幸福作为衡量指标。①

理查德·施瓦茨(Richard D. Schwartz, 1983)在为《犯罪与司法百科全书》所写的条目释文中认为:"在犯罪和司法领域中使用Rehabilitation这个词语时,它意味着有目的地通过计划型干预计划(program of planned intervention)减少或者消除犯罪人以后的犯罪行为。这个定义包含三种成分,所有这些成分都是rehabilitation的核心概念的必要组成部分。Rehabilitation的'目的'(purpose)是减少以后的犯罪;它的'计划'(program)是一种有计划的干预;它的'效果'(effect)就是实际地减少或者消除犯罪人行为中的犯罪性(criminality)。"②

帕特里夏·范沃勒斯(Patricia Van Voorhis)在谈到rehabilitation的定义时指出:"一般把rehabilitation看成是干预(intervention)或者矫治(treatment)的同义词。有时候,把rehabilitation称为'habilitation'可能更加确切。在这种意义上,'habilitation'是指对由于缺乏技能或者个人品质而犯罪的人的矫正,目的是让他们过上不再犯罪的生活。当我们说到habilitation、rehabilitation、treatment或者干预服务(intervention services)时,我们指的是不同的矫正计

---

① Rudolph Alexander, Jr., *Counseling, Treatment, and Intervention Methods with Juvenile and Adult Offenders* (Belmont, CA: Brooks / Cole, 2000), p. 4.
② Richard D. Schwartz, "Rehabilitation," in Sanford H. Kadish (ed.), *Encyclopedia of Crime and Justice* (New York: The Free Press, 1983), p. 1364.

划(correctional program),根据帕尔默(T. Palmer,1992)的观点,这些计划的目的是'(1)改变(change or modify)犯罪人或者帮助他们改变自己;(2)改变生活处境和改善社会机会'。这些方法应当'利用、发展或者改变个人的心理和身体的力量和机制,以便增强适应和成长的能力'。帕尔默在他的定义中排除了任何试图'通过像损害肢体或者电击方法降低、损害、破坏心理或者身体的'矫正活动。"①

小鲁道夫·亚历山大也认为,"改造往往与矫治(treatment)交替使用。"②

由此可见,在外国学者的论述中,罪犯改造就是通过多种方式改变罪犯的心理和行为,使其回归社会,不再犯罪的活动。

犯罪学家克莱门斯·巴特勒斯(Clemens Bartollas)概括了改造哲学的范围(scope of rehabilitative philosophy)(参见专栏5-1),这对于理解西方国家语境中的罪犯改造及其方法的含义,很有帮助。

专栏5-1:改造哲学的范围③

> 矫正哲学的范围包括下列领域:
> 1.(少年司法中的)政府监护原则(拉丁语 parens patriae):少年法庭的目的是变成一个代理父母(surrogate parent),挽救或者改造儿童使其不会陷入犯罪生活。

---

① Marilyn D. McShane & Frank P. Williams III (eds.), *Encyclopedia of American Prisons* (New York: Garland Publishing, Inc., 1996), pp.392-393.

② Rudolph Alexander, Jr., *Counseling, Treatment, and Intervention Methods with Juvenile and Adult Offenders* (Belmont, CA: Brooks / Cole, 2000), p.5.

③ Clemens Bartollas, *Correctional Treatment: Theory and Practice* (Englewood Cliffs, NJ: Prentice-Hall, 1985), pp.29-30.

2. 不定期量刑（indeterminate sentencing）和假释委员会：假释委员会负责决定犯罪人在什么时候得到了改造，做好了回到社区的准备。

3. 诊断研究和犯罪人分类：这些诊断和分类过程的目的，是识别犯罪人的需要，以便给他们安排（医学模式）或者选择（重新整合模式）最有可能帮助他们的那些矫正计划。

4. 社会研究或者量刑前调查报告：缓刑官负责这些报告，在报告中对犯罪人的社会背景、行为和态度做出诊断，对改造犯罪人的治疗计划做出描述。

5. 个别治疗、家庭治疗和小组治疗：犯罪人在社区和矫正机构中接受心理治疗，解决驱使他们犯罪的情绪冲突，或者帮助他们改善其态度和人际关系。

6. 转处计划（diversionary program）：完成这些转处计划表明犯罪人得到了改造，因此可以撤销指控和撤销案件。

7. 医学外科治疗和牙外科治疗（medical and dental surgery）：改造的含义中包括任何治疗方法，包括利用整形外科消除损毁容貌型缺陷（disfiguring blemish）或者文身，或者使用化学疗法矫正内分泌失调。

8. 生存计划（survival program）：对少年犯罪人实行多种户外和野外生存计划，以便使他们获得技能和改善他们的自尊，这些都可以使他们得到改造。

9. 经济赔偿和象征性赔偿：可以把犯罪人为自己造成的社会损害而进行个人赔偿的过程，看成是进行改造的一种很好的形式，因为违法者能够消除被其不当行为内化的罪恶感。

10. 回归计划（reentry program）：包括工作释放、教育释放、离监探亲（home furlough）和社区援助计划。这些计划能够使犯罪人获得工作技能，能够使他们与家庭团聚，也能够使他们获得避免未来的反社会行为所需要的社区支持。

11. 对缓刑犯的居住式安置和日间矫治安置（day-treatment

placement）：这些入内中途之家式安置，向缓刑犯提供另一种代替监禁的改造机会。

12. 监狱和少年犯教养所（training school）中的教育计划、职业计划、工业计划、自我成长计划（self-growth program）和服务计划：这些计划向犯人提供了有助于他们改造的技能或经验。

13. 监狱和少年犯教养所中的家庭会见计划：这些计划种类繁多，既包括限制犯人与家庭成员接触的，也有允许犯人与其配偶或家庭成员单独度过一定时间的夫妻探视；它们都有利于促进犯罪人的改造。

（二）犯因性差异理论背景下的罪犯改造

那么，在犯因性差异理论的语境中，如何理解罪犯改造呢？根据犯因性差异理论，改造罪犯就是努力缩小和消除罪犯的犯因性缺陷从而使其成为守法者的活动。如果把罪犯自身存在的犯因性缺陷理解为犯因性素质的话，那么，也可以说，改造罪犯就是努力削弱和消除罪犯的犯因性素质从而使其成为守法者的活动。

根据上述观点，改造罪犯的活动具有下列特点：

第一，改造罪犯就是转变罪犯的活动。要转变罪犯，必须进行相关的活动。只有通过一系列活动，才能实现转变罪犯的目的。这类活动就是缩小和限制罪犯的犯因性缺陷的活动，换言之，也就是削弱和消除罪犯的犯因性素质的活动。

第二，改造罪犯要借助一定方式。转变罪犯是一项极其复杂和艰巨的工作，必须借助科学的方式才能实现。如果缺乏科学的方式，虽然也可能会在罪犯身上引起一定的变化，但是，这样的变化不一定都是对社会有益的，因此，也不一定能够实现改造罪犯的目的。改造罪犯的方式，要根据改造罪犯的需要来确定。凡是可以消除罪犯的犯因性缺陷的方法和措施,只要它们不具有违反法律和道德的性质,不会造成损害罪犯和他人的结果,都可以用来改造罪犯。在这些方式中,既有教育性质的方式,也有劳动性质的方式,还有心理矫治和行为矫正性质的方式等。

第三,罪犯改造工作所指向的对象是犯因性差异或者犯因性缺陷、犯因性素质。这意味着,所谓改造罪犯,就是要缩小和消除罪犯的犯因性缺陷,也就是缩小和消除罪犯与守法者之间的犯因性差异,或者说就是削弱和消除罪犯的犯因性素质。这一表述可以进一步明确改造罪犯的具体对象或者"靶症状",使改造活动更具有针对性。

第四,改造罪犯的目标是使罪犯成为未来社会中的守法者。改造罪犯并不仅仅是让罪犯变成监狱管理人员的驯服的工具和一些服从命令、听从指挥的"机器人";并不仅仅是让罪犯在监狱机构中服从安排和遵纪守法,更重要的是要让他们成为释放后在未来的社会中过正常生活的守法者。这是因为,即使罪犯得不到改造的话,在管理严格、以国家强制力作为后盾的监禁环境中,他们中的大多数也能够遵纪守法,做一个守法者。但是,仅仅维持这样的状况,并不意味着罪犯得到了改造。只有使罪犯在释放后的自由环境中,能够坚决抵御诱惑、压力等因素的影响而不去犯罪,才能说罪犯得到了真正的改造。

二、犯因性差异与一般性个别差异

(一)概述

由于改造罪犯涉及缩小和消除罪犯与守法者之间的犯因性差

异的问题,而这类差异和一般性个别差异又有密切的关系,因此,需要了解犯因性差异和一般性个别差异的关系。所谓"一般性个别差异",①是与犯因性差异相对而言的:一般性个别差异就是所有人之间存在的"个别差异"(individual difference),也就是个人在成长过程中由于遗传与环境的相互影响而在生理、心理、社会等方面表现出的相对稳定而又不同于他人的特点;犯因性差异则是指在犯罪人之间以及犯罪人与守法者之间存在的差别。如果要强调作为个人的犯罪人之间以及犯罪人与守法者之间的差异,那么,也可以使用"犯因性个别差异"这样的术语。

(二) 两类差异的相互关系

犯因性差异和一般性个别差异这两类差异既有联系,又有区别。

首先,犯因性差异和一般性个别差异之间具有密切的联系。这主要表现为,犯因性差异是一般性个别差异的重要组成部分,是体现一般性个别差异的重要方面。一般性个别差异可能会体现在守法的很多方面,这些方面的不同可能会使个人的心理、行为等方面具有各自不同的特点,也有可能体现在违法犯罪的很多方面,这些方面的不同就表现为犯因性差异。

其次,犯因性差异和一般性个别差异之间具有明确的区别。一般性个别差异是一个总的概念,泛指人们之间的所有不同和区

---

① "一般性个别差异"的概念是笔者提出的,其内容与心理学、教育学中已有的概念"个别差异"是近似的(参见朱智贤主编:《心理学大词典》,北京师范大学出版社1989年版,第223页;《中国大百科全书·教育》,中国大百科全书出版社1985年版,第97—98页)。之所以在这里提出这一概念,是为了强调"一般性",以便与"犯因性"相对。

别;而犯因性差异仅仅是一般性个别差异中的一个部分或者方面。同时,一般性个别差异可能会决定在日常生活中个人的不同风格和特征,但是,其中的很多差异与个人是否犯罪没有关联;而犯因性差异与犯罪心理的产生、犯罪行为的实施都密切相关,犯因性差异的存在,会使那些具有这类差异或者缺陷的人产生犯罪心理和进行犯罪行为。

(三) 一般性个别差异的内容

心理学等学科对于一般性个别差异进行了很多的研究。这些研究主要涉及人们在生理以及比较稳定的心理特征、行为模式和社会特征等方面的差别。特别是在下列方面,心理学家们已经进行了较多的研究。理解这些差异,有助于理解和对待犯因性个别差异,也有助于在监狱中对罪犯的管理。

1. 性别差异

性别差异是指男女两性在生理及心理、行为和社会等方面的差异。心理学的研究发现,男女在生理、能力、人格、成就、社会行为等方面,都有不同程度的差异。[①] 例如,从人格方面来看,男性在身体和语言上都比女性更具攻击性;男性的支配感比女性强,而女性比较顺从,容易接受别人的影响;男性的自信心、自我评价比女性高;男性更愿意冒险;女性比男性更容易产生移情,更富有同情心等。又如,从社会行为方面来看,男性更容易进行紧急情况下的助人行为,而女性更有可能进行长期的助人行为。美国的研究发现,因为冒险救助陌生人而获得卡内基英雄基金会奖章的7000人

[①] 刘翔平、葛鲁嘉:《男女差异心理学》,北方妇女儿童出版社1988年版。

中,91%是男性。[①]

2. 年龄差异

年龄差异是指不同年龄的人们在生理及心理、行为和社会等方面的差异。例如,从生理方面来看,儿童少年的身体比较弱,成年人的身体比较强壮,老年人的身体又比较弱。又如,从社会阅历和社会经验来看,随着年龄的增长而逐渐增加;从冒险性和勇敢精神来看,从儿童少年期开始,这些方面似乎随着年龄的增长而逐渐减小。

3. 能力差异

能力差异是指人们在能力或者智力方面的差别。已有的研究发现,能力差异主要体现在三个方面:一是能力水平的差异,例如,有的人聪明,有的人愚笨。二是能力表现早晚的差异,例如,有的人能力表现得早熟,成为人们心目中的"神童";而有的人能力表现较迟,属于"大器晚成"。三是能力类型方面的差异。关于能力的类型,心理学家有很多的分类,例如,从表现形态方面可以分为认知能力和操作能力。从适用范围方面可以分为一般能力和特殊能力,而特殊能力又包括观察能力、记忆能力、思维能力、想象能力、数学能力、绘画能力、音乐能力、体育能力、写作能力等很多种类型。从发展特点方面可以分为液态能力和晶态能力,液态能力是指人们在认识事物和解决问题过程中表现出来的基本认知能力,这类能力主要取决于个人的先天素质,较少受知识的影响;晶态能力是指在学习过程中获得的语言、数学方面的能力,这类能力在成

---

① 〔美〕埃利奥特·阿伦森等:《社会心理学》(第五版),侯玉波等译,中国轻工业出版社2005年版,第330页。

长过程中迅速发展,直到 25 岁以后才逐渐放慢发展的过程。在所有这些能力方面,都有可能存在个别差异。

4. 人格差异

人格差异是指人们之间在人格特征或者人格特质①方面的差别。例如,弗洛伊德认为,人格结构包括本我、自我、超我三种成分,人们之间除了在本我方面差别较小之外,在自我、超我的发展速度和程度等方面,都会有差别。又如,于德国出生的英国心理学家艾森克(Hans J. Eysenck)将人格分为内外倾、神经质(又称为"情绪性")和精神质(又称为"倔强性")三个方面,并且用人格量表来测量人们之间在这些方面的差异,结果发现人们在这些方面有显著差异。再如,美国心理学家雷蒙·卡特尔(Raymond B. Cattell,1905—1998)认为,人们之间在十六种人格特质上有差异,并且编制心理量表测量这些差异,他所说道这些人格特质包括乐群性、聪慧性、稳定性、恃强性、兴奋性、有恒性、敢为性、敏感性、怀疑性、幻想性、世故性、忧虑性、实验性、独立性、自制性、紧张性。②

此外,在性格、兴趣、情绪强度及其表现方式、社会行为、人际交往等很多方面,都有程度不同的个别差异。

---

① "人格特征"(personality characteristic)与"人格特质"(personality trait)是不同的人使用的含义近似或者相同的两个术语。如果仔细区分的话,那么,"特征"(characteristic)是一个一般性的术语,专业性不强,而且也包括所有内在和外在的一切方面;"特质"(trait)是一个比较专业化的术语,从美国心理学家奥尔波特(Gordon W. Allport, 1897—1967)有关人格研究的论著发表以后,这个术语开始在心理学中大量使用,而且似乎更多是指个人内在的特征。

② 朱智贤主编:《心理学大词典》,北京师范大学出版社 1989 年版,第 353 页。

三、犯因性差异与罪犯改造

根据犯因性差异理论,改造罪犯是要削弱和消除犯因性差异,而不是简单地、机械地、全面地消除罪犯与守法者之间的所有差异。必须明确地认识到,改造罪犯并不是要消除罪犯的一般性个别差异,不是要把罪犯改造成在各方面完全一样或者相同的人。

对于监狱工作人员来说,在解决犯因性差异和一般性个别差异的关系问题时,应当确立这样一种合理的出发点和基本的原则:

(1) 在改造罪犯及管理罪犯的过程中,应当努力消除犯因性差异或者犯因性缺陷,宽容对待其他的一般性个别差异;

(2) 只要不妨碍监狱管理和罪犯改造工作,都应当允许罪犯保持和表现自己的个人特征。

根据上述出发点和原则,在改造罪犯的过程中,要把改造工作的重心和焦点放到如何改变、缩小甚至消除罪犯的犯因性差异或者犯因性缺陷上,而不能笼统地要求所有罪犯都要表现出一致的心理特征和行为模式。实际上,允许罪犯有一定的自主性和独特性(差异性),是有利于维护监管秩序和改造罪犯的。罪犯拥有的这种自主性和独特性,可以减轻他们的"监禁痛苦",也有利于他们释放挫折情绪,有利于他们通过自我调整恢复身心平衡状态。同时,这些自主性的存在,有利于减弱罪犯和监狱管理人员之间的对立情绪,从而为改造罪犯提供适宜的心理气氛。而且,这些差异性的存在,还可以为罪犯改造人员奖励罪犯提供更多可供选择的余地,罪犯改造人员可以让罪犯享有更多的自主性,以此作为一种奖励的手段。

事实表明,如果在罪犯改造中致力于消除罪犯之间的所有个别差异的话,反而有可能产生犯因性作用。这是因为,根据犯罪学家的调查研究,很多个别差异不仅不是犯因性的,反而是亲社会性的,即有利于社会的。例如,犯罪学家格卢克夫妇对 500 名少年犯罪人和 500 名守法少年的调查发现,有一些人格特征在守法少年中更加明显,这意味着具有这些人格特征的人更不可能进行犯罪行为,因此,这些人格特征具有亲社会性质。格卢克夫妇发现的这些亲社会性人格特征包括服从性、一般性焦虑、强烈不安全感、不受关爱感、无助感、与别人适当接触、合作性、对别人的依赖性、重视别人的期望、因循性、受虐癖、自我控制、强迫性。[①] 因此,如果致力于消除这些方面的个别差异,就会使这些特征在抑制犯罪方面的功能被削弱,就会发生促成犯罪心理的形成和犯罪行为的实施的有害作用,从而使犯罪的可能性得到增加。

四、罪犯改造误区及其后果

从中国改造罪犯的观念和实践来看,在罪犯改造中普遍存在着试图消除罪犯的所有个别差异的现象。这意味着,从事罪犯改造工作的人们似乎要消除罪犯的一般性个别差异的所有方面,使罪犯在所有方面都变得一致起来。这是一类缺乏理论基础的明显的工作误区,有多种表现,也存在很多弊端。

[①] James Q. Wilson & Richard J. Herrnstein, *Crime and Human Nature: The Definitive Study of the Causes of Crime* (New York: Simon & Schuster, Inc., 1985), p. 178.

这种试图消除罪犯的一切个别差异的现象,有多方面的表现。首先,要求罪犯与监狱管理人员或者罪犯改造人员一致起来。在罪犯管理和改造过程中,很多监狱管理人员和罪犯改造人员把自己作为改造的"标准"或者"参照物",要求罪犯变得像自己一样。对于罪犯中存在的那些和自己不一样的特征,或者是自己不喜欢的特征,都想加以改变和消除。

其次,要求所有罪犯之间一致起来。在管理罪犯和改造罪犯的过程中,对所有的罪犯提出同样的要求,进行同样的管理,而不管罪犯之间是否存在差别。例如,在劳动中,不管罪犯之间是否有个人经历、劳动技能、身体状况等方面的差异,都要求所有罪犯完成同样的劳动定额。又如,不管罪犯之间是否存在文化水平、知识观念等方面的差异,都要求罪犯参加同样的教育活动,学习同样的内容等。再如,要求所有的罪犯表现出类似的性格特征、言谈风格、行为表现、个人爱好等。在一些监狱中,甚至出现了不允许罪犯有任何的个人特征或者独特性,凡是罪犯之间表现出的个别差异,都想加以改变、使他们变得完全一致起来的现象。在这些情况下,监狱管理和罪犯改造实际上变成了旨在消除罪犯之间的一切个别差异的活动。

再次,片面强调罪犯的服从性。从监狱管理的角度来看,要求罪犯盲目服从是最省事、最简单的办法,也是监狱管理人员最喜欢的结果。从管理的立场出发,很多监狱管理人员要求罪犯一切行动听指挥;不管监狱管理人员的要求是对还是错,只要罪犯听从要求、服从命令,就认为是表现良好、得到了改造。这种片面强调罪犯的服从性的倾向和做法,是以监狱管理人员绝对正确或者武断专横为前提的,它否认罪犯存在自己的想法,不考虑罪犯之间存在的个别差异,实际上也是要求所有罪犯一致起来的一种表现。这样做的结果,实际上无助于罪犯的改造,而有可能迫使罪犯形成"两面派"作风,以言不由衷的、虚伪的表面服从来应对监狱工作人员的强硬要求,而将自己的真实想法隐藏起来,其结果是监狱管理人员很难了解到罪犯的真实情况。长此以往,可能会迫使罪犯形成"双重人格"。

在监狱管理和罪犯改造活动中不是努力消除犯因性差异,而是想消除犯罪人之间存在的一切差异的做法,有很多的弊端:

第一,造成不同程度的资源浪费。上文中已经指出,人们之间的很多个别差异和个人是否实施犯罪行为并无联系,而且,犯罪学研究也已经证实,很多人格特征在犯罪人和守法者之间的差别并不显著。这说明,很多与犯罪心理的形成和犯罪行为的实施无关的个别差异,是不需要改造或者转变的。试图改造或者转变这些个别差异的活动,都是在进行与改造目标无关的徒劳无益的活动,是花费气力进行并不需要的活动。进行这样的活动不可能收到所需要的改造效果,它们必然会造成资源浪费。

第二,加重罪犯的身心痛苦。在监禁环境中,罪犯没有行动自由,在其他方面也遭受很多的剥夺和限制。如果监狱管理人员和罪犯改造人员为了消除一切个别差异而继续进行不必要的干预的话,就会给罪犯提出更多的要求,对罪犯进行更多的限制和剥夺,这样做的后果只能加重罪犯的身心痛苦。

第三,加深罪犯的监狱化程度。所谓"监狱化",就是指监狱中的罪犯逐渐吸收监狱文化的过程。在这个过程中,罪犯之间互相接受"囚犯准则"以便进行自我保护,同时,也逐渐地接受与监狱之外的正常社会的准则不同的监狱习俗和价值观,最后便产生吸收监狱文化并将其内化为人格组成部分的结果。监狱内的习俗及制度要求罪犯们遵从这里的生活方式,这种生活方式虽然能够帮助罪犯减轻在监狱服刑所造成的冲击作用,但是,并不利于罪犯释放后的社会适应。研究发现,正常的监狱管理活动以及罪犯为了服从监狱管理和进行监狱生活而进行的适应性活动,都会自然而然地产生监狱化的效应,使罪犯形成一套不利于他们释放后重新适应社会生活的价值观念和行为模式。如果监狱管理人员和罪犯改造人员无限制地进行旨在促使罪犯之间一致化的管理和改造活动,努力按照一个模式管理和改造罪犯,这会进一步加剧罪犯的监狱化烙印,会更加深刻地剥夺罪犯的自主性、能动性。长此以往,就会将罪犯训练成一切服从别人指挥、自己失去思考和判断能力的"机器人",就会将罪犯"改造"成释放后难以重新适应社会生活的"废人",而这与把罪犯改造成为守法者的监狱工作目标是相背离的。

第四,增大罪犯进行暴力行为的可能性。让监狱中的罪犯具有一定的自主性和自由度,使他们能够在一定范围内安排自己的生活,进行自己需要的活动,实际上有利于罪犯调整心态,宣泄挫折情绪,从而有利于恢复心理平衡。因此,让罪犯之间存在一定的个别差异,保留一定的个人特征,具有在监狱管理中为罪犯提供宣泄消极情绪、释放多余能量的"安全阀"的积极作用,有利于化解罪犯的消极情绪,有利于减弱罪犯和监狱方面的冲突和对立。如果将罪犯管得过死,对罪犯限制太多,不允许罪犯有任何独特性和自主性,那么,罪犯的消极情绪等就缺乏适当的宣泄渠道,他们就会长期处于紧张状态,其结果要么会促使罪犯产生身心疾病,要么会使罪犯在自我控制达到饱和状态时,其消极情绪以爆发性的方式宣泄出来,产生严重的暴力行为。因此,强求一致有可能增加罪犯进行暴力行为的概率,这是不利于监狱管理安全的。

第二节 亲社会相似性与罪犯改造

一、概述

在探讨改造罪犯问题的过程中,不仅要关注罪犯的犯因性差异,也要关注罪犯的亲社会相似性。罪犯的亲社会相似性意味着,罪犯具有很多与普通守法者相类似的生理、心理、行为等方面的个人特征以及生活成长环境和社会互动方式;罪犯在很多方面是与普通守法者类似或者一样的人。

认识到罪犯与守法者之间存在亲社会相似性,对于罪犯改造以及监狱管理等,都具有重要的意义。首先,有助于恰当地认识罪犯。改造罪犯的重要前提,是恰当地认识罪犯。通过对罪犯的犯因性差异或者犯因性缺陷与亲社会相似性的分析和认识,可以获得对于罪犯的恰当而全面的认识:罪犯具有多方面的特性,不能用简单的眼光看待他们;罪犯是既有缺陷又有优点的复杂的人。罪犯虽然在一些方面有缺陷,但是,这并不意味着,罪犯在所有方面都有缺陷。应当在看到罪犯具有缺陷的同时,看到他们中存在的亲社会的一面、良好的甚至优秀的成分,从而准确地认识罪犯。树立这样的恰当认识,纠正不符合罪犯情况的观念,是做好罪犯改造和管理工作的重要条件。

其次,提供了改造罪犯的坚实基础。之所以能够改造罪犯,就是因为在罪犯与守法者之间存在很多的相似性,这种相似性是改造罪犯的客观前提和必要基础。如果不存在这样的相似性,就意味着罪犯是完全不同于守法者的异常人群或者另类人群,那样,就不可能改造罪犯,就不可能把罪犯改造成为守法的人。假如罪犯真的是一类像意大利犯罪学家龙勃罗梭所说的低等灵长目动物"类人猿",是"出生在文明时代的野蛮人",[①]那么,进行再大的努力也是徒劳的,因为不要说监狱工作人员,就是再高明的科学家,也根本不可能把"低等灵长目动物"改造成为守法的公民——与周围的守法者类似或者同样的人。一些动物学家对类人猿进行长期训练或者改造的结果,也只能使它们具有极其有限的智力和技能,远远不可能达到"守法公民"的标准。所以,只有在承认存在并且认识到犯罪人与守法者之间的相似性的基础上,才能谈论改造罪犯的问题,才能对罪犯进行改造。

从一定意义上讲,改造罪犯也就是缩小罪犯与普通守法者之间的犯因性差异、扩大罪犯与普通守法者之间的亲社会相似性的活动。在发现罪犯存在的亲社会特征之后,逐步加以巩固和扩大,就可以转变罪犯,最终达到改造罪犯的目的。

再次,表明了改造罪犯的可能性。正是由于在罪犯与守法者之间具有相似性,才能在作为守法者的监狱工作人员与罪犯之间存在进行言语沟通和其他形式的相互作用的基础,监狱工作人员才有可能对罪犯开展管理和改造工作。如果罪犯是与普通守法者截然不同的"人",或者不是通常意义上的"人",那么,监狱工作人员改造罪犯的活动,就可能是不会发生任何积极作用的徒劳举动,

---

① 吴宗宪:《西方犯罪学》(第二版),法律出版社2006年版,第103页。

就可能是俗话所说的"对牛弹琴"。只有在罪犯与守法者之间存在一定相似性的情况下,在罪犯存在着与守法者类似的语言、知识、思维、感情、行为等特征,并且在罪犯有一定的道德观念和法律常识的条件下,才能对罪犯开展改造工作。因为只有在这样的条件下,他们才能理解罪犯改造人员的言语和行动的意义,才能认识到罪犯改造工作的价值,才能对改造工作作出相应的心理和行为反应,罪犯改造工作才能对他们产生影响。因此,罪犯与守法者之间具有相似性,为开展罪犯改造工作提供了可能性,如果没有这个可能性,就无法进行罪犯改造工作。

一些长期从事战犯改造的人员也指出了战犯与普通人之间的相似性,以及这种相似性对于改造战犯的重要意义。例如,曾经长期担任抚顺战犯管理所所长的金源先生,在其回忆录《奇缘——一个战犯管理所所长的回忆》中,曾经这样指出:"把杀人当作职业的战犯的心里是冷酷无情的,但他们也有喜怒哀乐的人类属性,这一点就是能够改造他们的基础。"①

第四,表明了改造罪犯的具体方向。从犯罪人与守法者之间存在相似性的角度来看,改造罪犯的活动实际上就是减小犯因性差异而扩大亲社会相似性的活动。如果罪犯改造人员明确认识到罪犯存在的亲社会相似性及其表现,把它们看成是罪犯身上存在的"闪光点",创造性地鼓励、促使罪犯发展他们的亲社会特征,使这些"闪光点"不断发展、巩固、壮大并且进而扩展到其他方面,就

---

① 金源:《奇缘——一个战犯管理所所长的回忆》,崔泽译,解放军出版社1999年版,第十章《暖流》。http://www.tianyabook.com/renwu2005/js/j/jinyuan/qyyg/012.htm[2006-12-12]

可以实现全面改造罪犯的目的。例如,罪犯中存在的积极感情如果不断发展和增强,就可能会引起他们在认识和行为等方面的积极变化,从而实现逐步改造罪犯的目的。

与犯因性缺陷的作用一样,亲社会相似性也从不同的角度指明了改造罪犯的具体方向。可以说,罪犯改造人员的重要任务,就是努力通过多种方法识别和发现罪犯中的这些亲社会相似性,以此带动罪犯在多方面发生积极转变,从而实现改造罪犯的目的。例如,很多罪犯都具有与普通守法者类似的亲情,主要表现为重视家庭亲属对自己的看法,重视与家人之间的亲密感情,渴望家人到监狱中探视自己,希望在自己服刑期间家人身体健康、生活稳定、家庭生活平安、家人关系和谐,对家人寄予很大的希望。这样,亲情就成为改造罪犯的重要契机和方面。一些监狱创造性地利用亲情改造罪犯,取得了很好的效果(参见专栏5-2)。

专栏5-2:利用亲情改造罪犯的做法[①]

> 黑龙江省鸡西市劳改支队利用罪犯的家庭开展罪犯教育活动,以家人之间的亲情促进罪犯的改造,进行了下列活动:
> 1. 开展"加深父母恩、儿女爱、妻子情"活动
> 除了正常的接见之外,监狱主动邀请160多名罪犯的父母到监内来做规劝报告,1100人次的子女、妻子到监狱内召开座谈会。监狱管理人员事先向家属们介绍了罪犯的思想情况和报告、

[①] 黑龙江省鸡西市劳改支队:《不断强化教育改造工作,努力提高教育改造质量》,王明迪主编:《个别教育经验文集》,中国政法大学出版社1993年版,第431页。为了表述得更清楚,在引用时对个别文字做了改动。文中的"劳改支队""大队"是1994年12月《监狱法》颁布之前使用的名称;《监狱法》颁布之后,"劳改支队"普遍改称为"监狱","大队"普遍改称为"监区"。

谈话的内容,使谈话具有较强的针对性。有的罪犯父母在报告中声泪俱下,有的罪犯妻子儿女满含热泪进行规劝……家庭成员的期望和深情,有力地促进了罪犯的转化,使他们向往家庭的温暖,向往自由的生活,不断地加强自我改造,从而促进了个别教育的效果。

2. 开展"一封信"活动

要求全监狱所有罪犯给家里寄一封信,汇报自己在监狱内的改造情况,包括思想、劳动、遵守监规等方面。然后,由罪犯家属再给罪犯寄一封信,进行规劝教育。监狱把寄出和寄来的两封信在全监狱进行评比,共选出120对优秀信件,在罪犯大会上宣读,利用监狱内的报纸进行转载,从而在各个大队间形成了争转化、看效果的改造气氛。

3. 开展家访活动

几年来,全监狱干警对罪犯家庭进行了1000多人次的家访,向罪犯家属反映罪犯的改造情况,要求家属帮助监狱开展规劝工作。有很多家属在监狱干警家访之后,紧接着到监狱中协助开展改造工作。对于在家访过程中发现的罪犯家庭存在的困难和问题,例如,缺柴少米、请医送药、家庭纠纷、家庭变化等,监狱及时给予帮助和解决。几年来,共帮助罪犯家属解决问题1256件,帮助12名罪犯家属安置了工作,调解了196名罪犯的家庭纠纷,使几十个面临解体的家庭破镜重圆,这些工作有效地稳定了罪犯的情绪,大大促进了罪犯的改造。

第五,有助于正确对待罪犯。既然罪犯与守法者有很多的相似性,那么,就要求监狱工作人员在很多方面,确切地说,就是在法律规定需要区别对待的范围之外的其他方面,应该按照普通守法者一样地对待罪犯。在管理和改造罪犯时,要密切关注和恰当对待罪犯的基本需要,合理认识罪犯的承受能力,认真考虑罪犯的接受能力,切实尊重罪犯的人格和感情,设身处地地考虑和处理罪犯之间发生的事情及处理罪犯之间发生的问题,既要避免对罪犯提出缺乏合理性的极端要求,又要避免对罪犯采取不近情理的对待方式。如果真正能够这样去做,就能够对罪犯产生很大的积极影响,就能够促进罪犯的改造。

二、亲社会相似性对于改造工作的启发

准确认识罪犯的亲社会相似性,对于监狱中罪犯改造工作的很多具体方面,都有重要的启发性。

（一）辩证认识和恰当对待罪犯

罪犯与普通守法者的相似性意味着,罪犯和普通人一样,也具有多方面的、复杂的特性,不能用简单的眼光看待他们,也不能用简单的方法对待他们。应当说,罪犯是既有缺陷又有优点的复杂的人,因此,既要关注和改造罪犯的缺陷,又要认识和发挥罪犯的优点。罪犯虽然是在一些方面有缺陷的人,但是,这并不意味着,罪犯在所有方面都有缺陷。实际上,很多罪犯在某些方面与普通公民没有什么差别,例如,很多罪犯尽管对犯罪被害人凶残,但是,对父母却很孝顺,对子女很疼爱,对亲情很重视(参见专栏5-3)。而且,很多罪犯在一些方面可能是很优秀的,有比普通人更加突出的才能,而这些突出的才能往往也是他们犯罪的重要条件。例如,从事高科技犯罪的罪犯,往往精通高科技技术,包括计算机方面的技术,物理学、生物学、化学等方面的知识和技术等。在监狱中,确实存在着一定数量的"五毒俱全""十恶不赦"的罪犯,但是,更存在着大量既有缺陷,也有长处的罪犯。监狱管理人员和罪犯改造人员要以科学的态度认识和对待罪犯的缺陷和才能。既要看到罪

犯存在的缺陷和不足，努力改变这些缺陷和不足，从而实现改造罪犯的目标，又要看到罪犯所具有的突出才能，在监狱管理和罪犯改造中设法利用这些突出才能，引导罪犯把自己的才能用到正当的活动上，利用它们为社会做出贡献。监狱工作人员决不能不加区别地把所有罪犯都看得一无是处，不能认为所有罪犯都是"坏透了"的社会渣滓。

专栏5－3：以亲情为契机改造罪犯事例①

> 罪犯李某因犯盗窃罪被判处有期徒刑8年。入监服刑改造以来，3次脱逃，打架24次，受到警告处分6次，关禁闭15次，加刑7年8个月。该犯思想顽固不化，成了全监狱闻名的老大难反改造尖子，实施各种教育方法均不见效。针对李犯的情况，监狱业务科会同大队管教组在做了心理学研究、重新查阅该犯的档案、分析了犯罪史之后决定，不能不管、不教育，而是要从教育、感化、挽救的角度出发，即使只有一线希望，也要进行挽救。为此，指派专人勤接触、多谈话，从该犯的言行中寻找改造的突破口。在开展个别教育工作中，发现该犯对家庭有亲情感，很听他姐姐的话，就写信把该犯的姐姐请来，改变了以往的谈话方式，两方面都很配合，从而摸清了该犯脱逃的原因。
>
> 原来，该犯之所以脱逃，主要是因为：第一，想对与其断绝恋爱关系的女友进行报复；第二，认为父母将其抛弃，因而活着没有意思；第三，放荡不羁，恶习不改；第四，刑期越加越长，改造没有盼头，丧失改造信心。

---

① 黑龙江省凤凰山劳改支队：《探索个别教育新路，做好新形势下的改造工作》，王明迪主编：《个别教育经验文集》，中国政法大学出版社1993年版，第431页。为了表述得更清楚，在引用时对个别文字做了改动。这里的"劳改支队"以及专栏中的"大队"是1994年12月《监狱法》颁布之前使用的名称，《监狱法》颁布之后，"劳改支队"普遍改称为"监狱"，"大队"普遍改称为"监区"。

> 针对这些情况,监狱进行了对症下药式的改造活动。在生活上加以关心,大队出资为该犯购买了日用品和学习书籍,鼓励其学习;在劳动、学习等方面捕捉闪光点,进行表扬,使该犯感受到政府的温暖。经过多方努力,这个全监狱挂号的反改造尖子在迷途上开始醒悟。

监狱管理人员和罪犯改造人员要克服"无知"加"蛮横"的愚蠢态度,既要科学认识自己的身份和优点,也要承认自己在知识方面存在的不足。"监狱工作人员"的身份只能增加监狱工作人员执法的责任感,而不能自动地增加他们的知识和才能;不能认为具有监狱警察身份之后,就能够自动地变得"无所不知""无所不能";不能在监狱管理和罪犯改造工作中不懂装懂,不能认为在法律身份方面的"优越性"会自发地带来知识技能方面的"优越性";在涉及知识和科学技术的领域中,要实事求是,对于自己不懂的东西,要利用各种途径学会弄懂,包括向懂行的同事学习、向具有知识和才能的罪犯学习,避免蛮横地对罪犯进行"瞎指挥"的不恰当做法。只有采取这种虚心学习、实事求是的态度,才能赢得罪犯的尊重(参见专栏5-4)。

专栏5-4:监狱干警通过学习专业知识改造罪犯的事例[①]

> 罪犯孙某在生产中常以有较高的技术自居,在劳动中随意支使其他罪犯,在罪犯中造成了很坏影响。干警多次找他谈话,但是收效不大,该犯有时还给干警出难题。

---

① 内蒙古自治区第四监狱:《开拓进取,不断提高个别教育质量》,王明迪主编:《个别教育经验文集》,中国政法大学出版社1993年版,第472页。为了表述得更清楚,在引用时对个别地方做了改动。

> 有一次,该犯故意向分队长温景林同志提问。当温队长回答之后,该犯什么也没有说,只是笑了笑。温景林同志觉得奇怪,查找资料后,才知道自己回答错了。此后,温景林同志认真学习生产技术,经常在生产中亲自操作,衣服损坏了也不在乎,经过努力终于掌握了一定的技术。当孙犯再一次向他提出一个技术性问题时,温景林不仅给予准确答复,而且还严厉批评了该犯违章作业的行为。
>
> 对于温景林同志的这个反应,孙某深感震惊,也深受感动。因此,他一改往日的傲气,与全组罪犯共同努力,设法提高产品合格率,使产品合格率从70%多提高到90%,孙某也因此获得记功和减刑一年半的奖励。

在监管改造中,监狱工作人员既要准确地认识和对待自己,也要科学地认识和对待罪犯。既要帮助罪犯克服缺陷,又要努力发现、尊重和恰当利用罪犯的才能和优点。只有这样,才能赢得罪犯的尊重、调动罪犯的改造积极性,促进罪犯的改造。

(二) 重视和满足罪犯生存需要

既然罪犯与普通守法者之间存在很多的相似性,大多数罪犯具有与普通守法者一样的生存需要,那么,要使罪犯真诚地服从管理、接受改造,就必须充分重视和适当满足他们的生存需要。

什么是人的基本生存需要?对此问题人们可能有不同的见解和观点。不过,中国古人曾用简洁明了的语句表达过这样的观点,"食、色,性也"[①]。意思是说,吃饭和性需要,是人的本性,也就是人生存的最基本需要。罪犯虽然是犯了罪的人,但是,他们同样有"食、色"要求。更为重要的是,由于被剥夺了人身自由,可以利用

---

① 《孟子·告子上》。

第五章 犯因性差异理论与罪犯改造

的社会资源极其有限,监狱中罪犯的"食、色"要求可能会变得更加突出。因此,要保证监狱秩序的稳定,要使罪犯真正接受改造,必须十分重视和适当满足罪犯生存的基本需要。

1. 满足罪犯的饮食需要

监狱管理者应当努力满足罪犯的饮食需要,保证按照定量提供伙食,在保证罪犯"吃饱"的前提下,尽可能提高罪犯的饭菜质量。

要充分认识到饮食问题对于罪犯的重要性。对于罪犯来说,饮食问题的重要性远远超过其他任何问题。对于监狱中的罪犯来说,吃饭是监狱中极少数他们渴望进行(而不是强迫进行)的活动之一;像教育活动、生产劳动之类的活动,即使一星期、一个月不进行,也没有多大的消极影响,但是,饮食问题一天不解决好,都会产生严重的消极影响。监狱中罪犯进行的很多抗拒改造、不服从管理,甚至进行监狱暴乱的重要原因,就是没有解决好他们的饮食问题。正如外国学者所认识到的:"尽管所有的(矫正)计划都会影响罪犯的生活,但是,饮食服务可能有最大的直接影响。……差的食物是罪犯投诉和控告的首要目标;事实上,差的食物也一直是大多数罪犯暴乱和骚乱的一个因素。"[1]所以,监狱领导必须把罪犯的饮食问题当作重要的日常工作来抓,应当使罪犯饮食管理部门成为监狱中最重要的工作机构之一,委派最得力的管理人员担任罪犯饮食部门的领导工作,切实把搞好罪犯饮食当作稳定监狱秩序、促进罪犯改造的必要环节来抓。必须改变监狱中不重视罪犯饮食

---

[1] Ira J. Silverman & Manuel Vega, *Corrections: A Contemporary View* (Minneapolis/Saint Paul, MN: West Publishing Company, 1996), p. 428.

工作、让最不得力的工作人员管理罪犯饮食工作的不恰当做法。

在满足罪犯的饮食需要方面,应当认真探讨如何制作和提供饮食才比较合理科学的问题。目前,我国的很多监狱中,普遍实行建立全监狱统一的罪犯食堂,在这个食堂中统一制作好饭菜之后,在食堂设立的餐厅中就餐或者利用餐车分送到监区供罪犯就餐的做法。这种大规模、统一化制作饮食的做法,可能有很多管理方面的好处。例如,有利于进行机械化的操作,有利于节省炊事人力,有利于饮食管理,有利于创造良好的炊事和就餐环境(这也有利于形式上的美观,更能体现监狱管理人员的"政绩")等。但是,笔者认为,在中国的监狱环境中,在中餐制作方面,这种大规模、统一化的饮食制作方法究竟是不是最合理的,仍有进一步探讨的必要。

从中国监狱的实际情况和中餐的特点来看,实行小型化的、分散式的饮食制作方法,似乎更具有科学性和合理性。这是因为,首先,中餐的制作方法决定了应当实行小型化的、分散式的饮食制作方法。饭菜的制作不同于普通的产品生产,不是完全靠机械化就可以提高质量的。中餐不同于西餐的重要方面在于,中餐特别讲究通过多种烹饪方法制作出色、香、味俱全的饭菜,而色、香、味在很大程度上取决于复杂的烹饪方法和操作者的个人技能,依赖于操作者的手工,而不是靠现代化的机械。炊事机械无法完成炒、爆、熘、炸、烹、煎、溻、贴、瓤、烧、焖、煨、焗、熇、扒、烩、烤、盐焗、熏、泥烤、炖、熬、蒸、煮等复杂的制作工艺,自然也就制作不出色香味俱全的、可口的中餐饭菜。因此,提高炊事人员的操作技能要比配备现代化的炊事机械更加合理,更有助于提高饭菜质量。

其次,中餐的品种特点决定了应当实行小型化的、分散式的饮食制作方法。中餐具有地方菜系林立、花色品种繁多的特点。不仅有川、粤、鲁、湘等大的菜系,而且各民族、各地方都有数不清的特色食品和地方小吃。这种多样化的饭菜品种,是无法通过简单的机械化操作就可以制作的。

再次,中餐的就餐特点决定了应当实行小型化的、分散式的饮食制作方法。中餐大部分是热菜,讲究趁热就餐,饭菜凉了就不好吃,也会影响罪犯的健康。要使罪犯能够吃到热的饭菜,就必须缩短中间环节,将做好的饭菜尽快地分发到罪犯手中。但是,建立和使用大型食堂恰恰增加了许多中间环节,经过这些中间环节,饭菜送到罪犯手中后,往往已经变凉,甚至已经不新鲜了。尽管一些监狱在送餐车的保温方面采取了补救措施,但是,仍然不能从根本上解决问题,不能抵消中间环节过多带来的消极效果。

最后,中餐的食物特点决定了应当实行小型化的、分散式的饮食制作方法。中餐中既有不怕水煮火烤、适合进行机械化制作的耐久性食物,更有需要谨慎小心、轻柔细致加工的易碎性、易烂性食物。在北方流行的绝大部分面食,在南方流行的大多数点心小吃,都是易碎、易烂的食物,不可能进行大规模的机械加工,而只能进行小规模的人工加工和制作。不能设想在大锅中为几百人、几千人煮面条或者煮饺子,也难以设想用大规模的炊事机械制作点心小吃。目前监狱中流行的大规模、统一化的饮食制作方法,必然牺牲罪犯饮食的多样化,只能给罪犯提供单调、乏味的食物,这会大大降低罪犯的饮食质量。

因此,究竟以什么样的方式和方法为罪犯提供饮食,是一个需要认真探讨和仔细对待的重要问题。中国监狱中并不存在罪犯劳动力缺乏的问题,小型化的饮食制作方法不仅有助于提高罪犯的饭菜质量,有利于精心制作饭菜,有利于供应多样化的饭菜,更适合中餐的就餐特点,而且还可以节省炊事机械投资,可以给罪犯提供更多的学习和实践烹调技能的机会。此外,监狱内实行食堂小型化和在各个食堂之间的竞争,也有利于促进食堂管理水平和饭菜质量的提高。①

2. 减轻监狱中罪犯的性剥夺

根据中国刑法的规定,只有年满 14 岁的人才能对自己的犯罪行为承担刑事责任。从生理学方面来看,已满 14 岁的人都是生理发育成熟的人。因此,监狱中的罪犯都是生理上已经达到成熟水平的人。罪犯作为生理上达到性成熟的人,自然会有性方面的需要。监狱管理者要创造条件,减轻监狱中罪犯的性剥夺。如果不重视罪犯性方面的正常需要,可能会造成一些消极后果,包括引起大量的同性间性行为和同性恋现象、加剧罪犯的暴力倾向和引起大量的暴力行为(性冲动转化为攻击性和暴力行为)、引发罪犯的脱逃现象(罪犯为了到监狱外面满足性欲而逃跑)、引起已婚罪犯的大量离婚现象(罪犯的配偶无法忍受长期的无性生活而要求解除婚姻关系)等。

在减轻罪犯的性剥夺方面,亲情会见(特别是夫妻会见)是一种有益的做法,特别是对于刑期很长的罪犯来说,显得更加重要。很多监狱中进行的这方面的尝试表明,这种做法可以产生很多方面的积极作用。不能因为在管理中出现的一些问题而"因噎废食"地取消这种做法。应当通过改善管理方法增加这种做法的安全

---

① 吴宗宪主编:《中国现代化文明监狱研究》,警官教育出版社 1996 年版,第 260 页。

性,充分发挥这种做法在减轻罪犯性剥夺、维护罪犯婚姻家庭关系等方面的积极作用。在国外,很多国家都有夫妻会见[①]的制度与做法。

　　同时,也可以尝试其他满足罪犯的正常性需要的措施,例如,可以让罪犯在床头张贴一些明星照片,可以让罪犯看一些描写爱情的电视剧,可以让罪犯阅读一些言情小说,组织男女罪犯一起开展一些活动,包括文艺演出等。

　　此外,还可以通过发挥异性工作人员的积极性的做法,减轻罪犯的性剥夺。在这方面,一些监狱已经进行了很好的尝试。例如,在男犯监狱中建立"女警中心",让女性监狱警察通过电脑网络、可视电话等媒介与男性罪犯沟通,帮助男犯解决心理和其他问题。这种简单的通话方式在客观上具有增加男女交往、减轻性剥夺的积极效果。同样,在女犯监狱中,也可以尝试建立"男警中心",通过热线电话等方式,缓解女犯的性剥夺。除了通过电脑网络、热线电话等形式之外,还可以创造性地利用适当的方式,通过让异性监狱工作人员直接与异性罪犯个别谈话的方式,利用异性之间的自然亲和力解决罪犯中存在的心理问题,与此同时也缓解罪犯的性剥夺。例如,可以利用闲置的、有中间隔离设施的会见室,或者建立结构类似的谈话室,让异性监狱工作人员与罪犯进行个别谈话,这样面对面的个别谈话会收到更好的效果。在国外,很多监狱中实行男女看守同时值勤监管罪犯的做法,具有显著的减轻罪犯性剥夺、缓解罪犯性张力的作用,产生了稳定监管秩序、减少同性间性行为和性侵害等方面的积极效果,这种做法值得中国监狱系统

---

① 参见吴宗宪:《当代西方监狱学》,法律出版社2005年版,第279—287页。

思考和借鉴。

应当注意的是,《中华人民共和国监狱法》第 40 条关于"女犯由女性人民警察直接管理"的规定的合理性和科学性,需要重新探讨。这种规定在重视了一个方面的问题(保护女性罪犯避免遭受男性监狱工作人员的性骚扰和性侵害)的同时,在客观上限制了进行减轻监狱中性剥夺的尝试的可能性,从而加剧了监狱中的性别隔离,增加了女犯监狱中的性剥夺,其合理性、科学性值得研究。

(三) 关注和满足罪犯精神需要

既然大多数罪犯具有与普通守法者一样的精神需要,那么,监狱管理人员和罪犯改造人员就要认真关注和适当满足罪犯的基本精神需要。

精神需要是与物质需要相对的一类需要,是个人对社会意识产品的需要。[①] 这类需要表现在人们对于精神文化、情绪情感、人际交往等的需求方面。同时,根据心理学家的研究,人类的精神需要有层次或者发展水平方面的差别。例如,美国心理学家亚伯拉罕·马斯洛(Abraham H. Maslow,1908—1970)的需要层次理论表明,人们的需要有不同的层次;当基本的需要得到一定程度的满足之后,人们就会追求较高层次的需要的满足。他区分出了五个层次的需要:生理的需要;安全的需要;归属和爱的需要;尊重的需要;自我实现的需要。这个理论适合于所有正常的人,罪犯自然也不例外。

既然罪犯具有亲社会相似性,那么,毫无疑问,他们有与普通

[①] 〔苏联〕彼得洛夫斯基主编:《普通心理学》,朱智贤等译,人民教育出版社 1981 年版,第 114 页。

守法者一样的精神需要。对于在监狱中服刑的罪犯而言,由于环境和境遇的影响,他们的一些基本精神需要特别强烈。这类精神需要包括自尊和受到尊重的需要、情绪和情感方面的需要等。当罪犯的基本生存需要得到一定满足之后,罪犯会追求更高层次的精神需要。要使罪犯真诚服从管理、接受改造,就必须尊重他们的基本精神需要。

根据罪犯在监狱中服刑的情况,监狱管理人员和罪犯改造人员应当特别重视与满足罪犯基本精神需要有关的两个问题。

1. 关注和尊重罪犯的自尊心

自尊心又称为"自尊感",就是个人肯定自己并认为自己值得别人敬重的一种道德情感。当自尊心得到满足时,个人会有愉快的情绪体验。当自尊心得不到满足时,个人会产生两方面的反应:一方面,个人体验到自我压力感,从而迫使自己积极努力,迎头赶上;另一方面,个人可能产生自卑心理,变得谨小慎微,妄自菲薄,怨天尤人,甚至会自暴自弃。

自尊心的满足不仅与个人自身的身心特点有关系,更与周围人的态度等有关系。因此,要满足罪犯在尊重方面的需要,不仅要教育罪犯自尊自爱,也要转变监狱工作人员对待罪犯的态度、方法以及改善监狱的环境、生活方式等。监狱工作人员如果不注意罪犯的自尊心,不尊重他们的道德和法律人格,不仅违反了法律的要求,[1]也会给监狱工作的顺利进行,带来其他方面的消极影响。在过去,很多中国监狱的围墙上经常书写着十分刺眼、醒目的巨幅标

---

[1] 《中华人民共和国监狱法》第7条明确规定,"罪犯的人格不受侮辱",这表明尊重罪犯的人格是一项法律义务,监狱管理部门和监狱工作人员必须履行。

语:"这是什么地方、你是什么人"等。在监狱中,也曾普遍用代号(一般是一组数字)称呼罪犯,而不用罪犯的姓名。这样的不恰当做法,就是不尊重罪犯自尊心的突出表现。这些做法只能引起罪犯的抗拒心理,对于监管改造工作不会有什么积极的价值。现在,如果在监狱工作中继续实行一些刺伤罪犯自尊心、侮辱罪犯人格的做法,必然会带来意想不到的消极后果。监狱管理人员和罪犯改造人员必须重视这个问题,应当研究目前还存在着哪些刺伤罪犯自尊、损害罪犯人格的做法,并且在研究的基础上加以改进。

2. 重视罪犯的挫折与情绪宣泄问题

挫折是指个人在从事一定活动的过程中遇到的阻碍以及所伴随的情绪状态。当个人的需要不能获得满足、行动不能顺利进行、目标不能实现或者遭受损失时,都可以认为个人遇到了挫折,在这些情况下,个人都会体验到沮丧、愤怒等消极情绪,并且可能会产生相应的行为倾向,包括攻击行为倾向、自我毁灭倾向等。如果不能通过适当的途径宣泄消极情绪,它们就会引起破坏性行为。

尽管在现实生活中人们都会遇到挫折,但是,与普通守法者相比,罪犯的挫折有两个方面的显著特征。首先,罪犯遭受挫折的可能性更大。虽然普通守法者在日常生活和工作中也难免遭受挫折,但是,与他们相比,罪犯在监狱中遭受挫折的可能性更大、遭受挫折的频率更高、产生的挫折感强度更大。这是因为,在监狱中,罪犯处在人身无自由、行动受管束的状态中,监狱工作人员以国家强制力为后盾,迫使罪犯服从指挥和接受约束。监狱中的任何人在任何时候都可以给罪犯下命令,都可以要求罪犯从事一定活动。这样的命令和要求,往往是违反罪犯的主观愿望的,因而必然会引起罪犯的挫折感。而且,由于实际地位的巨大差异,监狱工作人员在命令、指挥罪犯时,很少或者根本不考虑罪犯的情况,提出的要求往往大大超出了罪犯的身心承受能力,使罪犯不仅体验到深刻的挫折感,而且还会引起严重的身心痛苦。

其次,罪犯可以宣泄挫折情绪的适当渠道更少。尽管罪犯遭受挫折的可能性更大,但是,与普通守法者相比,罪犯可以用来宣泄挫折情绪的合法的、适当的渠道更少。普通守法者可以正当利用的很多情绪宣泄渠道,罪犯往往不可能利用。例如,普通守法者可以通过向配偶、值得信任的朋友等倾诉,来宣泄挫折情绪;身处监狱中没有人身自由的罪犯,不可能向配偶倾诉,而且,由于告密罪犯的存在,罪犯之间充满了相互戒备,使得罪犯普遍缺乏可以信任的朋友和倾诉对象,导致罪犯不可能通过与其他罪犯的深度交谈宣泄挫折情绪。又如,普通守法者可以通过游览、体育活动、书写日记、大声唱歌等方式宣泄挫折情绪,但是,对于没有行动自由、几乎总是处在严密监控中的罪犯来讲,很难通过这些方式宣泄挫折情绪。因此,罪犯的挫折情绪更加难以通过恰当方式得到释放,而是不断压抑和积累起来。罪犯消极情绪的长期积累,使得罪犯经常处在高度的情绪紧张状态,使罪犯变成了一个随时都可以"爆炸"的消极情绪的"火药桶"。当他们被压抑的情绪积累到难以忍受的程度时,这个"火药桶"的"爆炸"危险性就会达到极高的程度,任何一点对他们不利的事情,都有可能变成"导火索",引起罪犯的爆发性行为反应。

监狱罪犯中因为生活琐事而引发严重暴力行为的重要心理机制,就是上述的消极情绪压抑造成的情绪高度紧张。在监狱一线工作的罪犯改造人员,可能遇到过罪犯因为一点很小的问题或者矛盾而产生严重殴斗或者破坏行为的事例,有的人对于罪犯为什么会因为一点小事而进行导致极端严重后果的行为的现象不理解,认为事情发生的原因与造成的结果极不相称。其实,这种现象背后隐含着罪犯长期压抑消极情绪造成的极度情绪紧张状态。在这种情绪状态下,偶然遇到的一点小事,都会诱发罪犯爆发性释放被压抑的情绪。

因此,为了避免生活琐事引发严重暴力行为的现象发生,监狱管理人员和罪犯改造人员要注意采取相应的恰当对策。一方面,要创造良好的监狱环境,特别是要创造良好的"软环境",减少罪犯产生挫折的环境条件。另一方面,还要为罪犯提供合法地宣泄消极情绪的机会,包括心理咨询、文体活动,以及允许其他方面的适度个人自由与个别差异等,使他们能够通过这些活动和自由选择等,及时宣泄挫折带来的消极情绪,避免长期压抑这些情绪,最后导致爆发性地宣泄消极情绪,产生恶性监管事故。由此可见,减少罪犯的挫折,及时让罪犯宣泄消极情绪,对于监管安全和罪犯改造来说,都是极其重要的。

从宣泄挫折情绪的角度来看,一些罪犯出现不服从甚至违反监规纪律的行为,是正常的。这种不服从,可能是罪犯自主性和独特性的表现,是罪犯与监狱管理人员、罪犯改造人员之间存在个别差异的自然表现。罪犯通过这些行为及时宣泄自己的挫折情绪,反而有利于避免发生消极情绪长期积累可能导致的严重的爆发性暴力行为。相反,罪犯长期地过分服从,完全按照要求去做,虽然可能让在一线工作的监狱管理人员和罪犯改造人员感到舒服,而且他们在实际上也往往希望有这样的服从局面,但是,必须看到,这种过分服从的现象背后隐藏着的危险性和消极性。这种过分服从的现象,实际上是罪犯人为地压抑经常产生的挫折情绪、不情愿地限制自然存在的个别差异的表现,是一种违反人性的现象。在这类现象的背后,往往隐含着发生严重暴力事件的可能性,因为这种一味地服从别人,是以罪犯长期压抑本人的情绪和情感为代价的,也是以监狱工作人员漠视罪犯中普遍存在的个别差异为前提的。当罪犯的情绪压抑到无法继续压抑的程度的时候,他们就会产生爆发性的情绪反应。所以,对于在监狱中直接管理和改造罪犯的工作人员来说,要努力学习心理学的知识,要辩证地看待罪犯的服从和不服从的问题,而不能被表面现象所迷惑,不能身处危险之中而感受不到危险。

(四)适度向罪犯提出活动要求

既然罪犯与普通守法者之间有很多的相似性,大多数罪犯都是普通人,那么,除了适度满足罪犯基本的生理需要和精神需要之外,在其他的方面,也要考虑罪犯与普通人的相似性,根据普通人的标准要求罪犯,适度要求罪犯从事相关活动。普通人可以做到的事情,可以要求罪犯必须做到,罪犯也能够做到;普通人难以做到的事情,罪犯也难以做到,所以,不能要求罪犯去做普通人难以做到的事情。如果使用强制力量迫使罪犯去做普通人难以做到的事情,那么,就会引起不同的危害后果,包括损害罪犯的身心健康,侵犯罪犯在休息等方面的法律权利,引起罪犯的自残、自杀等消极反抗行为;在极端情况下,会引起罪犯逃跑、毁物伤人甚至杀人等严重危害行为。因此,监狱管理人员和罪犯改造人员必须注意在很多方面对于罪犯提出的要求是否适度的问题,不能对罪犯提出普通人无法做到的、超出了合理限度的要求。例如,在对罪犯提出劳动强度大小和劳动时间长短方面的要求时,在考虑和解决罪犯的学习与劳动之间的矛盾冲突时,在禁止与保留罪犯的一些个人嗜好等方面,都要注意研究这样一个问题:监狱管理人员和罪犯改造人员对罪犯的要求是否超过社会上对于普通人的要求?如果对于罪犯的要求明显超过了对于社会上的普通人的要求,那么,这些要求就是过分的。对于过分的要求,罪犯可能会采取"阳奉阴违"等消极抵抗的态度,也有可能采取直接反抗的行为。这类过分的要求,实际上根本不可能产生人们所希望的积极改造作用。相反,如果长期对罪犯提出这类普通守法者难以完成的任务目标或者苛刻要求,并且强制罪犯遵守这些要求的话,那么,不仅不能改造罪犯,而且会带来其他方面的有害结果,包括引起罪犯的多种抵制和抗拒行为,例如,精神失常、自残、自杀、进行暴力行为和破坏活动等。在戒备森严的监狱中,一些罪犯之所以进行伤害、杀人等暴力行为和毁坏财物的行为,其原因之一就是监狱工作人员没有把罪犯看成是在很多方面与自己类似的普通人,从而向罪犯提出超常要求并且强令罪犯满足这类要求的结果。

监狱管理人员和罪犯改造人员在管理和改造罪犯的过程中,应当经常考虑这样一些问题,即对于罪犯提出"过分"要求是否有必要?这些"过分"要求仅仅是有利于监狱管理的方便和监狱自身的利益,还是也符合改造罪犯的根本目标和罪犯自身的主观能力?应当避免仅仅为了管理罪犯的方便和监狱自身的利益而对罪犯提出过分要求的做法。例如,为了给监狱带来经济效益,强令罪犯进行严重超过劳动法规定的劳动工时的长时间劳动。监狱对于罪犯的行为和生活方面的要求,不仅要有利于监狱的管理,还要符合改造罪犯的目标和罪犯自身的承受能力。只有兼顾这些方面的要求,才是合理的、科学的要求。

第三节 改造罪犯的相关问题

一、改造罪犯的目标

（一）改造罪犯的根本目标——守法公民

这里所说的"根本目标"，就是要通过一系列罪犯改造工作最终所要达到的结果。在这种意义上，"根本目标"与"基本目标""最终目标"等词语的含义是基本相同的。

在新中国改造罪犯的历史上，对于改造罪犯的根本目标，曾经有过不同的表述：

（1）新人。1949年9月29日在中国人民政治协商会议第一届全体会议上通过的《共同纲领》第7条中规定，要通过强迫劳动把罪犯改造"成为新人"。此后，1954年政务院发布的《中华人民共和国劳动改造条例》第1条中沿用这一表述，规定要强迫罪犯"在劳动中改造自己，成为新人"。

（2）劳动者。1958年8月全国公安会议上通过的《关于劳动改造工作的决议》中，表述有所变化，变成了"把绝大多数罪犯改造成为走社会主义道路，有利于社会主义建设的劳动者"。在1960年2月的第十次全国公安会议上提出，"把大多数罪犯改造成为真正改恶从善，自食其力的劳动者。"

（3）有用之材。1981年12月，中共中央在《第八次全国劳改工作会议纪要》的批示中提出，"把罪犯改造成为拥护社会主义制度的守法公民和社会主义建设的有用之材。"[①] 1992年2月18日由公安部颁布的《监狱、劳改队管教工作细则(试行)》第96条规定,"监狱、劳改队应当结合劳动生产,对犯人实施政治思想教育和文化技术教育,把犯人改造成为拥护社会主义制度的守法公民和对社会主义建设的有用之材。"

(4)守法公民。1994年12月29日通过的《监狱法》第3条规定,"监狱对罪犯实行惩罚和改造相结合、教育和劳动相结合的原则,将罪犯改造成为守法公民。"这一规定指明了改造罪犯的根本目标——将罪犯改造成为守法公民。

从上述表述来看,《监狱法》中的表述最为准确,也最为合理。这是因为,第一,"新人"是一个含义模糊、要求很高的概念。什么才算是"新人",很难做具体的解释,也很难进行客观的衡量。同时,"新人"也是一个要求很高的目标,因为"新人"意味着在所有方面都要发生显著的甚至是彻底的变化。第二,"劳动者"也是一个很高的目标,因为要成为劳动者,就必须掌握赖以谋生的职业技能,这并不是所有罪犯都能够达到的。如果再附加上"走社会主义道路,有利于社会主义建设""真正改恶从善,自食其力"等条件,那么,目标就变得更高,因为这些都是监狱部门在改造罪犯工作中难以做到的,而且在实践中也是难以客观地加以衡量的。第三,"有用之材"也是一个很高的目标。即使对于普通守法者来讲,经过多年的教育和培养,也难以个个都成为社会中的有用之材;对于整体素质很差的罪犯而言,在有限的时间和较差的条件(监狱中的教育

[①] 张金桑:《改造目标》,邵名正、王明迪、牛青山主编:《中国劳改法学百科辞书》,中国人民公安大学出版社1993年版,第248页。

条件普遍比社会上教育机构的教育条件差)下,把他们改造成为"有用之材",更是难以做到和不切实际的。

《监狱法》调低罪犯改造工作的目标,仅仅规定把罪犯改造成为"守法公民",这是比较现实的,也是符合社会发展情况的。首先,"守法公民"是一个客观的衡量标准。罪犯释放之后是否守法,有明确的客观标准,那就是法律的具体规定和审判机关的裁判结果。其次,"守法公民"是一个较低的标准,比较容易实现。这是因为,"守法公民"主要是指外部行为而言的,只要外部行为没有违反法律,就达到了这个目标,至于罪犯的内心是否"真正改恶从善",则不是这个目标所要求的内容。再次,"守法公民"的目标符合社会发展的进程。随着社会经济的发展,对公民权利的保障水平不断提高,公民在青壮年时期是社会的建设者和劳动者,到了老年之后,就会变成社会保障制度的受益者。只要是公民,都有权利享受国家的社会保障。罪犯释放之后,就成为守法公民,如果他们年老体弱,符合社会保障制度的条件,就有权利享受社会保障制度的益处,而不是把他们排除出社会保障制度的范围,不分情况地一律让他们"自食其力"。如果让那些年老体衰、已经没有劳动能力的释放人员还要"自食其力",是不近情理的,是违背人道主义精神的,也不符合社会主义的道德标准和以人为本的思想观念。

(二) 改造罪犯的合理目标

尽管《监狱法》明确规定监狱工作的根本目标是"将罪犯改造成为守法公民",但是,这个目标是一个比较抽象、比较笼统的目标,缺乏可操作性。因此,还必须在分析《监狱法》中这个规定的基础上,确立一个改造罪犯的合理目标,为改造罪犯工作提供更加准确的参照标准。这里所说的"合理目标",就是在改造罪犯工作中可以作为参照标准的目标。确立这样的合理目标之后,监狱部门就可以对照这个目标制定具体的操作性标准,作为开展罪犯改造工作的具体参照标准,或者把符合这些标准的守法公民作为改造罪犯的参照对象。

虽然《监狱法》对于"守法公民"有明确的表述,但是,在现实生活中,守法公民却是一个由各种不同人群组成的复杂群体。这个群体与罪犯群体的最大区别在于,守法公民没有进行犯罪行为。没有进行犯罪行为,就是守法公民之间最具普遍性的共同特征。同时,守法公民在具有中国国籍这一点上也是相同的。因为所谓"公民",就是具有一国国籍,并根据该国宪法和法律规定享有权利和承担义务的人。[①] 除了这两个共同点之外,守法公民之间普遍存在的其他共同性,可能是很少的。可以说,守法公民大致相当于俗话所说的"普通人"或者"一般人",这个人群本身是一个充满了异质性的人群,他们在道德状况、文化程度、社会职业、个人历史、兴趣嗜好、行为习惯等很多方面,都有不同。中国社会中存在的形形色色的具有中国国籍的人,只要他们没有犯罪,都是守法公民。显然,在改造罪犯方面,不能以这样一个充满异质性的复杂群体作为参照标准。因此,有必要对守法公民这个群体进行分类,从而缩小可以作为改造罪犯工作的具体参照对象的守法公民的范围,为罪犯改造工作提供更加明确、更加适合的参照群体。

实际上,无论是在中国,还是在外国,都有过对普通人进行分类的尝试,特别是进行过根据道德状况对人们进行分类的尝试。

[①] 浦增元:《公民基本权利和义务》,《中国大百科全书·法学》,中国大百科全书出版社1984年版,第164页。

例如,中国汉代思想家董仲舒(公元前179—公元前104年)提出了"性三品说",认为根据人性和道德方面的情况,可以将人们分为三类:(1)具有"圣人之性"的人。这类人生下来就是善的,他们能自觉地"遵循三纲五纪,通八端之理,中信而博爱,敦厚而好礼",所以,不必接受任何教育。他们是天生教育别人的人。(2)具有"中民之性"的人。这类人"天生民性,有善质而未能善",因此,必须对他们进行教育,把他们的"善质"转化为现实的善行。(3)具有"斗筲之性"的人。这类人是天生的恶者,他们本能地"皆忘义而循利,去理而走邪,以贼其身而祸其家",是不可能通过教育而成为善者的。① 虽然董仲舒的类型划分具有不合理之处,但是,在如何将普通人进行类型划分方面,提供了很好的借鉴。

外国学者也有类似的划分。例如,意大利社会学家、犯罪学家恩里科·菲利(Enrico Ferri,1856—1929)认为,可以根据犯罪社会学的观点,把社会上的人们划分为三个阶层:第一个阶层是最高阶层。这类人"基本上是诚实的,由于受道德感、宗教感和公共舆论及遗传的道德习惯的约束而不犯任何罪行。对于这个阶层来说,任何刑法典都是不必要的,只可惜这部分人的数量太少"②。第二个阶层是最低阶层。这是由那些缺乏各种诚实情感的人组成的阶层。这些人未受过教育,面临物质和精神方面的双重贫乏,再加上退化和隔代遗传的疾病,使他们成为"天生犯罪人的滋生地",很容易进行犯罪行为。第三个阶层是中间阶层,"这个阶层的人并不是

---

① 高觉敷主编:《中国心理学史》,人民教育出版社1985年版,第153—154页。李中华主编:《中国人学思想史》,北京出版社2005年版,第233页。
② 〔意〕恩里科·菲利:《犯罪社会学》,郭建安译,中国人民公安大学出版社2004年版,第179页。

天生注定要犯罪,但也不一定诚实,在善与恶之间徘徊。他们的道德感、所受的教育和训练不完善。刑罚对他们可以真正起到心理威慑的作用。"①

笔者认为,"守法公民"是一个连续体,可以从多种维度对其进行衡量和划分。在这个连续体上,可以找到在各个方面都处在不同位置的各色人等。从道德情操、智慧能力、性格脾气方面,到职业等级、工作稳定性、经济收入等方面,都可以发现有不同程度差异的人。为了确立改造罪犯的合理目标,可以根据守法公民的道德状况、职业与经济状况等标准,暂且将守法公民分为三种人群:

(1) 社会精英。这是指在道德品质、职业发展和经济收入等方面均出类拔萃的人员。这个人群道德高尚,充满利他精神,助人为乐,职业优良,收入丰厚或者对于收入十分满足。一些真正的英雄模范人物、真正的共产党员和其他社会精英分子都属于这类人群。

(2) 普通大众。这是指在道德品质、职业发展和经济收入等方面均属于中等的普通人。这个人群的道德品质中既有优秀的成分,也有平庸甚至不良的成分,但是,总体来讲,他们在道德方面属于不好也不坏的人员。他们的职业发展和经济收入也属于中等水平,他们自己对此也有一定的满足感。

(3) 低劣人群。这是指在道德品质、职业发展和经济收入等方面均属于末等的人员。这类人员道德水平低下,有很多不良的道德品质,可能属于那种"大错不犯小错不断"的人员。他们的职

---

① 〔意〕恩里科·菲利:《犯罪社会学》,郭建安译,中国人民公安大学出版社2004年版,第180页。

业等级很低,也可能很不稳定。他们的经济收入较少,可能经常性地面临经济困难。

根据人口统计学的一般规律,在上述三类人群中,社会精英和低劣人群都可能是少数,而普通大众可能占守法公民的大多数。大多数守法公民可能都属于普通大众。

那么,在改造罪犯的工作中,究竟以上述三类人群中的哪一类人群作为改造罪犯的合理目标或者参照标准呢？换言之,究竟要把罪犯改造成什么样的"守法公民"呢？是改造成道德高尚、大公无私的"社会精英"型的守法公民呢？还是改造成道德低下、自私自利的"卑劣小人"型的守法公民呢？或者是把罪犯改造成为"普通大众"型的守法公民呢？

长期以来,中国监狱系统在罪犯改造目标上,似乎都朝着第一种目标努力。也就是说,朝着把罪犯改造成为"社会精英"型守法公民的方向努力。不管罪犯之间存在什么样的个别差异,不管这种改造目标能否实现,也不管成本效益关系如何,实际上都是这样做的。从很多政府文件、学校教材、专题论著中都可以看到,一些人主张用教育社会精英的内容来教育罪犯。例如,在谈到对罪犯进行的思想教育的内容时,有的论著认为,对罪犯进行的政治常识教育"主要包括建设有中国特色的社会主义理论的教育、党的基本路线教育、社会主义市场经济常识教育、社会发展简史教育、中国近代史教育、辩证唯物主义常识教育等内容"[①]。这些教育内容实际上也是教育共产党员、共青团员、各级干部等属于"社会精英"的人们的内容。又如,在对中国共产党党员的教育中,普遍强调进行

---

① 金鉴主编：《监狱学总论》,法律出版社1997年版,第509页。

世界观、人生观、价值观等"三观"教育,而很多监狱和罪犯改造研究者也在罪犯教育中照搬同样的内容,认为要对罪犯进行世界观、人生观、价值观等"三观"教育。正如有些研究者概括指出的:"我国监狱教育内容重在犯罪人的社会性,强调罪犯的世界观、人生观、道德观、价值观和法治观内容的教育。"[①]甚至有的学者认为,对罪犯进行"教育的内容也不只是一般的人道主义,我们是要用社会主义、无产阶级的世界观、人生观、价值观来批判他们极端个人主义、利己主义或者是资产阶级的、封建主义的错误的世界观、历史观、人生观、价值观"[②]。既然用教育共产党员的内容来教育罪犯,那么,从客观上讲,不仅包含着要把罪犯改造成守法公民的意思,也包含着要把罪犯改造成像"共产党员"那样的杰出人士和道德楷模的意思。这是极不合理的,甚至可以说是很荒唐的。这种不切实际的罪犯改造目标,模糊笼统的改造内容,误导了监狱中的罪犯改造工作,造成了大量的资源浪费。现在,必须从实事求是的态度出发,纠正这种不恰当的提法和做法。

笔者认为,应当把改造罪犯的合理目标调整到上述的第二类人群上。也就是说,改造罪犯的合理目标,就是上面所说的"普通大众"。根据这个目标定位,在罪犯改造工作中,要努力把罪犯改造成为普通的守法公民。普通大众是介于"社会精英"和"低劣人群"之间的人。只要将罪犯改造成为有一定道德水平、过守法生活的人,就可以说是完全达到了改造罪犯的目标。这样的人除了在

[①] 张其亮、陈红英:《中外监狱教育比较浅析》,夏宗素、朱济民主编:《中外监狱制度比较研究文集》,法律出版社2001年版,第255页。
[②] 陈志尚:《用社会主义思想意识来教育犯人》,中国监狱学会、中国人权研究会编:《中国监狱人权保障》,法律出版社2004年版,第258页。

遵守法律方面完全一致之外,在其他方面存在很多的个别差异,其中包括在道德品质、法律意识、行为方式、兴趣嗜好等方面的多样化表现。因此,在改造罪犯的过程中,也不能强求一律,人为地试图消除罪犯在这些方面的个别差异。

在确立罪犯改造目标方面,甚至降格以求,把上述的"低劣人群"作为改造目标也是可以的。如果监狱能够将罪犯改造成为"低劣人群",他们从监狱释放之后,哪怕道德品质很差、思想仍然很卑劣,只要遵守法律,不再重新犯罪,也应该认为监狱系统基本实现了改造罪犯的目标。这样的人群有很多道德、法律、行为、嗜好等方面的问题或者差异,但是,只要这些问题或者差异的存在不会引起新的犯罪行为,监狱也不必花很大的代价去消除这些问题或者差异。毕竟,《监狱法》仅仅规定要把罪犯改造成为"守法公民",而没有要求把罪犯改造成为"道德楷模""社会精英"或者其他在各方面都很优秀、完美无瑕的人。

认真研究和恰当调整改造罪犯的合理目标,是很有必要的。只有在分析现阶段的社会发展水平、整个社会的道德状况以及罪犯改造条件、罪犯改造人员素质等方面情况的基础上,才能确定经过努力可以达到的、适应现阶段情况、符合法律要求的罪犯改造目标。如果监狱系统将罪犯改造成为上述的"低劣人群",就可以认为基本完成了工作任务,基本实现了《监狱法》规定的改造罪犯的目标。如果能够将罪犯改造成为上述的"普通大众",那么,就可以说较好地完成了工作任务,成功地实现了《监狱法》规定的改造罪犯的目标。试图将罪犯改造成为上述的"社会精英"的想法,确实是一种崇高的理想,但是,在目前阶段,对于大部分监狱和大多数罪犯来说,这种理想都是不可能实现的。如果一定要这样要求,或者这样去做,反而可能会产生种种消极后果。

在确立罪犯改造的合理目标的问题上,必须清楚地区分法律和道德的界限。法律和道德的相似之处和差别方面都很多。对于本书所讨论的问题来说,需要注意它们之间的一个基本差别,那就是法律仅仅调整人们的行为,而道德不仅调整人们的行为,还调整人们的思想。[①] 法律是社会生活中最低限度的行为规范,它所关注的对象是人们的外部行为,而不太关注内心的思想。一个人只要不出现违反法律的外部行为,那么,不管这种状态是由什么思想引起的,究竟是由高尚的道德动机引起的,还是由卑劣的自私心理引起的,对于衡量个人是否违法来说,都没有什么关系,人们都会认为这个人是守法的。正是出于这样的考虑,才在预防犯罪和刑罚目的方面提出了"威慑"的观点。威慑实际上具有这样的含义:只要不违法,个人心理上是否高尚并没有多大关系;即使出于对刑罚处罚的害怕、恐惧而不违法,也是法律所肯定和欢迎的。因此,在罪犯改造中,要更多地教育罪犯进行守法行为,而不能过分地强调改变或者升华罪犯内心的道德动机。这种从心理到行为各方面都对罪犯加以改造的崇高目标固然很好,但是缺乏达到这种目标的现实可能性,因而它是一种几乎难以实现的"乌托邦"式的目标。对于普通的守法公民来说,尽管进行了多年的教育,其中的道德楷模也仅仅是很少的人;对于存在很多缺陷的罪犯来说,在有限的服刑时间中,在教育改造条件很差的监狱中,要想把他们改造成道德楷模,是很不现实的,也显然是不可能的。因此,从道德与法律的

[①] 参见张文显主编:《法理学》(第二版),高等教育出版社2003年版,第473—474页。

差别方面来看,科学地调整罪犯改造目标,是十分有必要的。

(三)改造罪犯的具体目标

在探讨改造罪犯的合理目标之后,就应当进一步探讨改造罪犯的具体目标。所谓"改造罪犯的具体目标",就是指罪犯改造工作指向的具体问题或内容。

"改造罪犯的根本目标"指明了罪犯改造工作最终要达到的结果,"改造罪犯的合理目标"为改造罪犯工作提供了更加准确的参照标准,而"改造罪犯的具体目标"指明了罪犯改造工作所要指向和作用的靶子与标的。这种具体目标在一些学科中被称为"靶症状"。

根据犯因性差异理论,改造罪犯的具体目标就是体现犯因性差异的犯因性缺陷或者犯因性素质。这意味着,在改造罪犯的过程中,要围绕如何缩小和消除罪犯与守法者之间的犯因性差异、如何缩小和消除罪犯的犯因性缺陷、如何削弱和消除罪犯的犯因性素质,开展相关的改造工作。犯罪学、犯罪心理学等学科的研究发现,很多人之所以实施犯罪行为,是因为他们存在着不同的犯因性缺陷:极少数罪犯有生理方面的缺陷,大部分罪犯则有社会化、心理、行为等方面的缺陷,例如,道德缺陷、思维模式的缺陷、多种技能缺陷、不良行为习惯等。这些犯因性缺陷既是他们进行犯罪行为的重要原因,也是需要在监狱中进行改造的具体目标。改造罪犯并不是一种抽象的观念,也不是一种空洞的说教,更不是一种缺乏针对性的盲目笼统的活动,而应该是实实在在的以转变罪犯的犯因性缺陷或者犯因性素质为核心的具体活动。只有围绕这些具体目标开展罪犯改造工作,才能实现将罪犯改造成为守法者的根本目标。如果不围绕这个具体目标开展工作,罪犯改造工作就可能走向歧途,改造罪犯的根本目标就可能无法实现。

二、改造罪犯的重点

(一) 概述

改造罪犯的重点,就是在罪犯改造工作中需要优先考虑和重点解决的问题。在罪犯改造工作中,对于被确定为重点的内容,不仅要优先考虑进行改造,而且在改造资源的投入上也应当实行倾斜政策,充分保证用最优质的改造资源大力解决这类问题。

在确定改造罪犯的重点时,要着重考虑下列主要方面。首先,要恰当认识和解决刑事政策与罪犯改造的关系问题。刑事政策是国家为打击和预防犯罪而与犯罪作斗争的各种手段、方法和对策的总称,它的目标是要解决整个犯罪问题。罪犯改造则是将罪犯转变成为守法公民的具体活动,它的目标是要让罪犯发生积极的符合社会需要的变化。犯罪心理的产生和犯罪行为的实施,是主客观因素相互作用的结果,要大量减少和预防犯罪行为,从根本上解决整个犯罪问题,必须通过刑事政策去优化社会环境和调整社会制度,通过改造和完善社会来实现,而不能仅仅通过改造罪犯来实现。

从解决整个犯罪问题的角度来看,仅仅对犯罪人进行改造是不够的。这是因为,犯罪行为是由个人与环境相互作用的产物,要想全面解决犯罪问题,还必须努力削弱和消除犯因性环境,解决影响个人形成犯因性个人特征的社会环境问题;这类问题的解决,需要通过制定和实施科学的刑事政策来实现。所以,从根本上来讲,预防和减少犯罪,是全社会的责任,是刑事政策的目标。

对于不同的地域而言,当地的政府部门和社会各方面都有削弱和消除本地区的犯因性环境因素的责任。只要各地都能够大力削弱和消除当地的犯因性环境因素,整个国家的犯罪数量就会显著减少。

罪犯改造仅仅是实现刑事政策的一个环节和方面,它只能解决刑事政策所涉及的某一个方面的问题,也就是罪犯本身的问题,而不可能解决刑事政策所涉及的全部问题。因此,在论述改造罪犯的时候,只能着重解决罪犯自身存在的缺陷或者问题,也就是改造罪犯的犯因性素质。

由此可见,在确定改造罪犯的重点时,要明确整个国家的刑事政策与罪犯改造工作的特点。根据上述内容,罪犯改造工作不可能解决影响犯罪的所有问题,而只能努力解决与罪犯自身有关的问题,也就是很多犯因性个人因素或者犯因性素质问题;其他的社会环境等方面的犯因性因素,只能通过制定和实施刑事政策等途径去解决。

其次,要考虑犯罪心理产生和犯罪行为实施的情况。要将罪犯改造工作的重点放到那些对犯罪心理的产生和犯罪行为的实施作用更加明显的因素上,特别是要影响和改造那些对犯罪心理的产生和犯罪行为的实施起重要促进和推动作用的因素。对于罪犯改造工作重点的这种调整,充分考虑了犯罪学等学科关于犯罪原因因素并不同等地影响犯罪行为的观点。[①]

[①] 关于犯罪原因因素并不是同等地或者同样地对犯罪行为起影响作用的观点,将在本节的下文中,以及在第六章第三节关于确立罪犯改造活动的优先顺序中,有进一步的论述。

再次,要考虑与罪犯改造活动相关的一些方面。这些方面包括目前科学技术发展的水平、监狱职能和罪犯改造人员的特点、国家法律体系和现阶段伦理道德的要求等。根据这些方面的考虑,要将罪犯改造工作的重点放到那些目前的科学技术水平能够做到、与监狱职能相吻合、罪犯改造人员有能力去做,同时也符合法律和道德要求的方面。

(二)改造重点的确定

基于上述认识,在罪犯改造工作中确定改造罪犯的重点时,要考虑下列三个方面。

1. 更多关注罪犯本身的缺陷,同时兼顾对外部环境的干预

犯罪是犯因性个人因素与犯因性环境因素相互作用的结果。要预防和减少犯罪,必须对所有的犯因性因素施加积极的影响。不过,从监狱的职能来看,由于中国监狱是国家的刑罚执行机关,它的职能和任务就是执行被剥夺自由的刑罚,在监狱中管理和改造被判处死刑缓期两年执行、无期徒刑、有期徒刑的罪犯;其职能范围主要限于监狱,而不可能对监狱之外的社会环境有很大的作为。因此,监狱对于罪犯的改造,只能将重点放在罪犯本身上面,更多地关注罪犯本身的缺陷或者犯因性个人因素,而不可能将重点放在监狱之外的社会环境上。

尽管如此,监狱对于监狱之外的犯因性环境因素,并不是完全无所作为的。实际上,监狱在改造罪犯的过程中,在重点解决罪犯自身的犯因性缺陷的同时,也可以兼顾某些犯因性环境因素,对监狱外面的犯因性环境因素进行适当的、必要的干预。

对于监狱外面的犯因性环境因素,监狱可以通过下列三个方面进行干预:

（1）直接改善犯因性环境因素。虽然监狱的职能范围主要在监狱之内，但是，对于监狱之外的一些犯因性环境因素也可以进行必要的干预，直接改善某些犯因性环境因素。例如，对于存在严重问题的罪犯的家庭，监狱可以在罪犯家属到监狱探望罪犯时，与他们进行沟通，引导、启发他们恰当认识和解决家庭问题，改善家庭环境，减少罪犯家庭中的犯因性因素。

实际上，1987年3月在全国政法工作座谈会上提出的改造工作向前、向外、向后延伸（简称"三个延伸"）的要求中，就包含了监狱在改造罪犯工作中直接改善犯因性环境因素的内容。所谓"向前延伸"，就是指在预审、起诉、审判过程中，公安、检察、法院等各部门加强对罪犯的认罪服法教育；向监狱移送罪犯时，要及时送去案件副本，并切实负责介绍案情、作案原因和罪犯思想状况。所谓"向外延伸"，是指发动罪犯亲属、罪犯原所在单位和全社会都来关心罪犯，发动政法院校和科研单位加强犯罪心理学和罪犯改造学的研究，配合对罪犯的教育、改造和挽救工作。所谓"向后延伸"，是指罪犯刑满释放以后，监狱要向当地公安机关和有关单位介绍出狱人在狱内改造的情况，落实接茬帮教工作，并且协助当地有关部门认真做好出狱人的安置工作，进一步巩固狱内改造成果，把重新犯罪率将到最低限度。[①] 由此可见，上述的"向外延伸"和"向后延伸"，在很大程度上是监狱与其他有关部门等合作，努力改善犯因性环境因素的活动。

（2）对犯因性环境因素在罪犯身上造成的消极后果进行补

[①] 王明迪、兰洁、王平：《监狱工作与监狱理论研究改革述评》，王明迪、郭建安主编：《岁月铭记——新中国监狱工作50年》，法律出版社2000年版，第49—50页。

救。犯因性环境因素对于罪犯发生作用的结果,会在罪犯身上留下不同形式和强度的消极后果,这些消极后果往往是促使罪犯进行犯罪行为的重要因素。因此,罪犯进入监狱之后,在改造罪犯的过程中,要对犯因性环境因素留下的消极后果进行补救和改善。例如,对于在缺乏爱的家庭中长大的罪犯来说,这种家庭环境可能会使他们形成冷漠、缺乏同情心、粗暴等消极心理和行为特征,因此,在改造罪犯的过程中,罪犯改造人员要给罪犯以关爱,使他们感受到温暖,从而感化罪犯。在国外,已经进行了这方面的尝试。瑞士精神病学家、精神分析学家和少年犯罪研究者奥古斯特·艾希霍恩(August Aichhorn,1878—1949)认为,少年犯罪的主要原因是由于在家庭中缺乏爱、缺乏认同,没有形成正常的超我或自我理想(ego ideal)引起的,所以,在教养院中对犯罪少年和儿童进行治疗的核心,就是为他们提供幸福、快乐的生活环境,使他们在教养院这种环境中对成年人(教育者)重新产生依恋、信任和认同,从而重建自我理想,形成正常超我,"用爱的奖赏来促使少年犯罪人变成被社会所接受的人"。[①] 又如,在恶劣的家庭和社会环境中,个人无法接受正常的教育,造成具有犯因性作用的文盲和半文盲状态。进入监狱后,在改造罪犯的过程中,监狱要对这样的罪犯进行扫盲教育,使他们达到正常的社会生活所必需的基本的文化水平,从而减少由于文化水平低而进行违法犯罪行为的可能性。

(3)进行正确的社会观教育,引导罪犯恰当对待复杂的社会环境。在很多情况下,监狱对于社会中存在的问题和弊端,可能是

[①] 吴宗宪:《西方犯罪学史》(第二版),中国人民公安大学出版社2010年版,第807页。

第五章　犯因性差异理论与罪犯改造

无能为力的。监狱不可能直接干预或者影响这类社会问题和弊端。但是,监狱可以影响罪犯的社会观,指导罪犯用理智的眼光看待它们,用恰当的态度对待它们。如果罪犯改造人员能够对罪犯进行正确的社会观教育,让罪犯对社会形势、社会发展前景以及所存在的社会问题有正确的认识,那么,也有助于罪犯恰当对待复杂的社会环境,减少犯因性环境因素对于罪犯的消极影响。

2. 对生理缺陷进行有限干预,对其他缺陷进行重点干预

由于受科学技术发展水平的影响,迄今为止人类对于自己的生理方面的认识仍然是不够的。尽管对于人类的生理特征和身体器官的功能等已经有了很多的了解,也认识到了一些与犯罪行为的实施有关的生理现象,但是,这种认识仍然是不完善、不全面的。人们可能在认识到某一方面的同时,没有认识到其他的方面。在犯罪学领域中,虽然进行了犯罪人类学、犯罪生物学以及更加精细的有关犯罪行为与生理特征的关系方面的研究,揭示了犯罪人与守法者之间在生理结构、身体类型、神经系统、内分泌系统和其他生理因素方面的犯因性差异,不过,这些研究结果也只能说是初步的结论,还有大量未知领域有待探索。因此,在这样一种历史条件下,在对罪犯进行改造工作的过程中,必须将重点放在犯因性生理因素之外的其他因素或者缺陷方面,利用人们在这些方面的深入研究和比较成熟的方法与技术,进行有效的罪犯改造活动。对于罪犯存在的生理缺陷,只能以十分慎重的态度,进行非常有限的干预。也就是说,只能利用比较成熟的方法与技术,对那些研究较多、有比较肯定的结论的生理缺陷,进行必要的干预。例如,利用疗效可靠的精神药物,影响和调整罪犯的某些身心状态。

但是,在对罪犯的生理缺陷进行干预的过程中,决不能使用那

些研究不深入、结论不一致、技术不成熟的方法,进行生理缺陷方面的干预。例如,社会上曾经实行过对吸毒成瘾者做开颅手术,即利用外科手术戒毒的尝试。据2004年11月的报道,广东三九脑科医院做过221例外科戒毒手术,但是,手术的副作用明显,因此,被卫生部要求暂停。① 像这样存在明显问题的方法,就不能用来戒除吸毒罪犯的毒瘾。

3. 改造罪犯的重点应当是罪犯的心理、行为和互动方面的缺陷

根据上述分析,在犯因性个人因素与犯因性环境因素之间,改造工作的重点要放在犯因性个人因素上。同样,在犯因性个人因素中,由于科学技术发展水平的限制,不可能把改造工作的重点放在犯因性生理因素上,不可能对犯因性生理缺陷进行大量的干预,这样,改造罪犯工作的重中之重,就落在犯因性个人因素中的心理、行为和互动方面的缺陷上。

对罪犯改造工作的重点的这种选择,不仅是对相关因素进行逻辑分析的结果,也是迄今为止犯罪学研究结论的逻辑结果。苏联犯罪学和我国犯罪学研究中一般认为,在犯罪行为的产生中,社会环境等方面的因素起主要作用,生理或者生物方面的因素起次要作用。正如苏联著名犯罪学家库德里亚夫采夫所指出的:"现在可以说,关于人的犯罪行为中的社会因素与生物因素的相互关系的长期争论已经结束了。行为的社会因素起主导作用,这是毫无疑义的。"②我国犯罪学家王牧认为,"引起犯罪的主观因素和客观

---

① http://cn.news.yahoo.com/041130/346/275x3_5.html[2004-11-30]
② 〔苏联〕B. H. 库德里亚夫采夫:《违法行为的原因》,韦政强译,群众出版社1982年版,第190—191页。

因素在犯罪行为的产生中相互作用,其主导因素是引起犯罪的客观因素,没有这种因素就没有引起犯罪的主观因素。"①社会环境等因素对于犯罪行为的影响作用,主要是以犯罪人的心理、行为和互动为中介的。因此,从这一点来看,要想减弱和消除社会经济等方面的犯因性因素对于犯罪人的消极后果,必须对犯罪人在心理、行为和互动方面的缺陷进行改造。

三、改造罪犯的层次

从罪犯改造工作的过程和结果来看,罪犯改造工作实际上有不同的层次。在改造罪犯的过程中,首先必须矫正罪犯的犯因性缺陷,这是罪犯改造工作的首要内容。但是,从改造罪犯的实际情况来看,仅仅矫正罪犯的犯因性缺陷或者犯因性素质,难以实现"将罪犯改造成为守法公民"的根本目标,难以产生"将罪犯改造成为守法公民"的最终结果。为了充分实现这个目标,应当对罪犯开展进一步的、更高层次的改造活动。这样,就提出来改造罪犯的更高层次的问题。

从改造罪犯的理想境界来看,完满的改造罪犯工作应当包括两个不同的层次。

(一) 矫正

所谓"矫正"(correcting),就是改造罪犯的犯因性缺陷的活动。根据上述对改造重点的分析,矫正的重点是罪犯的犯因性心理、行为和互动因素。简言之,也就是矫正罪犯存在的缺陷的活动。矫

---

① 王牧:《犯罪学》,吉林大学出版社1992年版,第287页。

正活动是一类着眼于罪犯的过去和现在的活动,也就是要减少和消除在过去产生并且持续到现在仍然存在的犯因性缺陷。这样的改造活动,也就是通常所说的"破旧"的活动。进行这类改造活动的目的,是减少和消除罪犯自身存在的犯因性缺陷,让他们接近或者类似于普通守法者,从而具有和普通守法者类似的个人素质,进行和普通守法者类似的守法活动。

从这种意义上来讲,通常所说的改造罪犯,实际上就是修复、矫正和转变罪犯存在的种种犯因性缺陷的活动。改造罪犯,就是要通过监狱管理人员和罪犯改造人员等的系统化的工作和努力,把罪犯存在的犯因性缺陷降到最低限度,使他们接近或者达到社会上普通公民的水平,从而变成和社会上的普通公民类似或者一样的人。只有这样,他们才能适应社会生活,才能在复杂的社会环境中,像其他普通公民那样,过守法的生活。要想提高改造质量,就必须增强监狱等执法部门在减少和消除罪犯的各种犯因性缺陷方面的能力。

但是,应当看到,矫正是一个较低水平的改造层次。这是因为,矫正仅仅减少和消除罪犯存在的犯因性因素,或者说仅仅让罪犯改掉"错误的"东西,但是,并没有让罪犯学会如何避免重犯错误的知识和技能,没有让罪犯学会过建设性生活所需要的有关知识、思维模式、行为模式和社会技能,这会使罪犯在以后的社会中还有可能重蹈覆辙。所以,仅仅达到了矫正层次的罪犯改造工作,仍然存在这样的问题:被矫正的罪犯在短期内能够遵纪守法,不过,随着时间的推移,他们有可能故态复萌;或者在一般情况下,他们能够遵纪守法,然而在遇到比较严重的问题和挫折时,他们有可能再次违法犯罪。由此可见,仅仅达到这个层次的罪犯改造工作,仍然存在着罪犯在以后很容易重新犯罪的可能性。目前,我国监狱中大多数的罪犯改造工作,基本上处在矫正这个层次。

(二) 塑造

所谓"塑造"(shaping),就是帮助罪犯确立亲社会素质的活动。亲社会素质(prosocial diathesis)[①]是一个与"犯因性素质"相对的术语,也可以称为"建设性素质",它是指有助于个人过守法生活的个人特征。亲社会素质是守法公民所普遍具有的基本个人特征,这类特征能够使个人恰当思考问题、全面认识社会、合理控制情绪、适当开展社会活动、有效抵御不良诱惑,从而在复杂的社会中遵纪守法,做一个具有建设性的守法公民。因此,亲社会素质的成分包括合理的思维模式、认识观念、情绪和行为反应模式,各种建设性的社会技能等。塑造是在矫正罪犯存在的犯因性缺陷的基础上,让罪犯学习和增强社会所需要的心理特征和行为模式的活动,因而是通常所说的"立新"的活动。

塑造是更高层次的改造活动,是一类着眼于未来的改造活动,是为罪犯将来适应社会生活而做准备的活动,对于罪犯出狱之后的社会适应和个人生活,具有更加重要的价值。为了更好地塑造罪犯,不仅要针对罪犯存在的犯因性缺陷开展相关的矫正活动,还要根据社会发展的趋势,培养罪犯形成符合未来社会需要的技能和品质。达到这个层次的罪犯改造工作,给罪犯提供了过守法生活的很多方法和技能,使他们能够有效地避免陷入冲突、挫折等具有犯因性作用的处境中,遇到困难和问题时也有能力恰当地处理和解决。所以,经过这个改造层次的罪犯,在释放之后的重新犯罪可能性是较小的。将罪犯改造工作提升到塑造的层次,是中国监狱机关在改造罪犯中努力的目标和方向。

---

① "亲社会素质"和下文中的"建设性素质"都是笔者提出的概念。

第六章　犯因性差异理论应用概述

如何将犯因性差异理论应用于罪犯改造活动,是一个需要进行深入系统探讨的课题,涉及很多方面的内容。这里概括论述将犯因性差异理论应用于罪犯改造活动时所涉及的若干具体问题。根据犯因性差异理论,在进行罪犯改造活动的过程中,应当特别注意这些方面的内容。

第一节　改造罪犯的基本过程

改造罪犯的基本过程究竟应当包括哪些环节呢?对此问题,人们有不同的看法。例如,美国学者理查德·斯纳尔(Richard Snarr,1996)认为,矫正的改造模式,可以通过在解决疾病问题时使用的医学方法中包含的五个步骤得到最好的描述。这五个步骤是:检查、诊断、描述、治疗和复查。当把它们应用于矫正环境时,这个模式就包含了下列环节:首先,矫正人员检查犯罪人的适应不良问题或者缺陷。然后,对发现的问题进行诊断。第三个环节是描述对犯罪人的治疗。第四个环节是实施治疗。最后一个环节是对犯罪人进行复查,确定是否可以释放犯罪人,或者是否需要另外的诊断和治疗。① 这些论述值得我们在理解和规划改造罪犯的基本过程时加以参考。

完整的罪犯改造活动,应当包括罪犯评估、罪犯分类、制定计划和实施改造的基本过程。

一、开展罪犯评估

罪犯评估就是应用科学的方法和工具了解罪犯及其相关情况的活动。

根据犯因性差异理论,在对罪犯进行评估的过程中,首先要了解罪犯的犯因性缺陷。从犯因性差异理论的论述可以看出,改造罪犯就是努力缩小和消除罪犯的犯因性缺陷从而使其成为守法者的活动。因此,在改造罪犯的过程中,第一项工作就是必须了解罪犯的犯因性缺陷,为改造活动指明具体目标。其次,要了解罪犯的一般性差异方面的特征。这是因为,尽管改造罪犯的具体目标是犯因性缺陷,但是,在改造活动中还涉及罪犯管理以及如何使用改造方法、如何组织改造活动等问题,而这些活动的合理进行,必须考虑罪犯个人在很多方面的具体特点,必须根据罪犯的个人特征"因人施教"。第三,要了解罪犯的社会关系方面的情况。要了解在入监之前罪犯的家庭状况(包括家庭结构与家庭关系)、社会交往等方面的情况,评估这些方面对于罪犯的影响,特别是评估罪犯的社会关系能够对罪犯提供社会支持的情况。只有在罪犯评估阶

---

① Richard W. Snarr, *Introduction to Corrections*, 3rd ed. (Madison, IA: Brown & Benchmark Publishers, 1996), p.53.

段对罪犯进行全面而深入的了解,才能为改造活动提供必要的信息和打下坚实的基础。

目前,中国监狱中一般通过查阅办案机关移送的案件材料,进行心理测验、面谈、观察、调查等途径了解罪犯的情况,但是,长期以来缺乏规范化的罪犯评估活动。在少数尝试进行罪犯评估的监狱中,也存在一些问题。

概括来讲,中国罪犯评估中存在的问题主要包括下列方面:

1. 评估工具问题

目前,中国监狱中缺乏全面系统的罪犯评估工具。例如,作为普遍使用的方法,很多监狱都在使用心理测量方法评估罪犯的心理方面的情况,不过,所使用的心理测量工具存在着品种不全、涵盖范围狭窄的问题。目前使用得最多的心理测量工具,是人格测量工具(量表)。人格测量的结果尽管对于了解罪犯的人格特质、预测罪犯的行为特征以及做好罪犯管理等工作,具有很好的价值,但是,在改造罪犯方面,人格测量的结果是不能满足需要的,因为利用这类测量工具不能全面了解所要改造的犯因性缺陷。所以,要研制涵盖面更广的测量工具和评估工具,要使用更多的方法全面评估罪犯的犯因性缺陷。

2. 评估内容问题

由于受评估工具、改造观点、科学发展水平等的影响,目前的罪犯评估工作中存在评估内容不全面的问题。在实践中对于很多犯因性缺陷没有进行评估。例如,限于科学技术水平方面的条件,对于很多犯因性生理因素无法评估;限于测量工具等方面的问题,对于犯因性心理因素、犯因性行为因素以及犯因性互动因素的很多方面,一般也不进行评估。对于犯因性心理因素的评估,大多局限于对罪犯人格因素的评估,而对其他心理因素缺乏评估。从我国监狱系统和社区矫正系统中罪犯评估工作的发展来看,近年来对于罪犯的人身危险性的评估有了一定发展,不过,对于罪犯需要的评估仍然关注不够。特别是对于一些国家比较重视的犯因性需要评估(criminogenic need assessment),[1]在我国缺乏应有的重视。

3. 评估分布问题

评估分布是指进行评估活动的时间分布。

一般而言,完整的罪犯评估活动通常在三个时间阶段举行,即在入监最初阶段的评估(最初评估),在服刑中期阶段的评估(中期评估),在服刑最后阶段的评估(最后评估)。这三种评估的目的是有差别的:最初评估的目的是了解罪犯的基本情况,为做好罪犯分类、安置、监管和改造工作提供必要的基础信息。中期评估的目的是检验最初评估的准确性和罪犯监管改造活动的有效性,如果评估发现罪犯产生了积极的变化,那么,就说明最初评估是准确的,监管改造活动是有效的,否则,就需要修正最初评估的信息和调整监管改造活动。最后评估的目的是对罪犯监管改造工作进行总结并为以后的相关工作提供必要的信息。

目前,中国监狱中普遍重视最初评估,但是,缺乏中期评估和最后评估,因此,不能根据中期评估的结果及时调整监管改造工作,也不能根据最后评估的结果有效开展以后的相关工作。

在未来的罪犯评估工作中,要努力解决上述问题,完善罪犯评估活动,从而实现通过评估活动全面深入了解罪犯和及时调整改

---

[1] Gwen Robinson & Iain Crow, *Offender Rehabilitation: Theory, Research and Practice* (London: Sage, 2009), pp. 94-99.

造活动的目的。

二、进行罪犯分类

罪犯分类就是根据不同目的和标准划分罪犯类型的活动。

罪犯分类主要有两类：

1. 监管分类

监管分类是指以监禁和管理罪犯为主要目的的罪犯分类。在进行这类罪犯分类时，主要以罪犯的性别、年龄、犯罪性质、犯罪历史、人格特征等作为标准。由于这些标准大体上是稳定不变的，因此，这种分类也是相对稳定的。

2. 改造分类

改造分类是指以改造罪犯为主要目的的罪犯分类。在进行这类罪犯分类时，主要以犯因性缺陷为标准。这种分类不仅要根据改造罪犯的需要进行，而且也要根据改造罪犯的进程调整，因此，这种分类应当是不断变化的。

从监狱管理和罪犯改造的实践来看，罪犯分类都具有重要的作用。首先，罪犯分类有利于增强监狱管理的科学性。通过罪犯分类，可以更好地决定如何关押罪犯（包括如何安置罪犯的住宿等问题）、如何监督罪犯、如何安排罪犯的活动、如何安排罪犯的管教人员等，从而能够更好地、更加安全地做好监狱管理工作。

其次，罪犯分类有利于提高罪犯改造的科学性。这是因为，第一，罪犯分类有利于增强罪犯改造的针对性。与不加分类的罪犯改造活动相比，在罪犯分类之后对不同类型的罪犯进行不同类型的改造活动，显然可以大大增强改造活动的针对性，使罪犯改造活动能够更好地适应罪犯的具体特点。第二，罪犯分类有利于增强改造活动的积极效果。将具有类似犯因性缺陷的罪犯组织到一起进行改造，可以充分利用群体动力学的原理，使罪犯之间产生积极的相互作用，包括分享共同的体验，交流共同的感受，完善各自的看法，进行相互的监督，从而促进共同的进步。第三，罪犯分类有利于解决监狱中改造人员不足的问题。在监狱中，普遍存在改造人员数量少、罪犯数量多的问题。这种状况很不利于开展个别化的改造工作。如果对罪犯进行改造分类，将同一类型的罪犯组织到一起开展改造工作，那么，就可以用较少的改造人员对很多的罪犯开展改造工作，这可以大大提高改造人员的工作效率，较好地解决罪犯改造人员不足的问题。

但是，应当恰当认识以罪犯分类为基础的分类改造的价值。分类改造是罪犯改造的一类重要的方法，有很多的优点。但是，分类改造并不能解决罪犯的所有问题，特别是不能解决很多罪犯的个别化、个人性的问题，对于这类问题的解决，还必须依靠个别化改造的方法。从新中国改造战犯和刑事罪犯的历史来看，改造效果最好、改造影响最大的改造方法，仍然是个别化的改造方法。应当说，最有效的、最终的罪犯改造方法，应当是个别化的改造方法。

三、制订改造计划

制订改造计划是指预先拟定罪犯改造活动的具体内容、行动步骤和改造方法的过程。这一过程的结果，就是制订出切合实际的、有效的罪犯改造计划。

从时间顺序上讲,进行罪犯分类与制订改造计划是互有交叉的。不能绝对地认为进行罪犯分类在前,制订改造计划在后。实际上,在实践中,监管分类往往在制订改造计划之前进行,因为监狱收押罪犯之后,应当根据罪犯评估结果,尽快地妥善安置罪犯,对他们实行科学的监管。但是,对于罪犯的改造分类,往往是在制订改造计划期间或者之后进行的。在很多情况下,如何对罪犯进行改造分类,往往是制订改造计划中所要考虑的问题,这种改造分类往往是罪犯改造计划的重要内容。

罪犯改造计划就是反映罪犯个人信息和改造活动安排的文字材料。罪犯改造计划是在罪犯评估结果的基础上,根据罪犯以及监狱中各方面的条件制订的。在罪犯改造计划中,要包括多方面的内容。首先,要明确描述根据罪犯评估活动发现的犯因性缺陷。只有明确了罪犯改造的具体目标,才能有针对性地开展罪犯改造活动。为了增强改造计划的可操作性,这种描述应当尽可能准确、具体。其次,要根据改造罪犯的需要,确定所要使用的改造方法。不同的犯因性缺陷,要使用不同的方法加以改造。在这一部分中,包括如何使用个别化改造方法、如何使用分类改造(集体性改造)方法的内容。再次,要根据监狱的情况和罪犯的特点,安排合适的进行改造活动的罪犯改造人员。最后,要预先拟定改造活动的时间阶段。可以大体上将罪犯改造活动划分为几个不同的阶段,确定每个阶段需要完成的具体任务以及衡量是否完成任务的具体标准,在阶段结束时加以考核和评定,然后及时转入下一个改造阶段,使罪犯改造活动分步骤、有节奏地进行。

四、实施改造活动

实施改造活动就是将罪犯改造计划付诸实现的活动。

根据犯因性差异理论,在实施罪犯改造活动的过程中,需要重新检讨中国目前的很多罪犯改造工作与有关制度。这方面的内容将在下文中详细探讨。在这里需要着重强调的是,监狱部门不仅要重视罪犯改造活动的实施,而且也要关注对改造成效的评估和对罪犯的追踪考察。

对改造成效的评估,是改造工作的重要组成部分。进行这方面的工作,既是衡量罪犯改造质量(罪犯自身的积极变化情况)的需要,也是检查某一阶段改造工作质量(改造人员的工作效率与结果)的需要,它对于改进罪犯改造工作和提高罪犯改造质量,都具有十分重要的意义。

对罪犯的追踪考察,就是在罪犯改造活动结束后继续关注罪犯情况的活动。这种活动通常持续一定时间,主要目的包括两方面:一方面是验证罪犯改造表现的真实性,检查罪犯的改造表现究竟是真实的变化,还是在改造期间伪装出来的假象。如果是真实的积极变化,应当在改造活动结束之后还能够延续一定时间。另一方面是帮助罪犯解决有关问题,使罪犯改造结果尽量延长持续时间,从而保持和巩固罪犯改造的成果,预防罪犯"故态复萌""重蹈覆辙"。

第二节 改造活动的组织形式——改造单元

一、概述

犯因性缺陷的多样性,要求在罪犯改造活动中组织开展多样化的改造活动。只有这样,才能开展有针对性的改造工作,才能改造罪犯中存在的所有犯因性缺陷。以往简单地将罪犯改造活动划分为几大块(狱政管理、劳动改造、教育改造、心理矫治等)的做法,覆盖面有限,涉及领域不多,只能对罪犯的一些犯因性缺陷进行改造活动,而不可能对所有犯因性缺陷开展改造活动,使罪犯改造工作中存在很多遗漏和空白。因此,为了全面改造罪犯中存在的犯因性缺陷,转变罪犯的犯因性素质,必须引入改造单元的概念和方法,通过改造单元组织改造工作,开展改造活动。

所谓改造单元,就是为了改造特定的犯因性缺陷而组织的相对独立的改造工作。根据犯因性差异理论,罪犯改造目标包括很多的犯因性缺陷。在组织罪犯改造活动时,要以某一种或者某几种近似的、相互关联的犯因性缺陷为具体的罪犯改造目标,组成相对独立的改造单元,以改造单元为单位开展罪犯改造工作,逐步解决罪犯存在的多种犯因性缺陷。在这种情况下,罪犯改造工作是由一系列改造单元构成的,改造单元既是罪犯改造活动的具体单位与环节,也是罪犯改造计划的具体组成部分。

引入改造单元的概念和方法之后,罪犯改造工作的组织形式和具体内容会发生显著的变化。罪犯改造工作不再是以简单的狱政管理、文化教育、劳动改造等部门划分为基础组织的,罪犯改造计划也不再仅仅是简单地罗列狱政管理、文化教育、劳动改造等方面的指标等内容。罪犯改造工作和罪犯改造计划都以内容详细、界线明确、任务具体、要求清楚的改造单元为基础,罪犯改造工作是根据改造单元的要求进行的。

根据改造单元的设想,罪犯改造人员要把改造某种或者某几种近似的、相互关联的犯因性缺陷的活动,都设计成一个相对独立的改造单元。在深入调查研究的基础上,努力编制完备的"单元改造计划",也就是进行单元改造活动的具体内容与步骤,其中包括目标人群(适合参加特定改造单元的罪犯)的特点、改造目标(在特定单元中所要转变的犯因性缺陷)的描述、改造措施的选择、改造环境的特点、改造时间的安排、改造人员的组成、改造质量的评估、改造效果的促进与巩固等内容。这样一套详细的单元改造计划,应当清楚地表明在特定的改造单元应当进行的具体工作和所要达到的具体目标。

根据罪犯存在的犯因性缺陷情况,安排他们参加相关单元的改造活动。具有相似的犯因性缺陷的罪犯,参加同样的改造单元的改造活动。整个罪犯改造计划,应当是由不同的单元改造计划组成的。根据改造单元进行的罪犯改造活动,可以显著改进以往实行的粗线条的分类改造活动。

二、改造单元方法的特点

根据犯因性差异理论,为了更好地改造罪犯存在的犯因性缺陷,应当改变传统的粗放型改造活动组织形式,确立新的改造罪犯活动的组织形式——改造单元。把不同类型的改造对象(犯因性缺陷)进一步纳入到不同的改造单元中,不同的改造单元有各自不同的具体计划,分单元组织进行改造活动。

在罪犯改造活动中采取改造单元的方法,具有下列一些新的特点:

(一) 改造活动的具体化

改造单元是一种非常具体化的罪犯改造活动组织方式。在按照这种方法组织罪犯改造活动时,对每个改造单元都有非常具体的描述。这种具体化的描述与活动,可以提高改造罪犯的成效,因为它确立了考察改造工作的具体指标,也能够提供衡量改造效果的具体标准。只要完成改造计划确定的内容,就完成了特定时间的改造任务。只要逐步进行不同改造单元所包含的改造活动、顺利实施多种单元改造计划,那么,这些改造活动不断累积的结果,就可以实现从整体上改造罪犯的目标。

(二) 改造活动的针对性

按照改造单元组织罪犯开展改造活动,可以避免过去那种将改造工作划分为不同部门(方面)但是缺乏针对性的缺点,有利于增强罪犯改造工作的针对性。这是因为,首先,可以根据罪犯存在的犯因性缺陷组织和参加改造单元。监狱中的罪犯改造人员可以根据罪犯中存在犯因性缺陷的状况,组织相应的改造单元,通过这样的改造单元去改造罪犯存在的犯因性缺陷。同时,罪犯本身也可以根据自己存在犯因性缺陷的情况,有选择地参加适合的改造单元,在这样的改造单元中解决自己的犯因性缺陷。这样,就可以避免过去那种不管罪犯中是否存在犯因性缺陷,都要组织一定改造活动的做法;也可以避免不管罪犯本人是否存在特定犯因性缺陷,都要强行让其参加特定改造活动的做法。所以,这种做法就能够使改造工作真正适合罪犯的改造需要,有针对性地切实解决罪犯中存在的问题(犯因性缺陷)。其次,每个改造单元都有详细的描述和要求。只要按照这些描述和要求开展改造工作,就可以很明确、很有针对性地进行改造工作,使改造工作的各个方面都有明确的内容和目标,使改造工作的所有方面都能够有章可循,避免改造工作中的盲目性。

(三) 改造活动的节奏性

根据改造单元方法进行罪犯改造工作时,每个改造单元都有具体的时间范围。不同的改造单元之间既相互衔接,又相互区别。每个改造单元结束之后,要进行总结等活动,然后再根据罪犯的改造需要,组织新的改造单元的活动。这样,就使得罪犯改造工作呈现出明显的节奏性。

罪犯改造工作中的节奏性,对于罪犯、罪犯改造人员以及监狱管理者都是很有好处的。首先,对于罪犯来讲,可以破除罪犯对于长期持续的单调改造工作的厌倦情绪和心理疲劳,刺激罪犯的改造积极性。其次,对于罪犯改造人员来讲,也有益处。因为这种有节奏的改造工作,可以使他们根据改造工作的进程,在完成一个改造单元的工作之后,及时转入下一个改造单元的工作,不断转变工作的内容和重点。这种变化可以使他们经常体验到工作的多样性,增加了改造工作的新鲜感,在转变改造单元之间得到休息和调整,从而有利于增强他们对罪犯改造工作的兴趣和积极性。再次,对于监狱管理者来讲,改造单元也是提高管理效率的重要途径。这是因为,利用改造单元方法开展罪犯改造活动,可以更加有效地衡量罪犯改造人员在每个改造单元的工作质量,把难以通过最终结果(罪犯改好率)加以衡量的罪犯改造质量,转化为便于评估和测定的不同改造单元和改造过程,从而实现从结果管理向过程管理的转变,使监狱管理者对于罪犯改造工作的管理变得更加容易起来。

(四) 改造活动的全面性

改造单元方法是一种根据所存在的改造目标(犯因性缺陷)灵活使用的罪犯改造方法。组织什么样的改造单元,组织多少改造单元,都根据罪犯中存在的改造目标的情况来确定。罪犯中存在的犯因性缺陷多,就可以组织较多的改造单元;罪犯中存在的犯因性缺陷少,就可以组织较少的改造单元。这样,就可以根据罪犯中存在犯因性缺陷的情况,灵活地组织改造单元,从而使罪犯中存在的各种犯因性缺陷都通过改造单元得到有效改造,真正实现改造活动的全面化。通过这种全面化的罪犯改造工作,可以转变罪犯身上存在的多种缺陷。

(五) 改造活动的有序性

根据改造单元方法组织罪犯改造工作时,能够使改造活动更有秩序地按照轻重缓急的顺序进行。罪犯改造人员可以根据罪犯评估的结果,确立改造罪犯的优先性顺序,首先进行最需要的改造活动,接着进行次要的改造活动……按照这样的顺序进行改造工作,可以促进罪犯改造工作的秩序性,使罪犯改造工作在良好的秩序中进行,从而可以有效地避免罪犯改造工作中的混乱现象。

第三节 改造活动的科学改进

一、确立罪犯改造活动的优先顺序

根据犯因性差异理论,在使用改造单元方法进行罪犯改造活动时,必须确立罪犯改造活动的优先顺序。这意味着,首先应当进行最需要、最迫切的罪犯改造活动,解决最严重的犯因性缺陷,然后再进行其他不太重要的罪犯改造活动。同时,在罪犯刑期和服刑时间都较短的情况下,优先安排那些对他们来说最重要,也是他们最需要的改造活动;如果时间不足,其他次要的、不太需要的改造活动可以省略。

在罪犯改造活动中,确立罪犯改造活动的优先顺序,是很有必要的。这是因为,首先,确立罪犯改造活动的优先顺序是由犯因性缺陷的重要性决定的。尽管已经发现的犯因性缺陷很多,但是,不同犯因性缺陷对于犯罪行为的犯因性作用有很大的差别。犯罪学等学科的研究表明,社会环境因素对于犯罪行为所起的犯因性作用普遍大于生物性、生理性因素。这是就一般情况而言的。对于每一个具体的犯罪人来讲,导致他们进行犯罪行为以及可能引起他们重新犯罪的犯因性缺陷,是千差万别的;甚至在一般情况下犯因性作用较小的那些犯因性缺陷,对于特定犯罪人来说,可能就是犯罪行为的主要原因。因此,要识别出那些对于犯罪行为和重新犯罪所起的犯因性作用最大的、最重要的犯因性缺陷,把它们作为最需要改造的目标,把改造这类犯因性缺陷的改造单元列入最优先顺序中,首先安排进行这样的改造活动。只要很好地进行了这样的改造活动,完成了这种改造单元所预定的任务,就可以显著地减少重新犯罪的发生率,这样,就能够极大地发挥罪犯改造工作在预防重新犯罪中的积极作用。

其次,确立罪犯改造活动的优先顺序是由罪犯在刑期方面的差别决定的。从我国监狱中罪犯刑期和服刑时间的长短来看,他们之间有很大的差别。刑期短的仅为三个月,① 刑期长的可以达到二十五年。② 在这种情况下,罪犯改造活动的顺序安排与每项改造活动的持续时间,都要考虑罪犯的刑期和服刑时间。尽管对于所有的罪犯来讲,确立罪犯改造活动的优先顺序都是很重要的,但是,对于刑期和服刑时间都较短的短刑犯来讲,确立罪犯改造活动的优先顺序尤其显得十分重要。只有确立了罪犯改造活动的优先顺序,在尽可能短的时间内安排进行最需要进行的改造活动,才能使短刑犯在有限的时间内得到最重要的改造。而且,也可以通过缩短每个改造单元持续时间的方法,使短刑犯得到尽可能多方面的改造。与此同时,对于刑期和服刑时间都较长的长刑犯来讲,不仅可以通过优先安排最需要进行的改造活动的方法,使罪犯的最

---

① 根据《刑事诉讼法》第264条第2款的规定,"对被判处死刑缓期二年执行、无期徒刑、有期徒刑的罪犯,由公安机关依法将该罪犯送交监狱执行刑罚。对被判处有期徒刑的罪犯,在被交付执行刑罚前,剩余刑期在三个月以下的,由看守所代为执行。对被判处拘役的罪犯,由公安机关执行。"

② 根据《刑法》第69条第1款的规定,"判决宣告以前一人犯数罪的,除判处死刑和无期徒刑的以外,应当在总和刑期以下、数刑中最高刑期以上,酌情决定执行的刑期,但是管制最高不能超过三年,拘役最高不能超过一年,有期徒刑总和刑期不满三十五年的,最高不能超过二十年,总和刑期在三十五年以上的,最高不能超过二十五年。"

需要改造的犯因性缺陷在第一时间内得到改造,而且还可以通过延长每个改造单元持续时间的方法,使长刑犯得到更加充分、彻底的改造。由此可见,按照这种顺序进行的罪犯改造工作,可以更好地适应罪犯在刑期方面存在巨大差异的情况,避免过去那种按部就班进行改造活动,改造活动与罪犯刑期不适应的现象:统一进行的改造活动不能适应罪犯在服刑时间方面的差异,同样的改造活动对于长刑犯来说时间不充足,对于短刑犯来说时间不够用。所以,改造活动的顺序性,保障了对所有罪犯都可以进行最为需要的改造活动。次要的改造活动可以视具体情况的不同而有选择性地进行。

再次,确立罪犯改造活动的优先顺序是由罪犯在释放之后影响他们重新犯罪的因素决定的。犯罪学的研究发现,初次犯罪的原因和重新犯罪的原因,特别是和从监狱释放之后重新犯罪的原因之间,有一定的区别。尽管初次犯罪的原因也是大部分重新犯罪的原因,但是,对于那些在监狱服刑之后释放的人员来说,他们重新犯罪的原因有一定的特殊性。这种特殊性突出地表现在,一些对于初次犯罪人并不重要的犯因性因素,对于重新犯罪人来说,则可能是极其重要的犯因性因素。社会适应能力和职业技能等就属于这样的因素。对于从监狱中释放的人员来说,重建社会生活是他们面临的最迫切问题。在大量的犯因性因素中,与重建社会生活有关的因素,可能成为影响他们重新犯罪的最重要的犯因性因素。如果罪犯从监狱释放之后难以重建社会生活,他们很有可能重新犯罪。因此,如何为他们顺利重建释放后的社会生活做准备,如何预防他们重新犯罪,就成为确立罪犯改造活动的优先顺序时必须认真考虑的方面。

就大多数罪犯重建社会生活的情况而言,开始或者恢复他们的职业生涯尤其显得重要。这是因为,获得一定职业、能够自谋生路,是绝大多数罪犯释放之后首先遇到的问题,也是最迫切需要解决的问题之一。罪犯进入监狱服刑的经历,阻止了罪犯的正常职业生涯的开始(对于还没有参加工作或者就业的未成年犯而言),或者中断了罪犯的正常职业生涯的进行(对于已经就业的成年犯而言)。他们释放之后,立即面临着重新开始正常的职业生涯的迫切任务,罪犯在监狱服刑期间为完成这种任务所做的准备情况以及释放之后对这种任务的完成情况,是影响他们是否重新犯罪的关键性因素。因此,在考虑罪犯改造活动的优先性顺序的过程中,必须十分重视罪犯在释放之后的未来就业问题,必须优先安排罪犯在服刑期间进行相关的准备。从这一点来看,高度重视和有效进行对罪犯的职业技能培训,不仅是消除犯因性差异的重要方面,也是着眼于未来,帮助罪犯在释放之后重新适应社会生活的重要方面。监狱管理人员和监狱管理部门必须高度重视这类工作的重要价值,优先安排罪犯从事这类改造活动。

在罪犯改造活动的优先性顺序方面,国外学者已经进行了一定的研究。例如,加拿大著名犯罪学家唐·安德鲁斯(Don A. Andrews)和詹姆斯·邦塔(James L. Bonta)列举了罪犯改造方面15类充满希望的转变目标(参见表格6-1),这实际上就指出了在罪犯改造活动中优先安排的活动内容。他们的研究成果值得我国罪犯改造人员在确定罪犯改造活动的优先性顺序时参考。

表格 6－1：充满希望的转变目标[1]

1	转变反社会态度
2	转变反社会情感
3	减少反社会同伴交往
4	促进家庭感情与家庭沟通
5	促进家庭监控和监督
6	促进儿童保护（预防漠视和虐待）
7	促进对反犯罪角色楷模的认同和交往
8	增加自我控制、自我管理和问题解决技能
9	用更加亲社会的替代技能取代说谎、偷窃和攻击技能
10	减少化学药物依赖
11	在家庭、学校、工作场所、娱乐场所和其他行为环境中，改变对犯罪活动和非犯罪活动的奖惩密度，包括个人的、人际的和其他形式的奖惩的密度，以便使非犯罪替代措施受到人们的喜爱
12	向慢性精神病患者提供压力小的住宿型生活安排
13	确保个人能够识别危险情境，有具体的、能够熟练使用的应对危险情境计划
14	面对阻碍提供服务的个人和环境障碍（个人动机，可能影响个人的背景应激源）
15	通过个别化的危险和需要评估，转变那些与犯罪行为有关的个人及其环境的其他特征

二、改善罪犯改造活动的制度安排

在中国监狱系统中，要想根据犯因性差异理论和改造单元方法组织罪犯改造活动，必须改善罪犯改造活动的制度安排，调整目前实行的一些罪犯管理和罪犯改造制度，完善改造罪犯所需要的

---

[1] D. A. Andrew & James Bonta, *The Psychology of Criminal Conduct*, 2nd ed. (Cincinnati, OH: Anderson Publishing Co., 1998), p.357.

设施。

(一) 调整时间安排

要科学地调整罪犯的日常活动安排,建立符合改造罪犯需要的监狱管理制度。从目前中国监狱的情况来看,在大部分监狱中,罪犯的几乎所有有效的时间(白天8小时之内的时间)都被安排进行生产劳动。例如,根据司法部监狱劳教系统突出问题调查研究课题组2001年3—5月对北京、上海、江苏、广东、河南、湖南、贵州、甘肃、青海等9省市部分监狱的调查,罪犯每周平均劳动日数为6.2天,最长的为7天;全年每天平均劳动时数为8.9小时,10小时以上(包括10小时)的接近35%;在生产紧张的4—10月,每天的平均劳动时数为10.35小时,10小时以上(包括10小时)的占90.07%,最长者达每天18个小时。罪犯进行这样长时间的生产劳动,不仅大大超过了国家关于劳动者每日工作时间不超过8小时、平均每周工作时间不超过44小时,用人单位应当保证劳动者每周至少休息一日的劳动工时规定[《中华人民共和国劳动法》(以下简称《劳动法》)第36条、第38条],而且也违反了司法部《关于罪犯劳动工时的规定》(1995年6月14日发布),该《规定》第3条第1款规定:"罪犯每周劳动(包括集中学习时间)6天,每天劳动8小时,平均每周劳动时间不超过48小时。"这些监狱中强迫罪犯进行如此长时间劳动的做法,根本未给其他改造活动留下必要的有效活动时间。因此,如果按照改造单元方法组织罪犯改造活动,必须调整监狱中罪犯劳动的时间安排,缩短劳动时间,减少劳动天数,以便改造人员能够在有效时间中组织罪犯开展其他改造活动,从时间上为罪犯改造活动的进行提供制度保证。

减少罪犯劳动时间、为其他改造活动留出时间的做法,在2000

年以后才有了发展。经过司法部燕城监狱等单位的尝试,逐步确立了"5+1+1"的监狱罪犯时间分配模式。2008年10月10日在河南郑州召开的全国教育改造工作会议上,提出了旨在提高教育改造工作质量的"5+1+1模式"。① 在司法部2009年11月17日发布的《加强监狱安全管理工作若干规定》中,明确规定了这种模式的内容:"监狱应当坚持每周5天劳动教育、1天课堂教育、1天休息。罪犯每天劳动时间不得超过8小时,安排罪犯加班必须经监狱长批准。罪犯每周劳动时间不超过40小时,严禁超时超体力劳动。法定节假日应当安排罪犯休息。"(第27条)在此之后,全国监狱才在规范性文件中正式确立了每周有一天时间用于教育活动的制度。

(二) 增加改造经费

为了全面改造罪犯,实现有效转变罪犯的犯因性缺陷的目的,必须增加罪犯改造经费。这是因为,在组织开展罪犯改造活动的过程中,特别是在改造罪犯的某些犯因性缺陷的过程中,不仅需要购买必要的资料、工具等,而且需要"花钱买服务",包括雇请社会上的专业人员到监狱中对罪犯开展有关改造工作,雇佣社会上的专业机构对罪犯开展有关改造活动。如果没有充裕的改造经费,就不可能进行这方面的改造活动。

为了进一步做好利用社会资源改造罪犯的工作,国家应当增加监狱中的罪犯改造经费,将这方面的经费纳入监狱工作的正常预算项目之中,使这方面的经费开支得到国家财政的有力保障。

---

① 湖南省湘南监狱课题组:《"5+1+1模式"的内涵与价值探析》,《中国司法》2011年第10期,第35页。

这不仅可以保证监狱有能力(财力)开展这样的罪犯改造活动,[①]而且对于国家来说,也是优化监狱领域的资源配置、更有效地使用监狱经费的重要改革措施,因为已经进行的一些尝试发现,雇请专业机构和专业人员开展专门化的罪犯改造工作,可以大大提高改造工作的效率。

(三) 完善改造设施

在中国监狱系统中,由于长期实行并且强调"劳动改造"的做法和政策,导致监狱设施的建设中出现片面化发展的现象。这种现象突出的表现为,生产劳动方面的设施建设工作得到优先发展,所需要的设施比较齐全,而其他方面的设施建设发展不足,设施建设方面的经费投入较少。在很多监狱中,不仅可以看到规模不等的劳动车间、劳动设备等,而且还有其他的技术研究和产品开发、产品购销等方面的设施,有很多设施是很先进的。但是,从事其他改造活动所需要的设施,不仅数量明显偏少,而且落后陈旧。例如,虽然很多监狱中都有文化课教室,但是,教室中的设施很少,仅有的桌椅等也往往是破烂不堪的。至于在社会上的学校中使用的一些先进教学设备,像投影仪等多媒体教学设备、通过计算机网络进行远程教学的设备等,在大部分监狱的教室中都是没有的。又如,一些监狱中建立了罪犯心理咨询室之类的机构,但是,这样的

[①] 据笔者了解的情况,目前监狱中的罪犯改造经费极少,只能用来购买少量的学习资料,而不足以开展其他改造活动。一些监狱雇请社会上的专业机构和专业人员开展有关罪犯改造工作的经费,是监狱自己筹措的。这意味着,只有在监狱经济状况较好、监狱领导具有社会责任感和科学理念的情况下,才有可能进行这样的投入,开展这样的改造工作;否则,就不会从社会上"花钱买服务",不会有偿利用社会资源开展罪犯改造活动。

机构中除了桌椅、沙发之类的常用办公设备之外,没有其他的专业性设备。因此,为了提高罪犯改造质量,为了全面开展改造罪犯的犯因性缺陷的活动,必须根据改造罪犯的需要,完善监狱中的罪犯改造设施。

三、调整罪犯改造活动的目标取向

根据监狱工作的实际情况,在监狱管理和罪犯改造工作中,必须树立"被监禁的绝大多数罪犯最终都要回到社会上"的观念,并且用这样的观念指导具体工作。

虽然从世界范围内来看,我国刑法中规定的刑期长度、审判机关对罪犯判处的刑期长度,以及罪犯在监狱中服刑的时间,都是很长的,但是,即使在这种情况下,仅仅因为在执行刑罚过程中正常衰老死亡、患病死亡的罪犯,以及由于发生监管事故(罪犯自杀、罪犯之间的暴力行为致死、生产事故造成的死亡)、因进行犯罪行为而被击毙等非正常死亡在监狱中的罪犯的数量,都是不多的。在监狱中服刑的绝大多数罪犯最终都要回到社会上,目前全国监狱每年释放的罪犯达到30万人左右。

根据监狱中绝大多数罪犯最终要回到社会上的事实,在监狱管理和罪犯改造工作中,要充分考虑罪犯释放后的生活与工作等方面的需求,围绕这样的目标和需求管理和改造罪犯,而不能仅仅着眼于在监狱中管理的方便和为监狱创造经济收入的目的来管理和改造罪犯。

围绕绝大多数罪犯最终要回到社会上的情况调整罪犯改造活动的目标取向,对监狱中的罪犯改造工作提出了很多的调整要求。

无论是从改造标准的确立,还是改造方法的使用;无论是改造单元的设计,还是改造活动的组织;无论是日常的罪犯管理工作,还是特定的罪犯管理方式;无论是利用监狱内的资源进行罪犯改造工作,还是利用社会上的资源进行罪犯改造工作,都要充分考虑罪犯释放之后的需要,并且根据这样的需要进行必要的调整。在这些方面进行调整的根本目的,就是要在罪犯管理和改造工作中,不仅要为监管安全进行必要的准备,而且要为罪犯释放后的生活与工作进行必要的准备,使罪犯在释放之后能够利用在监狱中掌握的有用知识、学会的建设性技能、形成的良好习惯等,过上守法的生活。如果监狱管理人员和罪犯改造人员仅仅考虑在监狱中管理罪犯的需要,而不考虑罪犯释放之后的需要,就可能在监狱管理和罪犯改造中出现偏差。

中国监狱中存在的偏离罪犯改造目标和罪犯释放后需要的一种突出现象,就是在监狱中对罪犯的军事化管理。军事化管理是指运用军队的组织形式和行动方式对服刑罪犯进行的高度一致化的管理。中国监狱中普遍对服刑罪犯进行军事化管理,这种管理主要包括两个方面:一是强制罪犯进行队列训练,即罪犯自入监时起就集中进行队列训练,以后还要集体出操、在日常生活中只要有集体活动都要排队等;二是强制罪犯行为规范化,即要求罪犯行动军事化、生活规范化、劳动集体化、内务统一化、卫生制度化等。[1]

显然,这种贯穿于罪犯服刑生活全过程和各方面的军事化或者准军事化管理,既有利也有弊。这种管理方式很有利于对罪犯

---

[1] 参见章礼海:《军事化管理》,邵名正、王明迪、牛青山主编:《中国劳改法学百科辞书》,中国人民公安大学出版社1993年版,第407页。

的日常管理,给做好罪犯日常管理工作带来很大的便利。在这种管理模式的训练之下,罪犯会养成无条件服从和行为整齐划一的习惯,监狱管理人员不用费很大的精力就可以从行为上管理好罪犯。但是,这种管理方式的弊端也是明显而严重的。它将罪犯生活的各个方面都纳入到规章制度的约束之中,罪犯几乎没有任何自由和选择,在客观上剥夺了罪犯自己作出选择和决定的机会,长期如此会将罪犯训练成为"机器人"。如果罪犯的刑期很长,长期过着这样机械的服刑生活,他们不仅会形成军人式的行为模式,而且会造成对别人高度的心理和行为依赖,他们自主作出决定的能力就会大幅度下降。一旦他们离开监狱环境,在新的环境中没有人指挥他们,没有具体的规章制度调整他们行为的时候,他们就不知道应该如何进行恰当的思考、如何作出合理的决定,而不合理的决定往往会使他们重蹈违法犯罪的覆辙。犯罪学的研究发现,在社会环境中缺乏自主决定能力和作出错误决定,是犯罪和重新犯罪的重要因素。因此,剥夺罪犯一切自由的军事化监狱管理制度,是不太符合改造罪犯的根本目标的。根据犯因性差异理论,需要重新探讨在监狱中实行军事化管理的科学性和合理的范围。

四、提高罪犯改造人员的整体素质

根据犯因性差异理论进行的罪犯改造活动,是一种复杂的、科学性要求很强的工作,对于罪犯改造人员的素质有很高的要求。如果按照犯因性差异理论开展罪犯改造工作,就必须解决罪犯改造人员素质较低的问题,进一步提高罪犯改造人员的专业技能和综合素质,培育符合要求的高素质罪犯改造人员队伍。

(一) 明确划分罪犯改造人员和其他人员

目前,中国监狱中的所有工作人员都属于"监狱人民警察",他们之间没有明确的类型划分。可以说,在中国监狱中,只要是一名正式的工作人员,就具有警察身份。监狱中人人都是身着警服的警察的现象表明,中国的监狱工作人员中实际上并不存在严格意义上的工作人员分类。尽管监狱中的正式工作人员都是警察,但是,监狱工作并不能完全归结为看管罪犯,监狱中存在着很多内容和性质极为不同的工作类型,这些不同类型的监狱工作,对于监狱工作人员的任职资格和综合素质,有着极不相同的要求。例如,对于从事看守工作的人员来说,由于他们工作的主要职责是看管罪犯,所以,对于他们的身体素质、擒拿格斗等方面的要求就会较高,要求他们有很好的体能和娴熟的处理罪犯暴力行为的技能,能够胜任维护监管秩序的任务。对于他们来说,应该有较高的年龄、身体素质等方面的任职资格,但对于他们的文化等方面的任职资格不一定要求很高,达到中等文化程度就可以满足工作需要。但是,对于主要从事文化和技术教育的工作人员来说,由于他们从事的是传授知识和技能的工作,主要职责是教育和培训,所以,在对他们的任职资格的要求中,年龄、体能等方面的重要性可以大大降低,相反,对于他们的文化水平、教学经验、操作能力等方面的要求应大大提高。对于他们的年龄可以不作要求,对于他们的体能可以只作很低的要求(身体健康、没有传染病就可以),但对于他们的文化水平、教学经验、操作能力应有较高的要求:教授罪犯学习初中文化的工作人员不能仅仅具有中等文化水平,而必须具有高等文化水平;不能一出校门就从事教学工作,而应该有比较丰富的教学经验;从事职业技能培训的工作人员,不能仅仅会"纸上谈兵"和口头表达,而且必须会实际操作。对于监狱中的其他许多工作来说,也有很不相同的任职资格要求。这样,就在工作人员身份的单一性与监狱工作的多样性之间,形成了强烈的反差和明显的矛盾,引起了一系列问题。这些矛盾和问题的存在,既不利于监狱工作人员素质的大幅度提高和人力资源的合理配置,也不利于监狱工作人员有效地履行其职能,特别是不利于完成改造罪犯的任务。

虽然那种把所有的监狱工作人员都作为罪犯改造人员,让所有的监狱工作人员都承担起罪犯改造任务的想法,其出发点是好的,符合理想的罪犯改造要求,但是,从罪犯改造的实践和监狱制度的运行来看,这种想法显得过于理想化,不可能达到预期的实际效果。所以,应当改变这种现状,对监狱工作人员进行合理的类型划分,对不同类型的监狱工作人员提出不同的任职资格和工作职责要求,特别是要将罪犯改造人员与其他人员区分开来,对罪犯改造人员提出明确而合理的任职资格要求,让那些真正符合任职资格要求的监狱工作人员从事罪犯改造工作。

(二) 明确对罪犯改造人员的素质要求

罪犯改造人员属于监狱中整体素质要求较高的一类专业工作人员。由于他们从事的是改造罪犯的艰巨而复杂的工作,对于他们的学历与文化程度、敬业精神与责任感、社会经验与专业工作经验、学习能力、知识结构等,都应当有较高的要求。有的作者提出,监狱中专业技术人员的任职资格主要应当包括下列方面的内容:(1)在全日制大学的相关专业毕业,获得学士以上学位,具有从事专业工作所需要的专门知识和技能;(2)性格品行优良,没有吸毒、酗酒、赌博等不良嗜好,身体健康;(3)具有一定年限的从事专业工作的实际经验,并获得主管部门或者行业协会颁发的从业资格证书;(4)熟悉监狱工作,了解与监狱工作有关的法律知识。[①] 这种观点是有道理的。只有培育一支高素质的罪犯改造人员队伍,才能有效进行罪犯改造工作。

(三) 实行罪犯改造骨干人员的"基层沉淀机制"

监狱系统在培育高素质的罪犯改造人员队伍的过程中,不仅要对罪犯改造人员提出较高的素质要求,而且要建立一套能够鼓励罪犯改造人员不断提高业务水平并且将他们留在基层的人员管理机制。

目前,中国监狱中存在的职业生涯发展和待遇提高制度,存在很大的不利于罪犯改造的问题。我国监狱中缺乏合理的监狱工作人员分类制度,监狱工作人员职业发展的唯一途径,就是担任行政干部或者通过非领导职务等途径获得行政干部待遇。那些在管理和改造罪犯的基层工作中获得一定经验、取得一定成绩的罪犯改造人员,不管是否具备领导才能和行政管理能力,都必须在脱离基层工作并获得行政职务后,待遇才能得到提高,职业生涯才能得到发展。监狱中没有另外的、鼓励他们留在改造罪犯的一线工作岗位上的机制。这样做的结果是,在最需要有丰富工作经验和娴熟改造技能的人从事罪犯改造工作的一线岗位上进行工作的,往往是那些极端缺乏工作经验和工作技能的"新手"。一旦这些"新手"具备了可以有效开展罪犯改造工作的条件之后,他们又要离开这种岗位,流动到行政管理等岗位上去。这样,真正从事罪犯改造工作的,往往是那些根本不适合进行这类工作的监狱工作人员。

---

① 盛桂英:《中国监狱工作人员分类问题探讨》,《犯罪与改造研究》2003年第6期,第64页。

因此,为了提高罪犯改造工作的效果,必须改变这种迫使罪犯改造人员只能通过"当干部"获得职业发展的体制,建立一种有效鼓励优秀的罪犯改造人员留在基层一线的"基层沉淀机制"。

从我国监狱的实际情况来看,建立罪犯改造骨干人员"基层沉淀机制",迫切需要解决下列问题。

首先,要建立罪犯改造人员的职业发展等级制度。目前,监狱中从事心理矫治工作的人员,有心理咨询员、心理咨询师、高级心理咨询师等职业发展等级。但是,其他从事罪犯改造工作的人员没有相应的职业发展等级体系,不能体现他们在罪犯改造工作中的贡献大小、资历深浅、待遇高低等差别。而且,即使心理矫治人员有自己的职业发展等级,也缺乏相应的待遇提高制度,职业发展等级与待遇提高并不挂钩,使职业发展等级缺乏必要的吸引力和激励性。笔者认为,可以考虑专门给一线工作的罪犯改造人员设立实习矫正员、矫正员、矫正官、高级矫正官这样的职业发展等级体系,作为他们在职业发展的不同水平上所使用的等级称号或者职称。

其次,要给不同等级的罪犯改造人员提供相应的待遇。要将优秀罪犯改造人员留在基层一线,不仅要给他们建立专门的职业发展的等级体系,更要使他们享有与其等级称号或者职称相适应的物质和福利待遇。实习矫正员、矫正员、矫正官、高级矫正官应当分别获得相当于行政职务中的股级、科级、处级、厅级的待遇;同时,还可以进一步细化实习矫正员、矫正员、矫正官、高级矫正官的等级,使符合条件的罪犯改造人员逐步得到提升和发展,优秀的罪犯改造人员最终可以达到甚至超过与担任行政领导工作的人员同样的物质和福利待遇。必须清楚认识到,改造罪犯的成果就是监狱的主导产品,而高素质的罪犯改造人员就像是企业中的高级技工,他们是监狱运行的中坚力量;企业中高性能的产品只有通过高级技工的卓越劳动才能生产出来,而监狱中高质量的罪犯改造成果也只能通过高素质的罪犯改造人员的辛勤努力才能产生出来,因此,监狱应当像企业对待高级技工那样对待基层一线的罪犯改造人员:他们虽然不是行政领导,但是,他们可以凭借自己的专门技能和优秀业绩获得等于甚至高于行政领导的待遇。只有这样,才能实现将优秀的罪犯改造人员留在基层一线的目的,才能"固本强基",使罪犯改造工作有坚实的基础。

在建立罪犯改造骨干人员"基层沉淀机制"和建设专家型干警队伍方面,人们已经进行了一些探讨。例如,北京市监狱管理局课题组提出,在推动干警队伍专业化建设方面,应当重点建设十种专业岗位:狱内侦查、狱政管理、危机处置、心理咨询、个别教育、"三课"教育、刑罚执行、监狱理论研究、伪病鉴别、特(殊)类(型)罪犯矫治。设立五级矫正官制度:见习矫正官(对应科办员待遇)、初级矫正官(对应副主任科员待遇)、中级矫正官(对应主任科员待遇)、高级矫正官(对应处级待遇)、特级矫正官(对应局级待遇)。① 这是一个很好的研究方向和发展建议。不过,对于上述建议,还有一些需要强调的方面。特别需要强调的是,这种五级矫正官等级的适用范围,应当突出地面向真正从事罪犯改造和管理工作的人员,特别是那些直接在一线从事这类工作的人员,为他们的职业发展提供一种递进层次和晋升机制,鼓励他们安心在自己的岗位上勤学苦练,变成"专家",而不必把精力放在争当行政官员方面。如

---

① 《监所研究信息》2006年8月30日第2版。

果没有这样的内容和效果,那么,这样的矫正官制度就不可能充分发挥促进优秀的一线工作人员"沉淀在基层"的功能。换言之,这样一种矫正官制度,应当主要是为那些真正在一线从事监狱管理和罪犯改造工作,但是没有行政职务的监狱工作人员设立的一种职业发展制度。如果偏离了这样的出发点,这种制度的价值就会大打折扣。

(四)核定和维持罪犯改造人员的适宜工作量

在建立将优秀的罪犯改造人员留在基层一线的"基层沉淀机制"的同时,还应当科学核定和严格维持罪犯改造人员的适宜工作量。

所谓"罪犯改造人员的适宜工作量",就是指每个罪犯改造人员在正常工作时间中及合理劳动强度下管理和改造的罪犯的数量。这个定义的要点是:第一,强调"正常工作时间"。根据《劳动法》的规定,劳动者每日工作时间不超过八小时、平均每周工作时间不超过四十四小时,用人单位应当保证劳动者每周至少休息一日的劳动工时规定(《劳动法》第36条、第38条)。因此,所谓的"正常工作时间",应当是指《劳动法》规定的这个劳动时间。《劳动法》是调整劳动关系的基本法律,根据该法第2条第2款的规定,"国家机关、事业组织、社会团体和与之建立劳动合同关系的劳动者,依照本法执行。"据此,这一法律的规定也适用于监狱工作人员。第二,强调"合理劳动强度"。所谓"合理劳动强度",就是指熟练的罪犯改造人员可以承担的平均工作量。第三,强调"管理和改造罪犯"活动的结合。在中国监狱中,特别是在基层一线工作中,目前对于罪犯的管理和改造往往是结合在一起的,很难截然区分开来。因此,在确定工作量时,应当考虑这两个方面的工作。第四，强调适宜工作量的重要客观指标是"罪犯的数量"。监狱管理部门应当在科学调查研究的基础上，确定"罪犯改造人员的适宜工作量"。然后，要严格维持这种适宜工作量。

要避免过分将监狱工作政治化的倾向，避免以完成政治任务的名义不断增大罪犯改造人员的工作量，在罪犯数量大量增加的情况下，既不相应增加罪犯改造人员数量，也不提高罪犯改造人员待遇和增加监管改造设施，从而严重侵犯罪犯改造人员正当劳动和休息权利的现象。

改造罪犯的实践表明，罪犯改造人员超负荷工作，实际上也不利于开展罪犯改造工作。这是因为，在超负荷状态下进行工作时，犯罪改造人员既不能熟悉每个罪犯的情况，没有充裕的时间对每个罪犯进行改造工作，也没有充沛的精力、良好的情绪和适宜的心境恰当地开展罪犯改造工作。疲惫的身心、恶劣的情绪、烦躁的心境等，往往会导致耐心下降、态度粗暴和行为专断，这是罪犯改造工作中最为忌讳的事情，它们往往会导致相反的实际效果。

（五）建立促进罪犯改造人员业务能力的机制

在建立上述机制的基础上，还应当建立有效促进罪犯改造人员不断提高自身业务能力的机制。在现代社会中，知识更新的速度加快，如果不能及时学习新的知识和技术，就有可能落后于时代。对于罪犯改造人员而言，也是如此。他们在任职前的学历教育中获得的知识和技能，在参加工作后不久，就会过时。他们需要不断地学习新的知识和技能，才能胜任罪犯改造工作。如果罪犯不断变化，罪犯的知识和技能不断发展，而罪犯改造人员的知识和技能却不能相应发展的话，罪犯改造人员不要说改造罪犯，就是准确理解罪犯也是很难做到的。因此，要建立一套鼓励罪犯改造人员通过自学、在岗培训、参加专业会议等途径,不断提高自己的专业水平的机制,鼓励他们不断学习、研究和探索,保持良好的职业发展状态。

在这方面,应当考虑建立刚性的罪犯改造人员在职培训制度,保证罪犯改造人员每年都有机会参加在职提高活动。例如,在美国,所有矫正人员每年都必须参加40小时以上的业务培训。[1] 在中国监狱系统中,也应该考虑建立类似的制度或者要求。例如,应当规定并且保证监狱工作人员,特别是一线工作人员每年有不少于7天的脱产培训(包括参加研讨会、参观先进监狱等);在脱产培训和参观期间,工资、奖金和其他待遇不变;监狱保证监狱工作人员参加脱产培训活动的费用(差旅费、资料费等)。[2] 这方面的费用应该列入监狱预算,由国家财政划拨,专款专用。

五、调整罪犯改造活动的具体内容

根据犯因性差异理论组织罪犯改造工作时,要对目前实行的罪犯改造活动的具体内容进行必要的调整,以便更有效地解决罪犯存在的犯因性缺陷。

首先,要根据改造犯因性缺陷的需要,开展罪犯改造工作,而不是根据监狱自身的管理需要去组织罪犯改造工作。按照目前的罪犯改造做法,监狱在安排罪犯改造活动时,主要考虑监狱自身监

---

[1] American Correctional Association, *Standards for Adult Correctional Institutions*, 3rd ed. (Laurel, MD: American Correctional Association, 1990), p. 24.

[2] 参见吴宗宪主编:《现代化文明监狱研究》,警官教育出版社1996年版,第160页。

管安全的需要,包括监狱中长期沿用的习惯性做法和监狱自身的条件等,而很少考虑罪犯的改造需要,很少考虑罪犯身上存在的那些与犯罪行为关系密切的犯因性缺陷。这种做法具有浓厚的管理色彩,实际上把罪犯改造活动当作管理罪犯的手段,而不是改造罪犯的手段;或者说,主要根据监狱管理工作的需要组织罪犯开展活动,因此,这类做法缺乏改造效果,不可能有针对性地解决罪犯存在的那些与犯罪行为关系密切的犯因性缺陷。所以,要根据改造犯因性缺陷的需要,调整罪犯改造工作的内容。

其次,要根据犯因性缺陷的重要性组织罪犯改造活动。如前所述,犯因性缺陷与犯罪行为之间的联系是不同的,一些犯因性缺陷与犯罪行为的关系更为密切。因此,不仅要根据改造犯因性缺陷的需要,调整罪犯改造工作的内容,而且要根据犯因性缺陷的重要性,调整罪犯改造工作的内容,优先安排那些旨在解决最需要改造的犯因性缺陷的罪犯改造活动,在第一时间、用主要的人力和其他资源解决罪犯的这类犯因性缺陷,从而通过这类改造活动大幅度降低重新犯罪的可能性,实现把罪犯改造成为守法公民的监狱工作目标。在这方面,国外学者的论述值得参考。例如,美国研究者西德尼·斯莱文(Sidney H. Slavin)在谈到少年犯的改造时指出,要想使改造活动富有意义,必须进行几个方面的工作:(1)必须消除或者有效减轻可能影响适应不良行为的技能缺陷;(2)应当通过改善读写能力增加就业机会;(3)应当重建青少年积极的自我形象,这种自我形象他们以前在学业或者社会情境中从未成功地表现出来过。[1]

---

[1] Sidney H. Slavin, "Information Processing Defects in Delinquents," in Leonard J. Hippchen (ed.), *Ecologic-Biochemical Approaches to Treatment of Delinquents and Criminals* (New York: Van Nostrand Reinhold Co., 1978), p.96.

最后,要根据再次评估的结果,及时调整改造活动。罪犯改造工作通常有一个从开始到结束的持续过程,在这个过程中,要对罪犯进行最初评估、中期评估和最后评估。其中,最初评估之后的其他评估,都可以称为"再次评估"。根据罪犯改造时间的长短,中期评估的次数可以不同:对于服刑时间和改造时间都较长的罪犯来讲,中期评估可以进行多次。为了使罪犯改造工作更有针对性,从而更大地提高罪犯改造成效,应当根据再次评估的结果,及时调整改造活动及其内容。当通过再次评估发现罪犯的某种或者某些犯因性缺陷已经有很大变化时,应当考虑及时结束相关的改造工作,转入对其他犯因性缺陷的改造活动;假如再次评估的结果表明,罪犯的犯因性缺陷没有什么变化时,应当研究出现这种情况的原因,及时调整改造工作的内容和方法,以便改善罪犯改造工作,增强罪犯改造工作的成效。

六、重视利用社会资源改造罪犯

(一)利用社会资源改造罪犯的重要性

利用社会资源改造罪犯,具有十分重要的意义。这是因为,首先,只有利用社会资源才能全面改造犯因性缺陷。一方面,罪犯中存在的犯因性缺陷的内容十分广泛;另一方面,监狱内可以用来改造这些犯因性缺陷的资源很有限,仅仅利用监狱内的罪犯改造人员和相关资源,不可能完成全面改造犯因性缺陷的任务。因此,监狱必须借助监狱外的社会资源改造罪犯。

其次,利用社会资源可以最大限度地减少罪犯与社会的隔离。如前所述,绝大多数罪犯最终都要回到社会上,但是,监禁生活却将他们与社会隔离开来。尽管很多监狱采取了一些补救措施,例如,给罪犯播放电视节目、广播节目,让罪犯阅读报刊杂志等,力图让罪犯更多地了解社会,但是,这些措施毕竟不能代替罪犯与社会成员的直接接触。利用社会资源改造罪犯,不仅可以使罪犯更多地了解社会上的有关信息,而且可以使罪犯能够直接接触社会上的有关人员、有关环境等,这有助于减轻罪犯的社会隔离感,有利于他们对社会的接触,从而也有利于他们顺利回归社会。不仅从理论上分析,应当利用社会资源进行罪犯改造,而且新中国罪犯改造工作的实践也表明,让罪犯接受社会教育具有很好的改造效果。例如,在改造日本战犯的过程中,让战犯回到犯罪地点参观、到社会上参观等方法,就产生了很好的改造效果。[1] 在改造伪满洲国战犯的过程中,也有效地利用了这种方法。[2] 因此,从这种意义上讲,仅仅让监狱中的罪犯接触社会上的信息和人员本身,就具有改造的作用。

再次,利用社会资源改造罪犯,有利于顺利开展罪犯改造工作。这是因为,由于罪犯与监狱工作人员之间存在的社会角色差别和情绪对立,罪犯往往不愿意把自己内心的"秘密"告诉监狱工作人员,因为这些"秘密"很有可能是不符合监狱纪律和规章制度的,也可能是监狱工作人员随时加以提防、警惕的"危险"内容,所以,罪犯心存戒备,不会向监狱工作人员袒露心声。但是,对于社会上的人员来说,罪犯不一定有很强的戒备心理,有可能向他们倾

---

[1] 中华人民共和国司法部编:《劳改工作经验选编》(上册),群众出版社1989年版,第17—18页。

[2] 同上书,第24—25页。

诉内心的隐秘想法,而这种倾诉本身就具有治疗作用,可以帮助罪犯宣泄消极情绪,有助于他们恢复心理平衡。而且,罪犯无保留地倾诉自己存在的问题,也十分有利于改造人员准确了解罪犯存在的真正问题,有利于开展罪犯改造活动和提高罪犯改造效果。由此可见,所有这些方面都有利于进行顺利开展罪犯改造工作。

(二)监狱利用社会资源的主要途径

监狱利用社会资源改造罪犯的主要途径包括两种:一是无偿利用社会资源改造罪犯,这主要是指利用社会志愿人员到监狱中从事罪犯改造工作的情况;二是有偿利用社会资源,主要是指通过"花钱买服务"的方式利用社会资源到监狱中进行罪犯改造活动。

目前,中国监狱系统虽然也重视利用监狱外的社会资源改造罪犯,但是,很多监狱把重点放在利用志愿人员上,试图利用免费的社会资源改造罪犯,而不愿意或者不可能通过一定的资金投入获得所需要的社会资源。尝试利用志愿人员改造罪犯的想法固然是很好的,不过,通过这种不投入或者少投入资金①获取社会资源改造罪犯的做法,有很多问题和缺点。这是因为,第一,在中国社会目前的发展阶段上,由于社会经济发展水平的制约,社会中缺乏鼓励人们开展志愿工作的传统、机制和氛围等因素的限制,真正愿意无偿到监狱中开展罪犯改造工作的人员,并不是很多,可以利用的社会志愿人员很有限。第二,志愿人员存在改造工作的经验不足、工作时间没有保障、工作缺乏稳定性等问题,这也限制了监狱利用志愿人员改造罪犯的可能性,限制了志愿人员开展罪犯改造

---

① 在使用志愿人员的情况下,监狱不给志愿人员支付工资,仅仅向志愿人员提供一些津贴或者补助费用,因此,监狱的资金投入是很少的。

工作的实际改造效果。第三，利用志愿人员可能不利于监狱的安全管理。所以，要清楚认识到低成本利用社会上的志愿人员开展罪犯改造工作中存在的问题和缺点，不能对利用志愿人员改造罪犯寄予过高的希望。

为了充分利用社会资源改造罪犯，监狱系统必须树立"花钱买服务"的理念。这意味着，监狱必须考虑用市场价格购买社会上专业机构的相关服务，利用专业机构的人力、物力、信息、技术等资源改造监狱中的罪犯，并且把用于购买社会上专业机构服务的资金纳入正常的经费预算，使这样的购买投入成为监狱正常的经费开支项目。

从中国监狱的情况来看，目前可以从社会上购买的改造罪犯的社会服务，可以包括下列方面：

（1）文化培训服务。监狱中现有的师资可以承担较低程度的文化教育，但是，在进行较高程度的文化教育时，可以雇请社会上的专业机构提供专业人员来进行。

（2）职业技能培训。可以雇请社会上专门的职业培训机构，向监狱中的罪犯提供职业技能培训，使罪犯在他们的指导和帮助下，能够掌握释放之后在就业市场上可以有效使用的职业技能，从而提高罪犯释放后的就业率，预防由于生活困难而发生的重新犯罪行为。

（3）心理矫治服务。根据犯因性差异理论，罪犯存在的大量犯因性缺陷，都与心理学有密切的联系。监狱可以雇请社会上的专业心理学机构，到监狱中进行调查研究，制定改造罪犯的有关犯因性缺陷的改造单元计划，由社会上的专业人员对罪犯进行心理矫治服务，或者由专业人员指导监狱中的罪犯改造人员开展相关工作,从而有效地改造罪犯的犯因性缺陷,提高罪犯改造的效果。

(4)其他改造服务。随着对于犯因性缺陷认识的深化,人们会认识到更多的犯因性缺陷,而对于很多犯因性缺陷的改造,仅仅靠简单的方法是不够的,可能需要复杂的、专门化的设施、技术和方法。由于自身条件的限制,大多数监狱都不可能拥有所需要的这些设施、技术和方法,只能通过购买的方式从社会上获得。

(三)有偿利用社会资源改造罪犯的优点

通过"花钱买服务"的方式利用社会资源改造罪犯,是国际社会的普遍做法。从国际社会的情况来看,很多国家中大量的罪犯改造工作,都是雇请社会上的专业机构和专业人员进行的。例如,对于罪犯的文化教育、医疗保健、心理矫治、职业技能培训等,往往都是雇请社会上的专业机构和专业人员进行的。[①] 在我国,研究者也已经认识到利用兼职人员开展心理矫治工作的重要性,认为利用社会上从事心理咨询工作的专业人员到监狱中从事兼职工作,具有很多的优势。例如,更有可能与服刑人员建立起相互信任的人际关系,更有可能有效地开展心理矫治工作;可以根据工作的需要,邀请不同类型的兼职人员对服刑人员开展心理矫治工作,从而能够满足服刑人员心理矫治工作的不同需要;兼职人员与服刑人员接触的时间有限,服刑人员对于他们缺乏了解,这种"陌生感"或者不熟悉性,有时候可能会产生更大的暗示作用,使他们的咨询与治疗活动有可能对服刑人员产生更大的治疗效果;兼职人员开展

[①] 参见吴宗宪:《当代西方监狱学》,法律出版社2005年版,第646—714、753—766页。

工作节省资源。① 中国的一些监狱已经进行了通过"花钱买服务"的方式利用社会资源改造罪犯的尝试,产生了很好的效果。例如,雇请社会上心理工作者对罪犯开展心理矫治工作;雇请社会上的职业培训机构对监狱中的罪犯进行职业技能培训等。

概括来讲,通过"花钱买服务"的方式有偿利用社会资源改造罪犯,有很多的优点。第一,可以获得全面的服务。由于罪犯存在的犯因性缺陷涉及很多方面,要改造这些犯因性缺陷,就需要从多方面进行努力。虽然大多数监狱并不能提供很多的罪犯改造设施、技术和方法,但是,在社会中却存在这样的设施、技术和方法。或者说,在社会中虽然不存在直接可以在罪犯身上使用的设施、技术和方法,但是,只要通过认真协商和有偿合作,可以让有关机构很容易地在现有基础上发展起改造罪犯所需要的特殊的设施、技术和方法。因此,只要监狱愿意投入,就能够获得改造犯因性缺陷所需要的多方面的服务。第二,可以获得有效的服务。与无偿提供服务的志愿人员不同,向监狱提供有偿服务的人员都是专业人员,他们本身具有较高的专业技能,可以使用所在机构的专门设施和技术,在监狱所需要的时间内,向需要特定服务的罪犯提供专门的改造服务。同时,监狱在与社会上的专业机构洽谈有偿合作事宜时,可以对所提供的服务等提出明确的要求,并且把这样的要求作为考核服务质量的标准,与监狱支付费用的情况联系起来,督促服务人员根据要求提供服务。所有这些方面,都有利于大大提高罪犯改造工作的效果。

---

① 参见吴宗宪主编:《中国服刑人员心理矫治》,法律出版社2004年版,第89页。

七、贯彻有效干预的原则

为了有效地改造罪犯,必须贯彻一些经研究证明确实有效因而必须遵循的原则,利用这样的原则指导罪犯改造活动。这样的一些指导原则,必须体现在罪犯改造活动的各个方面,甚至也要体现在监狱设计、建设和管理的很多方面。在这方面,加拿大著名犯罪学家,唐·安德鲁斯(Don Andrews)根据自己的长期研究,在2001年提出了降低累犯行为的有效干预原则(principles of effective interventions)(参见专栏6－1)。这些原则尽管是根据外国的理论和实践归纳出来的,但是,仍然值得我国罪犯改造人员借鉴。

专栏6－1:降低累犯行为的有效干预原则[1]

> 1. 以某种犯罪行为的心理学理论为基础进行干预活动。
> 2. 在这种理论中,采纳了某种人格和社会学习的观点,提供了以犯罪行为的危险因素为基础的广泛证据。
> 3. 引入人类服务策略(human service strategies),避免以报应、恢复性司法或者威慑为基础的策略。
> 4. 尽可能在家庭这样的自然环境中使用社区型服务(community-based services);在由于别的理由而在监禁环境中使用社区型服务时,也应当尽量使环境社区化。
> 5. 评估危险等级并向个人提供相应等级的服务。

---

[1] James McGuire (ed.), *Offender Rehabilitation and Treatment: Effective Programs and Policies to Reduce Re-Offending* (Chichester, West Sussex: John Willey & Sons, 2003), p.24.

6. 评估动态危险（dynamic risk）或者犯因性需要（criminogenic need），并把它们作为干预矫正的对象。

7. 多模式方法（multi-modal approaches）：认识到与犯罪行为相关的多种因素，瞄准一系列犯因性需要。

8. 使用最有效的方法评估危险和需要因素。

9. 普遍对应性（general responsivity）：在建立高质量的人际关系的条件下，努力使所提供的服务与参与者的学习模式、动机和能力倾向（aptitude）相适应。

10. 特别对应性（specific responsivity）：使干预策略适合参与者之间的差异和多样性（即在年龄、性别、种族、语言方面的差异和多样性），认识到参与者的长处（strengths）。

11. 使用专门发展起来的方法评估特别对应性和长处。

12. 发展能够监控服务和照料（care），包括复发预防（relapse prevention）成分的连续性的策略。

13. 识别和清楚阐明工作人员在应用这些原则时可以进行个人决定的领域。

14. 发展和使用如何应用这些原则的服务计划或者政策与指南。

15. 建立如何监控矫正计划和矫治活动的程序，建立如何处理离开矫正计划和矫治活动的程序；其中应当包括工作人员的选拔、培训、监督和对提供服务的各方面信息进行记录的程序。

16. 工作人员：集中关注如何发展工作人员的技能，包括发展人际关系的能力、调动别人的能力、制定矫正计划和开展矫治活动的能力。

17. 管理：确保管理者具有比工作人员更好的能力，此外，还要关注背景因素以及协调矫正计划的进行过程和现场鉴定（site accreditation）的能力。

18. 最有效的机构应当把矫正干预安排在更加广泛的社会安排（social arrangement）中进行，关注当地环境和对象群体的差异性，从而提供相应的服务。

八、使用有效的改造方法

我国对罪犯的改造方法,在国外语境中往往被称为"矫正计划"(program)、"干预策略"(intervention strategy)等。在国外的研究中,已经对人们使用的矫正计划和干预策略的效果进行了评价研究,分析了这些方法的改造效果。了解这方面的研究成果,对于改进我国的罪犯改造工作,提升我国的罪犯改造质量,都有借鉴价值。在国外的这类研究中,美国女犯罪学家多丽丝·麦肯齐(Doris L. MacKenzie)的评价研究具有代表性。她曾发表多篇评价报告,并且在2006年出版的《有效果的矫正计划:减少犯罪人和少年犯罪人的犯罪活动》[1]一书中,集中报告了她使用超级分析方法进行评价研究的成果,这项研究成果是她根据对284项评价研究的分析得出的。下面介绍她的主要研究结果。

(一)"有效的"矫正计划和干预策略

根据麦肯齐的研究,有效的矫正计划和干预策略包括12种:[2]

1. 文化教育

文化教育(academic education)包括对犯罪人进行的成人基础教育(adult basic education)、中等教育(secondary education)和扫盲教育(literary education)。研究表明,这些教育对犯罪人是有积极效果的。

---

[1] Doris Layton MacKenzie, *What Works in Corrections: Reducing the Criminal Activities of Offenders and Delinquents* (New York: Cambridge University Press, 2006).

[2] Ibid., pp. 331-333.

2. 职业教育

职业教育(vocational education)是培养犯罪人的职业技能的教育。这类教育可以产生降低费用、向政府提供所需要产品、使犯人有事可干、改造犯人、维护矫正机构秩序和进行赔偿等效果。

3. 道德决定引导疗法

道德决定引导疗法(moral reconation therapy,MRT)是由利特尔(G. I. Little)和鲁宾逊(K. D. Robinson)在1988年根据犯罪人的道德发展模式而发表的一种疗法。这种疗法的目标是改善犯罪人的社会、道德和行为缺陷。它的基础是美国心理学家劳伦斯·科尔伯格(Lawrence1 Kohlberg,1927—1987)关于道德发展的认知发展理论。研究表明,这种疗法对于多种犯罪人都有积极的效果。

4. 推理和改造

推理和改造(reasoning and rehabilitation,R&R)是加拿大的罗斯(R. Ross)和法比亚诺(E. A. Fabiano)在1985年发表的一种犯罪人改造方法。这种方法的基本假设是,犯罪人的一些认知技能发展不足。成功的改造模式应当把犯罪行为看成是社会、经济、认知和行为因素综合作用的结果,因此,这种工作方法在识别和转变犯罪人的行为、态度、价值观和思维方面,有积极效果。

5. 认知重建

认知重建(cognitive restructuring)的重点是解决犯罪人的认知歪曲(cognitive distortion),也就是所形成的错误思维模式(faulty thinking pattern),而不是解决犯罪人的认知缺陷(cognitive deficit)。这是认知重建与认知发展干预(cognitive development intervention)的主要区别。研究表明,认知重建在减少犯罪行为方面是有效的。

6. 对性犯罪人的认知行为治疗

对性犯罪人的认知行为治疗(cognitive behavior treatment for sex offenders)的主要内容,是教给犯罪人控制其行为所必需的心理技能(mental skills),解决性犯罪人的认知歪曲和功能障碍思想(dysfunctional thought)。自20世纪80年代以来,这种疗法在矫正领域中广泛应用,被看成是最有希望的治疗方法之一,并且适用于不同类型的性犯罪人。

7. 对性犯罪人的行为治疗

对性犯罪人的行为治疗(behavioral treatment for sex offenders)是根据行为主义原理发展起来的治疗方法,其目标是通过矫正不适当的性偏好(sexual preference)和性兴趣(sexual interests)而减少性犯罪行为。行为治疗人员较少关注性犯罪人是否有认知歪曲,而是更加重视转变已经观察到的外部行为。通常使用三种行为治疗方法:厌恶疗法(aversion therapy)、内隐致敏法(covert sensitization)和饱和法(satiation)。

8. 对性犯罪人的激素治疗和外科手术治疗

对性犯罪人的激素治疗和外科手术治疗(hormonal/surgical treatment for sex offender)反映了一种生物学的犯罪原因论。这类治疗的目标,是通过激素操纵(hormone manipulation)降低犯罪人的生理驱力(physiological drive)。睾酮(testosterone)被认为是影响人类男性性行为的最重要的激素,因此,在理论上认为,降低睾酮水平就可以减少性犯罪行为。可以通过外科阉割(surgical castration)、使用不同药物等方法降低睾酮。外科阉割就是去除睾丸(testis,而不是割去阴茎),因为睾丸是身体中产生睾酮的主要来源。人们也把使用药物降低睾酮的方法称为"化学阉割"(chemical castration)。

今天,通常用药物方法来降低睾酮,最常用的药物是醋酸甲羟孕酮(medroxyprogesterone,MPA,又称为"安宫黄体酮")或者去甲孕酮(Depo-Provera)。这种药物可以每周肌肉注射一次。血液检验证实,醋酸甲羟孕酮可以显著降低血清睾酮(serum testosterone)水平。这种治疗的目标,就是降低性犯罪人的性渴望(sexual cravings)的强度。

激素治疗往往与其他治疗结合使用,最经常的是与心理疗法(psychotherapy)一起结合使用。

9. 对少年犯罪人的多系统治疗

对少年犯罪人的多系统治疗(multisystemic therapy,MST)是一种高效益的社区型治疗方法,适用于有严重行为障碍的青少年。多项评价均认为,这种治疗方法对转变有多种问题的少年犯罪人,是很有效的。

10. 毒品法庭

毒品法庭(drug court)是为了通过转变被告人的吸毒行为而减少犯罪的一种专门性法庭。大多数毒品法庭的目标是减少吸毒行为和犯罪行为。在美国,自1989年在佛罗里达州建立第一个毒品法庭以来,毒品法庭发展很快,到2001年5月,已经发展到688个,还有432个在计划之中。这些毒品法庭包括483个成人法庭、158个少年法庭、38个家庭法庭和9个综合型法庭。[①] 大量评价研究表明,毒品法庭在减少累犯行为方面是有效的。

11. 社区戒毒治疗

社区戒毒治疗(drug treatment in community)是指将吸毒犯罪人

---

① Doris Layton MacKenzie, *What Works in Corrections: Reducing the Criminal Activities of Offenders and Delinquents* (New York: Cambridge University Press, 2006), p.223.

从刑事司法系统转移到社区中进行的戒毒治疗。许多刑事司法机构不适合对吸毒犯罪人进行适当治疗,这为在社区中对犯罪人进行戒毒治疗提供了机会。对社区戒毒治疗效果的评价研究发现,在社区中向吸毒犯罪人提供的门诊戒毒治疗,在减少犯罪人未来的犯罪行为方面,是有效果的。

12. 监禁型戒毒治疗

监禁型戒毒治疗(incarcerated-based drug treatment)是指在看守所、拘留机构和监狱中对吸毒犯罪人进行的戒毒治疗。美国的情况表明,大约65%的被监禁犯人有过吸毒的历史,但是,其中不到15%的犯人在监禁期间接受过系统的或者严格的戒毒治疗。

监禁型戒毒治疗有多种形式,包括集体性的和个别的心理治疗、十二步计划(twelve-step program,参见专栏6-2)、美沙酮维持疗法以及像矫正训练营之类的惩罚性措施。其中,对治疗社区和集体咨询治疗方法进行了较多的评价研究。评价研究表明,监禁型戒毒治疗的成功戒毒率较高,不过,这类戒毒治疗往往都有后续治疗(aftercare)作为补充。

专栏6-2:十二步计划

> 十二步计划是美国的匿名戒酒会(Alcoholics Anonymous, AA)在1938年创立的一种戒除酒瘾的模式,创始人是比尔·威尔逊(Bill Wilson)。他通过自己的酗酒经历和憧憬而发展起这种方法,认为人们在戒酒时分享他们各自的故事能够对戒酒产生积极的效果。以后,这种方法也适用于戒毒等活动中。[①]

---

① "The History of the 12-Step Program," https://americanaddictioncenters.org/rehab-guide/12-step/[2018-6-15]

十二步计划的主要内容是：[①]

(1) 我们承认我们对自己的酒瘾无能为力,承认我们的生活已经变得难以管理。

(2) 我们相信有一个比我们自己更强大的力量可以使我们重新变得心智健全(sanity)。

(3) 我们决定由我们心目中的上帝来照料我们的意志和生活。

(4) 我们寻求并且不怕清算我们自己的道德。

(5) 我们向上帝、向我们自己、向别人承认我们的错误的性质。

(6) 我们已经完全做好准备,让上帝消除所有这些性格缺陷(character flaws)。

(7) 我们恭请上帝消除我们的缺点。

(8) 我们准备了一个受到我们伤害的人们的名单,我们愿意向他们所有的人道歉。

(9) 我们尽可能直接向这些人道歉,除非这样的道歉可能损害他们或者别人。

(10) 我们继续清算自己的错误,如果有错误的话就立即承认。

(11) 我们要通过祈祷和沉思(prayer and meditation)改善与我们心目中的上帝的意识交流,仅仅为上帝意志给我们的知识和执行上帝意志的力量而祈祷。

(12) 如果通过这些步骤而获得一种精神觉醒,我们会尽力把这种消息告诉其他酗酒者,并且在我们自己的生活中执行这些规则。

---

① Dean John Champion, *The Juvenile Justice System: Delinquency, Processing, and the Law*, 6th ed. (Upper Saddle River, NJ: Pearson/Prentice Hall, 2008), pp. 564-565. Mary Bosworth (ed.), *Encyclopedia of Prisons and Correctional Facilities*, Volume 1 (Thousand Oaks, CA: Sage Publications, 2005), p. 27.

麦肯齐认为,"有效的矫正计划都不是以控制或者威慑哲学为基础的。而且,这些结果和理论型超级分析(theoretical meta-analysis)的结果是一致的。……有效的矫正计划都重视技能,以认知—行为模式和行为模式为基础,同时也治疗多种缺陷(deficits)。"[1]

(二)"无效的"矫正计划和干预策略

根据麦肯齐的研究,在减少累犯行为方面无效的矫正计划和干预策略也包括12种:[2]

1. 生活技能教育

生活技能教育(life skills education)是为了解决犯罪人的生活技能缺陷而进行的教育活动。这类教育的目标,是让犯罪人学会必要的生活技能,以便成功地在社区中过日常生活。生活技能教育的内容通常包括寻找工作的技能、平衡收支的技能、进行预算的技能、控制愤怒的技能、进行决定的技能和确立目标的技能。

麦肯齐的研究发现,不同的评价研究对这类教育的效果进行评价后得出的结论不一致,这类计划在预防累犯行为方面的效果似乎不明显。实际上,"在目前,还没有足够的证据得出有关生活技能训练计划的效果的结论。"[3]

2. 矫正工业

矫正工业(correctional industries)又称为"监狱工业"(prison

---

[1] Doris Layton MacKenzie, *What Works in Corrections: Reducing the Criminal Activities of Offenders and Delinquents* (New York: Cambridge University Press, 2006), p.333.

[2] Ibid., p.333.

[3] Ibid., p.84.

industries),是一个含义广泛的术语,用来描述在犯罪人被监禁期间与就业有关的多种活动及其组织形式。简言之,也就是监狱犯人进行的生产劳动及其组织形式。"令人失望的是,几乎没有证据表明,监狱工业或者其他类型的工作计划成功地减少了累犯行为。在这一点上,我认为,职业教育有效地减少了累犯行为,但是,我们不知道监狱工业或者其他工作计划是否有效。"①

3. 多成分工作计划

多成分工作计划(multicomponent work program)是指帮助犯罪人获得职业、寻找工作技能以及提供其他就业服务的矫正计划。这样的矫正计划往往是指矫正机构内的释放前机构(prerelease facility)、中途之家或者其他社区住宿机构(community residential facility)中进行的。参与这类矫正计划的犯罪人,往往居住在这类机构中。

尽管工作与犯罪之间的密切联系使得很多人假设,如果给犯罪人提供了就业机会或者发展了他们的工作技能,他们未来的犯罪活动就会减少。但是,麦肯齐的研究似乎没有证实这种观点。

4. 心理社会型性犯罪人治疗

心理社会型性犯罪人治疗(psychosocial sex offender treatment)应当是指解决犯罪人性发展成熟方面的缺陷的心理疗法(psychotherapy)。②

---

① Doris Layton MacKenzie, *What Works in Corrections: Reducing the Criminal Activities of Offenders and Delinquents* (New York: Cambridge University Press, 2006), p.107.

② 在专门论述"性犯罪人治疗"的第8章中,作者并没有详细论述什么是她所说的"心理社会型性犯罪人治疗",而仅仅简要介绍了"心理疗法"(psychotherapy)。参见该书第145—146页。

5. 居住式少年犯罪人治疗

居住式少年犯罪人治疗(residential treatment for juveniles)是指让少年犯罪人居住在一定的设施中进行矫正的活动。最常被人们评价的这类计划包括野外计划(wilderness program)等。麦肯齐的研究认为,这类居住式矫正计划在减少累犯行为方面的结果是不一致的,其中的一些计划有这方面的积极效果,另一些则没有积极效果。

6. 少年犯罪人社区监督

少年犯罪人社区监督(community supervision for juveniles)是指在社区环境中对少年犯罪人进行的多种监督计划。例如,普通的缓刑和假释、对少年犯罪人的严格型监督等。麦肯齐认为,"这些计划对于减少少年犯罪人的累犯行为,是没有效果的。这与对成年犯罪人的研究结果相类似;那些往往致力于增加对少年犯罪人的控制,而不是努力减少他们的累犯行为的监督计划,对于减少累犯行为是没有效果的。"[①]

7. 女权主义型家庭暴力治疗

女权主义型家庭暴力治疗(domestic violence treatment using a feminist perspective)是集中解决男性采取的性别歧视态度的治疗方法。这种治疗方法认为,男性的性别歧视态度鼓励他们对妇女采取暴力行为,因此,减少家庭暴力的关键是转变这种态度。

8. 认知行为型家庭暴力治疗

认知行为型家庭暴力治疗(domestic violence treatment using

[①] Doris L. MacKenzie, *What Works in Corrections: Reducing the Criminal Activities of Offenders and Delinquents* (New York: Cambridge University Press, 2006), p.186.

cognitive-behavioral treatment)是致力于转变目前情况下允许个人进行家庭暴力行为的思维和行为的治疗方法。这种治疗方法认为，暴力行为是习得的，因此，非暴力行为也可以通过学习获得。而且，人们之所以有不适当的行为，首先是因为有不适当的认知和思维。因此，通过多种学习和行为训练，可以减少家庭暴力行为。麦肯齐认为，评价研究表明这种治疗方法在减少累犯行为方面是有效的，但是，没有发现这种减少的程度达到了统计学上的显著性。换言之，这种治疗方法对于累犯行为的减少效果是不明显的。

9. 逮捕干预型家庭暴力治疗

逮捕干预型家庭暴力治疗(domestic violence treatment using arrest interventions)是指通过逮捕、起诉等刑事司法措施减少家庭暴力行为的做法。研究表明，这种方法对于预防累犯行为没有效果。

10. 成人和少年矫正训练营

成人和少年矫正训练营(boot camp for adults and juveniles)是指监禁成年犯罪人和少年犯罪人的矫正训练营的总称。矫正训练营的发展，缺乏一致的理论基础。在很多情况下，矫正训练营之所以能够建立起来，是因为决策者相信，青少年犯罪人可以从严格的纪律和管束中受益。这也符合人们的一般想法。但是，没有证据表明，成人和少年矫正训练营在减少累犯行为方面是有效的。

11. 严格型监督

严格型监督(intensive supervision, ISP)就是在社区中对犯罪人进行的严密监视和严格管束。虽然严格型监督的萌芽可以追溯到20世纪50年代，但是，它的迅速发展却是20世纪80年代的事情。可以说，严格型监督是20世纪80年代迅速发展起来的社区矫正形式。大量的评价研究发现,这类矫正计划减少累犯行为的效果不明显,在监督数量的增加与累犯行为的减少之间没有明显的关系;不过,一些证据表明,如果在严格监督型计划中增加对犯罪人的治疗的话,有可能会显著减少重新逮捕率。

12. 电子监控

电子监控(electronic monitoring, EM)是指利用电子设备监视犯罪人行为的技术。这种技术往往与家庭监禁等结合使用。一般而言,适用对象是危险性较低的犯罪人,例如,酒后驾驶者等。大量的研究表明,电子监控不能减少累犯行为。而且,监视的增加反而增加了发现违规行为的可能性,从而会导致更多的技术违规行为。

麦肯齐在全书的最后,得出了这样的结论:"已经用大量的科学证据完成了对矫正计划和干预的效果的评价。尽管在这些研究中,只有很少的一部分使用了恰当的研究设计和研究方法,但是,可以从这些评价研究中得出一些结论。有足够的证据否决'矫正无效'(nothing works)的咒语。矫正计划减少了累犯行为。特别是,有效的矫正计划提供了人类服务治疗(human service treatment),集中精力转变个人。我们已经从矫正评价中学习了很多东西。这类信息应当用于指导决策者决定究竟实行和支持哪些矫正计划。"[①]

在我国监狱和社区矫正领域中设计和实施罪犯改造方法和改造活动时,可以借鉴上述研究成果,尽可能采用在国外已经证明是

[①] Doris L. MacKenzie, *What Works in Corrections: Reducing the Criminal Activities of Offenders and Delinquents* (New York: Cambridge University Press, 2006), pp. 345-346.

有效的矫正计划和干预策略。同时,也可以谨慎地尝试在国外已经被证明是无效的矫正计划和干预策略,探讨在国外无效的做法在我国是否有一定的效果,科学利用国外的矫正计划和干预方法丰富我国的罪犯改造内容。

九、重视循证矫正及其应用

(一) 循证矫正概述

循证矫正(evidence-based corrections)[1]或者"循证矫正实践"(evidence-based correctional practices, evidence-based practices in corrections)是循证实践(evidence-based practice, EBP)的一个方面。循证实践是一个在很多领域中广泛使用的概念,在医学、社会服务、教育、刑事司法等领域中都有应用。

循证实践是指根据科学的理论和经过严格的科学评价被认为有效的方法开展的相关实践活动。其中的"evidence-based"是"以证据为基础的"意思,在一些文献中,也使用了"以研究为基础的"(research-based)或者"以科学为基础的"(science-based)[2]字样。

循证实践兴起于20世纪70年代的循证医学和公共卫生领域。20世纪70年代早期,英国的一位医学科学家和流行病学家阿奇博

---

[1] 国外所讲的"矫正"(corrections)包括监禁矫正机构(监狱、矫正所、看守所等)和社区矫正机构等领域中对犯罪人开展的相关工作,与我国的罪犯改造有交叉和重叠。在论述国外的相关情况时,一般用"矫正"的术语。

[2] Roger Przybylski, *What Works: Effective Recidivism Reduction and Risk-Focused Prevention Programs* (Denver, CO: Colorado Division of Criminal Justice, 2008), p.11.

尔德·莱曼·科克伦(Archibald Leman Cochrane,1909—1988)①对医学领域的情况进行了抨击,认为医生们进行的大多数医疗活动,都不是以有效的证据为基础的。在1972年出版的专著《疗效与效益:健康服务中的随机对照试验》中,②科克伦认为,应当以科学的证据为基础评价卫生服务,而不能以趣闻轶事、舆论或者传统为基础评价卫生服务。

在四年后的1976年,美国国会技术评价办公室(U.S. Office of Technology Assessment, OTA)发表了支持科克伦观点的第一篇报告。在1976年提交给美国国会的一份报告《医学技术的发展》中,该办公室认为,"在目前医疗实践中使用的所有程序中,只有10%至20%的程序得到了临床试验的证实;许多这样的程序可能是无效的。"③

在1978年发表的一份报告中,该办公室认为,"由于目前的评价体系存在的缺陷,一些已经广泛使用的医学技术后来被证明是无效的或者不安全的,目前已经使用和正在形成中的很多评价技术是不恰当的,因此,迫切需要根据有关安全和功效等方面的信息对它们进行改进。"④

---

① 冯显威:《论循证医学的兴起及其思维模式与方法》,《医学与哲学》2003年第4期,第18页。
② A. L. Cochrane, *Effectiveness and Efficiency, Random Reflections on Health Services* (London, UK: The Royal Society of Medicine Press, 1972).
③ Office of Technology Assessment, United States Congress, *Development of Medical Technology: Opportunities for Assessment* (Washington, DC: Office of Technology Assessment, United States Congress, 1976), p. 26.
④ Office of Technology Assessment, United States Congress, *Assessing the Efficacy and Safety of Medical Technologies* (Washington, DC: Office of Technology Assessment, United States Congress, 1976), p. 7.

不久之后,医学界开始从那些依照严格的科学方法进行的研究中收集有关有效干预的证据,并且用医生们容易接触和使用的方法,传播这方面的研究资料。循证医学(evidence-based medicine,EBM)主张慎重、准确和明智地应用当前所能获得的最好研究依据,结合临床医生的个人专业技能和多年临床经验,考虑患者的价值和愿望,将三者完美地结合,制订出治疗措施。

在20世纪80年代和90年代,循证实践扩展到很多领域,包括心理学、教育学、信息科学以及刑事司法等领域。例如,受循证医学影响,心理学界开始自觉制订相关的心理学实践的原则、手册、指南与标准,在学校心理学、咨询心理学、家庭心理学、行为分析,甚至各种社会服务或社区服务等领域开展了一场声势浩大的循证实践运动(EBP movements)。

循证矫正是循证实践的一个领域,它是指利用经过科学评价确认有效的原理和方法提高罪犯矫正效果的系统性工作。

循证矫正的主要特征:

第一,科学研究作为支撑。循证矫正是以经过大量研究后,其科学性得到公认的理论学说作为依据而开展的工作。从国外这方面的研究来看,不同时期和不同地区的犯罪学家们的研究工作和理论学说,都对这项工作提供了重要的理论支持。特别是近些年来加拿大、美国等地的犯罪学家们提出的理论学说,对于循证矫正的兴起和发展,产生了很大的影响。例如,加拿大犯罪学家唐·安德鲁斯和詹姆斯·邦塔等人的理论研究,已经变成了循证矫正的核心思想。循证矫正中十分有名的"有效干预的八项原则"(principles of effective intervention)中的很多内容,都是他们的理论研究的直接体现。这与以往在工作中仅仅凭借工作经验、生活常识等为基础开展矫正工作的做法很不相同。

第二,可靠证据作为基础。在循证矫正中使用的矫正原理和方法,特别是大量具体的干预技术和措施,是经过科学的评价研究后确认有效的技术和措施。在对它们进行评价的过程中,发现了证明它们有效的可靠的证据资料。正是这些可靠的数据资料,证明一些矫正方法是确实有效的。这与以往仅仅凭借专业工作经验等为基础判断某些矫正方法是否有效的做法,有着根本性的区别。

第三,多方协作开展工作。在开展循证矫正的过程中,涉及不同层次、不同方面的通力协作。首先,是矫正系统内不同层次和方面之间的合作。矫正系统的领导人员要制定符合循证矫正要求的政策和制度,要树立符合循证矫正要求的工作观念,要培训符合循证矫正要求的矫正工作者,矫正系统的各个方面的矫正工作者要围绕循证矫正的具体要求开展高质量的矫正工作等。其次,是矫正系统与社会方面的有效合作。不仅要在矫正系统内开展符合循证矫正要求的科学的矫正工作,提高罪犯的矫正质量,而且,还要在矫正系统与社会方面进行有效的合作,巩固矫正系统的矫正效果,预防刑释人员重新犯罪。

第四,重视提供质量保证。在开展循证矫正的过程中,为了保证各个方面严格按照循证矫正的要求去做,要求对循证矫正的各个环节、各个方面进行质量控制,保证按照要求开展相应的工作。在这方面,很重要的就是不断地对循证矫正活动进行评价,根据评价结果调整循证矫正工作,从而力求保证所进行的循证矫正工作都是有效的。

第五,重视问题解决程序。循证矫正不只提供了一个全面的理论体系,还利用最新的科学方法与统计手段,以计算机网络等信息技术为依托,为研究与实践的整合提供了一个现实的、具体可行的实践框架。在矫正实践中开展循证矫正,要按照一定的步骤进行。

应当注意的是,在相关英语文献中,有三个既有密切联系、又有细微区别的术语。这三个术语是:best practices(最佳实践)、what works(有什么效果)和 evidence-based practice(循证矫正)。它们之间的联系是:这三个术语都是目前十分流行的时髦术语(buzz words),都包含了提高罪犯矫正或者改造效果的类似内容,人们往往交替使用。

这三个术语之间的细微差别在于:[1]

(1) Best practices(最佳实践)并不必然意味着关注结果、证据或者可测量的标准。最佳实践往往是以该领域的集体经验(collective experience)和智慧(wisdom)为基础的,而不是以经过科学检验的知识为基础的。

(2) What works(有什么效果)意味着与一般结果(general outcomes)有联系,但是,并不具体说明所需要的结果的种类,例如,公平惩罚(just deserts)、威慑(deterrence)、组织效能(organizational efficiency)、改造(rehabilitation)等所需要的结果,而具体说明所需要的结果对改进制度至关重要。可以说,what works 不是一般性地谈论矫正方法是否有矫正效果,而是重视研究什么样的矫正方法对什么样的罪犯有矫正效果。

---

[1] Crime and Justice Institute at Community Resources for Justice, *Implementing Evidence-Based Policy and Practice in Community Corrections*, 2nd ed. (Washington, DC: National Institute of Corrections, 2009), p.11.

（3）Evidence-based practice（循证矫正）与 best practice 和 what works 都不同,它意味着:第一,有明确的结果;第二,结果是可以测量的;第三,可以根据实践情况来定义,例如,累犯行为、被害人满意度等来定义。

因此,尽管这三个术语可以交替使用,但是,循证矫正更适合用来描述公共服务学科(human service disciplines)关注的结果。

循证矫正是 20 世纪后期矫正领域的重大改革和工作进步,具有方法论方面的重大价值,显著地推动了国外矫正工作的效果,很值得我国在提高罪犯改造效果方面借鉴。因此,从 2011 年开始,我国介绍和引入了循证矫正的内容与做法。笔者在 2011 年出版的《社区矫正比较研究》一书中,介绍了美国学者有关社区矫正计划的效果评价的研究结果。[①] 2011 年年底,司法部张苏军副部长从美国哈佛大学肯尼迪政府学院进修学习回来之后,倡导研究循证矫正问题。在他的推动下,2012 年 2 月,司法部预防犯罪研究所成立专项课题组,在司法部监狱局、社区矫正局的大力支持下,开展循证矫正方法及实践与我国罪犯矫正的研究。2012 年 9 月 17—19 日,根据司法部领导的指示,司法部预防犯罪研究所在司法部监狱局、社区矫正局、外事司等部门的大力支持下,在江苏省宜兴市举办了"循证实践与循证矫正国际研讨班",全国 24 个省(市、自治区)监狱、司法局 45 个单位的代表约 80 人参加研讨班。这个研讨班有力地促进了中国循证矫正的研究与实践。以后,在司法部的

[①] 吴宗宪:《社区矫正比较研究》(下),中国人民大学出版社 2011 年版,第 737—781 页。

倡导下成立了循证矫正研究与实践科研项目领导小组,[①]把循证矫正作为司法部的重点科研项目开展相关研究,并在一些监狱进行了应用循证矫正的尝试。

(二)循证矫正的基本原则

国外循证矫正的研究和实践包括十分丰富的内容,不过,其中影响最大的是已经概括出来的八项有效干预的原则。这些原则一般被称为"有效干预的八项循证原则"(eight evidence-based principles for effective intervention),[②]可以把它们看成是循证矫正的基本原则。

有效干预的八项循证原则是在全国矫正研究所(National Institute of Correction, NIC)的推动下总结出来的。该所是美国司法部所属的联邦监狱局(Federal Bureau of Prisons)内的一个研究和培训机构。2002 年,该所的社区矫正处(Community Corrections Division)与设在美国马萨诸塞州首府波士顿的一个超党派、非营利性的应用型研究和咨询机构——犯罪与司法研究所(Crime and Justice Institute, CJI)签署协议,发展一种在刑事司法系统开展循证实践的模式,结果就是发展了一种在矫正领域开展循证实践的整合模式(integrated model to implement evidence-based practices in corrections),这是一种将循证矫正、组织发展和多方合作结合起来

[①] 2013 年 4 月 17 日上午,在司法部举行了"循证矫正研究与实践科研项目领导小组第一次会议",笔者作为项目组的专家顾问参加了会议,围绕如何在中国开展循证矫正研究与实践做了发言。

[②] Crime and Justice Institute at Community Resources for Justice, *Implementing Evidence-Based Policy and Practice in Community Corrections*, 2nd ed. (Washington, DC: National Institute of Corrections, 2009), p.4.

在矫正领域中促进和开展有效干预的综合型模式。该模式认为，要在矫正领域中开展循证实践，就要求矫正机构改变其运行方式，重新思考其工作方法。为了这样的转变，必须同等重视三个方面的内容：(1)循证实践(evidence-based practices)；(2)组织发展(organizational development)；(3)多方合作(collaboration)。这三个方面的相互结合，就构成了制度改革的整合模式(integrated model for system reform)。有效干预的八项循证原则就是其中循证实践的核心内容。

有效干预的八项循证原则如下：[1]

1. 精确评估再犯危险与犯因性需要的原则

根据精确评估再犯危险与犯因性需要(assess actuarial risk/needs)原则，在开展循证矫正时，首先要用有效的科学方法评估犯罪人的再犯危险(risk to reoffend)和犯因性需要(criminogenic needs)。进行这样的评估是对犯罪人进行有效管理和矫正的前提条件。

通过精确评估，要解决三个问题：(1)谁是再犯危险性最大的罪犯？(2)什么是这些罪犯的最重要的犯因性问题(what their greatest crime-producing issues are)？(3)怎样采用有效的干预措施成功地解决这些犯因性问题。

---

[1] Crime and Justice Institute at Community Resources for Justice, *Implementing Evidence-Based Policy and Practice in Community Corrections*, 2nd ed. (Washington, DC: National Institute of Corrections, 2009), pp. 11-17. Lore Joplin et al., "Using an Integrated Model to Implement Evidence-based Practices in Corrections," published in August 2004 Publication of the International Community Corrections Association and American Correctional Association, pp. 4-10.

根据加拿大犯罪学家唐·安德鲁斯和詹姆斯·邦塔的论述,所谓再犯危险,是指犯罪人再次进行犯罪行为的可能性。预测再犯危险的最有效因素有四个,被称为"大四因素"(Big Four Factors):(1)反社会交往;(2)反社会态度;(3)反社会人格;(4)犯罪历史。[1]

犯因性需要是指犯罪人所具有的直接与犯罪行为相关的一些特征。

为了保证对犯罪人评估工作的可靠性和有效性,必须对矫正工作者进行正规的培训,帮助他们熟练掌握评估工具。

这些年来,人们已经研制了一些用来评估犯罪人的再犯危险和犯因性需要的工具,其中影响最大的是上述两位加拿大犯罪学家研制的量表,这个量表属于第四代的犯罪预测和评价工具,名称叫作"服务水平—个案管理调查表"(Level of Service/Case Management Inventory, LS/CMI)。

在贯彻这项原则时,需要回答下列问题:

(1)所使用的评估工具能否测量犯因性危险和犯因性需要?

(2)怎样培训矫正工作者进行评估面谈(assessment interview)?

(3)怎样保证所进行的评估的质量?

(4)怎样获得评估信息并用它们制订个案计划?

2. 增强内在转变动机的原则

根据增强内在转变动机(enhancing intrinsic motivation)原则,矫正工作者应以有礼貌的和建设性的人际方式与犯罪人交往,强化

---

[1] D. A. Andrew & James Bonta, *The Psychology of Criminal Conduct*, 5th ed. (New Providence, NJ: Matthew Bender & Company, 2010), p. 307.

他们转变的内在动机。行为转变是一种发自内心的行为变化,为了促成持续的转变,就需要一定的内在动机。

转变动机是动态变化的。转变发生的可能性会受到人际交往的强烈影响,比如与缓刑官的交往、与矫正提供者的交往,以及与监狱矫正工作者的交往。

通常伴随着转变的矛盾心理可以通过动机性面谈(motivational interviewing,又译为"励志性面谈")予以解决,而所谓"动机性面谈"是一种帮助人们克服行为转变时的矛盾心理的谈话方式与方法。研究结果明确表明,动机性谈话技巧(而不是劝说技巧),能够有效地促成和维持行为转变的动机。

在贯彻这项原则时,需要回答下列问题:

(1)矫正工作者是否接受了动机性面谈技术方面的培训?

(2)怎样保证动机性面谈的质量?

(3)矫正工作者是否有责任利用动机性面谈技术与犯罪人进行日常交往?

3. 目标干预原则

根据目标干预(target interventions)原则,要针对犯罪人的再犯危险性和犯因性需要开展矫正工作。

这个原则具体包括五个方面:

(1)危险性原则(risk principle)。这项原则要求将监督和矫治资源(supervision and treatment resources)优先适用于有较高再犯危险的犯罪人(higher risk offender to re-offend)。研究表明,当矫治资源投入的重点是高危险性罪犯而非低危险性罪犯时,矫治资源的运用就更加有效。把监督和矫治的资源重点运用于低危险性罪犯,一般不会对再犯罪率产生积极影响。如果将这些资源转移运用于更高危险的罪犯,可以有效减少伤害,增进公共安全,因为这些罪犯更加需要融入社会的技能和思想,他们更可能是经常犯罪人。[①] 降低这些高危险罪犯的再犯率会有更大的收获。成功地应对这类犯罪人,需要将研发良好的矫正方案运用于较小的个案量,并针对罪犯的具体犯因性需要实施密集的认知行为干预。

(2) 犯因性需要原则(criminogenic need principle)。这项原则要求努力解决犯罪人最严重的犯因性需要。犯罪人有各种各样的需要,其中的一些需要与其犯罪行为有直接关联。这些犯因性需要是动态的危险因素,如果能够解决或改变它们,就会影响罪犯的再犯危险性。在综合了多方面的研究结果之后,确定了七种主要的犯因性需要:犯罪人格;反社会的态度;价值观和信仰;自我控制力低;犯罪同伙;物质滥用;家庭破裂。在对罪犯进行评估的基础上,可以优先考虑对这些犯因性需要进行干预,将对罪犯所提供的矫正服务集中于最重要的犯因性需要方面。

(3) 对应性原则(responsivity principle)[②]。这项原则要求针对所存在的现象和问题采取相应措施。对应性要求矫正工作者在给犯罪人提供矫正服务时,充分考虑其个人特征(individual characteristics)。罪犯的个人特征包括(但不限于):文化背景、性别、动机阶段、发展阶段,以及学习方式等,这些因素影响着罪犯对于不同矫治的反应。

对应性原则还要求对罪犯采用的矫治方法应当是被证据证明

[①] 经常犯罪人(frequent offender)是经常进行犯罪行为的人。

[②] responsivity principle 又译为"回应性原则""响应性原则""应答性原则""因人施教原则"。

有效的。某些治疗策略,如认知行为方法,经严谨的科学研究证明,一直具有减少重新违法犯罪的效果。

为罪犯提供适当的对应性矫治措施,意味着要根据这些个人因素来选择矫正服务措施,进行选择时考虑的内容包括:第一,与犯罪人相匹配的矫治类型;第二,与犯罪人的转变准备阶段(stage of change readiness)相匹配的沟通方式和方法。

(4)干预度(dosage)。这是指对犯罪人进行矫正干预的数量和强度。提供适量的矫正服务、亲社会结构(pro-social structure)和监督,是矫正资源的一种应用策略。与危险性较低的罪犯相比,危险性较高的罪犯明显需要更多的回归社会帮助和矫正服务(initial structure and services)。例如,对于社区服刑人员而言,在从矫正机构释放后最初的3—9个月期间,所提供的服务与监督应该更多、更深入。在这一关键时期,在罪犯40%—70%的空闲时间中,应当安排他们进行所规定的日常活动和参加适当的矫正服务(例如,门诊治疗、就业支持、教育等)。

某些特殊罪犯通常需要有计划的、深入的和延伸性的矫正服务。例如,严重精神病患者(the severely mentally ill)、慢性综合性疾病患者(the chronic dual diagnosed)等,就是如此。但是,在很多情况下,这些特殊类型的罪犯往往既没有被识别出来,也没有向他们提供相对应的监督和服务。证据表明,不完整的或者不协调的干预措施,可能产生负面影响,往往浪费矫正资源。

(5)矫治原则(treatment principle)。这项原则要求对与再犯危险性和犯因性需要有关的因素采取矫治行动。对罪犯的矫治,尤其是认知行为类的治疗,应当是判决或刑罚执行过程中不可分割的一部分。实施积极的和有计划性的监督与个案管理方法,提供有针对性的和及时的治疗干预,并确保适量的干预度,无论对于社会还是被害人,甚至犯人来说,都将长期受益,这种效益也是最大化的。这一原则没必要适用于危险性较低的罪犯,对于低危险性的罪犯,应尽可能从刑事司法和矫正系统中转处出去。

在贯彻这项原则时,需要回答下列问题:

(1)矫正工作者怎样通过评估发现再犯危险性较低的犯罪人?

(2)所使用的评估工具能否评估犯因性需要?

(3)怎样把有关的犯因性危险(criminogenic risk)和犯因性需要方面的信息结合到犯罪人的个案计划中?

(4)怎样对犯罪人进行适合其特点的矫治活动?

(5)怎样制订针对犯罪人的个案管理计划,特别是制订从矫正机构到社区中的最初3—9个月的个案管理计划?

(6)矫正工作者怎样利用信息评估犯罪个案管理计划并用它来管理犯罪人?

4. 运用认知行为治疗方法提供技能培训的原则

根据运用认知行为治疗方法提供技能培训(provide skills training using cognitive-behavioral treatment methods)的原则,要重视由训练有素的矫正工作者利用认知行为治疗方法对犯罪人进行技能培训活动。

为了成功地向罪犯提供这种治疗,矫正工作者必须了解犯罪人的反社会思维(antisocial thinking),了解社会学习(social learning)技能,掌握适当的沟通技巧。

矫正工作者不仅要把这些沟通技能教给罪犯,而且要通过日常练习、角色扮演等方式,促使罪犯熟练使用这些沟通技能;矫正工作者通过运用这些技能强化罪犯的亲社会态度和行为。

对于那些已经通过科学方法证明能够有效减少重新犯罪的矫正计划,矫正机构应当予以优先考虑、规划并给予资金支持。

在贯彻这项原则时,需要回答下列问题:

(1) 如何将社会学习技能融入所开展的矫正计划中?

(2) 怎样确保矫正系统之外的其他服务提供者能够运用符合社会学习理论的矫正服务?

(3) 所提供的矫正计划是否以能够减少累犯行为的科学证据为基础?

5. 增加正强化原则

根据增加正强化(increase positive reinforcement)原则,矫正工作者要更多地使用正强化①的方法鼓励犯罪人学习新技能和产生行为转变。

在新技能学习和行为改变中,如果采用正面鼓励方法(carrots,胡萝卜,即正强化)而不是"棍棒"(sticks,即负强化)方法的话,行为人反应更好,并能够使习得的行为维持更长时间。当一个人受到的正强化的频率高于负强化时,便能够较好地实现持续性的行为改变。研究表明,当正强化与负强化之间的比例为 4:1 时,这样的比例才是促进行为改变的最佳比例。这些正强化不必像负强化

---

① 正强化(positive reinforcement),通俗地讲,就是"奖励"或者"奖赏",从心理学方面来看,它是指能够增加某种行为反应的出现频率的活动。能够增加某种行为反应的出现频率的刺激,称之为"正强化物"(positive reinforcer)或者"正性刺激"(positive stimulus)。与"正强化"相对的是负强化(negative reinforcement),是指能够减少某种行为反应的出现频率的活动。能够减少某种行为反应的出现频率的刺激,称之为"负强化物"(negative reinforcer)。

381

那样连续性地运用,而可以随机运用。

增加正强化的目标,不应当通过对消极的、不可接受的行为作出快速、确定和真正的干预来实现。在自我调节方面有问题的罪犯,对于合理、可靠的惩罚与限制,一般都会作出积极的反应。

犯罪人对新的责任要求,最初可能会反应过度,会设法逃避侦查或回避后果,不承认任何个人责任。但是,随着他们总能够得到适当的、不断增加的正强化,认识到这就是明确的行为规则时,他们就会朝着争取最多奖赏而避免最少惩罚的方向努力。对于启动行为变化的过程而言,这类外部激励(extrinsic motivation)是很有用处的。

在贯彻这项原则时,需要回答下列问题:

(1) 我们的合作者在日常工作中是否也使用我们所用的正强化技术?

(2) 矫正工作者在与犯罪人的互动中是否理解和使用 4:1 的强化比例理论?

6. 在自然社区中继续支持的原则

根据在自然社区中继续支持(engage on-going support in natural communities)的原则,当犯罪人从矫正机构回到自然社区中时,矫正工作者要给他们重新安排和积极提供亲社会支持(pro-social support)。

对于从矫正机构回到社区中的犯罪人而言,在犯罪人居住的社区为他们重新安排和积极提供亲社会支持,是很重要的。当罪犯返回其自然的社区和邻里时,诱发其再犯罪的潜在危险因素(例如,高危险的情形、触发犯罪的因素等)会对犯罪人产生不同程度的影响,甚至有可能诱发他们再次犯罪。因此,矫正工作者必须很好地了解社区中存在的潜在危险因素和可以利用的有效资源。

研究表明,许多针对高危人群,例如,内城区药物滥用者(inner city substance abuser)、无家可归者、有多种问题者的成功干预,都积极地招募、利用他们的家人、配偶和其直接生活环境中的其他支持者,鼓励他们进行所期待的新行为。研究已经发现,这种社区强化法(community reinforcement approach,CRA)对改变许多行为(例如,失业、酗酒、吸毒、婚姻冲突)都是很有效的。

研究也表明,使用"十二步计划"(twelve step programs)、宗教活动、恢复性司法活动等,都能够增强和改善犯罪人与守法社区成员的联系。

在贯彻这项原则时,需要回答下列问题:

(1)矫正工作者是否把向犯罪人提供的社区支持作为个案管理计划的正常组成部分?

(2)怎样衡量社区支持网络与犯罪人的关系?

7. 评估相关过程与活动的原则

根据评估相关过程与活动(measure relevant processes/practices)的原则,对个案信息、相关结果的有效评估机制等进行准确而详细的文字描述,是循证实践的基础。

矫正机构要定期评估罪犯的认知变化、技能发展和再犯情况。只有这样,才能保证矫正服务的有效性。除此之外,对矫正工作者的工作表现,也应该进行定期评估。那些定期接受工作表现评估的矫正工作者,能够更加忠实地从事矫正方案设计工作,能够更好地贯彻矫正服务原则,能够取得更好的矫正效果。相反,那些不定期接受监督、工作表现评估以及据此受到不同强化的矫正工作者,工作表现较差,频繁变换工作目的,对矫正机构使命的支持有限。

在贯彻这项原则时,需要回答下列问题:

(1)矫正工作者收集到了有关犯罪人评估和个案管理的哪些数据信息?

(2)矫正工作者怎样衡量被监督的犯罪人发生的渐进变化?

(3)用哪些指标衡量犯罪人的变化,如何使用这些指标进行衡量?

(4)怎样衡量矫正工作者的工作表现?用什么数据信息衡量?怎样收集这些数据信息?

8. 提供评估反馈的原则

根据提供评估反馈(provide measurement feedback)的原则,在根据第7项原则对犯罪人以及矫正工作者的变化和表现进行评估之后,要利用评估获得的信息监控和改变矫正工作。

给罪犯提供其进步情况的反馈,有助于他们树立责任感,增强其转变动机,降低对矫正活动的抗拒性,从而能够提高矫正的有效性。

对矫正工作者的工作内容与过程进行监控、评估和反馈,能够促使矫正工作者树立责任心,能够促使他们为履行矫正机构的使命而工作。为了提高工作效果而定期进行的绩效审核(performance audits)和个案评估,可以促使矫正工作者通过运用循证原则,集中精力进行减少重新犯罪的活动。

应当重视上述内容和原则在我国罪犯改造实践中的应用,借鉴其中有益的思路和做法,改进我国罪犯改造的研究和方法,提高我国罪犯改造的效果和质量。

第七章　犯因性环境因素与改造

犯因性环境因素是引起犯罪心理和犯罪行为的一类重要因素。从监狱的职能及监禁场所的特征来看,虽然监狱机构直接改造监狱外面的犯因性环境因素的能力是有限的,但是,这并不意味着监狱对于犯因性环境因素无所作为,并不意味着监狱只能消极面对犯因性环境因素。实际上,监狱仍然可以根据自身的特点和有关条件,采取不同方法积极影响监狱外面的犯因性环境因素,特别是可以影响罪犯对于犯因性环境因素的认识,努力消除犯因性环境因素在罪犯身上造成的消极后果。对犯因性环境因素的影响,既可以是针对过去的,即解决罪犯在以往的生活中感受到的不良环境影响,也可以是针对未来的,即指导罪犯恰当应对将来释放出狱后的社会环境。同时,监狱也要避免使自身成为犯因性环境因素。此外,监狱还可以科学利用社会环境中的有效资源和积极力量改造罪犯。本章论述改造犯因性环境因素的主要方法。

第一节　对比性改造方法

一、概述

对比性改造方法就是指罪犯在服刑期间体验到与其经历或想

象极不相同的对待,从而使其在深刻的对比中发生感动和转变的改造方法。

对比性改造方法体现了感化改造的本质特点,即使罪犯在服刑过程中感受到在家庭和社会生活等环境中所缺乏的内容,体验到与其过去的经历或原来的想象截然不同的对待,从而受到感动,产生基于报恩、忏悔等性质的积极转变。例如,罪犯原来在家庭生活环境中很少感受到爱、亲情和温暖,但是,监狱干警给了他们这样的爱和温暖,使他们在监狱服刑期间感受到类似甚至胜过家庭的关怀和照料。

又如,罪犯在社会环境中受到歧视,但是,进入监狱之后,监狱干警从人格上尊重罪犯,使罪犯体验到做人的尊严。

再如,在罪犯的想象中,监狱是充满了强迫和压制的场所,但是,当他们进入监狱服刑之后,在与监狱干警发生矛盾和冲突时,监狱干警并没有进行强迫和压制,没有蛮不讲理,而是以理服人,循循善诱,通过"摆事实、讲道理"的方式解决遇到的问题……

还如,罪犯进入监狱之后,往往遇到家庭生活面临困难、婚姻关系出现紧张等问题。但是,由于他们失去了行动自由,无法亲自到家中解决这类问题,因而给他们造成巨大的心理压力。他们不敢奢望监狱干警会帮助解决这类问题。但是,当监狱干警通过艰苦的工作帮助他们解决了这类问题时,就会使罪犯深受感动,产生感激之心和报恩心理,思想和行为就会发生积极转化(参见专栏7-1)。

第七章 犯因性环境因素与改造

专栏 7－1：监狱干警促使罪犯妻子撤回离婚起诉改造罪犯事例[①]

> 1992年受到司法部表彰的全国监狱系统个别教育能手、四川省监狱系统的彭立荣，曾经这样改造过一个"二进宫"[②]罪犯：
> 罪犯范某，是一名"二进宫"人员，原来因盗窃罪在监狱服刑五年，1989年年底又因为销赃罪被判刑两年。刚进入监狱时，改造表现较好，可是时间不长，就变得终日消沉苦闷、烦躁不安，并有绝望念头。彭立荣同志将这名罪犯的神情变化记在心头，找该犯进行个别教育，了解原因。从谈话中得知，该犯的妻子向他提出了离婚，他感到年纪大了，将来会无家可归，对人生产生了绝望情绪。针对该犯的实际情况，彭立荣同志一面给他讲如何处理好改造与家庭困难的关系，一面鼓励他要树立起人生的勇气。同时，写信与当地法院联系，介绍该犯的表现，请当地法院给该犯的妻子做工作。又以中队的名义给该犯的妻子去信，介绍该犯的改造表现，还从家庭、子女的角度，讲明离婚后的不良后果。千言万语句句真情，打动了该犯妻子的心，她主动向法院撤回了离婚起诉，同时，来信鼓励该犯努力改造。该犯从此以后精神振奋，改造十分积极，并在即将出狱时向中队表示，回社会后一定尽自己的力量为社会做点贡献，以报答政府一次又一次的教育挽救和关心。

因此，监狱干警的所有这些"渴时送上一杯甘露""绝望时送上一颗真心"[③]的良好表现，都会使罪犯将现实与过去在外面的环境

[①] 四川省石棉劳改队：《运用政策，言传身教，把握时机，入情入理——彭立荣同志个别教育的成功秘诀》，王明迪主编：《个别教育经验文集》，中国政法大学出版社1993年版，第374页。为了表述得更清楚，在引用时对个别文字做了改动。

[②] "二进宫"通常是指第二次进入监狱服刑。这里的"宫"通常是指监狱或者其他类似机构，例如，看守所、劳教所等。——引者注

[③] 王明迪主编：《个别教育经验文集》，中国政法大学出版社1993年版，第373—374页。

中有过的经历或者自己过去的想象进行对比,这种亲历性质的对比,往往会使其受到感动,产生悔恨等积极心理反应,从而引起他们观念和行为方面的变化,达到改造罪犯的目的。

对比性改造方法是感化改造的重要体现。"所谓感化,乃是由感而化,由于受到特殊的关怀、帮助、尊重和爱,受到了感动、感激而激起原有思想行为的深化或转化的过程。而感化教育,简言之,乃是以感化为手段进行的教育。完整地说,是教育者以动情为先导,使受教育者在情感上受到感动,从而深化或转化原有思想认识、情绪态度、行为品德以及知识结构的教育。它既是一种教育思想,也是一种教育过程和教育方法,其核心内容是以人为本,关心人、尊重人、爱护人、相信人、感动人,促发人的向上之心,开发人的巨大潜能。"[1]

汪幼芳进一步认为,感化教育的本质就是情感教育或情爱教育。其心理基础就是情感的特点与功能,具体表现为:[2]

第一,情感的感染性。所谓感染性,就是以情动情,就是在一定条件下,一个人的情绪情感可以影响别人,使他产生相同或相似的情绪情感;同样,别人的情绪情感,也可以感染自己,使自己产生与之相同或相似的情绪情感。情感的共鸣、同情心等都是感染性的明显表现。因为情感有感染性这一特点,所以在教育过程中能起感化作用。

第二,情感的积累性。情感的产生与发展,由弱变强,由量的

---

[1] 汪幼芳:《感化教育简论》,《教育改革》1996年第4期,第5页。
[2] 同上文,第6页。

增加到质的飞跃,是一个积累的过程。我们常看到人际关系中不时产生一些小摩擦、小纠纷,形成情感上的小疙瘩、小小不愉快。起初不起眼、不明显,但日积月累,久而久之,形成情感的裂痕,甚至爆发冲突。这就是情感的积累性。不要小看微小的不愉快,如不及时消除,积累起来将酿成灾难。同样,在感化教育中,教师的感化实践,开始看不出效果,但微小的师爱,点点滴滴渗入学生的心田,日积月累,也能获得丰满的收成。坚持就能成功,胜利的希望常常产生于一次又一次的坚持之中。感化教育从某种意义上讲,乃是教育上的"持久战"。

第三,情感的弥散性。所谓弥散性,指的是情绪情感,总是与全身的神经系统、内分泌系统相联系的。感化教育所激动之情也具有弥散性,它渗透到全身的每个细胞,成为整个人体不可分割的一部分,成为个性不可分割的一部分。

第四,情感的移情性。所谓移情性,就是情感的迁移。一个人对某某有了好感,这种好感可能迁移到与他相关的事物上。所谓爱屋及乌,就是这个意思。同样,对一个人的恨,也会累及与此人相关的事物。"憎其人者,恶其余胥"也是这个意思。感化教育的效果不仅因情感的弥散性而深刻稳定,而且因情感的移情性而广泛扩散。学生因受教师感化而爱老师,从而移情于老师所教的课程,老师所爱的事业。不少学生就是因为爱老师而选择了教师职业。

这些论述虽然主要是针对一般教育而言的,但是,同样适用于罪犯教育和改造,值得罪犯改造者思考和借鉴。

二、家庭缺陷对比法

家庭缺陷对比法就是在罪犯服刑期间,监狱干警向罪犯提供了有缺陷的家庭环境中所没有的关怀与温暖,从而使其产生心理震动和转变的改造方法。

大量的调查发现,很多罪犯出生在有缺陷的不良家庭中。在这些有缺陷的不良家庭中,罪犯受到了很多方面的消极影响和作用,从而对他们进行犯罪行为,产生了不同程度的犯因性作用。但是,进入监狱之后,监狱干警向他们提供了在家庭生活环境中缺乏的真诚、关爱和帮助,使他们感受到亲人般的温暖。这种情况必然会使罪犯产生感动、感激,会使其心理和行为发生积极的转变,从而收到改造的效果。

实际上,人们很早就开始注意到向犯罪人提供家庭般温暖的改造价值,并且进行了很多的有益尝试。例如,瑞士精神病学家、精神分析学家和少年犯罪研究者奥古斯特·艾希霍恩(August Aichhorn,1878—1949)认为,少年犯罪主要是由于缺乏爱、缺乏认同,没有形成正常的超我或自我理想引起的,所以,对犯罪少年和儿童进行治疗的核心,就是为他们提供幸福、快乐的生活环境,使他们在这种环境中对成年人(教育者)重新产生依恋、信任和认同,从而重建自我理想,形成正常超我。艾希霍恩亲身实践他的主张:他对违法犯罪儿童和少年热情相待、同情、理解,坚定地遵循惩罚无益的原则,对儿童少年的攻击性行为充满耐心……这些特别有助于改变儿童和少年。由于艾希霍恩不是以严厉的惩罚和报复手段,而是以舒适的环境、友好而亲切的态度对待犯罪的儿童和少年,所以,当这些儿童和少年初次遇到艾希霍恩时,可能会把他看得软弱可欺。但是,随着时间的流失,这些儿童和少年逐渐对艾希霍恩产生了信任、尊敬,甚至最后爱上了这个把自己的一生献给关心教育、理解帮助儿童、少年事业的人。当他们最后对艾希霍恩产生认同时,他们就能够把自己融进集体中,不断取得进步,发生了根本性的转变。①

在中国罪犯改造实践中,更是有大量向罪犯提供家庭般温暖的事例(参见专栏7-2、专栏7-3、专栏7-4)。

专栏7-2:通过关心生活改造罪犯的事例②

> 1992年受到司法部表彰的全国监狱系统个别教育能手、湖北省监狱系统的范才元,曾经讲过自己改造罪犯的一个例子:
> 因流氓罪被判刑七年、后因脱逃罪被加刑五年的罪犯梅某,平常总是发牢骚讲怪话,劳动学习中吊儿郎当,组长也管不了,是有名的"刺头"。我几次找他谈话,他只是说:"搞不好的"。究竟是什么原因呢?一次,他出工劳动后,我从他枕下拿出一本他的日记,看到日记中说再过两天就是自己的生日了,但是监狱内举目无亲,监狱外妻离子散,想起来真是痛苦啊!他生日那天,我特意将他留在监内休息,并通知伙房单独搞了两盘菜、一碗面,当我把菜端给他,说明是专门给他过生日的时,他感激得手指颤抖。他说:"我从小是孤儿,在社会上混了二十多年,结识了许多朋友,在危机的时候一个个都背叛了我;我结过三次婚,但老婆都走了。我变得不相信人,我认为这个社会充满狡诈与

---

① 吴宗宪:《西方犯罪学史》,中国人民公安大学出版社1997年版,第495页。
② 范才元:《运用"四字法"发现和抓住犯人的主要思想问题》,王明迪主编:《个别教育经验文集》,中国政法大学出版社1993年版,第185—186页。为了表述得更清楚,在引用时对个别文字做了改动。

险恶,以前我屡犯监纪、出言不逊,觉得是一种报复。现在我明白了,哥们义气是假的,夫妻之情是靠不住的,他们谁记得我的生日？只有政府干部是真正关心我的。范干部,以后看我的改造吧！"原来,对社会的逆反心理,是他消极改造的症结。从此后,梅犯确实变了样,中队倒水泥禾场时,他不怕脏累,在40℃的高温中连续加班五个中午。我在生活上继续关心他,当我了解到他无人接济,生活用品难以自备时,将自己的一件半新衬衣和一双球鞋送给他。他的改造表现更加巩固了。

专栏 7-3：通过恢复家庭关系改造惯窃犯的事例[①]

1992年受到司法部表彰的全国监狱系统个别教育能手、山西省监狱系统的王钟志曾经讲述了这样一个改造事例：

罪犯杨某,三十一岁,阳泉市二矿人。该犯从十三岁开始一直以扒窃为生,扭曲的心灵和变态的心理,使他在生活上挥金如土,曾用十元的人民币当作引火物点烟。杨犯曾因扒窃于1982年、1985年分别被劳动教养三年,1989年12月2日因抢劫罪判刑六年,在阳泉一带臭名远扬。1990年元月来到我中队改造时,放荡的恶习并未收敛,为逃避改造,重过犯罪生活,曾产生过逃跑思想。经过几次谈话了解,发现该犯多次违法犯罪的原因是自幼失去父慈母爱,从而导致他形成了扭曲的灵魂。

杨犯的父亲是一名脾气暴躁的老矿工,看到自己的孩子不争气,动辄拳脚相加,使他在人生的道路上越走越远,进了监狱后更得不到家庭的温暖。监狱离该犯父母的工作单位只有二十华里的路程,但是,其父母不但没有来探视,而且连一封信也没有

[①] 王钟志:《巧用金"钥匙"启迪犯人心——我在个别教育方法上的几点尝试》,王明迪主编:《个别教育经验文集》,中国政法大学出版社1993年版,第170—172页。为了表述得更清楚,在引用时对个别文字做了改动。

来过。

　　针对这种情况,王钟志一方面让该犯到中队自省室写成长史、犯罪史,挖犯罪根源看犯罪危害;另一方面严格控制杨犯的生活消费,并让他从事体力消耗较大的劳动。同时,选择了家庭和社会为突破口,对杨犯进行教育。王钟志曾先后三次与其他干警一起到过杨犯的家。第一次到他家时,他父亲听说杨犯有逃跑思想后,气愤地对干警说:"跑就跑吧,跑着让打死了,也就解除了我一块心病。"第二次到他家时,他的父亲又说:"指导员,你们的好心好意我领了,以后你们不要再来了,对这样的孽种我是不会管的。"1991年春节期间,监狱搞开放式会见,这时杨犯的思想通过教育已经有所转变,为了使他得到家庭的温暖和亲人的谅解,王钟志又一次来到杨犯的家中,把杨犯的表现做了详细介绍,并教育杨犯的父母要和管教干部携起手来共同转化杨犯的思想。他父母感动了,在开放接见大会上第一次接见了他。看到杨犯的转变,他父母内疚地说:"你的犯罪我们也有责任,只要你彻底改好,还是我们的好儿子。"通过这次接见,杨犯积极改造的信心更足了。

　　为了进一步提高杨犯积极改造的自觉性,在阳泉市矿区区委、区政府前来搞帮教送温暖活动时,王钟志有意安排杨犯在帮教会上发言,并通过闭路电视使全监狱的犯人了解他的改造决心和共同监视他的改造,使他在积极改造的道路上又迈出新的步伐。杨犯在思想汇报中,把监狱当作其人生的转折点,把管教干部当作再生父母。

　　如今,杨犯在生活上能够严格要求自己,就餐时掉在饭桌上的饭菜也要捡起来吃掉,抽六角钱一包的烟还要一根一根数着抽,并且限定每天抽三支。同时,通过艰苦的劳动改造,已经成为生产骨干。

专栏7-4：多方面帮助问题家庭罪犯的事例①

> 1992年受到司法部表彰的全国监狱系统个别教育能手、陕西省监狱系统的岳正宪曾经这样改造过一个罪犯：
>
> 罪犯周某在母亲的唆使下，与弟弟三人合伙将其父亲杀死，自己被判处无期徒刑，其母也被判处死刑缓期两年执行。入监之后，该犯感到家破人亡，即使表现再好也没有前途，以后回去连个放背包的地方都没有，加之刑期很长，觉得前途无望，因而情绪低沉，三天说不了两句话，稍有不顺心，就一两天不吃饭，问什么问题都不开口回答，被称为"瘟神头子"。这类罪犯很容易轻生，稍不留神就可能出问题。
>
> 针对该犯的这些情况，岳正宪采取了五种教育方式：
>
> 1. 在劳动、休息、吃饭、睡觉等活动中进行跟踪观察，严格控制该犯的行为，以防事故发生。
> 2. 经常进行前途教育，帮助他卸下刑期长的包袱。
> 3. 多表扬、少批评，稳定其情绪，鼓励该犯上进。
> 4. 给予必要的关怀，包括适当减轻劳动强度，在生活上给予适当关照，使他充分体会到群体的温暖。
> 5. 按照规定及时申报减刑。当周某在1986年由无期徒刑减为十九年有期徒刑时，增大个别教育的力度，使其树立起改造信心。
>
> 经过近五年上百次的反复教育开导，周犯终于有了明显的转变，不仅打消了轻生念头，而且积极上进，受到了表扬。

---

① 陕西省第三监狱：《用个别教育的"钥匙"打开千百把"锈锁"》，王明迪主编：《个别教育经验文集》，中国政法大学出版社1993年版，第482页。为了表述得更清楚，在引用时对个别文字做了改动。

三、人际缺陷对比法

人际缺陷对比法是指监狱工作人员通过向罪犯提供在人际交往中缺乏的尊重与真诚,使他们感受到人格尊严和真正友谊的改造方法。

人际缺陷对比法的实质,就是在监狱环境中,改造人员提供了罪犯过去在监狱外面环境中所缺乏的正常人际关系,使他们在与改造人员的人际交往中感受到公平、公正和温暖,从而使他们在对监狱内外的不同人际关系的对比中,受到感动和启发,进而使其心理和行为发生积极转变,使罪犯得到改造。

在罪犯改造过程中,人际缺陷对比法的使用,包括多方面的内容。

首先,监狱工作人员真正严格遵守法律的规定,依照法律规定管理罪犯。这意味着,凡是法律没有限制的,监狱工作人员必须加以保障;监狱工作人员不能在法律规定的限制和剥夺等惩罚之外,对罪犯进行额外的惩罚和约束。这种严格执法的做法,与罪犯心目中想象的监狱警察徇私枉法、随意体罚虐待罪犯等形成鲜明的对比,使他们在原来想象与现实情况的对比中受到感动和发生转变。

其次,监狱工作人员严格遵守工作纪律,决不利用职务便利谋求私利。这种工作作风,也会与罪犯原来关于监狱警察工作作风的想象形成对比,使他们在感动中发生转变(参见专栏7-5、专栏7-6)。

第三,监狱工作人员平等对待罪犯。监狱工作人员在向罪犯提出要求时,要以身作则,凡是要求罪犯在日常生活中做到的,自己首先应该做到,从而通过自己的模范行为给犯人树立榜样,使他们感受到监狱工作人员言行一致的人格魅力,从而受到感动和启发,引起他们心理和行为的变化。例如,在监狱中,监狱工作人员、犯人抽烟是一种很普遍的现象。十分常见的现象是,一些监狱工作人员一方面要求犯人不得抽烟,但是,另一方面,自己却没有节制地当着犯人的面抽烟。这样的差别对待必然会引起犯人的抵触情绪和蔑视心理。因此,如果监狱工作人员要求犯人不得在特定场合抽烟,例如,在课堂、教室、进行集体活动时不得抽烟,自己也能够一样遵守这样的要求,切实发挥表率作用,那么,必然会使犯人更好地遵守这样的要求。

第四,真诚地对待罪犯,使罪犯感受到监狱工作人员对他们的善意,认识到监狱工作人员的确是真正为他们的利益着想。

第五,人道地对待罪犯,关心罪犯的生活和其他基本需要,关心罪犯的身心健康,使罪犯原来对监狱和监狱工作人员所抱的消极看法得到转变。

专栏7-5:拒收好处改造罪犯的事例[①]

> 罪犯史某,二十五岁,因抢劫罪被判刑十年。入监以后拒不认罪,认为不存在犯罪事实,纯属冤案。王钟志主动与驻监检察院取得联系,先后两次进行核实,初步断定该犯属于无理申诉。
> 1991年4月26日,史犯的父母前来接见,并让史犯偷偷带入现金一百元。史犯利用发信的机会把钱给了王钟志,说:"指

---

① 王钟志:《巧用金"钥匙",启迪犯人心——我在个别教育方法上的几点尝试》,王明迪主编:《个别教育经验文集》,中国政法大学出版社1993年版,第168—169页。为了表述得更清楚,在引用时对个别文字做了改动。

导员,我的父母挺感谢你为我跑申诉,捎来一百元钱给你买两条烟吧。"王钟志听后当即站起来,严肃地对史犯说:"你是第一次犯罪,不能把社会上的那一套拿来用在我们执法机关,复查核实案情是我们应尽的责任,你私藏现金本身就是严重的违规违纪行为,用来和干部搞交易更是错上加错。"一席话说得史犯当即低下头。

随后,王钟志及时把钱寄回他家中,并在犯人大会上点名批评了史犯的这一做法。

事隔两天,史犯主动找到王钟志谈话。他说:"指导员,我错了,实话对你说吧,我只是想碰碰运气,你这种工作作风,这种人格,我非常佩服,今后我一定要好好改造。"

专栏7-6:清正廉洁改造罪犯的事例①

受到司法部表彰的个别教育能手彭立荣,清正廉洁、严格执法,激励了罪犯的改造积极性。

彭立荣同志多年来都在高山上组织犯人劳动生产,家庭主要靠他一人的工资收入生活,经济条件并不宽裕。但是,他能够严于律己,没有在中队拔过一根葱,拿过一棵菜。不过,犯人的生活却搞得很好,保证了犯人食堂种的菜、养的猪全部用于犯人生活上,确实做到了"常在河边走,就是不湿鞋"。

从1984年起,彭立荣同志就全面主持罪犯的改造、生产工作,可是,他没有利用职权谋取私利,没有利用犯人干私活。在罪犯的管理教育中,他虽然文化程度不高,但是坚持给犯人讲课;新收犯人一到中队,他总是要讲第一课,十分注重对罪犯的思想教育。在管理上,他总是严格按照制度依法管理,文明管理,

---

① 四川省石棉劳改支队:《运用政策,言传身教,把握时机,入情入理——彭立荣同志个别教育的成功秘诀》,王明迪主编:《个别教育经验文集》,中国政法大学出版社1993年版,第370页。为了表述得更清楚,在引用时对个别文字做了改动。

> 奖惩分明。他那勤政廉洁、严格执法的品格,给一中队犯人留下了深刻的印象,大大激励了罪犯的改造积极性。犯人都说:"一中队管理再严,我们都愿意在一中队改造到刑满。"

这些方面的做法之所以能够产生改造效果,是因为对于很多罪犯来讲,他们在入监之前的经历中或者是犯罪生活中,可能会体验到很多的人与人之间相互利用、尔虞我诈等方面的事例,对于监狱工作人员有自己的想象,以为监狱工作人员也是如此,甚至比社会上更加黑暗。但是,进入监狱之后,监狱工作人员的行为与他们的经历和想象截然不同,形成了明显的对比,这种对比使他们的感情受到触动,想象得到修正,从而在惊讶、感动、感激等心理状态下发生积极的转变。

四、境遇想象对比法

境遇想象对比法是指入监之后的境遇和罪犯的想象有巨大差别,从而使罪犯受到感动和转变的方法。

罪犯入监之前对于监狱环境和在监狱中的境遇有很多的想象。这些想象来自很多方面,例如,传统小说、戏剧、评书等文化载体中对于监狱环境和境遇的描述,新闻媒体对于监狱境况的报道,电影、电视中对于监狱生活的描绘,刑满释放人员的言传身教等。这些方面对于监狱环境、监狱生活和罪犯待遇的叙述,往往充满了消极性和残酷性,很多都把监狱描绘成为黑暗无比的地方:吃的猪狗食,干的牛马活,不把犯人当人看,饱受折磨和摧残,得不到任何尊重和关怀。但是,如果罪犯在进入监狱之后感受到了与其想象不同的良好环境和待遇,那么,就会使很多罪犯在感受到的实际境遇和原有想象之间产生明显的对比,这种对比会使罪犯受到感动,从而会引起他们的积极变化,产生改造效果。

境遇想象对比法的科学运用,不仅可以有效地改造罪犯,使其发生积极的转变,而且也可以有效地削弱监狱环境的犯因性效果,最大限度地避免使监狱环境成为新的犯因性因素,这对于预防重新犯罪有重要的价值。

从目前中国监狱中的情况来看,符合境遇想象对比法原理的罪犯改造方法、措施有很多,常见的方法或者措施、活动包括:

(一) 理解关心

罪犯改造人员对于罪犯的设身处地的理解和真诚细致的关心,可能会是对罪犯最有影响力的境遇想象对比法的具体运用。这是因为,这样的理解和关心最有可能使罪犯受到感动和发生转变。

理解关心之所以产生这样大的改造效果,主要是由下列因素决定的。首先,这是由监狱的法律性质决定的。监狱是国家的刑罚执行机关,罪犯改造人员以国家强制力为后盾,强制性地剥夺罪犯的人身自由和对罪犯进行管理,罪犯改造人员与罪犯之间是管理与被管理的关系,罪犯改造人员有权要求罪犯进行任何行为。在实际工作中,这也意味着,素质不高的罪犯改造人员有可能要求罪犯进行非法的活动,对罪犯提出非法的要求。对于这些要求,罪犯只能服从,很难进行抗拒。因为在监狱这样一个封闭的环境中,罪犯绝对处于"弱势"的地位,他们的任何抗拒行为,都有可能招致报复或者引起境遇的恶化。因此,在这种环境中,罪犯改造人员很容易养成随意对罪犯下命令、强迫罪犯服从命令的习惯,而难以有对罪犯的设身处地的理解和真诚细致的关心。如果罪犯改造人员有了这样的行为表现,就会使罪犯受到感动。

其次,这是由监狱的管理方式决定的。中国监狱中长期实行军事化管理的做法,更容易助长罪犯改造人员简单命令和武断指挥的恶劣习惯。在实行这种管理模式的监狱环境中,罪犯改造人员自然而然地养成命令强迫、武断粗暴甚至蛮不讲理的习惯,而很难和颜悦色地对罪犯讲话,很难设身处地地理解和真诚细致地关心罪犯。因此,当罪犯改造人员有了这样的行为表现时,确实能够让罪犯受到感动。

再次,这是由发生的频率决定的。符合境遇想象对比法改造原理的其他方法或者措施等,在使用频率上远不如理解关心这种活动发生得频繁。例如,亲情会见并非能够经常进行,有的罪犯在整个服刑期间也不见得能够进行亲情会见。能够离监探亲的罪犯可能更少。文明环境不是每个罪犯都能够享受到的。种植养殖活动也不是每个罪犯都有条件进行的。但是,与它们相比,使用理解关心这种方法或者进行这种活动可以是很频繁的。实际上,一个具有人道精神和高度责任感的罪犯改造人员,随时都可以使任何一名罪犯感受到设身处地的理解和真诚细致的关心。这种"润物细无声"的平凡的改造活动,往往会发生意想不到的改造效果。实践表明,无论是在改造战犯的过程中,还是在改造普通刑事罪犯的过程中,这种活动都能够产生良好的改造效果(参见专栏7-7、专栏7-8、专栏7-9)。

专栏7－7：人道关怀改造日本战犯的事例

在改造日本战犯的过程中，战犯管理所的改造人员对于战犯的人道关怀，曾经产生了良好的改造效果。曾任抚顺战犯管理所所长的金源先生，在其回忆录中曾经讲了这样的事例：[①]

我们认识到，对战犯的罪行必须坚决批判；但对战犯个人要给予人道关怀，了解他们的苦衷。有了这种认识，管理所的全体人员自觉地投入到教育改造战犯的行列中。

一天，一名战犯玩球时不慎将玻璃打碎。听到玻璃破碎的声音后，看守人员急速赶过来了，战犯吓得不知所措。他们想至少会被训斥一顿。但出乎意料，看守没有训斥，反而安慰他。

看守人员问："手没有伤着吧？"

战犯回答："手是没有伤着，但玻璃碎了。"

看守说："玻璃碎已经不能复原，只要手没有伤着就好了。"

这是很简单的对话。但谈话的一瞬间，战犯冰冷的心里有一股暖流在通过。战犯为打碎玻璃而提心吊胆，而看守怕手伤了赶来安慰，没有指责，态度温和并给予安慰，这对几年在狱中生活的犯人来说，是首次得到公正的待遇。这名战犯在几年后被释放回国后出版的回忆录中写道："开始我们认为中国政府人道主义的待遇是个阴谋。但是，随着岁月的检验，我们从管理人员的言行中真正体会到了真挚的人间之爱。"

……

管理所规定，战犯平时不用的个人物品统一由管理所保管。战犯们的个人物品相当多，校官以上的个人物品一般都能装满五六个箱子。管理所把这么多东西一个不漏地登记在册，经常查看，以防损坏；布一类的东西还经常晾晒，手表还保养上油去污。

曾任铁警军少将旅团长的佐古龙祐有25米呢子，他认为这

---

① 金源：《奇缘——一个战犯管理所所长的回忆》，崔泽译，解放军出版社1999年版，第60—61页。

些呢子早就要烂了。后来,他家属来探监时,管理所将完好的25米呢子交给他的家属。佐古龙祐把25米呢子打开看后,发现没有一点霉烂。

"保管员先生,太谢谢您了。我以为这些呢子全部会烂掉的,没想到还这么好。"佐古龙祐夫妇一再表示谢意。

一天,管理所的温久达医生领着一名战犯去抚顺矿物局医院诊病。车到医院门口时,战犯晕倒了,温医生毫不犹豫地把他背到三楼诊室。当时正是夏季,温医生全身被汗水湿透。战犯看到这一情景感动得流下了泪水。他说:"我这样的人能得到治疗就已经是过分的事情,而医生先生还背着我上楼就诊,我不知怎样感谢才好。我也是有良心的人,我不会忘记中国政府的恩情。"

曾任过伪满洲国国务院总务长官的武部六藏因患脑出血半瘫了。他在任总务长官的五年期间颁布了许多法令,血腥镇压了东北4000万同胞。仅因违反《治安维持法》而被逮捕的人就高达17.7万人。对这样的战犯,中国政府也实行教育改造。担任看护武部六藏的护士焦桂珍,每天都要给瘫痪的武部六藏洗脸、喂饭,还给他洗澡。武部六藏被假释回国时,焦桂珍还一直把他送到天津港。在告别时,武部六藏泪流满面,他说:"我感谢中国政府,感谢中国人民,谢谢焦护士。"

由于全所人员增强了改造战犯的责任心和使命感,这类感人的事情与日俱增。

专栏7-8:真诚关心改造国民党战犯的事例[①]

在对原国民党战犯杜聿明的改造过程中,实行人道主义,在生活上给予关怀和照顾的做法产生了很好的效果。

[①] 中华人民共和国司法部编:《劳改工作经验选编》(上册),群众出版社1989年版,第116—117页。在引用时对个别地方进行了修改和调整。

1950年11月，杜聿明被调到北京功德林关押，他原以为到北京可能会优待些，不想又进了监狱。他思想上有了反复，认为此生也就如此了。当时，我方姚处长首先找到他，问候身体及生活情况。这使他感到党和领导的关心，内心很感激，决心要严守狱规，积极学习和改造。他说："就是党和人民不释放我，自己也可以对照出自己和国民党为什么会失败，毛主席和共产党为什么会成功。"

1951年至1953年期间，杜聿明从旧社会带来的腰腿痛病一日重于一日，同时还患有胃溃疡。领导和管理人员关心照顾他，送病号饭；卫生人员细心为他看病治疗，这一切使他非常感动，仍然带病坚持学习。但是，新的思想障碍又产生了，他认为自己就是改造好了也是个残废人，因而悲观失望。一次在洗澡时，一位管理员发现他的臀部肿大，即刻与有关人员送他到几家医院检查、会诊，诊断为骨结核，随后抓紧为其治疗，精心护理，使肿胀很快消除。但是，患处仍然疼痛，发作起来大汗淋漓，十分难耐。我们又为他打制了石膏床，以减少痛苦，同时，每天为他专送牛奶、鸡蛋以及营养丰富的流食。领导经常前去探望，护理人员照顾得无微不至。所有这一切，使他十分感动，对于转变他的思想、接受改造起到了重要的促进作用。

以后杜说："我这病是为蒋介石卖命反人民作战中得来的，1947年我曾请假要求赴美治疗，因为上海对美记者谈话不慎，触怒了蒋介石，就被扣在上海不准前往治疗。几年来在共产党的教育关怀下，治好了我的心病——思想病，又治好了我的身疾——结核病，真是再生之恩德！"生活上的关心和帮助与思想教育工作并举，在特定条件下，往往能起到强大的震撼作用，使他更加深刻地理解党的政策，坚定改造的信念。

专栏 7-9：治病时切实为罪犯着想改造罪犯的事例①

> 曾经在1992年受到司法部表彰的全国劳改系统②个别教育能手、当时在陕西省第三监狱任指导员的岳正宪同志,在为罪犯治病时切实为罪犯着想,收到了很好的改造效果。
>
> 1988年,罪犯李某(犯诈骗、奸淫幼女罪,被判处八年有期徒刑)因工手指受伤严重,在汉中地区医院抢救时,医生决定切除其受伤的三个指头。李犯一听,思想陷入极度痛苦之中,情绪很坏,认为丢掉三个指头变成残废,以后前途无望了。岳正宪同志听到这个消息后,立即赶到地区医院,多次找主治医生商请变更治疗方案。他对犯人前途负责的精神,感动了医生。修改后的手术方案,终于保住了李犯的三根指头。手术过后,李犯得知这一情况,又看到指导员带着食品去医院看望他,他深深为干警的真情所打动,激动得泪如泉涌。想起从前自己对干警的戒惧心理和对立情绪,悔恨不已。从那以后,李犯把干警的教育很快转化为改造的内在动力,能比较自觉地严格要求自己,一直表现很好。

（二）亲情会见

亲情会见是指让罪犯在相对隔离的温馨环境中与亲属会见的做法。

在过去的大多数情况下,监狱中罪犯与亲属的会见,都是在大庭广众之下进行的。很多罪犯在一个大房间中同时与亲属会见,相互之间缺乏隔离设施,不仅噪声严重,而且也影响了罪犯与其亲

---

① 陕西省第三监狱:《用个别教育的"钥匙"打开千百把"锈锁"》,王明迪主编:《个别教育经验文集》,中国政法大学出版社1993年版,第480页。在收入本书时,对个别地方做了调整。

② 在1994年12月29日颁布《中华人民共和国监狱法》之前,中国的监狱系统被称为"劳改系统";《监狱法》颁布之后,改称为"监狱系统"。——引者注

属的言语和其他感情交流的效果。在很多会见场合,旁边还有进行监视的监狱警察。这些情况不同程度地影响了罪犯与其亲属之间的交流,不利于通过会见增进罪犯与其亲属之间的感情。为此,很多监狱改进了会见方式,对一些符合条件的罪犯发展起了亲情会见的方法。

亲情会见有很多种方式。例如,包厢式会见,这是指让罪犯在一个相对隔离的半封闭式环境中与其亲属会见的方式,在会见时较少受到其他会见人员的干扰,使罪犯与其亲属之间的交流效果得到增强。又如,亲情聚餐,又称为"吃团圆饭",这是指让罪犯与其亲属在监狱会见室设立的餐厅中一起吃饭和叙谈的会见方式。这种会见方式不仅延长了会见的时间,使罪犯能够更加从容地与其亲属进行交谈,而且可以在一起吃饭,在营造出的家庭式就餐氛围中交流信息和增进感情。

亲情会见的最佳形式是亲情同居。所谓"亲情同居",是指监狱批准符合条件的罪犯与其配偶会见和同居,让已经结婚的罪犯过一定时间家庭生活的罪犯待遇形式。在进行亲情同居时,监狱让罪犯在家庭式的环境内与其配偶一起生活一定时间,亲情会见房间中有双人床、桌椅、盥洗设施,甚至还有电视等。这是一个准家庭式的环境,在这个环境中,罪犯可以和其配偶过一种类似家庭的生活。

亲情会见,特别是其中的亲情同居,对于密切罪犯与其家属的关系、争取家庭成员对罪犯改造工作的支持和对监狱中实行的罪犯改造政策的理解、增进罪犯的夫妻感情和维系罪犯的婚姻关系、降低离婚率、缓解罪犯的压力和紧张、维护罪犯的身心健康,以及促进罪犯的改造等,都具有十分重要的意义。从一些地区的做法中可以看出这种做法的积极效果(参见专栏7-10)。

专栏7-10：罪犯家属到监狱与亲人同居过春节①

北京市劳改局②在1985年春节期间组织罪犯家属到监狱与服刑罪犯同居过春节，引起了巨大的反响，产生了良好的效果。

有些家属接到通知时欣喜若狂，热泪盈眶。他们感动地说，这是党的英明政策的体现，是政府的关怀和照顾，是一件大好事，表示要帮助自己的亲人安心改造。犯人张某之妻李某接到通知后，作为一条特大喜讯立即告诉家人和亲友。她离开监狱前对干部说："党和政府对犯人进行教育挽救，对他们寄予很大希望，我作为家属更没有理由抛弃他，一定协助政府帮助他，使他能安心改造。"犯人十分感激，表示一定要好好学习，加速改造，报答政府的关怀。

北京监狱犯人张某因犯强奸罪被判刑十一年，妻子曾多次提出离婚。他含着眼泪对干部说："政府邀请我爱人来过节与我同居，这真是我做梦也不敢想的。我是一个犯了罪的人，党和政府挽救了我，成全了我的一家，我亲身体会到政府干部对犯人的一颗挽救之心，我决不辜负政府的期望，决心争取早日改造好。"张犯在接受《工人日报》记者采访时说："这是对我们犯了罪的人的最大奖赏，使我们看到了前途和希望。"

春节期间组织犯人家属来监狱与爱人同居过春节，在监狱中十分引人注目。很多犯人议论说，这件事使他们看到了前途，看到了希望，看到了党的政策的英明伟大，纷纷表示要加速思想改造。例如，延庆监狱的犯人丁某说："我今年五十六岁，在监狱

---

① 司法部监狱管理局编:《教育改造工作经验选编》(1984—1995)，第224—225页。在收入本书时，对个别地方做了调整。

② "劳改局"是1994年《中华人民共和国监狱法》颁布之前监狱管理机关普遍使用的名称；《监狱法》颁布之后，监狱管理机关统一更名为"监狱管理局"，简称"监狱局"。——引者注

> 里过了八个春节，从来没有听说过这样的事，真是感人至深呀！我真想叫全世界的人都知道中国的劳改政策。"北京监狱有一个一直表现不好的犯人表示："过去我表现不好，今后一定老老实实接受改造，争取明年春节能让我家属来。"

笔者认为，应当充分认识这种方法在监狱管理和罪犯改造中所具有的不可替代的巨大价值，在认真研究管理措施和改进管理方法的基础上，更多地使用这种方法促进监狱管理和罪犯改造，而不能因噎废食，不能因为个别地方的个别监狱在亲情同居中发生的问题而全面停止使用这种方法。应当看到，任何方法都存在利弊两个方面，世界上根本不存在有利无弊的完美方法，关键是要最大限度地趋利避害，扬长避短。

（三）离监探亲

离监探亲是指让符合条件的罪犯暂时离开监狱回家探亲的做法。

根据《中华人民共和国监狱法》第57条第2款的规定，"被判处有期徒刑的罪犯有前款所列情形之一，执行原判刑期1/2以上，在服刑期间一贯表现好，离开监狱不致再危害社会的，监狱可以根据情况准其离监探亲。"

监狱管理和罪犯改造的实践表明，这种做法对于增强罪犯与家庭之间的情感交流、巩固罪犯的婚姻关系、恢复罪犯的自尊和自信、促进罪犯改造的积极性，以及稳定罪犯改造秩序等，都有良好的效果。例如，贵州都匀监狱1995年6月3日批准了改造表现良好的27名罪犯离监探亲，这27名罪犯都按规定的时间全部返回监狱，还带回了当地治安部门签署的"能遵守探亲的规定，没有违法乱纪行为"的意见。①

尽管离监探亲具有良好的改造效果，不过，进入21世纪后，除了四川等少数地方继续坚持实行这种做法之外，大部分地方都停止了这种做法，以致不能发挥这种制度的改造效果。2017年，张军②重回司法部工作并担任司法部部长之后，在调研的基础上要求全国各监狱在做好安全风险防范的前提下，逐步推开罪犯离监探亲工作。③ 司法部向中央政法委员会专门报告了四川省在十年间开展离监探亲的情况，推广介绍四川经验。随后，司法部发出通知，决定在2018年春节前集中开展一次罪犯离监探亲工作，最终有999名罪犯离监探亲，回家过春节，产生了极大的反响，得到了广泛的好评，有力促进了监狱中罪犯的改造（参见专栏7－11）。

专栏7－11：2018年春节期间999名罪犯离监探亲的良好实践④

> 最冷不过腊月风。而一个多月前的那个早晨，站在阵阵寒风里，徐丽的心里满是激动和温暖，那个场景永远定格在她记忆里——腊月二十九，在安徽省合肥市庐江县青山监狱外，她伸着脖子向监狱大门张望，紧张、期待……

---

① 吴宗宪主编：《中国现代化文明监狱研究》，警官教育出版社1996年版，第534页。
② 张军曾在2003—2005年担任司法部副部长；2005—2012年担任最高人民法院副院长；2012—2017年担任中央纪律检查委员会副书记；2017年2月，张军重回司法部，担任司法部部长、党组书记；2018年3月，张军在全国人民代表大会上当选为最高人民检察院检察长。
③ 《司法部部署在全国监狱系统启动离监探亲，全国1300名左右罪犯春节期间将回家过年》，http://www.moj.gov.cn/news/content/2018-02/12/bnyw_15040.html［2018-2-12］
④ 朱思雄、孙振：《离监探亲的回家路》，《人民日报》2018年3月23日第16版。

第七章 犯因性环境因素与改造

九时许,厚重的铁门缓缓开启,田立业老远就看见了妻子徐丽。换了便装,可心情并不"轻便",他仰起头想要控制,又下意识地压低头上的帽子,泪珠还是止不住滚落。

自2011年因受贿罪入监,田立业已经六年多没能回家。两口子紧紧拥抱,久久不肯松开。六年多时间,老田错过了女儿的婚事、小外孙的出生、老母亲的卧病,满肚子对家的亏欠;徐丽独自操持起一个家,委屈、埋怨自然有,但更多的是对高墙内丈夫的牵挂。

"时间宝贵,赶紧去办手续吧,年初一下午记得按时回监。"副监狱长徐铸在旁善意提醒,老田晃过神儿,回头深深鞠了个躬,哽咽着点点头。

老田的刑期还剩一年零六个月,这次回家过年,得益于离监探亲制度。在安徽省,经层层筛选、审批,这个春节共有11所监狱的19名服刑人员获准离监探亲。

"不仅要实现'关得住、跑不了'的狱内安全,还要追求更高层次的'不想跑''改造好'的治本安全。"在安徽省监狱管理局局长许晓刚看来,离监探亲是践行国家总体安全观下的监狱治本安全观的生动实践。"让社会的温暖透进高墙,让法度和温度有机融合,有利于感化改造服刑人员,达到监狱与社会共同教育的目标。"

"回家期间,我一定遵守各项制度规定,陪家人过一个温暖团圆的春节……"办完手续,田立业向在场警官作出保证,又深深鞠了一躬。

没有民警押送,田立业在妻子、女婿的陪伴下,踏上了回家路。

老田的暖心
"家乡的空气,甜啊!"

今年56岁的田立业,家住安徽省蚌埠市龙子湖区,入监前是该市政府某部门一名正科级工作人员。2010年,他利用职务便利，为某公司在相关业务及资金回笼方面提供帮助，先后收受现金、贵重物品等共计19万多元。2011年9月案发，10月被逮捕羁押，后全额退赃，2012年2月被判处有期徒刑十年。

一路上，田立业毫无睡意，看着窗外，过往如电影般浮现：入监第二年，妻子就患上了精神抑郁症，整晚睡不着觉，显然，自己入狱对她刺激很大；大学毕业，本想考研深造，眼见老爸入监，复习了一整年的女儿，没有上考场，草草找了个工作赚钱养家；年近九旬的老母亲，每天念叨儿子，身体每况愈下，糖尿病、乳腺癌、子宫癌，六年多时间做了几场手术、化疗，现在每日卧床，时而清醒，时而糊涂……

"做错了事，对你们的亏欠太多了。"不觉间，泪水又禁不住往下淌，老田看着妻子，这几年，她皱纹没少爬，白发没少添。"都过去了，你好好表现，一家人都在等着你呢。"徐丽宽慰着老田，她略带强颜的笑，却如一缕暖阳，化开了过往的一切。

说话间，女儿的视频电话打了过来，她锁骨骨折没法来接，但想早点儿见到老爸。老田接过手机，发现全触屏操作自己完全不会用，鼓捣了好半天，最后还是妻子把手机调试好，拿着让老田说话。

"在里面一晃就六年多，我真是落伍了！"一路上，经过合肥市区、巢湖沿岸，外面的变化让老田感慨万千，"七八年前到合肥出差，那时滨湖新区还在图纸上，巢湖也没现在漂亮。"

下高速进入蚌埠市区，近乡情更怯，老田深吸一口气，"家乡的空气，甜啊！"这条路是新修的，体育馆是新盖的，家门口又起了好几座高楼……老田细数着这一切，看着为数不多自己还认得的老街道、老社区，长吁短叹，"自由实在太宝贵了，将来出来了，一定好好珍惜！"

到家了，女儿抱着他从未见面的外孙，老田的大哥、两个妹妹带上孩子，一大家子人，都在等着。一进家门，老田就和家人拥在了一起。六年多，都是隔着玻璃见面，头一回这么畅快地拥抱。一岁多的小外孙被老田紧紧抱住,刚学会叫"妈妈",面对这场景有点发蒙,但小孩子没哭没闹,懂事地看着姥爷,帮他擦去脸颊的泪。

最挂念的还是老母亲,田立业跪在母亲床头,哽咽不止。"儿子,我想你,可算回来了……"老母亲费力地念叨着,脸颊不停地抽搐。

"母亲年龄大了,哥哥入监的事儿我们一直瞒着,都说他被派到西藏工作了,不能经常回来。"田立业的妹妹在一旁小声介绍原委,近一年来老母亲卧床不起,神志不清,可还是少不了念叨儿子。

说着说着,时间已到下午。为了不打扰老田与家人团聚,记者踏上返程。

再见老田,已是正月初八,地点也从家里回到了青山监狱。听老田讲,那一夜,他就睡在老母亲身旁,给母亲焐了一夜的脚;年夜饭,一家人聚在一起,聊到很晚,总觉着时间短,彼此有说不完的话;年初一,老田一早就爬了起来,给家人煮上饺子,给老母亲打了俩荷包蛋……

监狱长的担心

"不是不想干,真出个事,咋整?"

老田这个年,团圆,温暖;可副监狱长徐铸心里却不免忐忑。

尽管《监狱法》和《罪犯离监探亲和特许离监规定》等都有明确说法,但出于安全风险、社会接纳程度等考虑,近十年来,全国绝大多数监狱都陆续停止了离监探亲制度的执行。徐铸说,十几年前,离监也许就真"脱管"了,家属甚至都没个手机,联系不通畅,服刑人员脱逃要容易得多。

想干事,怕出事,是制度被叫停的难言之痛。现在,监管手段多了。为践行总体国家安全观下的监狱治本安全观,司法部部署在2018年春节期间集中开展一次罪犯离监探亲活动,全国27个省份311所监狱共批准999名罪犯离监探亲。

接到重启离监探亲的"指令"时，徐铸心里还是没少打鼓，"不是不想干，真出个事，咋整？万一这次摊我们头上，压力得多大？先不说问责，你们媒体记者都得赶过来，先炮轰一番再说。"

监狱怕出问题，服刑人员又迫切得很，一听说有离监探亲的政策，都过来打听。老田提交了申请，隔三差五地问，"还在等审批""正在调查着"，或者干脆一句"不知道"就被打发了，没少吃闭门羹。

老田直言，"那阵子心里头真堵"，千里挑一的概率，其实也不抱啥希望，但心里还总会惦记。有过"异想天开"，"起码有个想头，万一实现了呢？"也有不少胡思乱想，"申请的人多不多？""有没有人托关系，找门路？"

"担多大干系，哪敢有暗箱操作？"徐铸苦笑，离监探亲，要符合"三不办、一优先"条件，还得经过四级审批、两次调查。"小心翼翼筛选，驻监检察官全程监督，生怕把关不严，把人放出去再捅了娄子。"

"三不办、一优先"，即对原判死刑缓期执行和无期的一个不办，对原职务为副处级以上的职务类犯罪一个不办，对涉黑、涉毒、涉恶的一个不办，对初犯、偶犯、过失犯优先办理。徐铸说，考虑到安全、社会接受程度等，这一个原则就卡掉了50%的服刑人员。

接着，第一级审批再刷掉剩余的90%。"和老田一样递交申请的很多，但只有表现绝对优秀的才能入围下一轮，相当于学校里的'三好学生'。"徐铸打了个比方，"四级审批各有侧重，第一级由监狱内各监区摸排，把名额留给'好学生'，注重发挥离监探亲制度的狱内激励效果。"

第二、三级审批，监狱内不同部门组成离监探亲领导小组，对通过第一级审批后的人选进行审核再筛选，并最终报监狱长办公会审批。徐铸说，这个阶段会穿插狱内狱外调查，更多考虑离监后可能带来的狱外社会效果。

狱内咋调查？回忆起来老田感觉很煎熬，"讲讲近期让你苦恼的事儿""兄弟姐妹中与哪一个的关系好，为什么"……老田不明白咋样说才是标准答案，回答得如实又小心，生怕哪句话说错。

言者有心，听者更有意。徐铸说，民警和专业心理咨询师会根据服刑人员的回答，通过专业分析测评，评估他们的刑罚体验、人身危险性，以及重新犯罪可能。

"你的测评得分还可以。"折腾了好几天，从民警口中，老田终于等到点儿希望，可惜高兴不到两秒。"还要到家里调查，有信儿再通知。"这一下，老田心里又没谱了。

包括老田在内，监狱初定了六名调查对象，两名民警一组分六队进行狱外调查，到他们入监前主要居住地走访，了解其家庭关系等情况，听取社区、派出所意见。

调查后，结合案件在当地是否还有受害人及不良影响，家庭关系是否稳定和睦等，只有三人通过筛选，上报安徽省监狱管理局，又被筛掉一人。理由是原犯罪团伙成员均在当地，且有的已刑满释放，该服刑人员回家过年，虽可能性极低，但还是存在串联、出逃的风险。

层层筛下来，2月12日，回家前两天，获准离监探亲的消息总算来了。老田直感慨"好饭不怕晚""一丁点儿的希望竟然成了真，激动得一夜没睡着觉"。

徐铸也连着好几晚睡不踏实：层层审批就能保证"绝对安全"？社会的理解、接纳程度咋样？万一有状况，咋应对？

一圈人的操心

"宁可空防一万，不能失防万一"

"把这些人放出来，惹出个好歹咋办？""因为啥犯的罪，你们放出来的不是杀人犯吧？"……不光徐铸担忧，通过前期的走访调查，青山监狱狱政科科长谭晋发现，一些受访对象虽然最后都没反对，但质疑的声音不少。

"社会对离监探亲的完全理解接纳还需要时间，我们不能出一点儿问题。"谭晋用"宁可空防一万，不能失防万一"来表达感受，离监后如何监管、突发状况咋应急，一圈儿人紧绷着神经，做足功课。

先是担保保证。"陪母亲，带外孙，没有其他多余活动……"回家当天，青山监狱为田立业举办了离监探亲启动仪式，老田当场递交了离监期间活动计划书。谭晋重新强调了一遍纪律：回家期间不准酒后驾车，以防出现交通肇事等意外；每天早九点、晚八点，要通过视频电话报平安；不准在所在区县外活动，正月初一下午五点前要按时返监……

空口无凭，谭晋拿出一式两份的承诺书，上面有详细的纪律要求。老田和妻子须在承诺书上签字，缴纳按时返监保证金。

纸上承诺的就保险？谭晋还有"杀手锏"。他给老田戴上了酷似手环的电子腕表，戴着它，老田跑到天边儿，后台都能监控得到。省监狱管理局、监狱民警24小时值班监控，如果老田私自剪断腕表，或回家后活动超出规定区域（一般为服刑人员主要居住地所在的县、区范围），后台会第一时间收到报警。

这一来，谭晋才稍放宽心，他知道，在老田家所在的蚌埠市，还有一道监管。

一大早，老田居住地所在辖区派出所教导员陈兴武就在单位等着了。下了高速，老田第一站就是到派出所报备，提交监狱核发的探亲报到证。

这两天都住哪儿，在哪个社区、街道活动，有没有其他出行计划……见到老田，陈兴武详细询问、记录，重申离监探亲期间的各项规定，并留下他妻子、妹妹的联系方式，强调24小时开机，以便随时能联系到老田本人。

"流程终于走完了！"老田说，当时心里觉得踏实了，不想第二天，家里来了位不速之客。

来人正是陈兴武。"一整天就到楼下超市买了点东西，大门

第七章　犯因性环境因素与改造

都没敢出。"开门见是陈警官,老田以为哪儿出了错,想到的就是赶紧解释。"今天我值班,就是过来问个好,拜个年!"陈兴武一句轻描淡写,老田放宽了心。

家里头,一家人正在包饺子,准备晚上的团圆饭。寒暄了几句,见老田精神不错,一大家子其乐融融,陈兴武也放了心。

"人交到我们这儿了,得防着个万一,不能出事儿。"陈兴武说,不只是防止脱逃,服刑人员是否出现突发急病,是否会有其他思想波动等,随时掌握情况,派出所好及时处置。

真有个意外,咋办?陈兴武头一天就跟市公安局作了汇报。"市里提前布置了警力,一旦发现脱逃等意外,我们会第一时间和家属联系,并派出警力到其监控显示的最后活动区域、住所周边及全市范围内搜寻摸排。"

"'监狱主导、家属接纳、部门联动、社会包容',确保'绝对安全',一圈人都得动起来。"安徽省监狱管理局狱政处副处长胡国庆说,为加强对离监探亲罪犯的动态监管,离监探亲期间,省监狱管理局也会采取电话抽查、跟踪回访等手段,确保罪犯稳妥放出去、安全收回来。

制度背后的用心

"社会的温情、亲人的感化透进高墙铁门"

如此大费周折,能否达到制度设计的初衷?离监前,返监后,在各种形式的讲评会、分享会上,更多服刑人员说起他们的心里话。

"真的想回家,陪陪爸和妈,吃一口妈做的饭菜,多少回味啊……"2月13日,安徽庐江监狱提前一天举办离监探亲讲评会,为即将回家过年的吴文送上祝福。同监区服刑人员刘明走上台,唱了一首自己创作的《真的想回家》,唱哭了台下的服刑人员,也唱哭了自己。

走下台,刘明仍止不住哽咽,"到最后真的有点唱不下去,一方面为同伴高兴,一方面真的希望自己好好改造,将来也能有回家过年的机会。"

"这是我爸妈,那是我儿子,还有我未来的儿媳妇……"在提前一天的离监探亲讲评会上,安徽省女子监狱服刑人员刘莹拿出一直贴在床头的照片,和监区服刑人员分享喜悦。"真好,我儿子这一年肯定也长高了,变壮了!"服刑人员秦茜一家都在外省,平时家里探监来得少,会上她听着刘莹的讲述,眼泪忍不住打转。

"没事,家属在外省,不符合离监探亲的条件,但你好好改造,以前只是监狱层面搞'亲情开放日',今年各个监区都会搞,机会更多,表现好的话把你家人请来会见,一起吃团圆饭!"副监狱长孟桂芹边介绍政策,边给她鼓励打气,秦茜破涕为笑,认真点了点头。

"家里用上了互联网电视,想看啥电影电视都能随时调取""下楼买东西,发现都是手机付款,就我一人拿的现金,弄得我半天不敢结账,还问人家收不收"……2月23日,正月初八,青山监狱举办离监探亲分享会,田立业讲着这几天的见闻,监友们目不转睛,听得专注。他们都在从老田的分享里,想象那堵高墙外的世界,现在有多精彩,有啥新变化。

徐铸感觉到"大家都有所触动",田立业一回监,不少人来打听,问下次政策申请什么时候,自己符不符合条件……

"一石激起千层浪",徐铸这样形容离监探亲的影响,"社会的温情、亲人的感化透进高墙铁门,温暖着一个监区乃至整个监狱的服刑人员,更激发了他们对新生活的向往。"

服刑人员回家,不是一个人的事。胡国庆算了笔账:1名服刑人员,狱外有8名左右的直系亲属,30名左右的旁系亲属及亲朋好友,离监探亲,尤其在春节、清明、中秋等节点,他们能直观感受到家人亲朋的感化、帮教;狱内同一监区200名左右的服刑人员,可以从回家人员的口中,感受温暖,分享温情,触摸社会变化,激励更好地自我改造。

"2005年以来，安徽监狱连续13年'零脱逃'，确保了狱内的底线安全。"安徽省委常委、政法委书记姚玉舟说，"在全面依法治国的大背景下，司法环境整体改善，为离监探亲制度重启增添了底气。我们要在守好底线安全的基础上，为社会提供不再重新犯罪的守法公民。"

到大年初一晚上，安徽11所监狱的19名离监探亲服刑人员全部如期返监。而此事产生的影响，如石投水，至今涟漪层层。

老田给监友们带回一大袋子糖果、巧克力，逢人就分享点儿新年的"喜气"，讲两句回家的故事。

其实，老田还带回了亲情的感化、社会的帮教。不自觉地，聊到高兴时大家的笑容、憧憬，说到动情处彼此拍拍肩膀的安慰、鼓励，犹如一缕穿透高墙的暖阳，温暖狱内每个人的心……

返监当晚，老田在床头的床位卡上写下新年的小目标："还剩一年半的刑期，还有一次减刑机会，好好表现，争取明年彻底回家过年！"

（因涉及隐私，文中提及的服刑人员及家属均为化名）

（四）文明环境

营造文明环境，是符合境遇想象对比法原理的重要的罪犯改造方法。一般而言，监狱的文明环境应当包括两个方面：

1. 监狱内的物理环境

监狱内的物理环境是指监狱内部的声音、光线、颜色、温度、环境卫生等物理因素的总称。监狱内适宜的物理环境，不仅有利于罪犯的身心健康，而且也对罪犯的心理与行为产生潜移默化的影响作用，有助于罪犯保持良好的心境和形成良好的行为习惯。

自 1994 年司法部提出进行现代化文明监狱建设的目标以来，中国监狱在物理环境的改善方面，取得了明显的进展。例如，很多监狱翻修或者重建了监房和监舍，绿化美化了监狱环境，调整了监狱的照明，更新了监狱的附属装饰（包括标语和字画、壁画、雕塑和盆景等），重视监狱的环境卫生，使监狱的物理环境得到了显著改善（参见专栏 7－12）。

专栏 7－12：浙江女监的环境建设[①]

近年来，浙江省女子监狱在美化监狱环境方面做了很多工作，使监狱环境发生了很大的改变。

省女监以新建监区广场为中心，以简单的线条为基础，在整个监区内栽培大块草坪覆盖地面，并将香樟、樱花、红枫、雪松、茶梅等 20 几种花草树木点缀其间，18 只壁挂式热带鱼水族箱悬挂在各分监区活动室，123 只操放背景音乐的音箱分布在草坪树木中和监舍、劳动场所等不同的地点，形成点、线、面相结合的环境结构，描绘出了一幅幅"声景并茂"的监区美景。轻松的氛围传递着文化韵味，立体的环境艺术承载着改造功能。

囚禁的生活，使家的感觉只能被服刑人员收藏在心底里。然而，思念情绪日夜膨胀，压抑不了罪犯对亲人的感情。为此，省女监根据女性感情细腻、需要亲情关爱的心理特点，注重以亲情感化罪犯的教育方式，在监舍环境布置上对"亲情交流"进行了探索，允许罪犯在一定范围内张贴亲情照片，把"亲情照片"作为一种亲情会见的延伸，让她们每天睁眼就能重温家庭的温馨，由此而拨动女性最柔弱的心弦；把"亲情照片"作为一个美学和亲情教育的课堂，以美的情景、美的人性、美的关爱唤醒罪犯的改造信心。

---

① http://www.zjsjy.gov.cn/news/show_article.asp? id = 00000669 [2005-9-30]

> 五彩斑斓的鱼儿在随波摆动的水草中袅袅前行。错落间,礁石灵璧,亭台楼阁,栩栩如生的钓鱼翁等景观相得益彰,煞是好看。"这条鱼好看,大红色的我很喜欢。""那条鱼你看见了吗?游得这么快。"工余期间,罪犯们总是被大型壁挂式热带鱼水族箱所吸引。
>
> 女犯在紧张的改造生活中,通过灵性、活泼的热带鱼,领略"大自然"中的情趣美,并给她们带来了一份好心情。正如罪犯说的:"这东西我还从来没见过,看见它们,我的心情都好多了。"
>
> "美好的环境熏陶人,良好的素质影响人,特色的教育培养和激发人。"罪犯虽然囿于大墙之内,但与美仍然存在着千丝万缕的联系。
>
> 环境美育是一种长期效应,经过对罪犯进行长期环境美育的熏陶,有助于她们掌握一定的审美能力,使她们逐渐形成完善的心理结构和心理定势。这种心理结构和心理定势一旦形成,就具有较强的稳定性,会对她们的精神生活、改造生活甚至一生都起积极的作用。

2. 监狱内的社会心理环境

监狱内的社会心理环境是指监狱中良好的社会心理气氛和融洽的人际关系。其中,良好的社会心理气氛是指有利于监狱干警顺利有效地对犯人进行监管改造活动的心理条件的总和。融洽的人际关系是指监狱内人们之间有正常的人际交往及合理的相互了解与作用。

监狱内的社会心理环境主要包括三方面:

(1) 监狱干警方面。包括监狱干警严格遵纪守法、监狱干警之间的相互信任和相互帮助、监狱干警之间的民主气氛、监狱干警的良好士气和工作热情、监狱干警的身心健康等。

（2）罪犯方面。包括罪犯之间平等相处、正常交往，没有有害的拉帮结派现象，罪犯有安全感，罪犯的良好改造表现能够得到肯定和重视等。

（3）监狱干警和罪犯关系方面。包括监狱干警和罪犯相互尊重，能够正常交往，没有明显的情绪对立和感情冲突等。

文明的监狱环境，会与罪犯原来对监狱环境和监狱生活所持有的观念、想象等，形成鲜明的对比，从而会使罪犯在对比中受到感动、启发和影响，使心理和行为发生积极变化。因此，可以说，良好的监狱环境，整洁的监狱卫生，文明的言行举止，融洽的人际关系等，都属于文明环境的范畴，它们不仅创造了监狱运行和罪犯改造的良好外部条件，而且文明环境本身就具有改造罪犯的积极作用，可以潜移默化地对罪犯的心理状态、情绪情感和行为举止等，产生正面的影响作用。

（五）种植养殖

种植养殖是指监狱有意识地通过让罪犯种植花草树木和养殖适宜动物的活动来影响和改造罪犯的方法。

中国罪犯管理和罪犯改造的实践表明，有计划地组织罪犯开展种植养殖活动，不仅可以美化环境，在营造良好的改造环境方面发挥积极的作用，而且可以调节罪犯的身心状态，吸引罪犯的兴趣，宣泄罪犯的能量，陶冶罪犯的性情，使罪犯在平常的种养活动中得到改造。同时，种植养殖活动也会使罪犯对监狱的认识发生很大的转变，在对于监狱现实的体验与他们对于监狱的原有想象之间产生对比，使他们在对比中受到影响，发生转变。在这方面，一些监狱进行了很好的尝试，产生了良好的效果（参见专栏 7－13）。

第七章 犯因性环境因素与改造

专栏 7-13：种花养草感化罪犯[①]

> （2004年）10月14日上午,吉首监狱第三监区车间内,音乐流淌,生机盎然,空气中弥漫着沁人心脾的芬芳,使人感受到勃勃生机和轻松温馨的氛围,心情顿时变得开朗平和。
>
> 原来,第三监区正在举办以"重播美好希望,再塑美丽人生"为主题的花卉盆景展览。展出的100余盆造型别致的花卉盆景、20余篇罪犯写的养花心得体会寄托了他们对美好人生的向往。
>
> 今年以来,吉首监狱第三监区积极探索人性化教育改造罪犯的方式途径。监区干警深入细致了解本监区服刑罪犯走上犯罪道路的经历,发现脾气暴躁、好逸恶劳、漠视生命、对前途悲观等人格缺陷是罪犯走上犯罪道路的重要原因,也是影响他们当前改造和今后人生道路的不利因素。为了矫正罪犯人格缺陷,培养罪犯形成热爱生活、热爱劳动、关爱他人等良好品格和树立起追求新生的信心,第三监区自六月份起,在服刑罪犯中开展了"花与人生,花与改造"的专题教育改造活动,号召每一名服刑人员培植1—2盆花卉盆景。花卉盆景主要以亲人的赠送为主,使自己时时感受到亲人的温暖与关怀,牢记亲人的嘱托和期盼。为了使这项活动能持续开展,监区专门设立了花卉盆景培育基金,统一购买所需的工具、肥料等,成立了花木小组,对罪犯进行指导。服刑罪犯所培育的花卉盆景归本人所有,刑满后可以带回家,以警示自己不要再违法犯罪。
>
> 活动的开展对罪犯矫正人格缺陷起到了较好促进作用。一些罪犯在培育花卉盆景的过程中,对养花与改造、养花与人生的意义有所感悟,在展出的感想中他们写道:"以前我只看到花是美丽的,现在我更看到花之所以美丽的原因。要使人生美丽如

[①] 石小波:《种花养草感化罪犯》,《团结报》2004年10月22日第3版。

> 花,需要付出辛勤的汗水,需要不怕挫折的勇气,要以负责的态度对待现在的改造、今后的人生、亲人和社会。"

除了种植花草树木之外,还进行养殖观赏鱼、鸟类、家禽等活动。例如,在北京市监狱,罪犯整洁明亮的房间里摆放着鲜花和观赏鱼,每个罪犯负责养护一盆花和一条鱼。监狱负责人说,这些美好的事物应该唤起他们健康、善良的信念。① 在北京市延庆监狱,针对精神病犯多的特点,在监区建立了"爱心乐园",饲养了孔雀、小兔、小鸟等动物。罪犯通过主动与小动物的交流,从对小动物的爱中缓解精神上的压力,进而转化为对生活的热爱。②

(六) 监区文化建设

监区文化建设是指在监狱中进行的以促进精神愉快、心理健康和精神产品生产为主要目的的活动及其结果。

根据这个定义,监区文化建设的主要特征包括下列方面:第一,监区文化建设目的的多样性。监区文化建设的目的是促进精神愉快、心理健康和精神产品生产。监区文化建设的首要目的,应当是丰富监狱生活,使参加监区文化建设的罪犯以及其他相关人员,得到精神上的愉快和享受。其次,监区文化建设活动的进行,有助于促进罪犯和其他相关人员的心理健康。丰富多彩的监区文化建设活动,可以使罪犯和其他相关人员能够在活动中宣泄消极情绪,体验精神感动,获得认识领悟,从而增强他们的心理健康水

---

① http://www.ltjy.gov.cn/xinwen/200201/n201070917.html[2005-2-25]
② 北京市监狱管理局:《依法文明改造罪犯,努力提高改造质量》,司法部监狱管理局编:《全国监狱系统提高改造质量工作座谈会文集》,2002年版,第59页。

平。再次,在吸引和组织罪犯等进行监区文化建设活动的过程中,他们从事精神产品生产的兴趣得到发展,能力得到锻炼,水平得到提高,从而有助于增强他们在这些方面的建设性。

第二,监区文化建设形式的多样性。不仅包括丰富多彩的各类活动,例如,文艺演唱、体育竞技、棋琴书画、智力游戏等丰富多彩的活动,而且也包括这些活动取得的结果,例如,创作的诗歌、戏剧、书画、美术等方面的作品以及墙报、黑板报和其他出版物等。

监区文化是人类文化的组成部分。文化是人类在社会实践中所获得的能力和创造的成果。广义的文化包括人类物质生产和精神生产的能力、物质的和精神的全部产品。狭义的文化指精神生产能力和精神产品。[1] 也有的工具书认为,文化是人类在社会历史发展过程中创造的物质财富和精神财富的总和,特指精神财富,如文学、艺术、教育、科学等。[2] 从这些论述来看,文化主要是指人们的精神方面的活动及其结果,监区文化也不例外。

对于监区文化,已经进行了一些探讨。有的人分析了监区文化的概念,认为把"监区文化建设"改为"监狱文化建设"更加合理;[3]有人尝试给监区文化下一个定义,认为:"所谓监区文化,是指监狱在长期的监管改造活动中逐步培育并为罪犯所认同、吸纳、遵循,且带有本监狱特色的监区环境、改造目标、价值取向、行为方

---

[1] 《中国大百科全书·哲学》(第二卷),中国大百科全书出版社1987年版,第924页。
[2] 中国社会科学院语言研究所词典编辑室:《现代汉语词典》(第五版),商务印书馆2005年版,第1427页。
[3] 陈士涵:《论上海市监狱的文化建设》,朱济民主编:《论上海监狱工作》,上海人民出版社1985年版,第411—417页。

式、道德规范等构成的行刑风尚和改造氛围的总和。"①还有人认为,监区文化"属于狭义文化范畴,其内容应当包括知识、信仰、艺术、道德、法律、习俗和人的素质及习惯等方面"。② 尽管尚未达成一致的见解,但是,从已有的探讨和其他方面,可以归纳出几点共识性的内容:第一,从名称上看,"监区文化"的概念似乎获得更多人的接受,这不仅从人们的学术性探讨文章中可以看出,也已经为官方文件所接受。2003年6月3日司法部通过的《监狱教育改造工作规定》中,接受了这样的概念,用一章的篇幅(第五章"监区文化建设")规定了这方面的内容。第二,从内容上看,"监区文化"主要是指精神方面的活动、产品等。

一般认为,"监区文化建设"的概念,是上海市提篮桥监狱在1989年4月提出的,用来指在监狱的区域范围内开展和发展丰富多彩的文化生活,包括组织罪犯的艺术团,出版狱内报刊,组织诗歌创作团体,组织读书、棋类、外语学习、时装表演、书法绘画、音乐欣赏等各类兴趣小组等。③

尽管在新中国监狱历史上,提出"监区文化建设"的概念比较晚,不过,这方面的很多活动在新中国监狱的历史上,已经进行了很长的时间。应当说,监狱通过组织罪犯开展丰富多彩、形式别致的文化娱乐和体育等方面的活动,不仅丰富了监狱中罪犯的文化生活,减轻了监狱生活的单调性,减弱了监狱环境的严酷性,而且使罪犯的心理健康得到增强,从事文化活动的能力得到提高,对监

---

① 詹锦荣:《监区文化浅析》,《辽宁警专学报》2001年第3期,第34页。
② 周先斌、李润杰:《新体制下的监区文化建设》,《中国监狱学刊》2005年第5期,第122页。
③ 上海市监狱:《提篮桥监区文化初探》,《劳改劳教通讯》1989年第9期。

狱环境的认识产生新的变化,使他们在文化活动中受到感动和领悟,从而发生积极的转变(参见专栏7-14、专栏7-15)。此外,健康向上、丰富多彩的监区文化建设活动,还可以冲淡监狱环境对于罪犯的消极影响,有利于减轻监狱服刑生活对于他们的消极烙印化效果,从而可以减小监狱对于罪犯的副作用。

专栏7-14:河南豫北监狱的监区文化建设①

一、"新生文艺队"好戏连台

豫北监狱位于河南省北部的凤凰山下,这里远离市区,过去监区文化生活十分单调。为了改变这种现状,1992年4月,监狱党委决定,首先利用有文艺特长的罪犯组建狱内"新生文艺队"。这消息像股春风,立即吹遍监区各个角落。仅三天时间,就有100余名罪犯报名参加。经过认真挑选,26名改造表现好、有一定专业基础的犯人成了文艺队的队员。当时,在经费十分紧缺的情况下,监狱挤出资金两万元为文艺队购置乐器、服装、道具,并聘请社会上专业文艺团体的教师进行业务辅导,担任艺术顾问。在大家的共同努力下,不到一个月的时间,一台以"忏悔过去、重塑自我"为主题,融音乐、舞蹈、相声、小品为一体的文艺晚会就和全体服刑人员见了面。他们如久旱遇甘霖,纷纷奔走相告,场场观众爆满。

经过五年多的发展,现在这支文艺队从器材装备到演员阵容都已颇具规模,每年自编自演文艺节目都在20场次以上,有部分节目多次在上级有关部门组织的评比中获奖。

一花引来百花开。在文艺队的带动下,各监区相继成立了20多个人数不等的"演唱小组"活跃在服刑人员中间。每年,监

---

① 汪涛:《里面的世界也精彩——河南豫北监狱的监区文化生活纪实》,《中国司法》1997年第7期,第30—31页。收入本书时,对个别地方做了调整。

狱要集中组织两次大型文艺汇演,管教干警与服刑人员同台演出。节目的内容丰富多彩,形式生动活泼,表现真人真事,深受大家喜爱。这些节目不仅极大地丰富了罪犯的精神生活,而且对于唤起他们的悔罪意识、增强他们重新做人的信心、引导他们走出法律盲区、有效矫治其扭曲的灵魂,起到了巨大的作用。

为了配合社会上的法制宣传教育,"新生文艺队"还适时走出高墙,面向社会,现身说法,让更多的人从他们的亲身经历中吸取教训。不少观众特别是青少年对此反应强烈。他们说,这些服刑人员的演出真实性强、感染力独特。他们用自己的不幸和悔恨,为我们树起一面遵纪守法的警示牌!

现在,文艺队的演员们忙得不亦乐乎,他们正抓紧时间刻苦排练。因为,全体服刑人员翘首以待,一台以"喜迎香港回归、加速改造新生"为主题的大型文艺晚会即将呈现在他们面前。

二、体育运动会别具风采

多层次、多形式、多功能的监区体育运动作为增强犯人身体素质的一种有效途径,在豫北监狱更是开展得有声有色、别具风采。

每年一届的大型综合性运动会,以"重在参与、强身健体"为宗旨,从监区实际出发设置的球、棋、牌、田径等运动项目达20多个。在隆重的开幕闭幕式上,各监区代表队领队手执队标,在雄壮的《运动员进行曲》中,由干警带领迈着整齐的步伐依次入场。监狱主要领导亲自致辞并观看比赛,为运动员加油,为优胜者颁奖。组织严密的啦啦队在统一指挥下使出浑身解数为本队代表鼓劲喝彩,其景其情并不亚于观看一场高水平的国际比赛。

依监狱生产特点而设置的各种趣味竞技,五花八门,妙趣横生。推车上坡、双手托石、快速装卸等项目令人大开眼界。

根据罪犯的不同年龄层次和不同身体状况,因地制宜开展的各种健身活动坚持不断。

监狱成立的篮球、排球、羽毛球、乒乓球及其他运动队十分活跃。每逢节假日,在各种邀请赛、表演赛中队员们都要登场献艺,让球迷们大饱眼福。

多种形式、经常化的体育活动不仅增强了犯人们的体质,促进了监狱生产的顺利发展,同时也给他们带来了无尽的乐趣。

三、监区新文化千姿百态

营造良好的监区文化氛围,紧密围绕罪犯的教育改造而进行监区文化建设,寓教于乐,潜移默化,用高尚的文化生活去占领大墙内罪犯们的精神世界,这在豫北监狱也是声名远播。

春节前后,监狱举办的艺术节是监区文化展示的高峰。艺术节期间,充满浓郁民族特色的狮子舞、龙舞、秧歌、旱船、高跷、灯谜等应有尽有,在监区流光溢彩,高潮迭起。

阳春三月是罪犯的"忏悔月"。在这以"悔日难恕之恶、燃今天新生之火"为主题的活动中,罪犯们声泪俱下,对往日可耻行径的忏悔,表明了他们决裂昔日、重新做人的决心。

盛夏之际的"消夏文化周",把监区文化再次推向高潮,书法绘画、书评影评、知识竞赛、诗歌朗诵异彩纷呈,罪犯们庞大的歌咏比赛场面恢弘,整齐的队列表演步调一致。

每月一日的升旗仪式从未间断。一队队罪犯在向国旗行注目礼的同时也在沉思:面对庄严的国旗和管教干警的谆谆教诲,自己该如何重新奋起,重塑人生?!

最让人动情的莫过于中秋佳节监狱教育部门组织的"亲情促改造、团圆在中秋"帮教规劝大会。一位位满头白发的父母、一个个携儿带女的妻子,流着热泪来到犯人中间,他们的真诚规劝倾诉,句句感人肺腑,声声催人泪下。

为了及时宣传党的改造政策,传递改造信息,交流改造经验,监狱创办的《晨钟报》办得红红火火,至今已出版近500期,被犯人们称为"再生之地"的"绿洲"。藏书达两万余册的图书室、阅览室每周两次定时向犯人开放。爱好读书的罪犯在这里如鱼得水,乐此不疲。

采访就要结束之时,在监狱党委会议室内,我见到了主抓管教工作的副监狱长张敏和教育科长姬美东。提起监区文化建设,他俩感慨万千。张副监狱长动情地说,社会主义制度下的现代文明监狱,不仅仅是惩罚犯了罪的人,更主要的任务是教育人、改造人。监区的文化建设作为一种必不可少的辅助教育手段,其意义和作用不言而喻。几年来,我们在党委的大力支持和亲切关怀下,认真地加强了这方面的建设,监狱的各项工作和在押罪犯的精神面貌都发生了深刻的变化,98%以上的罪犯都能做到"悔过去、思改造、看未来、讲奉献",狱内违纪违规率和重新犯罪率逐年下降。现在,狱内改造秩序稳定,为改革开放的顺利进行和社会的稳定做出了积极的贡献。

专栏7-15:北京女子监狱的监区文化建设活动①

北京女子监狱位于首都的南郊,绿地、花蕾和喷泉让这个"没有自由的女人世界"多了几分柔和。

四年前,许英(化名)因贩毒被判刑十五年。入狱前,她以为监狱意味着镣铐和又脏又臭的大铁笼。入监后,她看到事实并非如此。每天清早,许英醒来的第一件事是,看一眼摆在床头的小镜框里妈妈的照片;起床后,她要给窗台上的两盆万年青浇水。

"监狱允许犯人在床头摆放最思念的亲人的照片,在监舍里种花和养鱼,这对于女人很重要,因为我们容易受情感的支配。"她说。

---

① 摘录自秦立东:《监狱拆"墙"》,《新闻周刊》2003年1月27日,第34—35页。

许英住的监房的墙脚刚被涂上了浅蓝色油漆——一种代表平和与安静的色调,走廊里则挂着象征喜庆的串串塑料鞭炮,窗户和门框上贴着大红剪纸。

到了每个周四,许英还可以轻松怡然地欣赏她最喜欢的《天鹅湖》音乐片段,"那是枯燥的监狱生活中最惬意的事。"这天,在北京女子监狱,是犯人们的心理"宣泄日"。女犯被允许在特定的场所自由地跳迪斯科和交谊舞、唱卡拉OK、打乒乓球等,尽情地"发泄"。

2002年12月24日晚上七点,她们没有想到自己会在酒吧内度过平安夜。北京市女子监狱第二分监区主办的"茧吧"第一次"开张"了,数十名女犯齐聚会议室,她们坐在监狱统一购置的塑料小方凳上,拿着自制的茶水、饮料,还有监区特别为她们购买的水果、瓜子和各种小吃。

"茧吧"改变了"有关规定"——监狱根据罪犯的犯罪类型,将她们分到不同的监区、不同的班组进行管理,服刑人员的所有活动都以班为单位。一般情况下服刑人员不得随意串班,即使是同一班的服刑人员互相之间也不能交换食品和饮料,更不能随便交流。当晚则一改这种惯常状态,她们不仅能够打破原来班组的局限,自由结组坐在一起,还可以一起分享每个人带来的食品小吃,海阔天空地聊天。活动期间,女犯们可以唱、可以叫、可以狂舞、可以不喊报告,尽情地娱乐、交流、发泄自己。

在女犯们尽情发泄的同时,女子监狱值班的副监狱长亲自坐镇,二分监区的监区长、管教几乎全部停休,他们紧张地注视着每一名服刑人员的情绪变化。因为一旦有罪犯触景生情,控制不住情绪,就会给监管安全带来威胁,监管安全的要求是绝对不允许出现意外的。"直到活动结束,我们心里的石头才算落了地。"

女子监狱副监狱长周瑛称,"茧吧"是该监狱二分监区为教育改造罪犯尝试的一种新形式,是融心理咨询、情感教育、娱乐于

> 一体的主题活动。之所以称为"茧吧",是因为"茧"字象征服刑人员因犯罪而入狱的一种状态,同时也表示她们的自我反省。"吧"则表示借用一种类似酒吧的非常自由松散的形式,在特定的时间、特定的地点给予服刑人员一定的自由度。
>
> 这种形式被公认为一种"非常大胆"的新尝试。二分监区张成梅监区长说,她曾参加过相关的心理咨询培训,多年的一线管教工作经验让她觉得对罪犯尤其是女性罪犯的心理调节在管教工作中非常重要,所以,当监区里负责教育的民警黄菲提出"茧吧"的创意后,监区领导给予了大力支持。

第二节 干预性改造方法

干预性改造方法是指监狱通过自身努力积极影响不良社会环境的改造方法。虽然监狱的职权范围主要在监狱范围之内,但是,这并不影响监狱通过一些方法和途径,对监狱外面的不良社会环境等加以干预,从而实现改造罪犯的目的。

一、直接干预不良环境法

直接干预不良环境法是指监狱通过自己的努力直接对不良社会环境施加积极影响的改造方法。

由于监狱机关的性质和职能主要是在监狱范围之内,因此,监狱中的罪犯改造人员可以直接进行干预的不良环境的范围与对象,都是极其有限的。监狱最有可能进行直接干预的对象,就是罪犯的不良家庭。罪犯改造的实践表明,罪犯的家庭对其改造表现有着重要的影响作用。如果罪犯的家庭情况良好,与罪犯的感情联系融洽而密切,就能够大大促进罪犯的改造。相反,如果罪犯的家庭情况不良,与罪犯的感情联系疏远而淡漠,甚至严重损害罪犯的感情和尊严,那么,就有可能妨碍罪犯的改造。因此,监狱中的改造人员可以通过直接干预罪犯家庭的方法,促进罪犯的改造。在这方面,我国的一些罪犯改造人员进行了很多的努力,取得了良好的效果(参见专栏7－16)。

专栏7－16:通过监狱直接干预行为改造罪犯案例[①]

> 1992年受到司法部表彰的全国监狱系统个别教育能手、河北省监狱系统的葛庆生曾经讲述了这样一个改造事例:
> 罪犯杜某,四川人,因拐骗罪被判刑六年。该犯在劳动中表现还可以,只是思想有些沉闷。这种情况本来不值得大惊小怪,可是,1989年12月底的一天,该犯的情绪发展到一句话不多说、精神紧张、坐立不安的地步。后经谈话得知,该犯的犯罪是先奸后卖。有一名受害妇女捎信扬言要报复他,他有些害怕。事后凑巧,拐骗者杜某的家中又被他人所骗:有知情者利用杜某接见的名义,将杜某的妻子和妹妹骗到河北唐县,并将其妹卖给一个农村青年。杜某急得像热锅上的蚂蚁。
> 我根据这一特殊情况,分三步做了安排:第一步做好杜某的思想工作,稳住杜某的情绪,实行包夹[②],防止杜某狗急跳墙;第

---

① 葛庆生:《用唯物辩证观点指导改造顽危犯》,王明迪主编:《个别教育经验文集》,中国政法大学出版社1993年版,第203—204页。为了表述得更清楚,在引用时对个别文字做了改动。

② 包夹是指监狱中安排某个罪犯一起住宿、生活、劳动、学习等活动的其他罪犯密切关注该罪犯的情况,发现危险苗头及时报告和制止,从而防止该罪犯出现危害行为的管理措施。——引者注

> 二步及时和唐县有关部门取得联系,让杜某家人及时得救;第三步联系杜某拐骗妇女以及自己的妹妹被人拐骗的事实,引导杜某深刻认识自己的罪行,进行深入的个别教育。
>
> 经过三下唐县,不仅找到了杜某的妻子和妹妹,帮助她们买好回老家四川的车票,而且在地方公安部门的帮助支持下,将拐卖其妹妹的罪犯绳之以法。
>
> 后来,我将详细经过告诉杜某,他听后感动得痛哭流涕,捶胸顿足地对我说:"我骗别人罪有应得,别人骗我咎由自取,今后我不但在狱内好好改造,回到社会上再也不做缺德事了。"
>
> 由于我在特殊情况下采取了特殊的教育方式,收到了事半功倍的效果。从此,该犯有了明显转变,在释放前一天,还坚持站好最后"一班岗"。

二、间接干预不良环境法

间接干预不良环境法是指监狱通过与其他社会力量的合作对不良社会环境施加积极影响的改造方法。

虽然监狱机关的性质决定了监狱的职权范围主要在监狱内部,但是,这并不意味着监狱对于大墙外面的不良环境是无所作为的。实际上,监狱作为国家刑罚执行机关,不仅与其他国家机关之间有密切的联系,特别是与其他刑事司法机关有密切的联系,而且,监狱作为社会的组成部分,与社会的其他部分之间,也有不同形式和程度的联系。监狱除了自己直接干预不良环境之外,还可以借助其他刑事司法机关和社会其他部分的力量,对不良社会环境进行间接干预,从而促进罪犯改造。

监狱在改造罪犯方面,运用间接干预不良环境法的途径和形

式很多。从中国监狱机关改造罪犯的实际情况来看,运用得比较多的有下列方法:

1. 通过其他刑事司法机关干预不良环境

公安、检察、审判和刑事执行机关构成我国刑事司法系统,它们之间存在着分工负责、互相配合、互相制约的工作关系,共同承担着打击犯罪、维护人权和执行法律的任务。当作为刑罚执行机关或者刑事执行机关组成部分的监狱在罪犯改造过程中,遇到自己难以干预的外部不良环境因素时,可以请求监狱外面的公安、检察、审判机关依法开展有关活动,干预不良环境因素,从而改变不良环境,促进罪犯改造。

2. 通过政府有关机关干预不良环境

除了刑事司法机关之外,监狱机关也可以请求其他的国家机关依其职权开展相关工作,干预监狱外面干扰罪犯改造的不良环境因素,从而间接地促进罪犯的改造。

3. 通过其他社会力量干预不良环境

监狱机关还可以通过请社会上的其他机构、团体、非政府组织甚至个人等,帮助排除影响罪犯改造的不良环境因素,改善与罪犯改造密切相关的外部环境,以此促使罪犯的改造。

第三节 其他改造方法

一、合理认识社会环境法

合理认识社会环境法是指改造人员指导罪犯恰当认识复杂社

会环境的改造方法。这种改造方法的核心和重点,是帮助罪犯恰当认识有缺陷的社会环境因素。

在大多数情况下,监狱无法直接干预监狱外面的犯因性环境,但是,可以通过调整罪犯对社会环境的认识,增强罪犯对于犯因性环境的"免疫力",减小犯因性环境对于他们的不良影响,这样,就可以降低不良社会环境的犯因性作用,达到改造罪犯和预防重新犯罪的目的。

在指导罪犯恰当认识社会复杂的环境方面,应当注意下列方面:

1. 正确认识复杂环境

改造人员要指导罪犯认识到,人们生活的现实社会是一个良莠并存、极其复杂的社会。在这个社会中,既存在着道德高尚的人,也存在着道德卑劣的人;既存在着鼓励人们奋发向上、努力进取的因素,也存在着诱惑人们消沉颓废、腐化堕落的因素。完全纯洁无瑕或者腐败透顶的社会环境,都是不存在的。面对复杂的社会环境,人们如何正确认识,是很关键的。

在指导罪犯认识社会环境方面,要改变过去那种仅仅向罪犯讲述社会中积极向上、鼓舞人心的方面的片面做法,纠正仅仅让罪犯了解社会环境中的有利因素的不恰当倾向。这样的做法和倾向很容易使罪犯对社会环境产生不恰当的认识,进而会产生教育改造内容与现实生活脱节的感受,容易对教育改造内容产生不信任感和无用感(即所教育的内容无助于恰当认识客观存在的现实生活),使教育改造活动失去应有的积极作用。

同时,也要防止过多地向罪犯披露社会阴暗面的做法。如果过多地向罪犯介绍现实生活中存在的问题和弊端,也容易使罪犯对现实生活环境产生不恰当的认识,以为现实生活环境是漆黑一片,就像戏剧中所说的"洪洞县里无好人"。这种做法不仅与客观现实不相吻合,也有可能使罪犯对自己的犯罪行为产生不恰当的认识,利用所讲述的社会阴暗面为自己的犯罪行为辩解,将自己的犯罪行为合理化:既然社会环境如此黑暗,那么,自己的犯罪行为也算不了什么;与屡见不鲜的严重犯罪行为相比,自己的犯罪行为只不过是"小巫见大巫";大家都在违法犯罪,自己之所以被关进监狱,仅仅是因为运气不好……这些辩解和合理化现象可能会阻碍罪犯对自己犯罪的正确认识,甚至有可能助长他们拒不认罪和抗拒改造的心理。

因此,在指导罪犯恰当认识复杂的社会环境方面,要把握好正反两方面内容的数量比例、讲述方式、先后顺序等,从而使罪犯正确认识现实生活环境。

2. 恰当把握自己行为

改造人员不仅要指导罪犯认识社会生活的复杂性,更要指导罪犯在复杂的社会环境中恰当调整自己的心态和正确把握自己的行为,合理对待复杂的社会环境。在现实生活中,尽管很多人都面临同样的或者大致相似的社会环境,但是,在这样的社会环境中,进行犯罪行为并且被定罪判刑的人,绝对是少数。这里就产生了在复杂的社会环境中如何恰当把握自己行为的问题。面对良莠并存的社会环境,有的人能够合理认识和对待它们,能够恰当把握自己的行为,这样就可以避免在不良社会环境作用下发生违法犯罪行为。相反,有的人既不能够合理认识复杂的社会环境,也不能恰当把握自己的行为,因而成为不良社会环境的牺牲品,在不良社会环境的影响下,陷入违法犯罪的泥潭,从守法公民变成犯罪人。

在指导罪犯恰当把握自己行为方面,应当重视下列内容:

(1) 适当调整心态。在良莠并存的社会环境中,人们的命运与发展、成功与地位、财富与权力等,肯定存在着很大的个别差异。这种差异不仅与社会环境有关,也与个人的自身特征,包括身体条件、心理特征、学识风度等很多方面都有关系。因此,面对复杂社会环境中人们之间的巨大差异,个人要有恰当的心态,既要看到差异,把缩小差异作为自己奋发努力的动力,促使自己通过合法途径获取财富、地位和成功,又要避免容不得差异,看见别人的成功就嫉妒、不平的不良心态,避免不切实际地为自己订立难以达到的奋斗目标的偏颇做法,用平常心看待别人的成功和自己的不足,加强自身修养,努力使自己"知足常乐",拥有一种健康、合理的心态。只有这样,才能避免在嫉妒别人成功、不择手段追求自己"成功"的心态下发生的违法犯罪行为。

(2) 确立道德底线。所谓道德底线,就是一个人对自己的心理和行为确立的最低限度的道德准则。对于正常人来说,他们有可能进行很多不很高尚的行为,但是,只要不违背自己的道德底线,他们都能够心安理得地进行这样的行为,而且这样的行为也不会构成违法犯罪。一般而言,道德底线往往是与社会公德和禁止性法律规范的内容相吻合的。违背道德底线的行为,往往是社会公德所不允许的行为,也是法律中的禁止性规范要求人们加以避免的内容。因此,在指导罪犯确立其道德底线的过程中,不仅要指导罪犯了解社会公德的内容,树立社会公德意识,努力根据社会公德的要求确立自己做人处事的道德底线,也要指导罪犯了解禁止性法律规范的内容,促使罪犯确立不违背禁止性法律规范的道德底线,从而使自己避免进行违反这类法律规范的行为。

所谓社会公德,就是在社会生活中为了维持正常的生活秩序而要求人们共同遵守的最简单、最起码的公共生活准则。有的研究者认为,社会公德的主要内容和要求包括下列方面:礼貌谦逊、和气待人;坦诚相见、诚实守信;成人之美、与人为善;遵守秩序、爱护公物;敬老爱幼、尊师亲贤。[①] 这些内容值得在教育改造罪犯中参考。

所谓禁止性法律规范,就是规定禁止人们从事特定行为的法律规范。这类规范在表述上往往使用"不准""不得"等字样。如果个人从事了违反这类禁止性规范的行为,那么,轻则构成一般的违法行为,重则构成刑事犯罪。因此,个人在确立自己的道德底线时,要清楚地认识到禁止性法律规范的主要内容,把它们作为自己为人处世的最低限度的行为准则。

(3)努力避开诱惑。在现实生活中,存在着很多诱使个人进行违法犯罪行为或者陷入别人圈套、遭受别人侵害的因素。这些诱惑是促使个人进行违法犯罪行为或者成为违法犯罪行为被害人的重要环境因素。在指导罪犯合理认识社会环境的过程中,要教育罪犯认识不良诱惑的基本特征(例如,能够使个人获得感官享受,能够使个人"不劳而获"等)和表现形式,提醒他们警惕在不良诱惑的作用下侵害他人或者遭受他人侵害。

(4)谨慎结交朋友。犯罪学的研究表明,在复杂的社会环境中,对于人们的违法犯罪行为影响最大的消极因素之一,就是不良朋友的有害影响作用。特别是对于社会经验不足、判断能力较差、

[①] 魏英敏主编:《新伦理学教程》(第二版),北京大学出版社2003年版,第315—316页。

喜欢结交同伴的青少年来说,不良朋友的有害影响作用,是促使他们进行违法犯罪行为的最重要因素之一。因此,在指导罪犯恰当认识复杂社会环境的活动中,要特别注意提醒他们认识不良朋友的危害,教育他们谨慎结交朋友。

二、破除侥幸心理法

破除侥幸心理法是指消除罪犯错误利用不利的社会环境进行非法行为的侥幸心理的改造方法。

侥幸心理是指在客观情况不允许做某种事情的情况下,为了达到某种个人目的而抱着试一试的态度去进行这种活动的投机冒险心理。这是一种具有消极意义的心理状态,是在缺乏充分准备和必要条件的情况下,想靠偶然的机遇获得成功的一种心理,它往往会成为个人不正当的趋利避害行为的重要心理推动因素。

侥幸心理与犯罪行为的关系十分密切,是绝大多数犯罪人都曾体验过的一种心理现象。犯罪人的侥幸心理,就是犯罪人明知自己的行为是违法的,一旦败露就会受到法律制裁,但是却抱着不一定失败或不一定被发现的态度,冒险进行违法犯罪活动的心理状态。

在故意进行的违法犯罪行为中,犯罪人侥幸心理的产生,大致与以下几种情况有关:

(1)在以往的生活经历中,自己曾有过不良的行为或违法犯罪行为,但是并没有遇到过失败或被人发现过;

(2)在企图进行违法活动的人周围,曾经发生过违法犯罪案件,但是并没有被破获,作案并没有受到惩罚;

（3）有合法的身份、职业或职务，认为自己一贯表现积极，在群众中有威信，与领导关系密切，或者拥有一定职位，手中掌握有一定权力，即使进行了违法犯罪活动，也不会受到怀疑或被发现；

（4）当时的情境有利于进行违法犯罪活动，使犯罪人相信作案容易成功；而且在作案后不容易被发觉或侦破；

（5）个人有较为迫切的财物、报复等方面的需要，促使个人铤而走险，进行违法犯罪活动。

侥幸心理是犯罪人以往的个人经历、别人的成功事例、犯罪人本人的需要、当时的情境等因素在犯罪人心理上交织一起，经过激烈的内心冲突的结果。这种心理在初次犯罪的人身上表现得更为突出。

社会环境的复杂性，有可能增强个人从事违法犯罪行为的侥幸心理。这是因为，社会环境的复杂性意味着，在社会环境中既有遏制和预防犯罪的积极因素，也有促使和助长犯罪的消极因素。积极因素会削弱侥幸心理，而消极因素则会加剧侥幸心理。

鉴于侥幸心理在犯罪过程中所起的犯因性作用，改造人员要重视利用多种方法破除罪犯的侥幸心理。在这方面，要注意下列内容：

第一，认识到侥幸心理存在的普遍性。侥幸心理不仅是很多罪犯中常见的心理现象，也是很多守法者中比较普遍的心理现象。存在侥幸心理不足为奇。

第二，认识到侥幸心理的危害性。应当教育罪犯充分认识侥幸心理的危害性，这种危害性突出地表现为助长罪犯的冒险心理，促进罪犯做出进行违法犯罪的心理决定和实际行动。如果没有明显的侥幸心理，很多违法犯罪行为可能不会出现。

第三,认识到侥幸行为的局限性。尽管在侥幸心理的作用下进行的一些不良行为和违法犯罪行为可能会使个人获得益处,包括获取物质利益和其他非物质利益而不被别人发现、不受惩罚,但是,这种侥幸行为带来的好处是有限的,个人不可能长期在侥幸心理的作用下获得"成功"。"常在河边走,哪能不湿鞋""法网恢恢,疏而不漏"等,就是对这种现象的描述。现代科学技术的迅速发展、人们法制观念的不断增强等,都会大大减少侥幸行为"成功"的可能性,使侥幸行为的局限性越来越大。如果罪犯继续抱着侥幸心理从事违法犯罪行为,很有可能再次受到法律的严惩。

如果改造人员能够通过创造性的努力,大大破除罪犯的侥幸心理,那么,就可以增强改造效果,有效预防重新犯罪的发生。

三、社会化改造法

社会化改造法就是利用监狱外面的资源转变罪犯心理和行为的罪犯改造方法。在我国监狱系统中,这种罪犯改造方法与活动又被称为"罪犯改造社会化"。

社会化改造法的实质,就是利用社会环境中的有效资源和积极力量,开展罪犯改造活动。这实际上是科学认识复杂的社会环境,恰当利用社会环境中的建设性因素改造罪犯的体现。

社会化改造法或者罪犯改造社会化,是我国监狱机关长期实践和坚持的罪犯改造方法之一,也是被实践证明卓有成效的方法之一。自新中国监狱系统建立时起,我国监狱机关就重视利用社会力量改造罪犯。例如,在改造日本战犯的过程中,就重视利用社会力量改造罪犯(参见专栏7-17)。在改造伪满洲国战犯、国民党战犯(参见专栏7-18)以及大量刑事罪犯的过程中,都十分重视利用社会资源和社会力量开展改造活动,转变罪犯认识,改变罪犯态度,从而达到改造罪犯的目的。

专栏7-17:让日本战犯接受社会教育①

　　从1956年2月到8月,根据中共中央的指示,组织战犯到社会上参观学习,让这些在中国作恶多端又长时间与世隔绝的日本战犯,看看中国社会主义革命和建设的情景,亲身接受社会的教育,促进悔罪,加速改造。他们说:"中国政府允许战犯到外边参观,这在世界上是史无前例的。"通过参观,他们对中国工农业生产的辉煌成就普遍心悦诚服。过去的苦主、受害者对他们的宽容态度,也使他们深受感动。在战犯的要求下,原抚顺平顶山惨案的幸存者方素荣向他们介绍了自己死里逃生的经过,他们个个听得目瞪口呆,无比羞愧悔恨,跪在她的面前,泣不成声。尤其是在参观北京后,战犯的激动心情,更是达到高潮。他们一下火车,许多人就流下了眼泪,他们说:当年日本侵略军驻扎北京,把一个神圣古老的城市变成了人间地狱。鹿毛繁太②说:"在辽阔的中国国土上,没有一寸土地不渗透着被杀害的中国爱国志士的鲜血,也没有一个地方不埋着惨遭杀害的中国人民的白骨。这使我更加认识到自己过去罪行的严重性,也更加使我对魔鬼般的帝国主义抱以无限的愤怒和憎恨,我要自觉地继续消除我的军国主义思想,重新做人。"

---

　　① 中华人民共和国司法部编:《劳改工作经验选编》(上册),群众出版社1989年版,第17—18页。
　　② 鹿毛繁太是前伪满洲国锦州市警察局警务科长,曾经是战犯管理所中闹得最凶的反改造战犯。——引者注

专栏7-18：利用社会参观方法改造国民党战犯①

抚顺战犯管理所在改造伪满洲国战犯和国民党战犯的过程中，通过组织战犯到外面参加劳动，利用社会力量进行社会教育，"收到了狱内教育所难以收到的教育效果。"

1959年春天，抚顺郊区四家子生产队求援植树造林，我们带领一百余名战犯参加了这次有意义的社会义务劳动，两天时间植树五万棵。

在劳动过程中，大队准备了四个菜的午饭，我们婉言谢绝。劳动结束时，大队坚持送给我们一袋花生，我们推辞不下，只好收下。利用这个机会，我们请生产大队的负责人就地给犯人讲了话。他说，"这一片荒山秃岭，原来也是一片茂密的山林，只是由于日伪统治时期的残酷掠夺，国民党反对派又来疯狂砍伐，才造成了穷山恶水的灾难。今天，全国6.5亿人民普遍响应毛主席的伟大号召，都在植树造林，兴修水利，根治日蒋反对派留下的灾害。我们大队全体社员，决心在几年之内把这些荒山变成绿山。我们这项绿化工程，得到了管理所的主动援助。现在，我代表社员送给大家一点花生，用我们自己的劳动果实，作为对你们的酬劳。"

接着，我们又教育启发战犯说："今天的事实再次证明，反对派给人民带来的深重苦难，人民是不会忘记的。但是，只要他们肯于改恶从善，人们可以宽恕他们；对于他们所做的任何有益于人民的事，也都会作出公正的评价。"

战犯们听了，个个羞愧不已，越发悔恨自己所犯下的罪行，纷纷表示不要酬劳，说："这一点点劳动，只能赎罪于万一；如果再去糟蹋人民的劳动果实，更是心神不安。"

---

① 中华人民共和国司法部编：《劳改工作经验选编》（上册），群众出版社1989年版，第67—68页。在收入本书时，对个别词语和标点符号进行了调整。

> 我们给他们分了花生,干部们一粒不留,使他们感动万分。回到管理所后,他们分头举行"茶话会",边吃花生边谈劳动体会,进一步加深了认罪改造的效果。

2002年12月,司法部又提出了监狱工作"三化"(即监狱工作法制化、科学化、社会化)的工作目标,进一步发展了罪犯改造社会化的思想,使社会化改造法得到进一步的改进和完善。

第八章　犯因性生理因素与改造

对于犯因性生理因素的改造,在很大程度上依赖于有关科学技术的发展水平。从目前科学技术的发展水平来看,虽然不能对所有的犯因性生理因素施加影响和干预,但是,人们已经进行了这方面的尝试,特别是进行了精神外科和药物治疗等方面的探索。本章论述这些方面的内容。由于精神外科等可能会对犯因性生理因素产生影响的方法,基本上属于医学的范畴,因此,在下文中主要使用与医学方法相对应的"治疗"(treatment)[①]一词表示"改造"的含义。

第一节　精神外科与罪犯治疗

一、精神外科及其与罪犯治疗的联系

精神外科(psychosurgery)又称为"精神外科手术",是指通过破

[①] 在中国监狱学界,已经普遍使用"矫治"的概念,这个概念对应的英语名词就是"treatment"(治疗)。因此,在监狱学文献中,"治疗"和"矫治"的含义基本上是相同的。

坏大脑的某一区域来缓解一些严重的、难以用其他方法治疗的精神病障碍的治疗方法。① 为了把目前的精神外科技术与早期的、粗糙的"脑白质切除手术"(lobotomy)相区别,许多精神外科的支持者采用了"精神病学外科"(psychiatric surgery,又译为"精神科手术")这样的术语。

那些坚决反对精神外科手术的人,则对精神外科做了这样的界定:通过阻止精神病患者的情绪和智力发育以便使其更容易管理而进行的脑切除手术。

精神外科手术本来是用来治疗精神疾病的一类方法,是在利用心理学、药物等方法难以奏效的情况下,迫不得已使用的一类精神疾病治疗方法。那么,这类方法为什么能够与罪犯治疗联系起来呢?主要原因在于,人们的研究发现,很多犯罪行为产生的原因以及犯罪行为的表现,都与精神疾病有共同或者相似之处。特别是对大量暴力犯罪人、性犯罪人、强迫型犯罪人、习惯犯罪人等的研究发现,这些犯罪行为的表现与产生原因,和某些精神病有很大的相似性,因此,一些人尝试将治疗精神病的方法应用于对罪犯的矫治,特别是应用于对屡教不改的严重犯罪人的矫治。

由美国南加州大学心理学系的艾德里安·雷恩(Adrian Raine)在1993年出版的《犯罪精神病理学:作为一种临床障碍的犯罪行为》②一书中提出并加以论证的犯罪即障碍(crime as a disorder)理论进一步证实,犯罪行为(特别是严重的、累犯性的犯罪行为)可能

---

① Elliot S. Valenstein (1980), *The Psychosurgery Debate: Scientific, Legal, and Ethical Perspective* (San Francisco, CA: W. H. Freeman and Company, 1980), p. 12.

② Adrian Raine, *The Psychopathology of Crime: Criminal Behavior as a Clinical Disorder* (San Diego, CA: Academic Press, Inc., 1993).

是一种临床障碍或者精神病理现象,它在许多方面与抑郁症、精神分裂症或者其他心理障碍相类似。

提出这种观点的基础是,不仅犯罪行为符合精神病理现象的定义,而且有关的经验性资料也表明,犯罪人与非犯罪人(noncriminal)在生物、心理和社会变量方面是有差异的。

雷恩把"障碍"(disorder)或者"心理障碍"(mental disorder)与"精神病理现象"(psychopathology)当成可以互换使用的词语。他首先论述了构成"障碍"的标准。根据他的论述,某种行为是否构成"障碍",要用九个标准来衡量。这九个标准是:①

(1) 偏离统计常模(norm);

(2) 偏离理想的心理健康标准;

(3) 偏离社会规范;

(4) 自己体验到苦恼(distress)并且给别人造成苦恼;

(5) 寻求治疗;

(6) 在社会、职业、行为、教育和认知方面发生功能失调(dysfunction);

(7) 列入《美国精神病诊断统计手册》第三版修订本(DSM-III-R);

(8) 表现出生物性功能失调;

(9) 在《美国精神病诊断统计手册》第三版修订本中概括描述了心理障碍的定义。

应当注意的是,大多数障碍并不完全符合这些标准。如果将

---

① Adrian Raine, *The Psychopathology of Crime: Criminal Behavior as a Clinical Disorder* (San Diego, CA: Academic Press, Inc., 1993), pp. 4-21.

犯罪行为与其他障碍进行比较的话,就可以发现,犯罪行为就像其他公认的障碍那样,是符合这些标准的,犯罪甚至比其他一些障碍更加符合障碍的标准。

根据雷恩的研究,在过去的大量研究中可以发现证明犯罪即障碍观点的很多证据,其中的主要证据包括下列方面:[1]

1. 进化因素

对犯罪行为进行的进化(evolution)方面的研究表明:

(1)以反社会行为、"欺骗"(cheating)行为的形式表现出来的犯罪行为,具有清楚的进化基础;

(2)行为和情绪也是在与这种反社会型欺骗行为的斗争中进化的;

(3)这种社会生物学观点可以适用于大多数反社会行为;

(4)欺骗行为的发展,可能是广泛的环境因素和特定的环境因素发生作用的一种结果。例如,人们把反社会行为当作环境力量与社会生物力量动态互动的一种产物。

2. 遗传因素

对犯罪行为进行的遗传学(genetics)方面的研究表明:

(1)有关孪生子与犯罪关系的研究发现,遗传对犯罪有明显的影响。对 13 对孪生子的研究发现,同卵孪生子之间的犯罪一致率是 51.5%,而异卵孪生子之间的犯罪一致率是 20.6%。

(2)除了孪生子研究之外,其他研究尽管数量很少,但是也支持犯罪具有遗传性的观点。

---

[1] Adrian Raine, *The Psychopathology of Crime: Criminal Behavior as a Clinical Disorder* (San Diego, CA: Academic Press, 1993), pp. 288-293.

（3）收养研究克服了孪生子研究的一些缺陷,对在不同国家进行的 14 项收养与犯罪关系的研究的分析表明,犯罪深受遗传的影响。

不过,遗传学研究也发现,环境因素具有重要的作用,环境因素与遗传因素之间的相互作用是极其重要的。

3. 生物化学因素

生物化学(biochemistry)方面的研究发现,反社会者表现出他们大脑中枢的 5-羟色胺和去甲肾上腺素分泌较少的特点。5-羟色胺(serotonin,又称为"血清素")是一种具有很强血管收缩作用的神经递质,5-羟色胺分泌减少或者活性降低,会导致抑郁症;5-羟色胺分泌过多或者活性过大,会导致偏头痛和恶心等症状。去甲肾上腺素(norepinephrine)是一种具有生理活性的物质,具有产生兴奋、欣快情绪的作用,过度兴奋可能导致狂躁与攻击行为。研究发现,只有在情感不稳定和饮酒成瘾的反社会者中,才发现去甲肾上腺素分泌减少的现象,但是,不管是否有精神病性问题,在实施了暴力型人身犯罪行为的反社会者中,都会发现 5-羟色胺分泌减少的现象。反社会者中去甲肾上腺素和 5-羟色胺分泌减少的现象,广泛支持了关于反社会行为的行为抑制解除理论(behavioral disinhibition theory)。[1]

4. 神经心理学因素

神经心理学(neuropsychology)方面的有限的证据表明,额叶功能障碍(frontal dysfunction)可能是反社会行为和犯罪行为的普遍特

---

[1] Adrian Raine, *The Psychopathology of Crime*: *Criminal Behavior as a Clinical Disorder* (San Diego, CA: Academic Press, 1993), p.289.

征。人们假定,额叶前部皮层的眼眶额叶区(orbitofrontal region)和背侧区(dorsolateral region)的损伤,可能是具有分裂型人格障碍的反社会者或精神病态者特有的特征。也有一些有限的证据表明,暴力行为人和犯罪人的大脑左半球受到损害,特别是大脑左半球的左前颞叶边缘结构(left fronto-temporal-limbic structures)受到损害。成年精神病态者和少年精神病态者在语言处理的单侧化(lateralization,是指大脑两半球功能的分化现象,通常认为成人的语言功能主要由左半球执行;对各种视觉空间和非语言刺激的加工主要由右半球进行)程度受损;一些研究发现,成年犯罪人和少年犯罪人中的左利手现象(left-handedness)较多。精神外科研究成果发现,脑灰质颞叶前部的扁桃核(amygdala)对攻击行为具有综合性的抑制作用。

5. 脑成像因素

就脑成像(brain imaging)因素来说,在已经进行的计算机化X线体层扫描(14 CT)、正电子放射层扫描术(positron-emission topography,PET)、磁共振成像(magnetic resonance imaging,MRI)研究中,有八项研究发现了一些缺陷。在所有研究中,都在脑前区(anterior region of the brain)发现了一些选择性缺陷。有三项功能性脑成像研究,都发现了额叶功能失调(frontal dysfunction)。在十四项脑成像研究中,有四项研究发现了选择性额叶功能失调,有六项研究发现了颞叶缺陷。人们假设,额叶功能失调与暴力犯罪和强奸犯罪的联系更为密切,而颞叶功能失调与包括乱伦、恋童癖在内的性犯罪的联系更为密切。

6. 心理生理学因素

在研究中已经一致地发现,一些心理生理学(psychophysiology)

因素表明,犯罪行为是一种障碍。例如,较低的静止心律(lower resting heart rate)是没有被监禁的、年轻的反社会群体的特征,它可能是最有可能重复的反社会行为的相关因素,可能反映了无恐惧感(fearlessness)和唤醒不足(underarousal)的特质。在皮肤电反应和心血管测试中,也发现了较低的静止激活性(resting arousal);预期型心理生理学研究证实,心理生理型激活不足(psychophysiological underarousal)是犯罪行为发展的一种素质(predisposition)。皮肤传导定向缺陷似乎是具有分裂型特征的反社会者的特性,可能反映了额叶功能失调。

7. 其他生物因素

还有一些生物因素与犯罪行为和暴力行为有一定联系。这些因素包括:(1)明显的头部损伤历史;(2)出生并发症;(3)轻微身体异常;(4)缺乏身体吸引力(整形外科干预提供了一些有限的证据,表明这种身体不利条件可能偶然地与犯罪有联系);(5)健壮—肥胖体型;(6)低的基础皮质醇水平(low basal cortisol levels);(7)强的睾酮水平;(8)低血糖;(9)饮食中精制的糖类过多,特别是这种糖类与酗酒相结合时问题更加严重;(10)体内摄入铅。

在犯罪的这些生物相关因素中,很多是由环境造成的,它们也通过一些社会机制引起犯罪,例如,社会抛弃、自尊降低、学业失败。

8. 认知因素

从不同来源获得的大量证据显示,犯罪人中存在一些认知方面的缺陷。少年犯罪人和成年犯罪人中存在认知功能失调(cognitive dysfunction)。这些认知功能失调包括:(1)经典条件反射缺陷;(2)被动回避学习缺陷(passive avoidance learning deficits);

(3)对奖赏过分敏感;(4)智力低下,特别是言语智力低;(5)学习无能(learning disability,又译为"学习不能""学习困难""学习能力缺失""学习障碍"等);(6)道德推理能力水平低;(7)社会信息处理缺陷(social information-processing deficits),这种缺陷对攻击行为的发展有推动作用。

9.家庭因素

家庭因素是少年犯罪和成年犯罪的最重要的预测因素之一。研究发现,与犯罪行为关系密切的家庭因素包括:(1)父母犯罪;(2)儿童虐待;(3)母爱剥夺;(4)离婚或分居;(5)父母监督较差;(6)无规律、不一致的惩罚;(7)消极感情;(8)婚姻冲突;(9)被忽视(neglect)。

10.家庭外因素

家庭外因素(extrafamilial factors)是指存在于家庭环境之外并对以后犯罪的发展起潜在作用的重要社会因素。这类因素包括:(1)消极的同伴影响;(2)学业失败;(3)坏学校;(4)大家庭;(5)父母和本人的社会阶级;(6)失业;(7)都市生活;(8)住房条件差;(9)过度拥挤。

在上述因素中,很多因素属于生理因素。因此,可以利用在治疗精神疾病中使用的精神外科、药物治疗等方法矫治犯罪人。

二、利用精神外科手术治疗犯罪人

(一)外国的实践

实际上,使用精神外科手术治疗和改造犯罪人的做法已经有很长并且很曲折的历史。早在中世纪时,在那种认为犯罪行为与精神病都源于魔鬼附体的宗教学说的影响下,就发生了很多在犯罪人和精神病人头上钻孔以便释放其魔鬼、从而消除犯罪行为和治疗精神病的事例。文献表明,这种被称为"环钻术"(trepanation,一种打开头盖骨的手术)的治疗方法,其最早的记载可以追溯到公元前1500年到公元前2000年。对于精神病人实行环钻术和修复颅骨的手术,在12世纪时已经比较流行。

1891年,瑞士普雷法杰精神病院(the Insane Asylum in Prefargier)院长格特列布·布尔克哈特(Gottlieb Burckhardt)第一次公开发表报告,报道了对于精神病人的未受损伤的脑部的一部分进行外科破坏的手术及其原理。布尔克哈特希望通过切断大脑中控制感觉和运动功能区域之间的脑组织的连接,使激动不安和幻觉不断的病人安静下来。

一般认为,现代精神外科手术的普遍使用,开始于葡萄牙神经病学家埃加斯·莫尼兹(Egas Moniz)。1935年11月12日,61岁的葡萄牙里斯本大学神经病学教授埃加斯·莫尼兹和他的同事、神经外科医师阿尔梅达·利马(Almeida Lima)完成了第一例精神外科手术——脑白质切断术(lobotomy),用来治疗精神病。他们的病人是一名63岁、患有梅毒的前妓女,这位女病人被诊断患有更年期忧郁症。她有过住精神病院和被关进监狱的历史,被看成是一名精神病人。在进行脑白质切除术后的两个月,莫尼兹报告说,该病人被治愈。在1936年用法语发表的一篇报告中,莫尼兹报告说,他们对20名病人进行这项手术产生了令人鼓舞的结果:7名病人治愈,7名病人得到改善,6名病人没有改善。由知名神经病学家发表的这份报告,在当时产生了极大的影响。埃加斯·莫尼兹因此而获得1949年的诺贝尔生理学或医学奖。①

在他们的影响下,精神外科手术逐渐流行起来,并且被应用于治疗犯罪人,主要用于治疗习惯型暴力犯罪人和性犯罪人。一些国家都采用这种手术方法对犯罪人进行治疗。甚至在媒体中也对此进行了报道。例如,英国《泰晤士报》1973年10月2日第17页的社论中,就系统地论述了有关的问题(参见专栏8-1)。

专栏8-1:对犯罪人的治疗②

> 与其他国家相比,英国几乎没有对性犯罪人和暴力犯罪人进行医学和外科治疗的经验。例如,在丹麦,使用阉割(castration)治疗重复型性犯罪人(repeated sexual offender);在德国和美国,已经为了同样的目的而使用脑外科手术(brain surgery),并且声称这两种手术都获得了良好的结果。一种不太残酷的替代性治疗方法是利用性激素(sex hormone)进行的治疗,性激素产生一种化学阉割(chemical castration)作用。最新的治疗方法是利用像苯哌多(Benperidol)之类的药物直接作用于脑部而进行的治疗。
>
> 这些治疗方法通过根除任何形式的性欲来消除不需要的性冲动,但是,所有这些治疗方法都有缺陷和副作用。任何试图矫正行为的脑手术,都有可能引起人格的一些呆板变化,从而减弱驱力和能量;性激素治疗有不愉快的生理效果,包括体重增加和恶心呕吐;一些强效镇静药可能引起持久的脑损害。而且,所有这些治疗方法从某种意义上讲,都具有实验性质,因为它们的长期效果是不能确切预测的,无法预知是否会产生难以预料的并

---

① Elliot S. Valenstein, *The Psychosurgery Debate: Scientific, Legal, and Ethical Perspective* (San Francisco, CA: W. H. Freeman and Company, 1980), p.30.

② An editorial in *The Times*, October 2, 1973, p.17.

发症。当然也存在这样的问题,即当副作用令人不快时,所有的患者都停止服药。

这些都是有很大危险性的治疗方法,但是,在实践中,对这类问题有个人经验的医生、那些多年来同自己无法控制的欲望和冲动作斗争的性犯罪人,都愿意接受这些治疗。对于这些人来说,与长期担心自己可能会对儿童进行性骚扰或者进行其他暴力侵害行为的情况相比,治疗的危险和缺陷似乎更容易接受。

近来,基于道德理由而对那些试图消除犯罪人的反社会冲动(antisocial urge)的治疗方法的批评,不断增加。人们认为,社会无权首先确立一些行为标准,然后断言没有遵循这些标准的人需要接受治疗——对于已经在监狱中剥夺了自由的人来说,更是如此。不过,对于这个问题的讨论往往显得过于学术化,过分关注像人格尊严、社会福利与个人自由之间的选择之类的概念——很容易忽略犯罪人自己的需要和愿望。

那些为了矫正其行为而要求进行治疗的人,并不总是一些已决犯。即使对这些治疗进行批评的人也可能承认,个人具有在无任何社会压力的情况下为自己选择进行治疗的自由,不同意自己性取向(sexual orientation)的情况除外。如果成人能够理解自己的选择,能够充分了解治疗的危险性和效果,那么,成人的同意就是有效的。但是,当一个人被监禁在监狱中或者处在假释、缓刑之中的话,同意就是一个很难的问题。

简单的解决办法就是坚持这样的观点,即在这些情况下,决不能把治疗作为提前释放的一种条件;决不能进行完全不可逆的治疗。实际上,这就限制了对那些被判处确定刑期的罪犯进行药物治疗的范围——尽管符合假释条件的情况限制了这个结论。不幸的是,许多精神极其紊乱的犯罪人就是那些正在服不定期刑的人。这些人往往知道,除非认为他们变得"安全了",否则决不会被释放。在进行任何严格的法律评估时,他们对治疗的同意,都不可能被看成是自由作出的——是否可以公平地说,

> 这些人就是那些不能对其进行使他们变得安全的治疗的人呢？
> 这就是今年早些时候美国一家法院的判决的效果，这项判决认
> 为，没有被监禁的人，可以合法地同意进行旨在消除其攻击倾向
> 的不可逆手术。
>
> 　　过分严格的道德立场可能对犯罪人是不利的，因为通过外
> 科手术和药物改变人格的技术有可能得到进一步的改善，这些
> 方法能够在改造一些类型的犯罪人中发挥重要作用；只要提供
> 令人满意的保护措施，就可以同意进行这样的治疗。这种限制
> 性条款是非常重要的。在监狱外面，一个人同意治疗的性质，是
> 个人与其医生之间的事情；但是，在一所监狱内，由于存在额外
> 的压力，有必要进行独立评估。人们有时会说，仅仅一个委员会
> 就可以分摊作出决定的责任和对于失败的罪过；但是，一个小组
> 的独立专家就可以对犯人提供必要的保护。应当确定这个委员
> 会的角色，即不能把治疗作为假释或者提前释放的一项条件；犯
> 人完全理解治疗的性质和危险性，包括仅仅由于时间的流逝而使
> 其状况有可能发生的任何改变；这种治疗已经在监狱外面得到充
> 分的检验。如果有这些保护措施，那么，社会就可以及时地对重复
> 型性犯罪人使用比长期监禁更好的替代措施。

　　资料表明，精神外科手术曾经在很多国家都使用过。1941年在英格兰发表的第一份有关精神外科的报告指出，除了英格兰之外，在意大利、法国、罗马尼亚、巴西、古巴和美国的一些地方，都进行了精神外科手术。据估计，到1941年，在全世界进行了大约350—500例精神外科手术。1942年，沃尔特·弗里曼（Walter Freeman）和詹姆斯·瓦茨（James J. Watts）合著的《精神外科》一书出版，[①]在书中详细论述了精神外科手术的专门问题，促进了精神

[①] Walter Freeman & James J. Watts, *Psychosurgery* (Springfield, IL: Charles C Thomas, 1942).

外科手术在世界范围内的急剧增加。到20世纪40年代末,除了上述国家之外,日本、苏联、加拿大、澳大利亚以及一些欧洲和南美国家,都进行了精神外科手术。此后,精神外科手术的数量继续不断地增加。到1962年时,英国进行了15000起精神外科手术。到20世纪60年代末,美国进行了50000起精神外科手术。① 这些手术中的一部分是对精神病院中的犯罪人进行的。

1970年,弗农·马克(Vernon Mark)和弗兰克·欧文(Frank Ervin)出版的《暴力与脑》一书,②在激发人们思考并将脑外科手术应用于社会问题方面,特别是在利用脑外科技术控制暴力行为方面,发挥了关键性的作用。作者在前言中写道,他们撰写该书是"为了促进一种新的、生物学性质的方法来解释人类暴力问题","毫无疑问,暴力在美国人的生活中是突出的和普遍的。1968年,遭受谋杀和重伤害行为侵害的美国人,超过了在七年半的越南战争中伤亡的人数;几乎有五十万的美国人遭受到杀害、强奸和伤害。"③因此,需要用精神外科等方法解决暴力等有关的社会问题。不过,作者对于这类方法的使用,持谨慎的态度。后来在20世纪70年代发表的一系列论文中,作者明确指出,他们总是反对对暴力行为人进行任何精神外科手术,除非有清楚的证据表明暴力行为是由脑病变引起的。而且,他们认为,在可预见的条件下,对监狱犯人进行精神外科手术是不正当的。但是,作者的这种立场并不

---

① Elliot S. Valenstein, *The psychosurgery Debate: Scientific, Legal, and Ethical Perspective* (San Francisco, CA: W. H. Freeman and Company, 1980), p. 27.
② Vernon Mark & Frank Ervin, *Violence and the Brain* (New York: Harper & Row, 1970).
③ Ibid., p. 3.

是一贯的,实际上,他们的《暴力与脑》一书引起甚至误导了很多对暴力型犯罪精神病人(violent criminally insane)的精神外科手术。

研究表明,在1971—1978年间接受了精神外科手术的人中,暴力行为人的数量是很少的,但是,大多数这样的事件都引起了对精神外科控制暴力行为问题的争论。引起这种争论的因素很多,其中包括《暴力与脑》一书的出版、美国司法部下属执法援助局(Law Enforcement Assistance Administration,LEAA)调查的数量、监狱管理部门关于生物因素引起暴力行为的调查等。美国的资料表明,在此期间,几位临床医生接受政府资助研究监狱犯人中的脑部异常,而且在一些监狱中对犯人进行了脑部手术。例如,艾伦斯(L. Aarons)在1972年报告了对加利福尼亚州的三个监狱犯人秘密进行脑部精神外科手术的情况。[①]

20世纪70年代以来,人们发现暴力行为与神经递质有关,因此,精神外科手术进一步发展到通过影响神经递质的分泌来控制暴力型犯罪行为。由于这种手术副作用大,并且涉及人权等敏感问题,因此,在西方国家使用这种方法治疗暴力犯罪人是很谨慎的。根据奥卡拉汉(M. A. J. O'Callaghan)和卡罗尔(D. Carroll) 1982年的报道,在对15000例精神外科手术进行的一项调查中发现,只有2.5%的精神外科手术(375例)是为了控制反社会行为而进行的。"不过,这375例精神外科手术已经足以说明,这种手术是有效的。"[②]

[①] L. Aarons, "Brain Surgery is Tested on Three California Convicts," *Washington Post*, February 25, 1972, p.1.

[②] Adrian Raine, *The Psychopathology of Crime* (San Diego, CA: Academic Press, Inc., 1993), p.122.

除了由莫尼兹等人开创的对大脑前额区(prefrontal areas)进行精神外科手术之外,精神外科手术还包括扁桃体切除术(amygdalectomy)。这种手术最先在日本进行,被认为可以成功地降低个人的攻击性。然后,在美国等国家进行这种手术。20世纪六七十年代发表的四项研究,报告了185例这类手术的结果(具体结果参见表格8-1)。1982年,奥卡拉汉和卡罗尔对这些手术的结果进行研究分类后,获得了下列结论:有显著改善的占39%;有一定改善的占35%;没有改善的占21%;情况恶化的占5%。如果对这些类型进行二分法划分,那么,获得一定"成功"的占74%;"失败"的占26%。[①] 人类扁桃体切除术的结果之所以有差别,一种原因可能是因为对于攻击性来讲,扁桃体既有刺激作用,又有抑制作用。因此,不能预期彻底切除扁桃体会产生某种降低攻击的结果。

表格8-1:利用扁桃体切除术治疗攻击行为和品行障碍的结果[②]

手术数量(N)	1(%)	2(%)	3(%)	4(%)	研究者
40	45	33	22	—	H. Narabayashi & M. Uno (1966)
115	38	37	17	8	V. Balasubramaniam et al. (1970)
12	67	25	8	—	K. Vernet & A. Madsen (1970)
18	22	28	50	—	L. G. Kiloh, R. S. Gye et al. (1974)

注:1 = 显著改善(marked improvement);2 = 一定改善(some improvement);
 3 = 没有改善(no improvement); 4 = 恶化(worse)

第三类精神外科手术是下丘脑切断术(hypothalamotomy)。人

[①] Adrian Raine, *The Psychopathology of Crime* (San Diego, CA: Academic Press, Inc., 1993), p.123.

[②] Sarnoff A. Mednick et al. (eds.), *The Causes of Crime: New Biological Approaches* (New York: Cambridge University Press, 1987), p.316.

们利用这种手术主要治疗一些性障碍(sexual disorder),其中包括多种性变态(同性恋行为、露阴癖、窥淫癖、恋童癖、性变态纵火等)和性暴力行为,例如,强奸。这些治疗的具体情况可以参见表格8-2。

表格8-2:利用下丘脑切断术治疗性障碍的结果①

数量(N)	诊断	手术结果分类				最初分类	研究者
		1(%)	2(%)	3(%)	4(%)		
11	性变态[1]	60	10	30	—	1. ++++;2. ++(中等);3. +(差)	F. Roeder et al. (1972)
20[2]	性变态[3]	75	15	5	5[4]	1. 好;2. 中;3. 差	D. Müller et al (1973)
6	性变态[5]	83	17	—	—	1. 好;2. 中	G. Dieckmann et al. (1975)
47[6]	性暴力[7]	100	—	—	—	1. 性驱力明显降低	同上(1977)

注:1 = 显著改善(marked improvement);2 = 一定改善(some improvement);
  3 = 没有改善(no improvement); 4 = 恶化(worse)
[1]主要是"恋童癖"和"同性恋"。[2]包括第一系列(first series)②患者。[3]主要是"同性恋性变态"(homosexual deviation)。[4]一人在手术后6天死亡。[5]所有人都是监狱犯人,其中3人是同性恋者(其中的2人有恋童癖),2人是"暴力型性欲亢进"(violent hypersexuality)者,1人是性欲亢进型纵火变态(hypersexual pyromanic perversity)者。[6]包括3名第一系列患者。[7]所有人都是性暴力犯罪人,其中3人犯严重强奸罪,1人犯"重复型性动机纵火"(repeated sexually motivated arson)。

  根据已经获得的资料,很难得出一个精神外科手术是否可以成功改造犯罪人的确切结论。研究表明,这类手术的积极效果往

---

① Sarnoff A. Mednick et al. (eds.), *The Causes of Crime*:*New Biological Approaches* (New York:Cambridge University Press, 1987), p.317.
② 原文中对"第一系列"(first series)没有解释。——引者注

往是比较短暂的,而且对于成功也缺乏独立的评估。同时,从伦理方面来看,这种手术结果的不可逆性,也往往使人们很难认为它是正当的,很难轻易地同意进行这类手术。所以,对于这类方法的使用是极其谨慎的。

从目前的研究来看,损害大脑前额区的精神外科手术在减少反社会行为和暴力行为方面的效果,似乎较差;相比较而言,扁桃体切除术在降低攻击性方面的效果似乎较好一些。

同时,精神外科技术本身也有了进一步的发展。近几十年来,利用外科手术治疗强迫症和抑郁症疗效显著,成为难治性患者的最后选择,这使得人们对精神外科治疗的兴趣又重新迸发。其中,脑深部电刺激(deep brain stimulation, DBS)疗法成为了精神外科治疗复兴的里程碑。在使用该疗法治疗运动障碍疾病获得巨大成功,并在精神疾病治疗上也取得了令人振奋的结果后,未来的精神外科治疗有望向可逆、微创的个体化治疗方向发展。近十几年来神经科学研究特别是脑功能研究的突飞猛进,使人们对一些精神疾病有了更深的了解,不断发展的神经生物学证据也为精神病的手术治疗提供了理由,例如强迫症、抑郁症患者脑内特定区域葡萄糖代谢的变化。随着神经影像、立体定向手术设备以及微创或无创手术方式的发展,精神外科手术更加精确,损伤更小。

目前,世界各国对精神外科手术的接受程度差异极大,这当中有各国伦理、法律的差异因素,但更重要的原因是不同国家的精神科医师对外科治疗的了解不同。在欧美国家,多数精神科医师基于对精神外科手术大量的回顾性研究和少量的前瞻性研究,认为现代的精神外科治疗(毁损手术)可以为一些难治性强迫症、焦虑症和抑郁症提供最后的治疗选择。自从DBS被引入精神病的外科治疗后,这种可逆的、不会产生永久性副作用的疗法逐渐被更多的人所接受,法国等原先禁止毁损性手术治疗精神病的国家已正式批准 DBS 用于精神外科治疗。[1]

不过,一些国家和地区的刑事司法管理部门对于在犯人中使用精神外科手术的问题,有不同的态度。有的地区完全禁止对监狱犯人施行这种手术。例如,美国加利福尼亚州的立法规定:"现在和将来都不得对矫正局监禁的人员实施精神外科手术,包括脑白质切除术、脑立体定向外科手术(stereotactic surgery)、利用化学药物或其他方法破坏脑组织,或者在脑组织中置入电极。"[2]

(二) 中国的情况

在中国,很早就有使用精神外科手术治疗精神病的实践。根据精神病学家贾谊诚 2001 年的报道,1949—1955 年,当时我国受到美国大力推行精神外科手术的影响,国内个别精神病院确曾对少数难治的病人,主要是胰岛素昏迷疗法[3]与电抽搐治疗(ECT)无效的病人,进行过精神外科手术,但数量却远不及美国。尤其在苏联严厉批判精神外科手术后,我国就停止不再做了。到 20 世纪 80 年代,国内确有少数医院模仿美国,对个别难治病人重新实行改良的精神外科手术,但数量有限而并非滥用,尤其在我们不断地在国内有关学术会议和杂志上反复提出国际精神卫生法的有关规定及

---

[1] 孙伯民:《精神病的外科治疗》,《中国医学论坛报》2006 年 6 月 15 日,第 031 版。
[2] State of California, *California Code of Regulations* (1997), Section 3367.
[3] 自 1956 年我国引进氯丙嗪后,在全国即逐步减少而后停止了胰岛素昏迷疗法。

其严格适应证后,更是明显减少了。[1]

自20世纪80年代中期正式开始精神外科治疗后,引起了众多神经外科医师的浓厚兴趣,在短短数年时间内就治疗了数百例各种难治性精神病患者。但是,这种疗法始终没有得到国内精神病学界的认可,更没有成为某些难治性精神病的最终治疗选择,其主要原因为:第一,神经外科医师对现代精神外科知识了解不够,大量的手术病例是慢性精神分裂症患者,而很少有对强迫症、焦虑症、抑郁症等适应证患者作为首选手术的病例,手术未能显出良好的疗效。第二,各医院功能神经外科水平参差不齐,也直接影响了手术疗效。第三,这项工作中精神科医师参与不够,特别是一些在学术界有影响的精神卫生中心未能深入参与其中,这样既影响了手术的效果,也未能使精神病学界有机会客观地了解手术治疗。[2]尽管如此,利用精神外科治疗精神疾病的尝试一直在进行。

唐运林在2001年报道说,广州空军医院神经外科开展精神外科手术治疗多年,在11年间治疗各种类型精神病360余例,经过术后多年的跟踪随访,术后患者精神症状均得到控制,很多精神病患者不仅恢复了正常的家庭生活,而且还重返了工作岗位。[3]

根据《健康报》2001年3月的报道,海军总医院全军神经外科中心在第二代医用机器人研制成功的基础上,首次采用微电极定位并毁损病理性脑细胞,运用机器人种植新脑细胞的新疗法治疗

---

[1] 贾谊诚:《对国外攻击我国"司法精神病学政治滥用"论的批驳》,《上海精神医学》2001年第2期,第106页。
[2] 孙伯民:《精神病的外科治疗》,《中国医学论坛报》2006年6月15日第31版。
[3] 唐运林:《精神病外科治疗》,《科技日报》2001年2月16日第12版。

精神病,使我国现代精神外科临床医疗技术迈上了新台阶。该中心自1990年起率先开展用现代神经外科技术治疗精神病的临床探索,利用具有国际先进水平的超微创立体定向微电极,引导脑内核团毁损术治疗精神病,针对能否准确种植脑细胞及其长期存活这一国际性难题,该中心主任田增民教授和他的同伴及北航、清华大学学者共同研制成功医用外科机器人,解决了许多外科手术领域的难题。截至2001年2月底,该中心已成功实施5例这种手术,术后患者一改狂躁症状,进食安稳,提问准确,正常思维活动随植入新脑细胞时间的延长逐渐形成。这一科研成果使得种植脑细胞更加精确,治疗分析颅内结构更加直观,经程序处理的植入新脑细胞免受感染更宜生长。由于这种修复手术创伤小,患者无须长期住院观察治疗。[1]

根据孙伯民2006年的报道,上海交通大学附属瑞金医院功能神经外科中心从1999年开始,采用立体定向神经外科手术治疗难治性强迫症等精神疾病,目前已有近400例患者接受了手术治疗(具体内容参见专栏8－2)。[2]

专栏8－2:上海交通大学附属瑞金医院
功能神经外科中心的精神外科手术情况[3]

1. 精神外科专家组成
上海交通大学附属瑞金医院功能神经外科中心的精神外科

---

[1] 吉力:《微电极前期定位,机器人种植细胞:精神病治疗又添新手段》,《健康报》2001年3月13日第1版。
[2] 孙伯民:《精神病的外科治疗》,《中国医学论坛报》2006年6月15日第31版。
[3] 同上。

治疗团队,由功能神经外科医师、精神科专家、临床心理及神经心理专家、神经影像学专家等共同组成。

2. 精神外科治疗患者的选择

从总体上看,精神外科治疗必须针对慢性的、难治性精神疾病患者,即那些经过有经验的精神科医师给予充分而足够的心理、药物、行为、精神分析、电休克等治疗仍未能很好改善症状,而且生活质量严重受影响,如果没有外科治疗介入预后可能极差的严重精神病患者。

由精神科专家及功能神经外科医师共同选择手术患者,选择依据为:第一,疾病诊断明确且属于良好的手术适应症,如强迫症、焦虑症、抑郁症、情感性精神病、某些慢性精神分裂症、人格障碍伴行为障碍、药物滥用导致精神障碍(毒瘾)、抽动秽语综合征等。第二,经过经验丰富的精神科医师正规治疗两年以上,仍不能有效控制症状,患者的生活质量严重受影响。第三,患者及家属对疾病有足够的认识,并充分了解手术的可能疗效及可能产生的风险及副作用。术前精神科专家还要根据不同疾病选择不同量表进行独立评估,如对于强迫症患者,选择耶鲁—布朗强迫症状量表(Yale-Brown Obsessive Compulsive Scale,Y-BOCS)、汉密尔顿忧郁分级量表(Hamilton Depression Scale,HAMD)、汉密尔顿焦虑分级量表(Hamilton Anxiety Scale,HAMA)、简明精神病量表及智能记忆等量表,对部分患者进行高级认知功能测定。

3. 精神外科治疗的靶症状

从病种来说,强迫性神经症、焦虑症、抑郁症是精神外科治疗的最佳适应症。此外,双向情感障碍、社交恐怖症、冲动及攻击行为和某些慢性疼痛也是手术适应症。慢性精神分裂症不是最佳手术适应症,因为手术不能改善其幻觉、妄想等主要症状,但其伴随的强迫症状、行为障碍及情感障碍,手术后仍可获得很好的效果。虽然仍存在争议,药物滥用所致精神障碍(毒瘾)、神经性厌食症、人格障碍(反社会人格障碍及偏执性人格障碍除外)

也可从精神外科手术中获益。

4. 精神外科治疗方法

瑞金医院功能神经外科中心的精神外科手术流程为：

(1) 在局部麻醉下给患者安装立体定向头架,采用1.5 T高分辨率磁共振扫描,根据不同的手术方式直接在磁共振影像上分别定出内囊前肢、扣带回、伏隔核等手术靶点,并计算出相应的三维坐标值。随后根据计算出来的头架坐标及进针角度,在局部麻醉下于患者额部做4 cm直切口并进行颅骨钻孔,将射频电极送入靶点,通过记录到的不同电阻抗来验证电极位于脑脊液、灰质、白质及靶点部位。

(2) 施以100 Hz高频电刺激,观察患者有无紧张、焦虑、恐惧等情绪变化及其他不良反应,以进一步确认手术靶点及测试有无副反应。

(3) 在靶点确认无误后,用射频发生器进行50℃ 60秒射频试验,观察患者的四肢活动、言语、认知等情况,最后用800℃ 60秒射频进行靶点毁损。

对接受DBS治疗的患者,在刺激试验后直接置入刺激电极,于全麻下在患者锁骨部位皮下安装刺激发生器并与颅内电极相连。

目前常用的手术方法有:扣带回毁损术、内囊前肢毁损术、尾状核下传导束切断术、下丘脑后内侧毁损术等。不同的手术方式适合于不同的精神疾病:(1) 扣带回毁损术适用于情感性精神障碍;(2) 内囊前肢毁损术对强迫症、焦虑症、社交恐怖症及抑郁症有效;(3) 尾状核下传导束切断术对慢性反复发作的抑郁症有效,也有报道可治疗强迫症;(4) 下丘脑后内侧毁损术主要用于攻击破坏行为和交感性紧张、激惹症状的治疗。

5. 精神外科手术的疗效和副作用

瑞金医院功能神经外科中心对手术患者经过最长达六年半的随访发现,精神外科手术治疗后多数患者能维持良好的手术效果。其中内囊前肢毁损治疗强迫症的显著改善率为82%以上，生活质量显著提高，93%的患者不再服药。对焦虑症及抑郁症也有较好的疗效，特别是惊恐、抑郁情绪、自杀倾向、疑病及躯体症状等改善率均在60%以上。慢性精神分裂症的部分症状也有显著改善，主要为情感反应及行为障碍、自言自语、无故发笑等，术后患者服药明显减少，易于管理。药物滥用精神障碍患者一经双侧伏隔核毁损治疗后，一年半的随访显示，8例海洛因成瘾患者全部戒断，并恢复正常工作，但1例杜冷丁成瘾者术后半个月即复发。值得一提的是，2例顽固性强迫症患者一经DBS治疗（1例为双侧，1例为单侧加另一侧的毁损）后，获得了80%以上的症状控制，未出现任何不良反应。

不同精神外科手术副作用也不尽相同：（1）扣带回毁损术最大的手术风险是癫痫，短期副作用有轻微的精神错乱、情感损害及近记忆障碍，患者通常在术后数周内恢复。（2）内囊前肢毁损术疗效要好于扣带回毁损术，常见的副作用有短期的疲劳感、精神错乱和近记忆障碍等，通常在数日内恢复。而少数患者可出现迟发动机缺乏、主动性差、人格障碍等较严重并发症。（3）尾状核下传导束切断术主要副作用为术后精神错乱、轻度词语和视觉记忆能力下降，通常数周至数月后恢复。（4）下丘脑后内侧毁损手术副作用轻微，部分患者有轻度嗜睡。

必须强调的是，尽管手术治疗难治性精神疾病显示了良好的结果，但手术产生的副反应与并发症也不容忽视，特别是内囊前肢毁损所产生的迟发的人格改变、兴趣缺乏、行为障碍等，虽发生率在5%以下，但目前尚不清楚发生的原因及预防方法。未来精神外科的发展方向是单侧DBS加单侧毁损，这样可在最大程度地改善症状的同时不产生严重并发症。

6. 未来开展精神外科治疗的策略

（1）与精神科、医学伦理界建立全面的合作，争取更广泛的理解与支持。针对患者的选择标准、术前评估标准、术后随访标准等方面，共同制定精神外科治疗的临床指南。

（2）制定和建立精神外科治疗的手术规范和准入机制，严格管理。在有条件开展精神病手术治疗的中心，必须具备足够的设备和人员条件，可组成包括精神科医师、神经心理医师、医学伦理委员会在内的专门团队，共同参与精神外科治疗。

（3）建立全国性的多中心协作与研究，加强与国外精神外科界的交流，学习和了解世界最新的治疗方法与理念，提高手术疗效，减少手术并发症，这样才能使精神外科健康地发展。

同时，也已经看到国内其他地方使用精神外科手术戒毒的报道。2004年媒体报道了广东三九脑科医院以脑磁图和立体定向开颅手术消除毒瘾记忆的做法。该医院自2001年从美国购买了3000万美元的脑磁图系统之后，开始利用手术戒毒的尝试，三年来已先后做了18例此种手术。据医院公布的跟踪随访结果，除广东台山的一例因特殊情况受到引诱复吸之外，其他17例均已不再吸毒，甚至不需要使用美沙酮等替代品，其中时间最长者已达三年。所有患者都是自愿接受手术，而且在开展之前，手术已经通过了本院的伦理委员会的审查。[①] 但是，数据资料和研究表明，此类手术的治疗效果并不一致，而且其副作用在短期内难以预料。因此，广东省卫生厅在2004年下半年全面禁止开展此类手术，为此，广东三九脑科医院向卫生部递交了一份申诉状，要求讨论这个问题，希望恢复手术戒毒。但是，在卫生部就此事召集的专家讨论会上，通过对医院提供的资料分析，以及各专家的意见，仍然决定停止脑科

[①] 李海鹏：《"这是足够获得诺贝尔医学奖的课题"：手术戒毒是一种全新的方式，新到还不能得出医学结论的程度》，《南方周末》2004年4月1日。

手术戒毒作为临床服务项目。① 继 2004 年 11 月 2 日卫生部下发通知,指出戒毒手术不能作为临床服务项目向毒品依赖者提供之后,卫生部于 11 月 4 日重申,坚决停止脑科手术戒毒,对违反者将按照有关规定予以惩处。国内脑科手术戒毒现有的手术病例数量已经满足了科研的要求,因此,用增加手术例数进行脑科手术戒毒研究已经没有必要。在卫生部下达禁令之前,全国已经有 20 多家医院开展手术戒毒,总例数达到 500 例左右。②

资料表明,根据不同手术方法与大脑部位的选择,目前的颅部精神外科手术主要有下列六种类型:③

(1) 立体定向尾状核卜束切开术(stereotactic subcaudate tractotomy, SST)。目前已经改良为使用射频电极进行毁损。SST 术后 56% 的患者病情完全恢复或明显改善,20% 患者病情无改善,但没有病情加重者。此手术尤其适合忧郁症的治疗。

(2) 立体定向扣带回前部切开术(anterior cingulotomy)。这种手术效果比较明显,不过部分患者术后有视觉认知和注意力的缺失。但目前仍认为此手术是有效、安全的治疗精神疾患的神经外科手术。

(3) 立体定向内囊前肢切开术(anterior capsulotomy)。这种手术被认为是目前难治性情感性精神障碍和强迫症的最有效的外科治疗方法之一。

(4) 立体定向杏仁核毁损术(amygdalotomy)。这种手术主要

---

① 王卡拉:《名利驱使手术戒毒提前上台:神经外科专家李勇杰认为,该手术还处在研究阶段副作用不可预测》,《新京报》2004 年 11 月 4 日。
② 王雪飞:《手术戒毒为何要慎之又慎》,《健康报》2004 年 11 月 8 日。
③ 朱平显:《开颅戒毒叫停的理由》,《21 世纪经济报道》2004 年 12 月 6 日。

用于颞叶性癫痫以及减少精神病患者的攻击行为。但目前认为其一般要与其他手术联合使用。

(5) 立体定向下丘脑切开术。目前该手术主要用于青春型精神分裂症的治疗,无类似用于治疗药物精神依赖的报道。

(6) 前额叶脑白质切开术(prefront alleukotomy)。这是最早应用于治疗精神疾患的手术方法。结果发现手术方法可以减少攻击行为,所有患者的症状都有不同程度的改善。但也有研究显示,患者有不同程度的随境转移、计划和组织能力差、原始反射、脑认知功能障碍等表现。

但是,在中国,尚未看到对监狱中的罪犯进行精神外科治疗的报道。笔者认为,虽然在罪犯改造中使用精神外科手术,是值得探索和研究的方向之一,但是,要想使这类手术合理地应用于罪犯改造工作,还有很长的路要走,还有很多的工作要做。

合理地将精神外科手术应用于罪犯改造工作,起码要具备下列条件:

1. 精神外科手术高度发展和趋于成熟

只有到精神外科手术高度发展,科学认识了犯罪行为的生理机制,显著提高精神外科手术的技术水平,达到不仅能够保证预期的疗效,而且能够有效控制副作用的成熟程度时,才可以考虑对罪犯使用此种方法。科学研究和技术水平的充分发展,是开展这类手术必须具备的基本条件。不具备这样的条件,就根本不能考虑在罪犯改造中使用这类方法。

2. 接受治疗的罪犯真正能够做到"知情后同意"

作为刑罚执行对象的罪犯,处于一种很容易受到管理者强制的地位。如果缺乏一套行之有效的保障措施,罪犯就有可能在监狱管理者的强制之下,违心地接受疗效并不稳定、副作用难以预料的精神外科手术。这是对罪犯合法权利的侵犯,必须坚决避免。

在精神外科手术达到成熟水平后,为了真正使罪犯能够在"知情后同意"的条件下接受精神外科手术,把这种手术作为改造方法的一种,可以考虑确立下列保障措施:

(1) 保证让罪犯全面了解手术的原理、过程和可能产生的副作用,使其真正对精神外科手术有准确的认识。

(2) 鉴于罪犯在监狱环境中会受到多方面的强制和强迫,在进行这类手术之前,还应当让罪犯的家属、法定监护人、律师等了解手术的情况,真正完全自由地做到"知情后同意",从而更加有效地保障罪犯的合法权利。

(3) 在技术条件成熟的社会医院中实施精神外科手术。精神外科手术是一类技术难度极高的手术,不仅需要高精尖的技术设备,而且需要医术精湛的医护人员,符合这种标准的社会医院数量并不会很多,在可预见的未来,监狱系统中真正符合这种标准的医院不可能出现,或者数量极少。因此,为了保证疗效,也为了避免引起其他不必要的问题,应当在专门的社会医院中对罪犯进行这类手术。

第二节 药物治疗

一、概述

这里所说的"药物治疗"(drug treatment),是指利用药物对犯因性生理因素本身或者相关因素进行的影响和干预。

这里所说的"犯因性生理因素本身",主要是指罪犯存在的生理异常现象。从已有的研究来看,这类生理异常主要是罪犯的内分泌失调。因此,以往的罪犯药物治疗主要是针对犯罪人的内分泌失调进行的,具体主要包括两类:一是对于神经递质分泌的治疗;二是对于性激素分泌的治疗。此外,还利用多种精神药物对犯罪人的神经系统等施加影响,从而达到减少犯罪行为的治疗目的。

这个定义中所说的"相关因素",是指与犯因性生理因素有关的其他问题或者症状。这些因素的产生与犯因性生理因素有关,但是,并不直接表现为异常的生理现象或者异常的生理特征。例如,罗伯特·克洛宁格(C. Robert Cloninger,1987)提出,对原发型反社会综合征(primary antisocial syndrome)或者反社会行为综合征(antisocial behavior syndrome)进行治疗的靶症状(target symptom),主要可以分为四类(参见表格8-3)。

表格8-3:原发型反社会综合征治疗中的靶症状[1]

类型名称	具 体 表 现
攻 击 行 为 (aggression)	挫折耐受力低或者应激性亢进(hyperirritability) 掠夺型暴力或者严重恃强凌弱行为 冲动型伤害 伴随社会分离(social detachment)的工具型伤害 社交紊乱型伤害(dyssocial assault)

[1] Sarnoff A. Mednick et al. (eds.), *The Causes of Crime: New Biological Approaches* (New York: Cambridge University Press, 1987), p.332.

续表

类型名称	具 体 表 现
操作性条件反射与社会学习缺陷	回避学习能力差 明显的自我中心性 社交紊乱行为
注意和冲动控制方面的缺陷	寻求新奇（novelty seeking） 不注意（unattention） 冲动性 活动过度
脑电异常	发作阈限低（low seizure threshold） 不成熟的慢脑电波（immaturely slow EEG）

需要注意的是，在罪犯改造中，应当对药物治疗有一个恰当的定位。从国外的文献来看，药物治疗往往是罪犯改造的辅助性手段之一，其作用在很大程度上是改善罪犯的身心条件，消除罪犯的基础性缺陷，从而为心理社会治疗创造条件。因此，药物治疗往往是与其他改造措施结合使用的。在使用药物治疗方法时，不能对药物治疗的作用估计太高，也不能仅仅依赖药物治疗一种方法。

在对罪犯进行药物治疗的过程中，也要注意程序问题。首先，应当有一个初步诊断过程。具有专业技术的人员要利用有关的医学方法，对被怀疑存在犯因性生理因素的罪犯进行检查、化验等活动，了解其犯因性生理因素的情况，为后面的治疗做好准备。同时，在这个诊断过程中，不仅要使用医学、精神病学等学科的方法进行诊断，也要注意进行社会史等方面的调查、利用心理量表进行测量等，从而全面了解罪犯的情况。在情况复杂时，还要考虑使用更加专门化、更加复杂的诊断方法，包括使用一些专门的仪器，例如，脑电图仪等。其次，要因症施治。要根据已经查明的罪犯的犯因性生理因素的情况,使用相应的药物进行治疗。因症施治不仅包括要选择恰当的药物,也包括使用合理的剂量、恰当的用药方式、科学的用药时间等。

要明确认识到药物治疗的有害作用。任何药物治疗都是有副作用的,精神药物的副作用有时候可能更加严重。药物治疗的副作用突出地表现在下列方面:第一,滥用欣快剂(euphoriant)、弱安定剂(minor tranquillizer)可能导致药物成瘾,并且有可能使行为恶化。第二,有可能产生反作用,例如,增加暴力行为或者情绪激动。第三,药物处方可能会给犯罪人提供另一种否认自己对其行为负责任的借口,可能会使犯罪人不担负起主动改变行为、积极接受改造的个人责任。因此,要把药物治疗作为心理矫治等方法不能奏效时迫不得已采用的最后的矫治方法,而不能作为首选的矫治方法。

二、对神经递质的药物干预

已有的研究发现,有三种神经递质(neurotransmitter)的分泌状况对于反社会行为和犯罪行为有重要的影响作用。这三种神经递质就是5-羟色胺、去甲肾上腺素和多巴胺。人们通过对脑脊液(cerebrospinal fluid,CSF)、血液和尿液的化验,可以了解这些神经递质的分泌状况。

(一)对5-羟色胺分泌异常的药物治疗

5-羟色胺(又称为"血清素")是一种具有很强血管收缩作用的神经递质,5-羟色胺分泌减少或者活性降低,会导致抑郁症;5-羟色胺分泌过多或者活性过大,会导致偏头痛和恶心等症状。一些研究表明,在实施了暴力型人身犯罪行为的反社会者中,都会发现 5-羟色胺分泌减少的现象。① 因此,根据一些犯罪人中 5-羟色胺分泌较少的现象,人们采取了使用药物增加 5-羟色胺分泌的治疗方法。早在 20 世纪 70 年代中期,希尔德(M. H. Sheard,1975,1976)等人就报告了用碳酸锂(lithium carbonate)减少监狱犯人中攻击发作(aggressive episode)的做法。

碳酸锂是一种无机化合物,是一种能够增加对 5-羟色胺前体色氨酸(serotonin precursor tryptophan)吸收的药物。在精神病学领域中,碳酸锂是治疗躁狂抑郁性精神病的主要药物之一,在缓解躁狂发作和安定病人方面,效果十分明显,不过疗效可能在几周后才能产生。这种药物也可以有时用于缓解躁狂抑郁病人的精神病特征。但是,这种药物也会产生一些副作用,包括排尿增加、震颤、腹泻、恶心、嗜睡;如果剂量过大,可能会造成抽搐、昏迷甚至死亡。

莫兰德(C. Morand,1983)等人的研究发现,对于 5-羟色胺前体色氨酸的管理,可以减少那些冲动控制能力差、长期进行攻击行为的精神分裂症患者的攻击发作。

鲁宾(R. Rubin,1987)和瓦泽利(L. Valzelli,1981)等人的研究发现,可以用色氨酸增加大脑中的 5-羟色胺分泌量,从而能够减少个人的攻击行为。

那么,什么样的犯罪人的 5-羟色胺分泌异常呢?艾德里安·雷恩总结出以往研究中通过脑脊液检验发现的 5-羟色胺分泌异常的规律:②

---

① Adrian Raine, *The Psychopathology of Crime: Criminal Behavior as a Clinical Disorder* (San Diego, CA: Academic Press, 1993), p. 289.
② Ibid., p. 89.

（1）没有酗酒历史的反社会者（antisocials）的5-羟色胺分泌水平,明显低于有酗酒历史的反社会者。

（2）有边缘型人格障碍和自杀未遂的反社会者的5-羟色胺分泌水平,明显低于没有这两类历史的反社会者。

（3）对代谢物的测定表明,其负的平均有效值范围要大于对生长抑制素（somatostatin,这种物质被认为与5-羟色胺的分泌状况有共变关系）的测定结果,但是,其平均有效值范围并不大。

（4）暴力型反社会者和伤害型反社会者的5-羟色胺分泌水平,大大低于非攻击型反社会者,不过其平均有效值范围并不大。

（5）在不同年龄群、抑郁者和心境恶劣（dysthymia）者中,没有发现在有效值范围方面存在显著差异。

因此,人们关于5-羟色胺分泌与攻击行为的研究结果,引导人们利用增加犯罪人大脑中的5-羟色胺分泌的药物,来减少他们的暴力行为,从而达到改造犯罪人的目的。

（二）对去甲肾上腺素分泌异常的药物治疗

去甲肾上腺素是一种具有生理活性的物质,具有产生兴奋、欣快情绪的作用,过度兴奋可能导致躁狂与攻击行为。因此,去甲肾上腺素分泌过多,会导致攻击行为的增加。

根据去甲肾上腺素分泌状况与攻击行为关系的研究,人们进行了通过药物调整去甲肾上腺素的分泌从而矫治攻击行为的尝试。埃克曼（B. Eichelman,1986）的研究发现,降低去甲肾上腺素分泌的药物,例如,利血平（reserpine）,可以抑制攻击行为。兰普林（D. Rampling, 1978）的研究则发现,增加去甲肾上腺素的药物,例如,三环抗抑郁药（tricyclic antidepressant）,可以增加抑郁症患者的攻击行为。

艾德里安·雷恩(1993)归纳了以往研究中通过脑脊液检验发现的去甲肾上腺素分泌异常者的特点:[①]

(1) 酗酒的反社会者的去甲肾上腺素分泌,明显少于不酗酒的反社会者。

(2) 有边缘型人格障碍的反社会者的去甲肾上腺素分泌,明显少于没有这种障碍的反社会者。

(3) 患抑郁症或者心境恶劣的反社会者的去甲肾上腺素分泌,明显少于没有这类症状的反社会者。

(4) 在不同年龄群、以前是否自杀未遂以及所测量的化学物质种类方面,其有效值范围没有显著差异。

所以,人们在研究和实践中,已经发现了下列对去甲肾上腺素分泌异常进行药物治疗的规律:第一,利用药物减少去甲肾上腺素的分泌时,可以减少攻击行为;第二,利用药物增加去甲肾上腺素的分泌时,可以增加攻击行为。根据这个规律,对于那些暴力行为、攻击行为过多的罪犯,可以考虑使用药物降低他们的去甲肾上腺素的分泌,以便达到减少他们的犯罪行为的目的。

(三) 对多巴胺分泌异常的药物治疗

多巴胺是儿茶酚胺类物质,是激素肾上腺素和去甲肾上腺素的前体。研究发现,多巴胺分泌过多,可能会导致精神分裂症以及暴力行为和攻击行为;多巴胺分泌过少,可能会导致帕金森症。

根据对于多巴胺分泌异常与犯罪行为关系的研究,人们进行了通过药物控制多巴胺的分泌,从而减少犯罪行为的尝试。莫林

[①] Adrian Raine, *The Psychopathology of Crime: Criminal Behavior as a Clinical Disorder* (San Diego, CA: Academic Press, 1993), pp. 89-90.

(P. A. Molling,1962)等人的研究发现,利用降低多巴胺分泌的抗精神病药,可以减少攻击型少年犯罪人中的攻击行为。布林克利(J. R. Brinkley,1979)等人的研究发现,利用这类药物可以减少边缘型人格障碍者的攻击行为。埃克曼(1986)等人的研究发现,利用这类药物可以减少病人中的攻击行为。这些研究表明,可以通过使用药物降低多巴胺的分泌来达到减少犯罪人的攻击行为的目的。

艾德里安·雷恩(1993)归纳了以往研究中通过尿检发现的多巴胺分泌异常者的特点:[1]

(1)混合型暴力犯罪人(mixed violent offender,对他人或者财物进行侵害行为的犯罪人)的多巴胺分泌明显较少,而非攻击型犯罪人的多巴胺分泌明显较多。

(2)酗酒的反社会者的多巴胺分泌,明显多于不酗酒的反社会者。

(3)患抑郁症或者心境恶劣的反社会者的多巴胺分泌,明显多于无抑郁症状的反社会者。

(4)在不同年龄群以及所测量的化学物质种类方面,其有效值范围没有显著差异。

三、性激素治疗

性激素(sex hormone)是由性腺分泌的激素。其中,主要由睾

---

[1] Adrian Raine, *The Psychopathology of Crime: Criminal Behavior as a Clinical Disorder* (San Diego, CA: Academic Press, 1993), p. 90.

丸和肾上腺皮质分泌的性激素称为"雄激素"（androgen），包括睾酮、雄烯二酮、去氢异雄酮等，雄激素可以促进男性特征的发育。主要由卵巢分泌的性激素称为"雌激素"（estrogen）。以往的研究表明，雄激素（特别是其中的睾酮）分泌过多，会引起暴力行为和攻击行为的增加，因此，对犯罪人进行性激素治疗的基本原理，就是给那些雄激素分泌过多的犯罪人注射雌激素，从而减少他们的暴力行为和攻击行为。

不过，艾德里安·雷恩认为，以前的睾酮与犯罪关系研究，存在一些技术性问题。第一，所化验的血液的取样问题。睾酮是间歇性分泌的，在化验血液中的睾酮分泌情况时，至少要取3次血样，每次间隔15分钟，然后取3次化验结果的平均数。但是，以往的大多数研究仅仅有一次取样的化验结果。第二，睾酮是从血样中化验的。在这种血样中，98%属于性激素性球蛋白；这种结果的重要意义在于，这样的睾酮并不能自由地进入细胞之中，也不能自由地与受体（receptor）结合在一起。这样，只有2%的血样具有生理活性。晚近以来，已经发展了从唾液中化验睾酮的技术。

达布斯（J. M. Dabbs, 1987, 1988）与其同事发表了对男犯和女犯进行唾液睾酮化验的研究结果。他们对女犯进行唾液睾酮化验的结果发现，睾酮分泌多与特定类型的暴力行为有联系；那些进行非激怒型伤害行为（unprovoked assault）的女犯的睾酮分泌最多，但是，那些在受到身体侵害时进行暴力行为反应的女犯中，则没有这种情况。这些研究结果暗示，未来从唾液中化验睾酮的研究，可能会获得比过去更加强有力的、更加一致的结果。例如，克里斯琴森（K. Christiansen, 1992）等人进行的唾液睾酮化验研究发现，在一群从事身体攻击行为的丛林居民（bushman）中，睾酮与暴力行为有正相关。

奥尔伍斯(D. Olweus,1988)等人的研究发现,无论是对于非激怒型攻击行为(unprovoked aggressive behavior),还是对于激怒型攻击行为来讲,睾酮分泌情况都起原因性作用。

这些研究表明,睾酮分泌状况与暴力型犯罪行为,特别是非性欲型暴力犯罪的发生之间,存在着因果关系。因此,根据这样的研究结果,就可以对暴力罪犯进行药物治疗和干预,即通过医学干预方法降低睾酮分泌,从而减少和消除暴力型犯罪行为,并且在罪犯释放之后还可以通过睾酮化验和睾酮降低方法预防重新犯罪。所用来降低睾酮的基本药物,就是雌激素或者抗雄激素(antiandrogen)类药物。

莫尼(J. Money,1975)等报告了对具有强迫型性思想的性犯罪人进行药物治疗获得成功的情况。[①] 他们治疗的这类性犯罪人通常具有性倒错特征,进行冲动型和暴力型行为。在治疗过程中,他们将抗雄激素药物与咨询相结合,对犯罪人进行治疗,获得了成功。他们发现,抗雄激素对于变态性思想和变态性行为具有特殊的行为治疗效果,但是,对于非性欲型暴力爆发(nonsexual violent outburst)则没有什么降低效果。对抗雄激素治疗效果良好的性倒错包括恋童癖、受虐癖、乱伦、异装癖和露阴癖。在治疗中,不仅使色情活动降低了50%到100%,而且也减少了性幻想。对非法性活动的紧急而强迫性的幻想,往往对性犯罪人有很大的扰乱作用,而

---

① J. Money, C. Wiedeking et al. , "47, XYY and 46, XY Males with Antisocial and/or Sex-Offending Behavior: Antiandrogen Therapy Plus Counseling," *Psychoneuroendocrinology*, 1(1975):165-178.

抗雄激素药物与咨询相结合的治疗,则能够使其减少这类幻想。对于这类犯罪人来讲,最有效的治疗方案一直是抗雄激素与设计良好的咨询和心理治疗的结合应用。

罗伯特·鲁宾(Robert T. Rubin,1987)报告说,20世纪70年代和80年代初的文献表明,人们已经使用抗雄激素降低那些具有攻击倾向的男性的异常性行为。最常使用的药物有两种:(1)醋酸氯羟甲烯孕酮(cyproterone acetate, CPA,又译为"醋酸色普龙");(2)醋酸甲羟孕酮(medroxyprogesterone acetate, MPA,又称为"安宫黄体酮")。这两种药物都具有抑制性激素分泌、刺激孕激素以及抑制雄激素分泌的作用,可以降低促性腺激素(gonadotropin)和睾酮的分泌。利用这些药物进行治疗的人,通常都可以使基础循环睾酮水平恢复正常,在治疗期间促性腺激素和睾酮的分泌可以降低30%—75%,通常都可以降低到性机能减退的范围中。[①]

资料表明,醋酸色普龙(CPA)已经在欧洲和加拿大使用,安宫黄体酮(MPA)已经在美国使用。这些药物有不同的作用模式,但是人们报告说,这种药物都有降低勃起反应、减少性幻想和性行为频率的作用。不过,有关这些药物对性犯罪的效果的研究,主要限于个案研究,缺乏对照组和追踪研究。只要治疗对象服用安宫黄体酮,它就可以减弱性行为。但是,布雷德福(J. M. V. Bradford,1985)指出,醋酸色普龙有较长期的药效,可能影响越轨唤醒。其他人不太相信这些药物的效果,但是,一些工作人员认为,当把这些药物与发展亲社会型性行为(prosocial sexual behavior)的方法结

---

① Sarnoff A. Mednick et al. (eds.), *The Causes of Crime: New Biological Approaches* (New York: Cambridge University Press, 1987), p.248.

合起来使用时,这些药物往往是有作用的。①

布雷恩(P. Brain,1990)和阿切尔(J. Archer,1991)报告说,抗雄激素和孕酮衍生物(progesterone derivative)都具有减少暴力行为和降低性攻击的治疗效果。

四、其他药物治疗

除了上述药物治疗方法外,还可以针对犯罪人的不同情况,进行其他的药物治疗。在这方面,罗伯特·克洛宁格的研究值得关注。

罗伯特·克洛宁格认为,在反社会行为的产生过程中,回避学习(avoidance learning,又译为"躲避学习""防患学习")起着关键性的作用。所谓"回避学习",就是指对厌恶刺激的预示信号作出反应的学习活动。回避学习能力是个人在经受惩罚、痛苦等厌恶刺激作用的过程中逐渐形成的,其生理机制是经典条件反射和操作条件反射。具备这种学习能力的人,在预感或者感受到可能会出现厌恶刺激时,就会采取回避行为,以免自己受到厌恶刺激的影响。回避学习能力强的人,具有预期焦虑强而冲动性弱的特征,即当他们预感到可能会遇到厌恶刺激时,往往会产生焦虑,因此不会贸然进行可能招致惩罚、痛苦等消极后果的行为;相反,回避学习能力弱的人,具有预期焦虑弱而冲动性强的特征,即当他们预感到可能会遇到厌恶刺激时,很少会产生焦虑,甚至对厌恶刺激的预感

---

① 〔英〕罗纳德·布莱克本:《犯罪行为心理学:理论、研究和实践》,吴宗宪、刘邦惠等译,中国轻工业出版社2000年版,第311页。

也很差,因此,很容易进行可能导致惩罚、痛苦等消极后果的冲动性行为。根据这种观点,罗伯特·克洛宁格将反社会者及其反社会行为划分为两大类七小类,它们依次是:①

1. 焦躁型反社会者

焦躁型反社会者(fretful antisocial)的特征是预期焦虑强而冲动性弱。具体包括两小类:

(1)焦躁攻击型反社会者(fretful aggressive antisocial),其特征是预期焦虑最强而冲动性最弱,并且进行慢性攻击行为。

(2)不适当型反社会者(inadequate antisocial),包括"精神分裂型反社会者"(schizoid antisocial)、"不合群型反社会者"(asocial antisocial)或者"社交紊乱型反社会者"(dyssocial antisocial),其特征是预期焦虑较强而冲动性较弱,但是并没有慢性攻击行为。

2. 冲动型反社会者

冲动型反社会者(impulsive antisocial)的特征是预期焦虑弱而冲动性强。具体包括五小类:

(1)多动欺弱型反社会者(hyperkinetic bully antisocial),其特征是不仅预期焦虑弱而冲动性强,而且具有活动过多或者不注意的特征,往往进行掠夺型欺凌行为(predatory bullying)。

(2)单纯多动型反社会者(simple hyperkinetic antisocial),其特征是虽然预期焦虑弱而冲动性强,也具有活动过多或者不注意的特征,但是,并不进行掠夺型恃强凌弱行为。

(3)冲动攻击型反社会者(impulsive aggressive antisocial),其特

---

① Sarnoff A. Mednick et al. (eds.), *The Causes of Crime: New Biological Approaches* (New York: Cambridge University Press, 1987), p.338.

征是不仅预期焦虑弱而冲动性强,而且进行攻击行为,但是,不具有活动过多或者不注意的特征。

(4)突发冲动型反社会者(ictal impulsive antisocial),其特征是虽然预期焦虑弱而冲动性强,而且脑电图异常,但是,不进行攻击行为,也不具有活动过多或者不注意的特征。

(5)单纯外向型反社会者(simple extrovert antisocial),其特征是虽然预期焦虑最弱而冲动性最强,但是,既无脑电图异常,也不进行攻击行为,不具有活动过多或者不注意的特征。

根据上述分类,罗伯特·克洛宁格提出了对不同类型的反社会者进行药物治疗的建议(参见表格8-4)。

表格8-4:对不同类型反社会者进行药物治疗的建议①

大类	小类	可选药物	禁用药物
焦躁型反社会者	焦躁攻击型反社会者	1. 锂(lithium) 2. 神经阻断剂(neuroleptics)	精神兴奋剂(psychostimulants)
	不适当型反社会者	1. 神经阻断剂(在脑电图异常时,更要使用这种药物) 2. 苯并二氮杂䓬类(benzodiazepines,在脑电图异常时,更要使用这种药物)②	精神兴奋剂,锂(?)(如果是精神分裂型反社会者,更要禁用)

---

① Sarnoff A. Mednick et al. (eds.), *The Causes of Crime: New Biological Approaches* (New York: Cambridge University Press, 1987), p.339.
② benzodiazepines 是一类制造各类镇静药的化学物质或者镇静类药物。——引者注

续表

大类	小类	可选药物	禁用药物
冲动型反社会者	多动欺弱型反社会者	1. 匹莫林(pemoline) 2. 锂	弱安定剂(minor tranquillizer),神经阻断剂(?)
	单纯多动型反社会者	1. 派甲酯苯丙胺(methylphenidate damphetamine,不得滥用) 2. 匹莫林 3. 丙咪嗪(imipramine,在躯体焦虑强烈时更要用此药)	弱安定剂,神经阻断剂(?)
	冲动攻击型反社会者	1. 锂 2. 血清素类(serotonergics)	弱安定剂,抗血清素类(antiserotonergics),类胆碱(cholinergics),神经阻断剂(?)
	突发冲动型反社会者	1. 苯妥英(phenytoin) 2. 氨甲酰氮草(carbamazepine) 3. 苯并二氮杂草类(?)	神经阻断剂,精神兴奋剂,抗抑郁药
	单纯外向型反社会者	神经阻断剂	弱安定剂

注:"(?)"表示确切效果待定。

  上述药物治疗建议可供我国监狱系统中有处方权的医务人员和相关人员在对罪犯进行药物治疗时参考。

五、药物治疗中使用的常用精神药物

对罪犯开展药物治疗的文献(主要是国外文献)表明,下列药物是罪犯药物治疗中比较常用的精神药物。

(一) 锂

锂又称为"碳酸锂",是一种抗躁狂精神药物,用于预防躁狂症状的治疗和复发,也用于消除抑郁症。国外的文献报道,这种药物已经用于暴力犯罪人、攻击型少年犯罪人、冲动攻击型罪犯等。例如,图平(J. P. Tupin,1973)等报告,长期使用锂治疗监狱中的暴力型罪犯;希尔德(M. H. Sheard,1975)报告,使用锂对12名攻击型少年犯罪人进行了单盲治疗实验;希尔德(1976)等报告,使用锂对监狱中66名冲动攻击型男性罪犯进行了双盲治疗实验。

在使用锂对犯罪人进行治疗时,治疗的靶症状是减少愤怒和攻击行为,增加对行为后果的反应能力,即降低冲动性,增加预期回避行为。研究表明,锂对于具有焦虑和类偏狂症状的暴力犯罪人,对于活动过多、讲话过多并且肌肉发达(中胚层体型)、情绪不稳定、反复无常的犯罪人,都是有疗效的。在接受治疗的这些犯罪人中,大约有25%—33%的人获得实质性改善。[①] 锂对于攻击型儿童的多动综合征的治疗效果并不一致。使用锂治疗那些由于挫折耐受力差和冲动性而进行攻击行为的犯罪人时,他们的攻击性得到改善,治疗效果较好,但是,对于那些人格完整的欺凌者的治疗

[①] Sarnoff A. Mednick et al. (eds.), *The Causes of Crime: New Biological Approaches* (New York: Cambridge University Press, 1987), p.342.

效果较差,不能有效减少他们的攻击性。锂对于焦虑型精神分裂犯罪人(anxious schizoid offender)的疗效较差。此外,锂对于那些与攻击性和冲动性无关的说谎、敲诈勒索、欺诈之类的反社会行为,很少有疗效。

在治疗攻击型犯罪人的过程中,已经报告的锂的剂量为0.6—1.5毫克当量/升(mEq/liter)。图平(1973)报告说,0.82±0.18毫克当量/升的平均血清水平平均可以维持10个月。建议缓慢增加血清水平,以免由于不愉快的副作用而不服从治疗。应当标明个人的剂量滴定(titration of dosage),但是,在大多数情况下,低于1毫克当量/升对血清水平似乎是有益的。

(二)神经阻断剂

神经阻断剂又译为"精神抑制药""安定药""抗精神病药"等,是一类大量用来治疗反社会障碍和多种品性障碍的精神药物。这类药物的种类包括:

(1)哌啶(piperidine),特别是哌氰嗪(periciazine)和甲硫哒嗪(thioridazine);

(2)哌嗪烷(piperizine),特别是氟奋乃静(fluphenazine);

(3)脂肪族吩噻嗪(aliphatic phenothiazines),特别是氯丙嗪(chlorpromazine);

(4)丁酰苯类抗精神病药(butyrophenones),特别是氟哌啶醇(haloperidol);

(5)噻吨(thioxanthenes),特别是泰尔登(chlorprothixene)。

神经阻断剂的治疗靶症状除了攻击性和冲动性之外,还包括心境不稳以及通过正强化或者负强化维持的其他反社会行为,例如,偷窃、说谎、懒惰。

文献中建议,在治疗成人人格障碍的过程中,要优先使用哌啶吩噻嗪(piperidine phenothiazines),因为这类药物的锥体束外副作用较小。在美国,建议使用甲硫哒嗪;而在欧洲,特别是在法国,广泛使用哌氰嗪(periciazine)或者哌氰嗪(propericiazine)。氟奋乃静庚酸盐(fluphenazine enanthate)对一些攻击型反社会者有疗效。当犯罪人有癫痫患者的异常脑电图时,应当避免使用神经阻断剂,特别是镇静类神经阻断剂(sedative ones),因为这类药物会增加大脑的兴奋性。

在治疗人格障碍中使用的神经阻断剂的剂量,大大少于治疗精神病的剂量。例如,哌氰嗪(periciazine)的建议剂量是一般成人为10—30毫克;甲硫哒嗪的建议剂量是少于100毫克。

(三) 弱安定剂

弱安定剂,又译为"抗焦虑药""弱精神安定剂",是现代精神病学中常用的一类抗焦虑药物。具体种类有很多。

对于利用这类药物治疗反社会者的问题,人们有不同的看法。众所周知,酒精有解除抑制的效果,往往与暴力行为和其他犯罪行为有联系。不过,对于使用苯并二氮杂䓬类治疗攻击行为和反社会行为的问题,人们有不同的看法,究竟产生什么样的效果,取决于具体的药物、最初的焦虑和敌意水平、人格等因素。莱德(M. H. Lader,1981)等人报告说,只有在超剂量使用或者滥用的情况下,苯并二氮杂䓬类才会引起反社会行为的增加。舒宁(oxazepam)引起敌意反应的可能性要小于其他苯并二氮杂䓬类药物。由于弱安定剂存在着很大的被滥用的可能性,因此,在治疗反社会者的过程中,要限制使用。由于回避性条件反射能力差的冲动型反社会者的症状会恶化,因此,只有在预期焦虑突出、冲动性较弱或者有脑电图异常时,才可以使用抗惊厥药(anticonvulsant)加以治疗。而且,在犯罪人有脑电图异常时,如果使用抗惊厥药加以治疗的话,必须密切监控;当冲动性加剧,抗药性增加时,要调整药物剂量。

(四)精神兴奋剂

精神兴奋剂是能够引起中枢神经兴奋的药物。国外的文献中已经报道了利用儿茶酚胺兴奋剂(catecholamine agonist),例如,苯丙胺(amphetamine,又译为"安非他命")、哌醋甲酯(methylphenidate)、匹莫林(pemoline,又译为"帕吗啉")有效地治疗攻击型儿童和成人的情况。所治疗的对象具有从童年时期就开始的不注意、冲动性和活动过多的症状。尽管苯丙胺和哌醋甲酯都可以产生一致的疗效,但是,匹莫林是一种被滥用的可能性小、对一些具有反社会人格和躯体综合征的成年活动过多者很有效果的非欣快剂类药物。

(五)抗抑郁药

抗抑郁药(antidepressants)是指主要用于治疗情绪低落和消极抑郁的一类精神药物。尽管抗抑郁药的种类较多,但是,在国外文献中,被推荐用来治疗反社会者的抗抑郁药只有苯环丙胺(tranylcypromine,又称为"强内心百乐明")和丙咪嗪(imipramine)。

苯环丙胺在结构上类似于苯丙胺,具有和苯丙胺类似的药理性质,能够抑制单胺氧化酶(monoamine oxidase)。它通过释放去甲肾上腺素和抑制突触间隙对去甲肾上腺素的再吸收而产生精神运动兴奋。它对那些与躯体焦虑和敌意有联系的烦躁不安状态,有很好的疗效,而对阻抑性抑郁症(retarded depression,又译为"迟钝性抑郁症")的疗效不佳。由于这种药物对抑郁症、躯体焦虑有疗效,并且也由于它的兴奋性质,人们建议对那些具有这类症状的成年活动过多者使用这种药物进行治疗。

同样,人们已经建议,对于那些有突出的躯体焦虑,包括惊恐发作的成年活动过多者,使用丙咪嗪进行治疗。对于惊恐发作有益的丙咪嗪剂量,必须低于在原发性严重抑郁障碍治疗中通常使用的剂量。曼(H. B. Mann,1976)等人报告说,25—50毫克的丙咪嗪可以迅速改善症状。利博维茨(M. R. Liebowitz,1981)等人则报告说,在血浆水平15和60毫微克/毫升(ng/mL)时,5毫克就可以迅速见效;相反,在血浆水平低于180毫微克/毫升时,对抑郁症很少产生疗效。因此,对具有突出的躯体焦虑的活动过多者进行治疗的丙咪嗪起始剂量,是每天25毫克。[1]

第三节 其他改造方法

一、阉割

阉割(castration,emasculation)通常是指切断性器官或者使其丧失性功能的行为。

在古代历史上,阉割曾经被作为一种残酷的刑罚方法使用。例如,中国古代"五刑"之一的宫刑,就是一种比较典型的阉割刑罚。所谓宫刑,就是男子割势、女子幽闭的刑罚。"割势"就是用刀

---

[1] Sarnoff A. Mednick et al. (eds.), *The Causes of Crime: New Biological Approaches* (New York: Cambridge University Press, 1987), p.345.

割下男子生殖器,"幽闭"最早是指闭塞女性生殖器。① 在古代的其他国家,也有利用阉割严格惩罚犯罪人,特别是惩罚强奸犯罪人的做法。例如,在古代亚述人(Assyrians)和古代埃及人中,就用阉割方法惩罚犯有强奸罪的犯罪人。②

后来,随着人们对于性欲、性激素分泌与暴力行为、攻击行为的关系的认识,产生了用阉割改造罪犯的做法。使用阉割方法改造和治疗的犯罪人,主要是性犯罪人,特别是对重复型性犯罪人,例如,重复型强奸犯、儿童性侵者(child molester)等。使用阉割方法治疗性犯罪人的途径有两种:一种是直接切除犯罪人的睾丸;另一种是利用化学药物控制雄激素的分泌,例如,使用抗雄激素(antiandrogen)这种生物化学药物减弱或者完全消除性驱力。无论是哪种方法,都会使受阉割犯罪人的血浆睾酮大为减少。由于攻击行为,特别是性攻击行为是由分泌过多的睾酮引起的,因此,通过阉割减少睾酮的方法,可以产生减少和消除攻击行为的结果。这就是阉割治疗的原理。

根据吉尔(J. H. Geer,1984)等人的论述,阉割方法主要是针对男性的,包括利用外科手术切除睾丸、利用化学药物控制雌激素等。当被阉割之后,不仅男性的性驱力减弱,而且也使他们不能探索用符合传统的方式进行性交行为。这种情况会使被阉割的性犯罪人产生其他的反社会问题和心理问题,也会给社会带来伦理问题。应当认识到,阴茎勃起能力并不是进行强奸所必需的;这些严

---

① 《中国大百科全书·法学》,中国大百科全书出版社1984年版,第170页。
② Harry Elmer Barnes & Negley K. Teeters, *New Horizons in Criminology: The American Crime Problem*, 2nd. ed. (New York: Prentice Hall,1945), p.408.

厉的医学方法并不能直接解决暴力行为问题。因此,把阉割作为改造罪犯的一种方法,其积极效果是有限的,而消极后果是明显的。这样,就产生了阉割治疗与罪犯权利之间的矛盾问题,从而导致人们对阉割方法的价值的怀疑,减少了对这种方法的使用数量。

但是,在历史上,美国的很多州都曾经对性犯罪人使用过阉割方法。例如,在20世纪40年代,就曾报道过对性犯罪人进行阉割的做法。1941年10月14日的一则新闻说,俄亥俄感化院的监狱长承认,在过去两年中有六名性犯罪人为了获得赦免而接受阉割手术。① 直到最近,美国的一些州仍然使用这种方法。②

不仅在美国如此,在其他国家中,也曾使用阉割方法改造罪犯。例如,在一些欧洲国家,已经对经过选择的一些性犯罪人进行合法的阉割。海姆(N. Heim)和赫什(C. J. Hursch)1979年发表了对四项大规模追踪研究的评价,他们的评价表明,阉割之后性犯罪人的累犯率在1%—7%之间。不过,他们认为,这些追踪研究存在方法论方面的问题,因为它们的抽样是有偏见的,也缺乏适当的控制。他们也注意到,阉割对性犯罪行为的效果是不同的,从而认为阉割在本质上是一种以思想观念为基础的刑罚,这种方法缺乏科学基础。③

---

① Harry Elmer Barnes & Negley K. Teeters, *New Horizons in Criminology*: *The American Crime Problem*, 2nd. ed. (New York: Prentice Hall, 1945), p. 180.

② Mathew B. Robinson, *Why Crime? An Integrated Systems Theory of Antisocial Behavior* (Upper Saddle River, NJ: Pearson, 2000), p. 27.

③ Ronald Blackburn, *The Psychology of Criminal Conduct*: *Theory*, *Research and Practice* (Chichester, West Sussex: John Wiley & Sons, 1993), p. 370.

1989年,维勒(R. Wille)和拜尔(K. M. Beier)发表《德国的阉割》一文,①介绍了在德国通过阉割预防犯罪的情况。自1970年以来,联邦德国的一项法律允许进行自愿阉割(voluntary castration)。他们追踪考察了99名受阉割性犯罪人和35名非阉割性犯罪人,追踪时间从他们释放出狱开始平均长达11年。他们所追踪考察的受阉割性犯罪人,占1970—1980年间所有受阉割犯罪人的25%,因此,这些考察对象具有较大的代表性。尽管考察对象不是随机选择的,也缺乏控制条件,但是,对35名对照组释放人员都曾经要求阉割,然而最终都改变了决心,因此,从伦理上讲,他们作为对照组是合格的。考察结果发现,受阉割者出狱后11年间的平均累犯率仅为3%,而非阉割犯罪人出狱后11年间的平均累犯率高达46%。受阉割性犯罪人在出狱后如此低的累犯率,与有关受阉割性犯罪人的10项研究中发现的累犯率是相一致的,这10项研究中发现的受阉割性犯罪人的累犯率从0到11%不等。

艾德里安·雷恩对以往文献进行评论后认为,在对犯罪人进行的阉割治疗中,70%的阉割治疗效果是令人满意的,20%的治疗效果是相互矛盾的,10%的治疗效果是不能令人满意的。②

一般来讲,外科手术阉割是对反社会行为和犯罪行为的一类比较残酷的控制方法,因此,在早期应用得较多。后来,随着药物学的发展,在人们研制出更加有效的药物之后,就逐渐用化学药物取代外科手术阉割,达到与阉割类似或者相同的控制效果。而且,

---

① R. Wille & K. M. Beier, "Castration in Germany," *Annals of Sex Research*, 2 (1989): 103-134.

② Adrian Raine, *The Psychopathology of Crime: Criminal Behavior as a Clinical Disorder* (San Diego, CA: Academic Press, 1993), p. 207.

"在大多数西方国家,现行的道德反对把阉割当作'治疗'。"①

同时,使用阉割方法治疗犯罪人的做法,曾经被滥用。例如,20世纪30年代曾经在理论上提出可以制造计算机的英国数学家和逻辑学家艾伦·图灵(Alan M. Turing,1912—1954)于1952年在英格兰因为同性恋而被逮捕,并且被逼迫使用生物化学药物治疗其同性恋。1954年,图灵自杀。20世纪60年代,英格兰将同性恋非犯罪化,但是,对于图灵已经太晚了。②

在中国罪犯改造实践中,尚无利用阉割方法的报道。不过,利用化学方法进行阉割治疗,是一个值得关注的方向。中国罪犯改造的实务工作者、研究人员以及其他有关方面的专业人员等,都应该重视药物阉割治疗的发展动向,思考能否利用这种方法改造罪犯。但是,要想真正利用药物阉割方法改造罪犯,还必须进行大量的研究才有可能,而且,最终使用必须由合格的专业人员进行。

二、整形外科

在国外文献中,曾报道了利用整形外科(plastic surgery)治疗犯罪人的做法。所谓"整形外科",就是旨在矫正各种损形、恢复受损功能、改善体表形象的外科学分支。现代整形外科起源于第一次世界大战期间,战伤损形修复是促进整形外科发展的直接动力。20世纪60年代和70年代发展起来的显微外科,大大促进了整形

---

① 〔英〕罗纳德·布莱克本:《犯罪行为心理学:理论、研究和实践》,吴宗宪、刘邦惠等译,中国轻工业出版社2000年版,第310页。
② Patricia Van Voorhis, Michael Braswell & David Lester, *Correctional Counseling & Rehabilitation*, 4th ed. (Cincinnati, OH: Anderson Publishing Co., 2000), p. 256.

外科的发展。理查德·库齐伯格(Richard L. Kurtzberg,1968)等人报告了对美国纽约瑞克思岛(Rikers Island)监狱的犯人进行整形外科治疗的情况。①

当瑞克思岛监狱的管理人员向犯人介绍整形外科手术的情况后,有1424名犯人作出了积极反应。整形外科医生对这些犯人进行甄别检查,以便确定他们的身体畸形(disfigurement)是否可以修复。身体畸形按其严重程度分为四类:(1)轻微身体畸形;(2)中度身体畸形;(3)明显身体畸形;(4)严重身体畸形。此外,医生也对整形外科手术结果作出诊断,其结果包括从1(差)到4(很好)等四个等级。根据这两方面的检查和诊断,决定是否给犯人做整形手术。结果,有663名犯人符合手术条件。

然后,对符合条件的犯人进行心理学筛选。具体方法包括利用四种心理量表进行测验、个别面谈。所使用的心理量表包括明尼苏达多相人格调查表(Minnesota Multiphase Personality Inventory, MMPI)、田纳西自我概念量表(Tennessee Self-Concept Scale)、萨克斯句子完成测验(Sacks Sentence Completion Test)和画人测验(the Draw-A-Person Test)。心理学筛选的目的有两个:一是为以后进行前后对比收集资料,二是预测犯人对于整形手术的心理反应。这个程序又剔除了213人。最后符合条件的人剩下425名。

监狱管理者将这425名犯人分为四组:(1)第一组:既实施整形外科手术,又提供社会与职业服务;(2)第二组:只进行整形外科

---

① Richard L. Kurtzberg, Wallace Mandell, Michael Lewin, Douglas S. Lipton & Marvin Shuster, "Plastic Surgery on Offenders," in Norman Johnston, & Leonard D. Savitz (eds.), *Just and Corrections* (New York: John Wiley & Sons, 1978), pp. 688-700.

手术;(3)第三组:不进行整形外科手术,只提供社会与职业服务;(4)第四组:不进行治疗,仅仅作为对照组。其中,第一组和第二组是主要的实验组,这两组的犯人都接受整形外科手术。第三组因为接受社会与职业服务,因而也被包括在实验组内。所有实验组的犯人都在释放前进行了面谈,并且安排他们接受整形外科手术或者社会与职业服务。

从监狱释放之后,第一组的104人、第二组的95人被安排住进医院接受整形外科手术。监狱部门希望尽快为他们进行手术,但是,由于床位限制,许多人等待了几天到一个月的时间才住进医院进行手术。等待的这段时间往往使一些人改变了最初的愿望,导致第一组中的39人和第二组中的54人未能住院手术,住院接受手术的只有106人。由于其中的6人因医学理由而不能接受手术,因此,最终只有100人住院接受了整形外科手术。整形外科手术是针对五个方面进行的:(1)发育型面部畸形(developmental facial disfigurement);(2)外伤型面部畸形(traumatic facial disfigurement);(3)手畸形(hand deformities);(4)文身(tattoos);(5)打针痕迹(needle tracks)。

同时,从监狱释放后,第一组的104人和第二组的77人接受了多种社会与职业服务。服务内容包括四项:(1)药物康复和戒毒。第一组中66%、第二组中71%的人都是海洛因成瘾者,对他们进行戒毒服务。(2)与纽约市福利局联系公共救助(public assistance)。大部分释放人员没有可以一起生活的家庭和朋友,需要帮助他们解决住宿及社会问题。(3)职业服务。帮助进行职业技能培训和介绍工作等。(4)其他服务,包括法律援助、代表释放人员出庭、与缓刑部门联系、介绍他们就医或者接受牙医治疗等。

在第一组和第二组的人员出院后半年时、第三组和第四组人员从监狱释放后一年时,进行了追踪面谈和测验(利用最初的心理量表进行)。为了提高追踪面谈和测验的成功率,向每个释放人员提供10美元的奖励。最终对212人中的174人进行了面谈和测验,174人中的17人是没有完成手术的人。实验组中89%的人、对照组中69%的人接受了追踪面谈和测验。结果表明,整形外科手术及社会和职业服务对于不同释放人员累犯率的预防效果是不同的:对于吸毒成瘾者(118人)的效果参见表格8-5;对于非吸毒者(50人)的效果参见表格8-6。

表格8-5:吸毒者接受治疗后的累犯率[1]

组　别	总数	累犯情况 人数	百分数(%)
第一组:整形外科手术与服务	28	14	50
第二组:整形外科手术	21	14	67
第三组:服务	31	15	48
第四组:不进行治疗	38	30	79
合计	118	73	62
进行整形外科手术的第一、二组	49	28	57
没有进行整形外科手术的第三、四组	69	45	65
卡方检验	不显著	不显著	不显著

表格8-5的数据表明,在吸毒成瘾者中,整形外科手术并没有显著地降低累犯率(第一、二组和第三、四组相比较);但是,多种服务却显著降低了累犯率(第三组的累犯率仅为48%,而第四组的累

---

[1] Norman Johnston, & Leonard D. Savitz (eds.), *Just and Corrections* (New York: John Wiley & Sons, 1978), p.695.

犯率高达79%,卡方检验 p＜.05)。那些既接受了整形外科手术,又接受了多种服务的人员的累犯率,显著低于没有接受手术和服务的人(卡方检验 p＜.05)。

表格8－6:非吸毒者接受治疗后的累犯率①

组 别	累犯情况 总数	人数	百分数(%)
第一组:整形外科手术与服务	15	5	33
第二组:整形外科手术	10	3	30
第三组:服务	9	8	89
第四组:不进行治疗	16	9	56
合计	50	25	50
进行整形外科手术的第一、二组	25	8	32
没有进行整形外科手术的第三、四组	25	17	68
卡方检验	5.1(p＜.025)		

表格8－6的数据表明,在非吸毒者中,整形外科手术显著地降低了累犯率(接受手术者的累犯率仅为33%,没有接受手术者的累犯率为68%,卡方检验 p＜.025,两组之间有36%的差异)。

这项实验表明,整形外科手术对于非吸毒者累犯行为的预防效果很明显。其中,治疗外伤型面部畸形的整形外科手术的预防效果更加明显。

---

① Norman Johnston, & Leonard D. Savitz (eds.), *Just and Corrections* (New York: John Wiley & Sons, 1978), p.698.

第九章 犯因性心理因素与改造（Ⅰ）

犯因性心理因素是最适合进行改造的一类犯因性因素，也是目前最有可能开展卓有成效的改造活动的一类犯因性因素。因此，如何对这类因素进行改造，需要做深入细致的研究。同时，由于犯因性心理因素的内容庞杂，对它们的改造也涉及很多的内容，这导致论述犯因性心理因素与改造的文字篇幅较大，为此，设立不同的章来论述这方面的内容。本章论述改造犯因性心理因素的若干基本问题和对犯因性认识因素、犯因性感情因素的改造问题。

第一节 改造犯因性心理因素的简要回顾

从新中国以往的罪犯改造情况来看，罪犯改造活动的很多内容，实际上都是针对犯因性心理因素进行的。

首先，从理论上来看，肯定心理对于行为的决定作用。人们长期以来普遍认为，思想决定行为，"有什么样的思想，就有什么样的行为"，因此，要想改造个人的行为，首先要改变人的思想。从心理学角度来看，所谓的"思想"，其很多内容就是心理学中所说的"心理因素"，特别是其中的认识因素。改造罪犯的思想，实际上也涉及很多转变罪犯心理因素的内容。

其次，从立法中来看，中国立法机关通过的有关法律和政府发布的有关规章中，均涉及了"思想改造"以及对于心理因素的改造。例如，在1994年的《中华人民共和国监狱法》中作为改造罪犯的经验而加以规定的思想改造，其核心内容就是要解决罪犯的认识等心理问题。该法第62条规定："监狱应当对罪犯进行法制、道德、形势、政策、前途等内容的思想教育。"

又如，中国司法部在1999年6月13日发布的《监狱教育改造工作规定》中，规定了这方面的内容。第29条规定："对未成年犯应当进行思想教育，其内容包括法律常识、所规纪律、形势政策、道德修养、人生观、爱国主义、劳动常识等，所用教材由司法部监狱管理局统编。"第38条规定："根据未成年犯的案情、刑期、心理特点和改造表现进行有针对性的个别教育，实行教育转化责任制。"第39条规定："未成年犯管教所应当建立心理矫治机构，对未成年犯进行生理、心理健康教育，进行心理测试、心理咨询和心理矫治。"

再如，中国司法部在2003年6月13日发布的《监狱教育改造工作规定》中，不仅在入监教育、个别教育以及思想、文化、技术教育等章的标题下，规定的内容涉及很多对于心理因素的改造，而且专门设立"心理矫治"（第七章），集中规定了对于罪犯的犯因性心理因素的改造或者矫治问题。

最后，从实践来看，在罪犯改造活动中大量使用的改造方法中，很多也是针对罪犯的思想或者心理因素的。为了对罪犯进行思想教育，监狱中的罪犯改造人员使用了学习法律、学习文件、请有关人员给罪犯作形势和政策方面的报告、组织罪犯集体学习、组织罪犯进行小组讨论、组织罪犯外出参观等多种方法。又如，在改造罪犯的实践中大量使用的个别教育法,其大量的内容也是解决罪犯的思想问题和心理问题。

因此,尽管在新中国以往的罪犯改造实践和理论研究中,明确提出改造"心理因素"的不多,但是,在实际上,大量的实践工作和文字表述中都包含了改造罪犯心理因素的内容。

第二节 犯因性认识因素的改造

一、犯因性观念的改造

根据上述改造单元的原理,犯因性观念的改造,首先应该明确罪犯中存在的犯因性观念和罪犯的特点,然后制定单元改造计划,包括改造的具体措施、时间安排、改造质量的衡量指标及改造质量的评估等,并根据改造计划开展改造活动。

根据对犯罪原因的分析,罪犯中存在的犯因性观念,在犯罪人的人生观、社会观、价值观、法治观、权力观、审美观等方面,可能都有表现,因此,要根据罪犯的犯因性观念的不同内容,设计不同的改造方法,组织不同的改造活动。一般而言,对于犯因性观念的改造,可以根据具体情况采取下列改造方法:

1. 学习材料法

学习材料法是指通过指导罪犯学习相关材料矫正其犯因性观念的改造方法。

学习材料法是改造犯因性观念的常用方法。在使用这种方法时,首先明确罪犯存在的犯因性观念,然后选择有针对性的学习材料,指导罪犯认真学习这些材料,从中学习正确的知识和恰当的观念,从而改变其犯因性观念。

学习材料的选择和学习活动的组织,要注意下列方面:

(1)针对性。这里所讲的"针对性",包括两个方面的含义:一是学习材料要针对罪犯存在的犯因性观念,根据犯因性观念的不同来确定相适应的学习材料;二是学习材料要针对罪犯的自身特点,在选择具体的学习材料时,要考虑罪犯自己的文化程度、个人经历、理解能力、兴趣爱好等,选择罪犯能够理解、愿意学习的材料。如果不考虑罪犯存在的犯因性观念和自身特点,强制性地要求罪犯学习千篇一律的材料,就不可能达到通过学习矫正犯因性观念的目的。

(2)趣味性。鉴于罪犯普遍存在着文化程度较低、学习能力较差的特点,要尽可能选择有趣味性的学习材料,例如,学习材料中不但有理论性的论述,也有插图、故事等引发兴趣的内容;不仅学习知识性材料,也可以学习人物传记、文学作品、励志类作品等资料。这样,才有可能通过增强学习材料的趣味性而调动罪犯学习的积极性,使他们在主动、自觉的学习中获得知识,转变认识。

(3)鼓励性。学习心理学的研究发现,在提高学习效率方面,鼓励的效果远远好于惩罚的效果。因此,在组织罪犯学习有关材料时,要事先确定鼓励方法,并且明确告知罪犯,学习达到什么程度或者标准时,可以获得什么样的奖励。这样,就可以通过鼓励措施调动罪犯的学习积极性,促使他们更加主动地参加到学习活动中。

(4)适宜性。这是指要在适宜的身心状态下开展有计划的、合理的学习活动。学习是一项复杂的劳动,只有在适宜的身心状态下进行学习活动,才有可能收到实际的学习效果。在身心极度疲惫、精神萎靡不振等状态下,是不可能进行有效学习的。同时,组织罪犯开展学习活动,要有明确的计划性,要合理地安排罪犯的学习活动。学习活动要分阶段、有步骤地进行,每次的学习时间不能太长,以免引起心理疲倦和浪费学习时间。长时间的连续学习,甚至有可能引起罪犯对学习的厌恶。

学习材料法是我国监狱在以往的罪犯改造实践中应用得十分广泛的改造方法。所学习的材料包括国家法律、有关规范、报刊文章、书籍资料等。而且,如果恰当地利用这种方法改造罪犯,能够取得很好的改造效果(参见专栏9-1)。

专栏9-1:浙江省杭州一支队的"加强思想改造"读书评书活动[①]

> 为了配合罪犯思想教育,促进罪犯认罪服法,浙江省杭州一支队在1992年6月组织了"加强思想改造"读书评书活动。
> 在这次活动中,向犯人推荐了《伟人之初——毛泽东》《闪闪的生活道路》《翻天覆地三十年》等传记性、描述英雄人物和历史变迁的纪实性书刊以及古典文学名著等书籍。在读书的过程中,犯人写出读后感48篇,评出优秀读后感6篇,有43名参加读书活动的犯人,其思想认识和改造表现有了一定的进步。犯人徐某,参加读书活动前,是一个"两天一小闹、三天一大闹"的改造落后者,通过读书活动,他不但改正了错误,而且积极要求上进,年终被评为优秀学员。

---

① 《浙江省杭州一支队引导罪犯读书成效显著》,司法部监狱管理局教育改造处编:《教育改造工作经验选编》(1984—1995),司法部监狱管理局1996年印,第473页。

> 1993年2月,支队开展了"读法律书籍"的活动,将《刑事犯罪系列丛书》《法制月刊》《蓝盾》《人民警察》等法制类书刊83册,有选择性地送给64名罪犯阅读,收到了较好效果。罪犯写出读后感37篇,有7人撤销了无理申诉或者打消了申诉念头。有的罪犯写道:这些书中的一些案例和文章,让我们看到了自己类似的情况,也弄清了许多罪与非罪的问题。书中描述的一些犯罪者的事情,使我重新认识了自己的罪错,有些罪恶就好像是自己犯下的,使人惊醒!读书活动在罪犯中引发了读法律书籍的热潮,有力地配合了分类教育。

2. 课堂讲解法

课题讲解法就是指在课堂讲解中矫正罪犯的犯因性观念的改造方法。

使用这种改造方法的要点主要包括:

首先,确定罪犯中存在较多的某些共性的犯因性观念。根据罪犯中普遍存在的犯因性观念组织课堂教学,在课堂教学中系统讲述存在的犯因性观念的内容,产生这些观念的原因,指出这些观念的错误或者不当之处,引导罪犯恰当认识这类观念。

其次,有针对性地组织课堂教学。讲解人员事先要进行认真的准备,了解罪犯中存在这类观念的具体情况,准备有说服力的论据资料,撰写详细的讲稿等,从而保证课堂讲解的质量和效果。

第三,在课堂讲解中,要以理服人。讲解的实质就是"摆事实,讲道理",而不是下命令、提要求。因此,在课堂讲解中,要注意循循善诱,以活生生的实例、确凿的事实、明白的道理,引导罪犯认识到犯因性观念的问题,指导他们纠正这类观念和接受新的正确的观念。

第四，在课堂讲解中既要注意提出观点，又要重视提供知识。在课堂讲解中，一方面要提出讲解人员自己的观点，或者肯定某些已经存在的观点；另一方面，也要注意让罪犯了解具体的知识，引导罪犯根据这样的知识得出自己的观点和结论。例如，一些罪犯之所以存在审美观方面的问题，可能是他们缺乏起码的美学常识，如果讲解人员让罪犯了解一些基本的美学常识，就有可能改变其审美态度。

3. 名人报告法

名人报告法就是邀请社会上的著名人物到监狱中给罪犯作报告，从而纠正罪犯的犯因性观念的方法。

在使用这种方法纠正罪犯的犯因性观念时，要注意下列方面：

第一，要弄清楚罪犯中存在的犯因性观念。特别是要弄清楚在罪犯中比较普遍地存在的犯因性观念，从而为邀请合适的名人做准备。

第二，要有针对性地邀请名人。要根据罪犯中存在的犯因性观念，邀请有可能对这些犯因性观念的改造发挥积极作用的名人到监狱中演讲，包括名人对于这些犯因性观念有深入的研究，名人的事迹有力地驳斥了罪犯中的犯因性观念等，以便通过他们的演讲矫正罪犯的犯因性观念。

第三，注意名人的多样性。名人就是在某一方面比较突出因而广为人知的人物，其中既有不同级别的政府部门、社会团体表彰的英雄模范人物，也有虽然没有获得这样的表彰，但是在某一方面表现出色、在一定范围内小有名气的人物，其中包括改造表现良好的罪犯、出狱后业绩突出和表现良好的刑满释放人员等。

名人报告法是我国监狱系统中常用的罪犯改造方法之一。许多监狱在不同时期,针对罪犯中存在的普遍性认识问题,邀请不同类型的名人在监狱中作报告,启发罪犯的思想,开阔罪犯的视野,鼓舞罪犯的信心,往往收到很好的效果。

4.集体讨论法

集体讨论法就是针对某方面的认识问题组织罪犯开展集体讨论,从而转变认识的改造方法。

在使用集体讨论法时,要注意下列方面:

第一,要选好集体讨论的问题。适合进行集体讨论的问题,应该是在一些罪犯中普遍存在的问题。只有这样,才能通过讨论,在较多的罪犯中产生效果。如果是仅仅在个别或者少数罪犯中存在的问题,就不适合采用集体讨论法加以改造。

第二,创造畅所欲言的讨论氛围。讨论的基本含义就是每个人都能够自由无拘束地表达自己的看法,相互之间交流意见,进行交锋和辩驳,在探讨、议论中了解更多信息,纠正错误观念,获得恰当认识。因此,在集体讨论的过程中,要保证参加讨论的罪犯都能够无所顾忌地讲述自己的见解和看法,能够心平气和地与别人讨论和争论。如果事先设定框框,只允许罪犯讲某一类的话,只能让他们发表某一类的见解,罪犯之间缺乏平等的地位和商谈的气氛,就无法开展有效的集体讨论。

第三,适当加以组织。在开展集体讨论的过程中,要有人对集体讨论加以适当的组织,包括宣布所要讨论的内容,引导讨论的进程,维护讨论的秩序,甚至包括在讨论活动结束时进行适当的总结等。如果没有这样的适当组织和引导,就难以顺利地进行集体讨论活动。

从一些研究来看,集体讨论引发人们观念变化的重要机制,就是群体压力。"群体压力"是指群体对其成员的影响力。在特定的集体讨论环境中,某个成员如果不同意多数人的观点,就会受到来自其他人的不同形式和程度的压力,这样的压力会通过多种形式表现出来,例如,其他人的态度、表情和言语,其他人的反驳、批评甚至更为严重的施压行为。在罪犯集体讨论中,可能也存在这样的群体压力。但是,一般而言,这样的压力应该局限在适度的范围内,即可以允许罪犯之间进行理性的争论和辩驳。在利用群体压力方面应当注意的是,不宜对群体中的某个或者某些成员施加过大的群体压力,特别是不能把集体讨论变成对某个成员的"集体批判"。在中国几十年的政治和社会生活中,"批判"一词已经成为令人生厌的贬义词,它往往意味着不摆事实、讲道理,而是蛮横、武断地强制性要求别人服从自己的观点,这样的活动容易引起受批判者的抵触情绪和厌恶心理,很难使他们心悦诚服地改变自己的看法。

5. 自我剖析法

自我剖析法就是指导罪犯自己对所存在的某些犯因性观念进行思考和分析的改造方法。

在应用自我剖析法改造罪犯的犯因性观念时,要注意下列方面:

第一,发现需要自我剖析的问题。罪犯中可能存在很多的犯因性观念,其中的一些犯因性观念是适合进行自我剖析的,因为这些观念的产生,可能主要是由于罪犯自己的认识问题而产生的;另一些问题可能是由外部因素引起的,不太适合于通过自我剖析加以解决。

第二,选择能够自我剖析的罪犯。自我剖析是一种比较复杂的心理活动,需要进行多方面的思考和分析。一些罪犯可能适合进行这类活动,这类罪犯一般具有性格比较内向、文化程度较高、有良好的理解和领悟能力、思考和分析问题的能力比较强等特点。另一些罪犯可能不大适合进行自我剖析,这类罪犯一般具有性格比较外向、文化程度较低、头脑比较简单、认识和理解能力都比较差等特点。

第三,引导自我剖析的活动。改造人员要对罪犯的自我剖析活动进行适当的引导,包括指出需要自我剖析的问题、需要进行自我剖析的方面、进行自我剖析活动的时间、通过自我剖析需要达到的结果等。如果在这些方面给罪犯以比较明确的指导,就可以提高自我剖析的效率,增进自我剖析的效果。

第四,采取多样化的自我剖析方法。自我剖析可以通过多种方法进行。比较简单的自我剖析就是要求罪犯"自己想一想",既不限定"自己想一想"的时间,也不指出"自己想一想"的具体方面。稍微复杂的自我剖析就是书面自我剖析,即要求把自己思考和分析的结果写成书面材料,通过文字表达的方式进行自我思考。进行这类自我剖析的结果,一般都要求罪犯提供自己撰写的文字材料。这类自我剖析只能对具有一定文化的罪犯使用。此外,也可以对罪犯提出进一步的要求,让他们把自我剖析的情况口头表达出来,或者向改造人员口头表达出来,汇报自己进行自我剖析的结果,或者在一定范围内向部分罪犯口头表达出来,使其他罪犯分享某个或者某些罪犯的自我剖析结果,相互启发思想,共同获得转变。这样的口头剖析实际上变成了集体讨论或者演讲。

6. 个别谈话法

个别谈话法是指改造人员根据罪犯存在的认识问题进行个别交谈的改造方法。

使用个别谈话法改造罪犯时,应当注意下列方面:

第一,选好问题。需要通过个别谈话解决的问题,往往是那些不宜让其他人知道的问题,特别是不宜让其他罪犯知道的问题。这些问题往往具有私密性,如果让别人了解,可能会使罪犯感到尴尬,或者给罪犯带来其他方面的不利后果。同时,这类问题可能是具有一定复杂性的问题,难以通过集体讨论、课堂讲解等方式加以解决。

第二,创造条件。进行有效的个别谈话的前提条件,就是罪犯对改造人员具有一定的信任感,愿意和改造人员进行交谈,也愿意把自己内心的想法告诉改造人员,愿意接受他们的指导和帮助。如果缺乏这样的条件,个别谈话就难以取得实质性的结果。因此,改造人员在罪犯中树立公正处事、模范执法的形象,赢得犯罪的尊重和信任,是开展包括个别谈话在内的一切改造活动的基本前提条件。

第三,创造氛围。个别谈话应当在适宜的氛围中进行。这样的氛围起码包括两个方面:一是物理环境。个别谈话应当在相对独立、封闭和安静的环境中进行,尽量避免别人的干扰;谈话环境中应当有适宜的温度、色彩、亮度,太冷、太热的环境,过分绚丽斑斓或者过于灰暗沉重的色彩,太亮太暗的环境,都不适宜进行有效率的个别谈话。二是心理气氛。进行个别谈话的改造人员和罪犯都应当情绪稳定,心情平和,特别是相互之间有心理相容性,不讨厌、不反感对方。如果双方之间有亲切感,那么,个别谈话的效果可能会更好,因为只有在亲切的气氛中,才能进行推心置腹的深谈,才能受到对方的观点和情绪的双重影响,增强个别谈话的效果。但是,如果根据谈话的内容,需要创造出相应的氛围时,改造人员也应当调整谈话环境,改变谈话的氛围。

第四,注意节奏。在进行个别谈话的过程中,要注意根据罪犯的具体情况,掌握好谈话的节奏。有时候,如果个别谈话的气氛很好,问题也不复杂,一次谈话就有可能解决问题。有时候,如果问题比较复杂,罪犯的理解能力和接受程度都有限,则可能需要进行多次谈话才能解决问题。因此,在使用个别谈话法时,要避免急于求成的急躁心理。

个别谈话法是我国罪犯改造中最常使用的改造方法之一,是通常所谓的个别教育的核心内容和主要方法,在改造罪犯中发挥了很大的作用。许多优秀的罪犯改造人员从进行个别谈话的实践中,创造了很多行之有效的好方法(参见专栏9－2)。

专栏9－2:杨家栋的个别谈话经验[①]

> 杨家栋是1992年受到司法部表彰的全国十佳个别教育标兵之一。这位云南监狱系统的个别教育标兵,总结出了这样的个别谈话经验:
>
> (一)注意谈话方式、记录方法。对犯人个别谈话教育的方式很多,但常见的有批评式、表扬式、调查式、交待式、灌输式。这几种方式都可以当面记(录),也可以过后记(录)。我通常采用的方法是"四记""四不记":对老犯或者改造表现好的犯人谈

[①] 杨家栋:《我是怎样对犯人进行个别教育的》,王明迪主编:《个别教育经验文集》,中国政法大学出版社1993年版,第84—85页。在引用时对个别文字和表述进行了修改。

话可以当面记,对新犯第一次谈话教育可暂不记;对心胸开阔的犯人谈话可当面记,对疑心较重的犯人谈话可暂不记;对在闲谈中得到的一些有价值的情况,可及时补记,对无价值的,可不补记;对某一问题的专项调查可当面记,对一般性问题的了解可暂不记。

我在开始找犯人个别谈话时,并没有注意这些问题,因此,收效不大。后来,也是在对犯人进行个别谈话中受到启发,才注意这些问题的。例如,在与罪犯马某(贩毒罪,被判刑13年)投入改造3个月后的一次谈话中,该犯对我说:"指导员,我对案情有看法,我不认罪,要申诉。这事我本来在入监当天你第一次找我谈话时就想说了,但看到你把本子一摆,我就不敢说了。"又如,罪犯杨某(贩毒罪,被判刑3年)在刑满前对我说:"指导员,实话对你说,我在被押送农场的路上曾想过,到农场后,干部肯定要把每个新犯都审讯一次,狠狠地教训一顿,但你却不这样,你对我说,'既然投入改造了,就要安心改造,给你家中写封信,告诉他们你已经平安到达农场了,以免他们挂念,我们欢迎他们来探望。'同时,你还把写信的注意事项教给我,我当时就像出远门回到家中一样的亲切,我这辈子忘不了你的这些话。"

(二)注意谈话地点的选择。谈话地点的选择当否与教育效果好坏有着直接的关系。对于一般性问题的了解,可选择监内、监外的随便地点以致田边地角都可以。对一些违规行为的批评教育,或者对某一问题的专项调查了解,可选在管教室、谈话室、接待室,以体现严肃性、灵活性,从而收到好的效果。例如,罪犯张某(因犯抢劫、伤害罪被判处5年有期徒刑)于1991年6月初分押到我队改造,在此之前,他通过外宿犯人向被害人寄了一封恐吓信。我接到当地公安机关转交我们查处此事的信后,当即与分队长一起到劳动工地找其谈话,问其写信的目的、动机和寄信的途径,该犯一口否认,说:"从没有给被害人写过信。"下午,我把他留下来,并带到管教办公室与他进行个别谈话,这时,他看到气氛不对,势头不好,便如实交待了写信的事实经过。

7. 现场参观法

现场参观法是指通过让罪犯亲眼观察特定对象或者现象以转变其犯因性观念的改造方法。

现场参观法的实质是将罪犯带到事先确定的参观对象生活或者某些现象存在、某些事件发生的实际地点,让他们直接进行实地观察,以客观存在的事实纠正罪犯的犯因性观念,或者激发起能够促进罪犯观念转变的积极情绪和情感,从而达到改造罪犯的目的。

组织罪犯现场参观,应当注意下列方面:

第一,认真选择参观地点。在罪犯改造活动中,要根据改造罪犯的犯因性观念的需要,选择恰当的参观地点。除了先进典型、革命传统教育地点等社会上较多参观的地点之外,还应当考虑到那些和罪犯关系更为密切的地点进行参观,用活生生的实例对他们进行教育,转变他们的观念,或者让他们直接体验某种情况,激发起他们的积极情绪和情感。例如,对于那些悲观绝望、对前途失去信心的罪犯,可以组织他们到那些刑满释放之后重建生活业绩突出、已经建立了自己的事业的人员那里参观,现场观看这些人员创建的工厂、商店等实体,从而鼓励罪犯树立起生活的信心和希望。又如,对于那些拒不认罪、不认为自己的犯罪行为对社会和他人造成重大危害的罪犯,可以组织他们到受害单位、被害人家庭、被害人接受治疗的医院等地参观,亲眼观察犯罪行为造成的危害后果,了解犯罪危害的严重性。

第二,注意外出罪犯特点。这方面应当特别注意两点:一是罪犯的人身危险性。由于外出参观期间安全保卫工作不可能做得十分周密,安全措施不一定十分周全,可能会发生罪犯乘机逃跑等问题。因此,要尽可能选择人身危险性较小的罪犯外出参观,以便保证参观活动的安全性。二是罪犯的个人需要。只有选择那些特别需要外出参观,外出参观可能对他们的改造有很大效果的罪犯外出参观,才能发挥现场参观法的改造效果。例如,对于已经在监狱中服刑时间很长的罪犯来讲,外出参观就可能是很有必要的,也有可能产生较大的改造效果。

第三,重视开展讲解讨论。在参观的过程中,要安排好讲解,使罪犯对于所参观的对象有较多的认识。如果条件允许,还可以组织罪犯进行现场提问和座谈,加深对参观对象的了解。在参观完毕返回监狱之后,要组织罪犯开展讨论,包括撰写参观观感之类的文章,相互交流参观心得等,这样,就可以进一步加深现场参观法的改造效果。

现场参观法是我国罪犯改造中较多使用并且改造效果显著的方法之一。早在改造日本战犯、伪满洲国战犯和国民党战犯的过程中,就很好地应用这种方法转变了他们的认识(参见专栏9-3)。在改造刑事罪犯的过程中,同样应用这种方法,也取得了很好的成效(参见专栏9-4)。

专栏9-3：通过参观让战犯接受社会教育①

在改造伪满洲国皇帝溥仪②的过程中，通过组织参观，接受社会教育，获得了很好的效果。

溥仪从来没有接触过工人、农民，不知道工厂、农村是个什么样子。1956年2月和1957年6月，两次组织他去参观，使他受到了活生生的现实社会教育。在参观抚顺龙凤矿村时，给他当导游和讲解的是伪满时期这个矿的矿工，当溥仪听说这个矿在"康德"③年间矿工的悲惨生活情景时，羞愧得情不自禁地跪在地上向工人表示"谢罪"。在参观一个农业生产合作社时，听一位老大娘说："伪满时期我们吃的是橡子面，要是查出家里有一粒大米就当作经济犯。大姑娘披麻袋片、老头子当劳工死在外面……"溥仪便跪在老大娘面前说："我就是过去勾结日本鬼子，抢走你们粮食，害死你们亲人的康德皇帝溥仪。"老大娘扶他起来说："事情都过去了，不用再说了，只要你能学好，做个正经人就行了。"从此以后，溥仪一直把这位老大娘希望他做一个"正经人"的话铭记在心，当作做人的标准去实践，激励他走向新生。

---

① 中华人民共和国司法部编：《劳改工作经验选编》（上册），群众出版社1989年版，第24—25页。

② 溥仪是清朝末代皇帝、伪满洲国皇帝。姓爱新觉罗，字浩然。1906年2月7日（清光绪三十二年正月十四）生于北京。满族。1931年"九一八"事变后，在侵华日军的策划下潜往东北。次年3月，当上伪满洲国执政，1934年3月又改称伪满洲帝国皇帝，改元"康德"。抗日战争胜利后，溥仪于1945年8月17日在逃往日本途中被苏军俘获，押到西伯利亚，在集中营里关押五年。1950年8月，溥仪与其他伪满洲国战犯一起，被苏联政府移交给中国政府，其后在哈尔滨和抚顺两个战犯管理所关押十年。1959年12月4日，经中华人民共和国最高人民法院根据特赦令予以释放。后任全国政协文史资料委员会专员，1964年任全国政协第四届全国委员会委员。1967年10月17日在北京病逝。著有《我的前半生》。——引者注

③ 康德是伪满洲国"皇帝"溥仪使用的"年号"，1934年3月开始采用。——引者注

专栏9-4:通过组织参观改造罪犯①

> 一些监狱通过组织罪犯外出参观,对罪犯进行改造,有效地转变了罪犯的认识。
>
> 河北省满城劳改支队组织改造表现好、有一定宣传能力、不同刑期和在各类罪犯中有代表性的犯人18名,到文明先进典型——南阎疃村参观。犯人看到该村在党的富民政策指引下由穷变富,欣欣向荣的景象,受到了生动形象的形势、政策和前途教育。
>
> 安徽省司法厅团委组织部分罪犯参加"走向新岸"活动。参观了当年"新四军军部纪念馆"和新四军军部旧址,聆听了新四军老战士的革命传统教育,凭吊了烈士陵墓并游览了黄山,使罪犯受到了生动的爱国主义和革命传统教育。
>
> 贵州劳改局组织一千多名改造表现较好的罪犯,参观了新中国成立三十五年来贵阳市建设成就和城市规划展览,使他们受到了生动、形象、深刻的教育。

8. 观看演出法

观看演出法是指通过组织罪犯观看文艺演出和影视作品而转变其观念的改造方法。

观看演出法的实质是通过组织特定的具有感染性的情境,使罪犯在这种情境中亲眼观看、亲耳聆听、亲身接触有关的作品、人物等,在现场较为浓烈的气氛中,情绪受到感染,情感得到激发,思想受到启迪,从而在感情和认识等方面都产生新的领悟、深化和转变。

---

① 司法部监狱管理局教育改造处编:《教育改造工作经验选编》(1984—1995),司法部监狱管理局1996年印,第238页。

观看演出法是监狱系统较多使用的转变罪犯思想观念的改造方法。多年来,监狱系统大量应用这种方法教育改造罪犯,具体形式除了邀请社会上的知名文艺界人士到监狱中为罪犯演出、在监狱中举办展览、在罪犯中播放好的影视作品等之外,很多监狱还在罪犯中组织文艺演出活动,组织罪犯自编自演文艺节目,一方面丰富监狱中罪犯的业余文化生活,另一方面也通过自编自演节目,将罪犯中间发生的事情通过文艺节目再现出来,启发罪犯加深认识,转变观念(参见专栏9-5)。

专栏9-5:通过自编自演电视艺术小品改造罪犯[①]

> 上海市监狱积极开展监区文化建设,路子越走越宽,内容越来越丰富,电视艺术小品就是监区文化建设这一花圃里绽开的又一朵小花。1989年年初以来,已经编拍了《分菜》《卸纱》《下棋》等5部电视艺术小品,还有5部电视艺术小品正在拍摄之中。
>
> 电视艺术小品都取材于罪犯改造生活中的人和事。有一次,炊场中队组织罪犯卸棉纱,一名罪犯当着干部的面抢着卸棉纱,而在干部离开之后,也随之离去。该组罪犯当即在小组生活检查会上向其指出。针对罪犯中存在的干部在与不在截然不同的两种劳动态度,我们编拍了电视艺术小品《卸纱》。播放后,在罪犯中引起了很大的反响。一些罪犯讲:"电视艺术小品结合罪犯改造实际,吸取了我们生活中的小事,经过艺术加工、提炼,以小见大,促进了我们思想的改造。"
>
> 电视艺术小品的拍摄,采取了就地取材、以戏取人的办法。除了小品人物中表演难度较高的镜头由个别罪犯扮演之外,一

---

① 司法部监狱管理局教育改造处编:《教育改造工作经验选编》(1984—1995),司法部监狱管理局1996年印,第307—308页。

> 般的小品和小品中的戏,都依照生活的原型,干部演干部,犯人扮犯人。一名参加编排的罪犯说:"观看自己拍摄的电视艺术小品,觉得有血有肉,确有其事,又能产生深刻的教育意义。作为电视艺术中的一名犯人演员,不仅要演好小品,还要从中接受教育,加速改造。"

实际上,早在20世纪50年代改造日本战犯的过程中,在抚顺日本战犯管理所中,就已经自发地使用了通过自编自演短剧转变战犯的观念和认识的改造方法,产生了很好的效果(参见专栏9-6)。

专栏9-6:日本战犯通过自编自演短剧进行改造的实例

> 曾任抚顺战犯管理所所长的金源先生在回忆录中写道:[①]
> 尉官以下战犯们自己创作的歌曲、舞蹈、戏剧,我是一个也没有错过,全部观看了,那些情景虽然是几十年前的事情,但迄今仍历历在目。其中印象尤其深刻的是,日本战犯以坦白书为主题创作的短剧。
> 幕拉起后,舞台上有一个破旧的草房。屋里是中国农民家庭常见的炕桌、长条凳子,门口有锅台。屋里有一对中年夫妇正在谈论家事。突然,皮鞋声响起,有三个日本兵端着枪闯入中国人的屋里。其中一个日本兵在屋子里翻来覆去搜索,他们什么也没有找到。日军军曹命令另外两个士兵把中国农民捆起来。中国农民往后退了几步问道:"我没有罪,为什么要绑我?"
> "刚才有一个八路跑到这里,是不是你藏起来了?快点说出来!"日本军曹说完抓住中国农民的脖领,手脚并用殴打中国农民。
> "我不知道!"

[①] 金源:《奇缘——一个战犯管理所所长的回忆》,崔泽译,解放军出版社1999年版,第79—82页。

"不知道？你和八路军串通一气,快老实交待!"

"我是种地的农民,我什么也不知道。"

"你在撒谎!"日本军曹气急败坏,他拿起烧得通红的炉钩来烫中国农民的脸。

"啊!"中国农民晕过去了。

"他确实什么也不知道。"农民的妻子走到日本军曹面前哀求道。

日本军曹抓住妇女的头发说:"快快老实交待!"

"我不知道!"

问多少遍,中国农民还是回答不知道。

日本军曹相信这一对中国农民确实不知道,但他又怕放了他们会投奔八路军,于是他恶狠狠地拔出枪来将那个男的杀害了。

"你们这些杀人恶魔!"

晕倒在地上的中国妇女愤怒地喊。到此,第一幕结束。

第二幕。夕阳西下的傍晚。中国农民的尸体仍躺在地上。日本军曹抓住中国农民的妻子,要她说出八路军去处。

农民的妻子义愤填膺,她说:"你们这些豺狼,老天不会饶你们的!"

"你也不想活了!"日本军曹用淫荡的眼光看着农民的妻子,说:"你给我笑笑,那就不用说出八路军的去向。"

日本军曹欲对农民的妻子施暴。舞台逐渐暗下来,随着一声枪响,幕拉下来了。

舞台上的演员和台下的观众都是日本战犯。扮演农民的是日本战犯中的官吏,扮演农民妻子的是尉级战犯,日本军曹是谁扮演的记不清了。他们从来也没有上台演出过,也没有受过什么演艺培训。但是,他们的演技很真实,演出是非常成功的。这是因为,他们是把自己在一个农村犯下的罪行如实地搬上舞台演出的。扮演配角的三个日本战犯是经过巨大的思想斗争之后才把自己的罪状搬上舞台的。虽然他们在精神上感到痛苦,可是他们的痛苦远没有那些死去的中国农民大。他们通过演出切身体会到被害者的痛苦,以此来批判侵略战争。

当时,剧作活动的积极分子泽田二郎是这样评说的:

"这部短剧的素材不是遥远的历史事情,而是十年前发生的真实的事实,是把我们犯下的罪行搬上舞台再现的。这部短剧是很成功的剧。这部剧是在反省罪行时演出的,可以说是谢罪的剧目。"

"反省罪行是个非常痛苦的过程,但是一旦经过这一过程,犹如虔诚的教徒领悟到了深奥的教义时那般有一种难以名状的快感。回想过去,心中充满无限的内疚。在我的耳旁常常回荡着在日军铁蹄下抗争的中国人民愤怒的呼喊,也有那些失去亲人而哭泣的嚎声,我时常抑制不住感情而流泪。"

"我们渐渐恢复了人性。人性是什么?人性是很早以前听说过的词汇,好长时间我们是忘记了这个词。人性是正常人的情感和理性。也就是说把别人的疾苦和悲哀看作是自己的疾苦和悲哀,并给予同情和帮助。这是最低标准的人性。而我们是杀害中国人民的刽子手,给中国人民造成了巨大的灾难和痛苦。我们是仅仅粗浅地认识和恢复了人性,只是真心地忏悔和谢罪而已。残杀数千万中国人民的我们如果继续坚持自己军国主义的立场,那我们真的是冷酷无情的野兽。只有完全彻底放弃杀人者的立场,坚定地站在被害者的立场,才有可能恢复人性。"

日本战犯演出的剧目都是以揭露日本帝国主义罪行为主题的,其内容和形式是多种多样的。

9. 亲身体验法

亲身体验法就是通过让罪犯亲自参加有关活动和实践而转变其不恰当认识的改造方法。

在罪犯改造活动中,由于认识问题的角度不同,一些罪犯很容易在看待某些问题时,产生不恰当的观点和看法。如果不让他们亲自参加有关活动,切身体验这些活动中的具体情况,单凭说服教育可能难以纠正其不恰当的观点和看法。因此,如果抓住适当的时机,在合适的场合安排罪犯直接参加有关活动,就可以让事实教育罪犯,使罪犯获得领悟和新的认识,从而事半功倍地纠正其错误认识和观念(参见专栏9－7)。

专栏9－7:换位体验纠正不当看法

> 1992年受到司法部表彰的山西省监狱系统的个别教育能手寇龙法,曾经讲过这样一个故事:①
>
> 罪犯陈某,1986年因殴打税务干部被判刑七年后送到我队改造。他性格外向,脾气暴躁,稍有争执轻则骂人重则动手,算得上一个"狱霸"。为了改造好该犯,教育影响一大片,我把他作为转化重点。一天吃饭时,他借口同号罪犯给他分的菜少,便打了分菜的罪犯。当天晚上我就把他叫到谈话室,他见我态度严肃,就乖乖地站着不吭声,等待批评。我没有批评他,而是宣布从明天起,开始让他专门给大家分菜。几天后,我问他菜分得怎么样?公不公?他有些羞愧地说:"菜就是不好分,特别是菜少时,更难掌握。寇队长,我知道你的意思了,打人是我错了。"

10. 被害人讲述法

被害人讲述法是指通过邀请被害人到监狱中向罪犯讲述遭受犯罪侵害的情况而转变罪犯认识的改造方法。

被害人讲述法可以从下列角度使用:

---

① 寇龙法:《呕心沥血驯"劣马",精诚所至化顽石》,王明迪主编:《个别教育经验文集》,中国政法大学出版社1993年版,第257页。

第一,促使罪犯加深对于犯罪危害性的认识。通过让被害人自己讲述对犯罪行为的看法和犯罪行为造成的侵害,让罪犯了解其犯罪行为对于被害人及其相关人员等造成的损害,使罪犯对犯罪行为的危害性有更加深刻的认识。从很多犯罪案例来看,一些罪犯对于犯罪行为造成的损害认识不足,甚至可能认为自己的犯罪行为并没有对被害人造成什么危害,因而对于所判处的刑罚缺乏恰当的认识,感到判刑过重等。如果监狱邀请被害人到监狱向罪犯讲述犯罪行为造成的危害性,就可以有效地促使罪犯加深对于犯罪行为造成的严重危害性的认识。

第二,纠正罪犯对于犯罪被害人的错误认识。许多罪犯对于犯罪被害人存在着错误的认识,特别是当被害人的道德品质等存在一定瑕疵时,罪犯很有可能产生这样的认识。例如,在对妓女进行性侵害的犯罪案件中,罪犯往往可能认为,被害人愿意甚至希望与自己发生性行为,或者把被害人的抗拒活动看成是假意做样子等。这种情况不仅在中国存在,而且在外国也存在。国外的研究表明,在一些虐待妇女和强奸妇女的案件中,罪犯就存在着对于被害人的错误认识或者谬论。[1] 因此,请犯罪被害人到监狱中直接向罪犯讲述自己的感受和痛苦,可以有效地纠正罪犯的错误认识。

第三,提供在犯罪被害人与罪犯之间和解的机会。邀请犯罪被害人到监狱中向罪犯讲述犯罪行为对于自己造成的损害和痛苦,也提供了犯罪被害人与罪犯之间进行和解的机会。对于犯罪被害人来讲,仅仅靠自己的调节和努力,可能很难缓解和消除他们

---

[1] 参见〔美〕劳伦斯·赖茨曼(Lawrence S. Wrightsman):《司法心理学》,吴宗宪等译,中国轻工业出版社 2004 年版,第 235—236、263—264 页。

从犯罪行为中遭受的痛苦,如果有机会当着罪犯的面进行控诉,可以较为有效地宣泄内心的痛苦和愤怒,从而达到缓解痛苦的效果。同时,如果能够面对面地与罪犯交谈,也许能够发现罪犯存在的值得同情的因素;如果能够看到罪犯所受到的法律惩罚,也有利于犯罪被害人谅解、宽恕罪犯。对于罪犯来讲,直接聆听犯罪被害人的控诉,不仅可以加深对于犯罪行为的危害性的认识,有利于激发起他们的悔恨心理和赎罪改造动机,也提供了他们当面向被害人道歉、谢罪的机会,使他们有可能通过这样的行动争取犯罪被害人的宽恕和谅解。被害人与罪犯之间的这种互动,有利于化解他们之间的仇恨和愤怒,有助于促进他们之间的和解。这正是国外的恢复性司法所追求的重要目的,也是建设"恢复性监狱"的重要措施。

在我国监狱改造罪犯的过程中,应当认真研究这种方法的可行性,创造性地利用这种方法改造罪犯的犯因性观念。

二、犯因性教育因素的改造

根据对犯罪原因的分析,犯因性教育因素主要体现在两个方面,即文化教育不足(文化水平低)和错误的教育。因此,对于犯因性教育因素的改造,也要围绕这两个方面进行:一方面要提高罪犯的文化水平,另一方面要纠正罪犯接受过的错误教育。

(一)提高罪犯文化水平的途径

1. 系统的课堂教育

给罪犯提供系统的课堂文化教育,是提高罪犯文化水平的主要途径。在新中国监狱系统中,罪犯教育被看成是与罪犯管理和劳动改造并列的"三大改造手段",而其中的"教育",主要包括思想教育、文化教育和职业技术教育三个方面,被称为"三课教育"。因此,文化教育不仅是改造罪犯的重要方法,也是新中国监狱工作的重要方面。

在新中国改造罪犯的历史上,有一个阶段特别重视对于罪犯的教育问题,而且取得了重要的成效。这个阶段就是从20世纪80年代中期开始的创办特殊学校的活动时期。1982年10月,公安部[①]在全国重点劳改单位山东省潍坊劳改支队举办现场会,研究和交流了把劳改单位办成改造犯人思想的"政治熔炉"和文化技术教育的"职业学校"的做法,推动整个劳改工作向高标准迈进,提出了争取在三五年内把全国500多个劳改单位分期分批办成改造罪犯的"特殊学校"的目标,由此开始了全国监狱系统创办特殊学校的活动。以后又多次发出创办特殊学校的指示,推动这一活动的顺利进行。到1991年9月,全国已有480个劳改单位被命名为特殊学校。

应该说,新中国监狱系统长期以来十分重视对罪犯的教育改造工作,重视提高罪犯的文化水平。特别是在创办特殊学校的活动中,罪犯的教育改造工作进一步得到加强,在教学师资配备、教学设施建设、课堂教育进行、教育质量提高等方面取得了很大的成绩,从而有力地促进了罪犯的改造。可以说,新中国重新犯罪率低的成就中,有教育改造工作的重要贡献。

但是,进入20世纪90年代中期以后,罪犯的文化和技术教育工作出现了"滑坡"现象,突出地表现在下列方面:第一,对教育改

---

① 中国监狱系统过去称为"劳改系统",长期由公安部管理,1983年监狱和劳改队划归司法部管理。

造重要性的认识下降,不再像以前那样重视罪犯教育问题。虽然仍然提"三课教育",但是,对罪犯教育工作的认识和罪犯教育工作的地位,都出现了下降;监狱系统的主要精力似乎转移到了抓监狱生产和经营创收方面。第二,系统的课堂教育得不到保证,特别表现在教学设施被挤占、教学时间被压缩、教学力量被削弱、教育经费难保证等方面。第三,教学中出现比较普遍的弄虚作假现象,在上课人数、上课时间、考试成绩等方面,都出现弄虚作假现象。这是一种危险的倾向,如果不能得到有效的纠正,将会对于监狱中的罪犯改造工作,产生严重的负面效应。

为了提高罪犯的文化水平,应当改进对罪犯的系统课堂教育。

首先,应当充分认识到文化教育在预防重新犯罪方面所起的重要作用。基本的文化程度是个人适应社会生活和谋生就业的必要条件。如果罪犯释放之后还不具备起码的文化知识,就不可能顺利适应社会生活,也不可能顺利地找到谋生就业的门路或者职业,这样的人员很容易重新犯罪。因此,提高文盲和半文盲罪犯的文化水平,是改造罪犯中最优先解决的问题之一,必须作为监狱工作的重要方面来解决。

其次,要提供进行系统课堂教育的合理时间。有效的课堂教育活动,必须是在合理时间中进行的教育活动。所谓"合理时间",主要包括两个方面:第一,合适的时间,这是指罪犯的身心状态都适合进行学习的时间阶段。包括课堂学习在内的文化学习活动,是一项需要脑力和体力付出的复杂劳动,只有在良好的身心状态中进行,才能有一定的效果。因此,合适的时间至少包括两方面的含义:一是在白天的时间阶段。生物钟的规律表明,对于大多数人来说,白天是人们进行复杂的脑力劳动的适宜时间。二是在身心得到充分休息之后的时间阶段。得到充分休息之后的身心状态良好,适合进行复杂的脑力劳动。身心疲劳的状态是不适合进行复杂的脑力劳动的。目前在很多监狱中的罪犯文化教育,都是在罪犯进行一天的高强度劳动之后的晚间进行的,这个时间阶段和这种身心状态,都不适合进行文化课的学习;强行要求罪犯这样做,只能引起弄虚作假和反感抵制等反应,而不可能收到预期的效果。第二,充裕的时间。文化课的教学活动有自身的规律,每次学习多少内容合适,也是有规律可循的,不能要求罪犯在极短的时间内使文化水平有极大的提高。要想真正提高罪犯的文化水平,必须给他们提供充裕的学习时间。

由此可见,如果不改变目前把白天的绝大多数时间都用来强制罪犯进行生产劳动的做法,如果不在白天留出相当的时间让罪犯进行文化课的学习,而是让罪犯在白天繁重的体力劳动之后再利用晚上的时间进行文化课学习的话,提高罪犯的文化水平只能是一句空话。而且,这样的学习安排只能是装点门面的、有违人性的做法,除了引起罪犯的厌恶、惧怕等消极情绪之外,不可能收到真正的积极效果。

再次,要提供良好的教学师资。罪犯中不仅普遍文化程度较低,而且,他们中也普遍存在学习方面的多种困难和问题。实际上,他们的文化程度较低与他们普遍有厌学情绪、学习能力较差等学习问题有关。因此,要想让他们进行有效的学习,要想真正提高他们的文化程度,必须让很有教学经验的老师教他们。只有这样,才有可能引导他们真正参与到有效的学习中,否则,教学质量就难以保证。但是,目前在监狱中,基础文化教育的师资都是由监狱警察担任的,他们中的很多人可能教育经验不足,缺乏教学技巧,难以进行有效的教育工作。所以,为了提高罪犯文化教育的效果,应当充分重视提高师资力量的素质问题。

在提高罪犯文化教育的师资队伍的素质方面,有多种方法可供选择。一种方法是积极招聘录用高素质的人员到监狱中承担罪犯的文化课教学工作。这种方法难以在短时间内奏效。因为教学经验的积累是一个长期的过程,即使高学历的人也不一定有丰富的教学经验。既有高学历,又有丰富教学经验的人,是社会中的紧缺资源,监狱不可能大量吸收这样的人到监狱中工作。另一种方法是与社会中的专业教育机构合作,由监狱通过订立合同的方式,花钱购买他们的教学服务,由社会上资质良好的专业教育机构派经验丰富的人员到监狱中开展罪犯的文化课教学工作。这样不仅可以有效提高罪犯文化教育的质量,而且也是在短时间内可以做到的。很多监狱都可以通过订立合同的方式,请周围信誉良好的学校和其他社会教育机构到监狱中对罪犯进行文化课教学工作。很多国外的矫正机构都是这样开展罪犯文化教育工作的,[1]这种做法值得我国监狱部门重视和借鉴。

第四,要建立有效的激励机制。对于很多罪犯来说,他们的文化水平之所以不高,是因为他们普遍存在厌学情绪等学习问题;对于他们中的很多人来说,在年龄较大甚至很大的时候重新坐到课堂中学习,并不是一件轻松的事情,甚至可以说是一件痛苦的事情。笔者在考察监狱的过程中接触到的很多成年罪犯都讲,宁肯到农田、车间中劳动,也不愿意到教室中学习。同时,从教育规律来看,积极主动的学习更有可能取得成效,消极被动的学习往往是

---

[1] 吴宗宪:《当代西方监狱学》,法律出版社2005年版,第653—654页。

效果较差的。但是,无论从哪一个角度来讲,提高罪犯的文化水平都是很有必要的,是一件必须要做的事情。因此,为了鼓励罪犯的学习积极性,必须建立有效的激励机制,从强迫罪犯学习变为鼓励罪犯学习,调动罪犯的学习积极性。

从我国监狱工作的实际情况出发,在调动罪犯学习积极性方面的有效激励机制,可以包括多方面的内容。笔者认为,特别应当注意两个方面:一是在监狱管理中把文化课学习和生产劳动同等看待,凡是参加文化课学习的罪犯可以不参加生产劳动,或者用文化课学习折抵生产劳动。为了刺激参加学习的罪犯进行学习的积极性和效果,可以把学习成绩作为重要的考核指标,以免罪犯用参加学习和在学习中敷衍应付来避免劳动。

二是奖励参加学习并且成绩良好的罪犯。例如,凡是参加学习并且通过考试或者达到一定程度的罪犯,可以在考核中获得表扬、奖励分数,也可以获得直接的物质奖励。那些学习成绩优异的罪犯,甚至可以得到立功的奖励。全力以赴投入学习并且成绩优异的罪犯,最终可以在减刑、假释等方面得到优惠和好处。只有把罪犯的学习与罪犯在监狱中最渴望得到的东西结合起来,使学习活动有助于他们实现最渴望的目标,才能真正调动他们的学习积极性,才能促使他们克服困难和痛苦,进行真正有效的学习。从国外的情况来看,一些国家采取了多种方式鼓励罪犯学习,包括可以获得金钱津贴、物质奖励、免除劳动等。[①]

第五,要提供必要的教学经费。对罪犯开展文化课教育,是一项需要资金投入的工作。这方面的资金投入不仅包括购买必要的

---

① 吴宗宪:《当代西方监狱学》,法律出版社2005年版,第661—662页。

教学设备、资料和提高教师的技能与素质的经费,而且应当包括购买社会上专门教育机构的教学服务的费用。基于对目前中国监狱从事教学工作的人员素质、罪犯的学习问题等方面的分析,笔者认为,未来罪犯教育的优先发展方向,应当是充分考虑社会的专业化分工,从社会上的专门教育机构中购买教学服务,利用他们的高素质人力和其他资源在监狱中开展教学活动。因此,监狱管理机构在计划监狱中的教育费用时,必须在监狱中的教学经费中列入购买社会上的教育服务的开支项目和费用。如果想完全利用监狱自身的工作人员提高罪犯教学质量的话,不仅其效果难以保证,其过程十分漫长,而且花费也是很大的,因为雇用一个担任教学工作的监狱工作人员的费用,肯定要大大超过从社会上购买相同的教学服务的费用,这种购买费用中不必包含养老保险、医疗保险等与正式工作人员挂钩的费用。

2. 鼓励罪犯自学

鼓励罪犯在业余时间中自学,也是中国监狱系统中提高罪犯文化水平的途径之一。在一些监狱中,鼓励罪犯自学也取得了一定的成效(参见专栏9-8)。

专栏9-8:读书提高文化技术素质[1]

> 浙江省杭州第一劳改支队通过组织罪犯读书,提高了他们的文化技术素质,促进了监狱生产的发展。

---

[1] 《浙江省杭州一支队引导罪犯读书成效显著》,司法部监狱管理局教育改造处编:《教育改造工作经验选编》(1984—1995),司法部监狱管理局1996年印,第474页。

> 该监狱根据所属育新学校文化技术教学的需要,在购买、借阅图书中注意选择一些教育参考书、工具书,为提高罪犯的文化素质带来很大帮助,也促进了监狱生产的发展。家电班学员王某在教学总结中写道:"我在担任家电班教学的一段时间深感吃力,关键是缺少参考书,自从借阅了杭州图书馆送来的《无线电基础》《家电原理》等书后,教学上顺利多了。"对于扫盲班的一百多名学员来说,杭州图书馆为他们选送的《中国连环画报》《看图识字》《写信必读》等,成了无声的启蒙老师。一些罪犯通过借阅技术书籍,使技术革新添上了翅膀。例如,承担烧窑设备改装任务的技术攻关成员,参阅了《水泥立窑工艺》《电磁振动与效益》等书籍,从中受到启发,将电振动原理引入到输卸料装置中,成功地革新了"电振输卸料",改装了吸尘装置,并且获得了浙江省监狱局技术革新二等奖。

但是,必须看到,目前中国的监狱中存在很多不利于罪犯自学的因素。第一,罪犯劳动的制约。由于中国监狱中实行普遍的集体性的劳动改造制度,罪犯在白天的大部分时间都是集体参加生产劳动,每天和每周可以由罪犯自己支配的自由时间极其有限,因此,在大部分监狱中,罪犯自学活动很难进行。第二,监狱设施的制约。目前,在监狱中往往存在教学设施缺乏、教育资源不够等问题,例如,没有可以安静自学的场所,没有充裕的可供自学的图书资料等,导致罪犯很难进行有效的自学活动。第三,激励措施的缺乏。目前,监狱普遍不重视罪犯自学在改造中的重要作用,缺乏一套有效激励罪犯自学的机制。在很多监狱中,罪犯的自学往往是罪犯自己的业余爱好,监狱方面对此缺乏积极鼓励和恰当引导。第四,思想观念的问题。并非所有的监狱工作人员都希望罪犯进行自学,有的监狱工作人员可能不喜欢罪犯进行自学,而更愿意罪犯参加劳动和为监狱创造经济价值,因此,对于罪犯的自学活动缺乏积极的态度和必要的支持,甚至进行刁难。监狱要想提高罪犯改造质量,必须采取有效措施,建立促使罪犯积极自学的激励机制,鼓励罪犯通过自学提高文化水平。

我国监狱中要想真正鼓励罪犯通过自学提高其文化水平,必须在下列方面进行努力:

第一,保证罪犯有可以自由支配的时间。自学需要一定的时间。如果罪犯缺乏可以自由支配的闲暇时间,他们就不可能进行自学。目前,在我国的绝大多数监狱中,每星期除周日之外的其他白天时间,往往都被用于安排罪犯进行集体生产劳动,而且每天的劳动时间很长,使罪犯很难有可以用来自学的时间。如果不改变这种局面,通过自学提高文化水平,就是一句毫无意义的空话,这样的目标根本不可能实现。

第二,保证罪犯有适宜学习的相关条件。罪犯自学需要有一定的主观条件和客观条件。从罪犯主观方面来看,其条件包括有愿意学习的学习动机、有适合进行学习的身心状态等;从客观方面来看,其条件包括有可以学习的时间和空间、有鼓励学习的激励机制和氛围、有可以学习的学习资料和其他学习设备等。只有具备这样的条件,罪犯才有可能进行有效的自学。否则,就不可能进行真正有效的自学。由于罪犯的主观条件是可以通过客观条件加以改变的,例如,如果建立了有效的激励机制,就可以使缺乏学习动机的罪犯发生转变,产生学习动机。因此,在鼓励罪犯自学方面,最主要的条件是监狱提供的客观条件。监狱要想真正通过鼓励罪犯自学提高罪犯的文化水平,就必须提供相应的客观条件。

第三,切实转变对于罪犯自学的错误观念和态度。监狱工作人员应当认识到,罪犯的自学实际上是一种极其有效的改造活动。任何一个罪犯,只要他们积极参加到对于文化科学技术知识的学习活动中,就表明他们已经在积极接受改造。而且,这种积极主动的学习,是最有效的改造方法之一,会比那种迫使罪犯改造的方法发挥更大的作用。因此,应当把支持、鼓励罪犯参加自学当作最重要的改造工作之一,切实发挥自学在罪犯改造中的积极作用。

(二)纠正错误教育的方法

针对罪犯在内容和方式等方面都会受到不符合社会规范和教育规律的教育的情况,监狱部门和改造人员应当采取多种方法,开展多种活动,纠正罪犯受到的错误教育。

1. 让罪犯了解错误教育的内容

错误教育的主要方面,是罪犯接受了内容错误的教育。因此,纠正错误教育的首要方法,就是要让罪犯了解错误教育的内容,纠正他们错误的人生观、价值观、道德观、法治观、社会观等,帮助他们形成合理的观念,以此指导自己的行动。

同时,罪犯接受错误教育的内容之后,往往会形成错误的认识,因此,用于改造犯因性认识的大多数方法,都可以用来纠正罪犯所接受的错误教育的内容。

2. 让罪犯认识错误教育的渠道

错误教育会通过各种渠道和方式进行,在现代社会中,一些教育渠道和方式可能更容易促使人们接受错误教育。因此,要教育罪犯认识和警惕这些方式。

特别需要让罪犯了解的错误教育的渠道包括:

(1)不良交往。与有不良观念和行为的人们进行密切交往,是接受错误教育的重要途径。在进行这类不良交往的过程中,个人一方面很容易得到暂时的心理满足和其他益处,但是,在另一方面,在认识、情感、意志和行为习惯等各个方面,都很容易受到错误的教育和影响。因此,要提醒罪犯在以后的生活中,要警惕不良交往的利弊,注意不良交往可能产生的危害,努力避免不良交往。

(2)计算机网络。计算机网络在对人类的生活方式产生巨大的积极影响的同时,也已经成为传播错误观念、进行错误教育的重要渠道。对于自制能力差的人来说,计算机网络更有可能成为接受错误教育的最强大的渠道之一。因此,要教育罪犯科学认识计算机网络的作用,恰当利用计算机网络,警惕在计算机网络中受到错误教育和不良影响。手机的一些APP(应用程序)也成为传播不良内容的重要渠道。

(3)不良环境。不良环境的熏陶,也是受到错误教育的重要途径。长期在不良环境中生活的人,很容易在耳濡目染之下,自觉不自觉地受到不良环境的多方面影响,从而会形成错误的观念和不良的习惯等。因此,要通过多种教育方法,让罪犯认识不良环境的危害性,教育他们努力避免不良环境的消极影响。

3. 教给罪犯摆脱错误教育的方法

改造人员在纠正错误教育的活动过程中,不仅要纠正罪犯已经形成的错误观念和不良习惯等,而且要教给罪犯摆脱错误教育的方法,帮助他们在以后的生活中避免受到新的错误教育。

教育罪犯免受错误教育影响的方法很多。不过,从罪犯可能接受错误教育的情况来看,最重要的是要重视下列方法的应用:

(1)帮助罪犯形成批判性思维。批判性思维是以客观看待事物和自我反省为主要特征的一类思维。在进行这种思维的过程中,个人首先要看遇到的观念、现象等是否符合客观现实,而不是先入为主或者偏听偏信。然后,要对所遇到的观念和现象等进行独立思考,利用自己已有的知识、经验等进行推理和判断,在此基础上得出自己的看法和结论。批判性思维的形成和应用,可以有效地避免个人出现盲目服从和"随大流"的现象,能够使个人保持自我的独立性。批判性思维不仅是个人避免受到错误教育的重要保护性因素,也是预防个人进行从众性犯罪行为的重要预防性因素。因此,在教育罪犯的过程中,要注意通过知识学习、相互辩论等方法,培养罪犯的批判性思维。

在这里应当特别指出的是,长期以来监狱系统实行以管理为主导的罪犯改造活动。在这类活动中,似乎把主要的精力放在如何训练罪犯服从管理上:不仅要求罪犯无条件地遵守法律和监规纪律,而且要求罪犯无条件地服从监狱工作人员的指挥和要求。在这样的氛围中,盲目地、无条件服从的罪犯,往往能够较好地适应监狱生活,而那些有自己见解和看法并且将它们表达出来的罪犯,往往难以适应监狱生活,经常会遇到来自监狱管理人员的批评和指责,从而会受到更多的挫折,遇到更多的烦恼。这种片面要求罪犯服从的监狱管理和罪犯改造倾向,可能暂时地、在表面上有利于监狱及罪犯的管理,似乎能够提高管理和改造工作的效率。但是,这种倾向实际上是以消除罪犯的批判性思维为代价的,它会使罪犯成为一个没有思想和主见,只会盲目服从的"机器人",而这样的人在释放之后是难以适应复杂的社会生活的。因此,从长远来看,片面要求罪犯服从的管理方法和改造倾向,是弊大于利的,是不符合将罪犯改造成为守法公民的根本目标的。

(2) 远离错误教育源。错误教育是有不同来源的,这些会对个人产生错误教育和影响的来源,就是错误教育源。从认识发生的角度来讲,与生俱来的错误认识几乎是不存在的,罪犯所受到的绝大多数错误教育,都是通过各种不同的错误教育源形成的。因此,要使罪犯免受错误教育,就应当教育罪犯远离错误教育源,免受他们的错误教育。上述不良交往的对象(不良朋友)、良莠并存的计算机网络以及不良环境等,都有可能成为错误教育源。

(3)警惕错误教育时机。错误教育更有可能在特殊的时机发生,或者在特殊的时机错误教育的效果可能更加明显。例如,在遇到困难时,在产生挫折时,在醉酒状态中等,都可能是受到错误教育的不利时机。要教育罪犯特别注意警惕这些个人情绪低落、思维批判性降低的场合和情境,避免使它们成为进行错误教育的时机。

三、犯因性思维模式的改造

犯罪心理学等学科的研究发现,许多罪犯确实存在犯因性思维模式,也就是可能会助长和促成犯罪行为的思维模式。为了改造罪犯的这类犯因性思维模式,应当采取多种矫正技术。

综合国内外的研究,可以考虑使用下列方法改造罪犯的犯因性思维模式:

(一)针对性纠正法

针对性纠正法就是根据罪犯存在的特定犯因性思维而采取的矫正方法。

罪犯中犯因性思维模式的存在情况十分复杂。有些罪犯在思维的很多方面都有问题和缺陷,有可能存在多种犯因性思维模式,而有些罪犯可能存在某种独特的犯因性思维模式。因此,在纠正罪犯的犯因性思维模式的过程中,首先要明确罪犯存在的犯因性思维模式的具体情况,然后有针对性地采取矫正方法加以纠正。例如,美国当代精神病学家、犯罪心理学家塞缪尔·约奇逊(Samuel Yochelson)和斯坦顿·萨米诺(Stanton E. Saminow)不仅识别出了犯罪人中存在的多种犯因性思维模式,[①]而且也根据这些犯因性思维模式的内容,提出了有针对性的思维错误矫正技术,具体内容包括:[②]

(1) 不接受对不负责态度或者不负责行为进行的辩解。

(2) 不允许犯罪人开脱自己的责任。

(3) 向犯罪人指出,他们怎样伤害了别人,反复地让犯罪人了解到遭受伤害是一种什么样的感觉。

(4) 让犯罪人了解角色承担(role taking)的过程,或者理解别人的观点。

(5) 让犯罪人了解社会生活,懂得需要付出多大的努力才能完成一定的任务。要向他们表明,责任往往意味着要做自己不想做的事情,不付出努力可能会得到有害的结果。

(6) 向犯罪人指出他们可能拒绝承担责任的方式。

(7) 让犯罪人想象他们不负责任的行为可能产生的消极后果,例如,想象别人不对犯罪人负责任可能产生的后果。

(8) 让犯罪人懂得,信任必须是靠自己的努力赢得的,让犯罪人了解辜负别人的信任会发生什么结果。

[①] 参见本书第四章第二节有关内容。

[②] Patricia Van Voorhis, Michael Braswell & David Lester, *Correctional Counseling & Rehabilitation*, 4th ed. (Cincinnati, OH: Anderson Publishing Co., 2000), pp. 174-175.

（9）让犯罪人坦率地表达自己的期望，评价自己是否要求太多，处理失望情绪。

（10）让犯罪人学会作出正确决定的原则。

（11）让犯罪人承认错误，懂得可以对错误所能够做的一切事情，明白必须承认错误。

（12）向犯罪人表明，他们需要提前制定计划，循序渐进地实现目标。劝说犯罪人放弃那种迅速赶超别人的想法。

（13）让犯罪人明白，如果批评是有价值的，应当从批评中学习；如果批评是没有根据的，就可以忽略批评。

（14）使犯罪人确信，在生活中有恐惧是很重要的，让他们辨别健康的恐惧和不健康的恐惧。

（15）教给犯罪人恰当的愤怒管理技能。

（16）让犯罪人注意"权力能量"（power thrusts），而不是接受"权力能量"。

塞缪尔·约奇逊等人提示的上述矫正要点，值得我国罪犯改造人员认真研究和借鉴。实际上，罪犯改造人员可以把上述十六个方面中的每一个方面作为单元改造的内容，组织成不同的改造单元，使用讲解、学习、讨论、思维训练、行为演练、小组讨论、角色扮演①、心理剧②等适合的方法，组织罪犯开展相关的针对性改造活动，从而使罪犯避免不恰当的思维模式，学会恰当的思维方式和表达技巧等有益的内容。

---

① 关于角色扮演，参见吴宗宪：《国外罪犯心理矫治》，中国轻工业出版社2004年版，第277—281页。

② 同上书，第272—277页。

（二）换位思考法

换位思考法就是指让罪犯从另外的角度思考问题，从而纠正其犯因性思维模式的矫正方法。

罪犯的犯因性思维模式可能是在长期进行不恰当思维活动的过程中逐渐形成的。在这个过程中，每一次进行的不恰当思维活动，都有可能助长罪犯的不恰当思维方式；这类思维活动长期多次反复之后，就有可能形成比较固定的犯因性思维模式。因此，要矫正犯因性思维模式，必须引导罪犯进行恰当的思维活动，在这样的思维活动中逐渐纠正罪犯的犯因性思维模式。

所谓"不恰当的思维活动"，可能就是看问题的角度和方法存在不合理或者偏颇之处的思维活动。要纠正这类思维活动，就必须引导罪犯从另外的角度、用不同的方法思考问题。这就是换位思考法的基本内容。

换位思考法的具体形式可以有很多。可以是在个别谈话、心理咨询等活动中，由改造人员指导罪犯从不同的角度、用不同的方法思考问题；也可以采用比较复杂的活动和方法促使罪犯进行换位思考。例如，可以请犯罪被害人来监狱给罪犯讲话或者做报告，使他们理解被害人的观念、想法和感受，从被害人的角度思考问题，从而转变对自己的犯罪行为和对被害人的错误看法。还可以通过角色扮演、心理剧等方法，启发罪犯进行换位思考和情感体验。

（三）奖赏鼓励法

奖赏鼓励法是指通过多种方式奖赏罪犯的恰当思维活动，从而鼓励他们形成正确思维模式的矫正方法。

犯因性思维模式的形成，有一个逐渐的发展和演变过程。在这个过程中,多次进行犯因性思维活动,会强化犯因性思维活动的使用和出现频率,从而逐渐形成比较固定的犯因性思维模式。因此,对于犯因性思维模式的改造,也需要一个逐渐积累和强化的过程。在改造过程中,如果对于罪犯思考问题时进行了恰当的思维活动,甚至不出现犯因性思维活动,都给予不同形式和程度的奖赏的话,例如,口头表扬、记分、标上红旗等,那么,就可以鼓励罪犯进行恰当的思维活动。长期这样就可以培养罪犯形成恰当的思维模式,犯因性思维模式就会逐渐消退和消失,从而达到改造犯因性思维模式的目的。

(四)集体讨论法

集体讨论法就是通过多人的共同讨论而探讨如何更好地思考问题的矫正方法。

在很多情况下,罪犯的犯因性思维模式,可能是进行片面性思维活动的结果。在进行这种思维活动的过程中,由于知识经验不足、心理状态不佳等方面的因素,罪犯可能仅仅从某一个方面或者一些不恰当的方面思考问题,而忽略了其他方面。如果有意识地组织罪犯就某一个或者某些问题、现象等开展集体讨论,在讨论过程中,不同的罪犯会从不同的角度或者利用不同的方法思考问题,而改造人员或者罪犯之间对每个人的思维方式加以点评的话,就可以"集思广益",纠正个别罪犯思考的片面性,弥补个别罪犯在生活经验等方面存在的缺陷,使罪犯从集体讨论中受到启发,从而可以促使罪犯更好地思考问题,形成恰当的思维模式。这样,就可以矫正罪犯的犯因性思维模式。

四、犯因性智力因素的改造

(一) 促进一般智力发展

尽管罪犯的一般智力普遍低于普通守法者,但是,这并不意味着罪犯的一般智力不能改变。

教育学和心理学等学科的研究表明,智力发展的速度在不同年龄有很大的差异。儿童期的智力增长速度较快,以后随着年龄的增加,智力增长的速度变慢;到一定年龄时智力停止增长,并且随着衰老而下降。国外的一项研究表明,智力测验分数在14岁以前是直线上升的,以后逐渐开始放慢,到26岁左右时停止增长,26—36岁之间基本保持不变,称为智力的"高原期"。还有的研究者认为,以生物学的神经生理的生长为基础的"流体智力"随年龄增长而下降的现象开始得较早,一般在20—30岁的年龄阶段;而以文化知识的获得为基础的"晶体智力"的增长期较长,几乎延长到整个健康的生命时期。[①] 可以说,遗传、环境、性别以及出生顺序等,都对智力发展有影响。

研究表明,通过有目的、有计划、有组织地传授系统的文化科学知识和技能,可以促进人们一般智力的提高和发展。这些可以提高智力的教育活动,就构成"智育"。智力是通过学习获得的后天的"习得能力",[②] 通过后天的学习和训练等活动,可以提高罪犯

[①] 《中国大百科全书·心理学》,中国大百科全书出版社1991年版,第557页。

[②] 《中国大百科全书·教育》,中国大百科全书出版社1985年版,第525页。

的一般智力。监狱应当认识到这种可能性,通过多方面的教育活动和训练活动,促使罪犯智力的提高,尤其是要重视对于智力发展潜力较大的青少年罪犯的智育。

(二) 重视言语智力培养

针对犯罪人中言语智力普遍较低的现象,监狱在改造犯因性智力因素的过程中,应当特别重视对于罪犯的言语智力的提高和培养。

心理学家霍华德·加德纳(Howard Gardner)的研究认为,言语智力(linguistic intelligence)主要表现在阅读、写散文或者诗歌、连贯地讲话以及理解讲座等方面。[①] 因此,对于言语表达方面问题较明显的罪犯,要通过组织罪犯开展阅读、写作、集体讨论、相互辩论、口头演讲等活动,训练罪犯的口头表达技能,培养他们在别人面前自信地、流畅地、准确地、平和地表达自己观点和感受的能力,增强他们的言语智力和人际交往能力,从而预防由于表达问题而引起的人际冲突和违法犯罪行为。

第三节 犯因性感情因素的改造

一、犯因性情感因素的改造

犯罪学等学科的研究发现,犯罪人在道德感、理智感、美感、爱

[①] 〔美〕罗伯特·斯腾伯格等(Robert J. Sternberg & Wendy M. Williams):《教育心理学》,张厚粲译,中国轻工业出版社2003年版,第117页。

与恨的体验等方面都存在一定问题,这些问题构成了犯罪人的犯因性情感因素。因此,在罪犯改造过程中,要重视对罪犯的犯因性情感因素的矫正。

犯因性情感因素改造的重点,是对罪犯的道德感的改造。研究发现,犯罪人在道德感方面存在的问题可能更多,有道德感问题的罪犯也可能更多,而道德感对于犯罪行为的发生所起的作用也更明显。

在改造罪犯的犯因性情感因素,特别是在解决道德感问题方面,应当注意下列问题和方面:

1. 重视基本道德教育

所谓"基本道德教育",就是指利用简单易行的方法开展的最低限度的道德教育和训练活动。

基本道德教育的主要特点是:

第一,重视教育方法的简单易行特征。由于罪犯群体的整体素质较差,文化水平、道德基础、理解能力等很有限,进行道德实践活动的范围也有限,因此,需要用容易理解、便于实践的方法开展道德教育。

第二,重视教育内容的最低限度特性。罪犯是整个社会中道德水平比较低的一个人群,对于这样一种人群进行的道德教育,必须充分考虑道德教育的基础和道德教育的目的。从道德教育的基础而言,由于罪犯的道德基础较差,需要进行与这种基础相适应的最基本的道德教育。过于理想化的、过分抽象的道德教育,都不可能产生真正的效果。从道德教育的目的而言,对罪犯进行道德教育的直接目的和首要目的,是预防他们重新犯罪,使他们成为守法公民,而不是将他们培养成道德楷模,因此,道德教育必须紧紧围绕预防重新犯罪这个目的进行。

第三,重视道德教育的具体性和现世性。道德教育的"具体性"是指在道德教育中要教给罪犯具体的、具有可操作性的道德规范,让他们明确在什么情况下应该怎样去做,而不是仅仅教给他们抽象的道德观念。由于罪犯的低素质特征,他们难以将抽象观念转化为具体的行为准则,抽象的道德观念对于他们行为的指导性可能更差。道德教育的"现世性"是指在道德教育中要教给罪犯在目前社会生活中直接应用的道德规范。道德主要是用来调整现实生活中人们的行为的,因此,在进行道德教育时应当把重点放在现实生活中可以直接应用的道德规范方面,而不能过分地进行未来道德和道德理想方面的教育。对于罪犯来讲,过多地进行未来道德和道德理想方面的教育,可能是徒劳的和无效的。在对罪犯进行道德教育时,应当避免以往那种将重点放在共产主义道德和爱国主义道德等抽象性、未来性和高层次道德教育的偏向,重视道德教育的具体性和现世性。

笔者认为,在罪犯改造中,符合基本道德教育标准的道德教育内容,应当包括下列方面:

(1)爱情婚姻家庭道德。这方面的教育有助于罪犯恰当处理恋爱、婚姻和家庭生活中的人际关系。爱情道德包括相互尊重、以诚相见、忠贞不贰、文明端庄等。婚姻家庭道德包括婚姻自主、男女平等、互敬互爱、尊老爱幼等。

(2)职业道德。职业道德就是人们从事具体职业所必须遵守的道德规范。这方面的道德教育可以促使罪犯了解自己违法犯罪行为的反职业道德性质,促使罪犯树立正确的职业道德观念。职业道德包括敬业乐群、恪尽职守、遵守纪律、服从管理、讲求信誉等。

（3）社会公德。社会公德是指人类在长期的社会生活实践中逐渐积累起来的最简单、最起码的公共生活规则。进行这样的道德教育，可以促使罪犯树立社会公德意识，避免发生扰乱社会生活秩序的行为。社会公德包括礼貌谦逊、和气待人，坦诚相见、诚实守信，成人之美、与人为善，遵守秩序、爱护公物，敬老爱幼、尊师亲贤等。

（4）时年道德。时年道德就是人们在不同的年龄阶段中应当遵守的基本道德规范。换言之，就是不同年龄阶段的人应当遵守的道德。在人类的成长和发展过程中，不同时期和不同年龄阶段，有不同的身心特点和社会角色，因此，需要遵循不同内容的道德规范。要求儿童和少年遵循的道德规范，肯定不同于要求中年人和老年人应当遵循的道德规范。在监狱中对罪犯开展道德教育时，应当结合他们的不同年龄特点，开展有针对性的时年道德教育，让青年罪犯、中年罪犯和老年罪犯知道在自己的年龄阶段，应当注意遵循什么样的道德规范。

（5）角色道德。角色道德就是人们在社会生活中扮演某种角色时所必须遵守的行为准则。在社会生活中，人们往往同时或者先后扮演不同的社会角色。例如，在监狱中服刑的罪犯除了罪犯这个角色之外，还同时扮演子女、父母、妻子、丈夫等角色。角色道德教育的目的，就是要让罪犯了解他们扮演特定的社会角色时所应当遵循的道德规范，具有相应的价值观念，进行相应的道德行动。特别是如果在罪犯入监初期进行适当的罪犯角色道德教育，可以有效地帮助罪犯适应监狱生活。同时，对于罪犯进行其他的角色道德教育，也有利于帮助罪犯处理相关的人际关系和调整相应的人际行为等。

（6）闲暇道德。闲暇道德是指个人在工作之外的空闲时间中应当遵循的道德规范。研究表明,不恰当地利用闲暇时间,是重要的犯因性因素;很多犯罪都是在闲暇时间中发生的。犯罪学家米尔顿·巴伦(Milton L. Barron)认为,"大多数少年犯罪发生在儿童的闲暇时间内。"①犯罪学家特拉维斯·赫希(Travis Hirschi)认为,"至少与成年人相比较而言,青少年有大量的闲暇时间。如果他们不能用有意义的活动占用这些闲暇时间,他们就很有可能从事少年犯罪行为,仅仅因为少年犯罪行为能够提供快乐。"②

因此,进行闲暇道德教育,指导罪犯恰当度过闲暇时间,具有重要的预防犯罪功能。闲暇道德在中国的研究较少,在罪犯教育中进行闲暇道德教育的更少。但是,这个问题需要引起重视。

从国外监狱中罪犯教育的情况来看,对罪犯进行闲暇道德教育和闲暇生活指导,是一项重要的内容。例如,早在19世纪的时候,就在监狱中为罪犯提供闲暇时间计划,教育和指导罪犯用建设性的方式度过闲暇时间。③ 在当今社会中,很多国家的监狱或者矫正机构中,都有闲暇指导计划,帮助罪犯形成良好的闲暇活动习惯和能力,为罪犯在服刑期间和释放之后主动而积极地利用闲暇时间奠定基础。在加拿大联邦矫正系统中,对罪犯提供闲暇技能计划(参见专栏9-9)。

---

① Milton L. Barron, *The Juvenile in Delinquency Society* (New York: Alfred A. Knopf, 1954), p.183.

② Travis Hirschi, *Causes of Delinquency* (Berkeley, CA: University of California Press, 1969), p.192.

③ 吴宗宪:《当代西方监狱学》,法律出版社2005年版,第717页。

专栏 9-9：加拿大联邦矫正系统中的闲暇技能计划[①]

> 闲暇技能计划（leisure skills program）是为那些由于不恰当地使用闲暇时间而犯罪的人组织的矫正计划。这项计划包括22课时的内容。
>
> 如果犯罪人过去的犯罪行为与他们没有恰当地使用闲暇时间有关，他们现在度过闲暇的方式也不恰当，不利于他们良好地适应社会生活，那么，就可以让他们参加这样的矫正计划。
>
> 不恰当地使用闲暇时间的现象多种多样。具体例子如吸毒、赌博、加入反社会帮伙等。
>
> 在实施这类计划的过程中，要让犯罪人了解闲暇的含义、闲暇在社会生活中的积极作用、闲暇活动的范围；学会如何计划有益的闲暇活动、如何克服闲暇活动中的挑战和障碍、如何创造性地进行低成本的闲暇活动等。

（7）独处道德。独处道德是指人们在独自生活和工作时应当遵循的道德规范。独处是人们生活和工作的重要形式，形成良好的独处道德和独处习惯，可以帮助人们恰当管理和安排独处生活与工作，避免在独处时出现自我放纵、陷入极端性情绪等消极现象。因此，对罪犯进行独处道德教育，是很有必要的。

2. 重视传统道德教育

在对罪犯进行道德教育的过程中，应当看到传统道德教育的价值，十分重视挖掘传统道德资源，创造性地对罪犯开展传统道德教育。

传统道德教育之所以具有重要价值，主要是因为：首先，传统

[①] 吴宗宪：《国外罪犯心理矫治》，中国轻工业出版社2004年版，第18页。

道德教育有很丰富的资源。中国是具有五千年悠久历史的文明古国,素有"礼仪之邦"的称号。在长期的历史发展中,形成了很多优秀的传统民族道德,其中包括天下兴亡、匹夫有责,刻苦耐劳、酷爱自由,尊师重道、敬老爱幼,崇尚志气、重视节操等。① 还有学者归纳出中华民族十大传统美德,包括仁爱孝悌、谦和好礼、诚信知报、精忠爱国、克己奉公、修己慎独、见利思义、勤俭廉正、笃实宽厚、勇毅力行。② 这些传统道德观念和道德规范,都可以成为对罪犯进行道德教育的内容。

其次,传统道德教育很适合罪犯的特点。从我国罪犯的情况来看,大多数罪犯由于普遍存在文化水平较低、理解能力差等问题,在对于道德规范的理解力、对道德观念的接受性等方面也存在很多问题。因此,过分理性、过于抽象的道德观念,往往很难被罪犯理解和接受,而源远流长的传统道德,则很容易为罪犯所理解和接纳。

再次,传统道德教育可有多样的方式。中国传统道德教育的方式很多,对于文化程度高的罪犯,可以指导他们阅读大量典籍,进行讨论和写作。对于文化程度不高的罪犯,可以指导他们阅读具有道德教育意义的小说、寓言、历史故事等,然后进行讨论。对于具有不同文化程度的罪犯,都可以通过请人做专题报告,观看戏剧、电影、电视、其他文艺演出,聆听评书等方式,开展传统道德教育活动,并且可以通过讨论等方式让他们表达自己的感受和见解,

---

① 魏英敏主编:《新伦理学教程》(第二版),北京大学出版社2003年版,第244—246页。
② 张岱年、方克立主编:《中国文化概论》,北京师范大学出版社1994年版,第281—290页。

在互动中交流各自的看法和信息,从而加深传统道德教育的效果。耳濡目染和言传身教也是进行传统道德教育的重要方式。所有的人在小的时候都可能在耳濡目染中接受过来自家庭、邻里和老师等人的道德启蒙教育;进入监狱之后,罪犯也会从这类方式中受到传统道德教育和影响,因此,监狱工作人员必须注意自身的言行举止,为罪犯树立弘扬传统道德的榜样。监狱也可以通过张贴体现传统道德的名言警句和字画,指导罪犯背诵这类名言警句等方式,营造传统道德教育的环境与氛围。总之,如果认真研究,就可以找到多种进行传统文化教育的方式,对具有各种不同情况的罪犯人群,甚至对于文盲罪犯也可以进行有效的传统道德教育。

3. 重视道德教育方法

在对罪犯进行道德教育的过程中,要重视利用适合罪犯的道德教育方法。在过去的罪犯道德教育中,普遍使用课堂教育、阅读报纸和杂志、请人作报告等方法,这些方法有一定的效果,可以根据需要继续使用它们。但是,也可以使用更加多样化的、比较灵活的道德教育方法。下面介绍一些道德教育方法:

(1) 观摩戏剧法。这是指通过观摩传统戏剧并分析其中的道德问题的道德教育方法。中国戏剧是指中国特有的以唱为主并综合多种艺术因素的戏剧种类。在现代中国社会中,各民族、各地方几乎都有自己的传统戏剧样式,戏剧种类很多,曲目数量惊人,其中包含着丰富的道德教育资源。罪犯改造人员可以通过组织罪犯观摩戏剧,包括观看专业剧团的演出、影视戏剧片、戏剧录像和光盘,甚至组织罪犯自己演出传统戏剧,讨论戏剧中包含的道德教育意义,用戏剧人物的道德行为和道德观念对罪犯进行道德教育。

(2) 观看影视法。这是指通过罪犯观看影视作品而开展的道德教育方法。现在,每年都要生产大量的电影、电视作品,其中的很多影片既有艺术性,又有教育性,是很好的道德教育资源。罪犯改造人员组织罪犯观看影视故事影片,不仅可以丰富罪犯的文化生活,而且也可以挖掘其中的道德教育价值,在观看影片之后,指导罪犯讨论其中的人物、故事情节等,从中进行道德教育。

(3)欣赏曲艺法。这是指通过让罪犯欣赏有关曲艺作品并分析其中的道德问题的道德教育方法。曲艺是以说和唱为主的艺术表现形式,主要包括评书、评话、相声、快板、大鼓、弹词等,是中国重要的传统艺术形式。经过长期的积累,我国已经有400多个曲艺剧目。它们不仅深受人们的喜爱,而且也包含大量的道德教育资源。在罪犯道德教育中,应当通过组织罪犯聆听和观看有关的曲艺节目,在获得艺术享受、放松紧张情绪的同时,受到道德熏陶和感化,起到道德教育的作用。

(4)阅读文学法。这是指通过阅读有关的文学作品而进行道德教育的道德教育方法。文学是语言的艺术,它以语言文字为媒介和手段塑造艺术形象,反映现实生活,表现人们的精神世界,通过审美的方式发挥其多方面的社会作用。文学作品一般是指诗歌、小说、散文、戏剧文学的总称。千百年来,人们创作了难以计数的文学作品,其中,有极为丰富的道德教育资源。罪犯改造人员可以有选择地组织罪犯阅读文学作品,引导罪犯讨论其中的人物特征、故事情节,或者指导罪犯撰写读书心得、开展相互讨论等,从而发挥文学作品的道德教育作用。

(5)名言激励法。这是指利用名人名言激励罪犯进步向善的道德教育方法。长期以来,各个时期的仁人志士、英雄豪杰、道德楷模甚至无名百姓等,都遗留下了大量的具有启发性、教育性等积极作用的名言警句、谚语古训等,应当重视利用这些宝贵的文化遗产中的道德教育资源,利用它们对罪犯进行道德教育。具体做法包括在周围环境中张贴合适的名言、指导罪犯朗读和背诵名言、利用名言激发自尊向上的信心、利用名言矫正不当信念和行为等。

（6）榜样示范法。这是指通过优秀人物的良好事迹进行的道德教育方法。在利用这种方法进行道德教育时,首先发现值得仿效的优秀人物作为榜样和楷模,然后指导罪犯学习和仿效榜样人物,以他们为楷模而思考问题和采取行动,从而获得道德改善。

在使用榜样示范法进行道德教育时,应当重视几个方面的问题：

第一,榜样的多样性。榜样就是在某一或者某些方面表现优秀的人物。只要在某一或者某些方面表现突出,都可以成为别人学习和仿效的榜样。因此,不仅社会上的英雄模范人物可以成为罪犯学习仿效的榜样,罪犯周围的优秀监狱工作人员、表现优异的其他罪犯等,都可以成为罪犯学习的榜样。

第二,榜样的真实性。榜样并不可能是完美无缺的"完人""圣人",而应该是活生生的人。这意味着榜样是既有优点也有缺点的人。只有这样的榜样,才是真实可信的,才能激发起人们学习仿效的热情。但是,在以往利用榜样示范法进行的教育活动中,树立了很多近乎完人的英雄模范人物:这些榜样人物似乎就是"圣人"再世,在他们的事迹中看不到常人所具有的情感和缺点。这样做的结果是,一方面,人们觉得他们高不可攀,和自己距离太远,无法学习和仿效；另一方面,人们也会觉得这样的榜样人物是虚假的,不值得信任,因而不会激发起人们的学习动机。这种做法长期实行的结果,使人们对于官方树立的典型和榜样模范,产生心理排斥,缺乏信任感。因此,在监狱中对罪犯使用这种方法进行道德教育时,应当注意树立真实可信的榜样,充分发挥这种榜样的道德示范和教育意义。

第三,言行的一致性。在利用榜样示范法对罪犯进行道德教育时,罪犯改造人员不仅要引导罪犯学习榜样,而且自己也要学习榜样,不断改进自己的工作和言行,使罪犯改造人员的言行一致起来,这样的话,就更能够发挥榜样示范法的积极作用。如果罪犯改造人员仅仅要求罪犯学习和仿效榜样,而自己却进行有违要求的行为,就会引起罪犯的反感和厌恶,榜样示范法也就不可能发挥积极的作用。

(7) 行为实践法。这是指通过具体行为实践道德观念的道德教育方法。在利用这种道德教育方法时,可以引导罪犯根据某种或者某些道德信念等,为自己设立具体的行为标准,然后督促罪犯每天履行行为标准,切实实践道德信念,从而养成道德行为习惯和巩固道德信念。对于罪犯行为的督促,可以采用多种方式,例如,自我评定(每天或者定期由罪犯自己进行行为评定,看看自己的行为是否符合道德标准)、他人评定(定期由周围的人进行行为评定,衡量罪犯的行为是否符合行为标准)、及时奖惩(在一定时期还可以根据评定的结果,对罪犯实行奖惩,从不同方面促使罪犯按照行为标准采取行动)等。

(8) 生活指导法。这是指通过指导罪犯的生活方式而进行的道德教育方法。人们的日常生活包括很多方面,对于日常生活的几乎所有方面,都可以进行道德衡量,从中发现符合道德规范的生活方式和不符合道德规范的生活方式。因此,可以仔细分析罪犯日常生活的主要方面,发现犯因性作用较大的日常生活方式,对其违反道德性进行剖析,明确其违反道德的具体内容。同时,也明确符合道德规范的日常生活方式,指导罪犯采取符合道德规范的日常生活方式,避免违反道德规范的日常生活方式。长期进行这种实践的结果,就可以促使罪犯养成符合道德规范的生活方式和行为习惯,从而达到道德改善的目的。

(9)砥砺意志法。这是指通过设定某种具体目标然后督促自己刻苦练习并最终实现目标的道德教育方法。这实际上是一种磨练个人意志、培养个人毅力的道德实践方法。在利用这种方法教育罪犯时,罪犯改造人员首先和罪犯一起分析阻碍其进步的道德缺陷,把它作为需要加以克服的具体目标,然后鼓励和督促罪犯坚持每天进行锻炼和实践,不断进行克服这种缺陷的活动,直到最终消除这种缺陷,实现道德改善。我国古代流传下来很多刻苦磨练意志、塑造道德情操的文化遗产,既有"水滴石穿""有志者事竟成"的古训,也有"恒心搭起通天路,勇气推开智慧门"之类的警语,还有"头悬梁、锥刺骨"这类的名人轶事。这些都是可以用来对罪犯进行磨砺意志的素材。

(10)环境陶冶法。这是指通过创造良好的物理环境和心理气氛进行的道德教育方法。道德教育不仅可以通过说理教育和其他活动进行,而且也可以通过环境的熏陶来进行。因此,如果在改造罪犯的过程中,创造干净、整洁、有序、文明的物理环境,建设惩恶扬善、见义勇为、相互帮助、和谐相处的社会心理气氛,也可以使罪犯在这样的环境中受到潜移默化的影响,长此以往,就可以起到改善其道德情操和行为习惯的效果。

4. 注意道德教育原则

在对罪犯进行道德教育的过程中,除了重视灵活、恰当地利

用道德教育的方法之外,还应该遵循一些道德教育的原则,用这样的原则指导所有的罪犯道德教育活动。这些道德教育原则包括:

（1）以身作则原则。这是指教育者要身体力行,以自己的行动为罪犯做出榜样的道德教育原则。在中国道德教育的实践中,一直重视"身教重于言教"的传统,要求教育者以自己的实际行动给教育对象树立仿效的榜样,而不是仅仅要求受教育者按照一定要求行动,教育者自己却不遵守要求。教育的实践表明,只有教育者言行一致,以身作则,才能使言教发挥更大的作用。在新中国的罪犯改造过程中,一些监狱工作人员很好地实践了以身作则的德育原则(参见专栏9－10)。

专栏9－10：以身作则改造战犯[①]

> 在改造国民党战犯的过程中,战犯管理所的干部们以自己的实际行动,对战犯产生了很大影响,产生了很好的改造效果。
> 有一次组织几十名战犯打煤球,所长发现他们干的效率很低,就带领全体干部参加了劳动。战犯们说："暖窖种菜是给我们吃的,烧暖窖用的煤都是干部动手打,连老所长都来了,这使我们的良心受到了极大的责备。如果有人再不听干部管教,不肯好好劳动,简直连人味都没有。"在干部的带动影响下,病犯也偷着跑出来参加,几十吨煤一天就打完了。
> 另一次组织三十名战犯为稻田打井,战犯们见所长不怕井壁塌陷的危险带头下井,也争相下井劳动,两个昼夜就挖成了一眼井。

[①] 抚顺战犯管理所:《通过劳动改造战犯工作基本总结》,中华人民共和国司法部编:《劳改工作经验选编》(上册),群众出版社1989年版,第62—63页。

> 在放水耙地时，干部们又赤脚下田劳动，战犯们被动尴尬，不知所措，穿着鞋袜就下了水。在收工的路上，干部对他们说："劳动人民成年在地里劳动，如果都像你们那样，一年得需要多少鞋袜？人民见了要笑话的。"第二天，全体战犯都脱了鞋袜下水劳动。他们深深地感叹道："过去只知大米好吃，不知来之不易。干部劳动不怕风险，我们身为战犯，还有什么理由不好好改造！"
>
> 在农场抬粪时，战犯们慢慢腾腾，少抬慢走，而干部泼泼辣辣，干得又快又多；在收割白菜时，战犯嫌冷怕冻，缩手缩脚，而干部不惧风寒，汗流浃背；在搬运电机纱包线时，战犯一次只搬一两捆，慢慢腾腾，而干部一次搬三四捆，还带小跑；在电机生产中，战犯们夜间入睡，干部们通宵达旦地轮班烧干燥炉。
>
> 所有这一切，都使战犯们大为感动。他们说："想一想我们的身份，回忆一下我们过去对被俘红军和革命志士的迫害，越想越难过。""我们在旧社会把人当奴隶，手持皮鞭、棍棒逼迫人民当牛马；可是在今天，干部对罪犯不仅不打不骂，还和犯人一样劳动。共产党这种教育人、改造人、感化人的伟大政策，是古往今来没有过的事情。"

（2）全面一致原则。这是指所有的道德教育活动都应当有同样的目标和内容的德育原则。这一原则要求，在罪犯道德教育活动中，既要前后一致，即在不同时间阶段中进行的道德教育活动要符合同样的德育目标，不能前后冲突；又要相互一致，即在所有的人进行的所有活动中，都要围绕同样的道德教育目标进行，不能相互矛盾。相互矛盾冲突的道德教育活动，不仅会抵消道德教育的效果，而且会引起罪犯认识的混乱，甚至有可能给罪犯制造混乱和矛盾提供机会。因此，对罪犯进行的道德教育活动互相配合、步调一致，是很有必要的。

（3）以理服人原则。这是指在道德教育活动中要通过摆事实、讲道理的方法启发、引导罪犯接受道德教育的原则。根据这一原则,在进行道德教育时,要循循善诱,耐心说服,使罪犯心悦诚服地接受或改变某种道德观点和信念,从而达到道德教育的目的,而不能采用压制、强迫等方法,生硬地强制罪犯接受某种道德观念。由于监狱性质和罪犯身份的特殊性,在监狱环境中,从道理上明白和理解以理服人原则比较容易,但是,监狱工作人员在实际工作中真正做到以理服人是很困难的。

此外,对于罪犯的其他犯因性情感问题,包括理智感发展不健全、美感标准异常(偏离社会中的主流美感标准)、极度的自卑感、缺乏对别人的同情和移情、缺乏罪恶感和羞耻感等,也应当采取灵活多样的方法加以改造。

二、犯因性情绪因素的改造

罪犯的犯因性情绪因素主要表现在情绪的自我控制能力差,特别是不容易控制愤怒、嫉妒、仇恨等消极情绪和冲动行为方面。因此,要通过多种方式调节罪犯的消极情绪,对罪犯进行情绪控制方面的训练和改造。

（一）愤怒的控制训练

愤怒是人类在受到挫折时产生的一种紧张而不愉快的原始情绪。这种情绪与犯罪行为的关系十分密切,很多犯罪行为都是在愤怒伴随的情绪激动状态中实施的。愤怒是一种明显的犯因性因素。因此,对罪犯进行愤怒控制训练,是很有必要的。

愤怒控制训练应当有多方面的内容,起码应当包括愤怒知识的教育(让罪犯了解愤怒及其特点、引起愤怒的原因、愤怒可能产生的后果等)、愤怒控制训练的方法以及愤怒的预防等。① 这里着重论述愤怒控制训练的方法。

1. 愤怒控制训练的基本方法

愤怒控制训练是指通过思维、言语、行动方面的训练以增强人们对愤怒情绪的控制能力的活动。

根据美国当代临床心理学家、犯罪学家阿诺德·戈尔茨坦(Arnold P. Goldstein,1933—2002)等人的研究,愤怒控制训练的基本方法就包括四种:②

(1)示范。这是训练者讲解、演示愤怒控制技术,以及在具体情境中如何使用这些技术的活动。在使用这种技术时,不仅要讲解原理和要点,还要让罪犯接受实际的训练,模拟不同冲突情境中的行为反应等,从而让罪犯学会有效的控制愤怒的技能。

(2)角色扮演(role-playing)。这是指在示范之后要求罪犯根据示范在特定情境中练习如何使用愤怒控制技术的活动。角色扮演的情境,可以是罪犯过去遇到过或者最近刚刚遇到的情境,也可以是未来可能遇到的情境。

(3)表现反馈。这是指对罪犯在训练过程中的角色扮演行为进行评价和改进的活动。通过这样的活动,让接受训练的罪犯更好地掌握和运用愤怒控制技术。

(4)课外作业(homework)。这是指罪犯在训练课程结束之后

---

① 对这些内容的全面论述,参见吴宗宪主编:《中国罪犯心理矫治》,法律出版社 2004 年版,第 225—238 页。
② 吴宗宪主编:《中国罪犯心理矫治》,法律出版社 2004 年版,第 233—235 页。

需要进行的演练工作。通过布置课外作业的方式,可以促使罪犯将所学会的愤怒控制技术应用于日常生活中,从而促进愤怒控制技术的使用,巩固愤怒控制训练的效果。

2. 愤怒的自我调节方法

除了上述基本方法之外,还可以用不同的自我调节方法进行愤怒控制。这些方法主要有:

(1) 愤怒升华法。这是指将愤怒情绪转化为积极努力的动力的调节方法。发奋图强自古以来就是升华愤怒情绪的重要做法。例如,司马迁在《报任安书》中,曾经列举过许多这样的著名例子,"文王拘而演《周易》;仲尼厄而作《春秋》;屈原放逐,乃赋《离骚》;左丘失明,厥有《国语》;孙子膑脚,兵法修列;不韦迁蜀,世传《吕览》;韩非囚秦,《说难》《孤愤》;诗三百篇,大抵圣贤发愤之所为作也。"[1]罪犯产生愤怒情绪的具体原因可能不同于古人,但是,古人这种发奋图强、升华愤怒的做法,具有重要的借鉴和参考价值。

(2) 情境转移法。这是指通过离开引起和加剧愤怒情绪的情境而调节愤怒情绪的方法。如果罪犯有意识地离开引发愤怒的情境,就能够逐渐地使激动的情绪冷静下来,避免愤怒情绪的加剧和恶化。

(3) 身体放松法。这是指通过有意识地放松身体而控制和缓解愤怒情绪的方法。研究发现,身体放松可以产生缓解愤怒情绪的作用。因此,可以指导罪犯在产生愤怒情绪时,有意识地努力放松身体,例如,进行深呼吸、舒张身体肌肉、将站立姿势改为坐着的姿

---

[1] 王涵等编:《名人名言录》,上海人民出版社1983年版,第287页。

势(因为站立姿势使身体肌肉紧张)等,从而使愤怒情绪得到调节。

(4)想象后果法。这是指通过设想愤怒情绪可能产生的消极后果来控制情绪的方法。在大多情况下,愤怒情绪往往都会引起消极的后果,例如,打架斗殴、毁物伤人等。因此,指导罪犯在产生愤怒情绪时,立即想象愤怒情绪任其发展下去可能产生的种种不利后果,就有可能激励罪犯采取措施控制愤怒情绪的加剧。

(5)默念制怒法。这是指通过默念一些警戒语句来控制愤怒情绪的方法。一些格言警句会有助于提醒个人控制自己的情绪,防止愤怒情绪的不断加剧和恶化,例如,"制怒""忍""息怒!息怒"等,通过默念这些警戒语句,可以产生控制愤怒情绪的作用。

(6)换位思考法。这是指通过转换视角看待引起愤怒的事件从而控制愤怒情绪的方法。在产生愤怒情绪时,如果能够进行换位思考,从别人的角度出发看待引起愤怒的事件,就有可能对这类事件产生新的认识和看法,从而减轻愤怒情绪,甚至完全避免愤怒情绪的产生。

(7)恰当宣泄法。这是指通过一些活动和方法合理地释放愤怒情绪的方法。例如,在建有情绪宣泄室的监狱中,可以在情绪宣泄室中通过打沙袋、与橡皮人对打、大声唱歌、大声喊叫等方式,正当地宣泄愤怒情绪。在独自相处时,可以通过书写对方的"罪状"、在大脑中想象如何击败对方、跑步、大声朗读书报和有关材料、独自练习拳击动作等方式,宣泄愤怒情绪。此外,也可以采用坦率说出自己意见的方法,把自己感到生气、不平的事情直截了当地讲出来,释放愤怒情绪。

(8)转移话题法。这是指通过改变可能引起和助长愤怒情绪的话题来调节愤怒情绪的方法。如果愤怒情绪是由于某些令人恼怒的话题引起的,那么,调节愤怒情绪的最好方法,可能就是不再谈论这种令人生气的话题,而是将话题转向令罪犯高兴的、感兴趣的内容。

(9)延迟发作法。这是指在愤怒发作之前要求自己迟一些发作的调节方法。在很多情况下,罪犯可能感到,如果自己的愤怒情绪不发作,就不能维持起码的身心平衡,就难以继续进行别的活动。在这种愤怒情绪非要发作不可、利用其他方法无法调节愤怒情绪的情况下,罪犯可以采取延迟愤怒发作的方法。延迟发作法往往能够避免冲动性的危害行为和危害后果。

3. 应激接种训练法

应激接种训练法(stress inoculation training,又译为"应激预防训练""紧张移植法")是通过让个人首先学会应对轻微应激性事件而增强个人应对严重应激性事件的能力的认知行为训练技术。

应激接种训练技术最初是由美国学者梅钦鲍姆(D. Meichnenbaum)在1976年提出的。它是和免疫接种相类似的一种心理训练技术,其基本原理认为:个人一旦学会了应对轻微应激性事件的技能,那么,其应对技能就会得到增强,遇到严重应激性事件时的焦虑情绪会较少,就可以比较容易地应对越来越严重的应激性事件。

应激接种训练法的使用包括三个阶段:(1)教育阶段。主要内容是让个人理解应激反应的本质,阐述应激认知的基本原理。(2)演练阶段。让个人应用放松技术减轻遇到应激性事件时的焦虑情绪,发展对应激性事件或者情境的适应性,演练方法包括在想象的应激性事件发生时进行适应性自我对话和应对性自我对话等。(3)应用训练阶段。鼓励个人在应激情境中使用所学到的新的应对技巧。应激情境既可以是现实生活中的真实情境,也可以是模拟的应激情境。

在国外的罪犯愤怒治疗和控制训练中,已经比较广泛地使用应激接种训练法。例如,在英国苏格兰爱丁堡卡斯泰尔斯(Carstairs)的一所高警戒度精神病医院——国立医院(the State Hospital)[1]中,使用的应激接种训练法包括下列主要内容:[2]

(1)关于愤怒和攻击的教育;

(2)对愤怒的频率、强度和情境诱发物(situational trigger)的自我监控;

(3)从自我监控数据中建立一种个人愤怒激发层次(personal anger provocation hierachy);

(4)通过改变注意焦点、修正评价、使用自我指导来进行认知重建;

(5)通过渐进性肌肉放松、呼吸放松和引导型想象(guided imagery)来降低唤醒;

(6)通过示范和角色扮演来训练行为应对、沟通和自信;

(7)通过从个人愤怒激发层次中想象渐进性愤怒唤醒场景和角色扮演,进行行为应对训练;

(8)在真实的日常情境中练习新的愤怒应对技能。

研究表明,这种训练方法在增强罪犯人的愤怒控制能力方面,有较好的效果。

---

[1] 卡斯泰尔斯国立医院(the State Hospital, Carstairs)是苏格兰和北爱尔兰地区唯一一所国家高警戒度精神病医院,其中的病人是具有某种确定的精神疾病并且表现出危险性、暴力或者犯罪倾向的人。大多数病人有长期的犯罪活动历史。

[2] Clive R. Hollin (ed.), *Handbook of Offender Assessment and Treatment* (Chichester, West Sussex: John Wiley & Sons, 2001), p.290.

4. 其他制怒方法

除了上述方法之外,还有一些简便易行的愤怒控制方法,可以用来抑制愤怒情绪的膨胀。这些方法包括:[①]

(1) 身子往后靠,与对方拉开距离。在不愉快时,双方之间的距离太近,会被看成是冒犯、攻击对方的象征,会进一步激化矛盾。

(2) 用冷水洗脸。它可让人冷静下来,降低皮肤的温度,消除一部分怒气,使心态趋于平静。

(3) 不要钻牛角尖,老想着"这个人太讨厌了"或"我非得教训他一顿不可",这样会使个人更加愤怒而不能自拔。

(4) 在发生了令人难受的问题时,愤怒之余,不妨跟自己说:"我就不信毫无办法处理这事!"这样可以缓解愤怒,逐渐恢复理智,并设法找出解决问题的途径。

(5) 放慢讲话语速。很快的讲话速度隐含着攻击性,而放慢讲话语速则会调节紧张的气氛。因此,在发生不愉快的事情时,应当有意识地放慢讲话语速,尽量把话讲得平缓一些,这样,自己和对方就会变得轻松起来,怒气随之也会减少。

(6) 自我按摩肩部或太阳穴10秒钟,或闭眼几秒钟,都有助于减少怒气和缓解肌肉紧张。

(7) 赶快转变一下思路,想象一些轻松、愉快的情景。例如风和日丽的天气,青山绿水的风景,鸟语花香中的氛围。这样就能转移矛盾,使激动的情绪慢慢平静下来。

(8) 愤怒时延迟时间作出反应。在愤怒发生时,如果立即作出反应,就有可能在情绪激动状态中做出不恰当的言行举止。因

---

① 参见吴宗宪主编:《中国罪犯心理矫治》,法律出版社2004年版,第239页。

此，在愤怒时，如果延迟时间作出反应，给自己留下回旋的余地和思考的时间，就有可能作出比较恰当的反应。美国著名政治家托马斯·杰斐逊曾经说过，"生气的时候，先数到十再说话；如果非常生气，就先数到一百。"①这是很有道理的。

(二) 嫉妒情绪的矫正②

嫉妒又称为"忌妒"，是看到别人在某些方面优于自己但又不甘心居于别人之下时产生的一种羡慕与恼怒交织的复杂情绪状态。

嫉妒是罪犯中十分常见的心理现象，这种心理现象的主要特点是：

(1) 诱发性。嫉妒主要是一种由外界因素诱发的情绪状态。人们之间在财富、地位、才华、成就、品质、相貌等方面客观存在的人际差异，以及个人对于这类差异的主观认识，是嫉妒产生的主要基础。

(2) 比较性。嫉妒是一种经过心理比较之后产生的情绪状态。因此，个人的认识在嫉妒的产生中起着重要的作用。

(3) 指向性。嫉妒是一种具有明确指向性的情绪，嫉妒的对象总是那些比自己能干、比自己有成就的人，特别是那些原来比自己差，或者某些方面不如自己，但是，现在的地位和成就都要高于自己的人。

(4) 超越性。嫉妒是一种具有动力性质的复杂情绪。当个人

---

① 知惠编：《智者的话——名人名言》，哈尔滨出版社2005年版，第213页。
② 这一部分内容参考了吴宗宪主编：《中国罪犯心理矫治》，法律出版社2004年版，第254—259页。

产生嫉妒情绪时,往往试图通过多种方式超越这种情绪。

（5）复杂性。嫉妒是一种复杂的情绪现象,在内容、意识水平、社会性质、个别差异性等方面,都有很大的差别。

嫉妒是一种复杂的情绪现象,虽有可能引起积极的行为与结果,但是,在很多情况下,嫉妒会引起消极的行为与结果。因此,嫉妒往往是一种犯因性情绪因素,需要对罪犯的嫉妒心理进行矫治。

矫正嫉妒情绪的主要内容和方法包括：

（1）增强修养法。这是指通过指导罪犯增强道德修养而进行矫正的方法。从一定意义上讲,嫉妒是个人缺乏道德修养的一种表现。因此,在消除嫉妒心理的方法中,应当包括增加罪犯的道德修养的内容。嫉妒心理归根结底是一种以自我为中心的自私心理的表现。为了预防嫉妒和减轻嫉妒可能导致的危害,应当指导罪犯加强个人道德修养,认识到在复杂的社会生活中,必须摆正自己的位置,调整自己的心态,不能事事以自我为标准,人人以自己为核心,而是应当开拓胸怀,以恰当的态度对待别人的成绩。增强个人的道德修养,是预防嫉妒心理产生,特别是预防嫉妒心理引发违法犯罪行为的根本途径。

（2）认识危害法。这是指通过让罪犯认识嫉妒心理的危害性而进行矫正的方法。在很多情况下,嫉妒心理都有可能引起有害的行为和后果。嫉妒心理的危害性突出地表现在下列方面：第一,嫉妒可能会引起危害行为。第二,嫉妒会败坏群体心理气氛。第三,嫉妒损害个人身心状况。所以,要通过让罪犯认识嫉妒心理的危害,引导罪犯努力防止嫉妒心理以及由此可能产生的危害后果。

（3）局外分析法。这是指以局外人的身份帮助罪犯分析其嫉妒心理从而进行矫正的方法。嫉妒虽然是个人在与别人进行比较之后产生的一种心理现象,但是,这种心理现象的产生和变化,往往与第三者的看法和态度密切相关。如果第三者肯定嫉妒者的看法,就会加剧嫉妒者的嫉妒心理。相反,如果第三者不同意嫉妒者的看法,对嫉妒者获得的有关信息提出了不同的评价,对嫉妒者的观念不能苟同,那么,就会动摇嫉妒者的嫉妒心理,使嫉妒者对自己的评价和感受产生新的认识,从而有可能减轻甚至消除个人的嫉妒心理。因此,罪犯改造人员以客观的态度,合理地分析罪犯产生的嫉妒心理,特别是帮助分析产生嫉妒心理的事实基础,很有可能扭转罪犯的嫉妒心理。

(4)升华嫉妒法。这是指通过升华嫉妒而进行矫正的方法。嫉妒是一种在很多情况下有害的心理现象,但是,嫉妒心理的产生往往也表明了自己不如别人的事实。这种事实会帮助个人认清自己的状况,激发个人超越别人的动力。因此,应当指导罪犯了解嫉妒情绪的积极价值,帮助他们调整心态,通过各种建设性的活动,克服自己的缺点,缩小与别人之间存在的差距,从而缓解甚至消除因嫉妒而产生的焦虑和紧张,获得有益于个人和社会的结果。

(5)认识别人法。这是指通过让罪犯准确认识嫉妒对象的情况而进行矫正的方法。嫉妒的产生往往与个人对别人(嫉妒对象)的不恰当认识有关。尽管嫉妒很容易在条件相似、努力相近而现状有异的人们之间产生,但是,嫉妒者对于别人的具体条件、为了成功而付出的努力等的认识,往往可能是不全面的。也就是说,嫉妒情绪很有可能是在对别人的认识偏差的基础上产生的。因此,要克服嫉妒情绪,就必须帮助罪犯客观地分析嫉妒对象的条件,特别是应当充分了解嫉妒对象为了取得成绩而付出的努力,使其认识到自己在条件和努力方面所存在的差距,从而达到心理平衡,缓解和消除嫉妒心理。

（6）达观处事法。这是指引导罪犯豁达看待别人的成功和优点的矫正方法。嫉妒产生的重要因素，是罪犯缺乏豁达大度的胸襟和开朗的性格，以至于心胸狭窄，对别人的成功和优点心怀不满，因此而产生嫉妒。因此，要指导罪犯认识和承认别人的长处，了解和承认自己的不足，在为人处世方面有自知之明。如果具有了这样的心态，就不容易产生嫉妒。

（7）恰当应对法。这是指引导罪犯以建设性的方式应对嫉妒的矫正方法。尽管人们的自我修养可以减少嫉妒产生的频率，可以降低嫉妒心理的程度，但是，在日常生活中，产生嫉妒情绪往往是难以避免的，关键是在产生嫉妒之后如何恰当应对。如果通过贬低甚至损害嫉妒对象来消除嫉妒，那么，嫉妒就会成为犯因性因素，就有可能引起违法犯罪行为。因此，要指导罪犯恰当应对嫉妒，在产生嫉妒之后，把嫉妒作为促使自己更好努力的心理动力，通过坚忍不拔的积极工作，迎头赶上，缩小与别人之间的差距，这样，就可以把嫉妒转化成为鼓励自己不断努力的积极因素，就可能用建设性的方式化解嫉妒。

（8）角色扮演法。这是指通过让罪犯扮演不同人物而矫正嫉妒心理的方法。嫉妒心理的产生，可能与人们之间客观存在的差异有关，但是，与罪犯自己的认识偏差有着更加密切的关系。因此，罪犯改造人员可以通过让罪犯扮演不同角色的方法，指导产生嫉妒心理的罪犯扮演有关的人物，设身处地地体验不同人物的心理，了解不同角色的看法，从而缓解和消除嫉妒心理。例如，可以指导罪犯这样去做：在对某人产生嫉妒心理时，设身处地地想象对方付出了怎样的努力才取得了成绩？其他人会怎样看待别人的成绩？……从而防止嫉妒心理的膨胀。

（9）低调谦让法。这是指引导罪犯以低调谦让的态度恰当对待别人嫉妒的方法。罪犯不仅会嫉妒别人，也有可能成为别人嫉妒的对象。因此，在自己被别人所嫉妒时，要恰当对待别人的嫉妒，尤其是如果以低调谦让的态度对待别人的嫉妒，往往能够收到较好的效果。例如，以适当的退让、诚恳的态度关心不如意、不得志的人，或者有意示弱，软化对方的嫉妒心理。

（三）仇恨情绪的矫正

仇恨是由于相互之间的冲突、宿怨等引起的憎恶与愤恨交织的情绪。

仇恨心理是罪犯中的一种极为常见和充满危险的心理现象。之所以说"极为常见"，是因为由于遭受法律惩罚和打击，罪犯中普遍对执法人员（包括对于监狱工作人员）和其他相关人员，例如，被害人、证人等，甚至对于整个社会，都可能怀有仇恨心理。之所以说"充满危险"，是因为仇恨心理是引起违法犯罪行为的最为常见的心理动机之一，是典型的犯因性情绪因素。因此，在罪犯改造过程中，要特别重视对于罪犯的仇恨心理的矫正和改造。

矫正和改造罪犯仇恨情绪的主要内容和方法如下：①

1. 增强修养法

这是指罪犯改造人员要指导和训练罪犯增强其道德修养的矫正方法。仇恨情绪的产生，与罪犯的道德修养密切相关。狭隘、偏执、严苛、冤冤相报的处世心态和道德境界，很容易成为仇恨情绪

---

① 参见吴宗宪主编：《中国罪犯心理矫治》，法律出版社2004年版，第261—262页。

产生的内在基础。为了减少仇恨情绪的频繁产生和恶性膨胀,应当指导罪犯增进道德修养,养成豁达、宽容、乐观等心理品质,发展与人为善、以德报怨等道德观念。可以说,提高道德修养,是减少仇恨心理产生和化解仇恨心理的最重要途径之一。

2. 认识危害法

这是指改造人员通过多种方式让罪犯了解仇恨情绪危害性的矫正方法。

罪犯改造人员应当让罪犯了解仇恨心理的多种危害性。其危害性主要表现为:第一,仇恨心理是一种充满消极性和危害性的心理现象。仇恨情绪往往是许多破坏性行为和暴力犯罪的主要动机之一。当个人的仇恨情绪在各种消极因素的促使下不断升级、膨胀时,就会导致个人对仇恨对象进行报复行为,因此会引起多种违法犯罪行为,例如,破坏财物、伤害、杀人等。第二,仇恨心理的泛化会引起其他危害行为。当个人对特定对象的仇恨情绪如果发生泛化现象,蔓延到不特定的事物和对象时,就会产生报复他人和社会的多种违法犯罪行为。第三,仇恨心理引起的报复行为是不可取的。仇恨心理的发展和表现,不仅会造成危害社会的后果,也会严重损害罪犯自己的利益和安危。这是因为,仇恨心理膨胀、蔓延的结果,往往会使罪犯通过暴力行为进行报复和复仇,这样的破坏性行为虽然可能会使罪犯体验到短暂的快感和安慰,但是,在此之后是更加严重的长期痛苦,包括遭受法律的惩罚、自己良心的折磨等。因此,从理智的态度和分析来看,仇恨心理引起的报复行为必然是弊大于利的。第四,仇恨心理会损害自己的身心健康。长期怀有仇恨心理的人,会由于心胸偏狭、焦虑、烦躁等而产生多种身心疾病,从而使其健康受到损害。最后,仇恨心理会损害个人的前途。长期怀有仇恨情绪的人,会将自己的注意力聚集到如何复仇的狭隘范围内,会忽略甚至完全放弃建设性的努力,错过积极发展自己的事业、努力为自己争取更好待遇和地位的机会。这样,就不会使自己有较好的发展前途,而是因仇恨心理葬送了自己的一生。通过对仇恨心理及其利弊的分析,可以提醒罪犯避免放纵仇恨心理的行为。

引导罪犯认识仇恨心理危害性的方法包括:

(1)分析讲解法。这是指通过具体化的理论分析和讲解而让罪犯了解仇恨心理的危害性的矫正方法。

(2)案例剖析法。这是指通过分析实际的案例让罪犯了解仇恨心理及其危害性的矫正方法。

(3)集体讨论法。这是指通过指导罪犯们开展集体讨论而了解仇恨心理及其危害性的矫正方法。

(4)阅读文献法。这是指通过指导罪犯阅读有关的资料而思考和认识仇恨心理及其危害性的方法。实际上,阅读文献法不仅可以促使罪犯认识和消除仇恨心理,也可以用来解决罪犯的其他犯因性情绪问题(参见专栏9-11)。

专栏9-11:通过读书调节罪犯情绪[①]

"书是人类的精神食粮,是人类进步的重要阶梯。"在特殊环境中的罪犯,更需要从书中吸取力量重新拼搏人生,更需要这样的精神食粮去纠正扭曲的灵魂,充实空虚的头脑。杭州一支队

---

① 《浙江省杭州一支队引导罪犯读书成效显著》,司法部监狱管理局教育改造处编:《教育改造工作经验选编》(1984—1995),司法部监狱管理局1996年印,第473—474页。

十分重视利用读书活动来丰富监区的文化生活,稳定罪犯的情绪。犯人高某,1992年因逃脱被加刑两年,从其他单位转到该支队改造后,中队根据其喜欢看书的特点,设计了以书籍潜移默化引导的策略,经常将一些有益的图书送到他的手里,使他在工余时间沉浸在书本的海洋里,暴躁的性格逐渐稳定下来,变成了积极改造的罪犯。罪犯姜某与家庭关系比较紧张,在干警的建议下,读了几本有关人生哲理以及伦理道德方面的书籍,加上多次谈话教育的配合,使他变得主动与家庭沟通感情,也激发了改造热情,思想有了明显进步。

3. 仇恨升华法

这是指改造人员通过引导罪犯升华仇恨心理而进行改造的矫正方法。对于很多罪犯来说,仇恨心理的产生几乎是难以避免的。虽然他们的个人修养可以减少仇恨心理产生的可能性和仇恨心理的程度,但是,即使他们有再高的修养,也难以避免产生仇恨心理。因此,矫正仇恨心理的重要方法,就是要指导罪犯恰当对待已经产生的仇恨心理,其中最佳的方法之一,就是指导罪犯努力升华仇恨心理。在特殊情况下产生仇恨心理时,尽力避免将这种冲动性的情绪直接通过破坏性行为表现出来,而是把仇恨情绪转化为进行建设性活动的动力,促使个人进行具有积极价值的活动,通过这样的建设性活动宣泄仇恨情绪。

4. 心理调节法

这是指罪犯改造人员指导罪犯增强其心理调节能力的矫正方法。仇恨心理及其暴力性行为表现,往往与个人的心理调节能力不足有关。因此,要努力提高罪犯的心理调节能力。首先,增强他们对事物性质的准确认识和判断能力,特别是调整自己的心态,从另外的视角看待和思考所遇到的事物,防止因为错误的认识和判断而产生仇恨心理和复仇行为。其次,要增强罪犯的自我控制能力,在产生仇恨情绪时,避免直接进行相关的危害行为。再次,要指导罪犯恰当宣泄仇恨心理,教给他们适当的宣泄这类消极情绪的具体方法,帮助他们尽可能通过建设性的活动宣泄这类情绪。

5. 减少失误法

这是指通过减少工作中的失误而预防罪犯产生仇恨心理的方法。在监狱中服刑期间,罪犯对于监狱工作人员的很多仇恨情绪,都是由监管改造工作中的失误造成的。因此,为了预防罪犯的仇恨情绪及其危害结果,应当努力提高监管改造的水平,科学进行监管改造和法律执行工作,尽量减少工作中的失误和问题。

6. 相互隔离法

这是指通过隔离相互仇恨的罪犯而预防危害后果发生的方法。由于仇恨心理很容易引起复仇行为,给仇恨对象造成危害后果,因此,如果特定罪犯已经对某个或者某些罪犯产生了仇恨心理,在仇恨情绪强度很大以致难以化解时,要采取措施隔离相互仇视的罪犯,防止他们的仇恨心理导致难以预测的危害后果。

7. 密切监控法

这是指通过密切监控充满仇恨心理的罪犯而预防发生危害结果的方法。对于那些存在着普遍性的仇世心态的罪犯,要做好监控工作,防止他们在仇恨心理的作用下,进行侵犯人身安全、危害监管秩序、损害监狱财物的行为。

第十章　犯因性心理因素与改造（Ⅱ）

本章继续论述犯因性心理因素与改造的问题,着重论述对犯因性人格因素和其他犯因性心理因素的改造问题。由于犯因性技能因素的改造内容较多,因此,单独设立一节加以论述。

第一节　犯因性人格因素的改造

一、犯因性人格因素的可改造性

在探讨犯因性人格因素的改造问题时,首先要解决的问题就是,犯因性人格因素能否加以改造?

从本书第二章中引用的心理学家们关于人格改变的研究结论中,可以得出两个结论:第一,人们的人格到30岁左右时定型化,很难加以改变。第二,某种重大灾难或悲剧等特殊生活事件会引起人格改变。[1]

根据这两个结论,可以考虑两个方面的问题:第一,"人格到30

---

[1] 〔美〕丹尼斯·库恩:《心理学导论——思想与行为的认识之路》,郑钢等译,中国轻工业出版社2004年版,第582页。

岁左右时定型化,很难加以改变"的结论是否意味着,犯因性人格因素是无法改变的?第二,罪犯在进入监狱之前进行犯罪行为、被逮捕审判以及在监狱服刑,是否可以构成能够引起人格改变的"特殊生活事件"?

根据国内外的研究,在犯因性人格因素的可改造性方面,可以暂时性地提出下列观点:

第一,人格到30岁左右时已经定型化,确实很难加以改变。根据这一观点,罪犯改造人员要将人格改造的重点放到青少年罪犯身上,要特别重视对于未成年犯和20多岁的青年罪犯的犯因性人格因素的改造。

第二,整体性地改变人格是极其困难的,也是没有必要的。根据这一观点,要充分认识到对罪犯的犯因性人格因素进行改造的困难性,避免试图轻易地转变罪犯的犯因性人格因素的倾向,在转变罪犯的犯因性人格因素方面,做好需要进行长期而艰巨的改造工作的准备。

第三,如果方法得当,人格的某些方面或者成分是有可能改变的。根据这一观点,在转变罪犯的犯因性人格因素方面,要十分重视矫正方法的科学性,尽可能选择最恰当的方法矫正罪犯的犯因性人格因素。

第四,个人进行犯罪行为以及随后受到的刑事司法处置,可以构成个人生活经历中的重大特殊生活事件,会对个人的人格产生明显影响。根据这一观点,要充分认识犯罪及受审服刑等经历对于罪犯及其人格的重大影响,这种影响可能有积极的方面,例如,防止罪犯在错误的道路上继续下滑和恶性发展,冲动性倾向有所减弱等。但是,这种影响更可能有消极的方面,包括改变了罪犯正常的人生发展轨迹,摧毁了罪犯向好的方面发展和自我实现的梦想,给罪犯带来巨大的身心痛苦,使性格发生明显变化等。这些影响会极大地改变罪犯的人格特征和精神面貌,很有可能使罪犯变成一个和以前截然不同的人。从对一些刑满释放人员的观察中可以发现,一些刑满释放人员的性情往往与犯罪前大不相同,例如,过去开朗活泼的人可能会变成木讷内向的人,过去办事鲁莽的人可能会变得谨小慎微。

二、犯因性人格障碍的矫正

精神病学、司法心理学以及罪犯改造心理学等学科,已经对人格障碍的治疗和矫正,进行了大量的研究。而且,哈里斯(G. T. Harris,1997)等人的研究认为,精神障碍犯罪人和非精神障碍犯罪人再犯行为的危险因素是一样的,因此,针对犯罪行为可以使用一样的治疗方法。① 这表明,治疗方法具有通用性。从目前所见到的文献来看,矫正犯因性人格障碍的方法主要如下:②

(一) 心理治疗

心理治疗是矫正犯因性人格障碍的重要方法之一,也是常用的方法之一。很多人对人格障碍者进行了个别心理治疗和集体心理治疗。不过,这些治疗方法大多数都是应用于反社会人格障碍者。例如,一些研究者发现,对于反社会人格者采用住院控制、确

---

① 〔英〕克莱夫·霍林主编:《罪犯评估和治疗必备手册》,郑红丽译,中国轻工业出版社2006年版,第317页。
② 参见吴宗宪主编:《中国罪犯心理矫治》,法律出版社2004年版,第371—375页。

认行为控制（firm behaviour control）、对峙（confrontation）而不是解释、同伴群体支持等方法，获得了明显的成功。

国外的研究认为，大多数针对人格障碍的社会心理治疗方法都有很广泛的基础，都强调人际交往风格、认知、态度、信念以及感情控制。[①]

但是，大多数心理治疗人员发现，个别治疗和门诊治疗不适合于反社会人格障碍者，而是认为，在居住环境中进行的结构性集体治疗，是一种可以选择的有希望的治疗方法。例如，朱厄（C. C. Jew）、克兰诺（T. L. Clanon）和马托科斯（A. L. Mattocks）发现（1972），参与集体治疗的人格障碍犯罪人从监狱医院释放后第一年中的假释成功率，要好于未接受治疗的犯罪人（假释成功率分别为74%和67%），但是，这种差别后来就消失了。作者指出，（其原因是）缺少假释支持机构。[②]

在反社会型人格障碍的心理治疗方面，一些学者探讨了认知治疗的问题，其要点如下：[③]

（1）对于反社会型人格障碍者的认知治疗是极其困难的。

（2）对于反社会型人格障碍者进行认知治疗的主要思路，是通过增强认知功能而改进道德和社会行为，而不是试图通过引入像焦虑、害羞之类的情感而建立一个更好的道德架构。

---

① 〔英〕克莱夫·霍林主编：《罪犯评估和治疗必备手册》，郑红丽译，中国轻工业出版社2006年版，第317页。

② 〔英〕罗纳德·布莱克本：《犯罪行为心理学：理论、研究和实践》，吴宗宪、刘邦惠等译，中国轻工业出版社2000年版，第323页。

③ 〔美〕阿伦·贝克等（Aaron T. Beck, Arthur Freeman & Denise D. Davis）：《人格障碍的认知治疗》，翟书涛等译，中国轻工业出版社2004年版，第115—127页。

(3) 推荐使用促进认知成长的策略来确定治疗计划。认知成长策略是由卡根(R. Kagan)在1986年提出的,这种策略涉及思维转变,特别是抽象思维和人际间思维的转变。

(4) 很有必要制订一个治疗计划。治疗计划的内容主要包括反社会型人格障碍者的需要,确定清楚的面谈计划和技巧,要订立的治疗合同的内容,遇到愤怒、不诚实和人际关系困难等问题时的应对策略,矫正认知歪曲和不当思维的方法,发展他们的应对技巧、控制技巧和自我监督的方式,恰当评估治疗效果的技巧,维持进步的方法等。

在偏执型人格障碍的心理治疗方面,一些学者探讨了认知治疗的问题,其要点如下:[①]

(1) 对于偏执型人格障碍者进行认知治疗时,要努力矫正他们的信念和假设。他们通常都有这样的信念和假设:"人们是怀有恶意和虚伪的","如果他们有机会就会攻击你","只要你不放松警惕,你就会成功"。

(2) 在努力改变偏执型人格障碍者的自主思维、人际行为和基本假设之前,增加他们的自我效能感。

(3) 在建立相互合作关系的过程中,直接说服他们相信别人是无效的。最有效的方法就是矫正者公开接受他们的不信任,然后逐渐通过行动证明其实是最值得信赖的。

(4) 努力改变不良的人际关系,以便使他们不再因那些支持其偏执观点的人而引发他们的敌对反应。

---

① 〔美〕阿伦·贝克等:《人格障碍的认知治疗》,翟书涛等译,中国轻工业出版社2004年版,第82—93页。

（5）帮助他们提高理解能力，使他们能够准确理解别人的看法，减轻由于错误的看法而产生的焦虑和警惕。

（6）帮助他们提高人际交往能力，以便能够建立正常的人际关系。

（二）治疗社区

治疗社区(therapeutic community, TC)这个术语是20世纪40年代在英国、20世纪50年代在美国加州产生的，现在已经变成了一个包括几种治疗方法及治疗组织的类的概念。目前，治疗社区方法已经被普遍适用于治疗具有人格障碍的罪犯。在这种情况下，把监狱或者监狱医院的某一部分改造成治疗社区，按照治疗社区的要求，选择其中的工作人员和罪犯，规划其中的制度与活动，通过各方面的努力矫治人格障碍的罪犯。

国外的研究已经发现，一些人格障碍类型对治疗社区产生了有益的反应，治疗社区对罪犯有比较积极的效果。例如，在一所印度监狱中，对习惯型暴力犯人进行亲社会同伴模仿(prosocial peer modeling)训练，那里的大部分犯人表现得顺从，并且"树立了好的榜样"。在18名平均服刑9个月的精神病态者中，据说13人获得了成功，但是，成功的标准不清楚。艾吉(V. Agee,1986)也注意到，尽管缺少对照组的数据，但是，在治疗社区接受治疗的慢性暴力青少年中，33%的人累犯率很低。对一所苏格兰监狱的巴林涅单元(the Barlinnie unit)进行的初步评价，提供了启发性的证据，表明在进入这个单元后暴力行为减少了，追踪调查发现的累犯率也比预期的低，但是，这项研究涉及的犯罪人人数较少，而且缺乏对照组。①

更权威性的研究是对于在纽约州为吸毒者建立的概念性监狱治疗社区(concept-based prison TC)进行的一项大规模研究。在三年多的追踪研究期间,那些完成了矫正计划的男性犯罪人的重新逮捕率(rearrest rate)是27%,那些参加了结构性不强的环境矫正计划(less structured milieu programme)者的重新逮捕率是35%,那些自愿为治疗社区提供服务但是并没有参加治疗社区矫正计划的犯罪人的重新逮捕率是35%。韦克斯勒(H. K. Wexler)等人相信(1990),他们的等级制治疗社区(hierarchical TC)包含了现在被认为是成功的矫正所必需的成分,例如,社会学习模式(尽管这种模式并不很明显)、高度的结构性、亲社会型模仿(prosocial modeling)。艾吉也指出,一种有效的矫正机构内治疗社区应当重视积极的同伴文化、积极的员工文化、包含有效纪律的结构、对人际关系的关注、被害人意识、安全和适当的治疗时间。她的矫正计划也包括员工—犯人之间的匹配。不管在不太成功的治疗社区中是否缺乏这些成分,这些成分都值得重视。②

国外对治疗社区的研究发现,要想对反社会人格障碍者进行成功的治疗,这类治疗社区必须遵守一些重要的原则:③

(1)依恋(attachment),使人格障碍者产生归属感和个人价

---

① 〔英〕罗纳德·布莱克本:《犯罪行为心理学:理论、研究和实践》,吴宗宪、刘邦惠等译,中国轻工业出版社2000年版,第325页。

② 同上。

③ Patricia Moran & Ann Hagell, *Intervening to Prevent Antisocial Personality Disorder: A Scoping Review* (London: Home Office Research, Development and Statistics Directorate, 2001), p.56.

值感；

（2）遏制（containment），允许表达情绪苦恼，但是要有限度，要符合人们的预期；

（3）交流（communication），鼓励人格障碍者保持开放的心态，鼓励进行探索；

（4）卷入（involvement），治疗社区的工作人员和人格障碍者关注日常生活的所有方面；

（5）责任（responsibility），承认治疗社区的工作人员和人格障碍者对社区的运行发挥作用。

但是，也有一些文献报道说，治疗社区方法对于人格障碍的罪犯是无效的。①

（三）认知行为疗法

从国外的资料来看，利用多种认知行为疗法（cognitive-behavior therapy，CBT）治疗人格障碍犯罪人，都取得了较好的效果。

1. 结构化认知行为疗法

国外的研究认为，对于用什么方法治疗犯罪人才有效的超级分析表明，结构化的认知行为治疗在减少再犯行为方面，是最有前途的。② 很多治疗实践表明了这一点。例如，休斯（G. Hughes）等人1997年报告了对被羁押在最高警戒度医院中的人格障碍男性犯罪人进行结构化认知行为治疗的情况。这一疗法包括一系列的针对认知、情感和技能行为，例如，自信、自尊、认知技能、问题解决

---

① 〔英〕克莱夫·霍林主编：《罪犯评估和治疗必备手册》，郑红丽译，中国轻工业出版社2006年版，第318页。

② 同上书，第317页。

以及情感意识的治疗过程。对于完成了治疗活动的九名犯罪人的初步评价表明,在一系列针对重点问题的措施方面,他们都表现出积极的变化。另外的治疗结果也表明,经过认知行为治疗,犯罪人表现出良好的社交能力,而这种积极变化是预防重新犯罪的重要指标。[1]

2. 辩证行为疗法

辩证行为疗法(dialectical behavior therapy,DBT)是一种基础广泛的认知行为疗法,是在专门教导那些边缘型人格障碍者如何管理自己的情绪的基础上发展起来的。这一疗法建立在这样的假设基础上,即边缘型人格障碍是典型的情绪管理失败的结果,而这一问题是生理基础上的情感弱点和无效的环境共同作用的结果。所谓"无效的环境",是指在这一环境中儿童的个体经验遭到重要他人的拒绝、反对或者惩罚。因此,在治疗过程中,要强调把问题解决、人际交往技能和良好认知的团体技能训练程序与个体治疗结合起来。洛(G. Low, 1998)对精神病院中女性精神障碍犯罪人进行辩证行为疗法治疗的初步结果表明,她们的自残行为、自杀念头、抑郁和分裂体验有所减少,生存和应对观念有所改进。[2]

3. 代币强化法

人们已经报告说,一些针对整个人格障碍的行为矫正计划,已经成功地减少了社会功能失调。例如,琼斯(F. D. Jones)等人描述了对一些被诊断为人格障碍的军人短期采用代币强化法的情况

---

[1] 〔英〕克莱夫·霍林主编:《罪犯评估和治疗必备手册》,郑红丽译,中国轻工业出版社2006年版,第319页。

[2] 同上书,第319—320页。

(1977)。具体做法是,将个别化的相倚合同(contingency contracting)与点数强化结合起来,促使行为表现、工作和教育方面的改善。结果发现,那些接受治疗的军人比那些没有接受治疗的军人更加积极地履行了行动义务。莫伊斯、坦南特和贝德福德(T. Moyes, G. Tennent & A. P. Bedford,1985)也发现,一项将代币强化法、个别化相倚管理和社会技能训练相结合的矫正计划,减少了那些被认为具有行为障碍和性格障碍的青少年的攻击行为和破坏行为,也减少了他们的自残行为(self-mutilation)。这项矫正计划也延迟了后来与警察的接触。①

4. 其他疗法

尽管人们没有一致地发现究竟哪一种治疗方法是有效的,但是,那些建立了治疗环境的矫正方法,例如,代币强化法、治疗社区法、折中心理疗法、集体疗法、社会技能训练、认知重建方法,都可以作为有积极效果的(矫正方法的)例子。一般而言,一些针对犯罪人发展起来的认知行为疗法,例如,人际问题解决、道德推理训练,似乎对人格障碍更加有效,但是,这些效果仍然有待调查。

此外,在以往的其他一些治疗中也包含了治疗人格障碍的内容。尽管专门对人格障碍者进行认知行为治疗的不多,但是,在以往进行的很多治疗活动中,包含了治疗人格障碍的内容。例如,人们已经进行了很多有关愤怒控制的训练和研究,而愤怒问题就包括在被动攻击型人格障碍、边缘型人格障碍、反社会型人格障碍的标准之中。

---

① 〔英〕罗纳德・布莱克本:《犯罪行为心理学:理论、研究和实践》,吴宗宪、刘邦惠等译,中国轻工业出版社2000年版,第326页。

（四）药物治疗

利用药物治疗人格障碍者的做法，在国内外已经进行了较多的实践。精神病学家翟书涛介绍了区分不同类型、实行药物治疗的做法：[1]

1. 对于具有认知/知觉障碍和古怪特征的偏执型、分裂样型、分裂型人格障碍的治疗

氯丙嗪、甲硫哒嗪、氟哌啶醇、哌迷清、哌清类等抗精神病药曾用于治疗这组人格障碍者。人格障碍者在应激影响下发生急性精神病时，也可以使用抗精神病药。

2. 对于情绪不稳定的边缘型、冲动型人格障碍者的治疗

碳酸锂、丙戊酸钠、卡马西平、苯妥英钠等心绪稳定剂，可以改善症状。冲动与5-羟色胺水平低有关，而且这些情绪不稳定的人格障碍者经常伴发抑郁，因此，抗抑郁剂也可以发挥有益的影响；特别是5-羟色胺再摄取阻断剂，例如，氟西汀、舍曲林，更为有效。

3. 对于冲动性和攻击性明显的冲动—攻击型、冲动型、边缘型、反社会型人格障碍的治疗

使用5-羟色胺再摄取阻断剂、卡马西平等药物有效。

4. 对于焦虑型、强迫型人格障碍的治疗

这类人格障碍者伴有明显焦虑，可以使用抗焦虑药进行改善，目前大多采用阿普唑仑进行治疗。

5. 其他

对于冲动控制不良者，可以使用抗痉药进行治疗。使用电休克治疗可改善人格障碍者伴发的焦虑和抑郁症状。

---

[1] 沈渔邨主编：《精神病学》（第四版），人民卫生出版社2001年版，第522—523页。

应当强调指出的是,虽然在这里介绍了对人格障碍者进行药物治疗的做法,但是,在监狱环境中,对于罪犯进行药物治疗,只能由合格的医务人员进行。没有医师执照的罪犯改造人员,不能擅自对罪犯进行药物治疗。

同时,国外的研究也认为,人格障碍药理学治疗的作用比社会心理学干预的作用更有限,但是,这并不值得重点考虑。药理学治疗应该对准那些特定的人格障碍症状,而这些症状被认为是受神经递质的病理状态调节的。对药理学治疗的检验得出了这样的结论:愤怒和冲动症状导致了攻击和暴力行为,而它们可以成功地用多种方式加以治疗:让那些抑郁和易怒、不安、冲动的人服用抗抑郁药;让那些情绪不稳定的、冲动的人服用锂或者抗惊厥药(anticonvulsants);用少量的抗精神病药来治疗与认知—知觉症状有关的愤怒、冲动;用选择性血清素再吸收抑制剂(selective serotonin reuptake inhibitors, SSRIs)来治疗程度较高的焦虑和冲动。药理学治疗显示了中等的临床效果,它应该被用于有限的时期,而不应该被看成一种对人格障碍的治疗方法。但是,药理学治疗能够很好地发挥作用,减少疾病,并且还能够加强个体从社会心理干预中获益的能力。[1]

三、攻击性的矫正

一些犯因性人格因素与犯罪行为的关系更加密切。因此,在

---

[1] 〔英〕克莱夫·霍林主编:《罪犯评估和治疗必备手册》,郑红丽译,中国轻工业出版社2006年版,第317页。

罪犯改造中,要更加重视对于这类犯因性人格因素的矫正。这类犯因性人格因素尤其包括攻击性、敌意、冲动性等人格因素。这里首先论述对攻击性的矫正。

攻击性是指个人有意进行侵犯、争夺或破坏行为的心理倾向。对于攻击性的矫正,可以考虑使用下列方法:

(一)惩罚

适度的惩罚可以促使罪犯认识到,进行攻击行为是不适当的,因此,可以引导他们减少以后进行攻击行为的可能性。但是,惩罚是一种很复杂的事情,它在减少罪犯攻击性的同时,也有可能产生其他的负面效果,例如,进一步增加攻击性,引起对惩罚的报复性行为等。所以,惩罚方法要谨慎使用,尤其是要避免过分严厉的惩罚。

(二)宣泄

宣泄是指通过建设性的方式表现攻击性倾向和情绪从而恢复身心平衡的活动。根据精神病学家弗洛伊德的观点,人们总有一种本能性的攻击性能量,这种能量是固定的,只有以某种方式将它们表现出来,也就是进行宣泄,个人的攻击性驱力才会减弱。"除非能量得到释放,否则将会产生某种爆发。"这种爆发可能表现为攻击行为,也可能表现为生病等现象。弗洛伊德的宣泄观点被称为"水压理论"。[①] 挫折—攻击假说也认为,挫折会引起攻击性,只有对引起挫折的人或者物表达愤怒,才能减小攻击性。因此,可以通过多种多样的宣泄方法减弱罪犯的攻击性。

[①] 〔美〕埃利奥特·阿伦森等:《社会心理学》(第五版),侯玉波等译,中国轻工业出版社2005年版,第351页。

宣泄攻击性的方式很多。目前,在很多监狱的心理矫治室中都配备了宣泄设施,例如,橡皮人、沙袋等,罪犯可以通过击打橡皮人和沙袋等宣泄攻击性。有的监狱中还设立了专门的宣泄室,供罪犯宣泄攻击性等消极情绪。这种做法符合宣泄理论,因为宣泄假说预言,"间接的攻击性表达也将获得宣泄并减少进一步的攻击。"①此外,言语活动(谈话、辩论、诉说、朗读等)、体育活动、文艺活动(包括参加表演、唱歌、聆听音乐等)、观看文艺表演和影视作品(特别是悲剧性的表演和作品)、书写活动(包括写心得体会、写书信、写日记、抄写名人名言等)甚至体力劳动等,都是进行宣泄的方法。

(三) 社会认知干预

通过改变罪犯的社会认知和进行相应的社会技能训练,也可以有效地矫正罪犯的攻击性和攻击行为。

社会认知干预主要包括两个方面:

(1) 转变社会认知。社会认知是个人对他人、群体、人际关系以及本人等社会客体的认识。攻击性的产生往往与个人的社会认知偏差有关,例如,对别人的偏见、误解、片面认识等。因此,通过转变罪犯的社会认知,可以大大减少他们产生不恰当的社会认知和攻击性的可能性。

(2) 进行技能训练。罪犯攻击性和攻击行为的产生,也与他们缺乏有关的社会技能有关。因此,对罪犯进行有关社会技能的训练,也可以减少他们的攻击性和攻击行为。格拉(N. G. Guerra,

---

① 〔美〕泰勒等:《社会心理学》(第十版),谢晓非等译,北京大学出版社2005年版,第431页。

1990)等人对一组有暴力倾向的青少年罪犯进行了下列技能训练：第一，寻找与伤害相关的非敌意线索；第二，学会控制愤怒情绪；第三，学习应对冲突的非攻击性解决方式。结果表明，这些暴力型罪犯不但在社会问题解决技能方面取得了巨大的进步，而且从信念上减少了对攻击行为的认可，并且在与权威人物和其他室友的交往中减少了攻击行为。①

（四）沟通技能训练

攻击性的产生与人们之间缺乏有效的沟通有密切的关系。在日常生活中，人们之间充满了相互作用和信息交流。如果人们具有较高的人际沟通能力，能够准确理解他人发出的信息和环境的气氛，就可以减少误解和挫折的发生，从而也不会引起愤怒、攻击性等消极情绪和反应。相反，如果人们缺乏人际沟通技能和沟通能力，就很容易产生误解、偏见等不恰当认识以及伴随的挫折、愤怒、攻击性等消极情绪和反应。由此可见，进行适当的人际沟通技能训练，可以帮助罪犯掌握更多的、有效的建设性人际沟通技能。良好的人际沟通技能及其恰当应用，是预防攻击性产生的重要方面。

（五）愤怒表达技能训练

尽管任何人都会产生愤怒情绪，但是，并非任何人都会以攻击性和攻击行为表达愤怒情绪。这种差异导致人们在产生愤怒情绪时，一部分人可能会以建设性的方式加以处理，从而较好地适应社会情境；而另一部分人则会用非建设性的方式加以处理，从而走向

---

① 〔美〕戴维·谢弗：《发展心理学》（第6版），邹泓等译，中国轻工业出版社2005年版，第520页。

犯罪。因此,对罪犯进行愤怒表达技能的训练,让他们掌握恰当的发泄和表达愤怒的方式,是矫正攻击性的重要方法。正如社会心理学家所说的:"感觉愤怒是人生的一部分,但造成问题的是以暴力的方式表达愤怒。然而,我们并不是生来就知道如何以建设性、非暴力、非破坏性的方式来表达愤怒的。实际上,……生气时采取攻击行为是非常自然的。在大多数社会中,那些最容易诉诸暴力来解决问题的人,恰是那些缺乏适当社会技能的人。"[①]因此,减少攻击性和暴力的重要方法,就是教导人们如何以建设性的方式来表达愤怒和应对批评,如何在发生冲突时加以协调和妥协,如何对别人的需求和欲望更加敏感。

(六)培养同情心

同情心是理解他人的思想、感情和愿望并给予道义上的积极支持的一种情感。同情心尤其表现在对他人的不幸遭遇表示理解、产生共鸣以及关心、支持等行动方面。具有同情心的人,能够设身处地地理解别人的感情,考虑别人的需要等。因此,同情心是与攻击性相对的一种情感,同情心可以抑制攻击性及其行为表现。培养罪犯的同情心的重要途径,就是让他们更多地了解犯罪被害人的个人情况,设身处地地理解犯罪被害人遭受的痛苦。这种了解和理解过程,可以瓦解犯罪人在进行犯罪行为的过程中对于被害人的贬损活动,即把被害人看成是很坏的人、没有感情的人、可以侵害的人,甚至是希望遭受侵害的人;或者把被害人"物化",即不把被害人看成是和犯罪人自己一样有血有肉有情感的人,而看

---

① 〔美〕埃利奥特·阿伦森等:《社会心理学》(第五版),侯玉波等译,中国轻工业出版社2005年版,第376页。

成是一种动物或者物体等,从而心安理得地进行攻击型犯罪行为。所以,培养罪犯的同情心的关键,是让他们更多地了解和理解犯罪被害人的情况。

(七) 集体讨论法

集体讨论法是指通过组织多名罪犯在一起探讨与攻击性及其表现和控制等有关的问题而矫正其攻击性的方法。在对罪犯使用这种方法时,首先,可以组织多名罪犯在一起讨论攻击性的含义及其表现,特别是可能产生的危害后果。其次,引导罪犯讨论攻击性和攻击行为发生的诱发因素,包括个人自身的因素和有关的环境因素,让他们了解到最有可能引起攻击性和攻击行为的相关因素。第三,引导罪犯了解如何恰当表达攻击性的方法。最后,还可以引导罪犯讨论预防攻击性产生破坏性后果的方法。例如,避免饮酒,因为酒精会降低人们对从事社会不喜欢的活动的抑制力,因而在酒后很容易发生攻击行为。又如,及时避开可能引起攻击性和攻击行为的不愉快情境等。通过这些方面的讨论,可以使罪犯对于攻击性及其后果和预防等,有清晰的认识,有明确的控制和预防措施。

此外,通过创造适宜的物理环境和良好的改造环境等方法,也可以矫正罪犯的攻击性。由于攻击性是罪犯进行暴力行为的重要因素,因此,用于矫治暴力犯的大部分方法,都可以用来矫正罪犯的攻击性。[1]

---

[1] 参见吴宗宪主编:《中国罪犯心理矫治》,法律出版社2004年版,第485—545页。

四、敌意的矫正

敌意是对他人所持的仇视、怨恨、对抗、怀疑和不相容的消极态度或评价。当对某人怀有敌意时,就会在心理上让这个人感到不快和痛苦,甚至试图给这个人造成有害结果,因此,敌意是具有犯因性作用的心理因素,应当加以矫正和改造。

在矫正罪犯的敌意方面,可以考虑使用下列方法:

(一)认知矫正法

尽管敌意是一种消极的个人态度,但是,这种消极态度的产生,却与个人的认知有密切的关系。一般情况下,个人往往首先对他人产生不恰当的认识,然后才有可能在此基础上产生敌意。误解、偏见、猜疑等,都有可能引起和加剧敌意。因此,在矫正罪犯的敌意态度的过程中,首先要考虑矫正罪犯的不恰当认识,通过多种方法促使他们更多地、更准确地认识有关人物、事情和对象,以此为中介而消除罪犯的敌意。

(二)移情训练法

个人敌意的产生,也与个人以旁观者的立场和角度观察和认识他人有关系。这种旁观者的立场和角度,往往限制了个人对他人认识的准确性,妨碍个人准确体验他人的感情,因而容易产生错误的认识和感情体验。因此,消除罪犯敌意的方法还包括移情训练法,即通过让罪犯设身处地地体验他人的心理和感情从而纠正不恰当的认识和感情体验。在使用这种方法时,可以让罪犯站在所敌视的对象的立场上,从所敌视的对象的角度看待问题、体验感情,这样,可以有效地纠正罪犯的不当认识和感情,从而有助于消除他们的敌视态度。

（三）综合训练法

美国医生雷德福·威廉姆斯（Redford Williams）归纳出了一些克服敌意情绪的具体方法。由于这种方法涉及很多方面，可以称之为"综合训练法"。根据他的论述，要克服对他人的敌视情绪，需要为自己设立三个子目标：第一步，要停止对别人动机的怀疑；第二步，要找出办法来降低自己的生气、愤慨、烦恼和暴怒等的产生频率；第三步，要学会对他人更和蔼、更体贴。威廉姆斯根据自己的临床经验，提出了克服敌视情绪和增加对他人信任的具体方法（参见专栏10-1）。这些具体方法有一定的科学性，罪犯改造人员可以根据具体情况，指导罪犯有针对性地采用这些方法调节他们的敌意态度。

专栏10-1：克服敌视情绪和增加对他人信任的具体方法[①]

> 1. 把你的怒气、敌意和愤世嫉俗的想法记在一个笔记本上，写下事件发生时你的想法和感觉，以及你采取的行动。在每个周末，看一遍自己的全部记录。
> 2. 向自己和自己信任的人承认，自己过度的愤怒和对他人的敌视是自己的问题。
> 3. 一旦出现敌视他人或要挖苦他人的想法，马上把它们打断。
> 4. 当你对某人产生了愤怒、敌意或看不惯的想法时，自己要静下心来，想一想这些想法或情绪本身的不合理和荒谬之处。

---

① 〔美〕丹尼斯·库恩：《心理学导论——思想与行为的认识之路》，郑钢等译，中国轻工业出版社2004年版，第529页。

> 5. 当你对别人感到生气时,要试着站在对方的立场上想一想。
> 6. 学会嘲笑自己,并使用幽默的方法不让自己生气。
> 7. 学会有效地放松。
> 8. 尝试去信任他人。比如,有些人曾经让你失望,但他们并没有伤害你,可先尝试从相信这些人开始。
> 9. 尽量多听别人说,并尽量真正理解别人说的话。
> 10. 要学会在令人发怒的情景中镇定自若,而不是去攻击别人。
> 11. 不要让鸡毛蒜皮的烦心事干扰情绪,要像长者那样,有一颗平静的心。
> 12. 要随时想到我们每个人都有缺点。与其责备某人对不起自己,不如宽恕他。

五、冲动性的矫正[①]

冲动性是指由外部刺激引起并由激情推动的行为倾向。这是一种个人在遭遇到突发性刺激后不假思考地立即行动的心理倾向,是一种重要的犯因性因素,在罪犯改造中,需要对罪犯的冲动性加以矫正。

在矫正罪犯的冲动性的过程中,可以根据不同情况采用下列方法:

(一) 认知矫正法

认知矫正法是指通过让罪犯了解冲动性及其特点和其他相关

---

① Clive R. Hollin (ed.), Handbook of Offender Assessment and Treatment (Chichester, West Sussex: John Wiley & Sons, 2001), pp. 132, 418, 489.

知识而加以预防和控制的矫正方法。

冲动性引起犯罪行为的重要原因,可能与罪犯对于冲动性缺乏了解有关。因此,如果通过多种教育方法让罪犯更多地了解冲动性,就有可能增强他们预防和控制冲动性及其危害后果的自觉性,从而达到改造罪犯的目的。

在对罪犯进行冲动性的预防和控制的教育过程中,可以着重让罪犯了解下列知识:

(1)冲动性是一种主要由外界刺激引起的心理现象。因此,避开不利的环境,可以减少冲动性的产生及其危害后果。

(2)冲动性是一种意识程度较低的、会引起危害结果的心理现象。冲动性往往是缺乏意识控制的,在冲动状态下,很有可能发生违反社会规范的非理性行为和危害行为。因此,在产生冲动性时,特别要提醒自己增强对于冲动性的意识控制,警惕自己可能出现破坏性行为。

(3)冲动性是具有动机作用的心理现象。冲动性往往能够使个人产生相应的外显行为——冲动行为,这类行为很容易造成危害他人和社会的结果。因此,对于冲动性的危害性不能低估。

(4)冲动性是一种具有激情性的心理现象。冲动性所引起的行为往往具有情境性、感情性、短暂性等特点,因此,要针对这些特点采取预防犯罪行为产生的预防性措施。

(5)冲动性是一种意志薄弱的心理现象。这种心理现象及其危害后果的产生,是个人缺乏自我控制,不能恰当引导心理能量的结果。因此,要注意通过锻炼自己的意志力来预防冲动性可能引起的犯罪行为和其他危害后果。

(6)冲动性是个人修养较差的心理现象。增强个人道德等方面的修养,是预防和控制冲动性的重要途径。

(7) 冲动性是一种与个人的生理和心理状态有关的心理现象。因此,努力保持良好的生理和心理状态,可以有效避免冲动性的恶性膨胀和其他危害后果。

同时,还要指导罪犯恰当认识所遇到的刺激的性质。在很多时候,所遇到的刺激并不一定是威胁性的、挑衅性的或者有其他危害性质的。如果罪犯对所遇到的刺激进行这样的消极而歪曲的解释,就有可能产生冲动性和相应的行为反应。国外的研究认为,冲动性是一种认知加工缺陷(cognitive processing deficit),[1]个人产生冲动性和暴力行为的重要原因,就是对遇到的线索进行了错误的解释。

(二) 自我调节法

自我调节法是指通过指导和训练罪犯凭借个人有意识的努力而减少冲动性及其危害后果的矫正方法。尽管冲动性是一种意识程度较低的心理现象,但是,仍然可以通过个人的有意识努力而减少冲动性的产生和冲动性引起的危害后果。

一般而言,预防和控制个人冲动性及相应的破坏性行为的自我调节法主要包括:[2]

(1) 身体放松法。在产生强烈的情绪冲动时,往往伴随多方面的身体紧张,因此,在这种情况下,努力通过深呼吸、作放松运动等方法放松身体,就有助于调节和控制冲动。

---

[1] Clive R. Hollin (ed.), *Handbook of Offender Assessment and Treatment* (Chichester, West Sussex: John Wiley & Sons, 2001), p.418.
[2] 参见吴宗宪主编:《中国罪犯心理矫治》,法律出版社 2004 年版,第 241—242 页。

（2）意识控制法。在产生冲动时,通过默念一些词语等方式提醒自己,有意识地调节和控制冲动。例如,在感到急躁和产生冲动时,通过默念像"不要急""慢慢来""着急无好事"等词语,暗示自己放松下来,不要在激动状态中鲁莽行事。

（3）冲动转移法。在产生强烈的情绪冲动时,如果不能通过身体放松和意识控制法加以调节时,可以使用一些转移冲动的方法,释放情绪冲动。例如,跺脚、跳跃、跑步、大声喊叫、干一些不需要技巧的体力活等。这样的一些活动可以释放冲动携带的能量,有助于个人平静下来。

（4）增强修养法。如前所述,冲动的发生与表现,实际上和个人的道德修养等密切相关,因此,要较好地预防和处理冲动性和冲动行为,根本性的办法之一,就是通过多种方式增强个人修养。例如,可以给罪犯布置一些锻炼自制力的"作业",让其每天进行锻炼和记录;建议罪犯阅读一些有助于克服情绪冲动的书籍,通过阅读学习有关知识,揣摩领悟,提高冲动控制能力;让罪犯经常大声背诵一些有助于控制冲动的名人警句,暗示自己控制冲动,等等。

（5）升华冲动法。冲动是一种具有动力作用的能量,如果通过积极的方法和建设性的途径加以释放,就可以产生良好的结果。因此,要指导和鼓励罪犯对情绪冲动进行升华,将可能产生有害后果的冲动转化为建设性的力量。

（三）问题解决训练法

问题解决训练法是指通过训练罪犯用恰当方法对待冲动和解决问题的矫正方法。一些罪犯不仅经常产生冲动性,而且习惯于用反社会的方法解决所遇到的问题,这是冲动性引起犯罪行为的重要机制。为此,迪祖里勒（T. J. D'Zurilla,1971）等人发展了一

种问题解决技能训练方法,用来帮助人们提高对于冲动性的控制能力。这种训练方法包括五个阶段:①

(1) 入门教育(orientation)。教育人们通过关注"消极情感"(bad feelings)去识别所发生的某种问题。人们不应当忽略或者忍耐这些消极情感,而应当把消极情感看成是一种中止线索(cue to stop),思考究竟发生了什么问题。

(2) 确定问题和目标。首先了解清楚发生了什么问题,然后确定可以实现的目标。

(3) 找出替代措施。找出可以实现这些目标的多种可选择方法。在这个阶段,应当鼓励创造性,而不应当排斥不可行的和反社会的解决办法。

(4) 作出决定和采取行动。分析已经找出的多种可选择方法的可行性,选出其中最好的办法,详细制订出一种行动计划,然后付诸实施。在这个阶段,应当从成本和效益方面对反社会性解决方法进行批判性分析,从而排除这类方法。

(5) 评估。在执行行动计划之后,应当评估行动的成败得失。如果没有取得成功,就要检查其中的原因,找出存在的问题,例如,技能缺陷、问题型信念(problematic beliefs)和问题型态度(problematic attitudes)、使用毒品等,把它们作为加以克服的靶症状。

根据他们的研究,个人社会问题解决技能的情况,可以用"社会问题解决量表—修订版"(Social Problem Solving Inventory-Revised)

---

① T. J. D'Zurilla & A. M. Goldfried, "Problem Solving and Behaviour Modification," *Journal of Abnormal Psychology*, 78(1971):107-126.

加以测量。

这种方法可以用来矫正罪犯的冲动性。

六、其他犯因性人格因素的矫正

（一）不适当超我的矫正

对于罪犯的不适当超我的矫正,应该注意下列内容：

1. 提供适当的改造与生活环境

根据精神分析学的研究,超我是在童年期伴随自我开始出现的。儿童接受父母等权威人物的管教,并把父母的理想意象和道德原则加以吸收,就构成了超我的内容。不适当的超我,在很大程度上就是儿童期的这种不恰当生活环境造成的。因此,在对罪犯的不适当超我进行矫正的过程中,特别是在对超我还处在形成时期的少年犯的矫正过程中,要提供适当的改造与生活环境,通过合理的关爱、教育、管理和惩罚,促使他们超我的正常发展。

瑞士精神病学家奥古斯特·艾希霍恩(August Aichhorn,1878—1949)根据自己对少年犯罪的研究和矫治实践,认为少年犯罪主要是由于缺乏爱、缺乏认同,没有形成正常的超我或自我理想(ego ideal)引起的。所以,对犯罪少年和儿童进行治疗的核心,就是为他们提供幸福、快乐的生活环境,使他们在这种环境中对成年人(教育者)重新产生依恋、信任和认同,从而重建自我理想,形成正常超我。

艾希霍恩亲身实践他的主张。他对违法犯罪儿童和少年热情相待、同情、理解,坚定地遵循惩罚无益的原则,对儿童少年攻击性行为充满耐心……这些特别有助于改变儿童和少年。由于艾希霍恩不是以严厉的惩罚和报复手段,而是以舒适的环境、友好而亲切的态度对待犯罪的儿童和少年,所以,当这些儿童和少年初次遇到艾希霍恩时,可能会把他看得软弱可欺。但是,随着时间的流逝,这些儿童和少年逐渐对艾希霍恩产生了信任、尊敬,甚至最后爱上了这个把自己的一生献给关心教育、理解帮助儿童和少年的事业的人。当他们最后对艾希霍恩产生认同时,他们就能够把自己融进集体中,不断取得进步,发生了根本性的转变。①

这些思考和做法,值得我国罪犯改造人员研究和借鉴。特别是在改造未成年犯的过程中,改造人员一定要采用和坚持"关爱多于惩戒"的原则,多用鼓励、爱护性质的方法,少用、慎用惩罚性质的方法,真正做到用"爱的奖赏来促使少年犯罪人变成被社会接受的人"。②

2. 恰当处理不适当的焦虑

焦虑是指个人预料会有某种不良后果或者模糊性威胁将要出现时产生的一种不愉快情绪。根据弗洛伊德的精神分析学说,焦虑是各种心理问题的中心,各种心理问题的出现,都与焦虑有关联。对于有不适当超我的人来说,也是如此。超我发展过度的人,容易产生持久的、严重的焦虑,这种焦虑限制了他们采取多种方式及时宣泄内心的冲动和其他消极情绪。相反,超我发展不足的人,很难产生焦虑,使他们的冲动和行为缺乏内心制约,很容易产生冲动性危害行为。因此,对于焦虑过多的罪犯,要通过认知疗法、支

---

① 参见吴宗宪:《西方犯罪学史》,中国人民公安大学出版社1997年版,第495页。
② 这句话是精神分析学的创始人弗洛伊德称赞艾希霍恩的教育方法的。参见吴宗宪:《西方犯罪学史》,中国人民公安大学出版社1997年版,第495页。

持性心理治疗、放松训练、药物治疗、积极行动策略、积极认知策略以及回避策略①等方法,缓解和减轻他们的焦虑感。相反,对于缺乏焦虑的罪犯,要通过教育、说服、训练等多种方式培养他们的焦虑,使他们能够知所戒惧,在从事某种行动之前能够考虑行动的后果,特别是行动的消极后果,从而克制自己不从事可能会带来危害后果的行动。

3. 恰当处理不适当的罪恶感

罪恶感是指个人的观念或者行为与其道德标准、价值观念发生冲突时产生的有罪和羞耻的心理体验。罪恶感的产生,是个人的心理社会性得到发展的重要结果之一,它也是促使个人控制冲动行为和越轨行为的重要心理因素。与焦虑的情况相类似,对于有不适当超我的人来说,他们的罪恶感都有问题。超我过度发展的人,其罪恶感过分严重而持久;超我发展不足的人,其罪恶感缺乏。因此,在矫正的过程中,要根据罪犯罪恶感的不同情况,实行区别对待。对于罪恶感过分严重的罪犯,要通过认知疗法、心理训练等方法,减轻他们的罪恶感,特别是要让他们认识社会道德的准确内容、社会伦理可以接受的合理行为的范围,了解很多行为的正当性或者正常性,减轻和消除他们的罪恶感。既要消除由于对社会道德的误解而产生的罪恶感,也要消除由于对不适当行为的过度心理反应而产生的罪恶感。对于罪恶感缺乏的罪犯,要通过让他们学习社会道德规范、进行社会道德思维训练等方式,培育他们

---

① 关于积极行动策略、积极认知策略以及回避策略等方面的内容,参见〔美〕杰里·伯格:《人格心理学》,陈会昌等译,中国轻工业出版社2000年版,第105—109页。

的罪恶感。

（二）不能延迟满足的矫正

不能延迟满足涉及个人缺乏控制、缺乏长远打算、缺乏诱惑抗拒力等有关因素。因此，在矫正罪犯的不能延迟满足的心理倾向方面，要注意下列方面：

1. 提高自我控制能力

不能延迟满足是个人缺乏自我控制能力的表现之一。因此，通过提高个人的自我控制能力，可以有效矫正个人的不能延迟满足的倾向。提高自我控制能力的途径包括让罪犯了解自我控制的内容、重要性等认知教育；有意识训练自我控制技巧的针对性训练，包括自我放松训练、意识控制训练、冲动转移训练等。

2. 关于当前与长远关系的认知教育

不能延迟满足的重要产生原因，就是罪犯缺乏对当前与长远关系的正确认识和相应行为。因此，要通过说服教育、集体讨论、案例分析等方式，让罪犯了解正确处理当前与长远关系的重要性和方法，从而使他们能够为了长远利益而放弃眼前利益，至少不能做有损长远利益的事情；学会不能仅仅贪图眼前的舒适和自在而不顾以后可能产生的严重后果，避免"饮鸩止渴"的做法。

3. 抗诱惑能力训练

抗诱惑能力是指个人抵御可能带来危害后果的感官享乐的能力。在日常生活的很多场合与环境中，可能充满了使人获得感官享乐的诱惑，包括金钱、美色、美食、器具、财物等。这些诱惑很容易使人认识模糊，自我控制力下降，从而会出现错误的行为。因此，进行抗诱惑能力训练的关键，就是训练个人在遇到诱惑时不动心。为此，可以采取认知教育法（教育罪犯认识诱惑存在的形式、诱惑的危害等)、情境训练法(设定某种存在诱惑的生活情境,训练罪犯在这类情境中的控制能力)、角色扮演法(通过扮演某种面临诱惑的人物而增强其抗拒诱惑的能力)、心理剧法(通过扮演存在诱惑情境中的某个角色,训练个人的抗诱惑技能)、技能训练法(训练个人抗拒诱惑的具体方法)等,提高罪犯的抗诱惑能力。

(三) 追求刺激倾向的矫正

矫正罪犯追求刺激倾向的方法,主要有两类:

1. 说服教育法

利用这种方法教育罪犯时,主要内容包括下列方面:第一,追求刺激的正常性。从很多方面来看,追求刺激是人们的一种正常现象。人们都不愿意过平庸而单调的生活,追求刺激,丰富生活,不仅是一种常见的心理需要,也是一种正常的生理需要。因此,对于追求刺激的倾向,不必过分指责。第二,追求刺激的适度性。追求刺激要适度,不能脱离个人的承受力、社会环境的容忍度等去追求过分的刺激。第三,追求刺激的方向性。所追求的刺激,应当是社会道德和法律允许范围内的事物和现象,而不能是违背社会道德和法律规定的东西。否则,就会引起危害后果。

2. 行为训练法

行为训练法的内容主要是训练罪犯如何选择适宜的刺激、追求刺激的恰当方法和技巧,以及控制个人过度追求刺激的能力。这类训练可以增强罪犯对于追求刺激倾向的约束能力和具体技巧。

第二节　犯因性技能因素的改造

已有的研究表明,犯因性技能因素不仅是重要的犯因性因素,而且也是影响罪犯重新适应社会生活的重要因素。改造罪犯的犯因性技能因素,是预防他们重新犯罪的重要方面。鉴于这方面的内容较多,将用较多的篇幅加以论述。犯因性技能因素主要包括职业技能和社会技能两方面,因此,对于罪犯的犯因性技能因素的改造,也从两方面进行。

一、犯因性职业技能的改造

对于犯因性职业技能因素的改造,主要包括下列内容:

（一）职业技能培训

鉴于职业技能不足导致的经济穷困和心理失调,是重要的犯因性因素,因此,要预防重新犯罪,必须对罪犯进行职业技能培训,提高他们在释放之后就业谋生的能力。

在对罪犯进行职业技能培训方面,罪犯改造人员应当重视下列方面的内容:

1. 充分认识职业技能培训的重要作用

已经进行的调查发现,罪犯释放之后不能找到合适的职业以及由此而产生的心理失调,是促使他们重新犯罪的最重要因素之一。因此,如果监狱能够在对罪犯的职业技能培训方面进行有效的工作,帮助罪犯掌握有用的职业技能,就可以预防很多重新犯罪行为的发生。

在中国社会已经进入全面的市场经济时代,就业压力日趋严峻的情况下,刑满释放人员在就业方面遇到的困难性会越来越大。这种社会变化和社会环境,对监狱在改造罪犯中的职业技能培训工作,带来更大的压力:如果监狱要想真正降低重新犯罪率,要想真正为社会治安做出贡献,就必须更加重视对罪犯的职业技能培训工作。监狱应当把对罪犯的职业技能培训工作,当作最重要的改造工作之一对待。

2. 大力开展有针对性的职业技能培训

从目前中国监狱中对罪犯的职业技能培训来看,这类工作主要是围绕监狱自身的生产项目进行的,而普遍缺乏与释放之后的就业市场之间的密切联系。这意味着,监狱对罪犯的职业技能培训,主要是为监狱自身的生产服务的,而忽视了针对罪犯释放后就业市场的需要进行相应的职业技能培训。这样做的结果是,一部分职业技能可能在释放后的劳动力市场中有用处,可以帮助释放人员进行再就业,但是,也有一部分职业技能在释放后的劳动力市场中没有用处,释放人员不可能找到能够使用自己所学的职业技能的用人单位和工作岗位。如果出现后一种情况,那么对于罪犯来说,就是很不利的,因为他们在监狱中所学的职业技能在释放之后失去价值,而他们在释放之后所需要的职业技能却在服刑期间无法掌握。如果他们面临巨大的生活压力而无法就业时,他们就有可能产生巨大的心理压力和情绪失衡,在这种情况下,很容易发生重新犯罪。因此,针对未来就业市场的需要进行相应的职业技能培训,对于预防重新犯罪是非常重要的。监狱必须转变仅仅围绕自身生产进行职业技能培训的偏向,组织开展具有良好应用前景的职业技能培训项目,有效帮助学习实用的职业技能,从而促进他们接受改造和预防他们重新犯罪(参见专栏10-2)。

专栏10-2:昔日违法祸乡亲,今朝学技助四邻[①]

在洛阳监狱九监区服刑改造的学员顾某某,用自己在监狱学到的农业科技知识,在监狱干警的帮助下,通过电教录像、亲情帮教接见及书信等形式,指导家中亲人、帮助众乡邻致富的先进典型事迹,在广大罪犯中被广为传颂并引起了强烈反响。

顾某某家住黑龙江范平县,1997年因破坏电力被判刑8年。入狱不久,妻子来向他提出了离婚,真是屋漏偏逢连夜雨。痛定思痛,他总结出是因自己犯罪给本就不富裕的家庭带来了灾难,家庭经济困难才使妻子想到了离婚。经监狱干警的多次教育启发,顾某某决心变刑期为学期,在狱内学到一两门过硬的技术,用知识报效社会,用知识使家庭摆脱困境,挽救将要破碎的家。

恰好此时,洛阳监狱开办了农(村)广(播电视学)校电教中专班,顾某某参加了庭院经济管理专业的学习。他充分利用这一大好机会,在节假日、休息娱乐时间里常一个人独自泡在图书馆里。阅读了《农家顾问》《脱贫与致富》《河南农业》《现代农业》等大量科普读物,并用日常省吃俭用节省下来的零花钱订了《中国农村小康科技》等十余种有关种植、养殖、农副产品精加工方面的书刊。认真学习、刻苦钻研,做了大量的心得笔记。经一年多坚持不懈的努力,顾某某掌握了大量种、养、加的专业技术知识。

1998年春节刚过,顾某某的父母和妻子从黑龙江千里迢迢来到洛阳监狱探望他。交谈中得知:全家人一年到头起早贪黑地辛勤劳作,可经济收入甚为低微。父亲和姐姐因厂里经济效

[①] 孙群卫:《昔日违法祸乡亲,今朝学技助四邻》,《中国农村小康科技》2001年第3期,第31页。

益不好,全部下岗在家务农。妻子向人借了2000元钱,年初买了32头仔猪和500只小鸡,猪因瘟疫死去了29头,剩下的3头出栏时卖的钱还不够本钱;鸡的成活率不到1/3。再加上家中后山坡上种的三亩多西红柿、黄瓜等收入也不过千余元。

为使自己学到的技术尽快使家中脱贫致富,结合自己的家庭情况,他选择了庭院菜园早春育苗新技术,无土栽培辣椒、西红柿和黄瓜及《快速养猪》《快速养鸡》等技术,并到启明学校教学实验基地,自己亲手操作,在监狱干警的帮助下制成录像带,邮寄回家。父母和妻子按录像的内容在自家三亩多的地里搞起了科学实验,在春节前蔬菜投放市场纯收入8000余元。妻子通过录像的内容成功地避免了猪病的发生,去年第一批饲养的60头仔猪成活率达97.5%,80天出栏,每头猪净赚了200元;又购小鸡400只,成活率达98%,目前已出售肉鸡300余只,每只净赚10元以上。

近来顾某某的父母和妻子又在监狱干警的帮助下,以亲情帮教、特殊接见和书信等形式指导亲人们在自己家中搞起了庭院香菇栽培。种植香菇1400袋,每袋收干菇0.15公斤以上,按最低市场价计算能净赚5000元以上。功夫不负有心人,经过一年的努力,家中净赚了3万余元,一举摘掉了贫困的帽子。妻子来信高兴地说:只要你在狱内能真诚改造,学有一技之长,我愿伴随你一辈子。左邻右舍的乡亲们也纷纷向他家人取经。顾某某满腔热情地把自己在狱内掌握的科学知识毫无保留地奉献给了乡亲们。如今他家中创造的农田科技种植园已成了该村经济发展和村民增收的新增点,并带动了周边村种植、养殖业的发展。

致富后的乡亲们并没有忘记顾某某,老村长曾多次亲自带着众乡亲的期望关怀前来探望,鼓励他在这里好好改造,回家后和大伙走共同富裕的道路。众乡亲也给监狱写来了热情洋溢的感谢信,感谢监狱把一个游手好闲的人教育成了一个对社会有用的人。

（二）偏常技能引导

犯罪学研究发现，职业技能偏常是导致一些犯罪行为的犯因性因素。在这种情况下，偏常发展的职业技能成为犯罪技能，用来进行犯罪行为，特别是用来进行某些高技术、高智能型的犯罪。因此，要预防一些罪犯重新进行这类犯罪行为，就必须对他们进行偏常技能引导，让他们把自己的专业技能和出众才智应用于建设性的活动中，从而将他们改造成为对社会有用的守法者。

在偏常技能引导方面，应当重视利用下列方面：

1. 破除侥幸心理

一些人之所以将偏常发展的职业技能应用于犯罪行为，其重要原因是他们有强烈的侥幸心理。这类侥幸心理的重要特征，就是过分高估自己的技能水平等对自己有利的因素，以为自己利用这些有利因素进行犯罪行为不会被发觉，自己不会受到司法机关的惩罚。因此，改造人员要对这类罪犯进行破除侥幸心理的改造工作。

破除侥幸心理的具体办法主要包括：

（1）理论分析法。这是指通过理论分析促使罪犯放弃侥幸心理的方法。在使用这种方法时，要着重分析侥幸心理的实质，就是过高估计自己的技能水平、相关的其他有利条件等，过低估计有关的社会管理部门和司法机关的能力，冒险进行犯罪行为。所有的怀着侥幸心理进行犯罪行为的人，都有这样的特征。通过这样的分析，可以促使罪犯校正自己的评价能力，使他们对于自己的能力、相关的条件、有关的技能等，进行恰当的评价和估计，这样，就可以有效地破除他们已有的侥幸心理，预防可能产生的侥幸心理，从而预防重新犯罪的发生。

（2）思维训练法。这是指通过对罪犯偏颇的思维方式进行矫正型训练而破除侥幸心理的方法。从心理方面来看,侥幸心理的重要内容是罪犯在思考问题时存在偏颇的思维方式,这种思维方式的重要表现就是评价活动发生歪曲、认识活动片面和行为冒险倾向。首先,由于评价活动发生歪曲,他们对于有利条件估计过高,而对不利条件估计过低,以致发生评价错误,导致认识错误,影响了决策的正确性。其次,由于认识活动片面,他们很容易看到或者动机性地想看到有利条件,不容易看到或者不愿意看到不利条件,这更容易造成他们的认识错误。再次,由于具有行为冒险倾向,他们在客观条件并不完全具备的情况下,就怀着投机冒险的心理作出行为决定和实施冒险行为。因此,在对一些罪犯进行思维方式训练时,要重视从上述三个方面进行矫正型训练,促使他们形成恰当的思维模式。

(3) 案例分析法。这是指通过分析和讨论具体案件矫正罪犯的侥幸心理的方法。在矫正罪犯的侥幸心理时,可以有选择地使用实际发生的伴随侥幸心理的犯罪案例,特别是可以选择与罪犯关系更为密切的相关犯罪案例,例如,罪犯熟人的案件等,以此作为分析的材料,让罪犯了解侥幸心理在犯罪行为的发生过程中所起的作用,认识到侥幸心理并不能保证犯罪人免受法律制裁。在这个过程中,可以和罪犯一起进行讨论。这样的分析和讨论有助于破除罪犯的侥幸心理。

(4) 成本效益分析法。这是指通过成本效益分析破除罪犯对犯罪的侥幸心理的方法。一般来讲,偏常技能的形成,往往是个人经过大量学习和锻炼的结果,甚至是经过极度的勤学苦练的结果。因此,在这类技能的形成过程中,个人付出了辛勤的努力,投入了很大的劳动力成本。既然投入了很大的成本,那么,就要最大限度地发挥出所投入的成本的效益。但是,从很多方面来看,进行犯罪行为并不能实现效益最大化,因为进行犯罪行为伴随着很高的风险,包括遭受身心痛苦、受到法律惩罚等。在一个法治社会中,只有利用自己的特殊才能进行合法的建设性活动,才有可能真正实现效益最大化,因为进行这类活动不会产生进行犯罪行为所伴随的那些风险。

(5)集体讨论法。这是指组织有类似问题的罪犯进行集体讨论以消除侥幸心理的方法。仅仅由改造人员对罪犯进行相关的改造活动,不仅耗费大量的人力资源,甚至可能造成人力资源的浪费,而且也伴随着其他的问题,例如,改造活动单调,罪犯容易产生抵触情绪,探讨问题有局限性等。如果组织有类似问题的罪犯一起进行集体讨论,例如,讨论侥幸心理的特点,侥幸心理的利弊,侥幸心理产生的原因,预防侥幸心理的方法等,就可以发挥群体优势,有可能更好地破除罪犯的侥幸心理。

2. 具体技能引导

在矫正罪犯的偏常技能的过程中,还要注意对他们进行具体的技能引导,将他们的特殊技能引导到进行建设性活动上,使他们的特殊技能真正发挥建设性作用。如果在这方面进行了卓有成效的工作,使罪犯从中受到鼓励和强化,就可以养成他们进行建设性活动的习惯,从而可以预防他们再次利用特殊技能进行犯罪行为。

二、社会技能训练概述

缺乏社会技能是重要的犯因性因素。因此,在改造罪犯的过程中,要对罪犯进行社会技能训练,以便改善他们的社会技能。

社会技能一般是指人们良好适应社会生活的行为方式。尤其是指建立和维持良好的人际关系的技能,也就是通常所说的"社交技能"或者"人际交往技能"。虽然社会技能主要表现为外部行为动作,但是,其中包含着重要的心理成分。这是因为,在社会适应过程中,个人首先需要不断接受和处理外界信息,然后才能根据自己的判断作出相应的行为反应。在这个过程中,不仅有思维活动,还伴随着感情活动。所以,完整意义上的社会技能,实际上是外部行为与内在心理活动的有机统一和巧妙结合。

对于社会技能的具体成分,人们已经进行了一些研究。例如,莫里森(R. L. Morrison, 1985)认为,社会技能包含表达成分(expressive element)、接受成分(receptive element)和互动平衡(interactive balance),并且论述了每种成分的具体内容(参见表格10-1)。

表格10-1:社会技能的成分[1]

表达成分	接受成分(社会认知)	互动模式
言语内容 辅助语言成分 　声音(voice) 　语速(pace) 　音调(pitch) 　音色(tone) 非言语行为 　空间关系 　身体姿势 　眼睛接触 　面部表情	注意 释义(decoding) 情景因素和文化习俗方面的知识	反应时间 轮流谈话 社会强化

---

[1] 吴宗宪:《国外罪犯心理矫治》,中国轻工业出版社2004年版,第264页。

在很多罪犯中，都可能存在社会技能缺乏的问题。例如，有的罪犯很容易和别人发生冲突，在产生冲突之后，又很容易使用暴力行为来解决冲突。有的罪犯很难与其他人友好相处，他们不懂得如何与别人建立良好的人际关系，也不懂得如何维持良好的人际关系。有的罪犯认为，不讲原则、"哥们义气"和盲从行为就是维护人际关系的最好办法和最高准则，结果导致群体性犯罪行为的发生。还有的罪犯缺乏与异性进行正常交往的技能，他们在日常生活中，既缺乏与异性交往的信心和勇气，更缺乏与异性正常交往的技巧，不知道应该如何和异性讲话，不知道如何赢得异性的喜欢。这些方面的缺陷，使得他们不能采用社会允许的方式满足自己的性需求，在无法压抑自己的性欲时，就有可能实施暴力型性犯罪行为。大量事例表明，对于很多罪犯来说，缺乏良好的社会技能，既是他们产生犯罪行为的重要因素，也是影响他们在监狱中接受改造的重要原因，还会在未来妨碍他们顺利适应新的社会生活。

国外的研究也发现，"很多犯罪人之所以参与反社会行为，是因为其认知发展处于自我中心水平、考虑其行动的社会效果的缺陷和处理人际关系问题情境技能的缺陷。"[1]

所以，对罪犯进行社会技能训练，是十分有必要的。实际上，在国外的罪犯心理矫治活动中，社会技能训练已经成为一种普及的技术。

根据希恩（G. D. Shean，1985）的论述，对于犯罪人进行"技能

---

[1] 〔英〕罗纳德·布莱克本：《犯罪行为心理学：理论、研究和实践》，吴宗宪、刘邦惠等译，中国轻工业出版社2000年版，第180页。

训练的目的,就是识别和优化干扰来访者的心理和社会适应的不恰当行为模式,创造一种结构性的学习机会,使人们能够理解、学习、应用更加适当的人际行为模式,并且将它们扩展到日常生活中。"①

从国外的情况来看,社会技能训练不仅适用于青少年犯罪人,也应用于性犯罪人和吸毒犯罪人。实际上,社会技能训练的应用具有广谱性,即这种心理矫治方法可以使用于所有存在社会技能缺陷的罪犯或者犯罪人。

三、社会技能训练的主要内容

社会技能训练的重要前提,就是确定社会技能的具体内容。同时,也要根据具体内容选择进行社会技能训练的合适方法。

在心理学中,主要把社会技能看成是社交技能或者人际交往技能,即个人经过学习获得的、在特定社会情境中有效而适当地与他人相互交往的技能。但是,从犯罪学等学科来看,仅仅把社会技能归结为社交技能,似乎过于狭窄。社会技能中的很多技能与社交活动有密切的关系,可以笼统地归入社交技能的范围。通过对社交技能的训练,也可以使这些技能得到改善。不过,也有一些社会技能难以纳入社交技能的范围。

美国锡拉丘兹大学的临床心理学家阿诺德·戈尔茨坦(Arnold

---

① G. D. Shean, "Rehabilitation: Social Skills Groups," in R. K. Conyne (ed.), *The Group Workers' Handbook: Varieties of Group Experience* (Springfield, IL: Charles C. Thomas, 1985), p.24.

P. Goldstein,1933—2002)曾经在犯罪人的社会技能训练方面,进行了大量的研究和实践,产生了重要的影响。阿诺德·戈尔茨坦等人在《攻击替代训练:对攻击性青年的综合性干预》[1]等书中,论述了对攻击型青年等进行社会技能训练的内容,对社会技能的内容做了细致的区分和列举。根据阿诺德·戈尔茨坦等人的论述,社会技能可以分为六大类五十种:[2]

1. 起始性社会技能(beginning social skills)

这类社会技能包括下列八种:(1)聆听技能;(2)开始谈话技能;(3)进行谈话技能;(4)提问技能;(5)表示感谢技能;(6)自我介绍技能;(7)介绍别人技能;(8)赞扬技能。

2. 高级社会技能(advanced social skills)

这类社会技能包括下列六种:(1)求助技能;(2)参加(joining in)技能;(3)指导技能;(4)服从指导技能;(5)道歉技能;(6)说服别人技能。

3. 处理情感技能(skills for dealing with feelings)

这类社会技能包括下列七种:(1)认识自己情感的技能;(2)表达自己情感的技能;(3)理解别人情感的技能;(4)处理别人愤怒的技能;(5)表示感情(affection)的技能;(6)处理恐惧的技能;(7)奖赏自己的技能。

---

[1] Arnold P. Goldstein, Barry Glick & John C. Gibbs, *Aggression Replacement Training: A Comprehensive Intervention for Aggressive Youth*, revised ed. (Champaign, IL: Research Press, 1998).

[2] 转引自吴宗宪:《国外罪犯心理矫治》,中国轻工业出版社2004年版,第264—266页。

4. 攻击替代技能(skill alternatives to aggression)

这类社会技能包括下列九种:(1)请求允许技能;(2)分享事物(sharing something)技能;(3)助人技能;(4)谈判技能;(5)自我控制技能;(6)维护自己权利的技能;(7)应对戏弄的技能;(8)避免与人冲突的技能;(9)避免打架的技能。

5. 处理应激技能(skills for dealing with stress)①

这类社会技能包括下列十二种:(1)抱怨技能;(2)回答抱怨技能;(3)争当好汉技能;(4)处理尴尬技能;(5)应付被人忽略的技能;(6)维护朋友技能;(7)应对劝说技能;(8)应对失败技能;(9)处理矛盾信息技能;(10)处理谴责技能;(11)准备艰难谈话的技能;(12)处理群体压力技能。

6. 拟定计划技能(planning skills)

这类社会技能包括下列八种:(1)决定做某事的技能;(2)确定问题原因的技能;(3)确立目标的技能;(4)估计自己能力的技能;(5)收集信息技能;(6)根据重要性安排处理问题的技能;(7)决策技能;(8)集中精力完成某项任务的技能。

根据他们的论述,社会技能的内容是很广泛的,而不仅仅局限于社交技能。

由此可见,对罪犯的社会技能训练不能仅仅是社交技能训练,还应当有其他方面的内容。所有这些方面的技能训练,就构成了社会技能训练的主要内容。

具体来讲,社会技能训练的主要内容应当包括下列方面:

---

① stress一词又译为"压力",因此,skills for dealing with stress 也译为"处理压力技能"。

1. 社交技能训练

可以说,社交技能是最重要的社会技能。心理学等学科的研究发现,社交技能包含三种成分,即社会知觉技能、社会认识技能和社会表现技能。因此,对于罪犯的社交技能训练,也应当围绕这些方面进行。

(1) 社会知觉技能训练。社会知觉技能主要是指感觉和理解社会线索和信号的技能。进行这方面训练的关键,是帮助罪犯准确观察和理解别人的面部表情和其他非言语动作的含义。对于很多罪犯而言,在日常生活中理解别人的讲话、阅读文字信息等,一般可能不存在很大问题,但是,在理解别人的面部表情和其他非言语动作的含义方面,可能存在问题。研究表明,犯罪人缺乏通过观察别人面部表情识别别人情绪的技能。与守法青少年相比,青少年犯罪人可以准确地识别快乐、愤怒和恐惧,但是不容易识别悲伤、惊讶和厌恶的面部表情;反社会的,尤其是以攻击行为进行反抗的儿童和青少年,在辨别和解释社会线索上都有困难;进行性侵犯行为的男性在男女社交中会错误地知觉社会线索。"对社会线索的错误知觉可能会反过来导致对意图的错误归因,以致将其他人的行为错误地看成是怀有敌意或胁迫的。"[1]这样的结果是,个人很有可能出现不当行为。因此,要训练罪犯如何准确地识别和解释社会线索。在进行这类训练时,应当注意面部表情的民族性甚至地域性等特征,因为不同民族甚至不同地域的人的面部表情所表达的意思可能是不相同的。

---

[1] 〔英〕克莱夫·霍林主编:《罪犯评估和治疗必备手册》,郑红丽译,中国轻工业出版社2006年版,第154页。

（2）社会认识技能训练。社会认识技能主要是指整理社会知觉信息并作出决定的技能。在这方面,主要训练罪犯如何整理、判断所观察到的信息,如何在此基础上作出行动决定、制订行动计划以及提出替代性方案等。

（3）社会表现技能训练。社会表现技能主要是指恰当作出社会行为反应的技能。在进行这类训练时,要训练罪犯如何进行恰当的言语表达和非言语表达,包括进行适当的表情动作、作出适当的身体姿势等。

2．抵御诱惑技能训练

（1）诱惑利弊分析。这是指让罪犯了解诱惑的利弊得失的活动。社会生活中存在的诱惑肯定能够给个人带来舒适、安乐、享受和更多其他益处,否则,就不能构成诱惑。但是,这些诱惑都是"糖衣炮弹",在暂时或者眼前给个人带来好处的同时,存在着在以后或者将来会给个人带来更大的损害、痛苦和更多其他问题的可能性。如果不能抵御诱惑,那么,只能产生"饮鸩止渴"的效果；解决了眼前的小问题而会产生以后的大问题,贪图了眼前的舒适而埋下了产生不利后果的"祸根"。因此,抵御诱惑是头脑清醒、具有理智的人所必须具备的生活能力。如果缺乏这样的能力,就有可能招致严重的后果,包括陷入犯罪的泥潭。

（2）诱惑形态分析。对罪犯进行抵御诱惑技能训练的第一步,应当是帮助罪犯认识诱惑存在的具体形态。在复杂的社会生活中,诱惑的存在形态可能是多种多样的,既有可能是直截了当的,也有可能是含蓄隐晦的；既有可能存在于职业生涯发展等方面,也有可能存在于人际交往、感情生活、经济往来等方面；既有可能是物质性、金钱性的,也有可能是非物质的、精神性的。因此,如果改造人员将社会生活中存在的五花八门的诱惑加以分类,一一向罪犯加以讲解,就可以很好地帮助罪犯认识这些诱惑,从而可以提高对于诱惑的警惕性,增强他们辨别和抵御诱惑的能力。

(3) 抵御诱惑技能的学习和实践。要让罪犯学会和熟练掌握一些实用的抵御诱惑的具体技能,包括避开具有诱惑力的生活情境;避免受到削弱个人抵御诱惑能力的亚文化的影响;不结交可能诱惑自己的不良朋友;在遇到诱惑时,首先保持冷静,然后再作出决定和行为反应等。此外,还要教育罪犯注意在日常生活中使自己免受不良文化的影响,因为一些不良文化将诱惑合理化,从而起到怂恿人们接受诱惑的作用,正如有的外国学者所说的,"社会文化因素影响那种帮助我们抵御诱惑的自我控制的力量。"[1]

3. 感情控制技能训练

对罪犯进行感情控制技能训练的重点,是训练罪犯控制愤怒情绪。研究表明,愤怒是引起人际冲突和犯罪行为的最重要感情因素之一。

在进行愤怒控制训练时,要重视下列工作:

(1) 愤怒知识教育。教育罪犯了解愤怒的主要特点、不同强度、常见表现形式、发生原因等,使罪犯对愤怒有比较全面的认识。

(2) 愤怒利弊分析。要让罪犯认识到愤怒情绪的益处和坏处,产生主动自觉地控制愤怒情绪的主观愿望和心理动机。

(3) 愤怒控制训练。要通过具体示范、角色扮演、表现反馈、

---

[1] Bryan Vila, "Human Nature and Crime Control: Improving the Feasibility of Nurturant Strategies," in Jodi Lane & Joan Petersilia (eds.), *Criminal Justice Policy* (Cheltenham, UK: An Elgar Reference Collection, 1998), p. 100.

课外作业等方式,训练罪犯掌握控制愤怒的技能。在这方面,美国学者阿诺德·戈尔茨坦等人发展了一种综合性的、为期十个星期的愤怒控制训练程序,①值得借鉴。

(4)愤怒预防教育。要教给罪犯一些如何预防愤怒情绪不断加剧并产生破坏性结果的知识和技巧,帮助他们在日常生活中更好地预防愤怒情绪导致的危害后果。

4. 重建生活技能训练

对于在监狱中服刑的罪犯来讲,特别是对于那些在监狱中长期服刑的罪犯来讲,他们释放之后面临着重大的重建生活的任务。这种任务包括很多方面,例如,重建家庭生活(如何重新融入家庭生活,如何与家人相处,如何恋爱和结婚等),重建个人生活(如何管理自己的财务和日常生活,如何安排闲暇时间,如何进行衣着打扮,如何保持身心健康等),重建多方面的人际关系(如何结识新的朋友,如何避免受到过去的那些不良朋友的拉拢腐蚀和其他负面影响,如何维持正常的人际关系等),重新开始职业生涯(如何求职,如何面对求职失败,如何在新的职业中发展等),重新调整感情生活(如何管理自己的感情,特别是如何控制消极情绪等)等。如果罪犯在服刑期间的改造活动中不能有效学习和熟练掌握这些方面的技能,那么,他们在释放之后就无法顺利开始新的守法生活,就会在重新适应社会生活的过程中遇到极大的困难。当这类困难大到他们无法依靠个人的资源加以应付,而他们也难以寻求到有效的帮助时,他们很有可能重蹈覆辙,利用犯罪手段适应新的社会

---

① 参见吴宗宪:《国外罪犯心理矫治》,中国轻工业出版社2004年版,第323—331页。

生活。在这种情况下,重新犯罪自然就会发生。因此,重建生活技能训练,应当是社会技能训练的重要组成部分。

四、社会技能训练技术

（一）社会技能训练的基本技术

在对犯罪人进行社会技能训练方面,很多人也探讨了进行社会技能训练的具体技术问题,并且在探讨中论述了一些具体的技术或者步骤。例如,英国犯罪心理学家罗纳德·布莱克本指出,社会技能训练的共同成分是联合使用下列技术:模仿、指导、角色扮演和重复、反馈、社会强化以及训练人际相互作用的家庭作业。[①]

一般来说,社会技能训练的基本技术有四种:

1. 示范

示范(modeling)是指首先由别人演示正确的行为方式,然后要求罪犯加以模仿的过程和方法。

由罪犯改造人员进行示范,实际上是进行社会技能训练的第一个步骤。这个步骤具体包括两个环节:

（1）示范。这是指由别人演示正确的行为方式的活动。进行示范的人可以是罪犯改造人员,也可以是其他人员。这种示范可以是实际的,例如,由罪犯改造人员直接进行某种行为,让罪犯进行观察,懂得应该如何去做。这种演示也可以是象征性的,例如,可以通过播放录像带、录音带、卡通片、电影片段等进行演示,让罪

[①] 〔英〕罗纳德·布莱克本:《犯罪行为心理学:理论、研究和实践》,吴宗宪、刘邦惠等译,中国轻工业出版社2000年版,第298页。

犯观察和聆听其中的正确行为方式。上述由别人在现场进行的示范,可以称为"参与示范";而通过传播媒介进行的示范,可以称之为"符号示范"。

（2）模仿。这是指罪犯按照别人示范的行为方式行动的过程。在这方面应重视的内容,一是应当要求罪犯集中注意力进行观察;二是应当鼓励罪犯进行实际的模仿行为,操练所观察到的正确行为方式。

为了促进示范的效果,应当注意下列方面：

（1）当示范正确的行为方式时,最好能够演示相应的成功结果,以便使罪犯感到,只要这样去做,就可以获得成功,从而给他们一种强化。

（2）示范行为的复杂程度应当与罪犯的学习能力相称。对于学习能力强的罪犯,可以示范比较复杂的行为模式。对于学习能力较差的罪犯,最初应当示范比较简单的行为模式,逐步训练他们的模仿能力;随着他们学习能力的增强,可以进一步增加示范行为的难度。

（3）示范者可以是多样化的。除了罪犯改造人员进行示范之外,也可以要求那些在某些方面表现出良好行为模式的罪犯进行示范。

（4）示范要在适当的情境中进行。示范可以在模拟的情境中进行,也可以在真实的生活情境中进行。如果在真实的生活情境中进行示范的话,可能更加有助于罪犯理解和模仿所示范的行为方式,也更容易将观察到的行为方式应用到实际生活之中。

（5）对于比较复杂的行为方式,要进行多次的示范,以便罪犯真正掌握这种行为方式。

（6）如果将示范与讲解相结合，在示范的同时，向罪犯讲解这种行为方式的要点和可以使用的场合，就会更有利于罪犯学习和应用这种行为方式。

2. 指导

指导（instruction）就是向罪犯恰当描述正确行为方式的活动。

在进行指导的过程中，罪犯改造人员应当针对罪犯表现出的行为问题，进行个别化的指导，既指出罪犯行为方式中存在的问题和缺陷，也要指出正确的行为方式及其适用情境，以便使罪犯在认识到自己存在的行为问题的同时，懂得应该如何正确地进行适宜行为。

为了促进指导的效果，应当注意下列方面：

（1）指导中使用的语言要符合罪犯的知识水平和理解能力。在给予指示的过程中，无论是使用的词汇，还是发音和语调等，都要适合罪犯的具体情况，以便罪犯能够充分地理解和领会指导的内容。

在对我国的罪犯进行指导的过程中，既要注意罪犯的文化程度，使用与他们所受的教育水平相称的语言，又要注意指导者的发音，这是因为，过分的方言发音方式或者地方口音，可能会使罪犯听不懂指导者所讲的话。例如，在南方的监狱中，在当地长大的监狱工作人员可能有浓厚的地方口音，很多在北方长大的罪犯可能很难听懂他们的讲话。

（2）指导者应当是罪犯所信任的人。他们既可以是罪犯改造人员，也可以是有一定优势的罪犯，还可以是其他能够进行恰当指导的人员，例如，家属、社会上的心理咨询人员。

（3）在进行指导之后，应该尽快给罪犯提供进行实践的机会，以便罪犯能够迅速演练所掌握的内容,牢固记住指导者所讲的话。

(4)为了增强指导的效果,促进罪犯对指导的理解,应当将指导与示范相结合。

(5)在进行指导时,应当督促罪犯集中注意力聆听指导者的讲解。为了促使罪犯集中注意力,可以在进行指导之前,要求罪犯在聆听之后,复述指导者的讲话内容。

3. 演练

演练(rehearsal)是指在观察示范行为或者接受指导后进行相应实践的活动。

演练是社会技能训练的重要环节。演练为罪犯提供了实践所接受的新的行为方式的机会,也提供了对新学会的行为方式进行强化的机会,还提供了对罪犯学习效果进行评价的机会。因为在罪犯演练的过程中,罪犯改造人员可以评估罪犯的学习情况,发现和纠正罪犯在学习过程中产生的错误。

为了促进演练的效果,应当注意下列方面:

(1)演练应当在示范或者指导之后进行。演练就是将示范或者指导的内容具体化的过程。

(2)应当在适当的情境中进行演练。罪犯改造人员既可以模拟一定的生活情境,让罪犯在这样的情境中进行演练;也可以将罪犯带到真实的生活场景中,让罪犯实际地操练所学到的行为方式。一般而言,最初应当进行模拟演练。在罪犯熟练掌握新的行为方式之后,可以考虑让他们到真实的生活场景中进行演练。

(3)演练应当循序渐进。开始时,演练比较简单的行为方式。随着学习过程的进行和罪犯学习能力的提高,可以演练比较复杂的行为方式。

（4）对于良好的演练，应当给予正强化。对于错误的演练，应当及时反馈和予以纠正。

（5）根据罪犯演练的效果，决定演练的形式和次数。对于演练效果好的罪犯，可以让他们加快演练的速度，迅速地进行演练，或者让他们直接到真实生活场景中进行实际演练。对于演练效果较差的罪犯，可以首先要求他们进行模拟演练，然后要求他们在实际生活场景中进行演练，并且可以要求他们反复多次地进行演练。

4．反馈

反馈（feedback）是指根据罪犯的学习情况作出相应反应的活动。

在对罪犯进行社会技能训练的过程中，要充分认识反馈的重要性，恰当运用反馈活动促进社会技能训练的效果。当罪犯表现出良好的学习行为时，要通过表扬、奖赏等方式，强化他们的良好行为表现。当罪犯的表现不符合要求时，要给予进一步的指导，帮助他们改进学习方法，增强学习效果。

为了促进反馈的效果，应当注意下列方面：

（1）注意反馈的及时性。要在罪犯完成某项学习活动之后，立即给予反馈。

（2）要尽可能多地使用正强化方法作出反馈。即使罪犯的行为表现中还有不符合要求的地方，也应当对其中符合要求的成分进行表扬等正强化活动，然后再指出需要改进的地方。这样，可以极大地调动罪犯的积极性，增强他们的自信心。

（3）在进行正强化反馈时，要具体讲清楚给予正强化的内容，例如，某种言语表达、某个姿势等，以便罪犯更多地进行这类行为方式。

（4）尽可能少地使用负强化反馈。在确实需要负强化反馈时，也要先进行表扬，然后再指出不足。

（5）一次只对行为的一个方面进行纠正。在指出罪犯的不足和对其进行纠正时，即使罪犯的行为中存在很多问题和不足，也要一次只纠正一个方面。可以选择最需要纠正的方面优先予以纠正。这样，可以减轻罪犯承受的压力，减轻他们的挫折感，不要让他们感到自己一无是处，避免使他们的自信心受到打击。

（二）社会技能训练的其他技术

除了上述基本技术之外，在罪犯社会技能训练中，还可以使用下列技术：

1. 角色扮演

角色扮演(role playing)就是根据特定社会角色的要求进行相应行为的活动。在社会技能训练中，可以要求罪犯在学习了基本的行为方式之后，饰演不同的社会角色，根据角色的要求进行相应的行为。例如，让罪犯扮演与别人发生冲突的人，设想在这种情境下，应当采取什么样的合适行为化解矛盾，减轻或者消除冲突。在很多情况下，角色扮演是由两个以上的人进行的。系统化的、复杂的角色扮演与心理剧很相似。

2. 课外作业

课外作业是指罪犯改造人员要求罪犯在社会技能训练活动结束之后自己要完成的学习和实践任务。社会技能训练的最终目的，是要罪犯熟练地掌握并在现实生活中恰当地应用有关的社会技能，因此，罪犯仅仅在课堂上学会某种良好的行为方式是不够的，还必须增加对这种行为方式的理解和练习，达到真正熟练自如地在实际生活中应用它们的地步。这就需要罪犯在其他时间中完成改造人员所布置的学习和实践任务,真正养成良好的行为习惯。

3. 社区建设

社区建设是指把具有类似行为问题的罪犯临时组成一个治疗社区,使大家都参与社会技能学习与实践的做法。在使用这种社会技能训练方法时,可以要求临时社区的所有罪犯都参与有关的活动,共同学习,共同讨论,共同提示,共同监督,相互帮助,在大家的努力下,使日常生活的各个方面都按照社会技能训练的目标发展,使大家的社会技能都得到改善。

社区建设实际上是一种集体行为技能训练。这意味着,在一个集体中的所有成员都参与社会技能训练活动。心理学家雷蒙·米尔腾伯格(Raymond G. Miltenberger)论述了集体行为技能训练的利弊。[1] 根据他的论述,集体行为技能训练的好处在于:

(1) 比单独训练的效率高,因为示范和指导都是集体进行的;

(2) 每个成员都能从观看其他成员的演练以及接受其他成员的反馈中学到东西;

(3) 社区成员可以从对其他人的表现进行的评估、对其他人提出的反馈意见中学到东西;

(4) 由于社区成员都参加角色扮演,可以促进良好行为方式的泛化;

(5) 当社区成员与训练者共同表扬一个成员时,就会增强对成功演练的强化作用。

同时,集体行为技能训练也存在缺点。主要是:

---

[1] 〔美〕雷蒙·米尔腾伯格:《行为矫正——原理与方法》(第三版),石林等译,中国轻工业出版社2004年版,第199页。

（1）每个成员无法得到训练者所有的注意力；

（2）有些成员不能积极参与技能训练，他们可能会操纵技能训练或者限制其他成员参与技能训练；

（3）集体行为技能训练的个别化程度不高，针对性可能不强。

在监狱环境中，进行治疗社区建设，可以采用不同的方式。可以让具有类似问题的罪犯组成比较正式的治疗社区，例如，将某个监区、分监区甚至某个监舍改造成为治疗社区，将具有类似问题的罪犯安置在一起，对他们进行集体社会技能训练。在这种情况下，罪犯不仅在一起进行集体社会技能训练，而且，住宿、吃饭等日常生活活动也是在一起进行的。在这样的治疗社区中，可以全面地对罪犯进行十分有效的社会技能训练。

不过，也可以让具有类似问题的罪犯组成临时性的治疗社区，对他们进行集体社会技能训练。在这种情况下，不必改变罪犯的住宿，但是，可以让他们在一定的时间中集中到某个地方，一起开展集体社会技能训练。由于这种治疗社区的存在时间有限，对于罪犯的影响方面也有限（对于一些生活方面无法进行干预），因此，社会技能训练的效果可能不如前一种治疗社区。

第三节 其他犯因性心理因素的改造

一、犯因性动力因素的改造

犯因性动力因素是指促使个人主动进行犯罪行为的心理因素。这类因素主要是具有犯因性作用的需要、动机、兴趣等因素。

因此,对于犯因性动力因素的改造,主要就是指对这三种因素的矫正。

(一) 犯因性需要的矫正

本书作者所说的"犯因性需要"就是指促使和助长犯罪行为的需要。这种犯因性需要与目前英语文献中很常见的"犯因性需要"一词,在内容上有区别。①

对于这类需要的矫正,要重视下列方面:

1. 教育罪犯认识需要的作用

根据心理学的研究,需要是个人活动的积极性的源泉。从根本上讲,人的一切活动都是由需要引起的。当人们产生某些方面的需要时,他们会进行相应的满足需要的活动。因此,要想从根本上矫正人们的外部行为,就必须关注和矫正人们的需要。罪犯的反社会行为、犯罪行为及其矫正,也是如此。

2. 满足罪犯的基本需要

基本需要又称为"第一需要""自然需要",是指个体维持生存而自然产生的不可缺少的基本生理需要。这类需要包括饥、渴、体温调节、回避伤害、睡眠等方面的需要。这些需要的满足,是个人生存的基本条件。如果这些需要得不到满足,个人的生存就会受到威胁。

对于罪犯来说,满足他们的基本需要具有特殊之处。这类特殊之处主要表现为:第一,罪犯具有和别的人同样的基本需要。基本需要是本能性的需要,罪犯并不因为犯罪或者在监狱服刑而在基本需要方面发生变化,并不会因为与犯罪及其后果相关的因素

---

① 具体内容参见本书第三章第一节的有关内容。

而减少基本需要的内容。第二,罪犯作为在监狱中服刑的人员,其基本需要的满足更加困难。在中国社会的生产力和社会文明得到较大发展的情况下,普通守法者满足其基本需要的社会经济条件不断改善,人们基本需要的满足程度不断提高,人们在满足基本需要方面的选择也越来越大。与此相比,满足罪犯基本需要的外部条件并不是同步得到改善的:满足罪犯基本需要的一些外部条件已经大为改善,例如,罪犯的饮食标准普遍得到提高、监舍状况不断好转,因此,满足饥、渴、体温调节等需要的程度有所改善。但是,由于监狱环境的复杂性和监狱管理状况的差异,在满足罪犯的安全、睡眠休息等需要方面,还存在巨大的差异。一些监狱管理水平较高,罪犯的这些需要能够得到较好的满足;另一些监狱管理水平较差,罪犯的这些需要难以得到基本的满足。因此,在目前中国的监狱中,对于很多罪犯来说,满足其基本需要仍然是一个值得认真关注和切实加以解决的重大问题。监狱的管理人员对此必须有清醒的认识。

如果罪犯最基本的需要都得不到满足,那么,这种状况不仅涉及对罪犯的基本生存权的侵害,而且也涉及监管安全,因为基本需要得不到适度满足的罪犯,可能会通过闹监、骚乱、破坏监狱设施、逃跑等方式满足其基本需要,或者通过自杀等方式摆脱难以生存的状况,这些情况都会严重威胁监管安全,使监狱的正常运行受到极大威胁。国外的研究发现,"差的食物是犯人投诉和控告的首要目标;事实上,差的食物也一直是大多数犯人暴乱和骚乱的一个因素。"[1]因此,满足罪犯的基本需要,是做好一切监狱工作的基本条

---

[1] 吴宗宪:《当代西方监狱学》,法律出版社2005年版,第245页。

件,当然也是改造罪犯的基本前提。

3. 认识需要的种类和层次

心理学等学科的研究发现,人们的需要不仅有很多的种类,而且有不同的层次。不同层次的需要对于人的生存和发展所具有的重要性和价值是不同的。在这方面,美国心理学家亚伯拉罕·马斯洛(Abraham H. Maslow, 1908—1970)的需要层次理论得到了广泛的重视和认可,值得监狱管理人员和罪犯改造人员关注。根据马斯洛1954年的论述,人的需要有七个层次:①

(1) 生理需要。包括饥饿、渴、睡眠。

(2) 安全需要。包括需要安全、稳定、受到保护、远离恐惧和混乱,对结构和顺序的需要。

(3) 归属和爱的需要。包括被人接纳、爱护、关注、鼓励和支持多方面的需要。

(4) 自尊需要。这是指获得并维护个人自尊心的需要。包括自尊的需要和受到他人尊重的需要。

(5) 认知需要。这是指个人对自己和事物的变化进行理解的需要。

(6) 美的需要。这是指个人欣赏美好事物并且希望周围事物井然有序、顺其自然等方面的需要。

(7) 自我实现需要。这是指个人在精神上达到真善美的人生境界的需要,也就是实现个人的所有需要和理想的需要。

---

① 参见张春兴:《现代心理学——现代人研究自身问题的科学》(第二版),上海人民出版社2005年版,第338—339页。〔美〕杰里·伯格:《人格心理学》,陈会昌等译,中国轻工业出版社2000年版,第225—226页。林崇德、杨治良、黄希庭主编:《心理学大辞典》(上册),上海教育出版社2003年版,第1474页。

1970年,马斯洛又将上述七个层次归并为五个层次,即将最后三个层次的需要加以合并,统称为"自我实现需要"。同时,马斯洛将前四个层次的需要称为"基本需要",将后三个层次的需要称为"发展需要"。

马斯洛的需要层次理论中,特别需要关注的内容是:

第一,越是基础的、底层次的需要,对人的影响力就越大。

第二,基本需要具有共同性和普遍性,发展需要则有较大的个别差异。

第三,一般而言,只有在较低层次的基本需要得到满足之后,才能够出现更高层次的需要。但是,个人需要结构的演进呈波浪式发展模式。虽然底层次需要是高层次需要的基础,然而,高层次需要的产生并不一定要等到底层次需要得到完全满足之后,才能产生。根据马斯洛的估计,在一般美国人中,85%的生理需要,70%的安全需要,50%的归属和爱的需要,40%的自尊需要,10%的自我实现需要得到了满足。①

第四,各层次需要的产生与个体发育密切相关。婴儿时期生理需要占优势,以后产生安全需要、归属和爱的需要;到少年期和青年初期,尊重需要日益强烈;青年中晚期以后,自我实现需要开始占优势。

监狱管理人员和罪犯改造人员认识需要的种类与层次,具有重要的意义。首先,要密切关注和努力满足罪犯的底层次需要,否则,就会产生一系列消极后果。其次,要重视对于罪犯的需要结构的引导和调整。在罪犯的基本需要得到适度满足的条件下,要重

---

① 〔美〕杰里·伯格:《人格心理学》,陈会昌等译,中国轻工业出版社2000年版,第226页。

视引导罪犯产生较高层次的需要,提升罪犯的需要水平,改善罪犯的需要结构,从而使他们避免由于无限制地追求底层次需要的满足而进行犯罪行为。再次,要引导罪犯认识个人需要的多样性,引导他们关注较高层次的需要,发展自己的良好情趣和精神世界,从而避免过分关注生理需要和物质需要的满足的现象。

4. 提升罪犯的需要

在满足罪犯基本需要的前提下,提升罪犯的需要层次是改善罪犯的需要结构和改造罪犯的犯因性需要的重要途径。在如何提升罪犯的需要方面,国内监狱问题研究专家陈士涵有很多精辟的论述。根据他的论述,罪犯需要层次提升的基础主要有三个方面:[①]

(1) 要使罪犯的需要层次得到提升,监狱首先必须重视和关注罪犯的生理需要或物质需要。如果罪犯的这些基本的低级需要得不到起码的满足,如果罪犯常常处于衣不保暖、食不果腹、睡眠严重不足或监房拥挤不堪、人满为患的状态中,罪犯的高级需要就不可能产生。

(2) 要使罪犯的需要层次得到提升,监狱必须确实保证罪犯的安全需要得到满足。"除了生理需要之外,安全需要就是大多数罪犯最强烈的需要了。他们希望有公正的法律和监狱管理制度,希望有严格执法、清正廉洁的监管人员来维护狱内的秩序和犯人的人身安全,使他们在狱内有安全感、稳定感、依赖感和秩序感,安然地度过刑期。"但是,陈士涵认为,即使在现代监狱中,也可能存在各种使罪犯缺乏安全感的因素(参见专栏 10-3)。在安全需要

---

① 陈士涵:《人格改造论》(增补本,上册),学林出版社 2012 年版,第 302—305 页。

得不到满足的情况下,罪犯的高级需要就不可能得到满足。

专栏 10-3：现代监狱中罪犯缺乏安全感的主要来源[1]

> 陈士涵认为,现代监狱中罪犯缺乏安全感的主要来源包括:
> 第一,狱内罪犯亚群体、犯罪团伙以及服刑历史长久的累犯和惯犯。由于这类罪犯及其群体的存在,就可能在不同程度上形成黑幕遮盖的狱内犯人黑社会。在犯人黑社会中,常常存在以强凌弱、弱肉强食、敲诈勒索、盘剥欺压、诬陷暗算、毒打迫害、鸡奸侮辱等丑恶现象,使许多犯人缺乏安全感。
> 第二,极少数道德人格低下的监管人员。这类监管人员或者性格粗暴,或者贪婪腐败,或者心胸狭窄、报复心重,或者偏听偏信、工作方法简单,或者目无法纪、职业道德低下。如果有这类监管人员存在,罪犯也必然缺乏安全感,因为他们的人身权利、安全和自尊可能受到侵犯,他们的服刑改造表现可能得不到客观的评价,他们的改造成绩可能被抹杀,他们的减刑和假释的希望可能成为泡影。
> 第三,监狱的法律和管理制度不健全、不稳定或者得不到严格的贯彻执行,狱内管理秩序混乱。在法律健全、狱政管理科学而严格的监狱,必然具有良好、稳定的秩序,能满足罪犯的安全需要;如果法律和监狱管理制度不健全或者管理松懈马虎、朝令夕改、敷衍塞责、文过饰非、掩盖真相,则必然使狱内秩序混乱,从而使罪犯不知道自己的权利和义务,或者虽然知道,却难以得到保障,这样就容易使罪犯丧失安全感和秩序感。
> 上述三者往往是相互联系、互为因果的。特别是当某些道德人格低下的监管人员和狱内罪犯亚群体、犯罪团伙或者"牢头狱霸"暗中勾结、狼狈为奸、沆瀣一气时,必然令大多数罪犯畏首畏尾,或者心照不宣、委曲求全,或者曲意逢迎、明哲保身,或者躲之、避之唯恐不及。他们的安全感、秩序感就荡然无存了。

---

[1] 陈士涵:《人格改造论》(增补本,上册),学林出版社2012年版,第303页。

（3）在需要层次提升的过程中，监狱必须深切理解和积极发展罪犯的归属和爱的需要。监狱中的罪犯由于身份和地位的巨大变化造成了人际关系的重大变化，在这种情况下，他们更需要归属感和爱。为此，监狱首先应当理解、满足和发展罪犯的归属和爱的需要，使罪犯深切感到监狱所体现的人道主义精神，深切感到监狱并非是冷酷无情的，而是富有人性的。其次，发展罪犯的这类需要，有利于罪犯道德良心的发展，这对改造罪犯是很有价值的。再次，发展罪犯的这类需要，有利于引导罪犯的归属和爱的需要向着健康的方面发展和变化。

除此之外，陈士涵也认为，要通过引导和满足罪犯的高级需要来提升罪犯的需要层次。在这方面，监狱应当重视下列工作：[①]

第一，细心维护并积极培养罪犯的自尊需要。由于各种复杂因素的作用，大多数罪犯的自尊需要与常人相比处于微弱的、不发展的状态中，或者说处于压抑的、受挫折的状态中。监狱应当发展、复活罪犯的这类需要，使他们成为有自尊、有尊严的人。

第二，激发和培养罪犯的认知需要。这是需要层次提升过程中最重要的环节。只有唤醒罪犯的求知欲望，使他们自觉地投入到学习之中，才能促使罪犯产生持久的学习动机和学习兴趣，进而通过罪犯的学习改造罪犯。正如英国哲学家培根所说的，"求知可以改进人的天性。"[②]

第三，在发展和满足罪犯的认知需要的基础上，监狱应当进一

[①] 陈士涵：《人格改造论》（增补本，上册），学林出版社2012年版，第306—317页。

[②] 〔英〕培根：《培根论人生》，何新译，上海人民出版社1983年版，第13页。

步开发和培养罪犯的审美需要。审美需要的发展,不仅有利于培养罪犯形成恰当的审美标准,也有利于促进罪犯的道德发展。正如苏联著名教育家赞科夫所说的:"审美发展和道德发展是密切联系的。对于美的欣赏可以使人变得高尚起来。美能唤起人的善良的感情,如同情心、忠诚、爱、温柔等。"[①]开发和满足罪犯的审美需要的方式,除了美学知识的讲解和学习之外,还应当鼓励罪犯开展文艺创作活动,在实践中促进罪犯审美的发展。

第四,在上述需要得到发展和满足的情况下,监狱要教育和引导罪犯向满足自我实现的需要的方向发展,鼓励罪犯成为自我实现的人。这种可能性是存在的。监狱要提供必要的条件,通过多种方式激发罪犯的潜能,并且通过各种激励措施进一步激发罪犯的创造热情,强化他们希望自我实现的健康心理。尽管能够达到这种境界的罪犯可能是少数,但是,监狱不应当忽略这方面的工作和努力。

5. 教育罪犯恰当评价和正确对待自己的需要

监狱不仅要引导罪犯建立合理的需要结构,努力提升罪犯的低层次需要,还要注意教育罪犯恰当认识和评价自己的需要的性质,促使他们克制不符合社会需要和社会发展水平的需要。

研究表明,需要按其价值,可以分为两类:一类是正当的合理的需要。这是指有利于人和人类的生存、享受和发展的需要。另一类是不正当不合理的需要。这是指不利于人和人类的生存、享

[①] 〔苏联〕赞科夫:《和教师的谈话》,杜殿坤译,科学教育出版社1980年版,第121页。

受和发展的需要。①

评价具体的需要究竟属于哪类需要的具体标准,包括下列方面:

第一,从需要的内容来看,需要不能超出生产力发展水平,不能超出自身的经济能力,不能妨碍社会和自身发展,不能超越社会文明状况和历史文化传统。

第二,从满足需要的手段来看,需要不能通过损害社会和他人利益、损害自身健康和生命等不道德的、违法的方式来满足。

应当通过教育,使罪犯能够恰当判断自己的具体需要是否正当合理。要引导罪犯努力发展和积极满足正当合理的需要,克制和放弃不正当不合理的需要。

在这个过程中,要注意引导罪犯恰当认识和正确对待两类需要:②

（1）虚假需要。这是指个人自以为合理,实际上只是由于外部的错误导向和个人主观盲目追求而产生的不正当不合理需要,例如,吸毒、赌博、嫖娼的需要。这些需要并不是个人生存和发展的正当合理的需要,而是为了片面追求刺激和时髦而产生的虚假需要,是社会恶习的反映。

（2）过量需要。这是指超出个人身心健康所允许的限度和人的社会行为规范的需要。人的任何需要的满足,都是有一定限度的,而不是无止境的。超出了一定的限度,任何需要都会变成不正当不合理的需要。由于无限度追求需要的满足而产生的贪婪现

---

① 陈志尚主编:《人学原理》,北京出版社2005年版,第210页。
② 参见陈志尚主编:《人学原理》,北京出版社2005年版,第213页。

象,是大量犯罪行为产生的重要心理因素。

因此,罪犯改造人员要引导罪犯树立恰当的需要评价标准,准确评价自己的需要,避免在不正当不合理需要的作用下产生违法犯罪行为。

(二)犯罪动机的矫正

犯罪动机就是推动个人进行犯罪行为的内部动力。罪犯的犯罪行为的产生,与犯罪动机的关系密切。"犯罪动机是最重要的犯罪心理成分,个人之所以进行犯罪行为,从心理方面来看,就是因为存在着犯罪动机的缘故。犯罪行为是犯罪动机发挥作用的结果,正是在犯罪动机的推动下,个人才确定犯罪目的,选择犯罪方式,作出犯罪决定和实施犯罪行为的。因此,犯罪动机是推动个人进行犯罪行为的最直接的心理推动力,是促使个人处于进行犯罪行为的积极状态的内部原因。"[1]由此可见,矫正犯罪动机,是改造罪犯的重要方面。

1. 教育罪犯恰当认识犯罪动机的作用

矫正犯罪动机的重要方面,就是教育罪犯认识犯罪动机的作用或者功能。根据犯罪心理学等学科的研究,犯罪动机或者犯因性动机在犯罪行为的产生和实施过程中所起的主要作用或者功能如下:

(1)反映功能。犯罪动机尽管是犯罪人的心理活动的表现形式,但它仍然是客观的社会生活需要或自身的生理需要在人脑中的反映,是社会生活中存在的各种不良因素以及自身的正常或不正常的生理需要的体现。社会环境对犯罪行为的决定作用,在很

---

[1] 王牧主编:《新犯罪学》(第三版),高等教育出版社2016年版,第85页。

大程度上正是通过犯罪动机来实现的。

（2）始动功能。犯罪动机是促使个人实施犯罪行为的直接心理原因，只有形成犯罪动机后，才有可能产生犯罪行为，因此，犯罪动机具有引起犯罪行为的作用。推动进行犯罪行为的犯罪动机，有些是从犯罪人的生理需要直接转化而来的，如物质需要转化为贪利动机，性需要转化为性动机；有些则是以犯罪人的社会性需要为基础产生的，如嫉妒、报复、怨恨等。

（3）导向功能。一定的犯罪动机的产生，使犯罪人有了明确的犯罪目的，对犯罪人的思维活动及自身的行为活动产生的约束、指导作用，使它们朝着满足犯罪人的需要，实现犯罪动机的方向进行和发展，力求达到犯罪目的。这种功能发挥作用的过程，就是促使个人选择达到犯罪目的的手段、方式，预测自身行为的发展，寻找有利于犯罪的情境，排除各种干扰，实施犯罪行为的过程。

（4）评价功能。犯罪动机形成之后，就以是否有利于犯罪动机的实现为标准，评价个人的心理活动与行为，当发现它们偏离了预定目的时，就不断进行调整，使之不偏离原来的方向。由此可见，这种功能是伴随着其他功能一同发挥作用的。但是，在犯罪动机系列的最后阶段，即在实施犯罪行为的过程中，以及在实施犯罪行为之后评价犯罪行为的后果和选择下一步的行动及其方向时，评价功能的作用就更为突出。这时，犯罪人会把已经取得的结果与他在行动之前确立的目的加以对比，用个人的价值观、信念及社会要求等，对犯罪结果加以评价，然后再确定未来的行动。

通过这样的教育，促使罪犯更加清楚地认识犯罪动机，自觉抵御和控制犯罪动机可能引起的犯罪行为。

2. 教育罪犯认识行为动机的种类

已有的研究表明,犯罪人的犯罪动机包括多种类型。例如,苏联学者 Π.C.达格里认为,犯罪动机包括下列种类:①

(1) 反国家的动机——阶级仇恨,敌视苏维埃政权或其他劳动人民的国家,民族或者种族仇恨,对从事国家和社会活动的报复。

(2) 个人的下流动机:贪利,流氓动机,报复,性欲冲动,嫉妒,怯懦或者胆小,残忍,升官思想,嫉恨心等。

(3) 因迷信而产生的宗教信仰动机:宗教狂热,执行宗教指示,敌视不信教或者信奉其他宗教的人,迷信,从地方旧习惯残余中产生的动机等。

(4) 不具有下流性质的个人动机:怜悯和同情心,亲友之情,因受害人的或者其他人的行为而感到屈辱,羞耻,迷恋某个物品或者某种活动等。

(5) 社会认可的动机:错误理解国家、企业、集体农庄、国营农场等的利益,对危害社会的行为的防卫,对科学的兴趣等。

根据 Π.C.达格里的看法,第一、第二和第三类动机中的绝大多数动机都具有社会危害性;第四类动机对社会来说无关紧要或者具有良好的性质(在一定情况下它们可能受到否定的评价);第五类动机通常是良好的。可以说,引起犯罪行为的犯罪动机按照其社会性质或者道德性质,大体上可以划分为反社会性动机、中性动机和积极动机。

通过这样的教育,可以使罪犯认识到,不仅危害社会的、反道

---

① 转引自〔苏联〕斯·塔拉鲁欣:《犯罪行为的社会心理特征》,公人、志疆译,国际文化出版公司 1987 年版,第46—47页。

德的动机会引起犯罪行为,而且那些本身并不一定危害社会或者反道德的动机,也会引起犯罪行为。因此,不仅要警惕那些与社会规范和道德准则相背离的行为动机,而且也要注意那些自身符合社会规范和道德准则的动机可能引起的犯罪行为,避免"好心办坏事"现象的发生。

3. 引导罪犯发展积极的行为动机

由于动机是推动个人进行行为的最直接的心理推动力,因此,引导罪犯发展积极的、符合社会规范和道德标准的动机,就可以促使罪犯进行更多的亲社会行为,这样,就可以减少他们的危害行为,从而可以达到改造罪犯的目的。

在发展积极的行为动机方面,苏联犯罪学家提出了一些建议,值得参考。根据他们的论述,为了预防犯罪,在发展正面的符合社会要求的优势动机方面,可以进行下列工作:[①]

(1) 继续形成和巩固对社会有利的主导动机,逐渐从动机领域中将日常粗俗的、乖戾的、虚假的、不健康的需要和情绪,攻击性的感情,恶劣的习惯,反社会的观点以及其他反社会的倾向,这些过去存在于个性结构中的不良因素完全排挤出去。

(2) 养成在任何生活情境中独立地、经过思考地将自己个人的需要与社会和他人的利益一致起来或者结合起来的能力,也就是说,和其他客观上更有意义的社会价值结合起来的能力,并且根据这个主要的标准来评价人和事件。

(3) 培养起对法律的高度尊重,能正确地对待法律,这应当成

[①] 〔苏联〕B. H. 库德里亚夫采夫主编:《犯罪的动机》,刘兆琪译,群众出版社1992年版,第255页。

为信念,法律行为变成需要,进入主要的动机行列。

(4)发展正面的、建立在道德价值观念上的自我监督,在复杂的、极端的、冲突的及其他可导致犯罪的情境中监督自己行为,在情绪紧张的处境、应激状况、激情、酗酒、疲劳、疾病以及其他生理和心理状态中,总之,就是在会降低和阻碍人的内部监督的状态中,进行自我监督。

通过这些工作,可以确立个人的社会性动机,以此排斥甚至取代原来的反社会动机,这样,就可以达到转变犯罪动机的目的。

在引导罪犯发展积极的行为动机方面,尤其要重视发展罪犯的积极的成就动机。成就动机是指个人努力追求卓越以期达成更高目标的内在动力和心理倾向。心理学的研究表明,成就动机高的人,具有下列行动特征:第一,对适当难度的工作有挑战欲,全力以赴地追求成功;第二,想要知道自己活动的结果;第三,精力充沛,探新求异,具有开拓精神;第四,对于自己作出的决定勇于负责;第五,遇到挫折和困难时百折不挠,不达目的不罢休。[1] 这些特征表明,如果努力引导罪犯发展积极的成就动机,可以有效地转变罪犯的心理特征和行为特征。而且,"监狱对罪犯智力开发的实践表明:即使是文化程度很低的罪犯也可能形成成就动机。"[2]因此,发展罪犯的成就动机,具有很大的可行性,可以在大多数罪犯中进行这样的活动。

为了发展罪犯的积极的成就动机,可以采用下列方法:

---

[1] 林崇德、杨治良、黄希庭主编:《心理学大辞典》(上册),上海教育出版社2003年版,第129页。

[2] 陈士涵:《人格改造论》(上卷),学林出版社2001年版,第400页。

（1）常识教育法。这是指让罪犯了解积极的成就动机对于个人的重要性的方法。这些重要性突出地表现在上述成就动机高的人所具有的行动特征方面，这些行动特征可以使个人有更加积极的生活态度和行为表现。要通过这种方法使罪犯认识到，如果发展起积极的成就动机，就可以极大地改变他们的心理和行为特征，使他们在多方面发生积极的转变。

（2）任务训练法。这是指通过让罪犯完成中等难度的任务来提高其成就动机的方法。在使用这种方法时，可以制定一个训练计划，逐步向罪犯提出一系列中等难度的任务，鼓励他们努力完成这样的任务。每次完成这样的任务，都可以使罪犯学习到一些完成任务的技能，并且会增强罪犯的自信心。不断安排罪犯进行这样的活动，就可以帮助罪犯发展完成任务的能力，发展他们的自信心，从而提高他们的成就动机。

（3）归因训练法。这是指通过对罪犯进行恰当的归因训练来提高其成就动机的方法。心理学的研究发现，个人成就动机的高低，对于个人的归因倾向有重要的影响。成就动机高的人，往往把成功归因于自己的能力强，把失败归因于自己的能力不够。相反，成就动机低的人，往往将自己的成功归因于运气好或者任务容易，而把失败归因于自己能力不足或者任务困难。因此，在对罪犯进行归因训练的过程中，要引导罪犯多从自身寻找成功或者失败的原因，反复进行这样的归因训练，就可以提高罪犯的成就动机。

（4）内部激励法。这是指通过引导罪犯发展良好的内部愿望而增强其成就动机的方法。应当指导和鼓励罪犯产生一些有利于发展成就动机的内部愿望，例如，做人要出类拔萃，不能甘于平庸，即使作为一名罪犯,也要有不平庸的表现;不能一辈子生活在犯罪和服刑的阴影下,而应当自强自立,通过自己的不懈行动和顽强努力,改变自己的人生轨迹。这些积极愿望的产生,可以增强罪犯的成就动机。

(5)外部激励法。这是指通过外部奖赏而增强罪犯成就动机的方法。在使用这种方法时,可以通过不同形式的奖赏活动,包括口头表扬、物质奖励、立功、评改造积极分子、减刑等,鼓励罪犯树立较高的生活目标和内部愿望,从而增强他们的成就动机。

(三)犯因性兴趣的矫正

犯因性兴趣就是指促进和助长犯罪行为的兴趣。

对于犯因性兴趣的矫正,应当重视下列方面的内容和方法:

1. 教育罪犯认识兴趣的重要性

兴趣就是个人力求认识和探究某种事物或者从事某种活动的心理倾向。兴趣和需要、情绪都有密切的联系。"兴趣,简单地说,就是带有情绪色彩的需要,在很大程度上取决于个人的价值标准体系及其他重要认知特征,以及一个人得以成长、行动和所追求的社会环境。"[①]兴趣的基础是需要,它表现为个人对某种事物、某类活动的选择性态度和积极的情绪反应。兴趣对于人的情绪和行为都有重要的影响:当个人产生某种兴趣时,就会愉快而高效地从事某种行为;当个人进行自己不感兴趣的行为时,不仅情绪低落,而且行为效果也不好。因此,要让罪犯认识到兴趣在日常生活中的重要作用,引导他们形成和确立有益的兴趣。

[①] 〔俄〕阿·伊·道尔戈娃主编:《犯罪学》,赵可等译,群众出版社2000年版,第272页。

2. 扩展罪犯的兴趣范围

犯罪学的研究发现,罪犯往往具有兴趣贫乏、低级的特征。这种特征突出地表现为罪犯感兴趣的内容很少,而且所感兴趣的往往是吃喝玩乐、金钱等内容。因此,要积极扩展罪犯的兴趣,使他们对更多的事物与活动产生兴趣,而不是仅仅对少数低级的事物与活动感兴趣。

心理学的研究表明,兴趣有不同的种类。根据兴趣的内容,可以将兴趣分为物质兴趣(追求某种物质或者条件的兴趣)和精神兴趣(认识事物和现象的兴趣);根据兴趣的指向,可以分为直接兴趣(对活动过程本身的兴趣)和间接兴趣(对活动结果的兴趣);根据兴趣的社会价值,可以分为高尚兴趣(具有较高社会价值的兴趣)和庸俗兴趣(缺乏社会价值的兴趣)。

在扩展罪犯的兴趣方面,要更多地发展罪犯的精神兴趣、间接兴趣和高尚兴趣。通过发展这样的兴趣,引导罪犯从事更有益于社会和他人、更有利于自己的长远发展的活动,从而增强罪犯的建设性,减少罪犯的颓废性和破坏性。

3. 着重发展罪犯的某些有益兴趣

尽管在扩展罪犯的兴趣范围方面,可以做很多工作,可以引导罪犯对许多事物与活动产生兴趣。不过,根据监狱工作的实际情况,可以有重点地着重培养罪犯的某些有益兴趣,使他们在有限的时间和空间内,产生更有价值的个人兴趣。在这方面,陈士涵提出,要着重激发罪犯的四种兴趣:[①]

[①] 陈士涵:《人格改造论》(增补本,上册),学林出版社2012年版,第327—329页。

第一,激发和培养罪犯的学习兴趣。这是提高兴趣品质的基础。学习主要是指对文化科学知识的学习。

第二,在培养学习兴趣的基础上,激发和培养罪犯对文学艺术的兴趣。这是指阅读、欣赏、分析、评论文学艺术作品甚至进行文学艺术创作的兴趣。

第三,激发和培养罪犯对体育活动的兴趣。

第四,激发和培养罪犯对创造活动的兴趣。这是指在生活、劳动和学习中想出新方法、建立新理论、做出新成绩、有了新发现和产生新作品的兴趣。

同时,陈士涵也论述了发展罪犯兴趣、提高罪犯兴趣品质方面应当注意的问题:[1]

第一,提高罪犯兴趣的品质必须以罪犯的自愿为基础。

第二,提高罪犯兴趣的品质必须创造宽松自由的环境氛围。这是因为,兴趣是一种主动的、自由的心理状态,只有在宽松自由的环境氛围中才能产生。

第三,最重要的是,在提高罪犯的兴趣品质的过程中,必须使他们具有愉快的感情体验。从某种意义上讲,兴趣就是乐趣,兴趣的发展应当伴随着快乐。

上述见解很有价值,值得罪犯改造人员认真思考和努力实践。

不过,除了上述四种兴趣之外,还可以考虑发展罪犯的更多的兴趣,特别是下列兴趣:

(1)养殖兴趣。这是指罪犯喜欢并从事养殖活动的兴趣。应

---

[1] 陈士涵:《人格改造论》(增补本,上册),学林出版社2012年版,第329—330页。

当鼓励罪犯在监舍中、在监区或者其他适合的地方,进行适合的养殖活动。例如,可以让罪犯在监舍中养殖观赏性的金鱼、小鸟和其他小动物等;在监狱的适合区域中养殖鸡、鸭、鱼、猪、羊等可以食用的动物和其他具有经济价值的动物。这些养殖活动可以发挥多方面的积极功效,不仅可以陶冶罪犯的性情,安抚罪犯的心灵,消磨罪犯的业余时间,而且也可以产生其他方面的积极功效,例如,可以产生经济效益,有利于增强罪犯释放之后的就业技能。

(2)种植兴趣。这是指罪犯喜欢并从事种植活动的兴趣。应当鼓励罪犯在监舍中、在监区或者其他适合的地方,进行适合的种植活动。例如,可以让罪犯在监舍中种植观赏性的植物,像文竹、万年青、其他种类植物的小型盆景等。也可以安排罪犯在监狱中适合的地方从事园艺工作,培养他们在种植方面的兴趣。这些种植活动具有和养殖活动类似的积极功效。

(3)修理兴趣。这是指罪犯喜欢并从事修理活动的兴趣。应当鼓励罪犯在监舍中、在监区或者其他适合的地方,进行适合的修理活动。例如,可以让罪犯从事多种生活日用品、家用电器甚至生产设备等的修理活动。这类修理活动不仅可以满足罪犯的探究兴趣,向他们提供培养和应用兴趣的机会,满足罪犯的心理需要,而且也能够产生多种其他的积极功效,例如,为监狱创造经济效益,发展有利于释放后就业的技能等。

(4)演讲兴趣。这是指罪犯喜欢并从事演讲活动的兴趣。应当鼓励罪犯在适当的场合和时间中从事演讲活动,包括经常性地设定一些题目,组织罪犯进行演讲活动。这类活动不仅可以提高罪犯的学习兴趣、表达技能和人际沟通能力,而且有利于预防重新犯罪,因为这类活动可以发展罪犯的言语智力,从而可以有效避免罪犯利用身体武力解决问题、冲突和摆脱困境的可能性。

（5）表演兴趣。这是指罪犯喜欢并从事表演活动的兴趣。中国是一个音乐、舞蹈、戏曲、曲艺等文艺资源十分丰富的国家,各地区、各民族都有自己喜欢和在当地流行的文艺种类。中国有源远流长的音乐历史,有多种多样的音乐题材和种类繁多的音乐曲目。几乎所有的民族都有自己的舞蹈传统和喜欢的舞蹈活动。研究发现,经过800多年的不断丰富、革新与发展,在广袤的中国大地上,有300多个剧种在演出,古今剧目数以万计。曲艺是一种以说唱为主的艺术种类,中国曲艺曲种目前有400个左右。① 对于文艺活动的喜爱几乎不受男女性别、所在地域、文化程度等方面的限制,很多罪犯都有这方面的兴趣与爱好。因此,不仅要给罪犯提供观赏文艺活动的机会,而且要给他们提供亲自表演文艺活动的机会,发挥他们的文艺特长,培养他们的文艺兴趣,使他们在表演文艺活动的过程中性情得到熏陶、思想受到启发、行为发生转变,这样,就可以有效地促进罪犯的改造。

二、犯因性精神状态的改造

对于罪犯中存在的犯因性精神状态,可以通过下列方法进行改造或者处置。其中,目的在于缓解和解决罪犯的犯因性精神状态的一部分活动,可以纳入"罪犯心理矫治"或者"服刑人员心理矫治"的范围。罪犯心理矫治是指利用心理学原理和方法调整罪犯心理和行为并促使其发生积极变化的活动。这类活动的靶症状除

---

① 《中国大百科全书·光盘版》(1.2版,No.1),中国大百科全书出版社。

了犯因性精神状态之外,还应当包括罪犯在监狱服刑期间产生的异常心理现象。因此,对犯因性精神状态的改造,不仅具有预防重新犯罪的功能,还具有维护罪犯在监狱服刑期间的身心健康的功能。

(一) 心理健康教育

罪犯心理健康教育,[①]是指为了向罪犯普及心理健康知识而进行的教育活动。现代科学的研究表明,人的健康包括多方面的内容。1948年,世界卫生组织(World Health Organization,WHO)提出的健康概念认为:"健康乃是一种在躯体上、心理上和社会上的完满状态,而不仅仅是没有疾病和虚弱的状态。"[②]因此,健康起码包括躯体健康、心理健康和社会功能良好三个方面,是这三个方面的有机统一。罪犯是存在较多健康问题的人群之一。调查发现,罪犯中存在心理健康问题的人数比较多。根据上海周浦监狱1995年2月对200名罪犯的调查,发现在罪犯中存在下列心理健康问题:[③]

服刑期间有恐惧感的有44人,占被调查罪犯总数的22%;

有抑郁、孤独感的101人,占被调查罪犯总数的50.5%;

有焦虑感的84人,占被调查罪犯总数的42%;

---

① "心理健康"的英文名称是mental health,这个词又称为"心理卫生"(参见全国科学技术名词审定委员会公布:《心理学名词》,科学出版社2001年版,第73页)或者"精神卫生"。使用"心理卫生"或者"精神卫生"的名称,容易造成理解上的困难,现在将它统一为"心理健康",似乎是比较可取的。

② 转引自李心天主编:《医学心理学》,北京医科大学、中国协和医科大学联合出版社1998年版,第217页。

③ 上海市周浦监狱:《对罪犯开展心理健康教育的实践与体会》,《犯罪与改造研究》1996年第5期,第34页。

有多疑感的 36 人,占被调查罪犯总数的 18%;

有烦躁感的 102 人,占被调查罪犯总数的 51%;

有易怒冲动感的 74 人,占被调查罪犯总数的 37%;

自感与同犯关系难处的 25 人,占被调查罪犯总数的 12.5%;

有幻觉感的 34 人,占被调查罪犯总数的 17%。

因此,为了向罪犯普及心理健康常识,为了使罪犯了解必要的身心自我调节方法,也为了使罪犯了解监狱的心理矫治工作,知道发生心理问题后如何寻求帮助等信息,在监狱中很有必要开展心理健康教育。对罪犯普遍进行心理健康教育,应当是罪犯心理矫治活动的基础性工作之一,是罪犯心理矫治活动的必要环节。

章恩友认为,罪犯心理健康教育的内容主要包括下列方面:[1]

(1)心理健康基本知识教育。

(2)认知模式教育。主要是让罪犯了解认知的概念及其与心理健康的关系,了解常见的各种不良认知模式的表现及其危害,理解并掌握克服认知障碍的方法,培养正确的认知模式和思维模式。

(3)积极情感教育。主要是让罪犯理解和掌握必要的疏导和消除不良情感体验的原理和方法。

(4)意志力和生活方式优化教育。主要是增强罪犯的意志对心理行为的调控作用,帮助罪犯建立良好的生活方式。

(5)人格健全教育。主要是帮助罪犯学习和掌握科学的消除不健全人格和培养健全人格的方法。

(6)自我意识教育。主要是帮助罪犯理解自我意识的重要作

---

[1] 章恩友:《罪犯心理矫治基本原理》,群众出版社 2004 年版,第 131—133 页。

用,掌握必要的建立和完善自我意识的方法。

(7)人际和谐教育。主要是帮助罪犯掌握建立良好人际关系的常识和技巧。

(8)不同服刑阶段罪犯的心理健康问题教育。

(9)针对特殊类型罪犯的心理健康教育问题。

(10)心理测验、心理咨询与心理治疗知识教育。

一些作者的研究表明,对罪犯开展心理健康教育,起码可以起到下列作用:(1)积极干预心理危机;(2)主动排解心理障碍;(3)及时调节心理波动;(4)适当满足心理需要;(5)疏导缓解心理紧张;(6)理解支持心理呼唤;(7)抚慰医治心理创伤;(8)启发促进心理成熟;(9)沟通建立心理关系;(10)重塑培养心理健康。[①]

由此可见,对罪犯开展的心理健康教育,在维护罪犯身心健康、开展心理矫治、加强监管安全和促进罪犯改造、预防重新犯罪等方面,都具有重要的意义。

(二)心理咨询

心理咨询就是应用心理学方法对罪犯提供解释、启发和指导等帮助的活动。从罪犯心理矫治活动的整体来看,罪犯心理咨询具有一些显著的特点。

第一,咨询活动的简单性。心理咨询活动主要通过谈话的方式进行,一般来说,不需要借助特殊的技术,也不需要专门仪器设备等。

第二,实际应用的广泛性。在罪犯心理矫治中,使用得最广泛

[①] 李成、刘居祥、张安民主编:《罪犯心理矫治专论》,中国文联出版社2001年版,第41页。

的心理矫治技术可能就是心理咨询,而且,心理咨询可以帮助罪犯解决很多方面的问题。

第三,对使用者的要求较低。尽管进行高水平的心理咨询需要很高的专业素质和技能,但是,在一般情况下,心理咨询员的专业素质和技能都是较低的;心理咨询员是罪犯心理矫治人员中业务素质较低的一类人群,他们不一定掌握非常复杂的专门技术。对使用者的低要求性,也是心理咨询得到广泛使用的重要原因之一。

第四,咨询对象的常态性。一般来说,心理咨询的对象,大多是被某些社会、心理因素所困扰的正常人,真正患有精神疾病的人很少,因此,不宜把心理咨询的对象称之为"病人""患者"等。

罪犯心理咨询所要解决的问题包括很多方面。在我国监狱中,对罪犯的心理咨询主要涉及下列问题:

(1) 监狱适应问题。对于在监狱中服刑的罪犯来说,顺利适应监狱生活是十分重要的。监狱适应不良,会引起很多问题,包括产生消极情绪、身心疾病、抑郁绝望、自伤自杀、逃跑行为、暴力行为等,它们严重妨碍罪犯在监狱中服刑改造。因此,需要通过心理咨询,帮助罪犯解决监狱适应方面的很多问题。

(2) 人际关系问题。从犯罪心理学的研究来看,交往问题是诱发犯罪行为的重要因素。对于很多罪犯来说,在监狱中也存在着交往及人际关系方面的问题,需要通过咨询提供帮助。

(3) 情绪问题。在监狱中服刑的罪犯,由于不断遭受挫折等因素的影响,会遇到很多情绪方面的问题,需要通过咨询活动,缓解和解决这类情绪问题。

(4) 家庭问题。罪犯与家庭的关系,对于他们的服刑生活影响极大,这方面的问题是罪犯心理咨询的热点之一。

（5）思维问题。一些罪犯存在着思维方面的问题,这些问题既是他们犯罪的重要因素,也是妨碍他们顺利适应监狱生活的重要问题,需要在心理咨询中帮助解决。

（6）性问题。在监狱中服刑的罪犯,普遍处于两性隔离的状态之中,面临着大量的性问题,需要在心理咨询中帮助解决这些问题。

（7）回归问题。在监狱中服刑的绝大多数罪犯,最终都要回归到社会上。如何顺利回归社会,是许多罪犯面临的重要问题,应当在心理咨询中提供相应的指导和帮助。

（8）多种类型的轻微心理障碍。包括一些神经症、人格障碍和其他心理障碍。

常用的心理咨询方法包括门诊咨询、电话咨询、团体咨询、专栏咨询和书信咨询等。

（三）心理治疗

罪犯心理治疗是指利用心理学等学科的理论和技术消除罪犯的异常心理和不良行为习惯的治疗方法与活动。

罪犯心理治疗是一般的心理治疗(psychotherapy)在监狱领域中的应用。一般的心理治疗方法比较多,但是,只有其中的一部分已经应用于对罪犯的矫正活动中。同时,在国内外矫治罪犯的过程中,也创造了若干心理学的矫治方法,例如,通常所说的现实疗法,就属于这样的方法。

罪犯心理治疗的主要方法,就是心理学的方法和技术,包括言语面谈、行为训练等。这是心理治疗与躯体治疗或者药物治疗的主要区别。当然,对于有医师资格的罪犯改造人员来说,也可以斟酌使用一些药物辅助心理治疗。但是,心理治疗的主要方法是心理学方法,具体包括分析性治疗技术、认知性治疗技术、支持性治疗技术、行为性治疗技术、人际性治疗技术和其他治疗技术。其中,行为性治疗技术的内容,可以参见本书第十一章的论述。

罪犯心理治疗与罪犯心理咨询往往是很难区别的。它们之间有很多相似之处,在心理咨询过程中,咨询员对来访罪犯的分析、指导等活动,本身就具有心理治疗的作用;而在心理治疗之前,矫治人员对罪犯的事前调查、了解、说明等,就具有心理咨询的性质。因此,从一定意义上可以说,心理咨询是一种有效的心理治疗,而心理治疗又是心理咨询中不可缺少的手段,当在心理咨询中发现了比较严重的心理问题时,就需要通过心理治疗才能解决。

如果要说心理咨询与心理治疗之间的区别的话,可以说,心理咨询所要解决的问题比较轻微,但却比较广泛,其对象主要是心理正常的人,对于咨询员的资格要求也比较低;心理治疗所要解决的问题比较严重,很多属于精神疾病的范围,其对象主要是有心理疾病的人,对于矫治人员的资格要求也比较高。医学心理学中关于医学心理咨询与心理治疗之间区别的论述(参见表格10-2),有助于理解罪犯心理咨询与罪犯心理治疗之间的关系。

罪犯心理治疗的主要目的,是解决罪犯所面对的心理困难,减少焦虑、忧郁、恐慌等精神症状,改善罪犯的适应不良行为,包括对人对事的看法、人际关系等,并促进人格成熟,使罪犯能够学会用比较恰当的方法处理心理问题和适应社会生活。

表格10－2：医学心理咨询与心理治疗之间的区别[1]

	医学心理咨询	心理治疗
对象	正常人、病人、病人家属	病人
参与态度	咨询对象主动参与，与咨询者共同商量，设法解决问题	以医生的主动为主，病人也要积极参与（人本主义心理治疗例外）
内容	心理卫生、心理疾病、身心疾病、社会支持等	心理疾病和身心疾病
方法	多层次干预	以某派学说为指导，着重在治疗疾病，也可以综合采用各派心理治疗方法

（四）转诊治疗

转诊治疗是指在出现监狱中的罪犯心理矫治人员难以解决的精神问题时，将罪犯转送到专门的精神病院进行治疗的活动。

尽管这些年来中国监狱中的罪犯心理矫治工作有了很大的发展，罪犯改造人员应对和处理罪犯精神异常现象的能力有了很大提高，但是，监狱毕竟不是医院，不可能解决罪犯中所有的心理障碍或者精神疾病，特别是不能解决严重的心理障碍或者重性精神病。因此，罪犯心理矫治工作的对象，主要是心理基本健康的罪犯；罪犯心理矫治的适应症应该主要是罪犯中的一般心理问题和一些比较轻微的心理障碍。对于那些患有严重精神疾病的罪犯，应当送到专门的监狱医院、医疗监狱或者精神病院中的特别病房

---

[1] 参见李心天主编：《医学心理学》，北京医科大学、中国协和医科大学联合出版社1998年版，第620页。

或病区中监护和治疗。这样做不仅是恰当的,也是符合法律规定的。[①]

三、犯因性能力因素的改造

对于犯因性能力因素的改造,应当重视下列方面:

(一) 开展能力缺陷与犯罪关系的教育

根据犯罪学、犯罪心理学等学科的研究,个人的能力缺陷是重要的犯因性因素,对于犯罪行为的产生,起着促进和助长作用。因此,要教育罪犯认识个人的能力缺陷与犯罪之间的关系,从而使他们认识到克服能力缺陷在帮助个人过守法生活、预防重新犯罪方面的价值和作用,产生积极改善自己的能力缺陷的愿望和行动,为进一步的能力训练创造条件。

(二) 进行学习能力训练

在克服罪犯的能力缺陷的过程中,对罪犯进行学习能力方面的训练,提高罪犯的学习能力,具有至关重要的作用。可以说,学习能力是很多其他能力发展的重要基础。这是因为,人的能力根据其发展过程的不同,可以分为两类:(1)液态能力。这是指人在认识事物和解决问题的过程中表现出来的基本认知能力。这类能力主要取决于个人的先天素质,较少受知识的影响,而且,这类能力在个人成长的早期发展较快,成年以后开始减退。(2)晶态能力。这是指获得语言和数学知识的能力。这类能力主要取决于后

[①] 参见吴宗宪主编:《中国罪犯心理矫治》,法律出版社2004年版,第6—7页。

天的学习,而且在人的一生的成长过程中一直发展,到25岁以后发展的速度有所减缓。因此,要通过多方面的、有效率的学习活动,提高罪犯的学习能力,使罪犯能够更好地学习知识和技能,这可以有效地促进他们的晶态能力的发展。

(三)重视针对性训练

罪犯中存在的能力缺陷,有明显的个别差异。这意味着,不同的罪犯存在的能力缺陷是有差别的。这就要求对于罪犯中存在的不同的能力缺陷,要进行个别化的、针对性的训练,只有这样,才能提高罪犯的有关能力,减少他们的能力缺陷。同时,针对性训练也意味着,要对不同的能力缺陷,进行不同的训练。对于自我调节能力、事先思考能力、自我反省能力、替代性反应能力、象征化能力、社会适应能力等的训练,应当是有区别的。

陈士涵认为,罪犯能力的发展,应当是指罪犯的各种能力都得到发展,特别是学习能力、环境适应能力和爱的能力得到发展。[1]这种观点很有启发性,值得重视。

此外,上文中论述的对于犯因性技能因素的改造,也有助于改善罪犯的能力缺陷。

---

[1]　陈士涵:《人格改造论》(下卷),学林出版社2001年版,第620页。

第十一章　犯因性行为因素与改造

对于犯因性行为因素,特别是不良行为习惯和不当生活方式的改造,可以使用行为矫正技术进行。同时,行为矫正技术不仅可以用于改造犯因性行为因素,而且还可以用来解决犯因性互动因素和犯因性精神状态方面的很多问题。因此,行为矫正技术的使用范围较广。所谓行为矫正技术,是指主要强调改变罪犯适应不良行为的一类心理矫治技术。这类技术的核心内容,是改变或者消除罪犯目前存在的适应不良行为。这类技术的基本原理,是基于条件反射作用和社会学习理论的强化技术,包括正强化和负强化。具体使用这类技术的矫正方法,就是通常所说的"行为矫正"或者"行为治疗""行为疗法"。一般而言,在使用这类技术时,通常不强调了解罪犯的过去,也不追究适应不良行为的来源,而主要关注目前存在的适应不良行为。本章论述行为矫正技术的主要内容,包括基本原理、主要技术以及对罪犯的应用。

第一节　行为矫正概述

一、行为矫正的概念

(一) 行为与行为矫正的概念

本书所说的"行为"(behavior),是就人类行为(human

behavior)而言,它通常是指人们在主客观因素的影响下产生的外部活动。在一般情况下,行为主要是指有意识的行为。不过,在特殊情况下,也指无意识的行为。

行为矫正(behavior modification)又称为"行为疗法"(behavior therapy)或者"行为治疗",是指根据条件反射作用和社会学习理论改变适应不良行为的一类心理治疗方法和技术。

在心理学文献中,一般认为"行为矫正"是"行为治疗"和"行为疗法"的同义词。有人认为,"行为矫正又称行为改变或行为治疗。"[1]也有人认为,行为矫正亦称"行为疗法"或者"行为改变"。[2]一般而言,精神病学家、精神科医生和其他从事心理治疗临床工作的人员,似乎更多地使用"行为治疗"和"行为疗法"这样的术语,因为在他们看来,这类的活动属于"治疗"的范围。相对而言,心理学家和其他有关人员似乎更多地倾向于使用"行为矫正"一词,在他们看来,重要的是利用有关技术解决行为问题,而不太关注这类活动是否属于"治疗"。

根据美国学者雷蒙·米尔腾伯格(Raymond G. Miltenberger)的论述,行为矫正或者行为治疗具有下列特点:[3]

1. 行为矫正的对象是人的不良行为,而非其特点或显著特征

行为矫正所要改变的行为,称之为"目标行为",这样的行为大体上可以分为两类:一类是行为过度,即希望在频率、持续时间或者强度方面有所减少从而使人愉快或者符合需要的行为;另一类

---

[1] 朱智贤主编:《心理学大词典》,北京师范大学出版社1989年版,第787页。
[2] 林崇德、杨治良、黄希庭主编:《心理学大辞典》(下册),上海教育出版社2003年版,第1442页。
[3] 参见〔美〕雷蒙·米尔腾伯格:《行为矫正——原理与方法》(第三版),石林等译,中国轻工业出版社2004年版,第4—6页。

是行为不足,即希望在频率、持续时间或者强度方面有所增加从而使人愉快或者符合需要的行为。

2. 所使用的程序和方法以行为科学原理为基础

在行为矫正中使用的程序和方法,是以过去多年间对人类行为的大量科学研究为基础的。

3. 强调当前环境事件的重要性

人类行为是由其所处的环境中的各种事件控制的,因此,行为矫正的目的就是识别、评估和改变这些事件,从而对行为进行矫正。成功的行为矫正程序,能够改变行为和环境中的控制变量之间的相互关系,从而会产生所希望得到的行为改变。

4. 对行为矫正程序进行精确的描述

在进行行为矫正的过程中,要对与目标行为有关系的种种环境事件进行改变。为了使行为矫正程序在每次实施时产生效果,必须对行为矫正程序和方法进行精确的描述,以便恰当地使用这些程序和方法。

5. 通常由日常生活中的人们实施

尽管行为矫正程序是由受到过行为矫正方面专门训练的专业人员及其辅助人员发展起来的,但是,对这类行为矫正程序的使用,经常是由教师、家长、工作主管或者其他人进行的。这一特点为监狱领域中的心理矫治人员[①]和其他监狱警察使用行为性心理治疗技术,提供了重要的理论基础。当然,对行为矫正程序的精确

---

① 为了保证行为治疗的效果,这类方法最好由具有专业知识、技能和经验的罪犯改造人员使用,这类活动也最好由具有专业知识、技能和经验的专业人员进行。因此,可以将具备更高专业素质的这类罪犯改造人员中具备专门的心理学知识和技能、获得从事心理矫治工作资格的人员,称为"心理矫治人员"。由专门的心理矫治人员开展的罪犯改造活动,可以称为"罪犯心理矫治"。

描述,可以为普通人恰当使用这类程序提供很好的指导。

6. 强调对行为改变的测量

行为矫正的一个重要特点,就是强调在进行干预活动前后对目标行为的测量,以便记录下行为矫正程序的实施所引起的目标行为的改变。同时,也重视对正在进行的程序进行评估,以便确定这种行为改变是否能够继续下去。

7. 不再将过去的事件作为引发行为的原因加以重视

行为矫正将重点放在影响适应不良行为的当前环境事件上,认为改变这类事件才是有用的,而不是把重点放在对过去事件的追究上。这是行为矫正方法与其他一些方法,例如,精神分析法等的重大区别。

8. 拒绝对行为的潜在动因进行假设

一些心理治疗方法对人类行为的潜在动因提出了某些假设,例如,精神分析方法用恋母情结等解释某些行为的原因。但是,行为矫正不使用这样的假设,因为这类假设既不可能被证实,也不可能被测量或者加以操作。

不过,也应当看到,一些研究者认为,行为治疗或者行为疗法与行为矫正等概念是有区别的。例如,加里·马丁(Garry Martin)等人认为,"行为矫正"和"行为疗法"这两个术语在当前许多著作中往往交替使用,然而,"行为矫正"具有某些更广泛的含义。[①]

(二)行为矫正的适应症

对于行为矫正的适应症,也就是可以用行为矫正方法解决的

[①] 〔加〕G. 马丁、J. 皮尔:《行为矫正——有效的心理疗法》,林殷沪等译,科学出版社1991年版,第6页。

问题,人们已经进行了很多的研究。一般认为,行为矫正或者行为治疗常用于对精神科和内科等心理问题的干预处理。有人根据20世纪80年代中期100多篇英文文献的资料,发现用行为治疗方法处理的临床问题和疾病很多(具体内容参见表格11－1)。

表格11－1:用行为治疗处理的临床问题和疾病一览表(1986年)①

行为问题和疾病	文献数量	行为问题和疾病	文献数量
恐怖症	28	婚姻矛盾	3
抑郁症	12	性欲倒错	3
进食障碍	12	性功能障碍	3
精神发育迟滞	9	精神病康复	3
疼痛	8	睡眠障碍	3
大麻依赖	8	头痛	2
惊恐发作	8	癌症	2
焦虑症	7	血管性疾病	2
儿童行为问题	7	药物依赖	1
强迫症	6	癔症(转换性)	1
社交回避	6	抽动症	1
创伤后应激障碍	5	异食癖	1
儿童孤独症	5	糖尿病	1
酒精中毒	4	疱疹	1
言语障碍	4	耳鸣	1
遗尿、大便失禁	4		

尽管文献中报道的行为矫正适应症很多,但是,行为矫正对不同的疾病或者行为问题的疗效是不同的。对于某些疾病或者行为问题的疗效可能较好,而对于另一些疾病或者行为问题的效果可

---

① 李心天主编:《医学心理学》,北京医科大学、中国协和医科大学联合出版社1998年版,第820页。

能不尽如人意(具体情况参见表格11-2)。在对罪犯选择使用行为矫正技术时,心理矫治人员应当考虑行为治疗对于不同适应症的效果差别,用行为矫正方法处理最有可能产生疗效的行为问题。

表格11-2:行为治疗对常见疾病的疗效比较①

疗效	适 应 症
疗效肯定	焦虑障碍(广场恐怖症、单纯恐怖症和强迫症);精神分裂症;心身障碍(高血压、雷诺氏综合征、慢性疼痛和失眠);性功能障碍;进食障碍(肥胖症和贪食);品行障碍;注意缺陷多动障碍;孤独症和精神发育迟滞
基本有效	心境障碍(重症非精神病性抑郁和心境恶劣);心身障碍(头痛、胃肠道疾病);同性恋;遗传性精神障碍;神经性厌食
可能有效	焦虑障碍(惊恐障碍、广泛性焦虑、社交恐怖和创伤后应激障碍);躯体形式障碍;哮喘;性心理障碍(性别认同障碍和性欲倒错);儿童抑郁症
无效	双相或者精神病性抑郁;分离性障碍

二、行为矫正的基本假设

人们已经概括出了行为矫正的一些基本假设,用来直接指导行为矫正活动的进行。不管人们采用什么具体的行为矫正方法和技术,都应该遵循这些基本假设。不过,不同的研究者所概括出的行为矫正或者行为治疗的基本假设是不同的。例如,我国台湾的

---

① 李心天主编:《医学心理学》,北京医科大学、中国协和医科大学联合出版社1998年版,第821页。

心理学研究者魏丽敏、黄德祥认为,行为治疗应当遵循下列基本假设:①

(1)人性本质上是非善、非恶的,个人有可能表现出各种各样的行为。

(2)人能够对自己的行为加以概念化和控制。

(3)人有能力获得或学习新的行为。

(4)人可以自己影响自己的行为,也可以影响别人的行为,还可以受到别人行为的影响。

(5)人的行为是学习获得的,行为的宿命论或者历史决定论是不能成立的。

(6)人类的行为是复杂的,但是,几乎所有的行为都是以相同的原理学习而来的。

(7)行为可以经过反学习(unlearned)②的过程加以改变,个人的行为并不是持久不变的,但是,行为的改变需要时间与情境的配合。

(8)不良的行为是经过学习获得的,也可以应用学习原理加以调整或者改变。

(9)行为是在环境中学习获得的,也是个人对环境中的刺激的反应。

(10)人的行为方式有其一致性,并且受个人目标与社会要求的引导。

---

① 参见魏丽敏、黄德祥:《咨商理论与技术》,台北五南图书出版公司1997年版,第318—319页。

② 反学习(unlearned)这个术语也可以翻译为"不学习"。

其他一些心理学研究者则概括出了行为矫正的其他假设。例如,我国心理学研究者季建林认为,行为治疗的主要假设如下:①

(1) 异常行为即使是生物源性或者躯体疾病所造成的,也可以通过对病人及其环境的相互作用干预来改善。

(2) 学习原则对于正常或者异常行为的作用是相同的,因此,可用于治疗性获益(therapeutic gain)。

(3) 行为评估更注重于目前对行为的影响因素,而不是对既往可能的诱因作详细分析。换言之,就是强调此时此地。

(4) 特异性是行为评估和治疗的基本特点,因此,对病人的最好了解是他们在某种境遇下的所作所为,而不是他们的诉说。

(5) 应当根据病人的不同需要、不同情况和不同特点,对不同的病人采取不同的治疗策略。

(6) 直观性行为和人际行为比认知和情感水平的行为更容易改变。因此,治疗的最初目标常为外显行为,而对认知和情感的改变,应当放在以后的治疗计划中。

(7) 治疗性干预可能会产生一些未曾预料到的副作用。虽然这些副作用并不会对症状的缓解产生不利影响,但是,往往会对治疗效果产生影响,甚至会导致病情反复。因此,要关注治疗过程中产生的副作用。

(8) 行为治疗反映了应用科学技术对临床问题的处理。因此,新技术的发展会促进行为治疗的发展。例如,新技术的不断发展带来了方法和结果的可测量性和可重复性。同时,行为治疗依

---

① 李心天主编:《医学心理学》,北京医科大学、中国协和医科大学联合出版社1998年版,第812页。

赖于对治疗方法的实验性评价。

（9）行为治疗注重行为的各个方面,情感、认知、想象以及行为的生物学成分（例如,心率、肌肉紧张）都是适宜干预的目标。

从上述论述中,可以认识行为矫正或者行为治疗的基本原理和强调重点。对于心理矫治人员来说,他们对罪犯进行的行为矫正,其基本原理与一般行为矫正或者行为治疗是相同的。因此,心理矫治人员应当认真掌握这些基本假设的内容,在罪犯心理矫治实践中,恰当地应用这些基本假设所包含的内容。

三、行为矫正的基本步骤

在罪犯心理矫治过程中,如果心理矫治人员准备应用行为矫正或者行为治疗方法矫治罪犯的适应不良行为,应该考虑按照下列基本步骤进行：

（一）行为分析

行为分析是指了解和分析罪犯的行为表现从而发现需要矫正的适应不良行为的过程。在这个过程中,要根据国家法律的规定、监狱工作的目标以及身心健康的标准等,分析罪犯中存在的适应不良行为,确定需要通过行为矫正活动加以矫正的"目标行为"或者"靶行为",确定行为矫正的具体对象或者目标。

行为分析实际上是一个全面评估和作出诊断的过程。在进行行为分析的过程中,要重视下列工作：

（1）要多方面收集信息,深入地了解罪犯的情况。

（2）要准确判断所存在的适应不良行为及其程度,为进一步的行为矫正活动奠定必要的基础。

（3）要分析适应不良行为的相关因素。这是因为，对于适应不良行为的矫正，在很大程度上要通过改变相关因素的方法进行。只有明确了罪犯适应不良行为的相关因素，才能有针对性地开展行为矫正。

（4）要分析适应不良行为的后果，包括这类行为对罪犯心理、生理状况和行为表现等的影响。

（5）在全面分析的基础上，要对罪犯存在的适应不良行为作出准确的诊断。

（6）对于行为分析和诊断的具体结果，要有明确的记录，以便为制订行为矫正计划提供依据，也为评估行为矫正效果提供参照标准。

（二）解释说明

对监狱内罪犯的行为矫正，既有与一般的行为矫正相似之处，也有不同之处。相似之处在于，对于罪犯使用的许多行为矫正方法，是从一般的行为矫正方法中移植或者借鉴过来的；所遵循的基本假设等也是类似的。

不同之处在于，罪犯具有独特的法律地位。他们的很多法律权利被剥夺或者受到限制，可以利用的社会资源有限，能够表达自己意愿的机会也很有限，很多罪犯难以或者不敢表达自己对某些事情的真实看法。作为一名罪犯，他们处在没有行动自由、必须接受监管的状态之中，客观上具有一种易受侵害性。因此，在对罪犯进行行为矫正时，要持特别谨慎的态度；对于他们的法律权利，要给予特别的保护。这样的措施之一，就是在对罪犯进行行为矫正前，要仔细解释行为矫正的基本内容与程序、可能获得的益处和可能产生的副作用等。在罪犯对行为矫正有了明确的了解之后，征求罪犯的意见,询问他们是否愿意参加这样的矫治活动,得到他们的"知情后同意"(informed consent)。

通过解释说明并得到罪犯的"知情后同意",应当是罪犯行为矫正中的一项重要的程序。这项程序的重要意义在于:

第一,体现了对罪犯的尊重。目前,在中国的监狱系统中,实行准军事化的管理制度,在监狱的日常生活中,罪犯往往处于被动服从的境地,几乎所有的行为都要受别人的指挥和控制,他们很难表达自己的意愿。在这种情况下,罪犯的人格、愿望等往往得不到尊重。与监狱的日常管理活动不同,在心理矫治活动中,心理矫治人员与前来求助的罪犯之间地位是平等的,在心理矫治活动中,不存在罪犯必须服从心理矫治人员的问题。因此,作为地位平等的双方,心理矫治人员和罪犯要相互尊重,而心理矫治人员在开展行为矫正之前获得罪犯的知情后同意,就较好地体现了这种精神,体现了对罪犯的尊重。

第二,有助于增强行为矫正的效果。获得罪犯的知情后同意,也有利于罪犯更好地了解行为矫正活动及其相关信息,这种了解有利于他们更好地配合心理矫治人员开展相应的治疗活动。因此,这种了解和态度,可以有效地增进行为矫正的效果。

第三,可以避免以后可能会产生的消极后果。从国外罪犯心理矫治的实践来看,已经产生了一些犯人起诉心理治疗人员在心理治疗活动中侵犯其权利的案件,特别是在使用厌恶疗法时,引起了这样的诉讼。[①] 因此,为了避免在我国的罪犯心理矫治过程中出

[①] 参见吴宗宪:《国外罪犯心理矫治》,中国轻工业出版社2004年版,第227—228页。

现类似的问题,也应当重视获得罪犯的知情后同意。实际上,在一些国家监狱系统中,犯人的知情后同意有丰富的内容,[①]我们应当重视了解这些方面的内容,丰富和完善我国罪犯心理矫治的程序。

(三) 制订计划

在获得罪犯的知情后同意的情况下,心理矫治人员要根据行为分析的结果,制订具体的行为矫正计划。在行为矫正计划中,要着重说明六方面的情况。

(1) 罪犯存在的适应不良行为。包括这类行为的表现形式、出现频率、造成的后果等。

(2) 罪犯具有的相关条件。包括有利于进行行为矫正的主客观条件和可能妨碍行为矫正的各种条件。

(3) 行为矫正的具体目标。也就是对行为矫正可能达到的预期效果的描述。

(4) 行为矫正方法。说明根据对罪犯的适应不良行为以及相关条件的分析,准备选择什么样的具体技术达到行为矫正的具体目标,行为矫正的时间、地点和行为矫正人员等。

(5) 行为矫正的时间。要对行为矫正活动的具体开展时间和整个行为矫正活动的持续时间等,作出预计和说明。

(6) 行为矫正的人员。要对究竟由哪些人员开展行为矫正活动以及他们之间的关系作出说明。一般而言,行为矫正活动的指

---

① 参见吴宗宪:《国外罪犯心理矫治》,中国轻工业出版社2004年版,第39—40页。

导者和主要人员应当是专门的心理矫治人员,但是,他们也可以请相关的其他人员参与罪犯行为矫正工作,协助开展有关的行为矫正活动。

（四）行为矫治

在制订好详尽的行为矫正计划之后,就应当适时开始行为矫正活动,将已经制订的行为矫正计划付诸实施。

在进行行为矫治活动的过程中,既要注意按照行为矫正计划开展活动,又要注意是否出现了与行为矫正计划中的描述不相吻合的新情况。如果新出现的情况与行为矫正计划严重不符,或者出现其他严重影响实施行为矫正计划的情况时,应当考虑及时调整行为矫正计划的内容。

（五）效果评估

行为矫正活动的最后一项步骤,就是要对行为矫正活动的效果进行评估,检查行为矫正活动是否达到了预期目标。

效果评估的过程,实际上也是一个总结行为矫正活动成败得失的过程。这个过程不仅对某一个具体的罪犯有价值,而且也对提高整个行为矫正活动的水平有价值。具体讲,对于某一个特定的罪犯来说,效果评估会影响后续的矫治活动:如果效果评估结果良好,就及时结束行为矫正活动;如果效果评估结果不好,就要改进矫治方法与活动,进一步开展新的行为矫正活动。对于整个行为矫正活动来说,总结成败得失可以积累经验,避免在以后的行为矫正活动中再犯类似的错误,这样就可以促进整个行为矫正活动的水平。

第二节　正强化技术

一、概述

（一）正强化的概念

所谓"正强化"（positive reinforcement），通俗地讲，就是"奖励"或者"奖赏"，从心理学方面来看，它是指能够增加某种行为反应的出现频率的活动。能够增加某种行为反应的出现频率的刺激，称之为"正强化物"（positive reinforcer）或者"正性刺激"（positive stimulus）。

正强化是最常用的行为矫正技术之一，也是副作用较小的行为矫正技术之一，在罪犯心理矫治过程中有广阔的应用前景。在对罪犯使用正强化技术时，最值得重视的内容之一，就是对正强化物的恰当选择和有效使用。因此，在论述正强化技术的其他内容之前，首先应当论述可以应用于罪犯的正强化物。

在目前的情况下，中国监狱环境中可以使用的正强化物大体上可以分为下列种类：

1. 考核分数

目前，中国监狱中普遍使用百分考核制度。国家司法部在总结各地经验的基础上，曾于1990年8月31日发布了《司法部关于计分考核奖惩罪犯的规定》，对这一制度做了简要的规定；2016年7月22日又印发了《关于计分考核罪犯的规定》。根据这一制度，罪犯日常生活的各个方面都纳入考核的范围，定期进行考核，并且根据考核的结果给罪犯一定的分数；分数达到一定标准时，罪犯可以获得相应的奖励,其中包括减刑、假释等。因此,考核分数是对罪犯最具有激励作用的刺激之一。如果在使用正强化技术的过程中,能够增加罪犯的考核分数,那么,就可以对罪犯产生很大的激励作用。

不过,目前还没有在心理矫治过程中给罪犯增加考核分数的成熟做法。在很多情况下,心理矫治人员无权单独给参与心理矫治活动的罪犯增加考核分数。因此,需要在这方面进行更多的研究,探讨心理矫治活动中如何使用考核分数激励罪犯,从而增加心理矫治活动成效的恰当方法。

2. 表扬

我国《监狱法》规定,可以根据罪犯的良好行为表现,对正在服刑的罪犯予以表扬。表扬可以分为多种类型,包括口头表扬、书面表扬、班组表扬、监狱表扬等。心理矫治人员在使用行为矫正技术的过程中,可以大量利用表扬这种正强化物,鼓励和激励罪犯的良好表现。实际上,表扬可能是心理矫治人员最有可能使用的一种正强化物,因为这种正强化物的使用不必经过复杂的行政程序,心理矫治人员自己就可以决定使用一些形式的表扬。

3. 物质奖励

物质奖励也是我国《监狱法》规定的奖励措施之一,可以在罪犯心理矫治过程中用来充当正强化物。不过,在目前条件下,心理矫治人员可以决定和使用的物质奖励,是很有限的。在罪犯心理矫治的未来发展中,应当探讨这方面的问题,确立在心理矫治过程中可以实行的物质奖励制度。

4. 记功

记功也是我国《监狱法》规定的奖励措施之一,可以在罪犯心理矫治过程中用来充当正强化物。不过,与物质奖励相类似,在目前条件下,还缺乏在心理矫治中使用记功奖励的制度,这是需要在未来的发展中加以探讨的内容。

5. 离监探亲和特许离监

我国《监狱法》第57条第2款规定了离监探亲的奖励措施,"被判处有期徒刑的罪犯有前款所列情形之一,执行原判刑期1/2以上,在服刑期间一贯表现好,离开监狱不致再危害社会的,监狱可以根据情况准其离监探亲。"2001年9月4日,司法部又发布了关于印刷《罪犯离监探亲和特许离监规定》的通知,对离监探亲和特许离监的具体条件作了规定。应当探讨在心理矫治过程中把离监探亲和特许离监作为正强化物使用的可能性,用它们激励和强化罪犯的良好行为表现。

6. 其他正强化物

根据一些外国学者的看法,强化物大体上可以分为五类:[1]

(1) 消费型强化物(consumable reinforcer),包括各种食物、饮料等;

(2) 活动型强化物(activity reinforcer),包括有机会看电视、看画册、到户外活动等;

(3) 操作型强化物(manipulative reinforcer),包括有机会操作自己喜爱的玩具、进行绘画等;

(4) 占有型强化物(possessional reinforcer),包括拥有自己喜爱的某些物品、衣物等,甚至暂时拥有这些物品也具有强化作用;

---

[1] Gary Martin & Joseph Pear, *Behavior Modification: What It Is and How to Do It*, 7th ed. (Upper Saddle River, NJ: Prentice-Hall, 2003), pp. 35-36.

(5) 社会型强化物(social reinforcer),包括得到赞扬、点头、微笑,甚至注视以及身体接触等。

在监狱环境中,上述五类强化物基本上都可以使用。心理矫治人员可以根据不同情况,有选择性地使用这些强化物,鼓励罪犯的良好行为表现。

(二) 正强化的基本步骤

一般来讲,正强化应当按照下列步骤进行:

1. 选择不良行为

在利用正强化技术矫正罪犯的时候,首先应当通过观察、面谈等方式,确定罪犯存在的、需要加以矫正的不良行为或者适应不良行为,了解这些行为的不同表现形式和出现频率等,把这类行为作为心理矫治活动的针对目标。

2. 确定矫治顺序

在明确罪犯存在的不良行为之后,接着要分析这些行为可能产生的不利后果,包括对于监狱管理活动和罪犯本人的不利后果,并且根据引发不利后果的可能性和不利后果的严重程度等因素,确定通过强化方法加以矫正的优先性顺序,把那些最有可能引发最严重不利后果的行为,作为优先加以矫治的目标。

3. 设计适宜行为

在上述程序之后,就要根据监狱改造罪犯的目标,设计新的、可以取代不良行为的适宜行为。这类行为就是心理矫治人员希望罪犯进行的符合社会需要的行为,它们也是需要通过正强化技术加以鼓励和增加的行为。使用正强化技术的目的,就是要引导这类行为的发生,增加这类行为发生的频率。

4. 恰当实施强化

在上述程序之后,就要选择适合监狱条件和罪犯自身条件的正强化技术,利用这些正强化技术促使罪犯更多地进行适宜行为,并且努力将适宜行为在罪犯身上固定下来,使罪犯形成进行适宜行为的习惯。

(三) 正强化效果的影响因素

在使用正强化技术矫治罪犯的过程中,要细致考虑可能影响正强化效果的因素,设法增强正强化技术的积极效果。

影响正强化效果的因素主要有下列方面:

1. 恰当选择适宜行为

适宜行为是需要通过正强化技术增加的行为。在使用正强化技术时,心理矫治人员要认真地根据《监狱法》规定的监狱工作的任务和罪犯适应社会生活的需要,仔细选择需要增加的适宜行为,从而确立强化方向和具体目标。

为了增强正强化技术的效果,所确立的适宜行为应当是具体的,而不是抽象的。否则,就缺乏可操作性。同时,也要避免仅仅为了一些管理方面的需要而促使罪犯进行一些价值不大的行为的倾向。例如,不能过分地利用正强化技术促使罪犯进行一些纯粹是仪式性的动作,包括讲话时起立、看到别人进入工作场所时停止手中工作、路上遇到别人时靠路边行走等。这类行为只能加剧罪犯的监狱化烙印,而缺乏真正的改造意义,因为它们对于罪犯的改造没有多少价值。

2. 恰当选择正强化物

正强化物有很多种类型,如何选择最恰当的正强化物,是在使用正强化技术时应当认真考虑的事项。在这方面,特别应当考虑两个方面：

（1）心理矫治的具体环境。要选择在进行心理矫治的具体环境中容易得到、容易使用的正强化物。如果某些强化物在进行心理矫治的具体环境中难以得到，或者虽然可以得到，但是使用起来很不方便，那么，就可能制约正强化技术的灵活使用。

（2）罪犯的个人特点。正强化物的选择，要考虑罪犯的个别差异，因人而异地选择对罪犯激励作用最大的正强化物。人们对事物的喜爱和偏好是不同的。对于同样的事物，人们的态度和兴趣等可能有很大的差别：有的人喜欢，有的人厌恶，还有的人可能无动于衷。因此，要充分了解罪犯的个人特点，根据这样的特点选择正强化物。

3. 重视强化的一致性

一致性意味着，当罪犯出现需要增加的适宜行为时，都应该受到同样的强化。只有在强化刺激与行为之间有一致性，也就是说，只有在出现适宜行为之后才给予正强化物的话，适宜行为才会得到加强。一致性要求心理矫治人员对适宜行为保持一致的态度，避免对同样性质的行为表现出反复无常的态度。如果心理矫治人员对同样的行为表现出相互矛盾的态度，有时赞成，有时反对和排斥，那么，就会使罪犯无所适从，因而也难以达到强化和巩固适宜行为的效果。

4. 考虑强化的及时性

为了最大限度地提高正强化的效果，应当在罪犯出现适宜行为之后，立即给予正强化物。在适宜行为和正强化物之间的时间间隔越短，就越能在适宜行为与正强化之间形成条件反射联系，强化的效果就越明显。因此，在罪犯心理矫治过程中，应当重视强化的及时性,尽可能快地对罪犯的适宜行为给予强化。

5. 注意强化的剥夺与生厌

在对罪犯进行正强化的过程中,可能会出现两种现象:

(1) 剥夺。这是指在一定的时间内不让罪犯获得正强化物的做法。一般而言,当罪犯出现适宜行为时,就应当立即给予正强化物。但是,心理学的研究也发现,"对某人使用某种强化物之前,除非让他有一段时间得不到它,否则这种强化物将是无效的。一般说,剥夺的时间越长,这种强化物就越有效。"[1]因此,如果罪犯对某种正强化物的渴望减弱时,可以考虑进行一定时间的剥夺。

(2) 生厌。这是指给罪犯过多的正强化物会导致强化作用减小甚至消失的现象。例如,在饥饿的时候,吃饭具有很大的强化作用。但是,在个人吃饱之后,吃饭的强化作用就会减小。当个人已经吃得很饱的时候,如果继续让个人吃饭的话,那么,吃饭不仅不会产生强化作用,甚至还会引起个人的反感,吃饭的强化作用就会完全丧失。正如有的学者所说的,"满足会使刺激物作为强化刺激的效果降低。"[2]因此,在使用正强化技术时,要关注罪犯对正强化物的生厌现象,考虑适当利用剥夺方法增强正强化物的强化作用。

6. 关注正强化物的强度

正强化物的强度对于罪犯的感受有很大的影响。一般来说,正强化物的强度越大,那么,它的强化作用也就越大。因此,在使用正强化技术进行心理矫治的过程中,要考虑正强化物的强度问

---

[1] 〔加〕G. 马丁、J. 皮尔:《行为矫正——有效的心理疗法》,林殷沪等译,科学出版社1991年版,第38页。

[2] 〔美〕雷蒙·米尔腾伯格:《行为矫正——原理与方法》(第三版),石林等译,中国轻工业出版社2004年版,第67页。

题。首先,要考虑正强化物的强度与罪犯适宜行为的相称性,即对一般的适宜行为给予普通的正强化物,对重大的适宜行为给予价值更大的正强化物。其次,要考虑罪犯的感受差异性,对于有些罪犯来说,微小的正强化物就可以产生明显的强化作用;对于另外一些罪犯来说,只有达到一定强度的正强化物才能产生强化作用。

二、代币强化法

(一) 概述

代币强化法(token economy)又译为"标记奖酬法""标记奖励法""代币管制""代币方法""代币治疗""代金券制"等。这是指利用分数、筹码、奖券等可以兑换为实物或者获得其他利益的代币或标记作为正强化物,培养罪犯形成良好行为习惯的一种行为矫正方法。

对罪犯使用的代币强化法,是从一般的代币强化法发展而来的,是一般的代币强化法在监狱领域中的应用。在使用代币强化法时,可以作为正强化物的东西很多,包括筹码、分数、红星、小红旗、卡片、代用币等,因此,又称为"筹码强化法""记分强化法"等。代币强化法是监狱系统中使用得最广泛的行为矫正方法,人们在使用中对这种方法进行了不同程度的改造,所以,代币强化法有多种形式,它们的主要原理相似,但是具体细节不同。

代币强化法具有一些明显的优点,主要是:

第一,简便易行。代币强化法的使用,不需要十分复杂的技术,更不需要专门的仪器设备,只要在心理矫治人员的指导下进行必要的准备,就可以广泛使用这种方法。在监狱环境中,由于对罪犯的行为有很多方面的限制，而且这种限制是有法律依据的合法行为，因此，就为代币强化法的使用，提供了极大的便利条件。实际上，目前中国监狱中的很多管理制度中，就包含着代币强化法的元素。

第二，整齐划一。根据差异心理学的原理，人们对于具体的正强化物的喜好和偏爱是不同的。但是，如果把正强化物统一为可以兑现各种正强化物的分数或者代币，那么，在管理中就可以做到整齐划一，因为所有的罪犯都愿意获得分数或者代币，然后利用分数或者代币换取他们自己需要的正强化物。这样，就为正强化活动的管理提供了便利，使心理矫治人员可以很容易地对很多有不同喜好和偏爱的罪犯进行有效的强化。

第三，副作用小。由于代币强化法主要是利用正强化技术进行的，很少或者不涉及惩罚问题，这种方法的使用不会对罪犯产生消极的副作用，不会因为惩罚罪犯而引起法律问题，因而在监狱环境中有很好的应用前景。

（二）代币强化法的程序

在监狱系统中使用代币强化法，应当按照下列程序或者具体步骤进行：①

1. 确定目标行为

在使用代币强化法时，首先应当对罪犯矫正目标进行全面分析，明确应当通过行为矫正方法增加的目标行为。在确定目标行为时，要尽可能地将目标行为具体化，明确在罪犯的日常生活中，

---

① 参见吴宗宪：《国外罪犯心理矫治》，中国轻工业出版社2004年版，第220—221页。

需要加以鼓励和强化的良好行为或者适宜行为在不同方面的具体表现,而不是笼统地讲良好行为或者适宜行为的特点等难以具体化的内容。

2. 制定具体标准

在确定了需要鼓励和强化的良好行为之后,要进一步确定这些目标行为的操作标准,规定每种目标行为的具体操作定义,以便罪犯能够按照这些操作定义指导自己的行为,尽可能地改善自己的表现,尽可能多地进行目标行为。这样,就可以为罪犯确立一日之内在吃、穿、住、行等各方面必须达到的具体的、可以操作的行为目标,使罪犯在日常生活的各个环节上都有章可循,有明确的努力目标。

3. 设立强化规则

在为罪犯确立了努力的方向之后,就要确立如何促进罪犯进行努力的强化规则。在这方面,应当考虑下列方面:

(1) 确定合适的"代币"。代币强化法的显著特点,就是使用可以看得见的代币来鼓励罪犯进行所期望的良好行为,因此,确定合适的代币是很重要的。在监狱系统中,所确定的代币应当具有简便易行、醒目具体、保障安全的特点。例如,代币应当便于使用,能够清楚地显示罪犯取得的成绩,不会危害监管安全。监狱系统中最常用的代币,可能是分数、在墙壁或者黑板上标出的小红旗等。

(2) 确定行为强化规则。在制定强化规则时,要明确规定在罪犯进行了某种目标行为时,可以获得多少代币。只有为不同的目标行为确立具体的代币强化措施,才能调动罪犯进行良好行为的积极性。同时,要确定如何评定罪犯行为和给予代币的规则。

(3) 确定代币兑现规则。代币仅仅是一种象征,它们只有转化为实际的物质或者其他奖赏,才能使罪犯获得实际的好处。因此,要确定如何将代币兑换成实际好处的具体规则,确定获得每种实际好处的兑换率,例如,使用多少分数可以获得某种食物、多少分数可以折抵刑期一天等。这类可以通过代币获得的实际好处,通常称为"后援强化物"。同时,还要确立有关代币兑现时间和地点方面的规则,即获得一定数量代币的罪犯在什么时间、什么地点可以兑现代币。

4. 评定罪犯行为

根据所制定的行为标准和强化规则,由治疗人员每天对罪犯的行为表现加以评定,做出记录,并且将评定结果用分数、代币、小红旗等方式加以体现。

5. 实际兑现代币

可以根据罪犯的情况,按照每周、每月、每季度等时间间隔兑现罪犯获得的分数、代币、小红旗等,使它们转化为罪犯需要的具体日用物品(例如,毛巾、肥皂)、食物、优惠权利(例如,看电视、看文艺书籍、离监探亲)、减刑、假释等,使罪犯能够通过良好的行为表现获得实际的好处,并且通过这些好处(正强化)巩固他们学会的行为方式和价值观念,从而达到改造罪犯的目的。

(三) 代币强化法的应用

代币强化法已经在国外的监狱中得到大量的应用。[①] 他们应用代币强化法的经验,可以给我国监狱中的心理矫治人员提供很

[①] 参见吴宗宪:《国外罪犯心理矫治》,中国轻工业出版社2004年版,第222—224页。

好的参考,有助于我们更好地根据中国监狱及罪犯的具体情况,恰当地使用代币强化法。

从国外的情况来看,尽管代币强化法最早应用于精神病院中的住院病人,但是,目前已经广泛应用于有行为障碍的青少年、学校中的多动儿童、中小学生、监狱中的罪犯、矫正机构中的或者处在治疗过程中的犯罪少年等。

为了更加有效地发挥代币强化法的行为矫正作用,在对罪犯进行矫治活动时,应当注意以下五个方面:

(1)分析、诊断应当准确。在使用代币强化法时,首先应当知道需要鼓励罪犯出现的良好行为,把这类良好行为确定为目标行为,围绕如何鼓励罪犯进行这类目标行为而开展具体的行为矫正活动,这样才能增强行为矫正活动的针对性和有效性。

(2)矫正目标应当具体、有效。矫正目标应当是相当具体的,内容应当十分详尽,从罪犯的吃、穿、住、行,到言语、学习、劳动、卫生等各个方面,都应当有可以操作的具体指标。同时,所确定的矫正目标必须能够有效地改变罪犯的不良行为习惯,最终能够达到改造罪犯的目的,而不是为了追求形式或者对改变罪犯的不良行为习惯没有作用。

(3)代币强化要及时迅速。一般而言,应当在罪犯出现良好行为时,尽快向罪犯发放代币。而且,也应当在较短的时间间隔之后兑现代币。这样,就可以在良好行为与行为奖励之间建立起条件反射联系,促使罪犯产生更多的良好行为。

(4)矫正过程要公开公正。应当把矫正目标、强化规则、行为评定结果、代币兑现等公开化,使参加代币强化法的每个罪犯都能知道这些内容,明确努力的方向和目标,避免进行可能导致惩罚的行为,逐渐形成自觉遵守行为准则的习惯,养成符合需要的行为模式。为了使矫正活动公正,代币强化法的各个环节的工作,都应当吸收罪犯参加,例如,应当让罪犯参加对其行为的评定工作;对行为评定结果有异议时,能够通过正当的途径表达自己的看法;行为评定的结果可以让罪犯和心理矫治人员一起标示在记分板上等。

(5) 代币强化法的主要目标是鼓励良好的行为,因此,一般不涉及对不良行为的惩罚问题。但是,如果在矫正过程中罪犯不断出现不良行为,而且这些不良行为与治疗人员所期望的目标行为相对抗的话,可以考虑采用"反应代价"程序,即如果罪犯出现不良行为的话,就要扣除相应的代币。当然,可取的做法是,对于反应代价程序,也应该有明确具体、公开展示的操作性标准,例如,出现什么样的不良行为,就会失去多少代币等。这样,就可以警示罪犯避免出现不良行为。

三、行为合同法

(一) 概述

行为合同(behavioral contract)又译为"行为契约""行为协议"等,它是指通过与罪犯订立合同来改变其不良行为和增加适宜行为的一种行为矫正方法。

行为合同法的基本原理是,接受矫治的罪犯与心理矫治人员在双方自愿的基础上订立书面的行为合同,规定如果罪犯出现某种适宜行为时就给予相应的强化,从而鼓励罪犯减少和消除不良行为,增加适宜行为的出现次数并且逐渐养成进行适宜行为的良好习惯,最终达到转变罪犯行为模式的目的。订立合同可以起到明确目标和责任,鼓励罪犯进行适宜行为,约束罪犯进行不良行为的作用。

行为合同已经广泛应用于矫正各类罪犯的不良行为和增加适宜行为。这种方法不仅可以应用于被监禁的罪犯,也可应用于社区矫正罪犯。这种方法能够充分利用罪犯本身的积极性和自觉性改变罪犯的不良行为和增加适宜行为,可以收到很好的行为矫正效果。

一般认为,行为合同的内容主要由五部分组成。

1. 确立目标行为

目标行为就是心理矫治人员希望罪犯出现或者增加的适宜行为。从另一个角度讲,目标行为也可以是适应不良行为,在这种情况下,使用行为合同法的目的就是促使适应不良行为的减少。对目标行为的干预,可以使罪犯在很多方面得到改善,增强他们的社会适应能力。

2. 测定目标行为

在行为合同中,也应当规定如何测定目标行为。为了在心理矫治过程中准确地测定目标行为,确定的测定指标应当是客观的、可以测量的。测定指标应当有明确具体的操作性定义。

3. 确定合同时间

在行为合同中,还应当明确合同开始和结束的具体时间。这就要求罪犯和心理矫治人员双方确定,从什么时候开始履行合同,到什么时候结束合同和矫治活动,从而为行为矫治活动规定清楚的时间范围。

4. 确定奖惩规则

在行为合同中,应当规定具体的奖惩规则,特别是奖励规则。一般来说,对于罪犯的奖惩可以分为四种类型。

（1）正强化。这是指在罪犯出现适宜行为时给予相应奖赏的强化过程。例如,当罪犯整理好床铺时,奖励1分。

（2）负强化。这是指在罪犯出现某种适宜行为时可以避免某种消极结果的强化过程。例如,当罪犯的学习成绩达到某种标准时,可以少劳动一定时间。

（3）正性惩罚。这是指在罪犯出现某种不良行为时给予相应惩罚的强化过程。例如,当罪犯与人打架时,单独禁闭一定时间。

（4）负性惩罚。这是指在罪犯出现某种不良行为时失去相应奖赏的强化过程。例如,当罪犯与别人吵闹时,被扣除一定的奖励分数。

在行为合同中,应当明确具体地注明可能出现的行为和相应的强化规则。

5. 确定强化主体

在行为合同中,还应当明确规定究竟由谁执行合同和对罪犯进行不同的强化活动。例如,当罪犯进行了某种适宜行为时,究竟由谁来给予奖励？

（二）行为合同法的程序

在对罪犯采用行为合同法时,通常要按照下列程序进行:

1. 选定恰当的目标行为

使用行为合同法矫治罪犯适应不良行为的第一步,就是选择目标行为。在通常情况下,目标行为就是需要增加或者巩固的适宜行为。但是,在少数情况下,也可能是需要减少的适应不良行为。在另外一些情况下,对于情况比较复杂的罪犯,目标行为可以包括这两类行为,即心理矫治人员不仅要促使罪犯增加一些适宜行为,同时也要促使罪犯减少一些不良行为,使罪犯在多方面得到改善。

2.协商行为合同的内容

在这个阶段,需要心理矫治人员和参与行为合同矫治活动的罪犯双方进行协商,共同确定行为合同中的具体内容。协商谈判的主要内容包括:

(1)对目标行为的界定。在使用行为合同法时,不仅要确定需要增加的适宜行为和需要矫正的不良行为,还要对这些行为的具体表现、行为强度等进行确定,以便形成具体的操作性定义,便于罪犯和心理矫治人员在矫治活动中履行合同。

(2)对目标行为的强化。要商谈对罪犯的目标行为进行强化的性质(正强化还是负强化)、方式(具体的强化方式)和具体程序(如何评估某种行为是否构成目标行为以及如何处置等步骤),明确在出现什么行为时如何强化的问题。

应当明确,在使用行为合同法时,接受矫治的罪犯与心理矫治人员是地位平等的双方。在协商谈判中,应当根据各自的意愿,平等地商谈有关事项,而不应当对罪犯进行强迫。如果心理矫治人员脱离罪犯的实际情况,强迫罪犯接受某些难以达到的目标,就不可能获得真正的矫正效果。

3.选择和确定行为合同

在完成协商谈判之后,罪犯与心理矫治人员双方就要签订书面合同。在签订合同时,首先要选择行为合同的形式,然后确定合同的具体内容。

从实践中来看,对罪犯使用得最多的行为合同形式,是单方合同。所谓单方合同,就是在罪犯和心理矫治人员之间签订的规定罪犯行为义务的合同。在这种行为合同中,仅仅根据协商结果规定罪犯应当履行的义务,主要是应当增加的适宜行为,并规定如果罪犯出现某种适宜行为时可以得到什么样的强化。例如，可以规定，"如果罪犯主动打扫监舍一次，可以得到1分"；"如果罪犯在上文化课时主动回答问题1次，可以得到1分"。在单方合同中，对心理矫治人员没有义务性的规定。

如果利用行为合同法进行小组治疗时，有可能涉及双方合同。所谓双方合同，就是在参与矫治活动的罪犯之间订立的行为合同。在这类合同中，对双方都规定了行为义务。例如，如果张某和李某在一起接受行为矫治时，可以订立这样的合同。一方面，可以规定张某应当做什么；另一方面，可以规定在张某进行了某种行为时，作为回报，李某应当进行什么样的行为。例如，具体条文可以是这样的："在下一星期内，张某同意每天清倒监舍中的垃圾；作为回报，李某同意每天负责打扫监舍中的环境卫生。"

4. 实际执行行为合同

在签订行为合同之后，罪犯和心理矫治人员就应当认真履行合同规定的义务。作为罪犯，应当信守诺言，认真完成行为合同规定的任务；作为心理矫治人员，也应当客观、准确地观察、评估罪犯的行为，及时给予合理的强化。

（三）行为合同法的应用

行为合同法已经在监狱领域中得到较多的应用。从国外的资料来看，行为合同法不仅在少年犯罪人家庭、学校、社区和矫正机构等多种环境中使用，而且也对很多种类型的罪犯使用，可以用来矫正罪犯的大量适应不良行为，促使罪犯出现更多的适宜行为，有助于他们形成良好的行为模式和养成良好的行为习惯。

小罗伯特·拉瑟福德（Robert Bruce Rutherford, Jr.）认为，行为合同方法是一种有效的罪犯干预方法。这种方法对于矫治人员和治疗对象都是有好处的。对于治疗对象来说,行为合同有三方面的好处:(1)提供了最大限度的谈判权利;(2)表明了可以观察的矫治人员的责任;(3)提供了一个可以预测矫治人员行为的制度。对于矫治人员来说,行为合同也有三个方面的好处:(1)提供了围绕改变罪犯的行为进行谈判的权利;(2)包含了可以观察的行为变化和相应后果;(3)提供了一个可以预测治疗对象行为的制度。[1]

一般来说,行为合同法至少有四项重要的刺激辨别功能。[2]

(1)行为合同法能够确保有关各方同意所确立的目标和程序,保证有关各方在治疗期间不忽略这些目标和程序。

(2)由于确立了明确的行为目标,行为合同也能够确保有关各方在开展治疗活动期间密切配合,共同实现所确立的目标。

(3)行为合同可以使治疗对象恰当估计自己花费的时间、付出的努力等可能带来的结果。

(4)在行为合同上的签名,可以保证有关各方忠实地遵循具体的程序,因为在一份文书上签名意味着承担义务。

在我国罪犯心理矫治实践中,心理矫治人员可以根据行为合同法的原理,创造性地应用这种方法改善罪犯的行为模式。

四、塑造法

(一)概述

塑造(shaping)是指用来使个人形成目前还没有的新行为的一

---

[1] 吴宗宪:《国外罪犯心理矫治》,中国轻工业出版社2004年版,第244页。
[2] Gary Martin & Joseph Pear, *Behavior Modification: What It Is and How to Do It*, 7th ed. (Upper Saddle River, NJ: Prentice-Hall, 2003), p.333.

种强化技术。

塑造是最常用的行为矫正技术之一。在使用这种技术时,心理矫治人员可以连续强化矫正对象的最接近新行为的反应,从而使其形成以前没有的新的适宜行为。因此,这种方法又称为"逐步接近法"。

由于在罪犯改造过程中,需要让罪犯形成许多新的适合社会需要的适宜行为,因此,塑造法可以用来矫治罪犯,帮助罪犯养成良好的行为模式。

(二)塑造法的程序

在对罪犯使用塑造法时,应当按照下列程序进行:

1. 确定目标行为

在使用塑造法时,首先要确定促使罪犯产生和增加的新的适宜行为,为塑造法的使用提供努力的方向和目标。例如,对于一个不守纪律的罪犯来说,可以确立促使罪犯形成遵守纪律的目标行为。对于一个衣着不整的罪犯,可以确立衣着整洁的行为目标。

2. 确定适宜性

心理矫治人员要确定塑造法是不是对罪犯最适合的矫治方法。塑造法是用来促使罪犯产生新的行为模式的方法,只有在罪犯没有进行这样的新的行为时,才可以考虑使用塑造法。如果罪犯偶尔会出现所要塑造的适宜行为的话,就不必使用这种方法,而是可以使用差别强化等方法,增加罪犯进行适宜行为的频率。同时,如果罪犯有很强的领悟力和自我控制能力,只要简单地告诉他们如何去做,罪犯就能够按照指示去做的话,也没有必要使用塑造法。

3. 确认初始行为

这里所说的"初始行为",就是罪犯刚刚出现的接近目标行为的那种行为。初始行为是进行塑造的起点,恰当确定初始行为,对于成功地使用塑造法具有重要的作用。在确定了初始行为之后,心理矫治人员可以以此为基础,引导罪犯一步步地向目标行为努力。

4. 选择塑造步骤

塑造是一个逐步向目标行为接近的过程。在这个过程中,心理矫治人员要引导罪犯一步步地向目标行为接近。为了保证塑造的效果,每一步的设计都要精心:如果每一个步骤太细太小,那么,塑造的进程就会很慢,可能会造成时间和精力的浪费。但是,如果每一个步骤太粗太大,那么,塑造的进程可能会太快,罪犯可能在还没有完成上一步的塑造之后,就要仓促地进入下一步骤,这样势必会出现"欲速则不达"的现象,造成另一种性质的浪费。

5. 选择塑造强化物

塑造过程是一个通过使用强化物不断促使罪犯向目标行为迈进的过程。因此,为了发挥强化物的积极作用,就要恰当选择适合于罪犯的强化物。在选择强化物时,要充分考虑罪犯的个别差异和喜爱偏好,选择最能对特定罪犯产生刺激作用的强化物。

6. 对趋近行为的差别强化

从初始行为开始,心理矫治人员就要对罪犯的每一个接近目标行为的趋近行为加以强化,直到确保这种行为能够出现。然后,再强化下一个步骤的趋近行为。经过连续的强化过程,才能使罪犯形成目标行为并且使目标行为的模式固定下来。

7. 按照合适的速度塑造

在进行塑造的过程中,每一步的趋近行为都是下一个步骤的铺路石,为下一个步骤的进行奠定基础。因此,为了保证塑造过程的顺利进行,各个步骤之间过渡的速度要适当。这是因为,"对某一步骤强化得过多会造成下一步骤进行的困难,作用对象可能仍会做出先前的行为。同时,如果作用对象尚未掌握某一趋近行为,要进行下一步的强化是不可能的,至少是相当困难的。"①

第三节 负强化技术

一、概述

(一) 负强化的概念

所谓"负强化"(negative reinforcement),是指能够减少某种行为反应的出现频率的活动。能够减少某种行为反应的出现频率的刺激,称之为"负强化物"(negative reinforcer)。负强化物往往是一些"厌恶刺激"(aversion stimuli)。

应当注意的是,"负强化"与"惩罚"(punishment)这两个概念既有联系,又有区别。它们之间的联系在于,这两类活动都使个人感受到不愉快甚至是痛苦,经历这种体验的人都有可能因此而停止相关活动或者行为。但是,它们之间有一些细微区别:首先,惩

---

① 〔美〕雷蒙·米尔腾伯格:《行为矫正——原理与方法》(第三版),石林等译,中国轻工业出版社2004年版,第151页。

罚的目的在于阻止某种行为或者现象再发生,而负强化则是强化另外的某种行为使之继续出现;其次,惩罚中还包括了某种报偿或者报复的因素,包含了伦理或者道德的内涵,而负强化中则没有这样的因素和内涵;再次,惩罚是一个普通用词,有时候也是法律用语,而负强化是心理学术语。不过,在很多文献中,往往对惩罚和负强化不加严格区分,而是交替使用。

负强化也是比较常用的行为矫正技术之一。不过,由于负强化技术的使用,可能会对罪犯产生有害的副作用,因此,在对罪犯使用这类技术时,应当小心谨慎,避免发生由于使用这类行为矫治技术而侵害罪犯合法权益的现象。

在对罪犯使用负强化技术时,最值得重视的内容之一,就是对负强化物的选择和使用。由于使用负强化可能会引起对罪犯法律权利的损害,因此,在使用负强化物时,必须注意三个基本的方面。

(1)遵守法律的禁止性规定。在心理矫治过程中使用的厌恶刺激,必须是那些法律没有明文禁止的负强化物。无论出于何种理由,都不得使用法律条文中明文禁止的行为或者事物作为负强化物。

(2)经过知情后同意程序。在可能使用负强化技术进行行为矫治时,必须要经过知情后同意程序。这意味着,要事先明确告诉罪犯可能使用的负强化物、这些负强化物可能产生的好处和不利后果等,征求罪犯对使用这类负强化物的意见。如果罪犯同意采用负强化技术,可以接着进行下面的程序;如果罪犯不同意接受这样的治疗,就不应当强行采用负强化技术进行行为矫治。

(3)在行为矫治过程中使用负强化技术,不应当与罪犯正常的服刑生活产生消极的联系。这意味着,在使用负强化过程中产生的消极后果,不能延伸到或者影响到罪犯正常的服刑生活,不能由于罪犯在心理矫治过程中出现的不良行为而扣除其根据百分考核获得的分数,也不能因此而产生法律规定的消极后果,包括《监狱法》第58条规定的警告、记过或者禁闭。

在目前的情况下,中国监狱环境中可以使用的负强化物大体上可以分为下列种类:

1. 体罚

这里所说的"体罚",是指能够使罪犯产生痛感和其他身体不适感觉的所有刺激物。例如,电击、注射引起不愉快感觉的药物、让罪犯聆听厌恶音响、让罪犯食用会引起不舒服感觉的食物(柠檬汁等)。

2. 谴责

这里所说的"谴责",是指对罪犯在矫正过程中出现的不适当行为给予的否定性言语刺激。在心理矫治过程中使用谴责时,应当注意下列方面:

(1)要就事论事,仅仅谴责罪犯不适当的行为,而不能因此而牵连到罪犯的其他问题。

(2)谴责要重在讲道理,避免对罪犯进行人身谩骂或者侮辱罪犯的人格。

在很多情况下,对于一些罪犯来说,仅仅进行口头谴责的刺激强度是不够的。如果将口头谴责与其他负强化物结合使用,可能会产生更大的负强化效果。

3. 暂停

暂停是指在罪犯出现某种不良行为之后,暂时取消对其给予的正强化以便减少这类行为的活动。

如果仔细区分暂停的话,可以划分出两类暂停活动。

(1) 排斥性暂停。这是指让进行不良行为的罪犯离开强化情境的做法。例如,在小组矫正过程中,如果某个罪犯出现不良行为,就可以让其暂时离开小组环境,在室外隔离一定时间之后再回来。

(2) 非排斥性暂停。这是指取消进行不良行为的罪犯的正强化物的做法。例如,在小组治疗的过程中,表现良好的罪犯可以坐在椅子上进行相关的治疗活动,但是,如果某个罪犯进行了不良行为时,可以要求其站起来,让其站立就是一种非排斥性暂停。

4. 反应代价

反应代价就是在罪犯进行了不良行为之后去掉一些强化物的程序。例如,在罪犯进行了某种不良行为之后,就取消他的优惠待遇、扣除他的奖励分数、收回他使用的某种物品等。

(二) 负强化的基本步骤

负强化通常应当按照下列步骤进行:

1. 制订计划

在使用负强化技术之前,要与罪犯一起商谈和制订负强化计划。负强化计划中包括对需要进行负强化的目标行为和惩罚物的具体描述、罪犯同意接受负强化的内容("知情后同意")等。

需要加以负强化的目标行为应当具有这样的特点:(1) 属于适应不良行为。这类目标行为不符合行为矫正和改造罪犯的目的,是不能令人满意的;(2) 属于具体行为。这类目标行为是具体的行为,而不能是抽象的行为。

2. 确认需要负强化的行为

在进行负强化之前,首先需要确定罪犯是否出现了负强化计划中描述的不良行为,并且要评估不良行为的严重程度,以便选择负强化物的种类和决定进行负强化的力度。

3. 选择有效的负强化物

所谓"有效的"负强化物,应当具备这样几个特点:

(1) 适合将要接受负强化的罪犯。这类负强化物必须是对将要负强化的罪犯十分有效的,罪犯对其感受性最深,最能在罪犯身上产生痛苦性的影响作用。

(2) 在行为矫治的环境中容易得到。有效的负强化物必须是能够在行为矫正环境中容易得到的负强化物,只有这样,心理矫治人员才能在罪犯出现不良行为时随时用来负强化罪犯。

4. 对罪犯进行负强化

在罪犯出现不符合要求的不良行为时,要立即给予恰当的负强化。

在进行负强化时,应当注意下列方面:

(1) 负强化的及时性。负强化物应当在不良行为出现之后立即呈现,以便增强负强化物的负强化效果,使罪犯能够更容易地在不良行为与受到负强化之间形成条件反射。

(2) 心理矫治人员应该冷静而理智地使用负强化物。在行为矫治过程中,对出现不良行为的罪犯进行负强化的目的,是为了减少这类不良行为的出现,最终消除这类不良行为,而不是为了发泄心理矫治人员的愤怒情绪。因此,必须以正确的态度对罪犯进行负强化。

(3) 必须十分谨慎地进行负强化,避免将负强化与强化相结合。心理矫治人员要注意这样一个问题,那就是在负强化罪犯的同时,负强化行为本身是否会产生强化作用。如果是这样,那么,负强化反而会增强罪犯进行不良行为的倾向。例如,当着其他罪犯的面对"牢头狱霸"罪犯进行不适当的负强化,有时候可能会产生这样的结果。因此,心理矫治人员如果对罪犯进行过分的、不恰当的负强化,很有可能产生和预期相反的强化效果。

(4)负强化物的种类和负强化的强度应当与不良行为的严重程度相称。对于进行了严重不良行为的罪犯,应当选择严厉的负强化物,给予有力的负强化;对于进行了轻微不良行为的罪犯,应当选择轻微的负强化物,给予一般的负强化。

(5)负强化必须达到一定的强度。"为了使惩罚行之有效,厌恶刺激必须是相当强烈的。……逐渐增加惩罚物的强度远不如开头就用严厉的惩罚物有效。"[1]

(三)惩罚的副作用

在罪犯心理矫治过程中,基于多种因素,矫治人员有可能把惩罚作为负强化手段使用,对罪犯进行惩罚。心理矫治人员首先应当尽量避免这种情况。如果确有必要进行惩罚时,也应当对惩罚的副作用有明确的认识,考虑惩罚对罪犯可能产生的消极后果。心理学的研究表明,惩罚有许多潜在的坏作用。[2]

1. 强烈的惩罚往往会诱发不满意的挑衅行为

在很多时候,人们都会发现,刚刚受过惩罚的人会攻击其他人。这种在接受惩罚之后进行的攻击行为,就是惩罚的极为不好的副作用。

---

[1] 〔加〕G.马丁、J.皮尔:《行为矫正——有效的心理疗法》,林殷沪等译,科学出版社1991年版,第200页。

[2] 同上书,第203—204页。

2. 强烈的惩罚会产生感情上的其他不良副作用

例如,受到惩罚的人会感到害怕、恐惧、冷漠等。这些副作用不仅会使受到惩罚的人和其他有关人员产生不愉快的体验,而且也会影响适宜行为的出现。

3. 任何与厌恶刺激有关的刺激,其本身也往往会变成一种惩罚

这种伴随厌恶刺激出现并且也具有了惩罚意义的刺激,就是"条件惩罚物"(conditioned punisher)。条件惩罚物的形成,会严重影响罪犯的社会适应,制约罪犯适宜行为的出现。例如,如果在学习过程中对进行不良行为的罪犯进行惩罚的话,那么,学习活动也会变成条件惩罚物,使罪犯对学习本身也会产生厌恶情绪和抵制态度,这是与心理矫治人员以惩罚促进学习效果的本意相背离的。

4. 惩罚只能抑制旧行为而不能建立新行为

惩罚只能告诉人们不能去做什么,也就是抑制人们进行特定的行为(旧行为),但是,并不能告诉人们应该做什么(新行为)。因此,仅仅依靠惩罚并不能完全达到改造罪犯的目的,因为完整意义上的罪犯改造,不仅包括"破旧"(消除他们的不良行为),而且还应当包括"立新"(建立新的、符合社会需要的适宜行为模式)。

5. 惩罚会引起模仿行为

对人们进行惩罚的行为,往往会引起受罚者的模仿行为,使他们也利用同样的方法对待别人。例如,心理矫治人员惩罚进行了不良行为的罪犯的行为,会给罪犯树立一种仿效的榜样,使他们也学会用同样的方法对待别人,这在客观上强化了暴力行为倾向,是与改造罪犯的目标相反的。

6. 惩罚会使处罚者上瘾

由于惩罚可以迅速地抑制不满意行为,使惩罚者能够有效地

解决遇到的问题,因此,不断使用惩罚,会使处罚者对惩罚产生心理依赖,在以后遇到类似问题时,也会习惯性地使用惩罚来解决问题。而且,随着惩罚习惯的形成,惩罚者在心理上把惩罚当作一种正当的问题解决方法,在惩罚了别人之后自己还意识不到是进行了惩罚,这会在无意之中助长惩罚者的暴力行为倾向。此外,随着使用惩罚次数的增加,惩罚者进行惩罚的强度也会增加,这会对受罚者产生灾难性的影响。

由于惩罚存在着上述副作用,因此,在罪犯心理矫治过程中,心理矫治人员一定要极其谨慎地使用惩罚。

二、厌恶疗法

(一)基本含义

厌恶疗法(aversion therapy)又称为"厌恶条件反射法"(aversion conditioning)、"去条件反射法"(deconditioning),这是指使用厌恶性或惩罚性刺激减少和消除不良行为习惯的行为矫正方法。厌恶疗法是最常见的负强化技术之一,在罪犯行为矫正中得到了广泛的应用。

厌恶疗法的基本原理是"以毒攻毒"。也就是说,它用痛苦的条件刺激来代替不良行为可能产生的快感。每当治疗对象产生进行不良行为的欲望时,就呈现或者使用会产生痛苦的条件刺激,使这些条件刺激产生的痛苦体验抵消不良行为可能产生的快感,从而逐渐消除个人的不良行为习惯。

使用厌恶疗法可以矫正罪犯的许多不良行为。从国外文献来看,在监狱系统中使用厌恶疗法时,用来矫正的不良行为包括药物瘾癖、酒精成瘾、攻击行为、不合作行为、性变态行为、偷窃狂、纵火狂行为等。① 此外,也可以利用厌恶疗法治疗罪犯的冲动性行为障碍、强迫性行为障碍等。实际上,几乎所有不受社会欢迎的行为,都可以利用厌恶疗法进行矫治。

在使用厌恶疗法时,所使用的痛苦性条件刺激或者厌恶刺激可以有多种不同的类型。

(1) 从厌恶刺激的表现形态来看,可以是物质性刺激,例如,注射或者服用会引起严重不适或者痛苦体验的药物(阿扑吗啡、琥珀酰胆碱等);也可以是非物质性刺激,例如,指示罪犯使用皮筋弹击手腕、在罪犯面前呈现令人厌恶的图片或者播放这类影视画面、录像带等。也有人把常用的厌恶刺激划分为三类:物理刺激(电击等)、化学刺激(药物、香味氨水)和想象中的厌恶刺激。②

(2) 从厌恶刺激的存在形式来看,可以是实际存在的刺激,例如,让罪犯在出现不良行为时,喝酸涩的柠檬汁。也可以是想象中的刺激,例如,性变态罪犯在出现性变态欲望或行为时,让他立即闭上眼睛,想象自己面前站着一位身材高大的警察,以严厉的目光注视着他,警察手里拿着手铐、警棍;或者回忆过去在进行性变态行为时,被别人怒斥、受到其他严厉对待的场面,以达到减少和控制这种不良行为的效果。这种通过想象的厌恶刺激来矫正不良行为的治疗方法,称为"内隐致敏法"(covert sensitization)或"厌恶想象法"(aversive imagery)或"想象厌恶法"。而且,由于厌恶疗法的

---

① 吴宗宪:《国外罪犯心理矫治》,中国轻工业出版社2004年版,第226—227页。

② 张雨新:《行为治疗的理论和技术》,光明日报出版社1989年版,第189页。

第十一章　犯因性行为因素与改造

副作用很大,涉及技术和伦理等方面的很多问题,因此,有人推荐使用内隐致敏法,即让治疗对象在进行不适行为时,想象被惩罚的情景。①

(3)从厌恶刺激的施加方式来看,可以是给予性刺激,例如,当罪犯出现需要消除的不良行为时给予电击;也可以是剥夺性刺激,例如,不让罪犯使用娱乐器材,不让罪犯穿自己喜欢的衣服等。

(4)从厌恶刺激的给予主体来看,可以是心理矫治人员或者其他人给予的厌恶刺激,例如,在矫正过程中罪犯出现不良行为时,心理矫治人员进行斥责等;也可以是根据心理矫治人员的指示由罪犯自己给予的厌恶刺激,例如,在罪犯出现某种不良行为时,根据事先指示用手掐身体的某个部位等。

当然,由于厌恶疗法会引起受治疗者的痛苦体验,因此,在国外对罪犯使用厌恶疗法的过程中,也引起了一些法律诉讼。②

(二)具体应用

毫无疑问,作为一种行为矫正方法,我国监狱系统中的心理矫治人员可以利用厌恶疗法矫治罪犯的不良行为。但是,由于厌恶疗法有其独特性,因此,在监狱领域中具体应用厌恶疗法时,应当注意下列方面:

1.必须经过知情后同意程序

厌恶疗法是一种会使罪犯感受到不愉快和痛苦的心理矫治方法,还有可能使罪犯遭受到其他不利后果。因此,在使用这种治疗

---

① 沈渔邨主编:《精神病学》(第4版),人民卫生出版社2001年版,第633页。
② 吴宗宪:《国外罪犯心理矫治》,中国轻工业出版社2004年版,第227—228页。

方法时,首先应当向罪犯讲清楚这种治疗方法的原理、可能带来的益处和可能产生的后果,让罪犯在充分了解厌恶疗法之后自己决定是否愿意接受这样的治疗。在理想的情况下,应当签署一个书面"同意书",上面载明厌恶疗法的主要内容、罪犯对这种治疗方法的态度,以及签名等内容。

2. 厌恶刺激不能违反法律

在使用厌恶疗法时,所使用的厌恶刺激应当仅仅限于心理矫治范围内的多种刺激,而不应当采用法律规定的惩罚方式,例如,不能使用《监狱法》规定的警告、记过或者禁闭等。厌恶疗法中使用的厌恶刺激,是心理学或者医学范围内的痛苦刺激,而不是法律意义上的惩罚措施。

3. 厌恶刺激不能损害罪犯的身心健康

在使用厌恶疗法时,对于厌恶刺激的使用必须十分小心,不能损害罪犯的身心健康。即使在罪犯知情后同意的情况下,对厌恶刺激的使用也不得造成有损于罪犯身心健康的后果。在使用厌恶刺激的过程中,如果发现有可能损害罪犯的身心健康时,必须立即停止这样的活动,重新考虑这种治疗方法的适合性。

尤其应当注意的是,罪犯对厌恶刺激的耐受性会有个别差异。同样的厌恶刺激,对于一些罪犯可能仅仅产生轻微的不适,而对于另一些罪犯则有可能产生严重的痛苦。心理矫治人员必须重视这种个别差异性,防止因此可能发生的消极后果。

三、消极练习法

消极练习法(negative practice,又译为"负性实践法")是指让罪犯反复进行不良行为直至产生疲劳和厌烦而停止这类行为的行为矫正技术。

消极练习法是邓拉普(K. Dunlap)在1932年首创的一种行为矫正方法,主要用来矫治不自主痉挛和口吃。他认为,习惯性地过分关注和控制某种行为,可能会导致不随意运动或者强化这种行为;如果让来访者反复不停地进行这种行为,就会产生单调、枯燥、厌烦、疲劳等消极体验,最终会停止和消除这种行为。因此,这种治疗方法的基本原理是,利用多次重复一种动作后引起的积累性抑制去减少和消除不良行为。20世纪50年代以后,人们将这种方法应用于临床,并扩大了使用范围。目前,这种方法的适应症还包括一些强迫症、某些性心理障碍、神经性厌食、吸烟、饮酒等。

在使用这种方法矫治罪犯的不良行为时,可以规定一定时间,让他们反复不停地进行原来的不良行为。随着消极练习活动的进行,罪犯对这类行为的渴望、兴趣、愉快等体验就会逐渐消失,最终产生厌烦而停止这种行为。例如,对于有强迫性洗手习惯的罪犯,每天洗几十次手,连续进行多天,就会产生厌烦。

应当注意消极练习法与有关治疗方法的区别。消极练习法与厌恶疗法不同,因为这种方法并没有给治疗对象附加另外的痛苦刺激,而仅仅是让治疗对象过度地进行过去就有的不良行为。消极练习法也与冲击疗法(flooding therapy)[①]不同,因为这种方法要求治疗对象重复进行自己原来喜欢的行为,而冲击疗法是让治疗对象进行自己不喜欢甚至感到恐惧的行为。

---

① 冲击疗法的含义,参见下文中的论述。

四、系统脱敏法

系统脱敏法（systematic desensitization）是指通过逐步接触不适情境而逐渐消除对其产生的恐惧或者焦虑等情绪的行为矫正方法。

系统脱敏法是由美国心理学家约瑟夫·沃尔普（Joseph Wolpe）首创的一种行为矫正技术。这一方法的基本原理是交互抑制原则，即一个人不能同时既松弛又紧张；当个人处于松弛状态时，本来可能引起焦虑的刺激也会失去这样的刺激作用，在这种情况下，个人就不再对这种刺激过分敏感了，也就是"脱敏"了。反复进行这样的训练，就可以达到完全脱敏的目的。

在罪犯心理矫治过程中，系统脱敏法可以用来矫治罪犯的焦虑症、恐惧症、性心理障碍（同性恋、恋童癖等）、酒精依赖、药物滥用和心身障碍等。

在对罪犯使用系统脱敏法进行行为矫治时，一般可以按照下列步骤进行操作：

（1）心理矫治人员根据了解到的情况，找出诱发罪犯焦虑或者恐惧的对象与情境；

（2）让罪犯对这些对象与情境进行评定，将它们排列成从"最不恐惧（或者焦虑）"到"最恐惧（或者焦虑）"的等级；

（3）训练罪犯进行放松。在放松的状态下，恐惧或者焦虑就会不同程度的减轻。放松的目的就是将这种放松状态与诱发恐惧或者焦虑的情境联系起来，逐步提高诱发恐惧或者焦虑的水平，直到"最恐惧(或者焦虑)"的刺激也不能引发恐惧或者焦虑。

引导罪犯放松的方法有很多种,主要有催眠、使用药物、通过自我调整放松全身肌肉等。

(4)将放松反应与罪犯想象中的各个等级水平的刺激依次进行匹配。先从最微弱的刺激开始,逐步过渡到比较强烈的刺激。如果某一刺激在放松时仍然会诱发恐惧或者焦虑,就不断重复这一刺激,直到想象这一刺激时达到完全放松、不再引发恐惧或者焦虑为止。通过不断重复这样的过程,就可以使罪犯学会用放松代替恐惧或者焦虑,原来诱发恐惧或者焦虑的情境、刺激也就不会再起作用,不会引起罪犯的恐惧或者焦虑情绪。

呈现引起恐惧或者焦虑的刺激的方法,主要有四种:

(1)罪犯的想象。例如,对于害怕与人讲话的罪犯,心理矫治人员可以指导他们想象自己面前站着一个人,要面对想象中的这个人讲话。

(2)真实的情境。例如,对于害怕与人对视的罪犯,可以将他带到监区中,有意识地看别人的眼睛,或者在治疗室中看心理矫治人员的眼睛。

(3)别人叙述的情境。可以通过口头叙述等方式,描绘可能引起罪犯恐惧或者焦虑的情境。

(4)借助媒介呈现的刺激。例如,使用反映特定情境的照片、图画,播放具有特定内容的电影片断、录像或者录音磁带等。

在国内监狱系统中,已经进行了利用系统脱敏法矫治罪犯的尝试(参见专栏11-1)。

专栏 11-1：利用系统脱敏法矫治讲话恐惧症的案例[①]

来访者李某某，男，汉族，26岁，小学文化程度，江西人，因抢劫罪被判刑7年，1999年12月3日投入广东省四会监狱改造，2000年元月2日，向心理咨询室提出求治申请，用他自己的话说，就是"希望新世纪有个好的开始"。

一、症状自述及诊断分析

根据李某某自述及其申请咨询的内容，其主要有以下几个方面的症状：

(1) 我喉咙里面有一(硬)物吞不下，吐不出。

(2) 不管我要做任何事，只要动嘴说话，第一句经常说不出来。

(3) 一直以来我都用逃避的方式，或站起来不出声。

(4) 因为这喉咙，影响了我这十多年的交际能力，一直以来我好苦闷，同时又困扰了好多年。

(5) 只要我心里一急，什么也说不出来。无论是讲一件事，还是说一个故事，都会发生这种情况。

(6) 我也去医院看过病，激光治疗、中药、西药，都没有效果，所以我对什么药品都感到失望。

收到该罪犯的申请咨询单后，我对其平日的行为表现进行了了解和观察。其表现与其自述情况基本吻合。比如，在两次亲属接见，出入大闸门喊报告时，该罪犯均不愿意站在排头位置，因为在排头位的罪犯要负责向值班干警报告；其中一次因调换排队位置被值班干警批评。在平日互监小组一起活动或列队行进时，他决不愿站在第一的位置，以此来回避通过干部身边时

[①] 本案例来自滕文誉、朱文坚主编：《罪犯心理矫治理论与实践》，广东省四会监狱2000年编印，第66—72页。案例作者为该监狱巫建文。在收入本书时，进行了必要的改编。

向干部报告的活动。据生产组长反映,有几次与其他罪犯发生争执时,应该说道理基本在他一方,但干部询问时,他不知怎么搞的,就是说不出个所以然。有一次,因不回答干部的问题而受到扣1分的处理,等等。

根据其自述情况以及所了解的信息,我基本判断该罪犯患有社交恐惧症中比较特殊的单独讲话恐惧症。

于是,对其进行了第一次咨询。在这次咨谈中,他自己谈到,根据在入监分监区开设的心理健康辅导课上的内容,他自己进行了自查,再结合自己十多年来的害怕讲话以及各类治疗均无效的实际经历,认为很可能是心理原因造成的,但又不明白是怎么引起的,更不知道如何去克服。所以在新年一开始就向心理室提出咨询申请,请求心理辅导,并表示愿意配合咨询和治疗,希望能够真正克服"困扰了(自己)多年"的"讲不出话、影响人际关系"的问题。

综合各方面情况,可以确诊为社交中的单独讲话恐惧症。其特点是在通常讲话时,包括向他人陈述、回答别人问题、向执法人员讲话等,都会产生极大的恐惧情绪;在心情紧张时,表现更为明显,有时候虽然明知不必要,但没有办法控制自己。在无力面对时,采取逃避的办法来解决问题,正如他自述的:"一直以来我都用逃避的方式,或站起来不出声";入监后,则采取凡事不说话、不站在队伍的排头等方式,以避免在"报告"时因讲不出话而被处罚。

李某某产生单独讲话恐惧症的原因主要有三个方面。

首先,最根本的原因在于幼儿园时的不良经历和记忆。他在幼儿园大班时,由于自己成绩和表现都比较一般,所以上课时从不主动举手发言。有一次老师点名要他回答问题并背一首唐诗。他一站起来就觉得心慌意乱,结结巴巴,加上他乡下口音较重,引得全班小朋友哄堂大笑,结果他回答完问题后刚开始背一句唐诗,便立即被老师喝止,老师还说:"以后再也不会让你回答问题了,讲话那么难听,干脆别讲了。"此后,他便觉得自己讲话也没人愿意听,由不愿讲话到不敢讲话,最后发展成害怕单独讲话。病根由此种下。其对自己发音失去信心的阴影,十多年来一直留存在潜意识中,一到单独讲话的机会,便会自觉不自觉地发生抑制作用。按照认识领悟疗法的观点,病症的根源在于儿童时受过的精神创伤,这些创伤引起的恐惧在脑内留下痕迹,在成年期遇到相同境况时就会再出现来影响人的心理和生理。

其次是对监狱环境的恐惧。监狱是一个压抑的环境,各种监规纪律对罪犯的一言一行都有严格的约束和规定。环境的压抑和约束,加重了其内心的恐惧和不安。在潜意识中,他在"老师"与"干警"之间产生了移情,把对老师的态度转移为对干警的态度,导致对干警采取完全消极的逃避方式,既担心讲错话被处分,又担心讲不出话被处分,还害怕自己的口音被干警误解。

第三是自卑心理。其自述自幼怕羞、不合群,特别是经过幼儿园那件事以后,觉得自己讲话不如别人,也不好听。从心理方面分析,这是自卑的一种表现,是对别人的态度反应过敏所致。还没讲话,潜意识就起抗拒作用,由于长期如此,不敢单独讲话,习惯成自然,久而久之,由自卑导致恐惧症。

我把问题的症结和原因告诉对方,并指出这是心理问题而不是生理上有什么毛病,完全可以通过心理矫治消除这个障碍。患者听后如释重负,并再三表示一定积极配合矫治,以便尽快消除这个困扰。

二、运用系统脱敏法进行矫治的过程

针对具体情况,我决定采用系统脱敏疗法矫治其单独讲话恐惧症,并将有关计划告诉李犯。

我首先确定了两个矫治原则。

第一,正确区分故意回避和心理障碍引起的不良行为反应,不简单地把他的沉默视作抗拒,并在入监分监区干警中取得共识。这样,就使其有个相对宽松的治疗环境,并撤销了原来对其做出的"扣1分"的处理意见,使其心理进入轻松状态。

第二,循序渐进。首先由心理辅导员与其接触,避免其对矫治的阻抗,然后再由干警对其做工作,最后由分监区领导直接与其谈话,实现各个阶段的连贯和一致。

确定以上两原则后,我对其进行了放松训练。放松训练在入监分监区心理咨询室进行,主要采取深呼吸放松法、渐进性放松法和想象性放松法,指导其使用意念使情绪轻松和肌肉放松,以缓解他的恐惧、紧张、不安情绪。

在使用深呼吸放松法时,我要求他按规范的程序进行,即双肩自然下垂,闭上双眼,然后慢慢地做深呼吸,以减轻紧张的情绪反应。

在使用渐进放松法时,按照由局部到全身,由紧张到松弛的肌肉放松程序,从手开始,循着上肢、肩、头部、颈、胸、臀、下肢,一直到双脚的顺序,直到全身肌肉进入松弛状态。

在使用想象放松法时,我要求他先放松坐好,闭上双眼,然后根据我的指令,让他自行想象。我认为这种方法在治疗其恐怖症时非常有效,其中随着放松训练次数的增加,融入了"自己在收仓①后滔滔不绝讲评的场面"的想象,结果表明,是很有促进作用的。

以上训练,每次历时四十分钟,每天进行两次,共进行一个星期,以达到全身肌肉能够迅速进入松弛状态的效果。

进行放松训练结束后,我运用0—10的感觉尺度来测定各种事件所引起的恐惧层次。下面是关于等级测量的对话。

咨询员:现在我用一张等级测量表来测量你对单独讲话的恐惧程度,表上有0—10单位,0是绝对平静,10是非常恐惧,你明不明白?

---

① "仓"或者"监仓"是一些监狱中用来指罪犯住宿的监舍的地方性名称。——引者注

李某某:明白。

咨询员:你现在大概是多少呢?

李某某:跟你谈话,大概是不到2。

咨询员:如果要你在互监小组进行讲评呢?

李某某:因为都熟悉,可能是4左右。

咨询员:如果要你在本仓组内作讲评呢?

李某某:那可能是6左右。

咨询员:如果你与互监组一起通过干部身边,要你向干部报告呢?

李某某:那可能是8以上。

咨询员:如果告诉你,干部要找你单独谈话,要你单独向干部汇报近一段时期的情况呢?

李某某:那最少达到9左右了。

咨询员:如果通知你一个人去接见室见亲人或者要你进行现身说法呢?

李某某:这两样我都最害怕,想都不敢想。

从以上等级测量对话中可能看出,按照10级测量的结果表明,随着个体位置的逐步突出以及个体单独讲话机会的增加,其恐惧感越来越强。

完成恐怖等级测量以后,我开始了想象脱敏。让其在全身肌肉松弛的情况下,从最低层开始,想象产生恐怖的情境,必要时用默念"不怕、不怕"的方法松弛紧张的心理。

第一步,要求李犯按照事先进行的放松训练,进入完全放松的状态。

第二步,进行想象脱敏。由实施矫治的干警依照事先确定的恐惧程度,从低到高向这名罪犯做口头描述,并要其在清楚地想象出描述的情境时便作个"OK"手势。

第三步,让李犯保持这种场景约三十分钟,遇到紧张和害怕情绪时尽量控制忍耐,即使心惊肉跳也必须坚持,不允许有回避停止。每次一般忍耐控制一小时多一些,实在感到非常恐惧时,采取放松法放松自己,直到训练完毕,对最恐惧的事情——单独向干部报告或单独现身说法,也能忍耐为止,这样反复训练四次。

想象脱敏之后第四天,开始对其进行实地适应训练,并要求其所在互监组、生产仓组全力配合,同时,分监区干警也积极配合。

第一步,要求其在互监小组进行一日讲评,每次讲评完毕,互监小组其他成员都给予掌声和鼓励,共进行三次。

第二步,要求其在本仓晚上收仓会上讲当天的表现情况,同样讲评完毕后,仓组长给予充分的肯定,第一次李犯有些紧张,到第三次已比较自如,第四次已基本适应。

第三步,要求其实地训练与本互监组一起从干部身旁通过时,代表本组喊"报告"。一开始他不十分情愿,想回避,我制止了他,要求他必须做。结果第一次不成功,又如以前一样,举起右手后,"报告"两个字却说不出口;第三次稍好些,这个训练进行了五次,才基本合格。

第四步,模拟单独接见出入闸门时喊"报告"。由于事先已撤销其"扣1分"的意见,使他能比较轻松地过关。这项训练共进行三次。

三、初步的治疗效果

两周后复诊时,该罪犯说,既使自己单独接见和喊"报告",也没什么可紧张的了。事实证明,对其讲话恐惧症的矫治是成功的,达到了预期的效果。从其以后反馈的情况看,他讲话表达都比较自在,未再出现反复和恐惧。

需要说明的是,在系统脱敏过程中,我不断向其灌输如何正确认识方言和语音的知识,使其感到有地方口音很正常。事后,他在治疗体会中讲道,"原来以为有方言和地方音重很丢人,经过咨询,我认识到方言口音人人都有,像广州话也是一种方言,

> 只不过我的方言讲的人少一点而已,没什么好丢人的。"
> 　　随着该罪犯语言和心理障碍的逐步克服直至最后基本消除,其人际关系日益得到改善,与人的沟通也逐渐增多,情绪开朗,心情比以前舒畅多了,改造积极性越来越高,得到了干部和其他罪犯的肯定。该罪犯在《治疗体会》中写道:"真没想到坐牢还治好了自己多年的心病。"

五、冲击疗法

冲击疗法(flooding therapy)又译为"满灌疗法"或称为"暴露疗法"(implosive therapy),这是指让治疗对象持续地直接暴露到最感恐惧的情境中接受冲击,从而消除对这种情境的恐惧心理的行为矫正方法。

冲击疗法是一种与系统脱敏法原理相同而程序相反的行为矫正方法。在利用系统脱敏法进行治疗时,根据从轻微到强烈的顺序呈现可能引起恐惧或者焦虑的刺激;而在使用冲击疗法进行治疗时,一开始就呈现最强烈、最有可能引起恐惧或者焦虑的刺激,使治疗对象在最恐怖、最吓人的情境中进行体验,感受到底会引起多大的恐惧或者焦虑。反复多次之后,治疗对象就会对原来引起恐惧或者焦虑的情境变得习以为常起来,不再产生恐惧或者焦虑,这样,就达到了治疗的目的。冲击疗法与系统脱敏法既有联系,也有区别。表格 11-3 显示了它们之间的主要区别。

表格 11－3：冲击疗法与系统脱敏法的主要区别①

治疗技术	诱发放松	最初呈现的刺激	焦虑水平	刺激呈现方式
冲击疗法	有或无	最强烈的刺激	增加	持续呈现（直到不焦虑为止）
系统脱敏法	有或无	最轻微的刺激	降低	间隔呈现（每次不超过30秒）

冲击疗法的原理在于，认为恐惧或者焦虑都是人们在生活中学会的，其中不准确的信息或者体验会增强人们的这类情绪；在治疗的过程中，让治疗对象直接体验他们感到恐惧或者焦虑的情境，就会发现过去的体验并不准确，现实情境并不会对治疗对象产生真正的威胁或者伤害，从而纠正治疗对象的错误体验，消除他们对这类情境的恐惧或者焦虑。

在罪犯心理矫治过程中，可以利用冲击疗法矫治罪犯的恐惧症、焦虑症等。

在使用这种方法矫治罪犯时，具体可以采用两种方法。

（1）现实冲击疗法。这是指让罪犯直接接触引起恐惧或者焦虑的实际情境从而消除这类情绪的方法。例如，在矫治罪犯有不敢与别人讲话的社交恐惧症症状时，可以要求罪犯面对很多人，持续不停地讲几分钟的话。多次进行这样的活动之后，罪犯的社交恐惧症状就有可能减轻或者消失。

（2）想象冲击疗法。这是指让罪犯想象自己正处在十分恐惧或者焦虑的情境中从而消除这类情绪的方法。例如，对于害怕乘

---

① 参见张雨新：《行为治疗的理论和技术》，光明日报出版社1989年版，第175页。

电梯的罪犯,可以指示他们想象自己正坐在迅速下降或者上升的电梯中,想象乘坐电梯的感受。进行多次持续一定时间的想象之后,罪犯就可能不再对乘坐电梯感到恐惧或者焦虑。

研究发现,现实冲击疗法的效果似乎要比想象冲击疗法好;长时间呈现刺激的治疗效果要优于短时间的刺激呈现;即时的社会性强化和矫治人员的示范,有助于治疗效果的增强。

应当看到,冲击疗法既有优点也有弊端。冲击疗法的优点在于,简便易行,疗程短,收效快。但是,由于这种矫正方法会使治疗对象一下进入最富于刺激性的恐惧情境中,会引发治疗对象强烈的情绪反应,使治疗对象产生极其强烈的心理冲击和生理反应,这可能会使治疗对象的心理承受能力、身体状态等受到考验,治疗对象可能会体验到情绪痛苦,甚至有可能引起更加严重的后果。因此,使用这种矫正方法时,一定要谨慎小心;不能轻易使用这种矫正方法,不要把它作为首选的矫正方法。尤其是对患有严重心血管疾病的罪犯,不能使用这种矫正方法。

第四节　现实疗法

一、概述

现实疗法(reality therapy)是培养罪犯现实的、负责的和正确的行为的一种心理矫治方法。

现实疗法是由美国加利福尼亚州洛杉矶的精神病学家威廉·格拉泽(William Glaser,又译为"格拉塞")和哈林顿(G. L.

Harrington)创立的。格拉泽等 1965 年在加利福尼亚州洛杉矶的文特拉学校(Ventura School)治疗被监禁的犯罪少女时,归纳出了这种矫治方法。因此,这是一种专门为矫治罪犯的不良行为模式而创立的行为矫正方法。

现实疗法的目的,是帮助罪犯形成现实的、负责的和正确的行为模式,使罪犯能够用这样的行为模式满足自己的需要。所谓"现实的",是指个人的行为应当符合现实生活的规范;应该把罪犯从虚构的世界中拉回到现实中来,让罪犯明白他们的行为是不现实的,是不为社会所接受的。所谓"负责的",是指个人满足自己的基本需要的方式应当符合社会要求,个人不能使用剥夺他人的需要的方式来满足自己的需要。所谓"正确的",是指个人满足基本需要的行为方式应当符合社会道德和法律的要求,并且充满爱心,能够体现自己的价值。

现实疗法最重要的原理有两条:[1]
(1)坚定地相信人是有尊严的;
(2)确信人具有改善自己的能力。

在国外,现实疗法已经大量应用于对犯罪人的心理矫治中。而且,随着心理学家不断尝试应用这种治疗方法解决人们的行为问题,这种方法已经成为一种普遍使用的心理治疗方法,治疗对象不再仅仅限于犯罪人和罪犯,也扩展适用于普通人。[2] 在国内,还没有见到利用这种方法矫治罪犯的报道。

---

[1] 吴宗宪:《国外罪犯心理矫治》,中国轻工业出版社 2004 年版,第 230—231 页。

[2] 〔美〕理查德·沙夫(Richard S. Sharf):《心理治疗与咨询的理论及案例》(下册),胡佩诚等译,中国轻工业出版社 2000 年版,第 511—554 页。〔美〕杰拉德·科里(Gerald Corey):《心理咨询与心理治疗》,石林、程俊玲译,中国轻工业出版社 2000 年版,第 203—238 页。

使用现实疗法进行心理矫治活动的第一步,是对罪犯的情况进行全面评估。然后,才能开展治疗活动。

二、罪犯评估

对罪犯进行评估,清楚地了解罪犯的情况,是使用现实疗法的重要内容。在进行评估时,可以使用访谈报告表和自我评估表等来进行。

一般而言,对罪犯的评估主要包括下列方面:

1. 需要

心理矫治人员首先要询问罪犯的需要,从而了解罪犯的治疗动机。罪犯在归属、权利、自由和快乐等方面,可能有不同的需要内容。心理矫治人员要通过表格、提问等方式,了解罪犯在这些方面的需要内容,为进一步确立具体的矫正目标奠定基础。

2. 对未来的想象

了解罪犯对理想的未来生活的设想。

3. 整体行为

在使用现实疗法时,心理矫治人员也要评估罪犯的整体行为。通常来讲,完整的行为包括四个方面的内容:(1)外显行动;(2)内心思想;(3)心理感受;(4)生理活动。在评估罪犯的整体行为时,应该从这四个方面进行。例如,国外有的治疗者在对一个监狱中的年轻犯人进行治疗时,对一名年轻犯人的整体行为进行了这样的评估:[1]

---

[1] 〔美〕理查德·沙夫:《心理治疗与咨询的理论及案例》(下册),胡佩诚等译,中国轻工业出版社 2000 年版,第 520 页。

（1）做——袭击同监狱的其他犯人（袭击骚扰儿童犯和强奸犯）；顶撞管教人员（言语攻击）；制造"杆子"（在监狱中制造刀子）。

（2）想——仇恨、愤怒、怨恨、失败感和恐惧。

（3）感受——无力感和失败感。

（4）生理活动——紧张、易激惹。

实际上，治疗活动也是紧紧围绕这些方面进行的。通过治疗活动，罪犯在这些方面可能会发生不同程度的转变。

4. 选择

罪犯的行为实际上是他们进行选择的结果。因此，心理矫治人员要在进行评估的过程中，了解罪犯的选择，从而决定首先满足罪犯的什么需要、改变罪犯的哪种行为。

三、治疗步骤

对于使用现实疗法的具体步骤，人们有不同的归纳和看法。例如，理查德·拉肯（Richard L. Rachin, 1989）将现实疗法的步骤分解为十四个环节，认为通过它们就能实现矫正目标。[1]

美国学者帕特里夏·范沃勒斯（Patricia Van Voorhis, 2000）等人认为，现实疗法有三个基本程序：[2]

（1）卷入（involvement）。这是指在罪犯与矫治人员之间建立

---

[1] 这十四个步骤的具体内容，参见吴宗宪：《国外罪犯心理矫治》，中国轻工业出版社2004年版，第232—234页。

[2] Patricia Van Voorhis, Michael Braswell & David Lester, *Correctional Counseling & Rehabilitation*, 4th ed. (Cincinnati, OH: Anderson Publishing Co., 2000), p.211.

起一种照管和尊重的关系。

（2）排斥不负责任的行为。矫治人员必须拒绝治疗对象的不现实、不负责任的行为。同时，要接纳治疗对象，维持与治疗对象的良好关系。

（3）教导(teaching)。矫治人员要教给治疗对象一些能够更好地满足其需要，同时又符合社会现实要求的行为方式。

一般而言，在对罪犯使用现实疗法时，可以按照下列八个阶段或者方面进行：

1. 建立友好关系

使用现实疗法的第一步，就是在罪犯与心理矫治人员之间建立友好的人际关系。心理矫治人员要通过具体的行为，包括倾听罪犯的诉说、对罪犯表现出热情、和蔼、友好的态度和眼神等，表示对罪犯的真诚关心，使罪犯对心理矫治人员产生信任。

2. 探索整体行为

在建立起基本的治疗关系之后，心理矫治人员要探索罪犯的整体行为，了解他们的做、想、感受和生理活动。

3. 评估行为

心理矫治人员可以通过提问、指导等技巧，让罪犯对自己的行为作出价值判断。这种评估既有利于罪犯准确认识自己的行为，也有利于心理矫治人员更好地了解罪犯。

4. 制订改变计划

在完成评估之后，心理矫治人员要和罪犯一起制订改变罪犯不良行为的计划。在这样的改变计划中，应当包括需要努力的方面(未来目标)、具体的行为方式(实现未来目标的途径)、预定的治疗时间(在多长时间内实现未来目标)等。改变计划应当能够满足罪犯在归属、权利、自由和快乐等方面的生理和心理需要。计划的内容应当明确、具体,具有很强的可操作性。

5. 实施计划

在使用现实疗法时,要通过书面合同或者口头协议,督促罪犯认真按照改变计划中确立的内容行动,从而减少和消除不良行为,确立新的行为模式。

以上五个方面就是现实疗法的基本步骤或者程序。除此之外,在使用现实疗法的过程中,还应当注意下列方面:

6. 不接受借口

在使用现实疗法时,心理矫治人员重视罪犯的实际行为表现,而拒绝罪犯为自己的不良行为寻找借口。

7. 没有处罚和批评

在使用现实疗法时,心理矫治人员不会对罪犯进行处罚和批评。根据格拉泽的观点,心理矫治人员不适合对没有完成现实矫正过程的来访者进行批评、处罚和辩论。批评是对教育和矫正过程的破坏。尽管有时需要批评,但是,要尽量少用批评,而且即使使用批评的话,也要对事不对人。

8. 不要放弃

改变是一个很不容易的过程。在这个过程中,即使罪犯重新出现了不良行为和反复,心理矫治人员也不能放弃;只要取得了一次成功,心理矫治人员就要鼓励、奖励罪犯,不断支持罪犯向成功的方向努力。

四、治疗技术

现实疗法比其他治疗方法更加倾向于使用特定的治疗技术。在现实疗法中,最常用的技术主要有五种:

1. 询问

询问在探索整体行为、评估罪犯的行为、设计特定的治疗计划等方面,都发挥着重要的作用。一般来说,询问在现实疗法中发挥着四方面的作用:(1)进入罪犯的内心世界,了解他们的需要、意愿和知觉;(2)收集信息,了解罪犯在做什么和想做什么;(3)向罪犯提供信息;(4)帮助罪犯进行更有效的控制。

2. 积极的态度

在使用现实疗法时,心理矫治人员要以积极的态度面对罪犯和他们的行为。心理矫治人员关注罪犯可以做什么,通过制订建设性的计划来强化罪犯的积极行动,甚至在谈论罪犯的错误时,也采用积极的态度。

3. 幽默

在使用现实疗法时,由于要求在罪犯与心理矫治人员之间建立起一种真正友好的人际关系,因此,就很需要幽默。心理矫治人员有时候会用幽默的言行自嘲,也会鼓励罪犯这样做。幽默是一种很好的减轻压力、缓解紧张的方法,特别是在矫治计划没有实现或者出现失败的时候,使用幽默可以减轻压力,有助于创造一种友好的气氛,能够满足罪犯的归属需要。

4. 矛盾技术

在使用现实疗法时,罪犯一般会按照治疗计划采取行动。但是,有时候,罪犯也会产生阻抗,抵制已经制订的治疗计划。在这些情况下,可以使用矛盾技术处理这样的问题。具体来说,有两种矛盾技术:

(1)再构造。这是指帮助罪犯把某种过去认为不需要的行为看作是需要的行为的治疗技术。例如,当某个罪犯请求同犯帮助解决某一问题时,遭到拒绝。在过去,这名罪犯毫无疑问已经遭受了挫折。但是,按照再构造方法,可以这样说:你真勇敢,能够有勇气向这样一个难缠的人请教问题。

(2)矛盾处方。这是指心理矫治人员指导罪犯继续从事某种本来需要加以矫治的不良行为。例如,如果一名罪犯特别容易脸红,那么,心理矫治人员就可以让这名罪犯告诉别人:他是怎样经常脸红的,脸怎样红等。

第五节 其他行为矫正技术

除了上述主要的行为矫正方法之外,还有其他一些这样的技术,可以在罪犯行为矫治中使用。这些技术主要有:

一、消退技术

消退技术(extinction technique)是指停止对某种行为的强化从而使该行为消失的行为矫正技术。

消退技术是常用的行为矫治技术之一。这种技术的基本原理在于,别人的关注是一种强化来源,许多不良行为就是由于受到别人的关注而得到强化的。因此,要消除这种行为,就要在这种行为出现时不予关注。这样,这种行为就会逐渐消失,最终不再出现。

可以利用消退技术消除罪犯的多种不良行为。例如,有的罪犯在长期服刑之后,可能会出现赦免妄想观念。他们根据自己的猜测或者从新闻媒体报道中获得的似是而非的信息,坚信自己会得到赦免。而且,他们逢人就会诉说自己的这种观念。对于这样的罪犯,可以采用消退技术进行矫治。即当他们诉说这样的内容时,周围的人不予理睬,既不聆听,也不评论。时间一长,罪犯自己就会停止这样的行为。

为了增强消退技术的治疗效果,在使用消退技术时,应当注意下列方面:

1. 选择需要消退的不良行为。使用消退技术的第一步,就是要认真地分析罪犯的行为表现,从中确定需要通过消退技术加以消除的不良行为或者问题行为,从而确立消退技术适用的对象。

2. 消退与正强化相结合。在消退不良行为的同时,心理矫治人员要注意强化罪犯表现出的适宜行为。只有将对不良行为的消退与对适宜行为的强化相结合时,消退的效果才有可能最强。

3. 控制矫治环境,保持消退的一致性。在采用消退技术时,要营造出一种所有人保持一致态度,共同消退罪犯不良行为的环境。如果在采用这种技术时,有些人致力于消退,而有些人则对罪犯的不良行为进行强化的话,就会形成矛盾的环境,使罪犯的不良行为在被消退的同时,又得到某种强化,这会严重影响消退效果。

4. 消退技术的使用需要持续一定的时间。使用消退技术消除罪犯的不良行为,往往需要较长的时间才有可能奏效。在采用这种技术的初期阶段,不良行为可能会反复出现。随着消退活动的不断进行,不良行为才有可能逐渐减少,直至最终消失。

5. 对于自我伤害行为或者攻击性行为,不能采取消退技术加以矫治。这是因为,消退技术要在经过较长时间之后才能产生效果,而在这个期间,这些行为可能会造成危害后果。

6. 恰当使用指示。在采用消退技术的过程中,如果恰当使用指示,可以促进消退效果。例如,在开始采用消退技术的时候,可以这样对罪犯讲:"如果你做某事,那么,就不会得到你所需要的东西(即正强化物)。"

二、过度矫正技术

过度矫正(overcorrection technique)是指不仅要矫正问题行为,还要使罪犯做得比问题行为产生以前更好的一种不良行为矫治技术。

在监狱领域中,可以利用这种技术矫治罪犯滞呆的社会反应(例如,沟通、目光接触、注意力不集中方面的问题)、刻板的自我刺激行为和自我伤害行为,还可以用来矫治罪犯的攻击与破坏行为等。

过度矫正技术是一种负强化性的行为矫治技术,它包括两个部分:

1. 恢复

恢复是指让罪犯将环境或者自身行为恢复到没有遭受损害之前的面貌。例如,如果罪犯进行了破坏监狱环境的行为,就要求罪犯恢复原状,将被破坏的环境修复。

2. 正性练习

正性练习是指让罪犯反复练习正确的行为,使环境和自身状况变得比损害之前更好。这也就是过度矫正的含义。例如,当发现罪犯在墙壁上乱涂乱画后,心理矫治人员不仅要让罪犯消除乱涂乱画的痕迹,还要把周围墙壁上别人乱涂乱画的痕迹也要全部消除。又如,某个罪犯在上完课离开教室时,搞乱了自己的桌子,心理矫治人员不仅让这名罪犯摆好自己的桌子,还要求他摆好整个教室内所有的桌椅。

让从事问题行为的罪犯反复进行正性练习,也就是过度矫正,实际上包含着惩罚的意义。因此,这种方法实际上是一种惩罚性治疗方法或者负强化性治疗方法。

过度矫正法应当在产生问题行为之后立即使用。根据问题行为的严重程度的不同,正性练习的时间通常可以持续 5—10 分钟,但是,在特殊情况下时间可以延长,甚至可以达到 2 小时。

为了提高过度矫正法的效果,可以将这种技术与清洁训练、秩序训练、社会道歉训练、个人仪表训练、安静和放松训练等结合使用。

在对罪犯使用过度矫正技术时,应该注意下列方面:

(1)在罪犯出现不良行为之后,要尽早使用这种技术进行矫治。这样,可以更有效地促使罪犯在不良行为与惩罚性的过度补偿行为之间形成条件反射,使其在以后因为害怕受到这样的惩罚而不敢进行不良行为。

(2)让罪犯进行的恢复和正性联系活动,应该能够给本人和其他人带来好处。要避免为了惩罚罪犯而让其进行没有积极社会价值的活动的现象。

(3）在罪犯进行恢复活动时,要尽量减少强化,例如,表扬等。因为,这是罪犯的不良行为产生的必然后果,是其应当履行的义务。

（4）在罪犯进行正性练习时,可以给予适当的正强化。

（5）要求罪犯进行过度补偿的行为次数或者程度应当多一些、强一些,达到"过度"的标准,否则,就不会加深罪犯的痛苦体验和对不良行为后果的记忆,过度矫正技术的效果就可能差一些。

（6）在使用过度矫正技术对罪犯进行行为矫正时,要注意观察罪犯是否出现其他不良反应。如果出现预期之外的其他不良反应时,应当及时停止活动,进行必要的补救。

（7）由于过度矫正技术的使用,会使罪犯体验到痛苦,因此,在使用的过程中,最好首先经过"知情后同意"程序,使罪犯在了解有关情况之后愿意采用这种技术矫正自己的不良行为。

三、反应代价技术

反应代价技术（response cost technique），又称为"反应付出"技术,它是指在罪犯进行了不良行为后随即失去相应的强化物的一种行为矫治技术。

反应代价技术是一种负强化性行为矫治技术。这种行为矫治技术的原理是,当罪犯进行了某种不良行为时,就要从他那里拿走一定数量的强化物,包括实物、分数、优惠待遇、金钱等,使其遭受一定损失,为自己的不良行为付出代价。由于这种损失造成的惩罚效果,使罪犯在以后因为惧怕再次遭受损失或者惩罚而不致进行类似行为,这样,他们在未来进行类似不良行为的可能性就会减小。

反应代价是一种十分常用的行为矫治技术。例如,对于交通违章的驾驶员所处的罚款,没收进行了不良行为的儿童的玩具等。在监狱环境中,也可以对罪犯使用这种行为矫治技术,例如,对于违反监规纪律的罪犯,可以扣除其分数。

对罪犯使用这种行为矫治技术时,应该注意下列方面:

(1) 认真选择使罪犯丧失的强化物。这种强化物应当是能够使罪犯感到不适或者痛苦的强化物。如果拿走强化物不会产生这样的效果,这种技术就不会产生行为矫治效果。

(2) 应当在不良行为发生之后尽可能迅速地拿走强化物。这意味着,在进行不良行为与失去强化物之间的时间应当尽可能短一些,这有利于罪犯在两种事件之间形成条件反射,便于发挥拿走罪犯强化物的事件对于罪犯的惩罚作用,使这种事件能够更好地发挥威慑作用,有效地遏止以后可能产生的不良行为。

(3) 拿走的强化物的数量应当与不良行为的严重性相称。当不良行为严重时,要多拿走一些强化物;当不良行为轻微时,可以少拿走一些强化物。

(4) 罪犯因为不良行为而失去的强化物,不能是法律规定必须保护的罪犯基本权利范围内的事项。例如,不能用减少罪犯的饮食(饿饭)的方法使用反应代价技术。

(5) 让罪犯遭受损失的行为,不能对罪犯的身心健康造成损害。

四、自我管理技术

（一）基本含义

自我管理技术（self-management technique）又称为"自我控制"（self-control）、"自我调整"（self-regulation）等，这是指通过罪犯的自我努力来矫治其不良行为模式的行为矫正方法。

文献中论述的行为矫正方法，大部分都是由别人来控制和掌握的，治疗对象往往处在被动的地位。与这些治疗方法不同，自我管理技术是一种由罪犯自己主动参与、自己发挥能动作用和积极性的行为矫正技术。这种由罪犯自己主导的技术，可以适用于几乎所有的不良行为，特别是顽固性的不良行为习惯，例如，吸烟、吸毒、嗜酒成瘾、贪食、情绪失常、抑郁症、孤独症、青春期情感混乱、失眠等。

自我管理技术主要包括四种自我管理策略。

（1）自我监控（self-monitoring）。这是指罪犯对自己的不良行为（包括相关的思想、情感等）进行观察和记录的活动。罪犯的不良行为涉及他们自己以及他们与环境之间的相互作用，要通过自我监控关注这些相互作用。

（2）刺激控制（stimulus control）。这是指事先安排好那些可能会增加或者减少目标行为的刺激和线索的活动。特别是指要控制和减少可能引发不良行为的刺激。

（3）自我奖赏（self-reward）。这是指在自己做出所期望的行为反应之后，给予自己一个积极的刺激的活动。例如，对于试图戒除长期持续的烟瘾的罪犯来说，当他在控制自己一天没有吸烟之后，可以奖励自己一块糖。

（4）自为榜样(self-as-a-model，又译为"自我偶像")。这是指把自己作为一个榜样人物，观察自己用理想的方式进行目标行为的现象。例如，对于一个试图矫正口吃习惯的罪犯来说，可以让他们对着录音机讲话，然后聆听自己的讲话。如果磁带中的录音减少了口吃现象，就给自己一种奖励。

自我管理技术具有一些明显的优点。

第一，这种技术可以充分发挥罪犯的主动性和积极性，提高他们矫治自己不良行为习惯的自觉性。

第二，可以增加罪犯对治疗环境的控制感，从而减少在不良行为矫治中对心理矫治人员和其他人的依赖。

第三，这种技术非常实用。在使用时，不需要很多的花费，不需要专门的仪器设备，不需要别人的协助，随时随地都可以进行。

第四，罪犯可能会更愿意接受这种治疗技术，因为他可以按照自己的意愿进行，不必听从别人的指挥。特别是对于那些不信任别人的罪犯来说，可以指导他们尝试自我管理技术。

第五，可以更好地将治疗结果扩展应用于实际生活。实际上，很多的自我管理内容，是针对日常生活的某一个方面进行的，而不是针对模拟的治疗内容进行的。在学会一定的自我管理技术之后，可以将它们应用于更多的环境和对象。

（二）使用步骤

在指导罪犯使用自我管理技术消除不良行为时，可以按照下列步骤进行：

1. 讲解原理

许多罪犯并不了解自我管理技术的原理和步骤。因此，对罪犯使用自我管理技术时,首先要用通俗的语言解释这种技术的内容,帮助罪犯认识这种技术,产生愿意利用这种技术解决自己的不良行为或者不良行为习惯的愿望。

2. 明确问题

这是指帮助罪犯认识他们存在的、需要依靠这种技术加以解决的问题或者不良行为。在这个过程中,心理矫治人员最好能够与罪犯一起分析和讨论罪犯的情况,用书面的形式列举出需要解决的问题或者不良行为,明确它们的具体表现与严重程度。

3. 制订计划

在这个阶段,要制订进行自我管理的具体计划。这项计划主要包括下列内容:

(1) 确立通过自我管理技术所要达到的具体目标。例如,减轻或者完全消除所存在的问题、改变某种不良行为习惯等。为了增强自我管理的效果,这个目标应当是分阶段的,即首先要确立基线水平,也就是目前的状况;然后,确定在不同的时间阶段所要达到的目标。例如,罪犯目前每天吸一包烟,这是进行自我管理的基线标准;经过一个月的自我管理之后,每天吸半包烟;经过两个月的自我管理之后,每天1/4包;经过三个月的自我管理矫正,彻底戒除烟瘾。

(2) 明确自我监督的措施。在这个计划中,要确定如何监督自己实现预定的目标,包括自我监督的具体措施(文字记录、填写表格、仪器记录等),对不同表现的奖罚措施等。

4. 实施计划

要根据自我管理计划中确定的内容,开始进行自我管理活动。在进行自我管理的过程中,要通过自我监控、刺激控制、自我奖赏和自我偶像等方法,使自己朝着预定的目标努力。在这个过程中,要注意随时评估和记录自己行为的变化,评价自我管理计划的可行性和实用性。如果发现自我管理计划不符合实际情况,或者周围的环境条件已经发生了很大的变化时,要及时调整自我管理计划。

5. 预防复发

罪犯不仅要通过自我管理技术解决问题和消除不良行为,而且要保持已经发生的积极变化,预防"旧病复发"。在这方面,要注意及时停止自我管理方法,让环境中自然出现或者存在的强化或者惩罚,来维持已经出现的积极变化或者替代行为。例如,罪犯减少吸烟之后,监舍内的空气质量得到改善,因此受到同监舍其他罪犯的肯定。在这种情况下,别人的肯定就成为一种自然强化物,督促和鼓励罪犯继续保持少吸烟的行为变化。

但是,自然强化不可能长期维持已经出现的积极变化。因此,罪犯有必要连续地实施一些自我管理计划,至少应该定期实施自我管理计划,逐步养成良好行为习惯。只要形成牢固的良好行为习惯,就可以大大减少复发的可能性。

为了帮助罪犯减少复发的可能性,心理矫治人员也可以通过与罪犯签订行为合同的方法,督促罪犯保持已经出现的积极变化。在行为合同中可以规定,罪犯在多长时间不出现复发,就可以得到什么奖赏等。

此外,心理矫治人员也可以鼓励罪犯自愿与周围的其他罪犯建立"伙伴"关系,让别人监督自己的行为,避免出现复发现象。

主要参考文献

一、中文文献（以著者姓名的汉语拼音顺序排列）

艾永明、朱永新:《刑罚与教化——中国犯罪心理思想史论》,对外贸易教育出版社1993年版。

〔美〕埃利奥特·阿伦森等(Elliot Aronson, Timothy D. Wilson & Robin M. Akert):《社会心理学》(第五版),侯玉波等译,中国轻工业出版社2005年版。

〔美〕乔斯·阿什福德、克雷格·温斯顿·雷克劳尔和凯西·L.洛蒂:《人类行为与社会环境:生物学、心理学与社会学视角》(第二版),王宏亮等译,中国人民大学出版社2005年版。

〔苏联〕Л.В.巴格里-沙赫马托夫:《刑事责任与刑罚》,韦政强、关文学、王爱儒译,法律出版社1984年版。

〔美〕A.班都拉:《思想和行动的社会基础——社会认知论》(上、下册),林颖等译,华东师范大学出版社2001年版。

〔美〕阿伦·贝克等(Aaron T. Beck, Arthur Freeman, Denise D. Davis):《人格障碍的认知治疗》,翟书涛等译,中国轻工业出版社2004年版。

〔苏联〕彼得洛夫斯基主编:《普通心理学》,朱智贤等译,人民教育出版社1981年版。

〔美〕戴维·波谱诺:《社会学》(第十版),李强等译,中国人民大学出版社2002年版。

〔英〕罗纳德·布莱克本(Ronald Blackburn):《犯罪行为心理学:理论、研究和实践》,吴宗宪、刘邦惠等译,中国轻工业出版社2000年版。

〔美〕杰里·伯格(Jerry M. Burger):《人格心理学》,陈会昌等译,中国轻工业出版社2000年版。

〔美〕乔纳森·布朗:《自我》,陈浩莺等译,人民邮电出版社2005年版。

蔡墩铭:《犯罪心理学》(上、下册),台湾:黎明文化事业股份有限公司1979年版。

陈士涵:《人格改造论》(上、下卷),学林出版社2001年版。

陈士涵:《人格改造论》(增补本,上、下册),学林出版社2012年版。

陈志尚主编:《人学原理》,北京出版社2005年版。

〔美〕丹尼斯·库恩(Dennis Coon):《心理学导论——思想与行为的认识之路》,郑钢等译,中国轻工业出版社2004年版。

〔美〕杰拉德·科里(Gerald Corey):《心理咨询与心理治疗》,石林、程俊玲译,中国轻工业出版社2000年版。

〔俄〕阿·伊·道尔戈娃主编:《犯罪学》,赵可等译,群众出版社2000年版。

〔意〕恩里科·菲利:《犯罪社会学》,郭建安译,中国人民公安大学出版社2004年版。

〔意〕恩里科·菲利:《实证派犯罪学》,郭建安译,中国人民公安大学出版社2004年版。

〔法〕米歇尔·福柯:《规训与惩罚》,刘北成、杨远婴译,生活·读书·新知三联书店2003年版。

高觉敷主编:《西方心理学的新发展》,人民教育出版社1989年版。

高觉敷主编:《中国心理学史》,人民教育出版社1985年版。

高觉敷主编:《西方近代心理学史》,人民教育出版社1982年版。

国务院新闻办公室:《中国改造罪犯的状况》,法律出版社1992年版。

郭明:《中国监狱学史纲》,中国方正出版社2005年版。

〔美〕特拉维斯·赫希:《少年犯罪原因探讨》,吴宗宪等译,中国国际广播出版社1997年版。

〔英〕克莱夫·霍林(Clive R. Hollin)主编:《罪犯评估和治疗必备手册》,郑红丽译,中国轻工业出版社2006年版。

〔英〕安东尼·吉登斯:《社会学》(第四版),赵旭东等译,北京大学出版社2005年版。

纪敏主编:《伪满皇帝群臣改造纪实》,辽宁人民出版社1992年版。

〔美〕罗伯特·M.加涅:《学习的条件》,傅统先、陆有铨译,人民教育出版社1986年版。

金鉴主编:《监狱学总论》,法律出版社1997年版。

金源:《奇缘——一个战犯管理所所长的回忆》,崔泽译,解放军出版社1999年版。

荆其诚、林仲贤主编:《心理学概论》,科学出版社1986年版。

〔苏联〕B. H. 库德里亚夫采夫:《违法行为的原因》,韦政强译,群众出版社1982年版。

〔苏联〕B. H. 库德里亚夫采夫主编:《犯罪的动机》,刘兆琪译,群众出版社1992年版。

力康泰主编:《劳动改造法学研究综述》,中国人民大学出版社1993年版。

〔美〕杰里米·里夫金:《生物技术世纪——用基因重塑世界》,付立杰、陈克勤、昌增益译,上海科技教育出版社2000年版。

李成、刘居祥、张安民主编:《服刑人员心理矫治专论》,中国文联出版社2001年版。

李从培主编:《司法精神病学》,人民卫生出版社1992年版。

李甲孚:《中国监狱法制史》,台湾商务印书馆1984年版。

李均仁主编:《提高改造质量调研报告选集》,群众出版社1992年版。

李心天主编:《医学心理学》,北京医科大学、中国协和医科大学联合出版社1998年版,第217页。

刘邦惠主编:《犯罪心理学》,科学出版社2004年版。

刘翔平、葛鲁嘉:《男女差异心理学》,北方妇女儿童出版社1988年版。

罗大华主编:《犯罪心理学》,中国政法大学出版社2002年版。

马克昌主编:《近代西方刑法学说史略》,中国检察出版社2004年版。

潘华仿主编:《外国监狱史》,社会科学文献出版社1995年版。

〔美〕L. A. 珀文:《人格科学》,周榕、陈红、杨炳钧、梁秀清译,华东师范大学出版社2004年版。

曲新久:《刑法的精神与范畴》,中国政法大学出版社2000年版。

〔美〕戴维·西尔斯等(David O. Sears, Jonathan L. Freedman & Letitia Anne Peplau):《社会心理学》(第五版),黄安邦译,台湾五南图书出版公司1986年版。

〔美〕戴维·谢弗(David Shaffer):《发展心理学》(第6版),邹泓等译,中国轻工业出版社2005年版。

邵名正主编:《中国劳改法学理论研究综述》,中国政法大学出版社1992年版。

沈渔邨主编:《精神病学》(第四版),人民卫生出版社2001年版。
〔德〕汉斯·约阿希姆·施奈德:《犯罪学》,吴鑫涛、马君玉译,中国人民公安大学出版社1990年版。
叔弓:《中国改造日本战犯始末》,群众出版社2005年版。
司法部监狱管理局编:《全国监狱系统提高改造质量工作座谈会文集》,2002年版。
司法部监狱管理局教育改造处编:《教育改造工作经验选编》(1984—1995),司法部监狱管理局1996年印。
司法部劳改局编:《毛泽东等老一辈革命家论改造罪犯工作》,法律出版社1993年版。
〔美〕罗伯特·斯腾伯格等(Robert J. Sternberg & Wendy M. Williams):《教育心理学》,张厚粲译,中国轻工业出版社2003年版。
〔美〕J. M. 索里、C. W. 特尔福德:《教育心理学》,高觉敷等译,人民教育出版社1982年版。
〔苏联〕斯·塔拉鲁欣:《犯罪行为的社会心理特征》,公人、志疆译,国际文化出版公司1987年版。
〔美〕泰勒等(S. E. Taylor, A. A. Peplau & D. O. Sears):《社会心理学》(第十版),谢晓非等译,北京大学出版社2005年版。
王明迪主编:《个别教育经验文集》,中国政法大学出版社1993年版。
王明迪、郭建安主编:《岁月铭记——新中国监狱工作50年》,法律出版社2000年版。
王牧主编:《新犯罪学》,高等教育出版社2005年版。
王牧主编:《新犯罪学》(第三版),高等教育出版社2016年版。
王平:《中国监狱改革及其现代化》,中国方正出版社1999年版。
魏英敏主编:《新伦理学教程》(第二版),北京大学出版社2003年版。
〔美〕劳伦斯·赖茨曼(Lawrence S. Wrightsman):《司法心理学》,吴宗宪等译,中国轻工业出版社2004年版。
吴宗宪:《国外罪犯心理矫治》,中国轻工业出版社2004年版。
吴宗宪:《当代西方监狱学》,法律出版社2005年版。
吴宗宪:《西方犯罪学》(第二版),法律出版社2006年版。
吴宗宪:《西方犯罪学史》(第二版),中国人民公安大学出版社2010年版。
吴宗宪主编:《中国现代化文明监狱研究》,警官教育出版社1996年版。
吴宗宪主编:《中国服刑人员心理矫治》,法律出版社2004年版。

夏宗素、朱济民主编:《中外监狱制度比较研究文集》,法律出版社 2001 年版。
辛国恩等著:《毛泽东改造罪犯理论研究》,人民出版社 2006 年版。
徐朝阳:《中国刑法溯源》,商务印书馆 1929 年版。
薛梅卿主编:《中国监狱史》,群众出版社 1986 年版。
姚云辉主编:《新时期罪犯改造研究论文选集》,群众出版社 1991 年版。
于风政:《改造》,河南人民出版社 2001 年版。
〔美〕查尔斯·H. 扎斯特罗等:《社会工作实务:应用与提高》(第七版),晏凤鸣译,中国人民大学出版社 2005 年版。
翟中东:《刑法中的人格问题研究》,中国法制出版社 2003 年版。
张春兴:《现代心理学——现代人研究自身问题的科学》(第二版),上海人民出版社 2005 年版。
张岱年、方克立主编:《中国文化概论》,北京师范大学出版社 1994 年版。
张辅麟、田敬宝、夏芒、张岩峰:《史证——中国教育改造日本战犯实录》,吉林人民出版社 2005 年版。
张雨新:《行为治疗的理论和技术》,光明日报出版社 1989 年版。
章恩友:《罪犯心理矫治基本原理》,群众出版社 2004 年版。
赵敦华主编:《西方人学观念史》,北京出版社 2005 年版。
郑杭生主编:《社会学概论新修》(第三版),中国人民大学出版社 2003 年版。
钟启泉、黄志成:《西方德育原理》,陕西人民教育出版社 1998 年版。
《中国大百科全书·法学》,中国大百科全书出版社 1984 年版。
中华医学会精神科分会:《中国精神障碍分类与诊断标准》(第三版,CCMD-3),山东科学技术出版社 2002 年版。
周良沱:《张力场:罪因论新说》,《青少年犯罪研究》1989 年第 10 期。
朱济民主编:《论上海监狱工作》,上海人民出版社 1995 年版。
〔苏联〕B. K. 兹维尔布利、H. Ф. 库兹涅佐娃和 Г. M. 明科夫斯基主编:《犯罪学》,曾庆敏等译,群众出版社 1986 年版。

二、英文文献(以著者姓名的英文字母顺序排列)

Abrahamsen, David (1960). *The Psychology of Crime*. New York: Columbia

University Press.

_____ (1969). *Crime and Human Mind*. Montclair, NJ: Patterson Smith.

Alexander, Rudolph, Jr. (2000). *Counseling, Treatment, and Intervention Methods with Juvenile and Adult Offenders*. Belmont, CA: Brooks / Cole.

Allen, Francis A., "Criminal Justice, Legal Values and the Rehabilitative Ideal," *Journal of Criminal Law, Criminology & Police Science*, 50 (1959):226-230.

Allen, Harry E., Clifford E. Simonsen (1992). *Corrections in America: An Introduction* (6th ed.). New York: Macmillan Publishing Company.

_____ & Edward J. Latessa (2004). *Corrections in America: An Introduction* (10th ed.). Upper Saddle River, NJ: Pearson Prentice-Hall.

American Correctional Association (1998). *Correctional Officer: Resource Guide*. Laurel, MD: American Correctional Association.

_____ (1990). *Standards for Adult Correctional Institutions* (3rd ed.). Laurel, MD: American Correctional Association.

Andrew, D. A. & JamesBonta (1994). *The Psychology of Criminal Conduct*. Cincinnati, OH: Anderson Publishing Co.

_____ (1998). *The Psychology of Criminal Conduct* (2nd ed.). Cincinnati, OH: Anderson Publishing Co.

Bandura, Albert (1986). *Social Foundations of Thought and Action*. Englewood Cliffs, NJ: Prentice-Hall.

Barnes, Harry Elmer & Negley K. Teeters (1945). *New Horizons in Criminology: The American Crime Problem* (2nd ed.). New York: Prentice Hall.

Bartol, Curt R. (2002). *Criminal Behavior: A Psychosocial Approach* (6th ed.). Upper Saddle River, NJ: Prentice Hall.

Bartollas, Clemens (1985). *Correctional Treatment: Theory and Practice*. Englewood Cliffs, NJ: Prentice-Hall.

Beirne, Piers (ed., 1994). *The Origins and Growth of Criminology: Essays on Intellectual History, 1760 – 1945*. Aldershot, England: Dartmouth Publishing Company.

Blackburn, Ronald (1993). *The Psychology of Criminal Conduct: Theory, Research and Practice*. Chichester, West Sussex: John Wiley & Sons.

Blumstein, Alfred, "Interaction of Criminological Research and Public Policy," *Journal of Quantitative Criminology*, 12(1997):352.

Brodsky, Stanley L. & H. O'NealSmitherman (1983). *Handbook of Scales for Research in Crime and Delinquency*. New York: Plenum Press.

Carlson, Norman A., Karen M. Hess & Christine M. H. Orthmann (1999). *Corrections in the 21st Century: A Practical Approach*. Belmont, CA: West/Wadsworth.

Cavadino, Michael & James Dignan (2002). *The Penal System: An Introduction* (3rd ed.). London: Sage Publications.

Clear, Todd R., George F. Cole & Michael Reisig (2006). *American Corrections* (7th ed). Belmont, CA: Thomson/Wadsworth.

Clear, Todd R., George F. Cole & Michael Reisig (2011). *American Corrections* (9th ed.). Belmont, CA: Wadsworth.

Cortés, Juan B. & Florence M. Gatti (1972). *Delinquency and Crime: An Biopsychosocial Approach*. New York: Seminar Press.

Craig, Leam A., Louise Dixon & Theresa A. Gannon (eds., 2013). *What Works in Offender Rehabilitation: An Evidence-Based Approach to Assessment and Treatment*. Chichester, West Sussex: Wiley-Blackwell.

Creighton, Simon & Vicky King (2000). *Prisoners and the Law* (2nd ed.). London: Butterworths.

Cullen, Francis T. & Brandon K. Applegate (eds., 1997). *Offender Rehabilitation: Effective Correctional Intervention*. Aldershot, England: Ashgate/Dartmouth.

Cullen, Francis T. & Karen E. Gilbert (2013). *Reaffirming Rehabilitation*. New York: Elsevier.

Dunn, J. & R. Plomin (1990). *Separate Lives: Why Siblings Are so Different*. New York: Basic Books.

Ellis, L. (1987). "Relationships of Criminality and Psychopathy with Eight Other Apparent Behavioral Manifestations of Sub-Optimal Arousal," *Personality and Individual Differences*, 8(1987):905−925.

Ellis, Lee & Anthony Walsh (2000). *Criminology: A Global Perspective*. Boston: Allyn and Bacon.

Fattah, Ezzat A. (1997). *Criminology: Past, Present and Future—A Critical*

Overview. New York: St. Martin's Press.

_____ (1967). "Towards a Criminological Classification of Victims." *International Criminal Police Review*, 209:162-169.

Feldman, Philip (1993). *The Psychology of Crime: A Social Science Textbook*. Cambridge: Cambridge University Press.

Fields, Charles B. (ed., 1999). *Controversial Issues in Corrections*. Boston: Allyn & Bacon.

Findlay, Mark, Stephen Odgers & Stanley Yeo (2005). *Australian Criminal Justice* (3rd ed.). New York: Oxford University Press.

Foucault, Michel (1977). *Discipline and Punish: The Birth of the Prison*. Translated from the French by Alan Sheridan. New York: Vintage Books.

Freeman, Walter & James J. Watts (1942). *Psychosurgery*. Springfield, IL: Charles C Thomas. 2nd ed., 1950.

Gibbons, Don C. (1994). *Talking about Crime and Criminals: Problems and Issues in Theory Development in Criminology*. Englewood Cliffs, NJ: Prentice Hall.

Glueck, Sheldon & Eleanor T. Glueck (1950). *Unraveling Juvenile Delinquency*. New York: The Commonwealth Fund.

_____ (1956). *Physique and Delinquency*. New York: Harper.

Goldsmith, Andrew, Mark Israel & Kathleen Daly (eds., 2006). *Crime and Justice: A Guide to Criminology* (3rd ed.). NSW, Australia: Lawbook Co.

Goldstein, Arnold P., Barry Glick & John C. Gibbs (1998). *Aggression Replacement Training: A Comprehensive Intervention for Aggressive Youth* (revised ed.). Champaign, IL: Research Press.

Goring, CharlesBuckman (1972). *The English Convict: A Statistical Study*. Montclair, NJ: Patterson Smith.

Gottfredson, Michael R. & Travis Hirschi (eds., 1987). *Positive Criminology*. Thousand Oaks, CA: Sage.

_____(1990). *A General Theory of Crime*. Stanford, CA: Stanford University Press.

Gravett, Steve (1999). *Coping with Prison: A Guide to Practitioners on the Realities of Imprisonment*. London: Cassell.

Hagan, Frank E. (1998). *Introduction to Criminology: Theories, Methods, and Criminal Behavior* (4th ed.). Chicago, IL: Nelson-Hall Publishers.

Hippchen, Leonard J. (ed., 1978). *Ecologic-Biochemical Approaches to Treatment of Delinquents and Criminals.* New York: Van Nostrand Reinhold Co.

Hollin, Clive R. (ed., 2001). *Handbook of Offender Assessment and Treatment.* Chichester, West Sussex: John Wiley & Sons.

Home Office (2001). *Prison Statistics: England and Wales 2000.* London: The Stationery Office.

Jeffery, Clarence R. (1990). *Criminology: An Interdisciplinary Approach.* Englewood Cliffs, NJ: Prentice-Hall.

Johnston, Norman & Leonard D. Savitz (eds., 1978). *Just and Corrections.* New York: John Wiley & Sons.

Lamborn, Leroy (1968). "Toward a Victim Orientation in Criminal Theory." *Rutgers Law Review*, 22:733-768.

Latessa, Edward J., Shelley J. Listwan & Deborah Koetzle (2014). *What Works (and Doesn't) in Reducing Recidivism.* New York: Routledge.

Laub, John H. & Robert J. Sampson (1994). "The Sutherland-Glueck Debate: On the Sociology of Criminological Knowledge." In Beirne, Piers (ed.), *The Origins and Growth of Criminology: Essays on Intellectual History, 1760 – 1945.* Aldershot, England: Dartmouth Publishing Company.

Lipton, Douglas, Robert Martinsen & Judith Wilks (1975). *The Effectiveness of Correctional Treatment.* New York: Praeger.

Livingstone, Stephen & Tim Owen (1999). *Prison Law* (2nd ed.). New York: Oxford University Press.

Macionis, John J. (1987). *Sociology* (3rd ed.). Englewood Cliffs, NJ: Prentice Hall.

MacKenzie, Doris Layton (2006). *What Works in Corrections: Reducing the Criminal Activities of Offenders and Delinquents.* New York: Cambridge University Press.

Maguire, Mike, Rod Morgan & Robert Reiner (eds., 2002). *The Oxford Handbook of Criminology* (3rd ed.). Oxford: Oxford University Press.

Mark, Vernon & Frank Ervin (1970). *Violence and the Brain*. New York: Harper & Row.

Martin, Gary & Joseph Pear (2003). *Behavior Modification: What It is and How to Do It* (7th ed.). Upper Saddle River, NJ: Prentice-Hall.

Martinson, Robert (1974). "What Works? Questions and Answers about Prison Reform." *The Public Interest*, 42:22-54.

―――― (1979). "New Findings, New Views: A Note of Caution Regarding Dentencing Reform." *Hofstra Law Review*, 7:243-258.

Matza, David (1964). *Delinquency and Drift*. New York: John Wiley.

McGuire, James (ed., 2003). *Offender Rehabilitation and Treatment: Effective Programs and Policies to Reduce Re-Offending*. Chichester, West Sussex: John Willey & Sons.

――――, Tom Mason & Aisling O'Kane (eds., 2000). *Behaviour, Crime and Legal Processes: A Guide for Forensic Practitioners*. Chichester, West Sussex: John Willey & Sons.

McLaughlin, Eugene, John Muncie & Gordon Hughes (eds., 2003). *Criminological Perspectives: EssentialReadings* (2nd ed.). London: Sage Publications.

Mednick, Sarnoff A., Terrier E. Moffitt & Susan A. Stack (eds., 1987). *The Causes of Crime: New Biological Approaches*. New York: Cambridge University Press.

Mendelson, Benjamin (1956). "The Victimology." *Etudes Intemationales de PsychoSociologie Criminelle*, (July):23-26.

Morris, Norval (1974). *The Future of Imprisonment*. Chicago, IL: The University of Chicago Press.

―――― & David Rothman (eds., 1998). *The Oxford History of the Prison: The Practice of Punishment in WesternSociety*. New York: Oxford University Press.

Palmer, John W. & Stephen E. Palmer (1999). *Constitutional Rights of Prisoners* (6th ed.). Cincinnati, OH: The W. H. Anderson Company.

Palmer, Ted (1994). *A Profile of Correctional Effectiveness and New Directions for Research*. Albany, NY: State University of New York Press.

Reichel, Philip L. (2001). *Corrections: Philosophies, Practices, and*

Procedures (2nd ed.). Boston, MA: Allyn & Bacon.
Reid, Sue Titus (2003). *Crime and Criminology* (10th ed.). Boston, MA: McGraw-Hill.
Raine, Adrian (1993). *The Psychopathology of Crime: Criminal Behavior as a Clinical Disorder*. San Diego, CA: Academic Press.
Robinson, Gwen & Iain Crow (2009). *Offender Rehabilitation: Theory, Research and Practice*. London: Sage.
Robinson, Mathew B. (2004). *Why Crime? An Integrated Systems Theory of Antisocial Behavior*. Upper Saddle River, NJ: Pearson.
Saleilles, Raymond (1968). *The Individualization of Punishment*. Translated from the second French edition by Rachel Szold Jastrow. Montclair, NJ: Patterson Smith.
Schmalleger, Frank (2002). *Criminology Today: An Integrative Introduction* (3rd ed.). Upper Saddle River, NJ: Prentice Hall.
Siegel, Larry J. (2004). *Criminology: Theories, Patterns, and Typologies* (8th ed.). Belmont, CA: Wadsworth/Thomson Learning.
Silverman, Ira J. & Manuel Vega (1996). *Corrections: A Comprehensive View*. Minneapolis/St. Paul, MN: West Publishing Company.
Snarr, Richard W. (1996). *Introduction to Corrections* (3rd ed.). Madison, WI: Brown & Benchmark Publishers.
Stinchcomb, Jeanne B. & Vernon B. Fox (1999). *Introduction to Corrections* (5th ed.). Upper Saddle River, NJ: Prentice-Hall.
Sutherland, Edwin H. & Donald R. Cressey (1978). *Criminology* (10th ed.). Philadelphia, PA: J. B. Lippincott Company.
Sykes, Gresham M. & DavidMatza (1957). "Techniques of Neutralization: A Theory of Delinquency." *American Sociological Review*, 22 (December): 664-670.
Toch, Hans (ed., 1986). *Psychology of Crime and Criminal Justice*. Prospect Heights, IL: Waveland Press.
Valenstein, Elliot S. (1980). *The Psychosurgery Debate: Scientific, Legal, and Ethical Perspective*. San Francisco, CA: W. H. Freeman and Company.
VanVoorhis, Patricia, Michael Braswell & David Lester (2000). *Correctional*

Counseling & Rehabilitation (4th ed.). Cincinnati, OH: Anderson Publishing Co.

VanVoorhis, Patricia & Emily J. Salisbury (2014). *Correctional Counseling and Rehabilitation* (8th ed.). Waltham, MA: Anderson Publishing.

Vold, George B., Thomas J. Bernard & Jeffrey B. Snipes (1998). *Theoretical Criminology* (4th ed.). New York: Oxford University Press.

―――― (2002). *Theoretical Criminology* (5th ed.). New York: Oxford University Press.

Waldo, Gordon P. & Simon Dinitz (1967). "Personality Attributes of the Criminal: An Analysis of Research Studies, 1950 – 1965." *Journal of Research in Crime and Delinquency*, 4 (July):185-201.

Weiner, Irving & Allen K. Hess (eds., 1987). *Handbook of Foresic Psychology*. New York: John Wiley & Sons.

Weisburd, David, David P. Farrington & Charlotte Gill (eds., 2016). *What Works in Crime Prevention and Rehabilitation: Lessons from Systematic Reviews*. New York: Springer.

Wille, R. & K. M. Beier (1989). "Castration in Germany." *Annals of Sex Research*, 2:103-134.

Wilson, James Q. (1975). *Thinking about Crime*. New York: Basic books.

―――― & Richard J. Herrnstein (1985). *Crime and Human Nature: The Definitive Study of the Causes of Crime*. New York: Simon & Schuster.

术语译名对照表[①]

A

academic education 文化教育
activity reinforcer 活动型强化物
administrative individualization 行政个别化
Adolescent Problem Inventory（API） 青少年问题量表
adult basic education 成人基础教育
advanced social skills 高级社会技能
affection 感情
aftercare 后续治疗
aggression 攻击
aggressive episode 攻击发作
aggressiveness 攻击性
aggressivity 攻击性
agreeableness 宜人性（又译为"随和性"）
alcohol myopia 酒精近视
Alcoholics Anonymous（AA） 匿名戒酒会
aliphatic phenothiazines 脂肪族吩噻嗪
American Correctional Association 美国矫正协会
American Prison Association 美国监狱协会
amphetamine 苯丙胺（又译为"安非他命"）
amygdala 扁桃核
amygdalectomy 扁桃体切除术
amygdalotomy 立体定向杏仁核毁损术
anattention 不注意
androgen 雄激素
anterior capsulotomy 立体定向内囊前肢切开术
anterior cingulotomy 立体定向扣

[①] 说明：(1)本对照表中的大多数外语术语都是英语术语，其他语言的术语用括号注明。(2)术语按照英语字母顺序排列。(3)术语有冠词的，将冠词放在最后，用逗号隔开，例如，chronic dual diagnosed, the。

带回前部切开术
anterior region of the brain 脑前区
antiandrogen 抗雄激素
anticonvulsant 抗惊厥药（又译为"抗痉挛药"）
antidepressant 抗抑郁药
antiserotonergics 抗血清素类
antisocial 反社会者
antisocial associates 反社会同伴
antisocial attitude 反社会态度
antisocial behavior syndrome 反社会行为综合征
antisocial inclination 反社会倾向
antisocial set 反社会定势
antisocial tendency 反社会倾向
antisocial thinking 反社会思维
antisocial urge 反社会冲动
antisociality 反社会性
anxiety 焦虑
anxious schizoid offender 焦虑型精神分裂犯罪人
aptitude 能力倾向
asocial antisocial 不合群型反社会者
assaultiveness 侵害性
assessment interview 评估面谈
assistant chaplain 助理牧师
associate degree 准学士学位
attachment 依恋
attribution 归因
automatic nervous system 自主神经系统
availability heuristic 可用性策略

aversion conditioning 厌恶条件反射法
aversion stimuli 厌恶刺激
aversion therapy 厌恶疗法
aversive imagery 厌恶想象法
avoidance learning 回避学习（又译为"躲避学习""防患学习"）

B

bad feeling 消极情感
basal cortisol level 基础皮质醇水平
beginning social skills 起始性社会技能
behavior 行为
behavior modification 行为矫正
behavior therapy 行为疗法
behavioral contract 行为合同（又译为"行为契约""行为协议"等）
behavioral disinhibition theory 行为抑制解除理论
behavioral treatment 行为治疗
Benperidol 苯哌多
best practices 最佳实践
Big Four Factors 大四因素
big three of penology 刑罚学三巨人
biochemistry 生物化学
biologically weak victim 生理软弱型被害人
biosocial animal 生物社会性动物
black-white thinking 黑白思维

boot camp 矫正训练营
boot camp for adults 成人矫正训练营
boot camp for juvenile 少年矫正训练营
brain imaging 脑成像
brainwashing 洗脑
bushman 丛林居民
butyrophenones 丁酰苯类抗精神病药

C

Carbamazepine 氨甲酰氮草
Carrots 胡萝卜,正面鼓励方法
castration 阉割
catecholamine agonist 儿茶酚胺兴奋剂
cerebrospinal fluid(CSF) 脑脊液
character flaws 性格缺陷
cheating 欺骗
chemical castration 化学阉割
child molester 儿童性侵者
chlorpromazine 氯丙嗪
chlorprothixene 泰尔登
cholinergics 类胆碱
chronic dual diagnosed, the 慢性综合性疾病患者
Church of England 英国国教会
Cincinnati Declaration 《辛辛那提宣言》
coercive influence 强制型影响
coercive persuasion 强制说服
cognitive deficit 认知缺陷

cognitive development intervention 认知发展干预
cognitive distortion 认知歪曲
cognitive dysfunction 认知功能失调
cognitive indolence 认知懒散
cognitive processing deficit 认知加工缺陷
cognitive restructuring 认知重建
cognitive-behavior therapy(CBT) 认知行为疗法
cognitive-behavioral treatment methods 认知行为治疗方法
collective conscience 集体意识(又译为"共同意识")
collective experience 集体经验
communication 交流
communication of gestures 手势交往
community reinforcement approach (CRA) 社区强化法
community residential facility 社区住宿机构
community supervision for juvenile 少年犯罪人社区监督
community-based services 社区型服务
compulsive gambling 强迫型赌博
concept-based prison TC 概念性监狱治疗社
conditioned punisher 条件惩罚物
confession 忏悔
confrontation 对峙

conscientiousness 责任心（又译为"认真性""尽责性"）
consumable reinforcer 消费型强化物
containment 遏制
contingency contracting 相依合同
convict 罪犯
convicted offender 罪犯
cooperation victim 合作（犯罪）型被害人
correction 矫正
correctional industry 矫正工业
correctional program 矫正计划
counselor 咨询员
covert sensitization 内隐致敏法
Crime and Justice Institute（CJI） 犯罪与司法研究所
crime as a disorder 犯罪即障碍
criminal 犯罪人
criminal diathesis 犯罪素质
criminal influence 犯罪性影响
criminal subculture 犯罪亚文化
criminality 犯罪性
criminogenic 犯因性
criminogenic factor 犯因性因素
criminogenic gene 犯因性基因
criminogenic need 犯因性需要
criminogenic need assessment 犯因性需要评估
criminogenic need principle 犯因性需要原则
criminogenic risk 犯因性危险
criminogenic substance 犯因性物质
criminogenic tendency 犯因性倾向
cue to stop 中止线索
cult checklist 邪教清单
cult critic 邪教批评者
cult sympathizer 邪教同情者
cultic brainwashing 邪教洗脑
cultural transmission 文化传递
cutoff 停止
cyproterone acetate（CPA） 醋酸氯羟甲烯孕酮（又译为"醋酸色普龙"）

D

day-treatment placement 日间矫治安置
Declaration of Principles of 1870 《1870年原则宣言》
Deconditioning 去条件反射（法）
deep brain stimulation（DBS） 脑深部电刺激
delay of gratification 延迟满足
delinquency area 少年犯罪区
dental surgery 牙外科治疗
Depo-Provera 去甲孕酮
Deterrence 威慑
developmental facial disfigurement 发育型面部畸形
dialectical behavior therapy（DBT） 辩证行为疗法
diathesis 素质
discontinuity 不连贯
disfigurement 身体畸形

disfiguring blemish 损毁容貌型缺陷
dispensing of existence 生存分配
distress 苦恼
diversionary program 转处计划
doctrine over person 超越个人学说
doer-sufferer relationship 犯罪人—被害人关系
domestic violence treatment using a feminist perspective 女权主义型家庭暴力治疗
domestic violence treatment using arrest intervention 逮捕干预型家庭暴力治疗
domestic violence treatment using cognitive-behavioral treatment 认知行为型家庭暴力治疗
dominance-seeking behavior 谋求支配行为
dopamine 多巴胺
dorsolateral region 背侧区
dosage 干预度
Draw-A-Person Test 画人测验
drug court 毒品法庭
drug treatment 药物治疗
drug treatment in community 社区戒毒治疗
dualistic fallacy 二元论谬误
duet frame of reference 双重关系结构
dynamic risk 动态危险
dysfunction 功能失调
dysfunctional thought 功能障碍思想
dyssocial antisocial 社交紊乱型反社会者
dyssocial assault 社交紊乱型伤害
dysthymia 心境恶劣

E

EBP movement 循证实践运动
economic inequality 经济不平等
ego ideal 自我理想
egocentricity 自我中心
eight evidence-based principles for effective intervention 有效干预的八项循证原则
electronic monitoring (EM) 电子监控
Elmira Reformatory 埃尔迈拉教养院
emasculation 阉割
emotional lability 情绪不稳
entitlement 正当化
erroneous thinking pattern 错误思维模式
estrogen 雌激素
euphoriant 欣快剂
European Prison Rules 《欧洲监狱规则》
evidence-based correctional practices 循证矫正实践
evidence-based corrections 循证矫正
evidence-based medicine (EBM) 循证医学

evidence-based practice (EBP) 循证实践
evidence-based practices in corrections 循证矫正实践
evolution 进化
expressive element 表达成分
extinction technique 消退技术
extrafamilial factor 家庭外因素
extreme criminal 极端犯罪人
extrinsic motivation 外部激励
extroversion 外倾性,外倾性格

F

facilitation victim 助长(犯罪)型被害人
false victim 虚假被害人
faulty thinking pattern 错误思维模式
fearlessness 无恐惧感
Federal Bureau of Prisons (美国)联邦监狱局
feedback 反馈
feeling able to cope introversion 能够应对内向感
feeling not being taken care of 不受关照感
feeling of inadequacy 不适当感
feeling of not being taken seriously 不受重视感
feeling others will take care of one 别人会照管感
flooding therapy 冲击疗法
fluphenazine 氟奋乃静

fluphenazine enanthate 氟奋乃静庚酸盐
folk crime 民众犯罪
frequent offender 经常犯罪人
fretful aggressive antisocial 焦躁攻击型反社会者
fretful antisocial 焦躁型反社会者
frontal dysfunction 额叶功能障碍

G

gambling addiction 赌博成瘾
general equivalence diploma (GED) 普通同等学历证书
general responsivity 普遍对应性
general similarity 基本相似性
genetics 遗传学
gonadotropin 促性腺激素
Great Law of Pennsylvania 《宾夕法尼亚大法》
group social pressure 集体社会压力
guide 指导者
guided imagery 引导型想象

H

haloperidol 氟哌啶醇
Hamilton Anxiety Scale (HAMA) 汉密尔顿焦虑分级量表
Hamilton Depression Scale (HAMD) 汉密尔顿忧郁分级量表
hand deformities 手畸形
hierarchical TC 等级制治疗社区
high school education 中学教育

high-crime neighborhood 犯罪高发邻里
higher risk offender to re-offend 有较高再犯危险的犯罪人
home furlough 离监探亲
homework 课外作业
homosexual deviation 同性恋性变态
hormonal treatment 激素治疗
hormone 激素
hormone manipulation 激素操纵
hostility 敌意
human behavior 人类行为
human service disciplines 公共服务学科
human service strategies 人类服务策略
human service treatment 人类服务治疗
hyperirritability 应激性亢进
hyperkinetic bully antisocial 多动欺弱型反社会者
hypersexual pyromanic perversity 性欲亢进型纵火变态
hypoglycemia 低血糖症
hypothalamotomy 下丘脑切断术

I

ictal impulsive antisocial 突发冲动型反社会者
Id 本我（又译为"伊底"）
imipramine 丙咪嗪
immaturely slow EEG 不成熟的慢脑电波
immediate pleasure 即时快乐
immediate reward 直接奖赏
implosive therapy 暴露疗法
impulsive aggressive antisocial 冲动攻击型反社会者
impulsive antisocial 冲动型反社会者
impulsive outburst 冲动性爆发
impulsiveness 冲动性
impulsivity 冲动性
inadequate antisocial 不适当型反社会者
incarcerated-based drug treatment 监禁型戒毒治疗
income disparity 收入差距
income inequality 收入不平等
inculcation of guilt 诱导罪恶感
indeterminate sentencing 不定期量刑
individual characteristics 个人特征
individual difference 个别差异
individualized treatment 个别化矫治
indoctrination 教化（又译为"灌输"）
informed consent 知情后同意
initiation victim 激起（犯罪）型被害人
inner city substance abuser 内城区药物滥用者
inquisition 宗教裁判所
insight 领悟

instigation victim　教唆犯罪型被害人
instruction　指导
integrated model　整合模式
intellectual imbalance　智力不平衡
intensive supervision（ISP）　严格型监督
interactive balance　互动平衡
internal clock　内部时钟
International Penitentiary Congress　国际感化大会
intervention　干预
intervention service　干预服务
intervention strategy　干预策略
intrinsic motivation　内在动机
involvement　卷入
IQ imbalance　智商不平衡

J

judicial individualization　司法个别化
just deserts　公平惩罚

K

kleptomania　偷窃癖（又译为"偷窃狂"）

L

latent-predisposed victim　潜在—素质型被害人
lateralization　单侧化
Law Enforcement Assistance Administration（LEAA）　（美国）执法援助局
learning disability（LD）　学习无能（又译为"学习不能""学习困难""学习能力缺失""学习障碍"等）
left fronto-temporal-limbic structure　左前颞叶边缘结构
left-handedness　左利手现象（又译为"左撇子"）
legal individualization　法律个别化
leisure skills program　闲暇技能计划
Level of Service/Case Management Inventory（LS/CMI）　服务水平—个案管理调查表
life skills education　生活技能教育
linguistic intelligence　言语智力
listener scheme　聆听者计划
literacy education　扫盲教育
lithium　锂
lithium carbonate　碳酸锂
lobotomy　脑白质切除手术（又译为"脑白质切断术"）
love bombing　情人炸弹
loving attachment　关爱依恋

M

magnetic resonance imaging（MRI）　磁共振成像
manipulative reinforcer　操作型强化物
mark system　点数制
Martinson's bombshell　马丁森炸弹

median occipital fossa 中央枕骨窝
medical surgery 医学外科治疗
meditation 沉思
medroxyprogesterone（MPA） 醋酸甲羟孕酮
medroxyprogesterone acetate（MPA） 醋酸甲羟孕酮（又称为"安宫黄体酮"）
mental disorder 心理障碍
mental pathology 心理病态
mental skills 心理技能
menticide 精神扼杀
methylphenidate 哌醋甲酯
methylphenidate damphetamine 派甲酯苯丙胺
mildly retarded, the 轻度智力落后者
milieu control 环境控制
milieu program 环境矫正计划
mind control 心理控制
Minnesota Multiphase Personality Inventory（MMPI） 明尼苏达多相人格调查表
minor tranquilizer 弱安定剂（又译为"抗焦虑药""弱精神安定剂"）
mission 使命
mixed violent offender 混合型暴力犯罪人
modeling 示范
mollification 安慰
monoamine oxidase 单胺氧化酶
moral reconation therapy（MRT） 道德决定引导疗法
motivational interviewing 动机性面谈（又译为"励志性面谈"）
multicomponent work program 多成分工作计划
multifactor approach 多因素论
multi-modal approaches 多模式方法
multisystemic therapy（MST） 多系统治疗
mystical manipulation 神秘操纵

N

National Institute of Correction（NIC） （美国）全国矫正研究所
National Institute of Health（NIH） （美国）国家卫生研究院
need 需要
need distortion 需要歪曲
need for stimulation 追求刺激需要
need principle 需要原则
needle track 打针痕迹
negative practice 消极练习法（又译为"负性实践法"）
negative reinforcement 负强化
negative reinforcer 负强化物
neighborhood 邻里
neuroleptics 神经阻断剂（又译为"精神抑制药""安定药""抗精神病药"等）
neuroticism 神经质（又译为"情绪稳定性"）

neurotransmitter 神经递质（又译为"神经介质""神经传递素"）
new religious movements（NRMs） 新宗教运动
noncriminal 非犯罪人
noncriminogenic need 非犯因性需要
nonparticipating victim 未参与型被害人
nonrecidivist delinquent 非累犯型少年犯
nonsexual violent outburst 非性欲型暴力爆发
nonverbal intelligence 非言语智力
norepinephrine 去甲肾上腺素
Norfolk Island 诺福克岛
norm 统计常模
nothing works 矫正无效
novelty seeking 寻求新奇

O

objective 目标
offender 犯罪人
on-going support in natural communities 在自然社区中继续支持
openness to experience 开放性（又译为"经验开放性"或者"求新性"）
orbitofrontal region 眼眶额叶区
organizational development 组织发展
organizational efficiency 组织效能

orientation 入门教育，定向，取向
overconfidence barrier 过度自信障碍
overcorrection technique 过度矫正
overdeveloped superego 发展过度型超我
overpathologize 过度病态化
oxazepam 舒宁

P

pace 语速
Panel on Research on Rehabilitative Techniques（PRRT） 改造技术研究小组
partial sensory deprivation 部分感觉剥夺
participating victim 参与型被害人
passive avoidance learning deficits 被动回避学习缺陷
pastor 牧师
peer group 同伴群体
pemoline 匹莫林（又译为"帕吗啉"）
penal couple 刑事伙伴
penitentiary 感化院
penitentiary era 感化院时代
Pennsylvania system 宾夕法尼亚制
performance audit 绩效审核
performance intelligence 操作智力
periciazine 哌氰嗪
perpetration victim 进行（犯罪）型被害人

person perception 个体知觉
personal anger provocation hierachy 个人愤怒激发层次
personal officer 个人监护官
phenytoin 苯妥英
Philadelphia system 费城制
physiological drive 生理驱力
piperidine 哌啶
piperidine phenothiazines 哌啶吩噻嗪
piperizine 哌嗪烷
pitch 音调
planning skills 拟订计划技能
plastic surgery 整形外科
political brainwashing 政治洗脑
positive reinforcement 正强化
positive reinforcer 正强化物
positive stimulus 正性刺激
positron-emission topography（PET） 正电子放射层扫描术
possessional reinforcer 占有型强化物
post-secondary education 中学后教育
power orientation 权力取向
power thrust 权力能量
prayer 祈祷
precipitative victim 轻率型被害人
predatory bullying 掠夺型欺凌行为
predisposition 素质
prefront alleukotomy 前额叶脑白质切开术

prefrontal areas 大脑前额区
premenstrual syndrome 经前综合征
prerelease facility 释放前机构
present-time orientation 现在时间定向
primary antisocial syndrome 原发型反社会综合征
principle of correction 矫正原则
principles of effective interventions 有效干预原则
prison chapel 监狱教堂
prison industry 监狱工业
prison staff 监狱工作人员
prisoner 罪犯，犯人
problematic attitude 问题型态度
problematic belief 问题型信念
procriminal attitude 亲犯罪态度
progesterone derivative 孕酮衍生物
program 矫正计划
program of planned intervention 计划型干预计划
projection of hostility 敌意投射
propericiazine 哌氰嗪
prosocial diathesis 亲社会素质
prosocial modeling 亲社会型模仿
prosocial peer modeling 亲社会同伴模仿
prosocial sexual behavior 发展亲社会型性行为
pro-social structure 亲社会结构
pro-social support 亲社会支持

provocation victim 挑衅（犯罪）型被害人
psychiatric surgery 精神病学外科（又译为"精神科手术"）
psychological harassment 心理折磨
psychopath 精神病态者
psychopathology 精神病理现象
psychopathy 精神病态
psychophysiological underarousal 心理生理型激活不足
psychophysiology 心理生理学
psychosocial sex offender treatment 心理社会型性犯罪人治疗
psychostimulants 精神兴奋剂
psychosurgery 精神外科
psychotherapy 心理疗法，心理治疗
public assistance 公共救助
punishment 惩罚

R

radical differentiation 彻底区分
reality therapy 现实疗法
rearrest rate 重新逮捕率
reasoning and rehabilitation (R&R) 推理和改造
receptive element 接受成分
receptor 受体
recidivist delinquent 累犯型少年犯
reconstructing thought 重建思想
re-education 再教育
reentry program 回归计划

reform 改造
reform of convict 改造罪犯
reformation 改造
reformatory 教养院
rehabilitation 改造
rehabilitation model 改造模式
rehabilitation philosophy 改造哲学
rehabilitative efforts 改造活动
rehabilitative ideal 改造理想
rehabilitative intervention 改造型干预
rehabilitative philosophy 改造哲学
rehearsal 演练
reintegrative intervention 重整型干预
relapse prevention 复发预防
remodeling thought 重塑思想
repeated sexual offender 重复型性犯罪人
repeated sexually motivated arson 重复型性动机纵火
representativeness heuristic 代表性策略
reserpine 利血平
residential treatment for juvenile 居住式少年犯罪人治疗
response cost technique 反应代价技术
responsibility 责任
responsivity principle 对应性原则（又译为"回应性原则""响应性原则""应答性原则""因人施教原则"）

resting arousal 静止激活性
resting heart rate 静止心律
restricted future time perspective 有限的未来时间观点
retarded depression 阻抑性抑郁症（又译为"迟钝性抑郁症"）
risk principle 危险性原则
risk to reoffend 再犯危险
role taking 角色承担
role-playing 角色扮演

S

Sacks Sentence Completion Test 萨克斯句子完成测验
Samaritan 撒马利亚会
sanity 心智健全
satiation 饱和法
schizoid antisocial 精神分裂型反社会者
secondary education 中等教育
seizure threshold 发作阈限
selective serotonin reuptake inhibitors （SSRIs） 选择性血清素再吸收抑制剂
self-as-a-model 自为榜样（又译为"自我偶像"）
self-control 自我控制
self-evaluation 自我评价
self-growth program 自我成长计划
self-management technique 自我管理技术
self-monitoring 自我监控
self-mutilation 自残行为

self-regulation 自我调整
self-reward 自我奖赏
self-serving bias 自我服务偏向
self-victimizing victim 自我侵害型被害人
sensation seeking 追求轰动效应
sentimentality 怀旧卸责
serotonergics 血清素类
serotonin 5－羟色胺（又称为"血清素"）
serotonin precursor tryptophan 5－羟色胺前体色氨酸
serum testosterone 血清睾酮
severely mentally ill, the 严重精神病患者
sex hormone 性激素
sexual cravings 性渴望
sexual disorder 性障碍
sexual interest 性兴趣
sexual orientation 性取向
sexual preference 性偏好
shaping 塑造
simple extrovert antisocial 单纯外向型反社会者
simple hyperkinetic antisocial 单纯多动型反社会者
single factor approach 单因素论
site accreditation 现场鉴定
situational trigger 情境诱发物
skill alternatives to aggression 攻击替代技能
skill deficit 技能缺陷
skills for dealing with feelings 处理

情感技能
skills for stealing with stress 处理应激技能
skills training 技能培训
sleep deprivation 睡眠剥夺
social arrangement 社会安排
social cognition 社会认知
social detachment 社会分离
social information-processing deficits 社会信息处理缺陷
social learning 社会学习
social perception 社会知觉
Social Problem Solving Inventory-Revised 社会问题解决量表—修订版
social reinforcer 社会型强化物
socially weak victim 社会软弱型被害人
sociocentric orientation 社会中心定向
sociopathy 社会病态
solitary system 独居制
somatostatin 生长抑制素
special education 特殊教育
specific responsivity 特别对应性
spiritual exercises 精神训练
spontaneity 自发性
stage of change readiness 转变准备阶段
stereotactic subcaudate tractotomy (SST) 立体定向尾状核下束切开术
stereotactic surgery 脑立体定向外科手术
sticks 棍棒，负强化
stimulation seeking 追求刺激
stimulus 刺激
stimulus control 刺激控制
stimulus hunger 刺激饥饿（又译为"刺激缺乏"）；渴望追求刺激
strain theory 紧张理论
stress inoculation training 应激接种训练法（又译为"应激预防训练""紧张移植法"）
study release 学习释放
subculture 亚文化
superego 超我
superoptimism 过分乐观
supervision resources 监督资源
surgical castration 外科阉割
surgical treatment 外科手术治疗
surrogate parent 代理父母
survival program 生存计划
symbol 象征
systematic desensitization 系统脱敏法

T

target intervention 目标干预原则
target symptom 靶症状
tattoo 文身
teaching 教导
technique of religious brainwashing 宗教洗脑技术
Tennessee Self-Concept Scale 田纳西自我概念量表

testis 睾丸
testosterone 睾酮（又称为"睾丸素""睾丸酮"）
theoretical meta-analysis 理论型超级分析
therapeutic community（TC） 治疗社区
therapeutic gain 治疗性获益
thinking error 思维错误
thioridazine 甲硫哒嗪
thioxanthenes 噻吨
thought control 思想控制
thought reform 思想改造
thought suppression 思考抑制
titration of dosage 剂量滴定
token economy 代币强化法（又译为"标记奖酬法""标记奖励法""代币管制""代币方法""代币治疗""代金券制"等）
tone 音色
totality of social likenesses 社会相似性总体
training school 少年犯教养所
tranylcypromine 苯环丙胺（又称为"强内心百乐明"）
traumatic facial disfigurement 外伤型面部畸形
treatment 治疗,矫治
treatment era 矫治时代
treatment model 矫治模式
treatment principle 矫治原则
treatment resources 矫治资源
trepanation 环钻术
tricyclic antidepressant 三环抗抑郁药
twelve step program 十二步计划

U

underarousal 唤醒不足
underdeveloped ego 发展不足型超我
unprovoked aggressive behavior 非激怒型攻击行为
unprovoked assault 非激怒型伤害行为
unrelated victim 无关被害人

V

verbal intelligence 言语智力
violent criminally insane 暴力型犯罪精神病人
violent hypersexuality 暴力型性欲亢进
vocational education 职业教育
voice 声音
voluntary castration 自愿阉割

W

weapon effect 武器效应
What works 有什么效果
wilderness program 野外计划
wisdom 智慧
World Health Organization（WHO） 世界卫生组织

Y

Yale-Brown Obsessive Compulsive Scale（Y-BOCS） 耶鲁-布朗强迫症状量表

人名译名对照表[①]

A

Aarons, L. 艾伦斯
Abrahamsen, David 戴维·亚伯拉罕森
Agee, V. 艾吉
Agnew, Robert 罗伯特·阿格纽
Aichhorn, August 奥古斯特·艾希霍恩
Akers, Ronald L. 罗纳德·艾克斯
Albrecht, Hans-Jörg 汉斯－耶尔格·阿尔布莱希特
Alexander, Rudolph, Jr. 小鲁道夫·亚历山大
Allen, Francis A. 弗朗西斯·艾伦
Andrews, Don A. 唐·安德鲁斯
Archer, J. 阿切尔
Averill, J. R. 艾夫里尔

B

Baker, Dorothy 多萝西·贝克
Bandura, Albert 艾伯特·班都拉
Barron, Milton L. 米尔顿·巴伦
Bartollas, Clemens 克莱门斯·巴特勒斯
Bedford, A. P. 贝德福德
Beier, K. M. 拜尔
Bernhardt, Paul C. 保罗·伯恩哈特
Blackburn, Ronald 罗纳德·布莱克本
Blumstein, Alfred 艾尔夫雷德·布卢姆斯坦
Bonta, James L. 詹姆斯·邦塔
Bradford, J. M. V. 布雷德福
Brain, P. 布雷恩
Brinkley, J. R. 布林克利
Brockway, Zebulon Reed 泽布伦·里德·布罗克韦
Brown, James A. 詹姆斯·布朗
Bruner, J. S. 布鲁纳
Burckhardt, Gottlieb 格特列布·布尔克哈特

[①] 说明：(1)外语人名颠倒顺序书写(将姓氏放在最前面)，汉语译名按照正常顺序书写。(2)人名按照英语字母顺序排列。

C

Carlson, Kenneth　肯尼斯·卡尔森
Carroll, D.　卡罗尔
Cattell, Raymond B.　雷蒙·卡特尔
Cavadino, Michael　迈克尔·卡瓦迪诺
Christiansen, K.　克里斯琴森
Clanon, T. L.　克兰诺
Clear, Todd R.　托德·克利尔
Cloninger, C. Robert　罗伯特·克洛宁格
Cochrane, Archibald Leman　阿奇博尔德·莱曼·科克伦
Cortés, Juan B.　胡安·科蒂斯
Craig, Leam A.　利姆·克雷格
Cressey, Donald　唐纳德·克雷西
Cullen, Francis T.　弗朗西斯·卡伦

D

D'Zurilla, T. J.　迪祖里勒
Dabbs, J. M.　达布斯
Dabbs, James M., Jr.　小詹姆斯·达布斯
Dinitz, Simon　西蒙·迪尼茨
Dunlap, K.　邓拉普
Dunn, J.　邓恩
Durkheim, Émile　埃米尔·迪尔凯姆

E

Eichelman, B.　埃克曼
Ellenberger, Henri　亨利·埃伦伯格
Ellis, L.　埃利斯
Ervin, Frank　弗兰克·欧文
Eysenck, Hans J.　汉斯·艾森克

F

Fabiano, E. A.　法比亚诺
Farley, F. H.　法利
Fattah, Ezzat A.　伊扎特·法塔赫
Feldman, Philip　菲利普·费尔德曼
Ferri, Enrico　恩里科·菲利
Findlay, Mark　马克·芬德利
Foucault, Michel　米歇尔·福柯
Freedman, B. J.　弗里德曼
Freeman, Walter　沃尔特·弗里曼
Freud, Sigmund　西格蒙德·弗洛伊德

G

Gaffney, L. R.　加夫尼
Gardner, Howard　霍华德·加德纳
Geer, J. H.　吉尔
Getsinger, S. H.　格津杰
Gibbons, Don C.　唐·吉本斯
Glaser, William　威廉·格拉泽
Glueck, Eleanor T.　埃利诺·格卢克
Glueck, Sheldon　谢尔登·格卢克
Goddard, Henry H.　亨利·戈达德

Goldstein, Arnold P. 阿诺德·戈尔茨坦
Göppinger, Hans 汉斯·格平格尔
Goring, Charles B. 查尔斯·格林
Goring, CharlesBuckman 查尔斯·巴克曼·格林
Gottfredson, Don M. 唐·戈特弗里德森
Gottfredson, Michael R. 迈克尔·戈特弗雷德森
Grispigni, Filippo 菲利普·格利斯皮尼
Gunn, J. 冈恩
Guze, S. B. 古兹

H

Harrington, G. L. 哈林顿
Harris, G. T. 哈里斯
Healy, William 威廉·希利
Hearst, Patty 帕蒂·赫斯特
Heim, N. 海姆
Henderson, M. 亨德森
Hentig, Hans von 汉斯·冯·亨蒂希
Herrnstein, Richard J. 理查德·赫恩斯坦
Hewstone, M. 休斯顿
Hindelang, Michael J. 迈克尔·欣德朗
Hirsch, Andrew von 安德鲁·冯·赫希
Hirschi, Travis 特拉维斯·赫希
Hollin, Clive 克利福·霍林

Hooton, Earnest A. 欧内斯特·胡顿
Howard, John 约翰·霍华德
Hughes, G. 休斯
Hunter, Edward 爱德华·亨特
Hursch, C. J. 赫什
Hyde, Margaret 玛格丽特·海德

J

Jew, C. C. 朱厄
Jones, F. D. 琼斯

K

Kagan, R. 卡根
Kohlberg, Lawrence 劳伦斯·科尔伯格
Kretschmer, Ernst 恩斯特·克雷奇默
Kurtzberg, Richard L. 理查德·库齐伯格

L

Lader, M. H. 莱德
Lamborn, Leroy 雷罗伊·兰伯恩
Langone, Michael 迈克尔·兰恭
Laub, John H. 约翰·劳布
Latessa, Edward 爱德华·拉特萨
Liebowitz, M. R. 利博维茨
Lifton, Robert J. 罗伯特·利夫顿
Lima, Almeida 阿尔梅达·利马
Lipton, Douglas N. 道格拉斯·利普顿
Liszt, Franz von 弗兰茨·冯·李

斯特
Little, G. I. 利特尔
Lombroso, Cesare 切萨雷·龙勃罗梭
Low, G. 洛

Money, J. 莫尼
Moniz, Egas 埃加斯·莫尼兹
Morand, C. 莫兰德
Morrison, R. L. 莫里森
Moyes, T. 莫伊斯

M

MacKenzie, Doris L. 多丽丝·麦肯齐
Maconochie, Alexander 亚历山大·麦克诺基
Magnusson, David 戴维·马格纳森
Mann, H. B. 曼
Mark, Vernon 弗农·马克
Martin, Garry 加里·马丁
Martinson, Robert 罗伯特·马丁森
Maslow, Abraham H. 亚伯拉罕·马斯洛
Mattocks, A. L. 马托科斯
Matza, David 戴维·马茨阿
McCown, W. 麦克恩
McGuire, James 詹姆斯·麦圭尔
McGurk, B. J. 麦格克
Meichnenbaum, D. 梅钦鲍姆
Mendelson, Benjamin 本杰明·门德尔松
Miltenberger, Raymond G. 雷蒙·米尔腾伯格
Mischel, W. 米沙尔
Moffitt, T. E. 莫菲特
Molling, P. A. 莫林

O

O'Callaghan, M. A. J. 奥卡拉汉
Olweus, D. 奥尔伍斯

P

Palmer, John W. 约翰·帕尔默
Palmer, T. 帕尔默
Palmer, Ted 特德·帕尔默
Pende, N. 潘德
Penn, William 威廉·佩恩
Penrose, L. S. 彭罗斯
Plomin, R. 普朗明

Q

Quay, H. C. 奎伊

R

Rachin, Richard L. 理查德·拉肯
Raine, Adrian 艾德里安·雷恩
Rampling, D. 兰普林
Reichel, Philip L. 菲里普·赖克尔
Richardson, James 詹姆斯·理查德森
Roberts, A. H. 罗伯茨
Robinson, K. D. 鲁宾逊

753

Ross, R. 罗斯
Rubin, R. 鲁宾
Rubin, Robert T. 罗伯特·鲁宾
Rutherford, Robert Bruce, Jr. 小罗伯特·拉瑟福德

S

Saleilles, Raymond 雷蒙·萨莱勒斯（又译为"萨雷伊"）
Samenow, Stanton E. 斯坦顿·萨米诺
Sampson, Robert J. 罗伯特·桑普森
Sanborn, Franklin Benjamin 富兰克林·本杰明·桑伯恩
Schafer, Stephen 斯蒂芬·谢弗
Schein, Edgar H. 埃德加·沙因
Schneider, Hans 汉斯·施奈德
Schwartz, Richard D. 理查德·施瓦茨
Shean, G. D. 希恩
Sheard, M. H. 希尔德
Sheldon, William H. 威廉·谢尔登
Sheley, Joseph 约瑟夫·谢利
Siegman, A. W. 西格曼
Simpson, Sally S. 萨利·辛普森
Slavin, Sidney H. 西德尼·斯莱文
Smith, Daniel 丹尼尔·史密斯
Snarr, Richard. 理查德·斯纳尔
Snow, Edgar 埃德加·斯诺
Stein, Alexandra 亚历山德拉·斯特恩
Stinchcomb, Jeanne B. 珍妮·斯廷奇科姆
Straus, Murray A. 莫里·斯特劳斯
Sutherland, Edwin H. 埃德温·萨瑟兰
Sykes, Gresham M. 格雷沙姆·赛克斯

T

Tarde, Gabriel 加布里埃尔·塔尔德
Taylor, Kathleen 凯瑟琳·泰勒
Tennent, G. 坦南特
Tullio, Benito di 班迪尼·迪·图利奥
Tupin, J. P. 图平
Turing, Alan M. 艾伦·图灵

V

Valzelli, L. 瓦泽利
Van Voorhis, Patricia 帕特里夏·范沃勒斯
Veneziano, C. 威尼采亚诺
Vilella 维莱拉

W

Waldo, Gordon P. 戈登·沃尔多
Walters, Glen D. 格伦·沃尔特斯
Watts, James J. 詹姆斯·瓦茨
Weisburd, David 戴维·韦斯伯德
Weller, B. G. A. 韦勒
Weller, M. P. I. 韦勒

Wexler, H. K. 韦克斯勒
White, Dan 丹·怀特
Wilks, Judith 朱迪思·威尔克斯
Wille, R. 维勒
Williams, Redford 雷德福·威廉姆斯
Wilson, Bill 比尔·威尔逊
Wilson, James Q. 詹姆斯·威尔逊
Wolpe, Joseph 约瑟夫·沃尔普

Y

Yochelson, Samuel 塞缪尔·约奇逊

Z

Zablocki, Benjamin 本杰明·扎布洛基
Zillmann, D. 齐尔曼

第一版后记

本书是经过一年多的辛勤写作和艰苦努力完成的。在书稿完成之际，有必要将有关的情况加以介绍，也借此向支持、关心过自己研究工作的人们表示感谢。

本书是三方面工作的小结。首先，本书是在博士论文基础上修改而成的，是三年博士学习生活的一个小结。笔者1986年硕士研究生毕业之后，由于当时没有犯罪学方向的博士学位教育，因此直接参加工作，先是进行教学工作，然后又从事专门的研究工作。后来，由于一些好朋友的劝说和工作中遇到的一些事情的刺激，开始考虑是否再读一个博士学位。在产生这样的念头之后，开始进行准备和参加考试。经过曲折的过程，终于如愿以偿，在2003年成为著名犯罪学家王牧教授的博士生，开始了为期三年的学习。三年学习期满时完成的同名博士论文，是本书的雏形。在进行博士论文答辩之后，又继续修改，最终形成本书的书稿。

其次，本书是在司法部预防犯罪研究所从事监狱管理和罪犯改造研究工作十多年的一个小结。自1992年初调入司法部预防犯罪研究所之后，长期在监狱学研究室从事研究工作，从而使得自己过去对罪犯改造问题的关注和业余研究变成工作职责；十几年来，对监狱管理和罪犯改造问题的探讨，始终在研究工作中占据重要的位置。周围的同事和朋友们也鼓励自己进行一些理论方面的探讨，为中国罪犯改造工作的理论研究做一点事情。但是，由于研究任务较多和其他琐事不断，一直缺乏将这些方面的思考进行系统整理的契机。2003年进入博士课程的学习之后，自己思考是否将这个问题作为博士论文的题目。后来，在中期考核的时候，把这方面的内容作为备选的博士论文题目之一，向参加中期考核的各位教授做了汇报，得到了他们的肯定。这样，就以罪犯改造理论研究为内容，开始了博士论文的准备工作。屈指算来，从1992年年初调入司法部预防犯罪研究所到2006年4月调入北京师范大学刑事法律科学研究院，在该所工作了14年多的时间，本书可以说是在该所进行长期研究工作的一个小结；在该所工作期间进行的大量相关工作，包括理论探索、决策咨询和在实务部门的调查研究等，为本书的写作提供了很好的基础。如果没有这样的基础，在目前中国的情况下，很难完成这样一部书稿。毕竟，在目前的中国，外界人员进入和了解监狱，都存在很多方面的障碍和困难。

再次，本书是对罪犯改造这个课题进行长期研究的一个小结。可以说，罪犯改造问题是笔者长期探讨的一个课题。由于对这个问题的探讨涉及犯罪心理学和犯罪学等学科的知识，如果从笔者正式涉足犯罪心理学领域算起的话，已有近20年的历史了。1986年从中国政法大学研究生院毕业后，留校在法律系犯罪心理学教研室从事犯罪心理学的教学工作，并且开始犯罪学方面的学习和研究。此后，工作单位虽然有变化，但是，对于这方面问题的探讨一直没有中断。长期以来在这些方面进行的学习和探索，都在本书中有所反映。

但是，笔者清醒地认识到，本书确实是一个暂时性的小结。一方面，关于罪犯改造，还有许多问题需要进一步研究。例如，罪犯改造质量评估，罪犯改造中对于犯因性因素进行改造的优先性顺序等。另一方面，书中提出的观点能否站得住脚，还需要大家的评论，还需要自己不断完善，更需要得到实践工作的检验。学术发展的历史表明，提出一种理论毕竟不是轻而易举的事情；提出的理论能够站得住脚，难度更大。

在博士论文的写作和本书书稿的准备过程中，遇到的最大困难之一，就是国内研究资料的匮乏。因为对犯因性差异问题的探讨，涉及犯罪人与守法者的比较，而国内犯罪心理学等学科的研究中，往往缺乏这种比较研究，大多数研究仅仅以犯罪人或者罪犯为研究对象，很少使用相匹配的对照组（守法者）。同时，国内的研究大多比较宏观，对于一些具体的、微观的方面研究得不多，因而也增加了找到这方面参考资料的困难性。

因此，在本书的写作中，使用了大量的英文资料。特别是对美国著名犯罪学家格卢克夫妇(S. & E. Glueck)的研究成果，给予了较多的关注。这不仅是因为他们在比较犯罪人与守法者方面进行了长期的、堪称典范的研究，[1]而且，晚近以来，他们的研究成果再

---

[1] 在他们之前，英国精神病学家、犯罪学家、监狱医生查尔斯·格林(Charles B. Goring, 1870—1919)和美国人类学家、犯罪学家、哈佛大学教授欧内斯特·胡顿(Earnest A. Hooton, 1887—1954)都进行过大规模的犯罪人与守法者的比较研究，但是由于方法论上的缺陷，特别是由于选择作为对照组的守法者不具有代表性等问题，受到了较多的批评。

第一版后记

次受到学术界的肯定和推崇,[1]显示了扎实而科学的研究工作的长久生命力。

在三年来的学习中,导师王牧教授给予了很多的指导和帮助。他不仅在论文的写作中,提出了中肯的修改建议,指出被自己忽视的一些问题,同时,在多次的讲课和交谈中发表的独到见解,也使自己深受启发,获益匪浅。我深切地感谢导师、师母和所有其他关心、帮助过自己的老师们,也希望本书能够对他们的厚爱有一点回报。

在完成本书的时候,我要感谢多年来在参观、考察100多所中国监狱和近30所国外监狱(矫正机构)时给予过帮助的监狱官员们。他们的淳朴作风和热情接待,使我对监狱有了真切的体验和较多的认识,很多难忘的经历回想起来历历在目。我感到自己有责任为他们,特别是为那些工作在直接管理和改造罪犯的一线的监狱工作人员,做一点事情。

在本书写作期间,我认真阅读了过去印刷出版的反映中国监

---

[1] 20世纪80年代以来,两位美国著名的犯罪学家专门主持进行了一个"格卢克夫妇项目"(Glueck Project),专门重新研究和评价格卢克夫妇当年的研究工作。这两位犯罪学家是芝加哥大学教授罗伯特·桑普森(Robert J. Sampson)和原东北大学教授、后任马里兰大学教授的约翰·劳布(John H. Laub)。1994年和2004年,他们两人一起两度获美国犯罪学协会(American Society of Criminology)颁发的迈克尔·欣德朗奖(Michael J. Hindelang Award,该奖奖励在过去三年中出版的最优秀的犯罪学著作)。罗伯特·桑普森在2001年独自获该协会埃德温·萨瑟兰奖(Edwin Sutherland Award,该奖奖励对犯罪学做出杰出贡献的北美犯罪学家)。约翰·劳布在2003年担任美国犯罪学协会主席,2005年获该协会颁发的埃德温·萨瑟兰奖。根据约翰·劳布教授寄给笔者的材料,这个"格卢克夫妇项目"已经出版了两本书,发表了很多论文和其他书籍中的章。主要在他们的努力下,西方犯罪学家越来越多地重新认识格卢克夫妇的犯罪学研究的价值。

狱系统实务工作的一些书籍,特别是监狱中的一线工作人员如何管理、改造罪犯的书籍,例如,《教育改造经验选编》《个别教育经验文集》等,从中获得很多的启发,也引用了其中的很多资料和案例。我感到,那些长期在一线直接从事罪犯管理和改造工作的人员,是中国监狱系统的真正脊梁。没有他们忘我奉献的敬业精神,没有他们充满智慧、人性的管教活动,就不会有改造罪犯的成绩。任何法律、法规和政策都需要具体的人去执行和落实,缺少一支很敬业、高素质的一线工作人员队伍,就不可能有中国监狱工作的历史业绩。尽管事过境迁,很多一线工作人员离开了原来的工作单位,很多监狱的名称发生了变化,但是,这些人员做出的贡献是不能忘记的,因此,我在引用有关资料时,一律注明他们的姓名,以此表示我对他们的敬意。遗憾的是,近年来,对于监狱系统一线工作人员的关注不像20世纪90年代前期那样多,对于他们在管理和改造罪犯方面的工作,缺乏应有的肯定和鼓励。司法行政机关很长时间没有进行全国性的表彰个别教育标兵和能手的活动,没有有意识地进行向一线工作人员倾斜的奖励和引导活动,这种现象对于提高罪犯改造质量,是很不利的。

在本书完稿之际,还要感谢许多国外学者给予的帮助。德国著名犯罪学家、德国弗赖堡的马克斯·普朗克外国与国际刑法研究所(Max-Planck-Institute for Foreign and International Criminal Law)所长汉斯-耶尔格·阿尔布莱希特(Hans-Jörg Albrecht)教授给我提供了2002年在该所从事研究的机会,使我不仅完成了《当代西方监狱学》(法律出版社2005年版)一书的主体部分,而且大大开阔了在罪犯改造问题研究中的国际视野,更多地了解了国际社会在这些方面的情况。

第一版后记

美国著名犯罪学家约翰·劳布(John H. Laub)教授提供了他们对于格卢克夫妇的犯罪学进行新的研究的资料。美国著名犯罪学家罗纳德·艾克斯(Ronald L. Akers)教授、托德·克利尔(Todd R. Clear)教授、爱德华·拉特萨(Edward Latessa)教授、萨利·辛普森(Sally S. Simpson)教授等人,也提供了自己的最新出版物,使笔者能够了解这些领域中的最新进展。

此外,英国、加拿大、澳大利亚、瑞典、挪威等国的一些学者和监狱官员,也提供了不同形式的帮助。

笔者在此向所有给自己的研究工作提供过支持和帮助的外国友人,表示衷心的感谢。

在博士研究生学习和博士论文写作期间,我的同学房绪兴、靳高凤、李安等,给予了很多的帮助。师妹苏明月和校友毕洪海也给予了宝贵的帮助。在此诚挚地向他们表示谢意。

本书的修改和出版,得到了北京师范大学刑事法律科学研究院领导的关心和支持,将它列入"京师刑事法学博士文库"之中。本书的责任编辑也为本书的出版,做了大量具体工作。在此向他们表示感谢。

吴宗宪
2006年12月18日